本报告的出版得到

国家重点文物保护专项补助经费

资　助

毘　山

浙江省文物考古研究所
湖州市博物馆　编

文物出版社

北京 · 2006

封面设计：张希广
责任印制：陆　联
责任编辑：黄　曲

图书在版编目（CIP）数据

昆山/浙江省文物考古研究所，湖州市博物馆编.
北京：文物出版社，2006.9
ISBN 7–5010–1888–X

Ⅰ.昆…　Ⅱ.①浙…②湖…　Ⅲ.新石器时代文化—
文化遗址—发掘报告—湖州市　Ⅳ.K871.135

中国版本图书馆 CIP 数据核字（2006）第 027873 号

昆　山

浙江省文物考古研究所
湖 州 市 博 物 馆　编

*

文 物 出 版 社 出 版 发 行
（北京东直门内北小街 2 号楼）

http://www.wenwu.com

E-mail:web@wenwu.com

北京盛兰印刷有限公司印刷
新 华 书 店 经 销
787 × 1092　1/16　印张：44.5
2006 年 9 月第一版　2006 年 9 月第一次印刷
ISBN 7–5010–1888–X/K・992　定价：450.00 元

PISHAN

(with an English Abstract)

by

Zhejiang Provincial Institute of Cultural Relics and Archaeology

Huzhou Municipal Museum

Cultural Relics Publishing House

Beijing · 2006

目 录

插图目录

插表目录

彩版目录

第一章　绪　论

第一节　湖州市的自然环境和历史沿革

一　自然环境

湖州市位于浙江省北部，北依太湖，西为天目山，东、西苕溪经湖州入注太湖。(图一)现行政下辖安吉、长兴、德清三县，市区下辖吴兴、南浔两区，地理坐标为北纬30°52′，东经120°06′。太湖流域属亚热带季风气候区。冬季受大陆冷气团侵袭，盛行偏北风，天气寒冷而干燥；夏季受海洋气团的控制，盛行东南风，水汽丰沛，天气炎热而湿润。本流域具有四季分明、雨量丰富、热量充裕的气候特点。

太湖西南部，也即湖州市所在的地理环境有如下四大特点：

1. 地属长江流域——下游

长江流域的界线，北以巴颜喀拉山—岷山—大别山—淮阳丘陵等与黄河和淮河流域为界；南以横断山脉等与澜沧江、元江和珠江流域为界；东南以武夷山、黄山、天目山等与闽浙水系为界。湖口以下至长江口为下游段，下游段江阔水深，多洲滩，河道分汊呈藕节状，江阴以下河段渐宽，至长江口呈喇叭形。长江三角洲北部，地形平坦，水网密布，与淮河流域间的分界很难划分，通常以通扬运河为界，其南部沿杭嘉湖平原南侧丘陵与钱塘江流域分界。长江下游段的主要支流有：南岸的青弋江、水阳江、秦淮河、黄浦江；北岸的巢湖水系、滁河等。

长江下游地区、尤其是沿江的地域遗址分布密集。与本报告相关的重要的、代表性的史前遗址有：1) 位于长江北、大别山西部的湖北省武穴鼓山遗址；2) 位于长江北、大别山东部的安徽省潜山薛家岗遗址；3) 位于长江北、巢湖流域的凌家滩遗址；4) 位于长江北、江苏省海安的青墩遗址；5) 位于长江南、安徽省马鞍山的烟墩山遗址；6) 位于长江南、江苏省南京的北阴阳营遗址；7) 位于长江南、江苏省的三星村遗址；8) 位于长江南、江苏省江阴的祈头山遗址；9) 位于长江南、江苏省张家港的徐家湾遗址。

相当于中原地区夏商周阶段的沿江重要的、有代表性的遗址有：1) 位于长江南、鄱

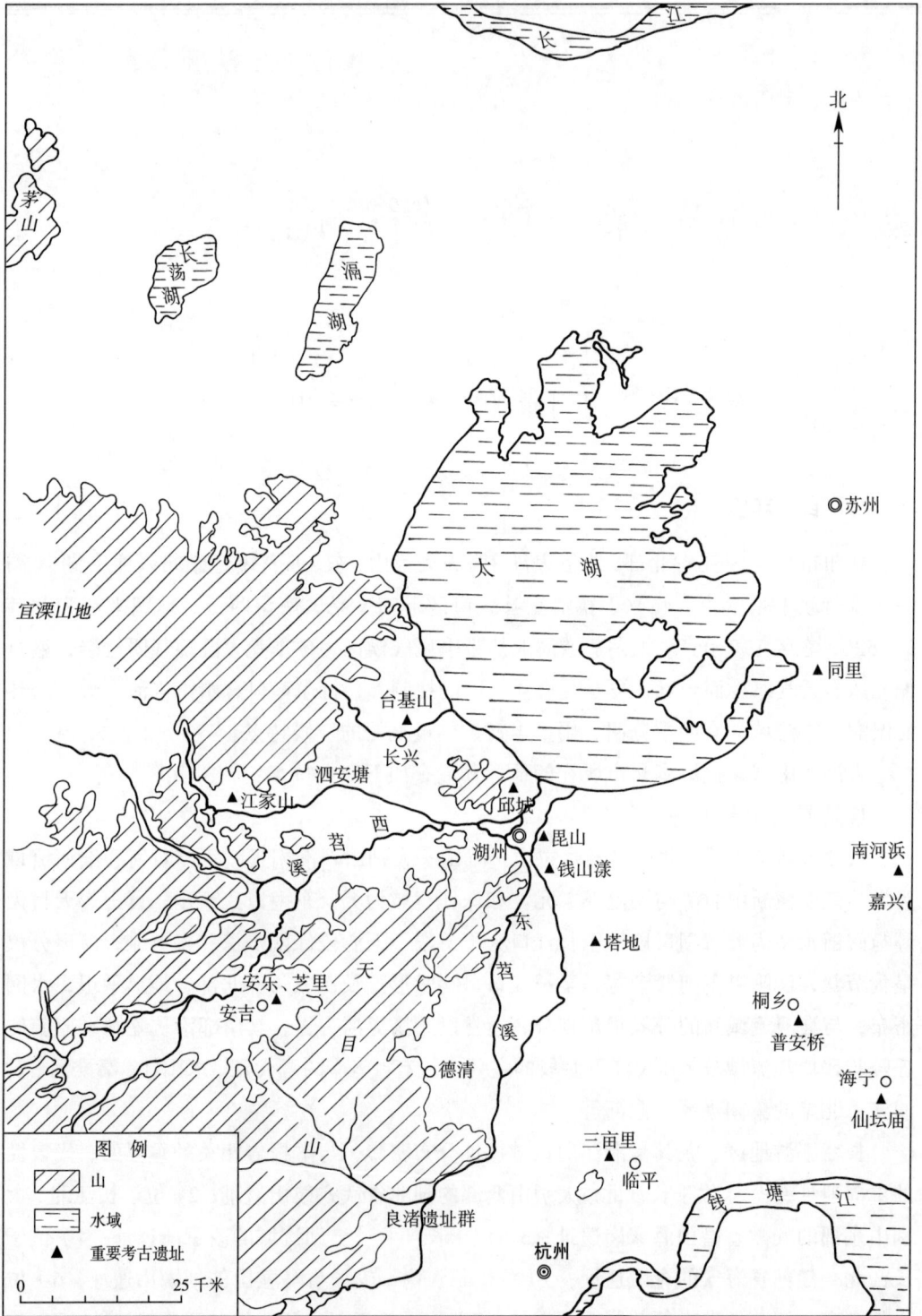

图一 昆山遗址在太湖流域的位置图

阳湖流域的江西省吴城遗址；2）位于长江北、安徽省的大城墩遗址；3）位于长江南、江苏省丹徒的团山遗址；4）位于长江南、江苏省江阴的佘城遗址。

2. 属于太湖流域——西南部

太湖古称震泽，是我国第三大淡水湖。三面临江滨海——长江、钱塘江和东海；西部自北而南分别以茅山山脉、界岭与秦淮河、水阳江、钱塘江流域为界；北、东、南三面受长江口及杭州湾泥沙淤积的影响，形成沿江及沿海高地。整个太湖流域地势，西南高，东北低，四周略高，中间略低，形似碟子。太湖流域总面积约36900平方公里，以平原为主，占总面积的4/6，水面占1/6，其余为丘陵和山地。行政区划分属江苏、浙江、上海、安徽三省一市，其中江苏近2万平方公里、浙江约1.2万平方公里、上海约5000平方公里，安徽仅约200平方公里。

太湖流域依小流域、水系大致可以划分如下的五个区：1）以太湖水面为主的太湖区；2）以苕溪水系为主的浙西区；3）以南溪水系、洮涌水系为主的湖西区；4）以地区性沿江水系为主的武澄锡区和阳澄区；5）以黄浦江水系为主的杭嘉湖区、淀泖区、浦西区和浦东区。

太湖流域丘陵山区的地带性土壤相应为亚热带的黄棕壤与中亚热带的红壤。非地带性土壤有三类，其中滨海平原盐土分布于杭州湾北岸与上海东部平原，冲积平原草甸土分布于沿江广大的冲积平原，沼泽土分布于太湖平原湖群的沿湖低地。耕作土壤主要为水稻土。

湖州市即位于以苕溪水系为主的浙西区。

3. 属于太湖平原——杭嘉湖平原

地理含义上的杭嘉湖平原包括现在的行政区划杭州、嘉兴和湖州地区，其中主要是指嘉兴市及所辖各市县、杭州市的余杭区以及湖州市的吴兴区、南浔区、德清县。整个环太湖流域的平原地貌大致可以分为：1）三角洲平原。位于沿江、沿海的狭长低平原，主要由泥沙在河口堆积而成；2）湖荡平原。范围最大，位于太湖和阳澄湖群、淀泖湖群、菱湖湖群、洮涌湖群、芙蓉圩等湖荡周围平原。地势低洼，湖荡集中，是太湖流域的洪水走廊，均低于当地洪水位，需筑堤围圩以挡洪水；3）水网平原。分布在太湖南北两片，北片在常州、无锡一带，南片在金山、平湖、桐乡一带；4）高亢平原。位于太湖平原西北部，是流域内最高的平原，地势高亢略有起伏，河网相对稀疏；5）山前平原。主要分布在茅山西侧、宜溧山地北侧和东苕溪西侧的小片山前倾斜平地—山前平原。

湖州地区即属于水网平原和山前平原地带，依山向东面向广袤的杭嘉湖平原，地理位置独特。

4. 属于苕溪流域——东、西苕溪流域的交汇处

太湖西南部上游来水，主要有来自浙江天目山脉的东、西苕溪和来自苏皖界山和茅

山山脉的荆溪。东、西苕溪在湖州汇合后，主流由长兜港、小梅口注入太湖，其余分支主要由湖州的"七十二溇港"入太湖；荆溪主流由宜兴大浦口注入太湖，洮湖、滆湖地区来水则由宜兴百渎流入太湖。太湖下游去水，《尚书·禹贡》有载"三江既入，震泽底定"。三江通常多指由太湖东向出海的松江（即今吴淞江）、东南向出海的东江和东北向出海的娄江（即今浏江），其中松江为主流，但东江具体不明。

　　本地区的苕溪水系是太湖的主要水源之一，也是流域内最有代表性的山区性河流，发源于浙西的天目山南北麓，分东苕溪和西苕溪两支。东苕溪又由南、中、北三个支流组成，位于浙江省东北部，而以南苕溪为正源。源出东天目山北部海拔1166.8米的平顶山南麓，南流折东，与中、北苕溪汇合后，流至瓶窑（良渚遗址群所在地）称东苕溪。瓶窑以下至全村，左有安溪汇入，至德清县城，又有湘溪、余英溪汇入。德清至湖州左有埭溪汇入。西苕溪又名龙溪港，上游有南溪、西溪两源。西溪为正源，源出浙江安吉和安徽宁国两县交界的天目山北侧南北龙山之间、海拔1415米的天锦堂，东北流至安吉县塘浦乡汇合南溪后始称西苕溪。东、西苕溪在湖州合流后，向北流15公里，歧分为数十条港溇，分别经由环城河、小梅港、新塘港、长兜港、大钱港、横港诸道注入太湖。

　　太湖流域的山地丘陵主要分布在流域西部边缘的浙江、安徽、江苏镜内。由于受地质断裂构造影响，西部山地丘陵与东部平原的地形过渡明显。山地自北向南由江苏的宁镇山地余脉、茅山山地、宜溧山地与浙江天目山地组成太湖流域的分水岭地带。其中：1）天目山地分布在本流域西南部，山体高耸，西南向延伸达百余公里，天目山主峰龙王山海拔达1587米，为太湖流域最高峰。主峰一带的山地海拔均在千米上下，它向北（如莫干山一带）、向南（如天竺山一带）之余脉，山体海拔一般在500～700米。山地外围尚有大片丘陵分布，海拔在300～400米；2）宜溧山地位于苏浙皖交界处，中部山地海拔大多在400～500米，最高峰为苏皖交界的黄塔顶，海拔611米。山地延伸的丘陵海拔一般在200～300米，山麓地带有零星红土岗地发育，相对高度在10～30米；3）茅山山地与宁镇山地余脉分布于西侧与西北端。山体低矮单薄，分布断续。茅山山地成南北向延伸，一般山峰海拔在200米上下，最高峰丫髻山海拔410米。而宁镇山地东端余脉成断续低矮丘陵，山体一般海拔仅百米上下，西北端十里长山最高海拔为349米。在茅山及宁镇山地外围有大片黄土岗地分布，海拔大多在20～40米间。

　　在东、西苕溪流域目前已发现的重要遗址有安吉安乐遗址、芝里遗址，长兴江家山遗址、台基山遗址，湖州邱城遗址、钱山漾遗址和余杭良渚遗址群等等。

二　历史沿革

　　据历史记载，湖州古为吴、越之地。《禹贡》为"扬州之域"，古防风氏之国。在春秋时期先属吴国管辖，越灭吴以后，又归属于越国。至战国时期，越国被楚国所灭，其地又属于楚。楚考烈王十五年（前248年），楚春申君黄歇徙封于吴，在今湖州南郊金盖山南麓置县，其地"以泽多产菰草"（清光绪《湖州府志》）而名菰城县。公元前222年，秦平定江南，将菰城县改为乌程县，属会稽郡管辖。《元和郡县志》卷二八湖州条记："乌程本秦旧县，《越绝》云'秦始皇至会稽，徙於越之人于乌程'"，即此。汉高祖元年（前206年）项羽自封西楚霸王，领九郡，地属西楚。六年（前201年），乌程改属荆国的吴郡。武帝元封五年（前106年），又改属扬州刺史部的会稽郡。东汉顺帝永建四年（129年），分会稽郡浙江以西为吴郡，以东为会稽郡，乌程复属吴郡管辖。在汉灵帝中平末年（189年）时，孙坚封为乌程侯。至三国时，孙皓亦封为乌程侯，其登基后，于宝鼎元年（266年）分吴郡、丹阳两郡，根据"地势水流之便"，取吴国兴盛之义，而置吴兴郡，此为"吴兴"名称之始。吴兴郡治乌程，领余杭、临水、安吉、十潜等九县，属扬州。西晋太康三年（282年），分乌程东乡置东迁县，西乡置长城县。吴兴郡领县十一。南朝宋元徽四年（476年），东迁更名为东安，次年又复为东迁县。至梁绍泰元年（555年），王僧辩于吴兴置震州，取地滨震泽（太湖）之义，太平元年（556年）罢震州复为吴兴郡，属扬州。隋开皇九年（589年），废吴兴郡，其所辖诸县分属于苏州和杭州。同年又将东迁县并入乌程县，乌程改属苏州。至仁寿二年（602年），将州治置太湖南岸并以湖名州，湖州地域之名滥觞于此。炀帝大业二年（606年）废湖州，乌程县则属于吴郡。唐武德四年（621年），于乌程再设湖州，属江南道。同年筑罗城，周二十四里。天宝元年（742年）改吴兴郡，属江南东道。乾元元年（758年），复为湖州，属浙江西道。乾宁三年（895年），于湖州置忠国军节度使。五代时湖州入吴越国。后周显德六年（959年），置宣德军，治所湖州。北宋时湖州隶属浙西路，太平兴国七年（982年），析乌程县东南十五乡置归安县，湖州领乌程、归安、武康、德清、安吉、长兴六县，乌程与归安并为州治。景祐元年（1034年），改宣德军为昭庆军节度，属两浙路。南宋宝庆元年（1225年），改湖州为安吉州，属两浙西路。元代至元十三年（1276年），改安吉州为湖州安抚司，翌年改湖州路。至正十六年（1356年），张士诚率农民起义军占领湖州，后为朱元璋部将常遇春所败，湖州属于明。元至正十七年（1357年），张士诚部将潘原明占领湖州，以旧城多圮，且广而不固，遂改筑小之，东退半里，西缩一里，南北各入数丈，周十三里，绕城开沟凿壕以固城池。明太祖丙午年（1366年），改湖州路为湖州府，直隶京师（南京），洪武十四年（1381年），改隶浙江布政使司。清朝沿用明制，湖州府隶浙江省杭嘉湖道。

1912年，辛亥革命胜利，撤道废府，并乌程、归安两县称吴兴县，县治驻湖州，其余各县直属省辖。1927年国民政府设浙江省第三行政督察专员公署，下辖六县，驻湖州。

1949年全国解放后，湖州建制称市，隶属嘉兴地区专员公署。在此后的三十余年间，其行政归属发生了较大的变化。如：1950年并入吴兴县；1951年划为湖州市；1958年复并入吴兴县，地区专员公署从嘉兴迁至湖州；1961年复称湖州市，属吴兴县领导；1963

年撤市称镇；1979 年 9 月恢复湖州市；1981 年 1 月撤销吴兴县并入湖州市；1983 年撤消行政公署，湖州市升为省辖市；2003 年湖州市政府设吴兴、南浔两区，昆山遗址现地属吴兴区八里店镇昆山村。

第二节　历年来湖州市的考古调查和发现概述

　　江浙地区新石器时代文化的探索当可追溯到上个世纪30年代，这也是近代考古学传入中国的时代。随着江南经济的快速发展，有识之士对于吴越史地的研究倾注了很大的热情。卫聚贤先生等发起的"吴越史地研究会"的活动，可以说从史学观上揭开了对长江下游史前文化探索的序幕，《吴越史地研究会成立的经过》一文明确了其发起的动机：

　　　　"《史记·吴世家》言吴之周太伯至江苏，始有千余家的部落。《史记·越世家》言夏少康封其庶子于越地，但'披草莱而邑'，连部落尚未形成。书本子上告诉我们，江浙文化不如黄河流域之古。求其古物，仅有吴季子之剑、越王矛等十余种，这些古物不多而且是春秋战国时物，没有超过春秋以前的，是在这种情形下，想不到要去研究吴越的古文化。

　　　　民国十九年南京古物保存所在南京栖霞山附近甘夏巷的张家库发掘六朝墓，于无意中发现新石器时代遗址，除石器外，有陶片数十块，陶片上系各种不同形的几何形花纹，这种几何形花纹，在黄河流域的新石器时代没有发现过，而与滨海之处发现的相同，是以疑到吴越在上古自有其独立之文化，并不是夏少康周太伯以至春秋时晋使巫臣至江浙才传播的文化。

　　　　江浙古无文化的传统思想，在人脑海中盘旋的久了。虽有南京的石器发现，尚难推翻旧日之说，因之于二十四年在常州的奄城与金山的戚家墩，又发现了大批几何形花纹陶器，继续又在苏州的石湖旁、平湖的乍浦、海盐的澉浦、南京尧化城外，以至溧阳、常熟均有发现。但这发现均为陶器而无石器，故多认此陶器系春秋以至秦汉时物，不能远溯于石器时代。迨得到石器复有陶器，是这种几何形花纹陶器，实亦甚苦。

　　　　江浙地域广大，而这种陶片遍地散布，热心研究江浙文化的人，多有职业，难以分身到各地调查。因此拟成立吴越史地研究会，以便共同研究"。①

　　在此期间，1937 年出版了何天行先生的《杭县良渚镇石器与黑陶》，他在文中提到：

---

① 吴越史地研究会：《吴越文化论丛》，江苏研究社 1937 年 7 月出版，上海文艺出版社 1990 年 5 月影印本，第 384~386 页之附录《吴越史地研究会成立的经过》。

"不但可见远古时吴越一带的文化，几与中原并驾齐驱，而且可见历朝因中原一带政治关系所目为栖止边陬的吴越民族，在远古时，已有超过黄河流域文化的倾向"。①

1938年出版了国立西湖博物馆施昕更先生的《良渚》报告，他在第一章的绪言中提到：

"如果欲明了中国史前文化的渊源，及其传播发展的情形，在固定不变的小范围中兜圈子，是不会有新的意义的，我们更需要广泛的在这未开辟的学术园地作扩大的田野考古工作，由不同区域的遗址，不同文化的遗物，及其相互的连锁关系，来建立正确的史观，这是考古学上最大的目的"。②

在这个时代背景下，民国25年（1936年）5月20日，当时沪江大学城中区商学院的吴兴潞村人慎微之先生③发表了《湖州钱山漾石器之发现与中国文化之起源》一文，其中记述道：

"公元1906年暑期，余在浙江湖州府归安县，一百二十八庄，泗水庵堡，现属吴兴县双潞乡，离潞村约二里许之钱山漾滩游玩，无意中拾得石箭头一个，在当时童子目中尚不知该石器对于我国文化之价值，只认为普通圆石子，供玩弄而已。越八年，肄业于杭州惠兰中学，在历史课本中，读得古代人类，曾经使用石器之时期，始对于石器引起深切之注意。嗣后，升入上海沪江大学，曾选读《社会之进化》科，于是对于研究故乡所发现之石器更感浓厚兴趣，加以时见报载各地古物之出土消息，故每逢寒暑假返家时，必作更进一步之收集，无如在冬季则钱山漾水已凝结成冰，而在夏季则水位太高，以致无从着手。迨公元一九三四年，适值大旱，湖中水位已落至公元一八五七年以来之最低度，干涸见底之面积占全湖总面积之三分之二，余乘此良机，冒暑拾集石器，不经发掘，既能获得大量石器，诚天假之缘也。但在此场合，以不发掘为宜，若一经发掘，反因多水，而不易收集，兹将湖州钱山漾之地位及其沿革，发现石器之种类及其年代，钱山漾石器与其他各处发现之石器比较，钱山漾考古之前途，钱山漾之石器与南方文化等各点，分别述之于后"。④

新中国成立初期，浙江的考古工作主要由当时的华东文物工作队承担。华东文物工作队撤消后，其工作主要由浙江省文物管理委员会承担。在20世纪50年代后半叶，浙江省为数不多的、较大规模的正规考古发掘均发生在湖州，湖州可以说成了浙江考古工

---

① 何天行：《杭县良渚镇石器与黑陶》（吴越史地研究会丛书之一），上海，1937年，第10页。
② 施昕更：《良渚》（杭县第二区黑陶文化遗址初步报告），浙江省教育厅出版，杭州，民国27年（1938年），第一章第1、2页。
③ 上世纪的50～60年代，慎微之先生一直致力于湖州的文物保护和调查，正在由湖州市博物馆整理出版的慎微之考古调查笔记从一个侧面可以生动地反映出来。
④ 吴越史地研究会：《吴越文化论丛》，江苏研究社1937年7月出版，上海文艺出版社1990年5月影印本，第217～232页。

作的唯一的重要地区。

1956、1958 年浙江省文物管理委员会对钱山漾遗址进行了两次较大规模的发掘①，"第一次划分出包含印纹陶和不包含印纹陶的上、下两个地层。……将良渚黑陶从'龙山文化'中单独划分出来，另行命名为'良渚文化'"②。

1957 年冬至 1958 年春，浙江省文物管理委员会对邱城遗址进行第一次发掘③，"发现在高祭台类型（上层）、良渚文化（中层）之下，叠压着以夹砂红陶和泥质红衣陶为代表的邱城下层，这是浙江第一次发现的三叠层"④，"在地层上发现了早于良渚文化的文化堆积，并且第一次在文化层中辨认剥剔新石器时代不同地层的墓葬"。

这些重大的考古发现"揭开了二十世纪下半叶正规考古发掘在浙江的序幕"。

20 世纪 60 年代初，浙江省文物管理委员会分组并组织当地文博单位对全省文物作过较为全面的调查，湖州市就是调查工作的重点之一⑤。尽管在 60 年代中后期，考古调查和发掘也受到冲击，工作基本上停顿了下来，但零星的调查和试掘却从来没有停止过。

20 世纪 70 年代的野外工作主要有 1974 年对于邱城遗址城墙部分的调查和试掘⑥。

1975 年冬至 1976 年初，湖州市博物馆在双林花城遗址清理了一座较为完整的木构窖穴，出土较为完整的陶器 30 余件⑦。从描述的关于窖穴的情况分析，不排除原来作为水井的可能。出土的遗物，如陶器的质地较硬、绳纹鼎和凹底罐等特征，说明其时代约当为良渚文化晚期或向马桥文化的过渡阶段。

上个世纪 80 年代以后，湖州市的文物考古工作基本得到恢复。1986 年浙江省文物考古研究所和湖州市博物馆对湖州钢铁厂古墓葬进行了大规模考古调查。1987 至 1992 年间，浙江省文物考古研究所对邱城遗址进行了前后两次的调查试掘和发掘工作⑧。

90 年代时，在编纂《浙江省文物地图集》（待刊）时，对湖州的遗址分布有了较为详细的登记。为便于读者对该地区相关的新石器时代至马桥文化或商周阶段遗址的了解，现将重要遗址摘录如下（遗址的主体文化面貌和时代仅供参考）：

① 浙江省文物管理委员会：《吴兴钱山漾遗址第一、二次发掘报告》，《考古学报》1960 年第 2 期。

② 浙江省博物馆：《三十年来浙江文物考古工作》，文物编辑委员会编《文物考古工作三十年》，文物出版社，1979 年，第 217 页。

③ 梅福根：《浙江吴兴邱城遗址发掘简介》，《考古》1959 年第 9 期；浙江省文物管理委员会：《浙江省吴兴邱城遗址 1957 年发掘报告》，刊浙江省文物考古研究所编《浙江省文物考古研究所学刊》第七辑，杭州出版社，2005 年。

④ 牟永抗：《浙江新石器时代文化的初步认识》，刊中国考古学会编《中国考古学会第三次年会论文集（1981）》，文物出版社，1984 年，第 1 页。

⑤ 调查资料现存浙江省文物考古研究所档案室。

⑥ 实物资料现存浙江省文物考古研究所，惜文字资料因种种原因已无法找到。

⑦ 隋全田：《湖州花城发现的良渚文化木构窖藏》，刊浙江省文物考古所编《浙江省文物考古学刊》，文物出版社，1981 年，第 203～207 页。

⑧ 浙江省文物考古研究所：《浙江省湖州市邱城遗址第三、四次的发掘》，刊浙江省文物考古研究所编《浙江省文物考古研究所学刊》第七辑，杭州出版社，2005 年。

邱城遗址　浙江省文物保护单位。时代约当马家浜文化至春秋。

洪城遗址　浙江省文物保护单位。位于马腰镇前洪村，时代约马家浜文化至马桥文化阶段。

钱山漾遗址　浙江省文物保护单位。参见本书相关论述。

独市遗址　位于八里店镇独市村，时代约新石器时代至马桥文化阶段。

马腰遗址　位于马腰镇马腰村北新开河两岸，时代可能属于马家浜文化阶段。

排前遗址　位于锦山镇排前村东、西，遗址主体为良渚文化时期。

宝塔漾遗址　位于莫蓉乡宝塔漾东岸，遗址主体为良渚文化时期。

金田旺遗址　位于和孚镇龙头山南侧，时代为新石器时代。

新石圩遗址　位于长超镇磨圦埭村南磨心墩，时代为新石器时代。

西保村遗址　位于新溪乡西保村，时代为马家浜文化时期。

小命山遗址　位于新溪乡前坝村，时代为新石器时代。

丁泾遗址　湖州市文物保护单位。位于双林镇西阳丁泾塘河西岸，时代为新石器时代。

圣堂墩遗址　位于千金镇商墓村，时代为新石器时代。

塔地遗址　位于千金镇千金村，时代从马家浜文化至马桥文化阶段。2005年由浙江省文物考古研究所进行发掘。

失洪圩遗址　位于双林镇容家圩村东北，时代为新石器时代。

营盘山遗址　湖州市文物保护单位。位于埭溪镇西南，曾在现为池塘内发现过有榫卯结构的木构残件，时代约为马家浜文化时期。

金鸡山遗址　位于道场乡黄墅村金鸡山东南侧，时代约当马家浜文化时期。

沙塘田遗址　位于青山乡青山西北，时代可能为良渚文化时期。

渔林村遗址　位于石淙镇渔林村周围，时代约当良渚文化至马桥文化阶段。

盛林山遗址　位于双林镇盛林山村北，时代约当新石器时代至马桥文化阶段。

皇坟遗址　位于善琏镇西南呆家圩，时代为新石器时代。

含山遗址　位于含山镇含山东麓，时代约为马家浜文化至良渚文化阶段。

蔡家圩遗址　位于重兆镇蔡家圩西侧，约当良渚文化阶段。

花城遗址　湖州市文物保护单位。相关描叙参见前文。

东山遗址　位于云巢乡逸山村东山，时代约商周。

谷树荡遗址　位于重兆镇谷树荡南侧，时代约为新石器时代。

上塔圩遗址　位于八里店镇升山村山后，时代约当良渚文化至商周。

伍林遗址　位于马腰镇伍林高桥白米塘河两岸，时代约当新石器时代至商周。

昆山遗址　位于八里店镇昆山村。

邢窑遗址　湖州市文物保护单位。位于双林镇邢窑村木桥埭，时代为商代。

东迁遗址　位于东迁镇湖嘉公路北侧，时代为商代。

石漾畈遗址　位于埭溪镇西，时代为商代。

南园遗址　位于埭溪镇南，时代约当马桥文化时期。

梅口村遗址　位于含山镇含南，时代约当商周。

高墩圩遗址　位于轧村镇杭三圩村南，时代约当商周。

灵山遗址　位于菱湖镇灵山西侧，时代约当商周。

安田村遗址　位于含山镇安田村东侧，时代约新石器时代至商代。

第三节　昆山遗址的考古调查和发现概述

昆山遗址位于湖州市东郊的昆山周围，现地属湖州市吴兴区八里店镇昆山村，离市中心约2.5公里。昆山遗址离邱城遗址约9.5公里；钱山漾遗址在其东南，相距7公里许。（图二）地理坐标为北纬30°55′，东经120°8′。文化遗物和堆积主要分布在以昆山为中心的龙溪港、三里桥河和顿塘的交接区内，这三条水系与其间的西山漾、徐家漾和顾家漾贯通。（图三～五）

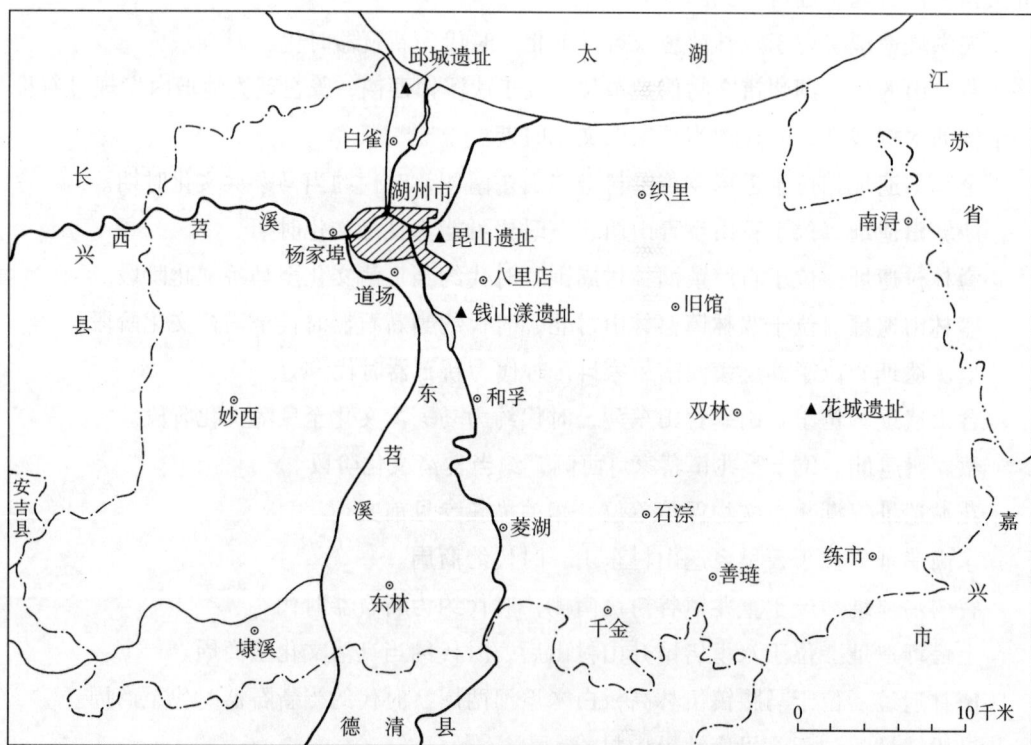

图二　昆山遗址在湖州市的位置图

　　湖州地方志书及古代文人对昆山多有记述。清代吴绮《散余霞词并序》中对昆山一名的"昆"作如下解释："不因他山而出者谓之昆"，这与宋嘉泰《吴兴志》中所载梁吴均有同柳吴兴（恽）昆山集诗中"平湖旷复远，高木峻而危"，及元人赵孟頫在《吴兴清远图记》中"远树微茫中，突若复釜"的描述相似；明朝徐献忠《吴兴掌故集》和清朝同治《湖州府志》则另有这样的记载："当城北水入太湖，突然独峙，吴兴之水口也"，"与城相昆而近，下有昆山漾"[①]。

　　1957年冬，湖州市在集中整治、疏浚、分流东西苕溪下游水道和拓浚三里桥河时发现该遗址。湖州市博物馆离休干部张葆明先生时任湖州市文教局副局长，他参加了当年湖州市政府组织的党政干部疏浚三里桥河的劳动，他在三里桥河西岸金家坲村附近的土墩剖面上发现了大量的以泥质灰陶豆和三足盘为主的遗物，遂向东西苕溪指挥部报告，希望能向省里汇报。在此期间，昆山桥附近的清淤作业中发现的3件铜镞，也一并上交给指挥部。约一周后，浙江省博物馆派周中夏、汪济英先生来昆山详细调查，确认此系重要遗址。1963年3月11日，浙江省人民政府公布昆山遗址为浙江省文物保护单位。此后，张葆明先生曾与慎微之先生一起到昆山调查，在昆山北面采集到完整的等边三角形石犁和泥质黑皮陶豆等遗物。[②]

　　1980年4月，吴兴县（湖州）博物馆组织人员对昆山遗址的遗物分布范围和文化内涵进行专题调查，绘制昆山地形和文物分布图，同时成立文物保护小组。这次调查结果根据现湖州市博物馆《昆山遗址》档案中的调查文本（调查记录：隋全田）附录如下：

　　　　调查时间：1980年4月1日~10日

　　　　调查内容：了解遗址的范围。发现该遗址以昆山为中心，分布较广，特别是昆山南面一带较为集中，通过初步调查，基本范围和地段有：

　　　　陆家湾村——蔡家田、陶家田、南圩、昆山桥河边、石坟前等；

　　　　蔡家田，位于昆山南约400米，表土一般厚为15~17厘米，下面即为深黑色土，内有大量的陶片、红烧土和炭灰等。面积约70×50平方米。

　　　　陶家田，表土层约15厘米，与蔡家田连为一体，面积约8000平方米。

　　　　昆山桥河边，表土层厚约1~1.5米左右，从河的东岸断面观察，经过多次挖河，文化层暴露在河水面上下，大部分陶器均为泥质黑陶，有些打磨光亮。

　　　　邱家墩村——火墙圈、短三亩等；

---

① 光绪五年（1879年）刻印本影印，《中国地方志集成·浙江府县志辑（26）》，上海书店，1993年，第556~557页。
② 本次整理期间，我们向张葆明先生作了专门的了解。得知此情况后，我们随即在湖州市博物馆库房进行查找，找到了属于崧泽文化阶段的石犁和陶豆，很可惜我们这么晚才得知如此重要的信息。

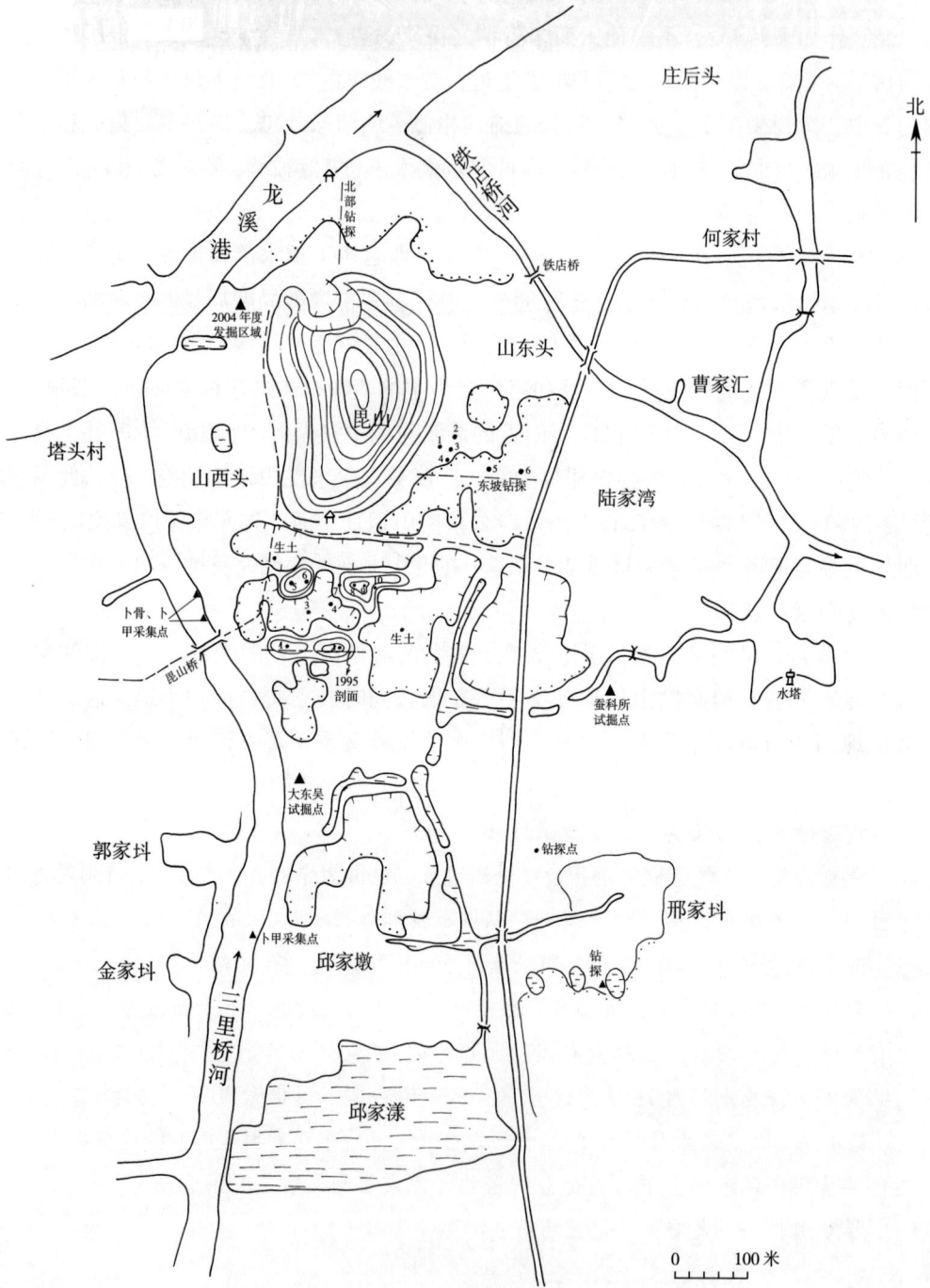

图三　昆山遗址地形图
（·为钻探点，但未见文化层）

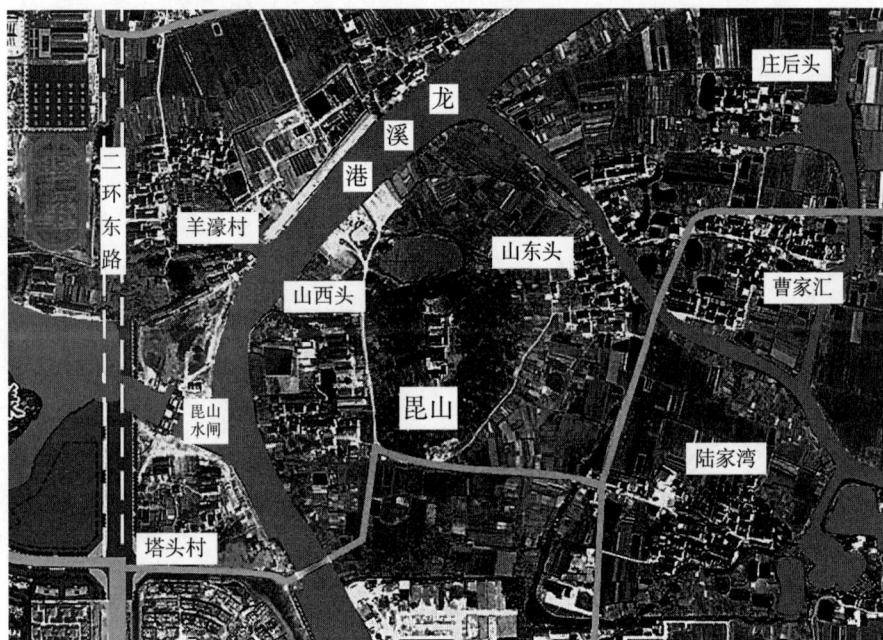

图四 昆山遗址的俯视

图五 从铁店桥西望昆山（东—西）

短三亩，位于邱家墩村北，距火墙圈东北约20米左右。表土较薄，地面暴露遗物丰富。

火墙圈，位于邱家墩北，三里桥河东侧，表土约20~30厘米。

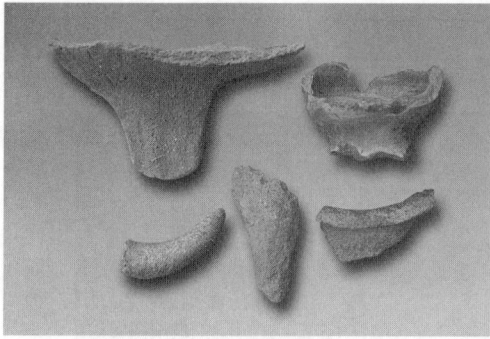
1. 香樟树采集

2. 昆山桥采集

3. 昆山桥采集

4. 麻雀田采集

5. 短三亩采集

6. 地田圩采集

7. 蔡家田采集

8. 蔡家田采集

图六　昆山遗址采集遗物

山西头村——麻雀田；

状元头村——地田圩、后圩；

曹家会村——小桥头塘、长塘；

确定蔡家田、陶家田、火墙圈、短三亩四处为该遗址的重点保护地段。

昆山遗址保护小组组长为沈炳泉，副组长马连发。（采集遗物见图六，1～8）

1982～1984年开展的全省文物普查，昆山遗址再次作为文物调查对象。此次调查采集了大量的标本，整理出基础资料，设立了文物保护标志碑。1984年4月13日，浙江省人民政府重新公布昆山遗址为浙江省文物保护单位。根据湖州市人民政府湖政【1983】166号文件和浙江省文化厅、浙江省城建厅1986年8月15日批复，昆山遗址的保护范围是：三里桥河以东，徐家漾以西的全部田地和池塘；重点保护后圩、石坟前和邱家漾一带。

1990～1992年，湖州市博物馆进行省级文保单位的"四有"档案工作，据《昆山遗址》建档者陈兴吾先生记载，档案将采集的陶器等遗物以昆山为界分为两大区域：

A区域：昆山后圩——西圩

包括昆山以北的五片头、亭子圩和昆山西侧的高家坝。

B区域：昆山前圩

包括昆山以南的三里桥河东岸、麻雀田、蔡家田、陶家田和石坟前，其辐射面可达更南端的火墙圈和东南向的邢家坝。

1995年6月5～21日，浙江省文物考古研究所在昆山以南、现浙江省大东吴集团公司水泥预制厂北部试掘，当时配合的基建单位为湖州市通讯建筑安装工程公司。试掘前，基建部门已对建设范围内土地进行了平整，客观上为试掘工作带来了极大的困难。此次试掘先在基建范围内东西间距约20米布三个5×5米探方（T1～T3），其中靠近三里桥河的T1表土下1.3米为"黑色的沼泽相堆积"，东部的T1、T2表土层下0.8米即为黄色粉土（生土），T2有一层厚约30厘米的灰黑色堆积，出硬陶鬲足，性质不明。因在北部土墩被推平的端面上发现保存较好的厚约1米的文化堆积（图七），遂依已被推平的东西向土墩，在其东、南分别布T0204、T0803、T0802三个5×5米探方。其中位于土墩东的T0204文化堆积呈由西南向东北的倾斜状堆积，出土遗物较为丰富，上部为印纹陶时期堆积，下部为"良渚文化"时期堆积。T0803、T0802则出露大量的红烧土堆积。鉴于该区域基建部门尚未完全征用，因牵涉昆山遗址的总体保护规划，在向有关部门汇报后，未能继续工作。参加本次试掘的有芮国耀（领队）、丁品、方向明、马竹山，当时的湖州市文物处沈忠伟先生具体联系了此项工作。

2000年9月11～23日，湖州市博物馆在现湖州市蚕科所内布5×5米试掘探方两个（T1、T2），堆积不甚理想，出土遗物参见图八。

图七　1995年发掘昆山北部土墩的东西向剖面

图八　蚕科所出土的部分陶片

2000年9月20日，湖州市博物馆获悉大东吴集团水泥预制厂在其南部围墙内破土施工，随即进行了现场勘查，在湖州市文化局积极干预、协调下，于10月11日至11月3日在施工范围内进行了抢救性发掘。参加发掘工作的有湖州市博物馆陈兴吾（现场负责人）、郭勇、王力敏、陈云。

本次发掘布5×5米探方两个（T1、T2），其中T1西南角距三里桥河东岸约35米，北距厂址南部围墙约3米。以T2北壁地层为例介绍其堆积情况：

第①层，现代耕作土层。浅灰黄粉沙土，在探方西北角较薄，厚约12～33厘米。有鱼鳍形鼎足等陶片。

第②层，黄灰色粉沙土，大致水平分布于整个

1. 刻槽盆

图九 大东吴水泥预制厂出土陶器

2. 凸棱形细柄豆

探方，深约12~33厘米，厚约12~26厘米。有青花瓷片、回纹硬陶片等。

第③层，浅青灰色沙质土，有黏性，大致水平分布于整个探方，探方东部稍薄，深约33厘米，厚30~75厘米。包含物有黄釉瓷片、夹砂陶鼎足等。

第④层，浅灰白色粉沙土，分布于探方中部局部。

第②~④层均为扰土层。

第⑤层，灰褐色黏土，分布于除探方西南角、东北部外的大部分探方内，深75~100厘米，厚25~50厘米。

第⑥层，深黑色黏性细泥土，大致水平分布于整个探方，探方西北部较深，深110~143厘米，厚8~30厘米。包含物有夹砂陶片等。

第⑦层，生土层，深灰色含黄斑黏性细泥土。

遗迹现象主要有打破T1⑤层的坑状遗迹和T1⑥层下的木构遗迹。坑状遗迹长约4、宽约1.5米，略呈长方形。内有相对完整的陶器。（图九，1、2）T1⑤层为夹红烧土颗粒的黄褐色硬土层，西南角还有一片较纯净的红烧土堆积，应是与建筑基址的堆积相关。T1⑥层下的木构遗迹保存较好，共发现木桩13根，均为圆木底端削尖而成，横断面直径约8~15厘米，现长约80厘米，另还有木条、木板、方形木块等出土，其中木条长30~100厘米不等，木板宽约10厘米，长度不等。木桩排列似有一些规律。由于受发掘面积所限，两处遗迹皆未全面揭示。

2004年，对位于昆山西坡的湖州市福利中心的改建工程范围进行清理发掘，具体情况详见下一小节。

第四节 2004 年度昆山遗址的发掘经过和室内整理

一 发掘经过

2004 年，地处昆山西坡的湖州市福利中心需要改建，而临水的龙溪港河道也需要拓宽。经浙江省文物局向国家文物局请示（《关于在省级文物保护单位湖州昆山遗址保护范围内拓宽河道并改建市福利中心的请示》浙文物发【2004】18 号），2004 年 2 月 25 日国家文物局对此作了批复，文《关于在湖州昆山遗址保护范围内拓宽河道并改建市福利中心的函》："……鉴于以往在昆山遗址保护范围内进行的考古工作较少，地下文物埋藏情况并不清楚，我局同意先期由浙江省文物考古研究所对涉及建设的区域进行详细的考古调查、勘探和必要的发掘，为遗址保护提供科学依据。河道拓宽和福利中心建设方案待考古工作结束后另行论证报批。"2004 年 3 月 ~ 2005 年 1 月，浙江省文物考古研究所会同湖州市博物馆对涉及建设的区域进行了考古发掘，考古发掘执照考执字（2004）第 074 号，领队方向明。

2004 年度昆山遗址发掘总面积约 2000 平方米。野外考古工作大致分为三个阶段。

1. 试掘

2004 年 2 月 26 日 ~ 3 月 6 日，正在负责湖（州）嘉（兴）高速公路建设考古调查的浙江省文物考古研究所芮国耀、马竹山与湖州市博物馆闵泉、陈兴吾对工程拟征用区域进行勘探调查和试掘。

开 2 × 10 米东西向探沟两条，编号为 TG1、TG2。试掘探沟位于昆山的西面、昆山"老年公寓"围墙以北。试掘证明 TG1 西部为黄色的质地较为纯净的堆筑土台，东部临山坡打破土台的是填土为黑色淤泥的沟，沟内清理出土了大量的属于马桥文化阶段的遗物；在探沟周围区域钻探，发现文化层堆积范围较广。TG1 试掘时，曾于第 3、4 层（即后编号为 G1 的堆积层）中出土极少量的粗泥陶凿形鼎足，但未曾引起注意。由于时间的关系以及考虑到下一步将进行大面积地揭露，故位于山坡地段的 TG2 未发掘到底。因建设单位与当地村民在征地和青苗赔偿上存在歧见，为避免不必要的矛盾，两条探沟在试掘结束后随即进行了回填。

2. 上半年的发掘

2004 年春，在安排昆山考古发掘事宜的同时，位于湖州千金镇千金村的塔地遗址因平整土地，出土了大量史前遗物，亟待保护和抢救性发掘。考虑两遗址的性质及发掘时间上的协调，浙江省文物考古研究所领导决定芮国耀赴塔地领队发掘，昆山遗址的发掘则由方向明负责，浙江省文物考古研究所和湖州市博物馆共同组成昆山遗址考古队。

2004年3月25日，方向明、芮国耀和湖州市博物馆副馆长闵泉、考古部主任陈兴吾以及湖州市民政局基建负责人李世民等到达昆山工地。芮国耀介绍试掘的情况，建议以TG1为中心进行揭露发掘，考虑到TG2东部在试掘中局部"已见生土"且为了便于记录，我们将发掘坑位的基点定于昆山"老年公寓"的东北围墙角①。

2004年3月31日，昆山遗址考古队正式进驻工地。湖州市政总体规划中的"太湖溇港整治工程"表明，三里桥河及昆山北部的龙溪港近年内将进一步的拓宽，这意味着昆山及周边区域接下来还有考古调查和抢救性发掘项目，故本次发掘编号前缀以"04HPI……"，表示2004年湖州昆山遗址的第一次发掘。发掘前我们对工地进行了测点，发掘区统一标高以T212废弃电线杆的铁索钩为临时的基点——零点，海拔高度约为3.43米。（图一〇）若以昆山南山脚下"唯唯亭"的"I104-0447"为零点，工地基点相对标高为-5.35米。

发掘区依昆山"老年公寓"东北围墙角作为坐标基点，第Ⅱ象限布方。本阶段布探方18个，其中5×10米探方14个，5×6米探方4个；探方编号为T107～T111，T207～T212，T307～T313。布探沟两条，即TG3、TG4。（图一一～一四；彩版一，1、2）

在场地清理及布方的同时，我们对围墙外水塘的北岸剖面进行了调查（图一五），发现堆积主要集中在东部，西部则多被晚期扰乱，即龙溪港河道疏浚和开挖水塘后的覆土。又对面积约1000平方米的水塘西北区域进行了仔细的钻探，结果如当地村民所述，此地

图一〇　工地的测点（站立者为何国俊）

---

① 在2004年度下半年的发掘中，遗址堆积还是向东往昆山山坡延伸，这一发掘基点判断有误，给探方编号带来了极大的不便。

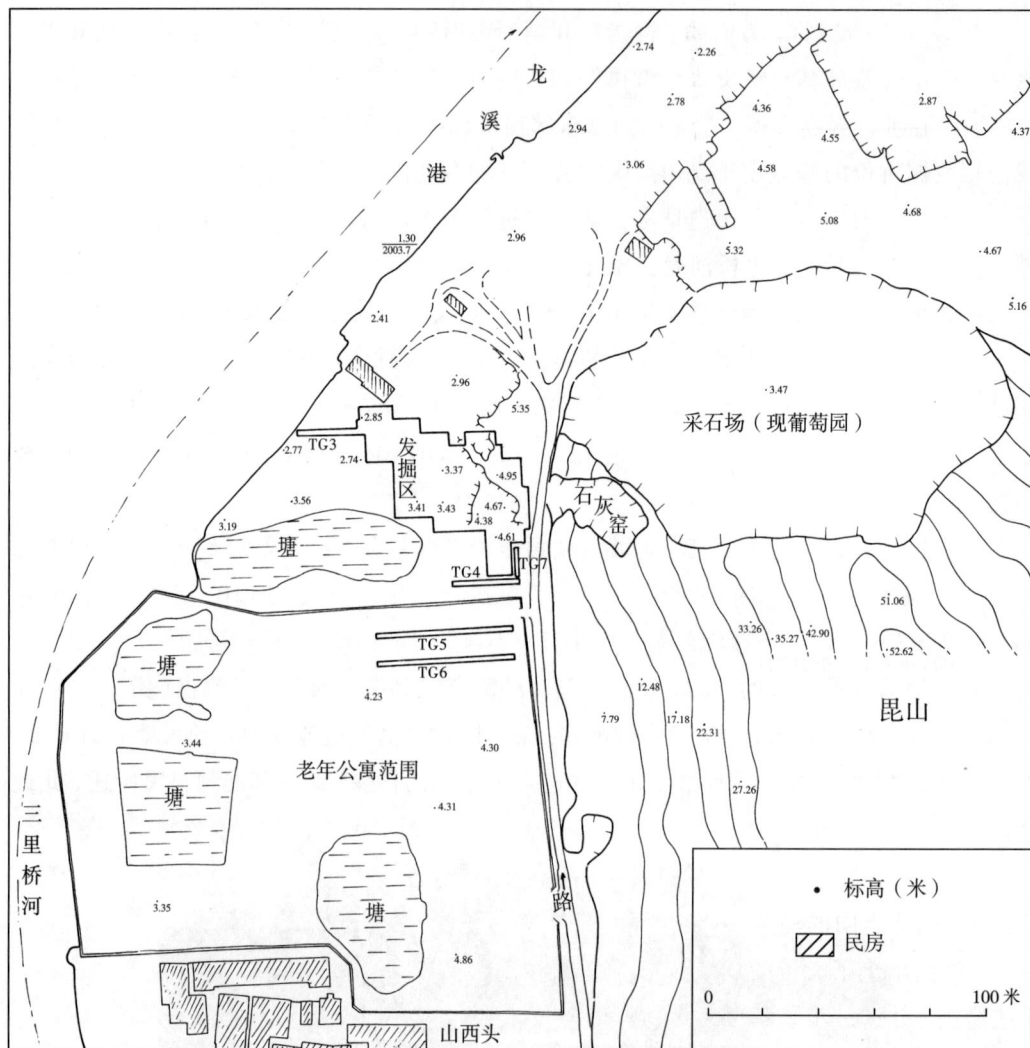

图一一　昆山遗址 2004 年度发掘区位置图

早先多为小水塘或低洼地，后回填成平地。T309 发掘的扰土中厚达 1 米许的纯净"小粉土"亦佐证了村民的说法。因基建面积范围较大，为了有效掌握发掘区北部堆积情况，我们在基建区域的北部开挖了东西长 35、南北宽 2 米的 TG3，其东部与 T313 衔接。在探沟东部首先发现了 M1，这是一个意外的收获。长期以来昆山遗址多被认为是相当于夏商或良渚晚期至夏商阶段的重要遗址，因此，当未清理 M1 的墓内陶器之前，认为 M1 有可能不属于新石器时代的墓葬，但随着陶器特征的确认，本次发掘的思路也有了明显的改变。TG3 发掘的结果证明了靠近龙溪港的地段为晚期堆积，而发掘区的西部则是一处崧泽文化晚期的墓地。据此，我们将发掘的主要精力集中到崧泽文化墓地，以及逐渐形成统一

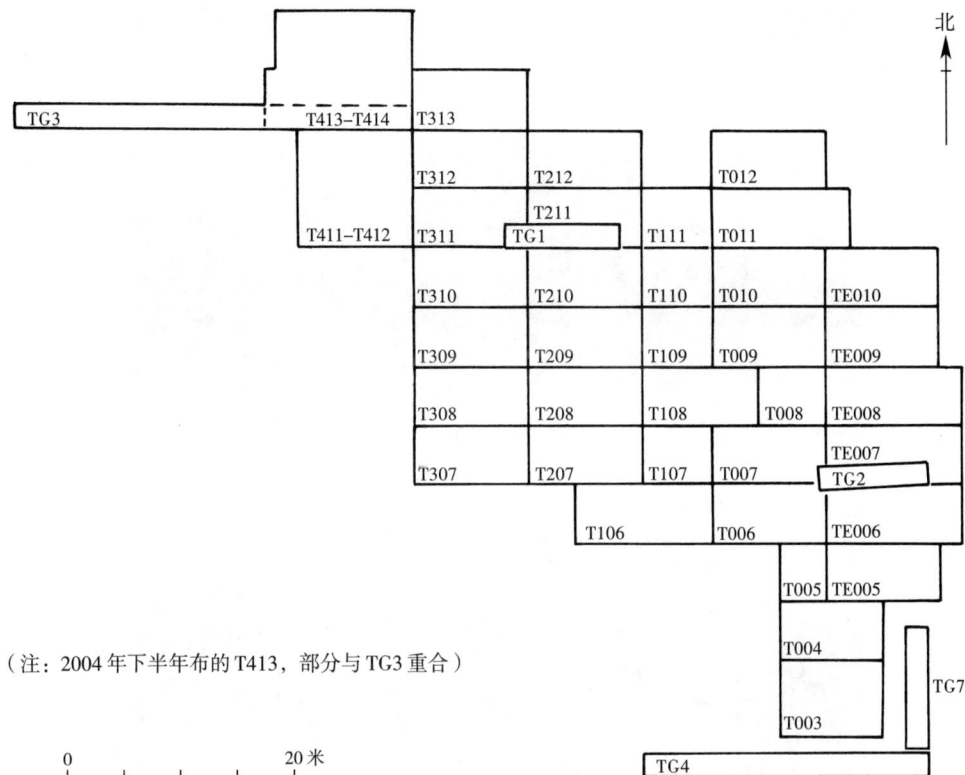

（注：2004年下半年布的T413，部分与TG3重合）

0　　　　　　20米

图一二　昆山遗址2004年度发掘探方分布图

认识的、南北走向的马桥文化阶段大沟（即G1）上。经过三个多月的发掘，G1尚未触及东岸，沟内出土了大量的从东部山坡倾倒而来的窑块等废弃堆积，考古队希望由此找到原生遗迹，并进一步了解坡地堆积的范围和性质；其次，因原昆山"老年公寓"拆房后，其区域内还将作适当的考古调查，昆山遗址保护范围内也需要作更广泛的调查钻探，故决定下半年继续进行野外发掘工作。

2004年7月14日，上半年野外发掘暂告一段落。

本阶段昆山遗址联合考古队成员如下：

闵泉（湖州市博物馆副馆长，副研究员）、陈兴吾（湖州市博物馆考古部主任，副研究员）、葛建良（浙江省文物考古研究所技工）、费胜成（德清县博物馆，见习生）、齐宏钧、邓喜怀（陕西省文物考古研究所技工）、何国俊（厦门大学人类学系考古专业2001级硕士研究生，参加了前期的发掘工作）、方忠华（浙江省文物考古研究所技工，参加了后期的发掘工作）、方向明（浙江省文物考古研究所副研究员，本次发掘领队）。（图一六）

3.下半年的发掘

2004年9月15日，昆山考古队进驻山西头村，开始了下半年度的考古发掘。本阶段

图一三 从龙溪港望对岸的发掘区（西—东）

图一四 昆山遗址2004年度上半年未发掘前的场景（东—西）

图一五 对发掘区南部水塘剖面进行调查（南—北）

图一六　昆山遗址 2004 年度上半年考古发掘队员合影
（左起：闵泉、邓喜怀、葛建良、方忠华、方向明、齐宏钧、费胜成、郑云飞、陈兴吾）

布方主要围绕上半年发掘区的东西两侧。共布探方 21 个，编号为 T411～T414，T003～T012，TE005～TE010 和 T106。布探沟 1 条，编号 TG7。（图一二、图一七～一九；彩版二，1、2）

发掘工作大致分为三个时段：

（1）揭露 G1 的东缘、东坡可能存在的窑址遗迹及与昆山山脚下坡面生土衔接的区域。G1 东面发掘区地块，曾于上世纪建过小高炉，水泥及块石铺筑的地基非常坚硬，为了节省时间，我们用抓斗机将扰土进行了局部清理。其后，发掘了 T009、T010、T011（东扩方 2 米）、T012（北有堆砖叠压未能作成整个探方）以及 TE009、TE010[①]。发掘结果表明：T011、T010 在揭去扰土层后，发现了不规则的红烧土块堆积，有的土块还夹杂着过烧的陶器残片；T011 中部偏北清理的 H7，可能具有水井的功能，其北隔梁上还发现了有红烧土填筑的 H9。上半年所期盼的"窑址"或其他重要迹象没有发现。在 T011 南部和 T009 南部又发现了崧泽文化的土台和墓葬。TE009 的局部剖面上还发现了"夯筑"的堆积地层，当存在建筑遗迹。

（2）鉴于上述的迹象，我们决定再向东南地段扩方发掘。遂分别开挖了 TE008、T007、

---

① 采用"TE……"的编号是因为发掘区超出了第 II 象限的范围，为了便于记录，不得已而为之。

图一七　昆山遗址 2004 年度下半年发掘前场景（西—东）

图一八　昆山遗址 2004 年度下半年第一阶段的发掘场景（南—北）

图一九　昆山遗址 2004 年度下半年第二阶段的发掘场景（西—东）

TE007（在此找到了当初回填的TG2）、T106、T006、TE006。发掘结果表明：G1局部的堆积范围已经到了南缘；土台基址上存在着复杂的建筑迹象；清理了可以明确为水井性质的H11；崧泽文化墓地的范围也进一步得到了确认。

（3）开挖TG7，确认东坡遗址堆积是往山下简易公路及发掘区南部延伸，遂将T005、TE005、T004、T003进行了最后的揭露。

另外，在本次发掘期间，为了解原湖州市"老年公寓"的地下堆积情况，在基建部门拆除原建筑后，分别于原围墙范围内开挖TG5、TG6，东西向，长50、宽4米，两探沟间隔29米。（参见图一一）

本阶段发掘人员有：闵泉、陈兴吾、葛建良、齐宏钧、刘福刚（陕西省文物考古研究所技工）、方向明。

二 室内整理

本次田野发掘结束后，基于下述的原因：

1. 本年度的发掘取得了较大的成果，遗址的堆积形态和出土遗物丰富了昆山遗址的文化内涵，反映了遗址本身的独特文化面貌；

2. 遗址自20世纪50年代发现后，所采集的大量遗物需要认识和归纳，零星的调查和试掘需要作整体上的考虑；

3. 遗址的保护面临较为严峻的局势，遗址的考古调查和发掘今后还需要做进一步的工作。目前的发掘仅仅揭示了遗址面貌的极小一部分，作为考古研究的一个过程，有必要对发掘资料作详尽的整理，使其为现在或今后的遗址保护提供考古学的依据；

4. 浙江省文物考古研究所于本世纪初行文规定，各考古队应及时完成年度发掘资料的整理工作。

另外，恰逢湖州市博物馆新馆落成，作为共同的考古成果，应该向新馆的陈列开放献上一份考古学的薄礼。

为此，浙江省文物考古研究所与湖州市博物馆商议，应尽快完成昆山遗址考古发掘所获资料的室内整理工作。2005年1月下旬，野外发掘工作结束后，我们就将部分需要修复的墓葬陶器运至瓶窑吴家埠工作站，利用春节休假进行室内修复。这一工作主要由技工葛建良、方忠华承担，夏朝阳也参加了部分工作。

2005年4～12月，方向明、闵泉在湖州市博物馆馆舍内，对昆山发掘遗物进行全面的整理，两人对所出土的遗物进行讨论和分析，由方向明负责所有器物图的测绘，闵泉负责所选标本的拓本。陈兴吾因参加湖州风车口遗址的发掘，不能前来一起整理，但在报告的体例和叙述上一并多次讨论。

本次发掘的新石器时代遗存，主要是61座墓葬，其相对年代约当于崧泽文化晚期阶段，或崧泽文化晚期阶段至良渚文化早期阶段。鉴于墓葬随葬品组合及特点，与以上海青浦崧泽中层墓地为代表的崧泽文化面貌有较大的区别，其文化背景和意义仍需要作进一步的研究，故本报告将第三章暂称为"新石器时代文化遗存"。

　　本次发掘的另一重要收获，是发现了印纹陶时期的堆积，获得了一批同时期的遗物，其相对年代约当于马桥文化或稍后。鉴于这些遗物又与以上海闵行马桥遗址为代表的马桥文化面貌上有较大的不同，有一些遗物其相对时段约当于所谓的"后马桥文化"阶段。本报告曾拟笼统地使用"印纹陶文化时期"标识，后经考虑还是使用"高祭台类型"名称①，因此，本报告第四章暂称为"高祭台类型时期遗存"。

---

① 关于"马桥文化"、"高祭台类型"和"后马桥文化"的相关问题探讨详见本书第六章。另本报告个别野外照片上及附录三中"崧泽"、"马桥"等字样为发掘过程中标注，未作统一修改，特此说明。

第二章　地层堆积和堆积过程的分析

本次发掘依南北向的G1将遗址分为东、西两个发掘区域进行，考虑到遗址的地形和堆积特点，选择典型地层剖面加以说明和判读。

第一节　典型地层剖面举例

一　（TG3）－T311－T211－T111－T011北壁地层（图二〇）

根据土质土色可以分为四个大层，其中G1内堆积层次将在本书第四章第四节中叙述，T411因受到晚期破坏，选择TG3北壁地层作为参考：

第Ⅰ大层，表土层。堆积的西部为现代耕作层，东部为近代加高的路基。

第Ⅱ大层，扰土层。呈灰褐色，一般厚约30厘米。除了包含近现代等扰乱遗物外，保存较多的属于高祭台类型时期的遗物。

第Ⅲ大层，高祭台类型时期的地层堆积。西部的堆积较薄，分布范围较小，仅在T311、T211局部有所分布；东部依昆山西坡分布，范围较广，堆积也较厚。G1堆积贯穿发掘区

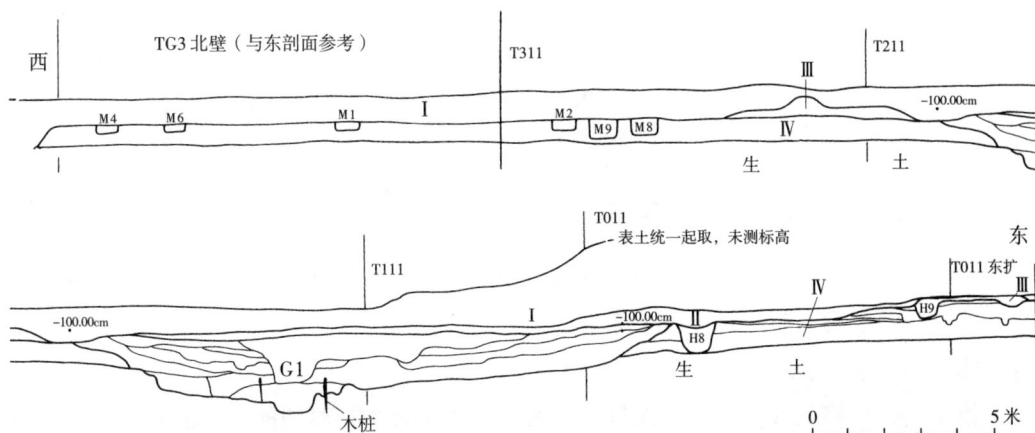

图二〇　（TG3）－T311－T211－T111－T011（东扩）北壁地层剖面图
（·-100.00cm 表示相对标高，以下各图均同）

的南北，打破生土层。

第Ⅳ大层，新石器时代营建的土台堆积，于 G1 两侧分布，现堆积厚约 50 厘米。

以下为生土，生土在 1 米厚的范围内可分为两层：上层为质地较为紧密的黄色土，土色、土质与新石器时代营建的土台的最底层相同；下层为青紫色的淤泥。

二　TE009 — T009 — T109 — T209 南壁地层（图二一）

根据土质土色也可以分为四个大层：

第Ⅰ大层，表土层（此大层工地统一起取，剖面略）。

第Ⅱ大层，扰土层。

第Ⅲ大层，高祭台类型时期的地层堆积。主要分布于昆山的东坡，仅在 TE009 内分布，叠压新石器时代营建的土台。

第Ⅳ大层，新石器时代营建的土台堆积。

以下为生土。

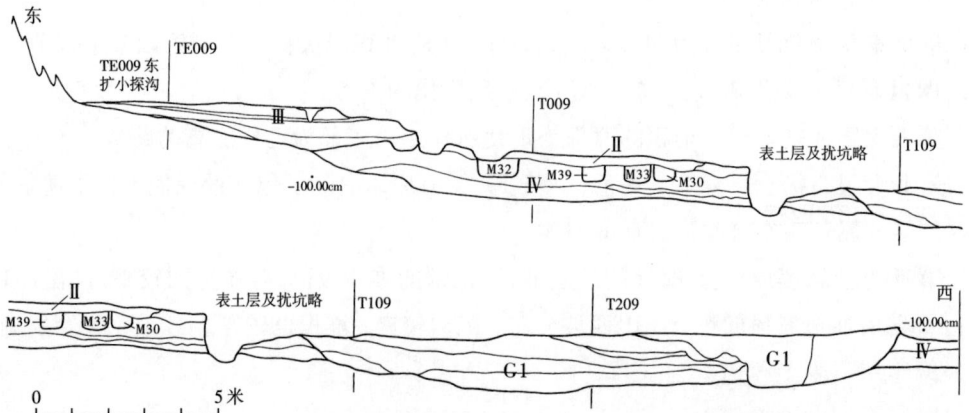

图二一　TE009 — T009 — T109 — T209 南壁地层剖面图
（图上 TE009 东扩部分是为了解第Ⅲ大层堆积的延伸状况所作的 2.5 × 0.5 米小探沟）

三　T010 — T009 — T008 — T007 东壁地层（图二二）

该地层主要是反映东区新石器时代墓葬土台的向北、向南拓展情况，其中第④、⑤层和第⑥、⑦层没有直接的叠压关系。

第①层，表土和扰土层。工地已统一起取。

第②层，灰褐色沙性土，质地较为紧密。为高祭台类型时期的人工营建土，此层下开口浅凹坑 H10。

第③层，灰褐色沙性土，质地较为紧密。为高祭台类型时期的人工营建土。

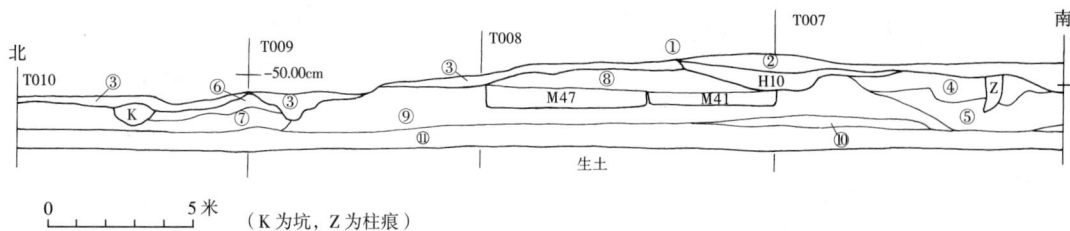

（K 为坑，Z 为柱痕）

图二二　T010 — T009 — T008 — T007 东壁地层剖面图

第④～⑪层为新石器时代的堆积。

第④层，灰褐色沙性土，质地紧密。

第⑤层，为夹沙和夹泥的层状堆积，质地紧密。

第⑥层，灰褐色沙性土，质地紧密。

第⑦层，灰褐色沙砾层，夹杂的沙砾较粗，质地紧密。

第⑧层，沙性灰黄土，质地紧密。此层下开口 M47 和 M41。

第⑨层，黄褐色沙砾层，夹杂的沙砾较细小，质地紧密。

第⑩层，夹细沙的灰黄色土，质地较为紧密。

第⑪层，灰褐色团状斑土，质地紧密。

以下为生土。

四　T006 西壁、北壁和东壁地层（图二三）

该探方的地层可以反映 G1 的东南边缘以及高祭台类型时期、新石器时代的堆积基本情况。地层堆积情况如下：

第①层，表土和扰土层。工地已统一起取。

第②层，夹沙褐色土，高祭台类型时期的堆筑土。

第③～⑧层为新石器时代堆积。

第③层，沙性黄褐色土，质地较为紧密。

第④层，沙性灰黄色土，质地较为紧密。

第⑤层，沙性灰褐色土，另有较多的砾石块。

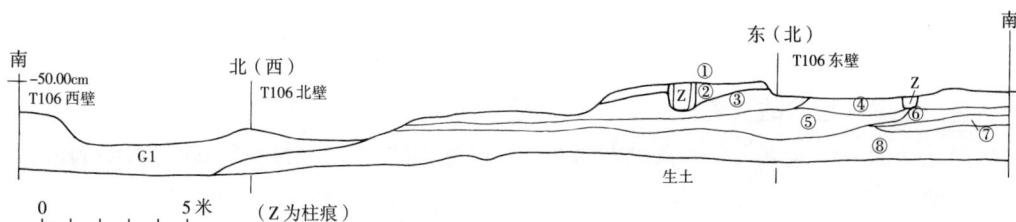

（Z 为柱痕）

图二三　T006 西壁、北壁和东壁地层剖面图

第⑥层，灰黄色斑土，质地
紧密。

第⑦层，灰褐色黏性土，质
地紧密。

第⑧层，黑色团状斑土，质
地紧密。

以下为生土。

五　T106东壁地层（图二四）

该剖面反映了G1南部的局
部堆积情况。

第①层，表土层。工地已统
一起取。

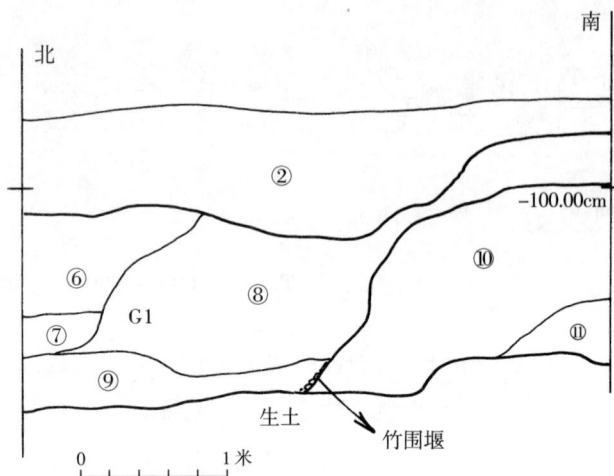

图二四　T106东壁地层剖面图

第②层，扰土层。

第③~⑤层在T106东壁未有分布，第⑥~⑨层为G1堆积。

第⑥层，灰黄色斑土，夹杂零星的红烧颗粒，质地疏松。包含少量印纹陶。

第⑦层，灰黑土，夹杂红烧土颗粒，质地疏松。包含少量的印纹陶。

第⑧层，黄色土，黏性。包含少量的印纹陶。

第⑨层，灰白色黏性土，质地松软。下压G1南部的竹围堰遗迹。

第⑩、⑪层堆积质地较为松软，可能也为G1的早阶段堆积。

第⑩层，灰黑色斑土，夹杂黏性黄土及零星的红烧土颗粒，土质松软。包含少量的
印纹陶。

第⑪层，灰黑色淤泥，质地松软。所出土的少量陶片均为新石器时代。

以下为生土。

六　TG2南壁地层（局部）（图二五）

此剖面主要反映东区遗迹、地层的叠压关系，可以分为七层：

第①层，表土、扰土层。工地已统一起取。此层下开口F2。

第②层，灰黄色土，质地较为紧密，仅局部分布。此层下为H12堆积，剖面为夹杂
灰白色淤泥的呈层状的灰黄色沙土。H12底部还有柱痕1个，柱痕内填土为灰黑土，两
侧呈凹弧状的土层为夹杂草木灰的黄褐色，由于该层面整体上未找到与建筑有关的迹象，
详情不明。

第③~⑦层为新石器时代堆积。

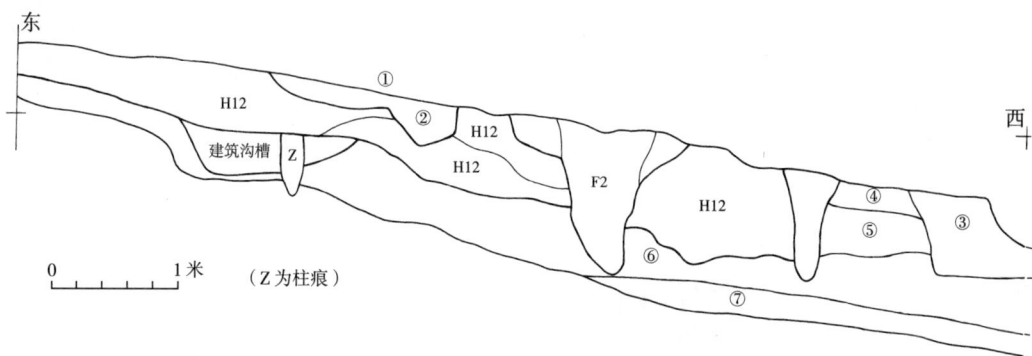

图二五　TG2南壁地层（局部）剖面图

第③层，块状的黄土，夹杂黏性的深灰色土，质地紧密。

第④层，黄褐色沙砾层，质地紧密。

第⑤层，深灰色黏性土，夹杂少量的沙砾，质地紧密。

第⑥层，灰黄色沙砾层，夹杂的沙砾个体较大，质地紧密。

第⑦层，深灰色土，夹杂较细的沙砾，质地紧密。

以下为生土。

第二节　堆积过程的分析

根据上述地层堆积情况，发掘区主要遗迹的堆积过程可以分为两个大的阶段：

第一阶段——新石器时代文化遗存：G1东、西两侧为人工堆筑的新石器时代文化土台。其中西部堆筑土台依据约10×10米土台向北、东、南拓展，土台上清理了墓葬26座和建筑迹象1处。东部堆筑土台大致依T008为中心向北、南拓展，共埋设三组墓葬计35座。

第二阶段——高祭台类型时期遗存：G1东侧，也就是紧靠毘山西坡，为高祭台类型时期的土台建筑基址和活动场所。其中G1局部在T106至南缘，在G1和土台基址之间还有水井等迹象。根据G1内的堆积内涵和来源方向，可以证明G1西侧原先也应该存在同时期的遗迹，只是受到晚期的破坏不得而知了。土台基址上清理了明确的房址2处，根据柱坑或柱痕的分布等另确定了三个建筑单元。从F1叠压H14和F2叠压H15判断，土台基址原本至少还存在着两个以上的堆积过程。

上述堆积过程可示意如图二六。具体堆积过程分析如下：

1）2004年的发掘区依毘山西坡。

2）新石器时代东、西土台的营建当与G1的形成有关。尤其是西区墓葬所依土台的

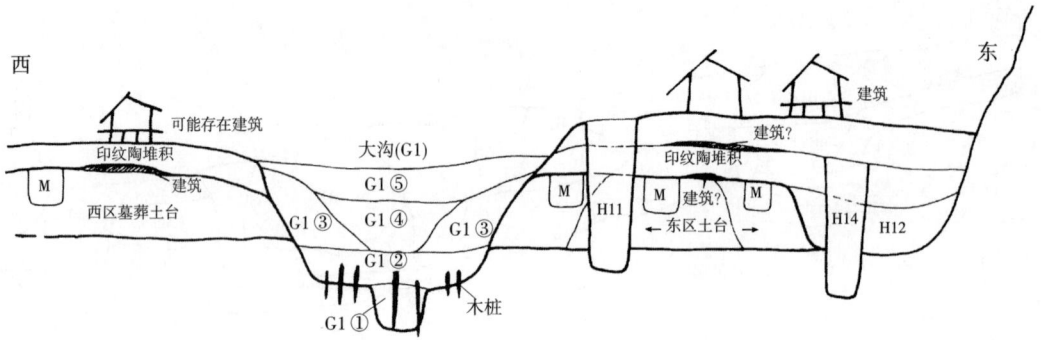

图二六　昆山遗址主要遗迹的堆积过程示意

营建，东区墓葬所依的土台之营建土层底层也应与此有关（上层的土层中夹杂较多的沙石，与此无关），东区墓葬所依的土台堆积根据南北向剖面揭示，大致可以说明曾往北、南方向拓展，图二六中"←东区土台→"箭头方向为示意。

3）新石器时代墓葬均埋设于G1东西两侧的土台上。

4）西区墓葬于T312发现由K1～K6柱洞组成的建筑单元，在此范围内也无墓葬布设，判断应与墓地为相对同一阶段；东区土台于T008清理中发现不规则分布的柱洞若干，难以整体观察，可能也存在着与墓地相对同一阶段的建筑遗迹。

5）图二六所标注的"印纹陶堆积"即报告所谓的"高祭台类型时期"堆积。西区受到晚期扰乱甚，但从G1在T311的局部延伸、堆积情况分析，原先应存在活动或建筑遗迹。

6）东区的H12位于东区南北向的新石器时代土台和昆山西坡之间，为南北向的凹陷地带，堆积判断为包含少量高祭台类型时期遗物的多次自然沉积；鉴于东区主要遗迹如H14、H11分属于不同的堆积地层，应至少存在两个大阶段的活动面，与H14相关的建筑遗迹不明，与H11相关的建筑遗迹如建筑Ⅰ～Ⅲ，F1、F2等。

7）G1依据堆积情况分为五个大的阶段，但目前尚难以与东、西两侧的遗迹作准确的对应。

第三章　新石器时代文化遗存

第一节　概述

本次发现的新石器时代文化遗存，主要是埋设在人工营建土台上的61座墓葬。墓葬大致呈南北向，从残存的骨骸判断头均向南。墓葬平面分布及土台堆筑范围恰依南北向的G1分为东、西两大部分（图二七），其中：

西区墓葬共26座，大致为东西向排列，从北向南可分四排。

东区墓葬埋设的土台在堆筑上是从中部向北、南拓展，墓葬可以分为中组、北组和南组三组共35座。其中中组墓葬最多，为21座，且大致又可分为南北的四排，墓葬彼此之间还存在叠压打破关系；北组5座，其中4座墓葬分布较为集中；南组9座，呈东西向有序排列。

西区墓葬由于地下水位相对较高，而且土台的堆筑土和墓坑回填土、或墓室塌陷土多为质地较为紧密的黄褐色土，故人骨保存尚可。而东区土台墓葬依昆山西坡，地势相对较低，地下水位较高，堆筑的土台和墓坑填土、或墓室塌陷土多为夹沙性的黄褐色土，尽管质地也较为紧密，可能因渗水性较强的缘故，除极个别墓葬在墓坑南部依稀可辨认残存的牙齿外，人骨痕迹基本不辨。在野外发掘中，甚至墓坑线也难以确认，往往是随葬器物露头后才得以明确，这也是本次发掘甚为遗憾之处。

61座墓葬中共出土编号器物501件（组），其中陶器359件（组）、石器102件、玉器40件。石器中石刀31件、石犁21件、石锛19件、石钺17件、石镰9件、石镞5件。具体统计如下表一、二：

表一　墓葬随葬品质地统计

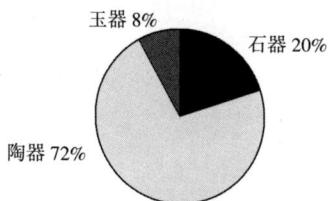

玉器 8%
石器 20%
陶器 72%

表二　墓葬出土石器统计

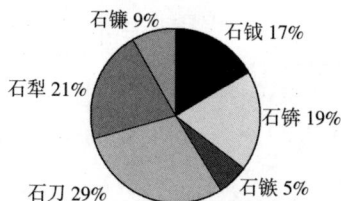

石镰 9%
石钺 17%
石犁 21%
石锛 19%
石刀 29%
石镞 5%

北

东 区 墓 葬

M53
M59
M55
M60
M58
M57
M56
M31
M50
M61
M52
M51
M32
M48
TE008
M44
M33
M46
M39
M47
M41 M49
M45
M34
M30
M42
M35 M36
M40
M27 M29
M28
M43
M37
M54
M38

T011

T009

T007

G1

10 米

0

M21
M20
M22
M19
M18
M15
M16
M10 M11
M12
K6
K1
M14
M13
K5
K3 K2
M3
K4
M7 M26
M17
M2
M9 M8
M23
M25
T311
M1
M24

西 区 墓 葬

T413-T414

M4 M6

T411-
T412

M5

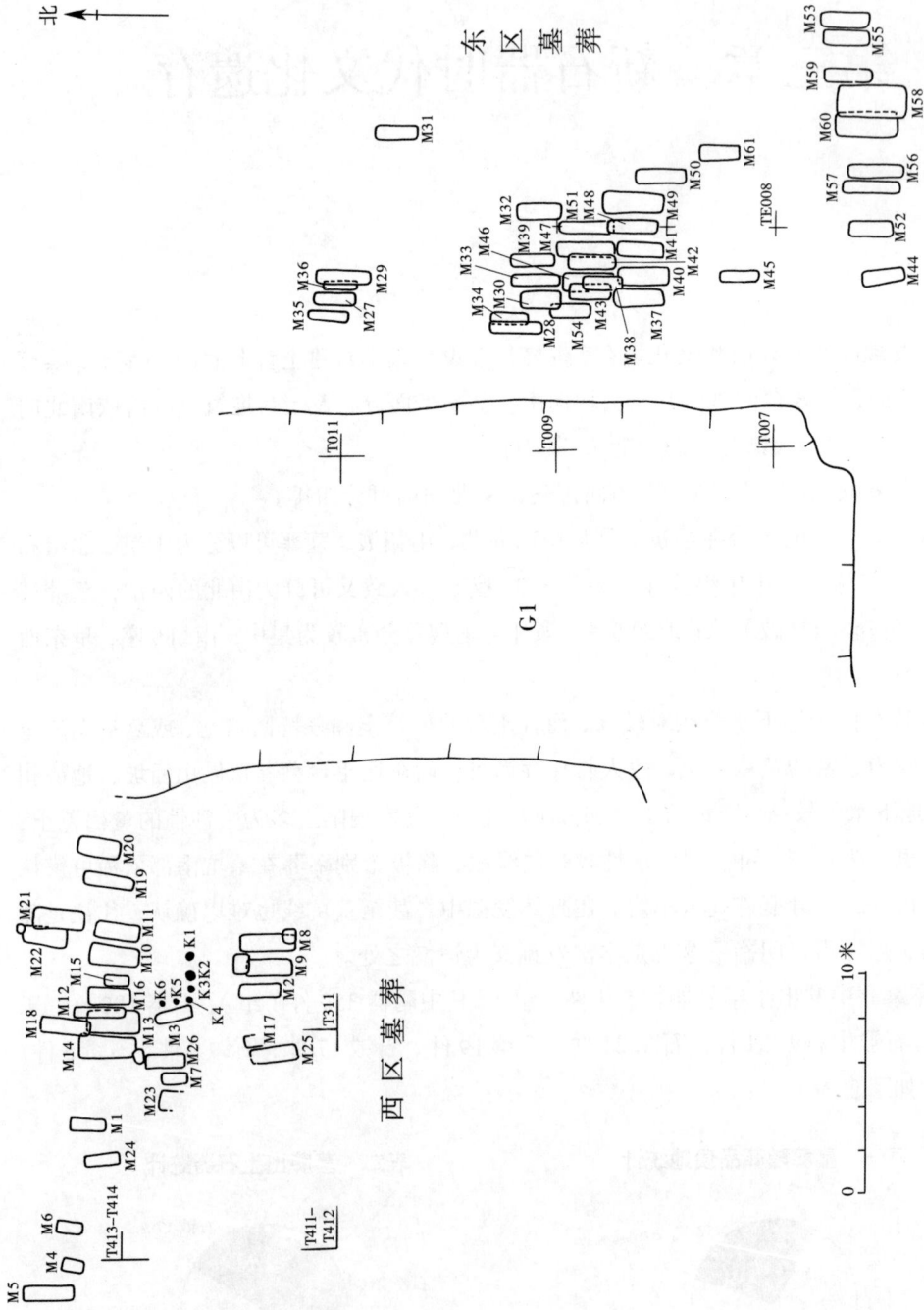

图二七　毘山新石器时代墓葬平面分布图

陶器组合主要为鼎、豆、罐、壶、盉、盆,少数墓葬随葬大口缸,另有4座墓葬有打破墓葬的小坑,坑内主要埋设大口缸。

石器的主要组合情况为:

1)石钺多与石锛、石镞共出,基本不与纺轮共出;

2)石犁、纺轮、石刀共出。

从随葬陶器等特点分析,墓葬相对年代约当于崧泽文化晚期或崧泽文化晚期至良渚文化早期阶段,考虑到出土的鼎类基本为粗泥陶质地,盉均为粗泥陶,出土的石犁与良渚文化阶段的石犁明显有别,故我们倾向于其相对年代约当崧泽文化晚期阶段。

本次发掘除了61座墓葬外,还在西部土台清理了应该属于此阶段的建筑遗迹1处、西部土台的红烧土堆积以及土台堆筑过程中的少量包含遗物、G1中的少量相关遗物,相关内容将在本章第四节"其他相关迹象和遗物"及相关章节中叙述。

第二节 西区墓葬

一 概述

西区26座墓葬,主要集中分布于T411～T413、T311～T313。由于T411、T412以及T414的大部分被晚期扰坑所破坏,所以墓地整体不太完整。墓葬均直接开口于表土层下,在清理完表土层后,随葬遗物多已露头,不少器物因后期扰动,致使露头部位残损。

西区墓葬按南北布列基本分为四排。

第一排3座:自西向东分别为M18、M22、M21;

第二排14座:自西向东分别为M5、M4、M6、M24、M1、M14、M13、M12、M16、M15、M10、M11、M19、M20。在这一排中,M5～M1和M14～M20还另可以再分为西、东两小组;

第三排4座:自西向东分别为M23、M7、M26、M3;

第四排5座:自西向东分别为M25、M17、M2、M9、M8。

上述墓葬间存在三组叠压打破关系,即:M18→M14、M13;M12→M13;M21→M22。

西区有4座墓葬在墓坑北或南被小坑打破,小坑内埋设陶大口缸或其他陶器,如:M22墓坑北部小坑埋设陶大口缸;M14墓坑南部小坑埋设陶鼎,陶鼎内另还有陶罐1件;M9北部小坑埋设陶大口缸和陶罐各1件;M8南部小坑埋设陶大口缸1件。

西区墓葬出土编号器物206件(组),其中石器45件、玉器19件、陶器142件。石器中石钺7件、石犁10件、石刀14件、石锛10件、石镰2件和石镞2件。除了残损墓葬外,一般墓葬的随葬品数量都在10件左右。

另外，在第三排墓葬的东部，即T312内，还发现一处由小坑组成的遗迹，编号K1～K6。小坑平面呈圆形，坑内填土为夹杂红烧土颗粒的灰褐色土。（图二八～三一；彩版三）

二　西区墓葬土台堆筑过程和坯料形红烧土（块）

西区土台是在生土面上以较为纯净的黄褐色土营建的一处可能近正方形的土台。由于土台的西南大部为晚期扰坑所破坏，整体情况不明。主体土台的范围或可根据土台外侧的红烧土堆积判断，北缘大致位于T413的中部，东缘位于T412的东隔梁部位，西缘土台外侧的红烧土堆积渐渐稀落，大致应该位于M5的西侧。如是，主体土台东西、南北宽约12米，面积约150平方米，土台目前保存残高约50厘米。

西区土台底部堆筑营建的较为纯净的黄褐色土的来源判断可能与现编号的G1有关，G1打破生土的剖面之黄褐色土与西部土台的土质和土色甚为接近。

西区主体土台的北部和东部边缘，有夹杂大量红烧土块的斜坡状堆积。其东北部位尤甚，北部红烧土堆积中还间或有呈层状的"草木灰"堆积。红烧土块以不规则形状为主，有的表体一面留有杆痕，一面稍显弧曲形，应是某种建筑物经过火烧后的残留，可

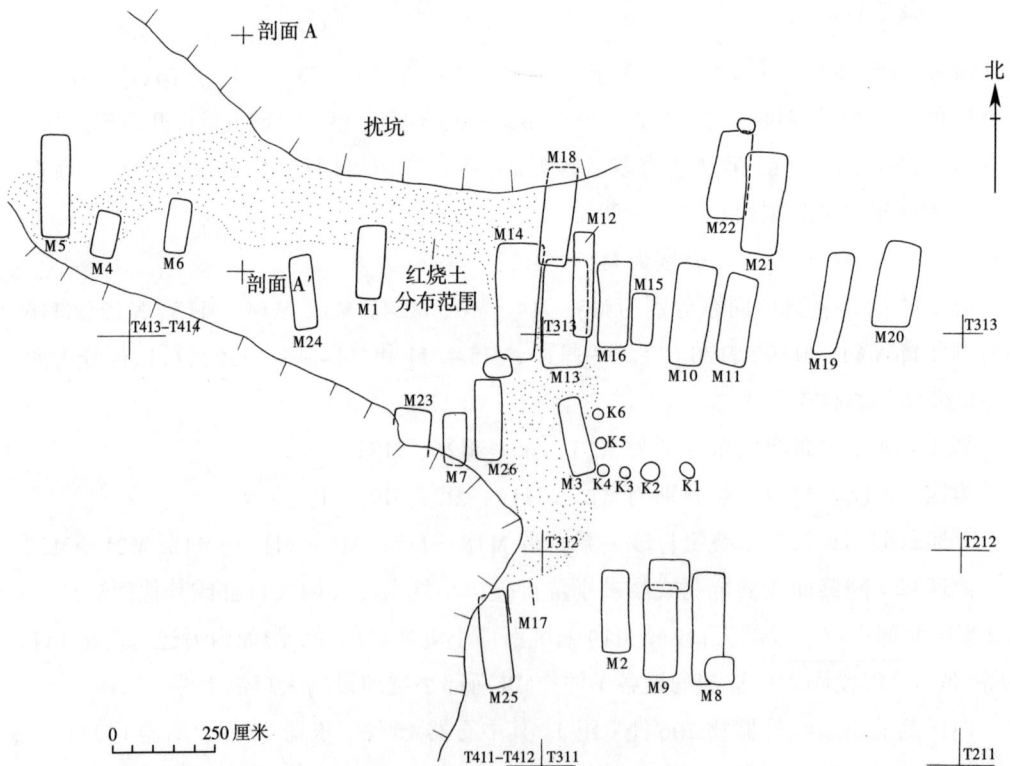

图二八　西区墓葬平面分布图

称之为"坯料形红烧土（块）"[1]，标本参见下文所述。

主体土台在边缘斜铺红烧土块后，依次向北、东方向拓展，其中北部土台的拓展为质地较为纯净的黄褐色土，东南部位为夹杂沙性的褐色土，东北部位为夹杂较多杂质的灰褐色土。彼此之间的关系不明。

在土台西部选择南北向的 AA′ 剖面进行土台堆筑过程的有目的解剖，解剖地层可分三层（图三二、三三）：

第①层，黄土，质地纯净；

第②层，黄褐色土，夹杂红烧土块，呈漫坡状，其中北部的红烧土堆积中间杂有一层"草木灰"层；

第③层，黄褐色土，黏性，质地纯净且较为紧密，局部呈团块状，是为生土挖取后直接堆筑。

其下为生土。

土台堆筑中的坯料形红烧土(块)，均夹杂一定比例的秕谷。除了碎小、形制不规则者外，多保留外侧面相对平整而内侧面留有杆、板状物的印痕，少量为多面体结构。标本举例如下：

PST：1[2]，两面均较为光整，一侧似到边缘，但整体呈弧弯状。厚约5厘米。（图三四，1；彩版四，1~3）

PST：2，外侧面较为光整，呈弧凸

图二九 西区的土台和墓葬（东—西）

图三〇 西区的土台和墓葬（北—南）

图三一 西区的土台和墓葬（南—北）

---

① 牟永抗先生称之为"坯料形红烧土块"。参见牟永抗：《长江下游地区文物起源考古学研究的回顾与思考》，刊上海博物馆编《长江下游地区文明化进程学术研讨会论文集》，上海书画出版社，2004年，第15页："1987年……莫角山遗址……发现压在一座良渚文化小墓下的直径达20米的半坑'坯料形'红烧土块的废料堆积……"。报告中所述烧土内（侧）面暂指的是有杆痕的一面。

② "PST"编号意为"坯料形红烧土"，以下同。为体现个别器物的剖面情况及减轻工作强度，器物剖面均未填斜线。

图三二　西区墓葬土台的南北向 AA′ 剖面（西—东）

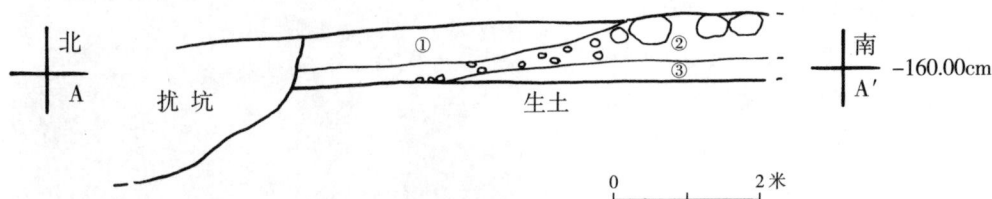

图三三　西区墓葬土台的南北向 AA′ 剖面图

状。内面留有多道杆印痕，杆痕之间的连线与外侧面不平行。烧土可分为两层，外层厚约 1.5 厘米。外侧面于内层面上有一横向的杆状物印痕，此印痕与内面杆印痕直角相交，外层烧土又压此杆痕。说明系多次糊抹而成。烧土厚约 7 厘米。（图三四，2；彩版四，4～6）

PST：3，外侧面较为平整，一侧留有宽且微内凹的杆痕，宽约 5.5 厘米。内侧面留有多道深浅不一的杆痕，每道宽约 0.5 厘米，厚约 7 厘米。（彩版五，1、2）

PST：5，外侧面相对平整，局部有剥落，可见有粘贴痕迹；内面有竖向的杆印痕，印痕凹弧度有所不同。厚约 5 厘米。（图三四，3；彩版六，1～3）

PST：6，竖截面呈三角形的红烧土块。外侧面较为光整平直，内面有斜向的多道排列紧密的杆印痕 A，印痕宽大致在 1～1.5 厘米。上部为横向的 B、C 印痕，其中 B 印痕由两根杆印痕组成。同样横向的 C 印痕位于红烧土块顶端，较为宽大，宽约 6 厘米，外侧面另用泥再行糊抹，C 印痕似为木质横档类。A 印痕与 B、C 印痕约呈 60 度夹角，A 印痕与外侧面夹角约 25 度。整块红烧土厚约 8 厘米。（图三四，4；彩版五，3～6）

PST：7，外侧面平整但微内凹弧，内侧面留有多道近平行的杆痕，每道杆痕径约 1 厘米，内侧面相应外侧面微弧凸，应与火烧变形有关。此烧土块通体色泽略有差异，也当与过烧有关。（彩版六，4～6）

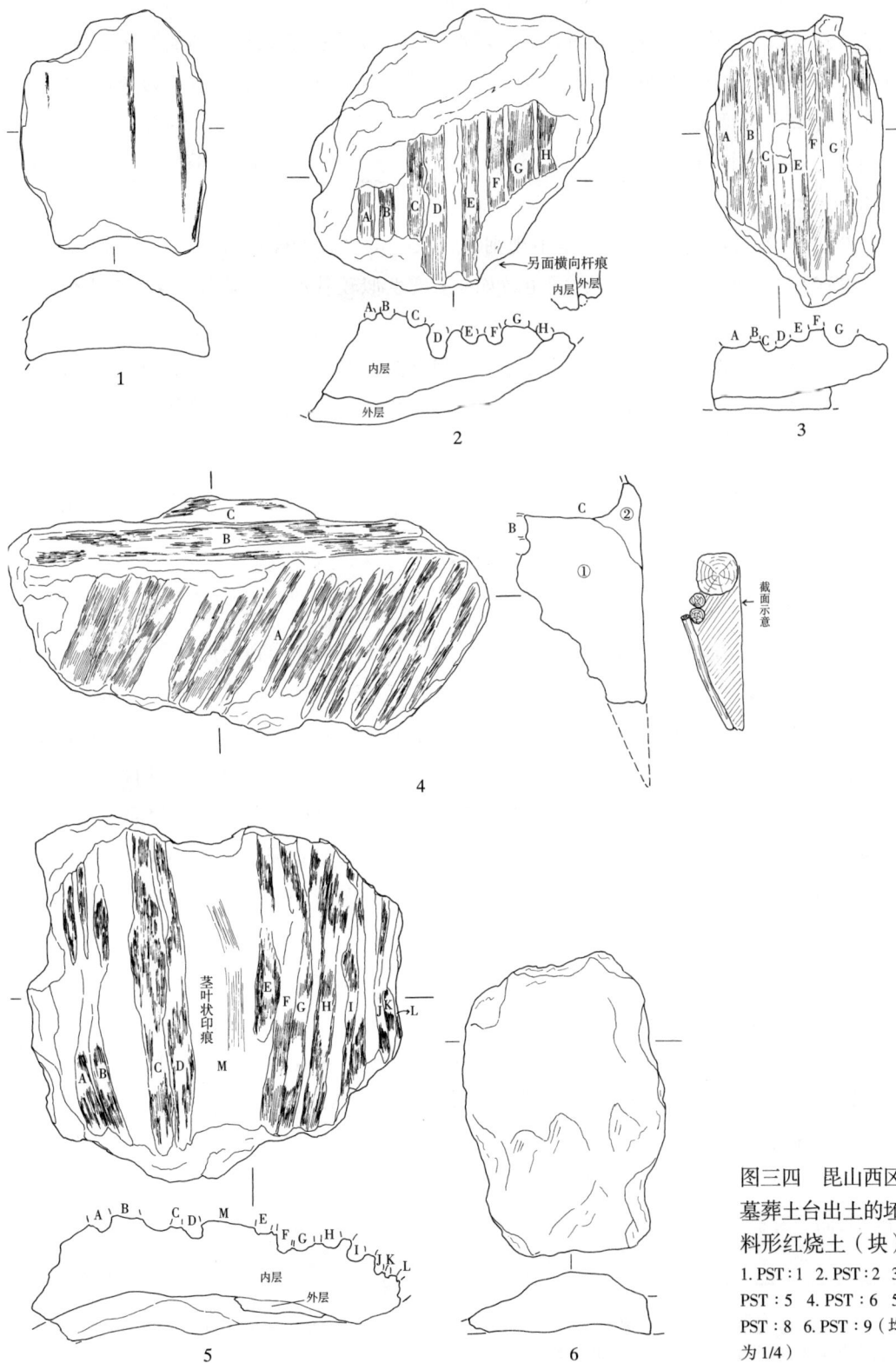

图三四　昆山西区墓葬土台出土的坯料形红烧土（块）
1. PST：1　2. PST：2　3. PST：5　4. PST：6　5. PST：8　6. PST：9（均为 1/4）

PST：8，外侧面光整，但内凹弧，局部还有再次糊抹的泥片。内面有多道杆印痕，如 A～L 所示，其中部分杆印痕相互交错。M 为茎叶类印痕，印痕相对较为平整。厚约 5 厘米。此烧土局部过烧呈青灰色，且有气孔。（图三四，5；彩版七，1～3）

PST：9，两面均较为光整，四周均未及边，整体略弧弯。厚约 4 厘米。（图三四，6；彩版七，4～6）

PST：10，整体色泽如一，呈不规则形，仅一侧留有不规则的杆痕。（彩版八，1）

PST：11，两面均较平整，色泽也较如一，硬度似较其他烧土块高，厚约 4 厘米。（彩版八，2）

另还在坯料形红烧土堆积中发现有二次氧化的陶片，如圈足杯残片。（彩版八，3）

在东区土台 T003 西南也有较大面积的坯料形红烧土分布，详见本章第四节相关叙述。

三　西区第一排墓葬

M18

（一）概述

位于 T313 西北部，墓坑南部打破 M14、M13。M18 北部受到晚期堆积的破坏，但随葬器物基本未受到扰动。人骨保存一般，头骨偏于上身一侧，通过上下肢骨的剥剔大致可以证明墓主人为仰身直肢葬式。头骨部位有纯净的黄土，应为有意识铺垫，黄土层上出土有玉半球形隧孔珠 1 件。石镰出于墓主右上身肋下，石镰下另有玉管 1 件。5 号陶盆的出土状况比较特殊，交错于左右下肢胫、腓骨之间，此类现象也存在于其他墓葬中，造成的原因不明。5 号陶盆内另有 4 号陶杯 1 件，两件器物似有配伍关系。陶鼎、石刀、陶纺轮均出于墓主脚端部位。墓坑长 210、宽 70 厘米，现深 15 厘米。随葬器物编号 8 件。（图三五；图三六 A）[1]

（二）遗物

陶器　4 件。

杯　M18：4，泥质灰胎黑陶。杯口上有一道弦纹，略呈子母口状，且有朱痕残存。下腹鼓，鼓腹部位有一周弦纹，平底假圈足微内凹。高 8.7、口径 5.1、底径约 4.5 厘米。（图三六 B；彩版九，1）

盆　M18：5，泥质黑胎黑陶，外表剥蚀。宽卷沿外展，卷沿面上有凹弦纹三周，且有自上而下穿孔两个，间距约 3.4 厘米。斜收腹，平底假圈足微内凹。高 4.2、口径约 19、

---

[1] 本报告墓葬部分编图分为墓葬平（剖）面图和出土器物图两部分，其中墓葬纵剖面图均为剖面透视关系示意图；出土器物图小号均与墓葬出土器物编号统一，出土器物分别以质地（陶、石、玉）叙述，质地中又以序号为序。

底径约 7.9 厘米。（图三六 B）

鼎　M18∶6，出土时局部叠压左下肢骨。粗泥黑胎灰黑陶。侈口，腹壁较直，鼎身整体似盆形，凿形足疏松碎裂不能修复。鼎身高约 6.7、口径约 14.5 厘米。（图三六 B）

纺轮　M18∶8，出土时位于石刀一侧。粗泥灰褐胎。竖截面大致呈梯形。高 1.8、直径约 5 厘米。（图三六 B）

石器　2 件。

镰　M18∶2，镰尖部位为墓主人骨架所压。沁蚀呈灰黄色，角岩。尖端野外起取时残损。打制石片而成，弧背，双面刃，两面刃脊线均较为清晰，开刃至柄端部位，相应的顶背部位稍内凹以便缚扎。现残长 18.8、柄长约 5.3、柄部宽约 6.3、最厚约 1.1 厘米。（图三六 B；彩版九，2）

刀　M18∶7，出土时刃部朝东南。剥蚀呈灰褐色，角岩。晚期扰乱使柄端残损。刃部相对较齐平，两面刃脊线较为清晰。上部中间凸起有单面管钻孔，钻孔另面桯修，孔中心点

1. M18（北—南）

2. 玉管出土情况

图三五　M18 及玉管出土情况

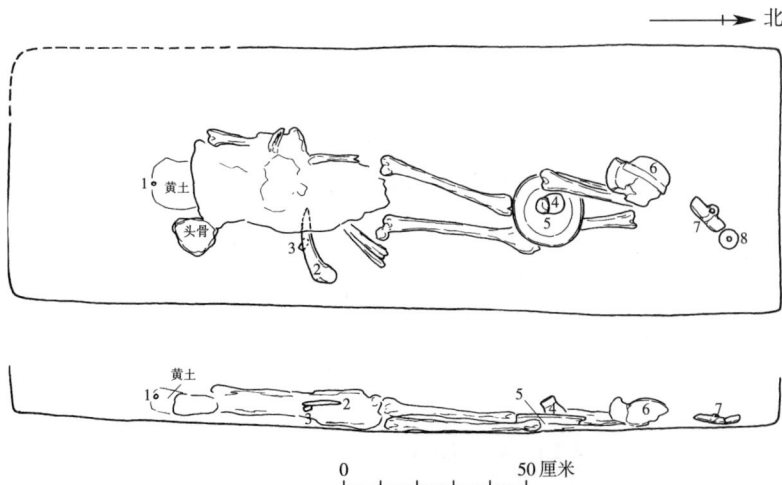

图三六 A　M18 平剖图

1. 玉半球形隧孔珠　2. 石镰　3. 玉管　4. 陶杯　5. 陶盆　6. 陶鼎　7. 石刀　8. 陶纺轮

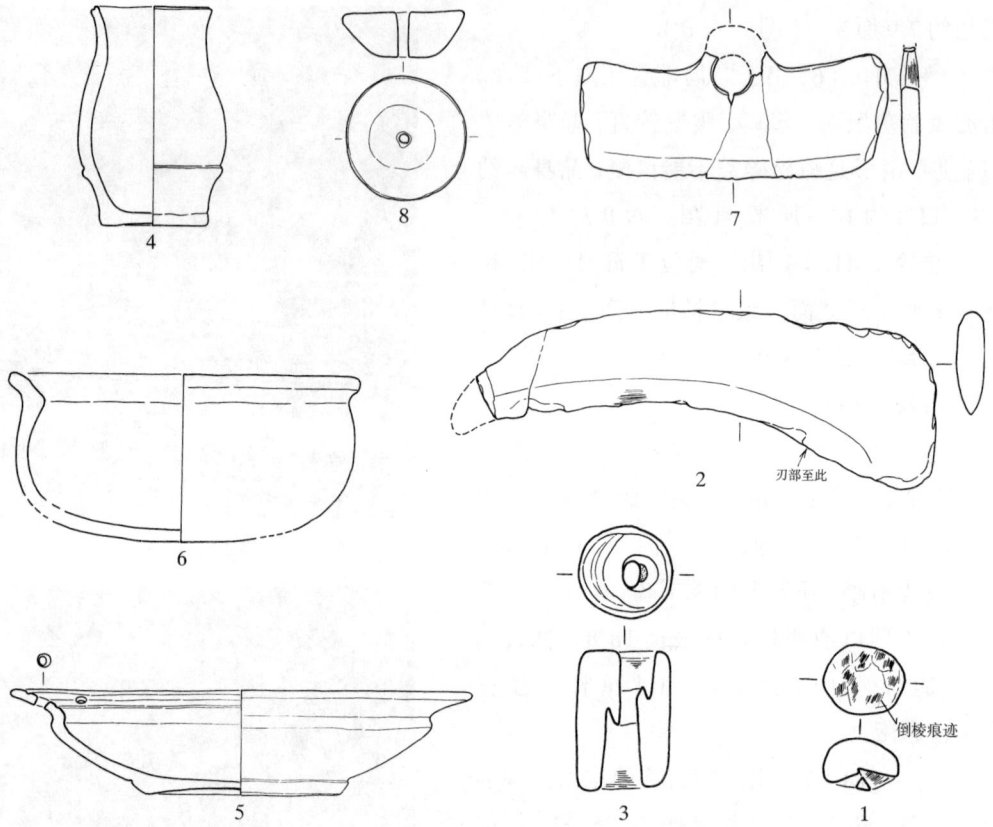

图三六 B　M18 出土器物（1、3 为 1/1，余为 1/3）

低于石刀两肩。两翼微上翘。残高约 5.1、宽 12.6、最厚 0.8 厘米，钻孔内径约 1.5、外径约 1.7 厘米。（图三六 B；彩版九，3）

玉器　2 件。

半球形隧孔珠　M18：1，浅墨绿色。隧孔面相对平整，正面弧凸，未抛光，留有明显的"倒棱"痕迹。隧孔先后以两侧斜向的桯钻而成。高 0.64、外径 0.95～1.07 厘米。（图三六 B；彩版九，4、5）

管　M18：3，鸡骨白，局部夹杂褐色斑。双向"桯"钻，"桯"钻内面孔壁均有明显的台痕。桯钻外径约 0.5～0.6、内径约 0.2 厘米，此"桯钻"工具应为小管状钻具。高 1.82、外径 1.23～1.28 厘米。（图三六 B；彩版九，6、7）

M22

（一）概述

位于 T313 北部，墓葬东侧为 M21 打破。墓坑北端另有一小坑打破墓坑，小坑平面

1. M21、M22（东—西）　　　　　2. M21、M22 剖面（南—北）

图三七　　M21、M22

略呈椭圆形，现深仅5厘米，内有陶大口缸底部残片，当已为晚期堆积所破坏。墓内人骨保存一般，头骨部位仅可辨认牙齿，其中部分牙齿残骸还在墓主头部左侧的6号陶盆内发现，从骨骸判断为仰身直肢。6号陶盆内除发现墓主牙齿残痕外，其下还发现有小范围的黄土及2号玉半球形隧孔珠。墓主头端右上方另有陶鼎、陶盘、石刀、玉管各一，下肢部位有石刀、陶杯、陶纺轮、陶鼎、陶盘各一。此墓出土两件鼎较为少见。墓坑长200、宽约90厘米，墓底比M21为浅，仅深约10厘米。随葬器物编号12件。（图三七，1、2；图三八A；彩版一〇）

（二）遗物

陶器　8件（组）。

鼎　M22：3，出土时侧倾，鼎口朝东，局部压4号陶盘。夹砂红褐胎褐陶，外表局部呈灰黑色。侈口，但颈部不明显，口、腹径较为接近，鼎身外壁留有横向的草茎抹划痕。凿形足，横截面为扁圆形。通高15.7、鼎身高10.8、口径约14.6厘米。（图三八B；彩版一一，1）

盘[①]　M22：4，出土时西高东低。泥质黑灰胎灰黑陶，外壁剥蚀甚而呈灰色。唇较宽厚，内敛，坦腹，矮圈足上有间距约3厘米的两个圆形镂孔。高约3.3、口径约14.1、底径约8厘米。（图三八B）

盆　M22：6，出土时西高东低。泥质灰褐胎黑陶。口沿一侧残损，宽折沿，宽沿面一侧有穿孔两个，间距约1.7厘米。斜收腹，平底微内凹。高约5.6、口径约20.3、底径约8.1～8.2厘米。（图三八B）

纺轮　M22：8，粗泥灰褐胎黑皮陶。野外起取时碎裂。竖截面略呈梯形，有一穿孔，

---

① 墓葬出土的豆盘类器物形态特征较为接近。为了区别，本书将那些器高小于盘外径的豆盘类器物归于盘类，而将那些器高大于盘外径的器物归于豆类。

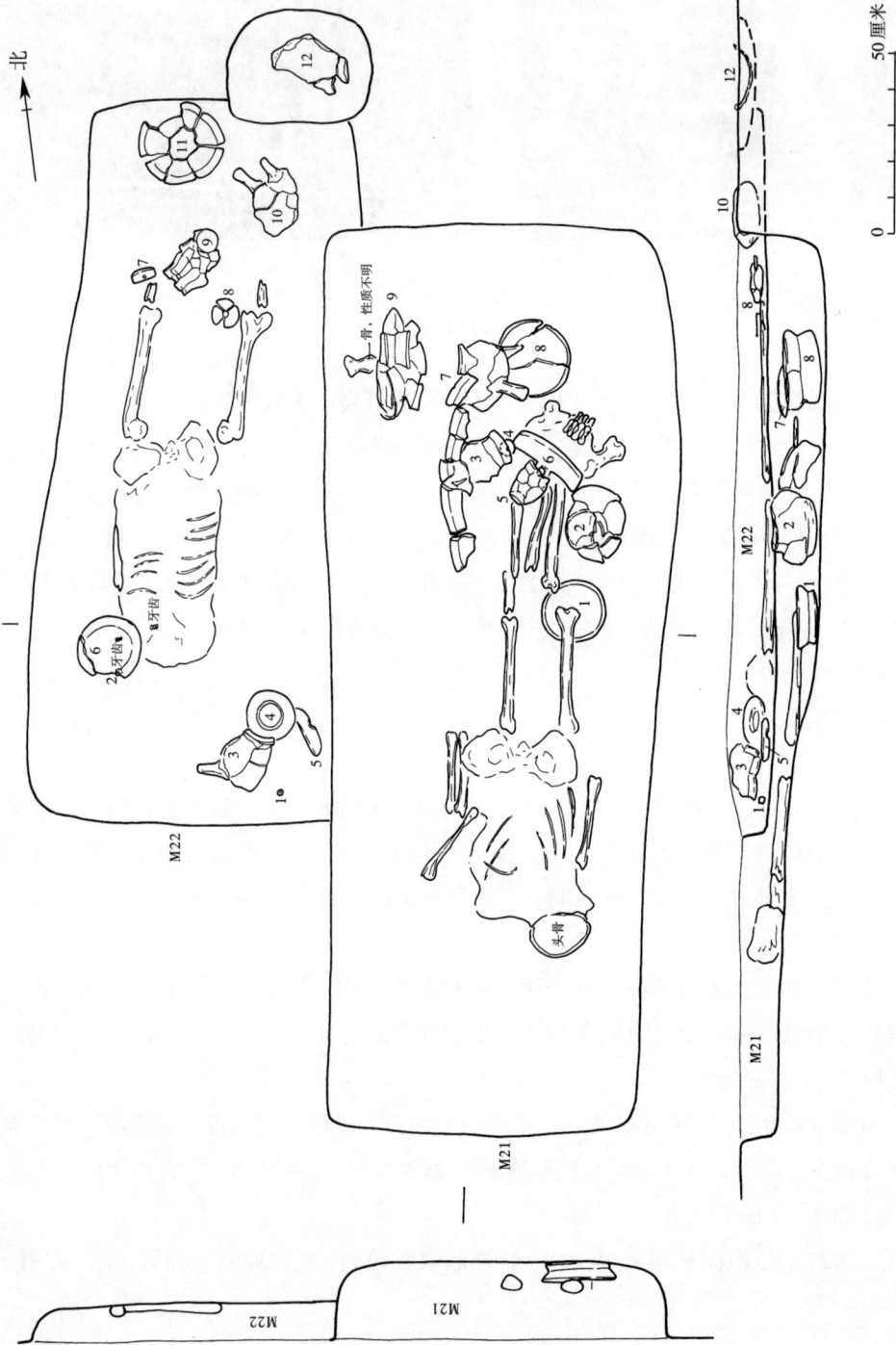

图三八 A　M22、M21 平剖图

M22出土器物 1.玉管 2.玉半球形隧孔珠 3.陶鼎 4.陶盆 5.石刀 6.陶盘 7.石刀 8.陶纺轮 9.陶杯 10.陶鼎 11.陶盘 12.陶大口缸
M21出土器物 1.陶盘 2.陶壶 3.陶盆 4.陶纺轮 5.陶杯 6.石刀 7.石刀 8.陶鼎 9.陶罐

抹痕

抹划痕

打磨至此

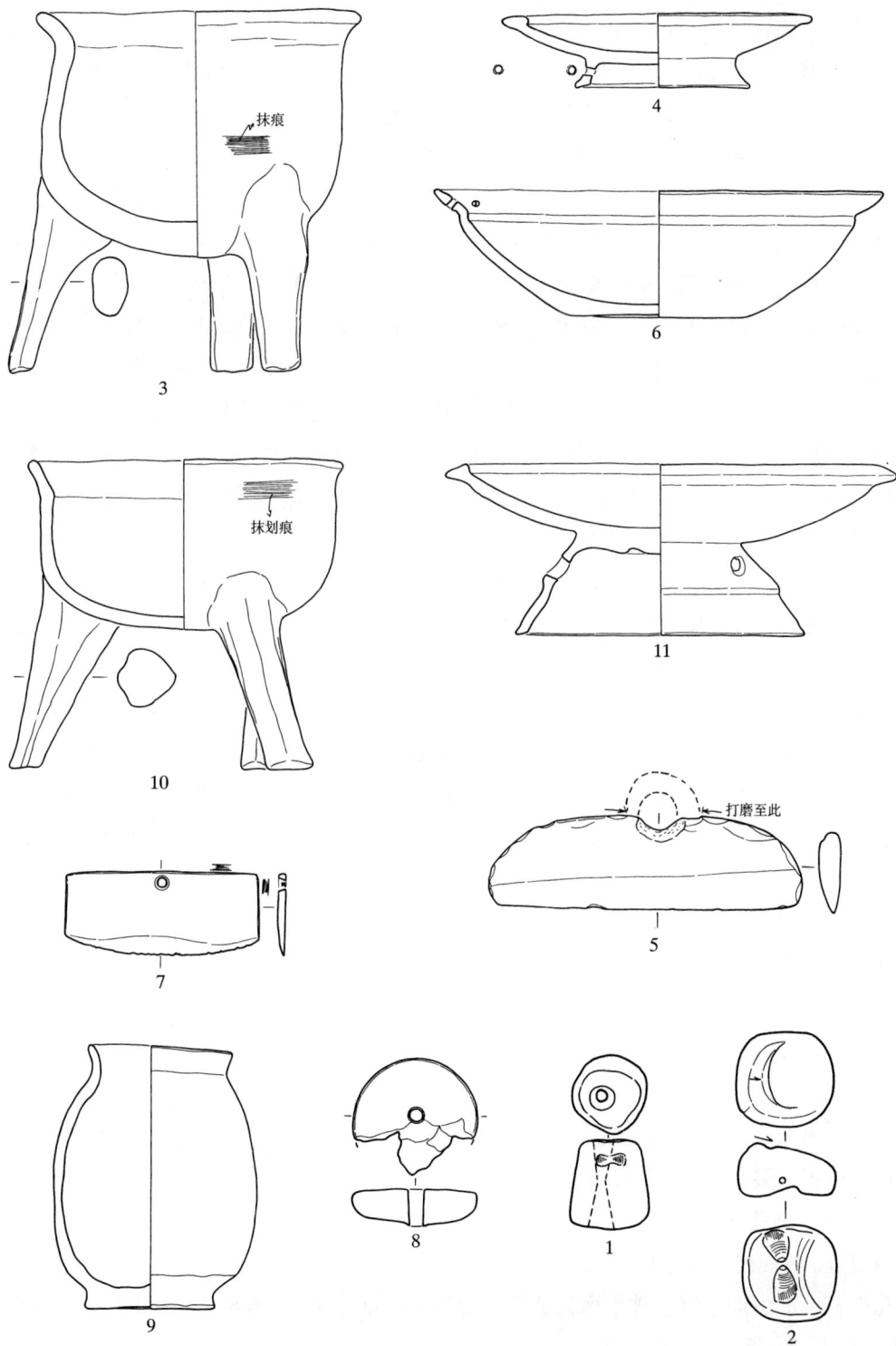

图三八 B　M22 出土器物（1、2 为 1/1，余为 1/3）

正面平整。高约 1.6、外径约 5.6 厘米。（图三八 B）

杯　M22：9，出土时碎裂且成扁状，杯口朝西南。泥质灰褐胎黑皮陶，外壁局部留有朱痕。杯腹部略下垂，假圈足微内凹，足底外侧切削修整。高 11.2～11.6、口径 6.2～6.6、底径约 5.9 厘米。（图三八 B；彩版一一，2）

鼎　M22：10，残损甚。粗泥红胎红陶。侈口，颈部不明显，口、腹径较为接近，口沿外壁留有横向的草茎抹划痕迹。鼎足为横截面略呈菱形的凿形足。通高约 13.8、鼎身高 7.4、口径约 14.3～14.6 厘米。（图三八 B；彩版一一，3）

盘　M22：11，圈足下有墓主人趾骨残痕。泥质灰褐胎黑陶，外表剥蚀甚，呈灰褐色。唇较宽厚，内敛，坦腹，喇叭形圈足。圈足中段有一周呈台阶形的弦纹，弦纹上方约等距镂三个圆形孔，其中一个镂孔略呈半月形，说明是为半管状的镂孔工具戳按并略旋转后所致。圈足与豆盘粘贴而成，圈足内底还留有螺旋制作痕迹，可能粘贴后还经过轮修。高约 7.5、口径约 20.5、底径约 13 厘米。（图三八 B；彩版一一，4）

大口缸　M22：12，为打破 M22 的小坑中所出土，晚期扰乱破坏，仅余口沿及底部残片。口沿为略卷唇外翻，外壁较直，拍印菱形状的篮纹。口沿壁厚 0.6 厘米，拍印纹饰以下的器壁厚约 1.3 厘米。

石器　2 件。

刀　M22：5，出土时刃部朝西南。剥蚀呈灰黄色，角岩。刃部基本齐平，单面刃，刃脊线较为清晰。顶部中间略偏一侧处留有琢打内凹缺，顶部两侧均有磨制痕迹，但至琢打孔两侧各约 0.5～0.8 厘米处未有修磨（线图箭头所示），可能原先石刀顶部为半圆形凸起并有圆形琢打孔，残损后加以修治而成。高 4.1、宽 14.3、最厚 1.06 厘米。（图三八 B；彩版一一，5）

刀　M22：7，出土时西高东低。黑色，角岩，保存较好。上部较平直，刃部略圆弧，单面刃，刃部有使用时所致的崩缺；刃脊线清晰，略成水平状，中间的刃面较宽。上部有单面管钻孔一个，其与石刀两侧边等距，约 4.4 厘米。高 3.64、宽 8.79、最厚 0.37 厘米，钻孔内径 0.5、外径 0.6 厘米。（图三八 B；彩版一一，6）

玉器　2 件。

管　M22：1，出土时竖置。深黄褐色。横截面略呈弧三角形，双向桯钻孔，外壁一侧留有残损的隧孔。高 1.33、最宽 1.18 厘米。（图三八 B；彩版一二，1）

半球形隧孔珠　M22：2，鸡骨白，带浅蓝色斑。正面呈弧角长方形，弧凸，留有线切割痕迹。背面也留有单向的线切割痕迹，切割方向同正面。隧孔为先后斜向桯钻而成，隧孔内壁上部也即接近玉件平面处有竖向的穿系擦磨痕迹。高 0.88、外径 1.4～1.5 厘米。（图三八 B；彩版一二，2、3）

M21

（一）概述

位于 T313 北部，西部打破 M22，但未将 M22 随葬器物破坏。M21 墓主人骨架保存一般，从残存的骨骼判断应为仰身直肢葬式，头骨略偏于右肩一侧。随葬器物基本位于墓主下身部位，其中 1 号陶盘位于右膑骨下，2 号陶壶位于墓主下肢右侧，9 号陶罐与墓穴西壁之间另还发现有动物（？）的骨骼痕迹，余陶器基本位于墓主脚端部位，其中 5 号陶杯压 6 号石刀并一起压墓主下肢及趾骨，4 号陶纺轮位于 3 号陶盆下、6 号石刀之上。3 号陶盆出土时碎片呈纵向分布，从陶杯的倾倒方向判断，3 号陶盆的碎片应是在埋葬中有意识砸碎所致。墓坑长 250、宽约 100 厘米，现深 20～25 厘米，其中北深南浅。随葬器物编号 9 件。（见图三七，1、2；图三八 A；彩版一〇）

（二）遗物

陶器　8 件。

盘　M21：1，为股骨下端所压。泥质褐胎黑皮陶。野外起取后技工在清洗碎片过程中因经验不足致使其疏松不能修复。经观察为敛口盘，其形制大致与 M21：8 同。盘腹下方呈棱状，圈足上有圆形和弧边三角相结合的图案。

壶　M21：2，泥质灰胎灰褐陶，器底及相应的腹部外壁局部呈青灰色。唇略外翻，口沿一侧似呈流状，鼓腹，鼓腹外壁留有横向的刮削痕迹，平底微内凹，平底外侧有明显的粘贴痕迹（参见线图剖面箭头所示）。高 13.3～13.5、口径 10.9～11.8、底径 9～9.4厘米。（图三九）

盆　M21：3，泥质灰黑－灰胎灰黑陶[①]，外表剥蚀甚而呈灰色。折沿，唇沿内面有一周凹弦纹，口沿部位一侧似有流，假圈足。高 7.7、口径 18.5～18.8、底径约 9～9.3 厘米。（图三九）

纺轮　M21：4，泥质灰黑胎灰黑陶。野外起取时有所残损。正面钻孔外侧留有两道刻划的同心圆，同心圆直径分别为 2.4、3.1 厘米。高 1.1、外径约 6.2 厘米。（图三九）

杯　M21：5，出土时受压成扁状，杯口朝东北。泥质灰黑胎黑皮陶，外壁局部还留有朱痕。腹部外壁除偏上部位略微内凹外，腹壁整体较直。假圈足微内凹，圈足部位约等分切剔三个花瓣样凹缺。高 10.3、口径 4.5～5、底径 4.8 厘米。（图三九；彩版一二，4）

鼎　M21：7，出土时侧倾。粗泥褐胎灰褐陶，外壁局部呈灰黑色。侈口，鼓腹，凿形足。整器略显不正。通高约 14.7、鼎身高 9.6、口径 11.6～12.3 厘米。（图三九；彩版一二，5）

---

① 凡此文字说明陶胎由里及外分别为灰黑色、灰色和灰黑色。

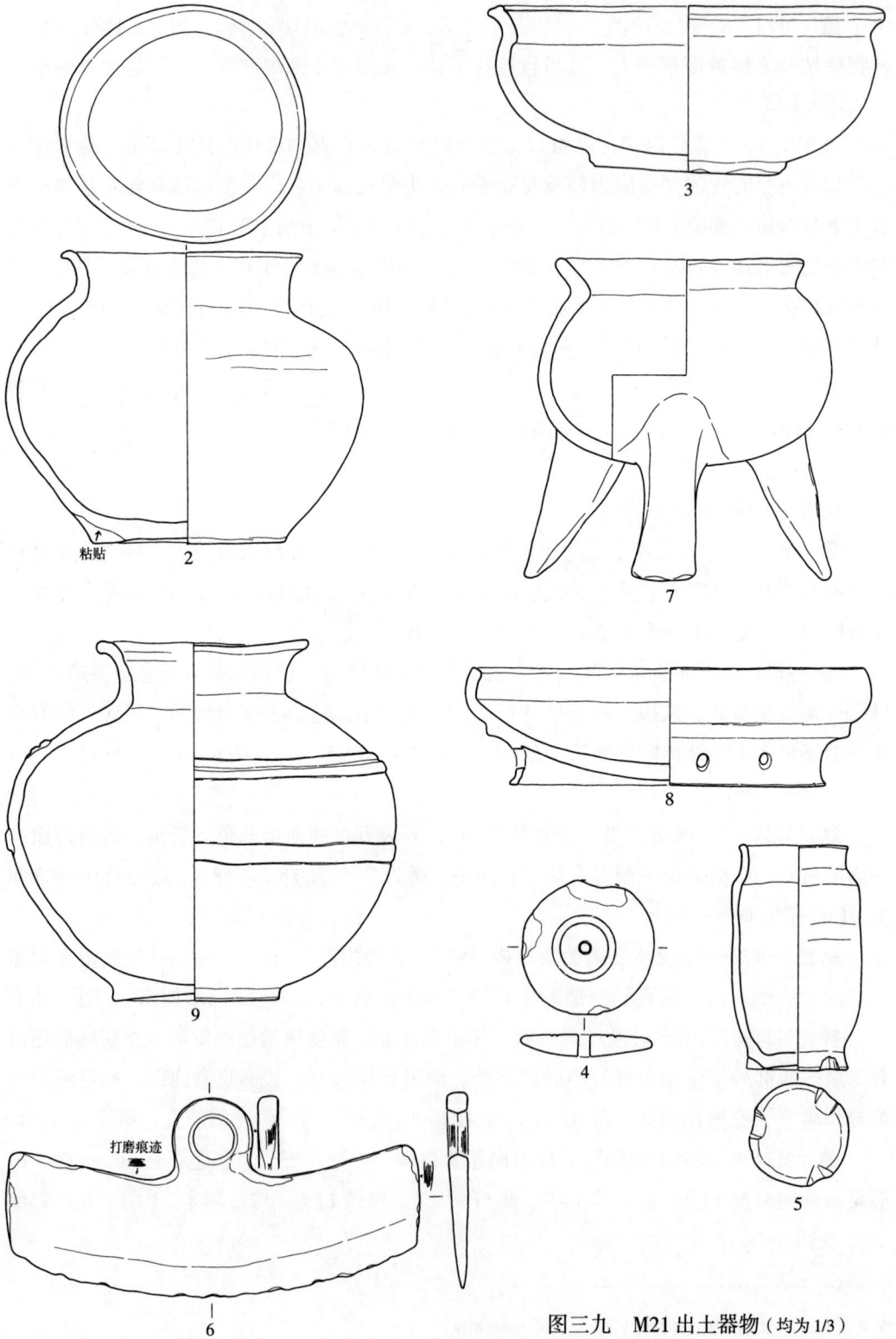

粘贴

2

3

7

9

4

5

打磨痕迹

6

图三九　M21 出土器物（均为 1/3）

盘 M21：8，出土时为7号陶鼎所压。泥质红褐胎黑陶。敛口，坦腹，圈足与豆盘外腹壁粘贴之接触面积较大，且另行按抹呈棱状，圈足中部内凹甚，其间装饰有两个一组的约等距分布的镂孔三组，每组镂孔间距约2.6厘米。高5.4、口径约18.6、圈足径约15厘米。（图三九；彩版一二，6）

罐 M21：9，出土时侧翻，罐口朝东。泥质黑胎灰红陶。卷沿，唇外翻，短颈，口沿内壁留有轮修时的弦纹。鼓腹，鼓腹上下部位各有一道粘贴的泥条，或可称为凸弦纹，其中上周弦纹中部还再行按划一周细凹弦纹，两道弦纹均不甚平行。假圈足微内凹。整器略显不正。高16.5、口径约10、底径约8.3厘米。（图三九）

石器 1件。

刀 M21：6，青灰色，一面剥蚀甚，角岩。上部近中部位有近圆形的凸起，双向管钻孔，孔内径1.98、外径2.3厘米。两侧肩部上翘甚。刃部弧凸，双面刃，但两面刃脊线均不甚明显，刃部有崩缺，两侧均留有崩缺面。除刃部外，边缘面均留有打磨痕迹。高9.2、宽19.8、最厚0.92厘米。（图三九；彩版一二，7）

四 西区第二排墓葬

M5

（一）概述

在M4清理扩方时发现M5，后期扰土层已将1号陶罐口沿部位削去一角。墓坑内填土为灰褐色，填土中还夹杂一些石块和红烧土块。人骨保存较好，仰身直肢，面部朝上。2号玉坠饰位于头骨右侧上方，3号条形玉坠饰大致位于墓主的胸腹部位，4号石犁叠压墓主下肢骨，余随葬器物均位于脚端以下部位，从器物的倾倒方向分析，原先大致都是竖置的。另8号陶纺轮和9号石刀位于6号陶盘、7号陶盆之下。墓坑长240、宽70厘米，现深约25厘米。随葬器物编号12件。（图四〇、四一A；彩版一三，1）

（二）遗物

陶器 8件。

罐 M5：1，位于头端部位，基本竖置。泥质灰胎灰陶。侈口，鼓腹，内壁留有泥条盘筑痕迹，矮圈足略外撇。高23.2、口径11.5、圈足径约12.3厘米。（图四一B）

壶 M5：5，出土时倾倒，壶口朝南。泥质褐胎褐陶。卷沿翻唇，鼓腹，下腹略斜直，平底微内凹。高12.2、口径约8.4、底径6.4～6.7厘米。（图四一B；彩版一四，1）

盘 M5：6，出土时平置，豆盘内有趾骨残痕，从墓主胫、腓骨的长度判断盘内的趾骨应为动物趾骨。泥质青灰胎青灰陶。整器保存较好。口微敛，假腹部外壁有圆形镂孔和弧边三角的组合图案六组，彼此间距较近，其中五组之间的弧边三角彼此间呈上下

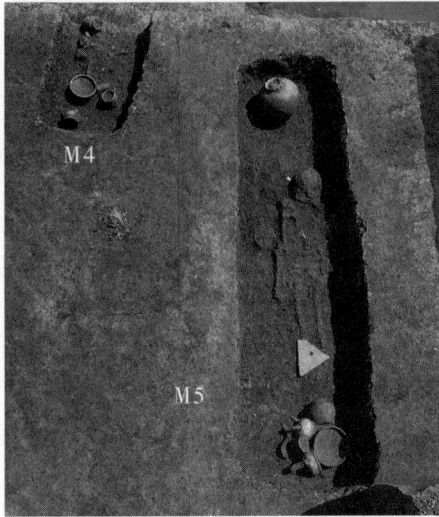

图四〇　M4、M5 及器物出土情况
1. M4、M5（北—南）　2. M5 北端器物出土情况（东—西）

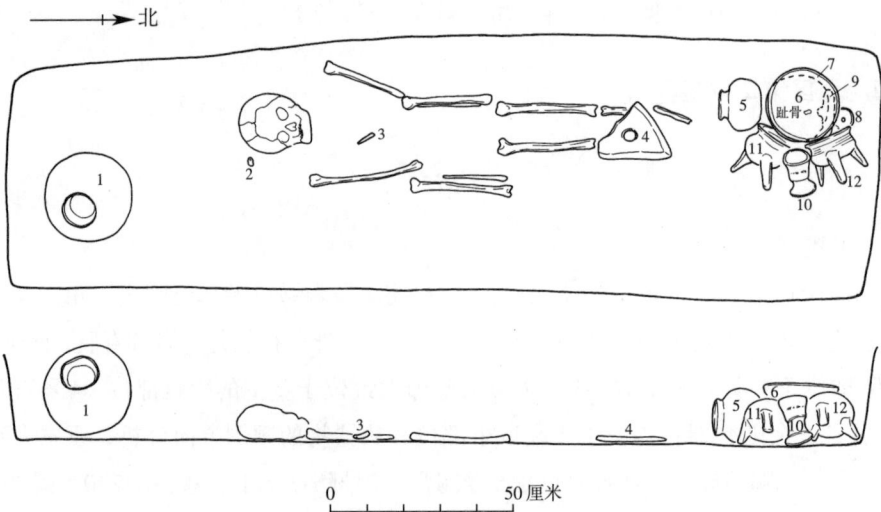

图四一 A　M5 平剖图
1. 陶罐　2. 玉坠饰　3. 玉坠饰　4. 石犁　5. 陶壶　6. 陶盘　7. 陶盆　8. 陶纺轮　9. 石刀　10. 陶假腹杯形豆　11. 陶盉　12.
陶鼎

斜状配伍，而另一组则"孤立"于上述图案之外①。高 7.5～7.7、口径 19～19.4、圈足径
12.4～12.5 厘米。（图四一 B；彩版一四，2）

　　盆　M5：7，泥质灰胎黑皮陶，外表略有剥蚀。宽折沿略外翻，宽沿上有两个自上

──────────

① 为便于整体了解盘、豆、假腹杯形豆等器物上的图案及其结构，本报告将展开图绘制为示意的呈圆周状视角，此视角可
仰视、俯视，也可呈圆周状侧视，而未绘制成一般的扇形实测展开图。

而下的间距约 1.4 厘米的穿孔。斜收腹，假圈足微内凹，底部刻划有"＝"形符号。高 5.5、口径 16.7～17.2、底径约 8 厘米。（图四一 C；彩版一四，3）

纺轮　M5∶8，出土时直径大的一面朝上。粗泥陶。横截面呈梯形。外径约 5.2、厚 1.5、孔径 0.4 厘米。（图四一 C）

假腹杯形豆　M5∶10，出土时侧倾向西。泥质灰褐胎灰黑陶，外表剥蚀甚，已基本呈灰白色。整器大致分三段制作：假腹、浅盘、圈足，浅盘按贴在假腹内，口沿和假腹上部浑然一体，圈足粘合在假腹上，圈足内侧留有呈内凹状的垫痕，制作时应晚于浅盘和假腹的粘合。此豆由于浅盘与假腹粘合不佳，致使局部脱落往下位移。假腹外壁刻划有上下两组凹弦纹，每组弦纹各三道，两组弦纹之间为圆形镂孔和弧边三角组合图案。其中可以作两种结构的读识：其一是小圆形镂孔五个，小圆孔斜上下各有相应的弧边三角镂孔与之配伍，在此图案间还各有两个相对较大的圆形镂孔；其二即弧边三角图案分为上下两层，上层为同向的弧边三角图案五个，下组为相对反向的弧边三角图案五个，上下两层图案以其间的五个小圆孔和两个大圆孔有机组合。高约 12.4、口径 7.5～7.7、圈足径 7.5～7.7 厘米。（图四一 C；彩版一四，4）

盉　M5∶11，出土时侧倾朝西北。粗泥黑胎褐陶。侈口，宽把相对一侧口沿按捏呈流状，环状宽把连接口沿外壁和垂腹部位，宽把横截面为扁椭圆形。垂腹部位有两道凹弦纹，把手叠压凹弦纹。凿形足。通高 13.3（把部位）～13.4（流部位）、盉身高 9.5、口径 8.4～8.7 厘米。（图四一 B；彩版一四，5）

鼎　M5∶12，出土时倾倒朝西南。粗泥黑胎褐陶。侈口，浅腹，腹部外壁上部有两道凹弦纹，凿形足。其中器腹外壁刻划两道弦纹，特征同 M5∶11 陶盉。通高 12、鼎身高 6.9、口径 13.2～13.5 厘米。（图四一 B；彩版一四，6）

石器　2 件。

犁　M5∶4，出土时平置，犁尖朝北，正面朝上。灰黑色夹杂小黑点，当为角岩剥蚀所致。整器基本呈等边三角形，双面偏正面刃，正面刃脊线较为清晰。后端呈凹弧状，但凹弧的一侧琢磨，边缘较为斜直。大致于犁尖和后端中心连接线上琢打孔一个，孔内壁经程修，内径约 1.9 厘米。犁尖端夹角约 60 度[①]。长约 18.5、宽约 19、最厚约 0.8 厘米。（图四一 C；彩版一五）

刀　M5∶9，出土于 7 号陶盘之下，刃部朝北。黑色，沁蚀部位呈灰色，出露小黑点，角岩。上端琢磨切割呈半圆形凸起，两翼上翘，弧状刃部，双面刃，无刃脊线。高 6.1、宽 12.2、最厚 0.65 厘米。（图四一 C；彩版一三，6）

玉器　2 件。

[①] 犁尖夹角为两侧刃部的延长线之间的夹角，但由于刃部大多并不呈一直线，故其夹角应是相对的。

假腹外壁圆形镂孔和
弧边三角组合图案展
开示意图

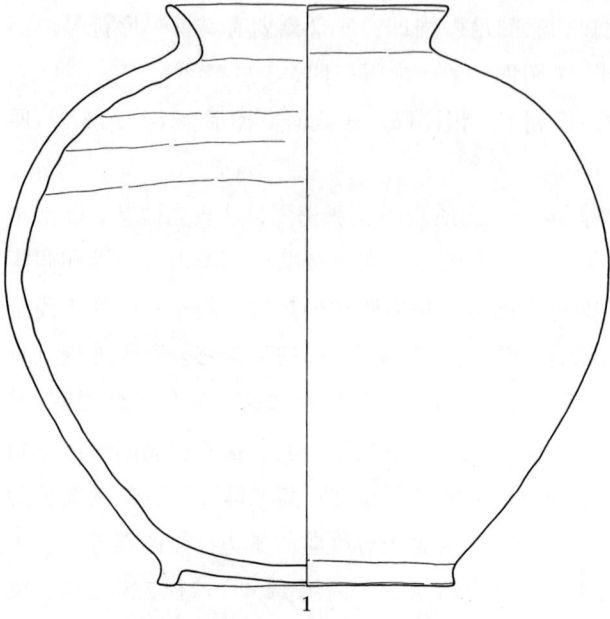

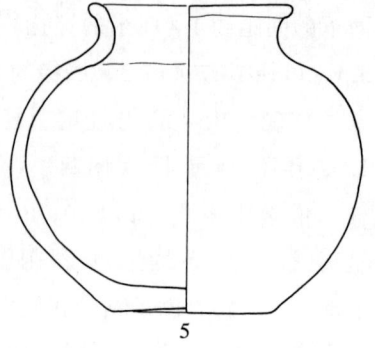

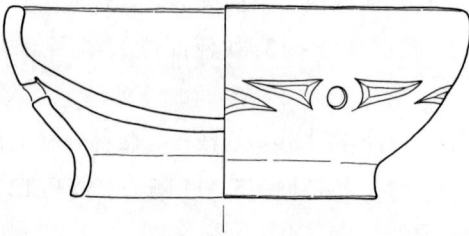

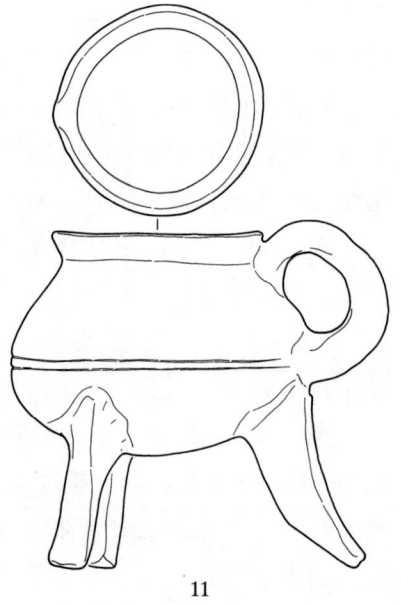

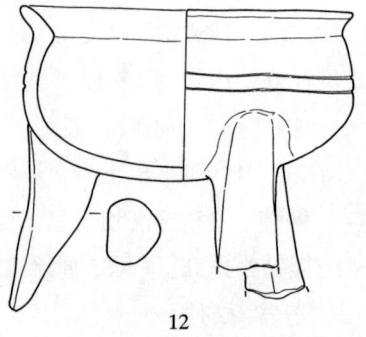

图四一 B　M5 出土器物（均为 1/3）

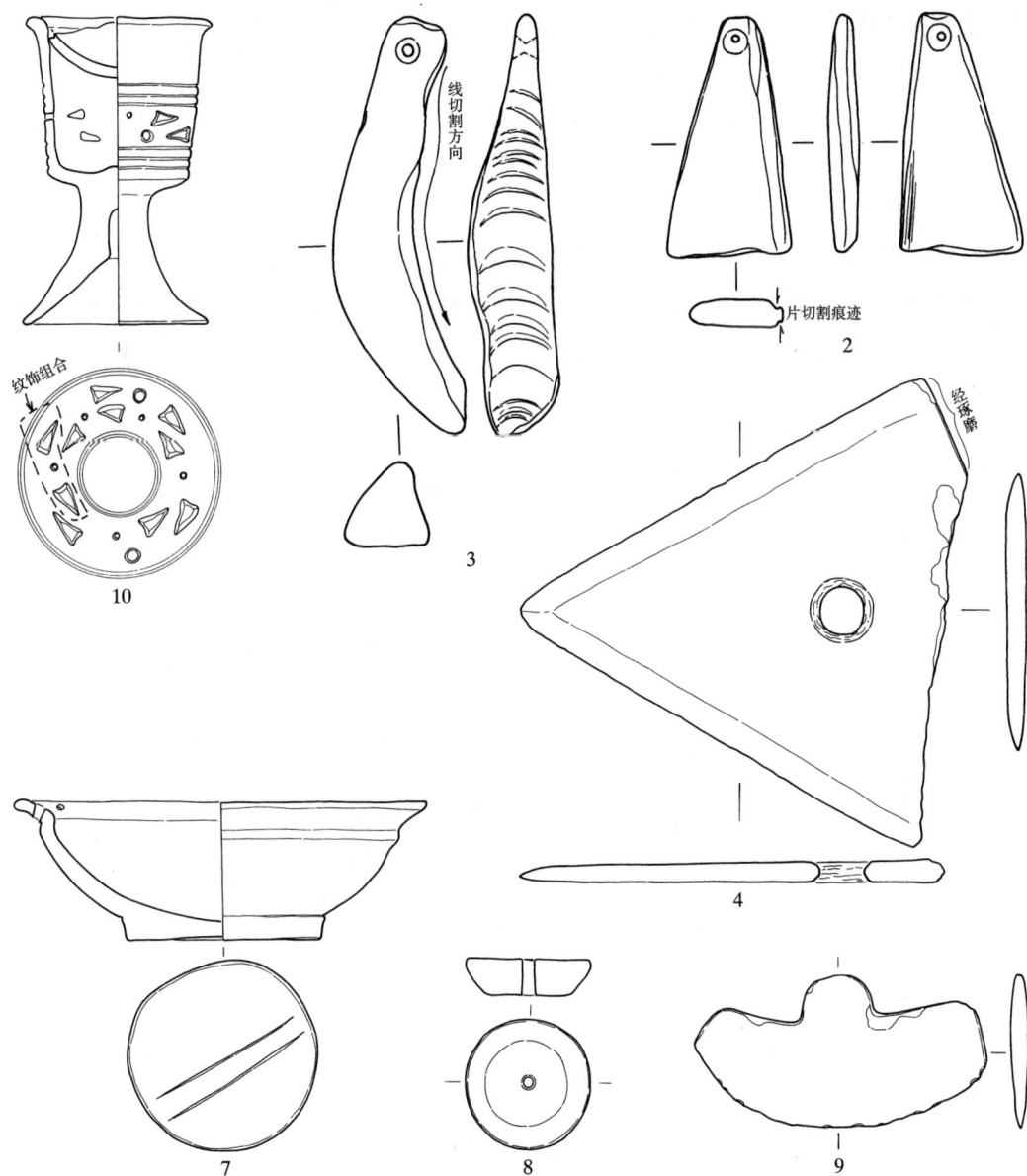

图四一C M5 出土器物（2、3 为 1/1，余为 1/3）

坠饰 M5：2，出土于头骨右侧，系孔朝向头骨。略呈黄褐色。片状，平面呈梯形。双向桯钻小系孔，一侧面留有双向片切割痕迹（线图箭头所示）。长 3.2、最厚 0.4 厘米。（图四一C；彩版一三，2、3）

坠饰 M5：3，出土于墓主人胸腹部位，叠压人骨，系孔朝上。牙黄色。整器呈弧状的条形，截面呈三角形。内侧面留有线切割痕迹，外缘保留玉料本来的弧状，系"子

料”边皮切割而成。坠饰的另一面亦留有片切割痕迹。双向桯钻系孔。长5.7、最厚1.1厘米。（图四一C；彩版一三，4、5）

M4

（一）概述

位于M5、M6之间，发掘TG3时墓坑南部局部受损。墓坑内填土灰褐色。墓室中、南部残留有人骨，其中牙齿痕迹分别位于南部和中部，肢骨较为凌乱，推测可能为二次葬。墓坑长100、宽55厘米，现深约20厘米。随葬器物编号5件。（图四二A）

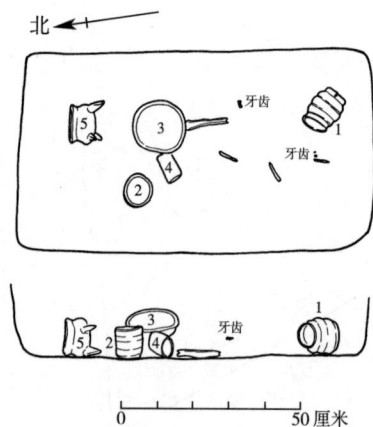

图四二A　M4平剖图

1.陶杯　2.陶杯　3.陶盘　4.陶杯　5.陶盉

（二）遗物

陶器　5件。

杯　M4：1，位于墓室南部，倾倒，口朝西北。泥质红褐胎黑皮陶。杯身外壁有四周凹弦纹，其中最下部弦纹上大致等分按捺斜向的三组由多个斜向点状组成的图案，图案布列大致与圈足的三组切剔凹缺相对应。圈足部位的切剔为先切剔竖向两道，再于中间向两侧斜向切剔两道，若仰视之，形同“介”字形结构。杯内壁及内底留有快轮拉坯的痕迹。高12.2、口径7.3～7.5、底径6.8～6.9厘米。（图四二B；彩版一六，1）

杯　M4：2，位于墓室北部，出土时口沿部位残损。泥质红胎黑皮陶。外壁下腹有两组弦纹，每组各两道，其间大致等分按贴两个小泥点，圈足部位切剔同1号陶杯。内壁及内底留有明显的快轮拉坯痕迹。残高6.6、底径6.6厘米。（图四二B）

盘　M4：3，出土时竖置。泥质红胎黑褐陶。厚唇略内敛，坦腹，矮圈足中段有一周台状弦纹，弦纹上方镂刻三组大致等分的圆孔和弧边三角组合图案，其中圆孔镂穿圈足，弧边三角为两道呈“尖喙”样的内弧状刻划线组成。高约6.5、口径15.9～16.4、圈足径11.4～12厘米。（图四二B；彩版一六，2）

杯　M4：4，出土时倾倒，口部朝西。泥质灰胎灰陶。杯身整体较直，按捏痕迹明显，杯身外壁下部有两组弦纹，每组各由两道浅刻划线组成。平底微内凹。高7.8、口径4.5、底径约4.4厘米。（图四二B；彩版一六，3）

盉　M4：5，位于墓室北部，倾倒，口部朝北。粗泥红胎红陶。鼓腹处留有把手的安装痕，把手已脱落，口沿部位则无把手安装痕，故把手应为上翘的羊角形。侈口，把

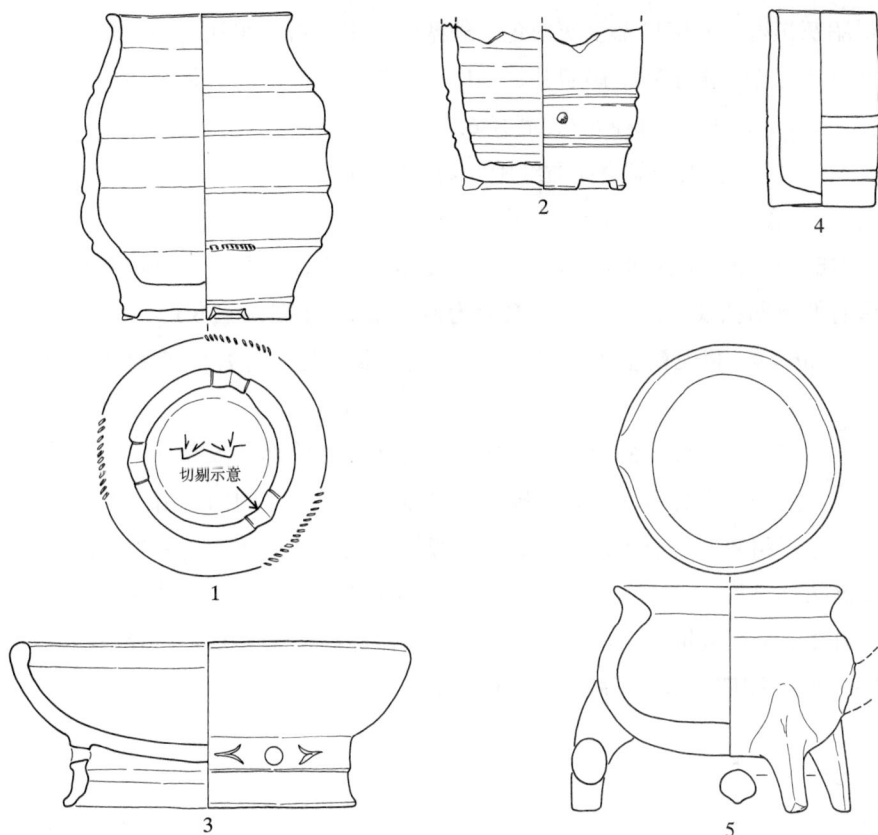

图四二 B　M4 出土器物（均为 1/3）

手对应一侧口沿按捏为流。三足形态不一，其中把手相对部位的足横截面为椭圆形，而另两足横截面为外侧面有棱状凸起的近似圆形。通高约 9、盉身高 6.7、口径约 9.3 厘米。（图四二 B；彩版一六，4）

M6

（一）概述

位于 M4 的东侧，墓坑内填土灰褐色。发掘 TG3 时墓坑南部局部有所残损。墓坑长 120、宽 50 厘米，现深 12 厘米。随葬器物编号 5 件。（图四三 A）

（二）遗物

陶器　5 件。

杯　M6∶1，出土时倾倒，杯口朝西南。

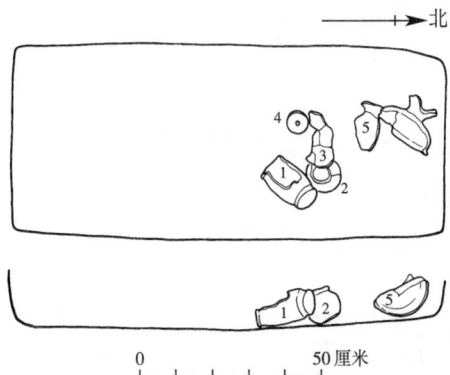

图四三 A　M6 平剖图

1. 陶杯　2. 陶罐　3. 陶鼎　4. 陶纺轮　5. 陶豆

泥质灰褐胎灰黑陶，外壁局部呈灰白色。外壁上、下部有三组两道凹弦纹装饰，三组旋纹间按贴有小泥点。由于陶器碎裂甚，难以完整修复，故泥点整体分布不明。圈足部位有花瓣样切剔。高13.5、口径6.3、底径6.7厘米。（图四三B；彩版一六，5）

罐 M6：2，出土时正置。泥质红胎红陶。野外起取时口沿唇部残损。鼓腹，平底内凹。残高8.8、底径6.9～7.2厘米。（图四三B）

鼎 M6：3，粗泥红褐胎红褐陶。口、腹部碎甚不能修复，仅可辨鼎身为折腹，折腹外壁留有两道凹弦纹。凿形足，横截面为弧三角形。（图四三B）

纺轮 M6：4，粗泥褐胎灰褐陶。竖截面略呈长方形。高1.9、直径约4.9厘米。（图四三B）

豆 M6：5，泥质红褐胎黑皮陶，外表略有剥蚀。唇部大致等分安装三个有斜向穿孔的小鼻。豆盘外壁下部有垂棱，垂棱面上刻剔有不甚等分的四组由三个弧边三角组成的图案，其中三组较为等分的图案中，三个弧边三角图案上下错落有致，而另一组的三个三角图案方向杂乱无序。垂棱与圈足、豆盘安接部位还留有浅圆弧状的慢轮修整线。喇叭形圈足外撇，上部装饰两道凹弦纹。依口沿整器通高9.6～10.3、口径16.7～17、圈足径约9.7厘米。（图四三B；彩版一六，6）

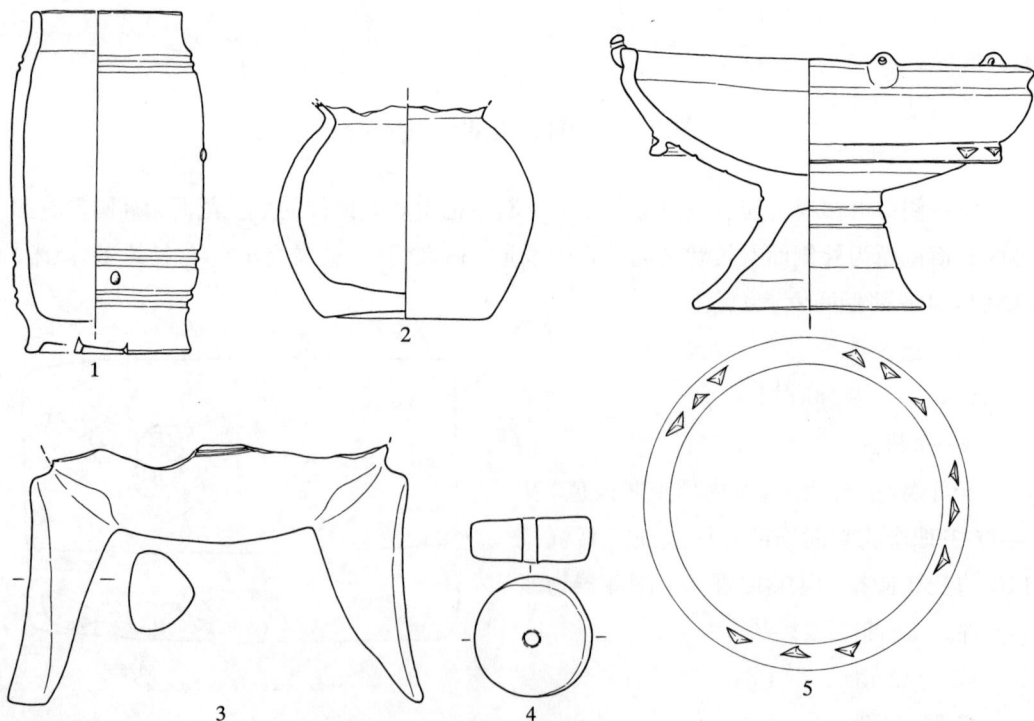

图四三B　M6出土器物（均为1/3）

M24

（一）概述

位于 M1 西侧。墓坑内填土为灰褐色。未发现人骨残骸。随葬器物均位于墓坑北端部位，其中 2 号陶豆豆盘已与豆柄分离。墓坑长 180、宽 50 厘米，现深约 15 厘米。随葬器物编号 3 件。（图四四、四五 A）

（二）遗物

陶器　3 件。

鼎　M24∶1，出土时微侧倾。粗泥灰胎灰褐陶，胎体较轻。敞口，盆形鼎身，足横截面呈扁椭圆形，足根部有按捺。高约 12.8、鼎身高 7.7、口径 15～15.2 厘米。（图四五 B；彩版一七，1）

图四四　M24 北端器物出土情况（东-西）

豆　M24∶2，残损甚。泥质灰褐胎灰黑陶。整器主要分为三段制作：豆盘、豆柄和豆圈足，其中后者安置痕迹明显（线图箭头所示）。敛口，坦腹，细柄，喇叭形圈足。豆柄外壁上部装饰四道凹弦纹，下部圈足外撇甚，装饰有两组凹弦纹，每组两道，其间为弧边三角镂孔，分为上、下两组，各四个，其中上组四

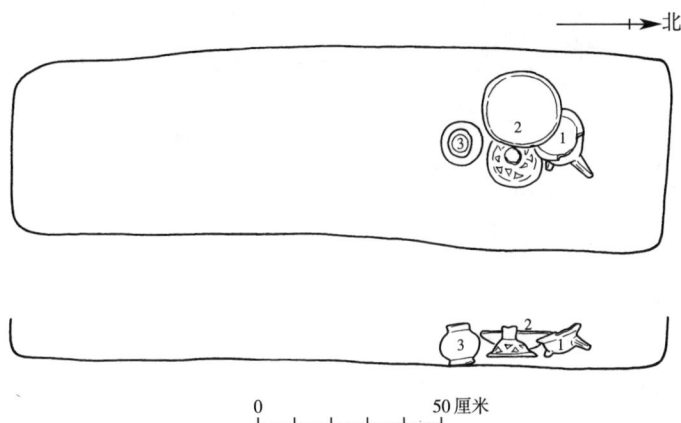

图四五 A　M24 平剖图
1. 陶鼎　2. 陶豆　3. 陶壶

个弧边三角图案的尖喙朝下，下组四个弧边三角的尖喙朝上，且间或对应于上组。高 15.8～17.3、口径 21～21.2、圈足径 16.5～16.7 厘米。（图四五 B；彩版一七，2）

壶　M24∶3，出土时微侧倾。泥质灰褐胎黑皮陶。唇略外翻，唇一侧下方有穿孔一个，长颈，折腹，折棱明显。圈足外撇，大致等分切剔四个三角形凹缺。高约 10.4、口径约 7.2、圈足径约 6.6 厘米。（图四五 B；彩版一七，3）

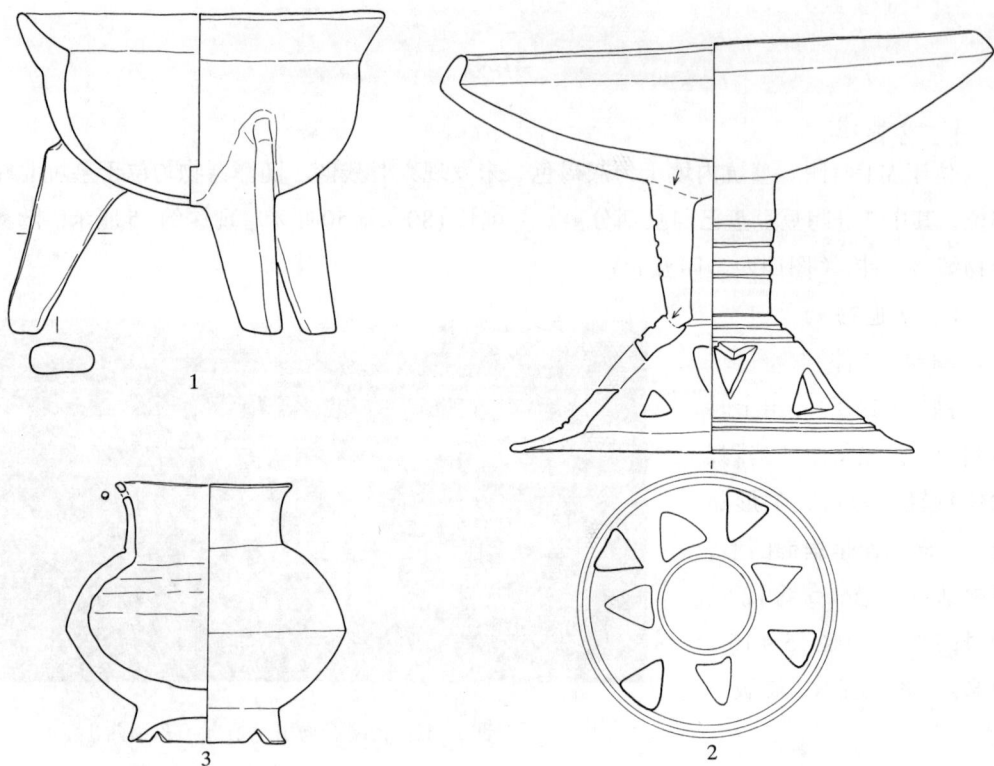

图四五 B　M24 出土器物（均为 1/3）

M1

（一）概述

TG3 发掘过程中先出露遗物，后经刮地面确认为墓葬，编号为 M1。墓坑填土灰褐色。墓坑东壁打破红烧土堆积。墓坑的西南角留有头骨残痕，墓坑中部残存肢骨，余保存不佳，难以准确辨认。随葬器物较集中分布于墓内北端部位。墓坑长 175、宽 60 厘米，现深约 20 厘米。随葬器物编号 8 件。（图四六，1、2；图四七 A）

（二）遗物

陶器　5 件。

盆　M1：2，局部被晚期堆积扰损，出土时平置，下压石刀。泥质红褐胎黑皮陶。宽平沿面上有两道凹弦纹，斜收腹，小平底内凹。高 3.2、口径 18.6 厘米。（图四七 B）

壶　M1：3，出土时平置，为 2 号陶盆和 6 号陶鼎所压。泥质灰黑胎黑皮陶。小口，卷唇，短颈，鼓腹，平底微内凹。通高 14、口径 5.7、底径 6.6 厘米。（图四七 B；彩版一七，4）

盘　M1：4，平置。泥质灰胎黑皮陶，黑皮多脱落。敛口。矮圈足分为上、下两部

1. 陶器、石犁出土情况（东—西）　　　2. 陶器、石刀出土情况（东南—西北）

图四六　M1 器物出土情况

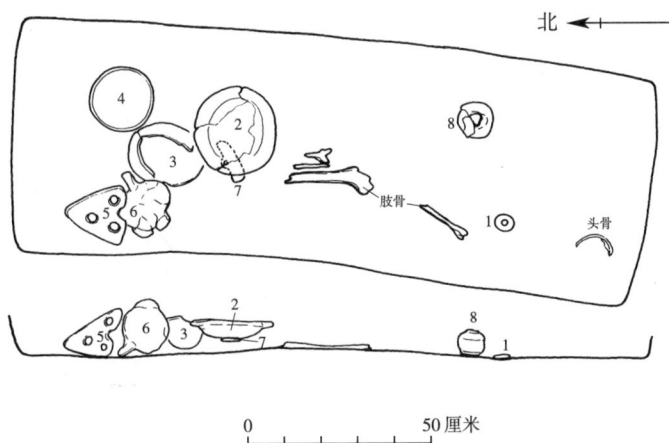

图四七 A　M1 平剖图

1. 玉圆牌　2. 陶盆　3. 陶壶　4. 陶盘　5. 石犁　6. 陶鼎　7. 石刀　8. 陶壶

分：上部中间抹划成凹弧状，装饰有三组弧边三角和圆圈的组合图案，其中弧边三角为刻剔，圆圈为管状物按捺，图案结构实为完整的一组弧边三角和圆圈图案加一个弧边三角（半组）图案组合而成；圈足下部一侧镂有两个圆孔。通高 6.3、口径 15、圈足圈径12 厘米。（图四七 B；彩版一七，5）

　　鼎　M1：6，出土时倾倒，口部朝西。粗泥褐胎黑陶。侈口，鼓腹。凿形足，横截面为近似的三角形。高 14.7 ~ 14.9、鼎身高 11.2、口径 10.9 厘米。（图四七 B）

　　壶　M1：8，位于墓主人右肩侧部位。泥质灰胎黑陶，外表剥蚀呈灰色。碎裂不能修复。鼓腹上、下部位各有三周凸弦纹，圈足部位切剔三组大致等分的凹缺。圈足径约9 厘米。（图四七 B）

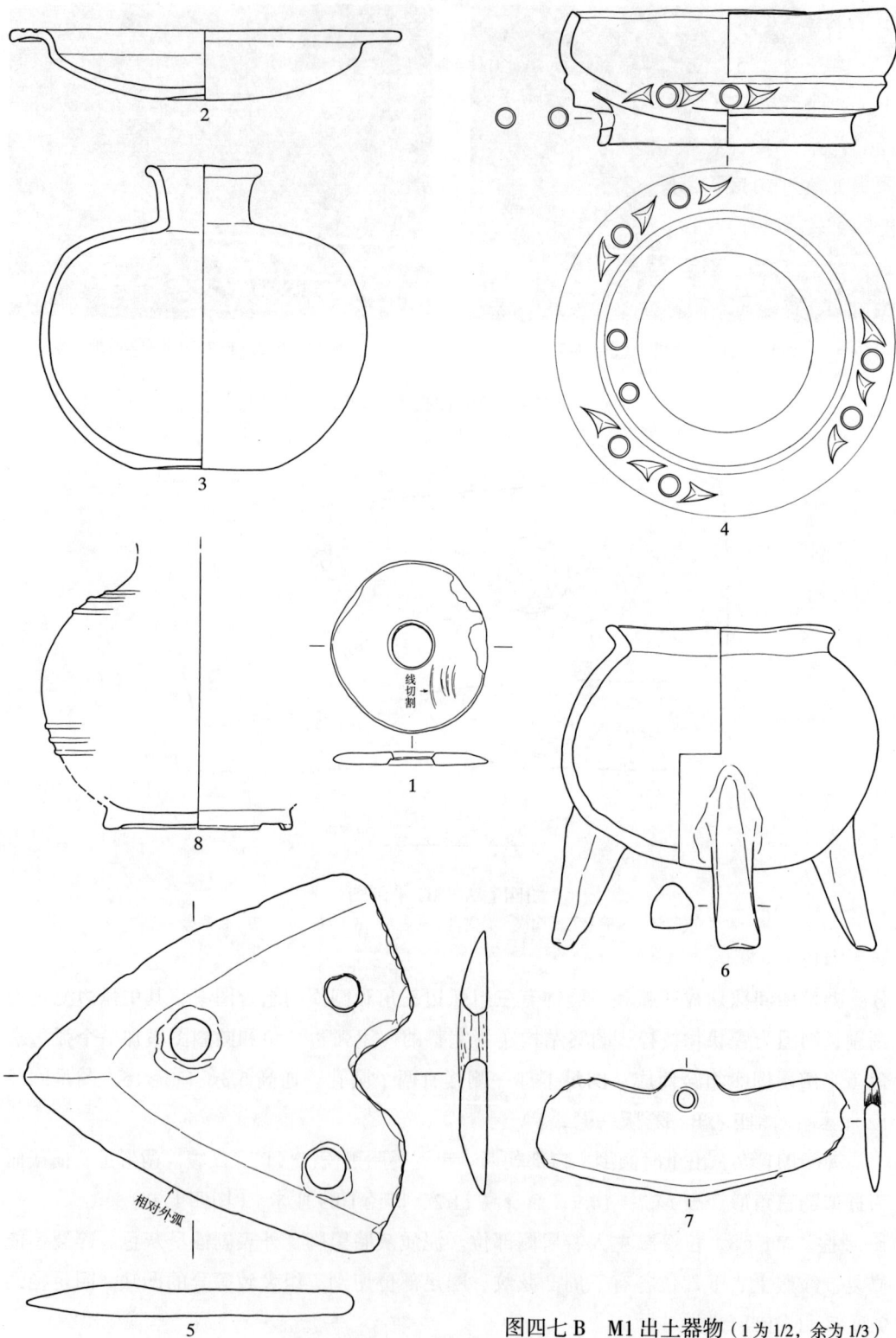

2

3

4

线切割 →

1

8

6

相对外弧

5

7

图四七 B　M1 出土器物（1 为 1/2，余为 1/3）

石器　2件。

犁　M1：5，位于脚端部位，出土时呈倾斜状，犁尖部朝下，后端朝上，犁背面朝上。表面呈灰白色，夹小黑点，背面沁蚀尤甚，角岩。单面刃，刃脊线清晰，一侧刃部相对外弧，另一侧刃部相对齐平。后端琢打有凹缺，凹缺中点与犁尖基本在同一直线上。犁尖夹角约70度。犁身琢打三孔，孔周正背面局部有疤痕，三孔内径大小不一，其中偏于刃部较为齐平一面的孔内径略大，三孔内径约1.5～2厘米。三孔中心点连接的三角形与石犁整体之三角形不甚对称吻合，应与其使用方式有关。另犁正面除刃部范围外，微微内凹，可能与犁固定方式有关。犁身长18.5、宽17.5、最厚约1.4厘米。（图四七B；彩版一八，1、2）

刀　M1：7，位于2号陶盆下，刃部朝南。灰白色，沁蚀甚，多有剥蚀，角岩。上部中间呈台形凸起，有双向管钻孔。两翼上翘。双面尖弧刃，刃脊线较清晰。高5.8、长约15、最厚约0.8厘米。（图四七B；彩版一八，3）

玉器　1件。

圆牌　M1：1，翠绿色，夹褐斑。整体呈不规则的圆形。一面留有线切割痕迹，双面管钻孔。外径5～5.3厘米，最厚约0.4厘米。孔外径1.5、内径1.36厘米。（图四七B；彩版一八，4、5）

M14

（一）概述

墓坑填土为夹杂大量红烧土块和红烧土颗粒的灰褐色土，在清理过程中发现。墓室的东北部局部靠近墓坑壁有质地相对紧密、纯净的黄灰褐色土，大致呈"L"形，并位于随葬器物之外侧。坑内填土可分三层：第①层为夹杂较多红烧土块和颗粒的灰褐色土，平面基本分布在随葬器物之上，应是葬具范围内的塌陷土；第②层为夹杂较少红烧土颗粒的灰褐色土，分布于墓坑的东侧，应是葬具外的填土或塌陷土；第③层为黄灰褐色土。由此推测，M14应该存在有葬具。

M14开挖墓穴时，打破了土台中的坯料形红烧土堆积层，可能由于堆积局部难以下挖，使得墓坑西北部分墓底高低坑洼，墓坑的西壁也不是很规整。

墓内人骨保存一般，仅可辨头骨，似侧向东。头骨上端部位也有呈横向分布的质地较为纯净的黄灰褐色土，1号玉坠饰叠压此土层。墓主左侧上、下肢骨斜侧身，或与其葬式有关。随葬器物中2号陶杯压墓主上身部位，7号陶盆压8号陶杯，4号石犁压墓主左胫、腓骨，这些随葬器物及3号陶盘、5号石刀、6号陶纺轮原先应该都位于墓主下肢之上。另外3号盘和7号盆内的肢骨残痕应为动物遗骸。11号陶罐碎甚，不能拼接复原完整，可能原先就是残片随葬。

M14西南角还有一小坑打破墓坑，小坑内填土为夹杂红烧土颗粒的灰褐色土。小坑平面略呈椭圆形，直径约65~85厘米，现深约20厘米，内填埋竖置的折腹粗泥陶鼎一件，鼎内另有一件侧置的陶罐，陶罐上还盖有已压碎的陶鼎残片。

墓坑长270厘米，北宽南窄，北端宽约115、南端宽约90厘米，墓坑最深约25厘米。随葬器物编号13件。（图四八、四九A；彩版一九，1）

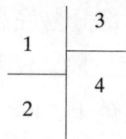

图四八　M14及器物出土情况

1. M14平面开口情况（南—北）　2. M14（北—南）　3. 北端器物出土情况（西—东）　4. 小坑内器物出土情况（西—东）

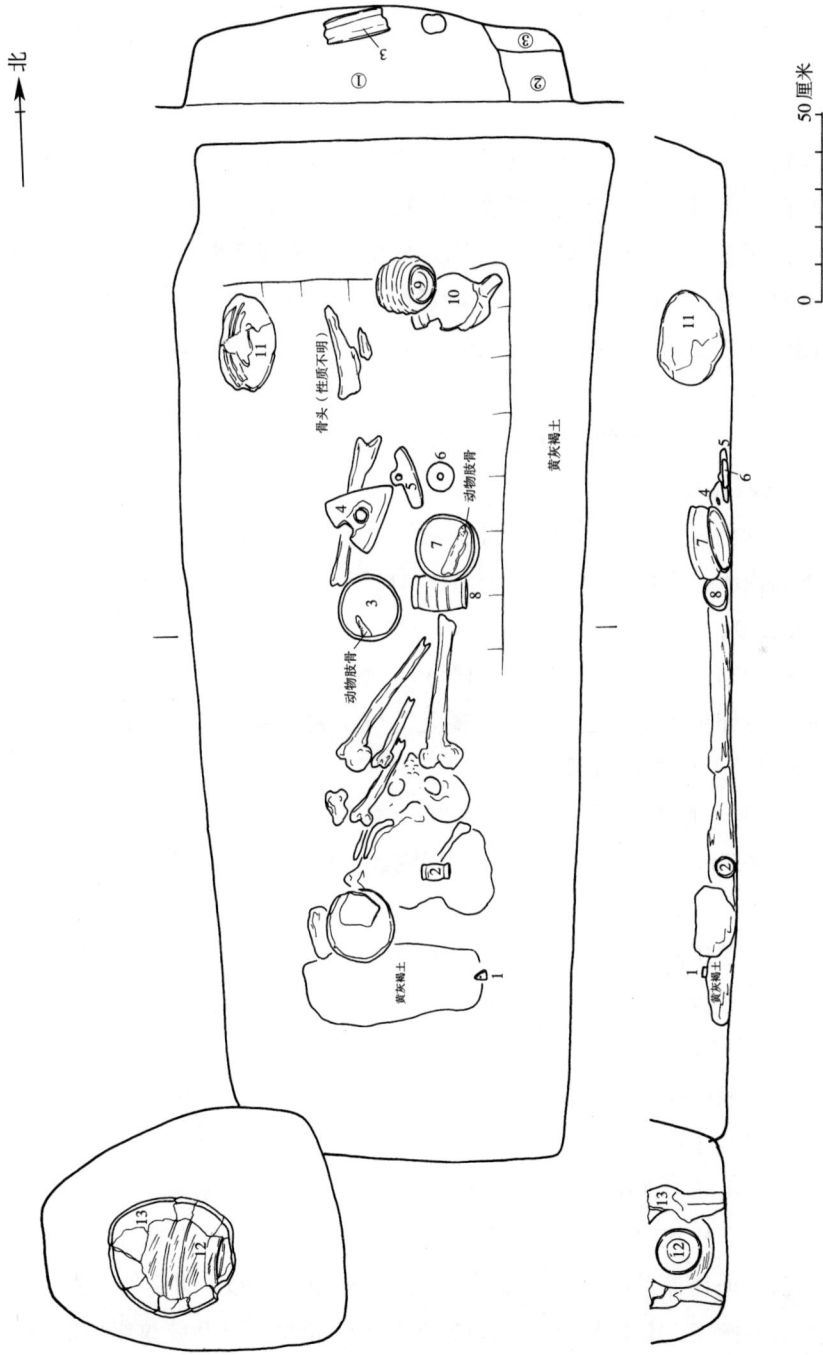

图四九A　M14平剖图

1. 玉坠饰　2. 陶杯　3. 陶盘　4. 石犁　5. 石刀　6. 陶纺轮　7. 陶盆　8. 陶杯　9. 陶罐　10. 陶鼎　11. 陶罐（残片）　12. 陶罐　13. 陶鼎

（二）遗物

陶器　10件。

杯　M14：2，出土时倾倒，杯口朝东。泥质红褐胎灰黑陶，外壁局部留有朱痕。腹壁较直，上下各有两组凹弦纹。圈足切剔有大致等分的三个凹缺。高约7、口径约4、圈足径约4厘米。（图四九B；彩版二〇，1）

盘　M14：3，出土时竖置，略西高东低，豆盘内尚残留有动物肢骨。泥质灰胎黑皮陶，外表多有脱落。敛口，唇微外卷。豆盘外壁按贴五个大致等分的小泥点。矮圈足外撇，与盘外壁按接面较大，且按抹呈棱状。圈足部位刻剔有三组圆孔和弧边三角组合图案，每组图案由两个透穿的圆孔和三个未刻剔透的弧边三角组成，即由一组完整的弧边三角和省略一侧的弧边三角图案组成。高6.6、口径17.9～18.2、圈足径13.2～13.3厘米。（图四九B；彩版二〇，3）

纺轮　M14：6，出土时平的一面朝上。粗泥红陶。截面呈扁馒头状。高约1.4、直径约5.8厘米。（图四九C）

盆　M14：7，盆内尚残留有动物肢骨。泥质褐胎灰黑陶，外表剥蚀呈红褐色。敞口，鼓腹，腹部以下斜内收，平底微内凹。高约7.1、口径17.9～18.2、底径9.1～9.5厘米。（图四九B；彩版二〇，4）

杯　M14：8，出土时倾倒，碎甚，杯口朝东。泥质灰胎黑陶。唇微外卷，上腹部有两道凹弦纹，近圈足部位也有一道凹弦纹。圈足部位切剔大致等分的三个凹缺。高9.8、口径约6.3、圈足径约5.6厘米。（图四九B）

罐　M14：9，出土时叠压10号陶鼎，侧倾，罐口朝东，保存完好。泥质灰胎黑陶。翻沿，鼓腹及微折肩部位各有三道不甚平行的凹弦纹。假圈足，足外壁局部有按抹痕迹。高13.7～14、口径约9、底径8.3～8.4厘米。（图四九B；彩版二〇，2）

鼎　M14：10，受压碎甚。粗泥褐陶，鼎身外壁局部呈黑色。侈口，折腹部位上方有多道不甚平行的凹弦纹。凿形足，横截面为五弧边形，足根部有一横向穿孔。高16.4、口径约14.3厘米。（图四九B；彩版二〇，5）

罐　M14：11，泥质褐胎黑皮陶。腹部留有多道抹划后形成的宽凹弦纹，假圈足内凹。残高13.6、底径约10厘米。（图四九C）

罐　M14：12，出土于西南小坑13号陶鼎内，清理时揭去陶鼎碎片后发现，倾倒，罐口朝东，罐体一侧已压穿陶鼎。泥质褐胎黑皮陶，胎质较软，野外清理剥剔时技工不慎将外壁戳、刻图案损伤，黑皮也基本脱落。翻沿，短颈。颈部、圈足外壁戳、刻尖喙和小圆圈组合而成的图案，具体结构不明。鼓腹部位有一道由上下凸弦纹组成的宽带，宽带上刻划尖喙和绞索状组合图案。高圈足，足底外撇。高约21.5、口径约13、圈足径约13厘米。（图四九B；彩版二〇，6）

省略形式　完整形式

3

12

7

2

8

9

10

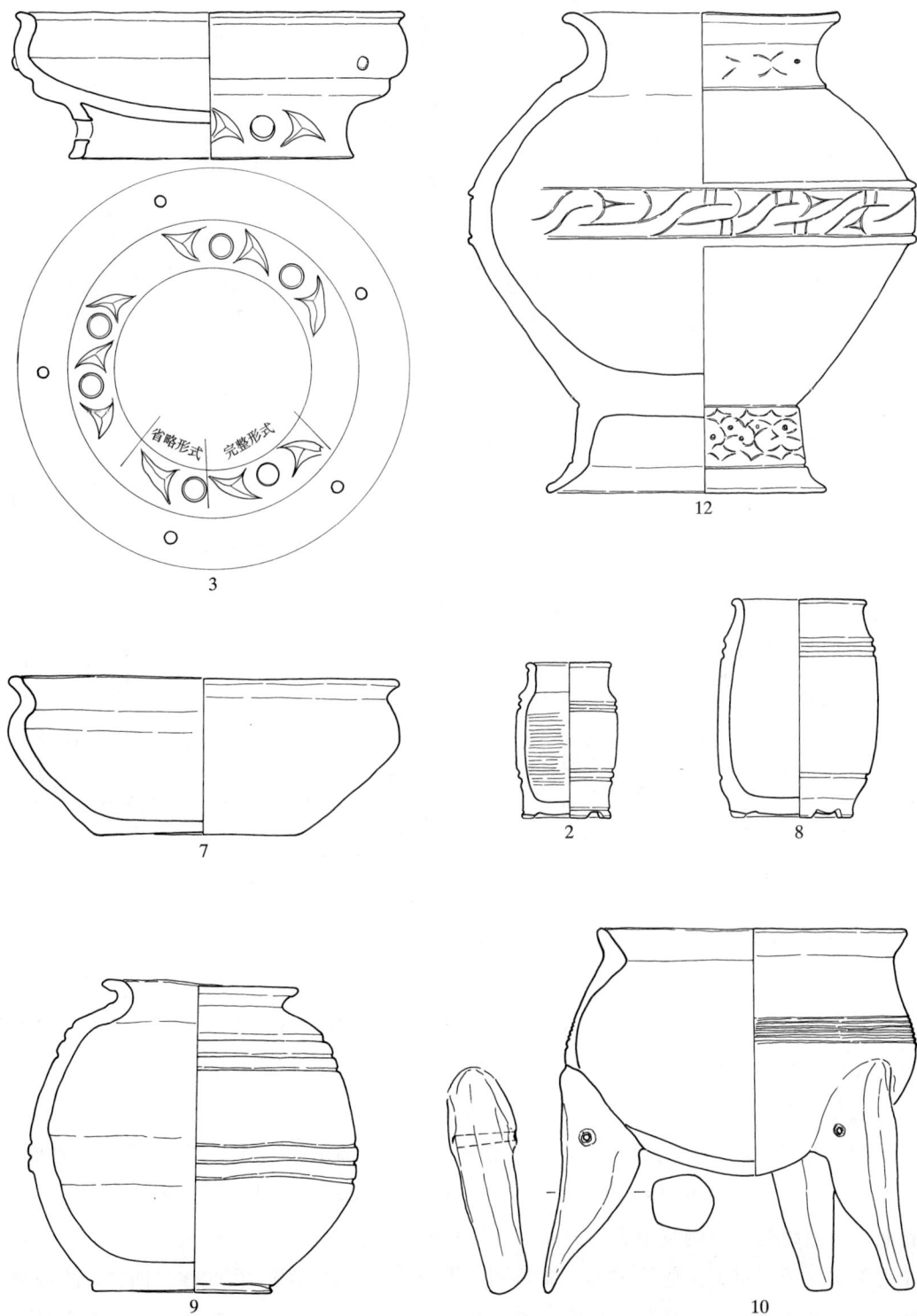

图四九 B　M14 出土器物（均为 1/3）

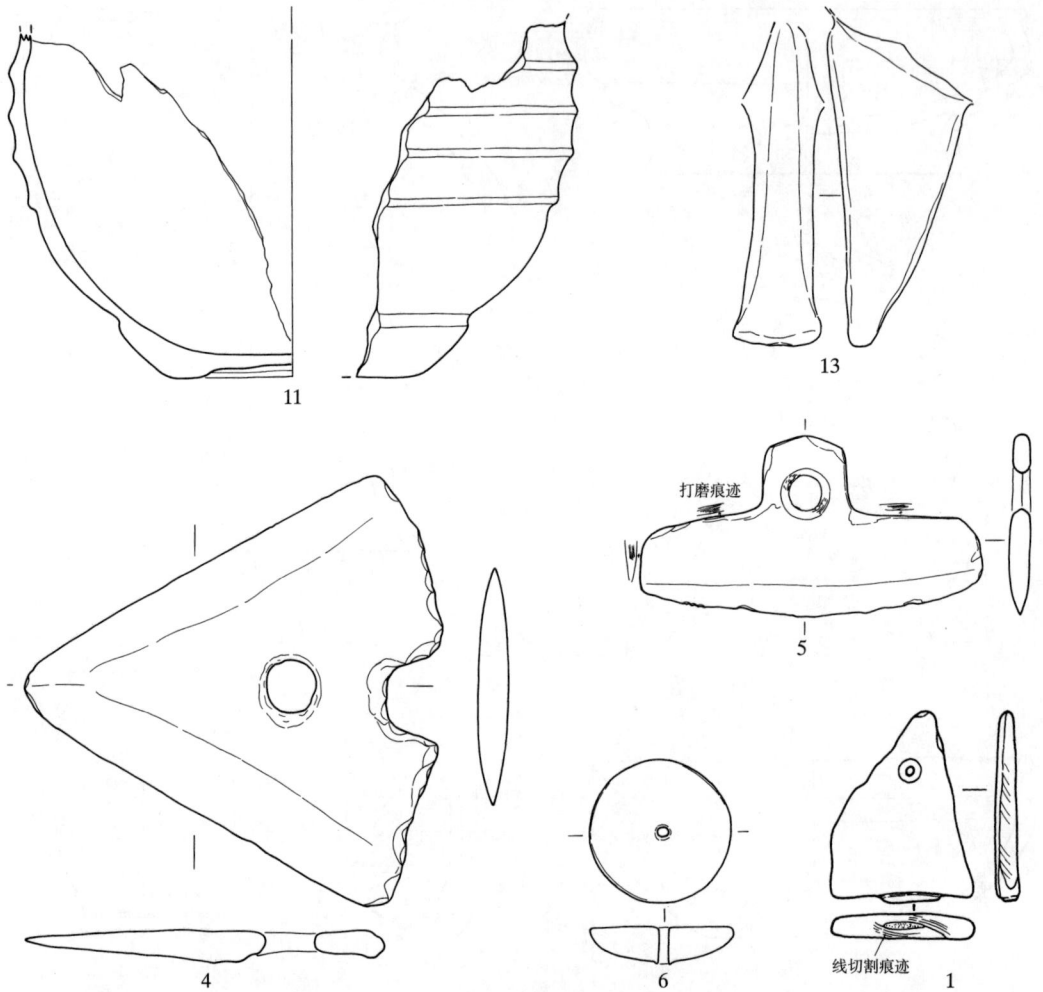

图四九 C　M14 出土器物（1 为 1/1，余为 1/3）

鼎　M14：13，竖置于西南小坑内，野外起取后无法整体修复。粗泥红褐陶。仅可辨为侈口，折腹，腹部有多道凹弦纹，凿形足。仅足绘图。（图四九 C）

石器　2 件。

犁　M14：4，压墓主下肢骨，犁尖朝东北，略西高东低，犁的钻孔疤痕面（背面）朝上。灰黑色，犁背面剥蚀甚而呈青灰色，角岩。正面较为平整，孔周保留有一定的琢打面，范围约至于两侧及犁尖的刃面，略糙的琢打面至一侧刃面处还微微隆起。背面朝犁尖部位斜杀。犁尖夹角约 57 度。双面刃，刃脊线均不甚清晰。后端琢打凹缺，凹缺两侧往犁后端边缘面也经琢打，其中一侧微微内凹，另一侧弧凸。琢打孔一个，其中背面孔周有疤痕，孔内径约 2 厘米。另背面孔与凹缺部位之间打击疤痕呈下凹的宽带状，方向与一侧刃部基本平行。犁尖、琢打孔中心点和凹缺中点大致在同一连接线上。长17.2、宽17、最厚1.3厘米。（图四九C；彩版二一，1、2）

刀　M14∶5，出土于石犁和陶纺轮之间，刃部朝东。剥蚀甚呈灰黄色，角岩。上部正中凸起，中有一双向桯钻孔，孔在双肩上方，孔内径1.28～1.35、外径约2厘米。两肩微斜溜，斜肩缘面及石刀两侧缘面均经打磨。刃部外弧，双面刃，有明显的刃脊线，局部有使用所致的齿状崩缺。高7.2、宽14、最厚0.93厘米。（图四九C；彩版二一，3）

玉器　1件。

坠饰　M14∶1，位于头骨右侧，距离头骨约25厘米，叠压黄灰褐色土，系孔朝西。浅湖绿色。整体近三角形，上端有双向桯钻系孔一个，一侧面有斜向的打磨痕迹，下侧面有双向的线切割痕迹。高2.47、最宽1.9、最厚0.34厘米。（图四九C；彩版一九，2、3）

M13

（一）概述

墓坑北、东分别被M18、M12打破，但人骨未受扰动。墓坑填土灰褐色，并夹杂红烧土小块。墓主右上肢骨略有错位，左下肢骨部分为脚端陶器所压。随葬器物中1号陶罐位于墓室的南端部位，头骨部位左侧上方有玉坠饰1件，3号石钺位于右股骨下方，余随葬器物大致位于下肢上方，其中7号石犁叠压8号陶罐，犁尖并戳破了9号陶盘，9号陶盘内另有动物肢骨残骸。墓坑长230、宽约100厘米，现深约22厘米。随葬器物编号12件。（图五〇，1、2；图五一A；彩版二二）

（二）遗物

陶器　7件。

罐　M13∶1，出土时侧倾，口沿朝北，局部为晚期堆积所破坏。泥质褐胎黑皮陶。侈口，翻沿，溜肩，平底。溜肩部位按贴一周泥条，泥条先抹划成凸弦纹，再在其间抹划一道凹弦纹，泥条带上另按贴有三个（或四个？）扁环状小鼻，但穿孔不明显。鼓腹部位也按贴有呈凸弦纹样的泥条一周，并大致等距按捺三组凹窝。罐内壁留有明显的泥条盘筑痕迹。高30、口径16.2～16.5、底径16.6～16.8厘米。（图五一B；彩版二三，1）

假腹杯形豆　M13∶5，出土时倾倒，口部朝北。泥质红褐胎黑陶。保存较好。浅盘，假腹外壁刻划八道凹弦纹，其中上三道和下五道弦纹之间另填大致等分的三组镂刻的圆孔和弧边三角组合而成的图案：两个圆孔间杂一个弧边三角，弧边三角的尖喙方向一致。假腹与圈足接合处另按捺斜状短竖条图案。圈足上部有两组各由三道凹弦纹组成的弦纹组，两组弦纹之间也有约等分的四组由两个圆孔和一个弧边三角组合而成的图案。此件陶器上的圆孔均未穿透。高12.8～13、口径7.4～7.5、圈足径7.9～8.1厘米。（图五一C；彩版二三，2）

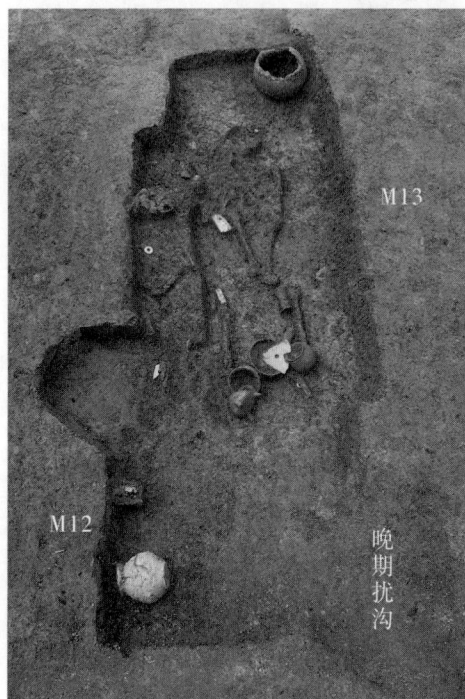

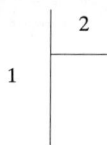

图五〇　M12、M13
1. M12、M13（北—南）　2. M12、M13剖面（北—南）

杯　M13：6，出土时倾倒，口部朝南。泥质灰胎黑陶。杯壁较直，内底有明显的捏制痕。平底。高9.4～9.9、口径4.6、底径4.6～4.9厘米。（图五一C；彩版二三，3）

罐　M13：8，出土时为石犁所压，侧倾朝东。泥质青灰胎灰陶。侈口，口沿内面有一周凹弦纹，俯视口部略呈蒜头形，或可归为壶类。微鼓腹，腹上部有六道凹弦纹，弦纹不甚平行。平底。罐内壁留有刮抹痕。高12、口径10.4～11、底径7.4～8厘米。（图五一B；彩版二三，4）

盘　M13：9，盘内尚存动物肢骨。泥质灰褐胎黑皮陶，外壁局部留有朱痕。保存较好。折敛口，假腹下部平收，圈足较直。假腹部位有五组不等分的圆孔和弧边三角组合图案。高约6.7、口径约18.5、圈足径约12.3厘米。（图五一B；彩版二三，5）

盆　M13：11，为陶盉所压，盆口侧翻朝北。泥质灰胎黑陶。敞口，唇微外翻，口沿略呈流状，平底微内凹。高约7.4、口径15.4～15.7、底径约9厘米。（图五一B；彩版二三，6）

盉　M13：12，出土时侧倾，口沿朝东南。粗泥红胎红陶，外壁施红陶衣。环状把手连接口沿和凿形足根部，流位于把手朝内一侧，当为右手执。盉口高11.2、盉身高8.7、盉把高11.9、口径7.7～8厘米。（图五一C；彩版二四，1）

石器　4件。

犁　M13：7，出土时犁背面朝上，西高东低。灰黑色，角岩。单面刃，正面刃脊线

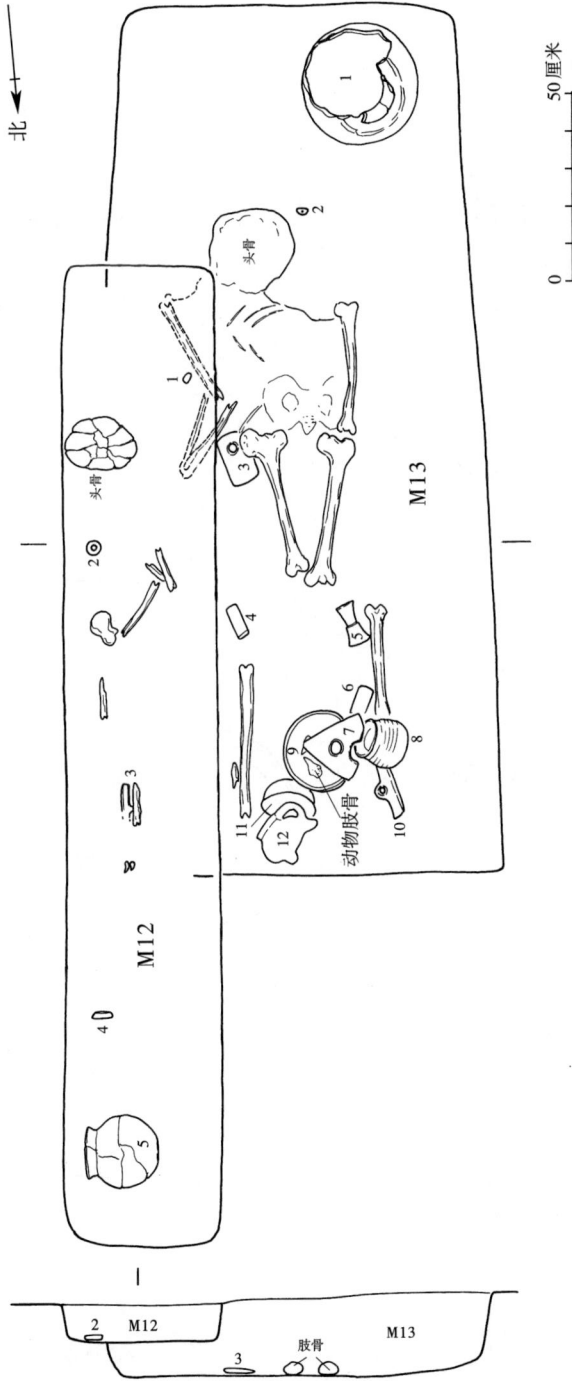

图五—A M13、M12平剖面图

M13出土器物 1.陶罐 2.玉坠饰 3.石钺 4.石铲 5.陶假腹杯形豆 6.陶杯 7.石犁 8.陶罐 9.陶盘 10.石刀 11.陶盆 12.陶盂

M12出土器物 1.玉坠饰 2.玉圆牌 3.石刀 4.陶纺轮 5.陶罐

1

8

11

9

12

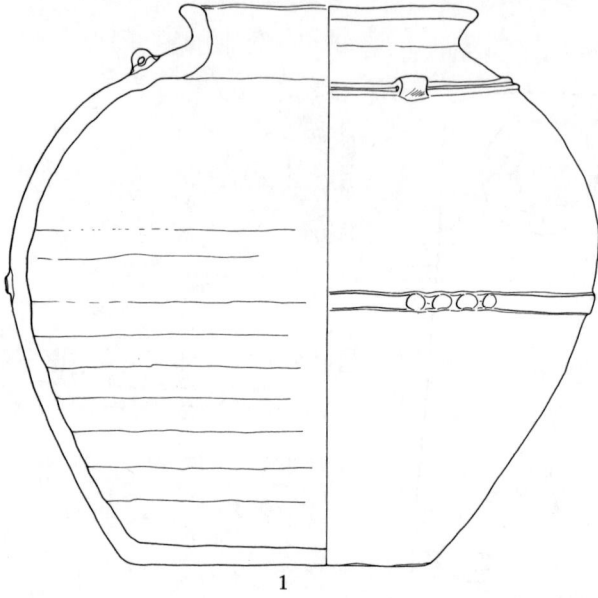

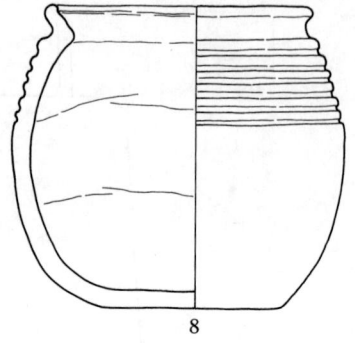

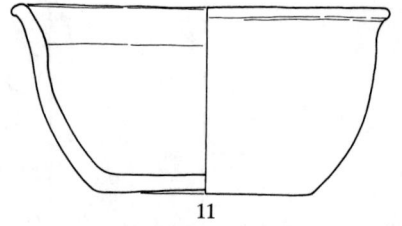

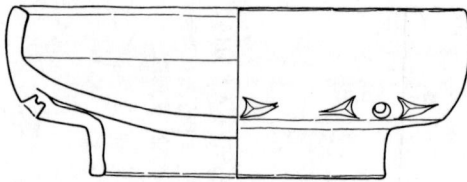

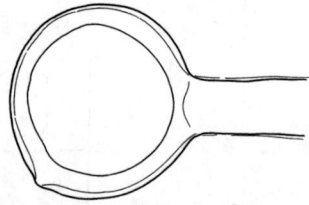

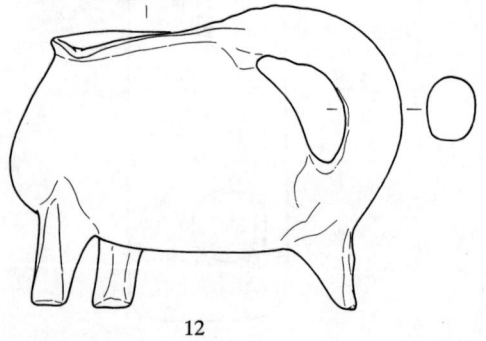

图五一 B　M13 出土器物（1 为 1/4，余为 1/3）

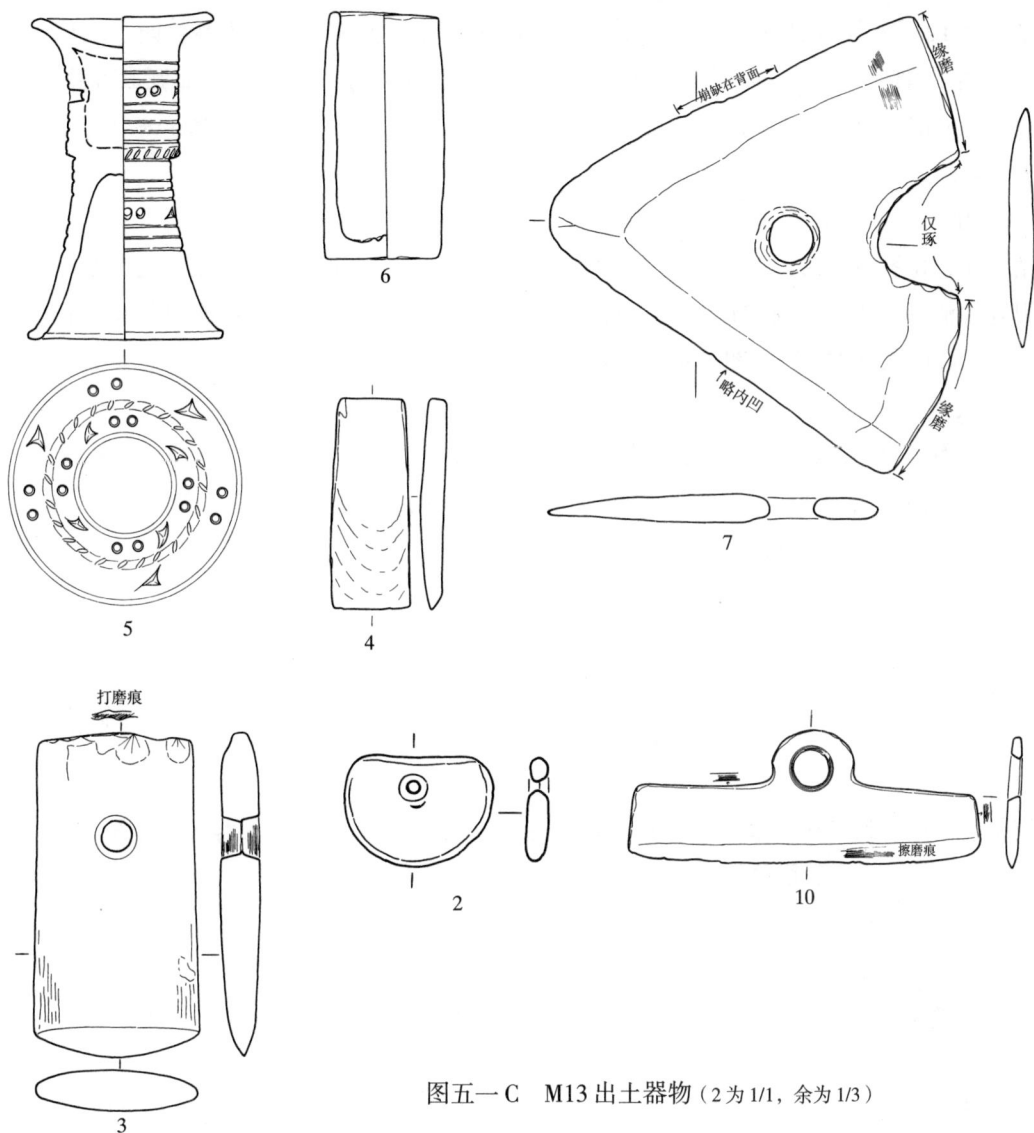

图五一C M13出土器物（2为1/1，余为1/3）

清晰，背面仅刃缘部位略加修磨，一侧刃部微微内凹，另一侧刃部崩缺较为明显，崩缺面在背面。犁尖较为圆钝，夹角约61度。后端琢打成凹缺，凹缺相对较深，约3.5厘米，凹缺形状歪斜。凹缺两侧往刃部弧收，缘面均经琢磨。犁身琢打一孔，孔周及孔壁上部有琢打痕迹而无疤痕，孔内壁另有明显的桯修痕。长17、宽18.3、最厚1.3厘米。（图五一C；彩版二五）

钺 M13：3，出土时刃部朝北，局部压于股骨下。沁蚀甚，外表为灰褐色，内芯为青绿色，两面均有竖向的纹路，流纹岩。石钺顶部缘面除有斜向打磨的痕迹外，尚保留有打制所留的疤痕。双向管钻孔，孔内径约1.3、外径约1.7厘米。弧刃，两面刃脊线清

晰。高 12.87、上宽约 6.4、刃宽 6.8、最厚 1.55 厘米。（图五一 C；彩版二四，2）

锛 M13：4，出土时刃部朝北，刃面朝上。剥蚀呈灰黄色，正面留有弧状纹路，流纹岩。刃部有崩缺，崩缺面在背面。高 8.5、上宽 2.7、刃部宽 3.15、最厚 0.96 厘米。（图五一 C；彩版二四，3）

刀 M13：10，灰褐色，外表沁蚀，角岩。上部约正中部位有半圆形凸起，单面管钻一孔，孔另面桯修，孔内径 1.55、外径 1.8 厘米。肩部较平直。刃部微弧凸，双面刃，刃脊线清晰，刃部有齿状崩缺痕，当是使用痕迹。刃面还有横向的擦磨痕。高 5.4、宽 14.4、最厚 0.56 厘米。（图五一 C；彩版二四，4）

玉器 1 件。

坠饰 M13：2，位于头骨左上侧，系孔朝南。鸡骨白。整体呈半圆形，管钻成形。系孔为双向桯钻，其中一面桯钻孔外侧留有月牙形钻痕，应与桯钻头有关。高 1.42、宽 2、最厚 0.3 厘米。（图五一 C；彩版二四，5、6）

M12

（一）概述

M12 打破 M13，由于墓坑中部偏北部位为晚期扰沟所破坏，故随葬器物组合可能不全。墓坑整体呈狭长形。坑内填土为灰白色土，夹杂少量的红烧土颗粒。人骨骨架保存较差，仅可大致辨认。墓坑长 260、宽 40 厘米，现深 10 厘米。随葬器物编号 5 件。（见图五〇、五一 A；彩版二二）

（二）遗物

陶器 2 件。

纺轮 M12：4，出土时竖置，平的一面朝北。粗泥红褐胎灰黑陶。背面稍弧凸。厚 2.1、直径约 5.8 厘米。（图五二）

罐 M12：5，出土时倾倒，口部朝东。泥质黑胎黑陶，质地相对坚硬。翻沿，腹部最大径偏下，底边外侧经过抹削，内凹底。高约 19、口径约 11.7～12、底径约 10.6 厘米。（图五二；彩版二六，1）

石器 1 件。

刀 M12：3，竖向，刃部朝东，石刀一半为晚期扰沟所破坏。灰黑色，剥蚀甚，角岩。上部中间有环状凸起，单面管钻孔，另面桯修，孔内径 0.6、外径约 0.9 厘米。肩部微上翘。刃部微弧凸，双面刃，刃脊线清晰。残高 3.6、残宽 8、最厚 0.7 厘米。若对称复原宽约 15 厘米。（图五二；彩版二六，2）

玉器 2 件。

坠饰 M12：1，出土时与 M12 头骨高度接近。深黄色，夹红褐色斑，可能为石英类。

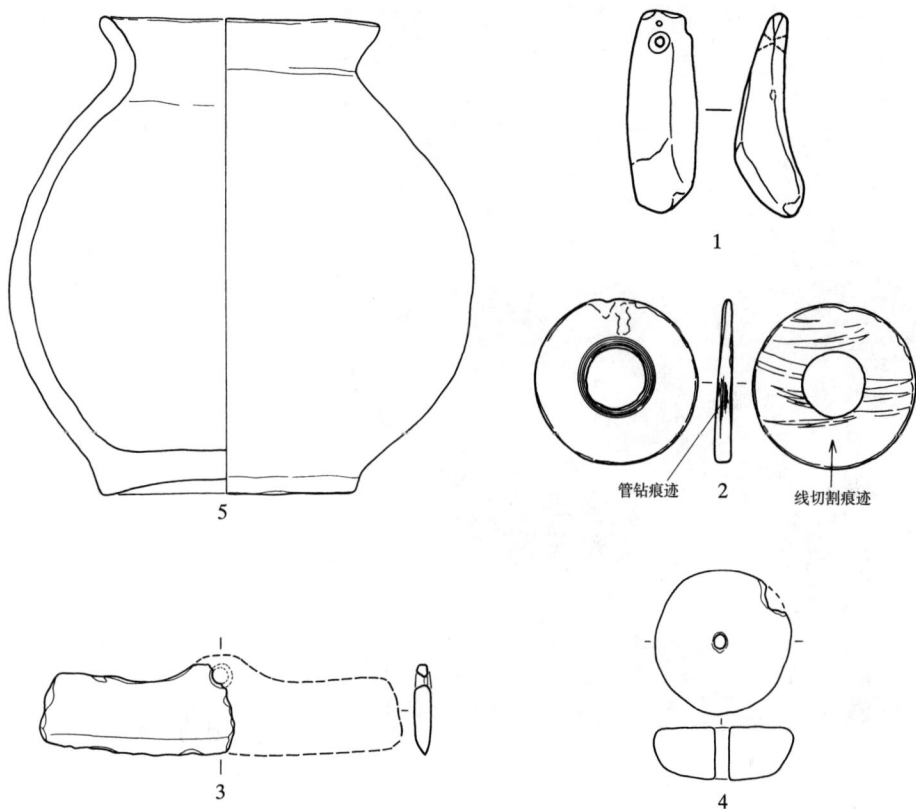

图五二　M12出土器物（1为1/1，2为1/2，余为1/3）

系边角料制成。系孔为双向桯钻，其中一面系孔上方还留有一未成的桯钻痕。长约2.7厘米。（图五二）

圆牌　M12：2，大致位于胸腹部位。深黄色，夹红褐色斑。整器为管钻成形，孔为单面管钻，孔内径约1.7、外径约2.2厘米。一面平整，另一面留有单向的线切割痕迹，故可能原本管钻成形、双向管钻孔后，再剖切为二。外径约4.5、最厚约0.5厘米。（图五二；彩版二六，3、4）

M16

（一）概述

位于M15和M12之间，填土为夹杂大量红烧土块的灰褐色土。墓内人骨保存相对较好，但上下肢骨有所错位，另外，肢骨也较为细小，应该为未成年人残骸。随葬器物中1号石钺位于墓主上肢右侧，约右手腕部位有玉坠饰1件，似作为串挂的腕饰用，余随葬器物除8号陶壶外均位于脚端部位，3~7号器物均由西向东倾斜。墓坑北宽南稍

1. M15、M16（北—南）

2. M16石犁、陶器等出土情况（西—东）

图五三　M15、M16及器物出土情况

窄，长170、北端宽80、南端宽65厘米，现深约10厘米。随葬器物编号8件。（图五三，1、2；图五四A；彩版二七，1）

（二）遗物

陶器　5件。

盘　M16∶3，碎裂甚。泥质红胎灰黑陶。敛口，唇外卷，假腹，腹外壁按抹一周凹弦纹呈双弧腹状，这类形制的盘与圈足安置以及假腹部位需要镂刻图案有关。下腹镂刻有三组大致等分的由斜状分布的两小组圆孔和弧边三角组合的图案。高约7、口径约17.8、圈足径13.8~14厘米。（图五四C；彩版二八，1）

盘　M16∶4，出土时侧倾，东高西低。泥质灰胎灰黑陶。口微外敞，坦腹。圈足和豆盘按贴处按压后再由下而上抹划而呈微微的垂棱状。盘外壁按贴有四个大致等分的小泥点。圈足部位有三组圆孔和弧边三角组合而成的图案，每组图案实为一组完整的弧边三角图案和半组弧边三角图案组合而成。高4.3、口径16.2~16.4、圈足径约11.2厘米。（图五四C；彩版二八，2）

罐　M16∶6，出土时侧倾，罐口朝东。泥质褐胎黑陶。唇外翻，鼓腹，鼓腹内壁留

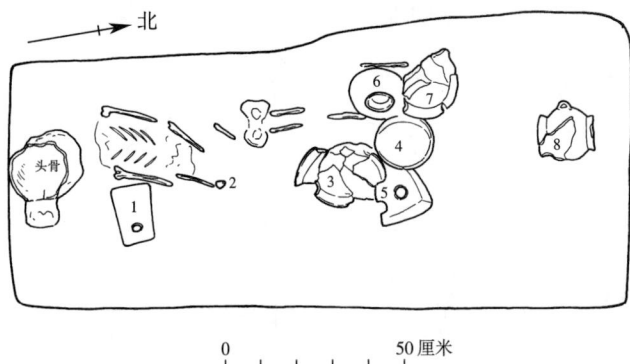

图五四 A　M16 平面图
1. 石钺　2. 玉坠饰　3. 陶盘　4. 陶盘
5. 石犁　6. 陶罐　7. 陶鼎　8. 陶壶

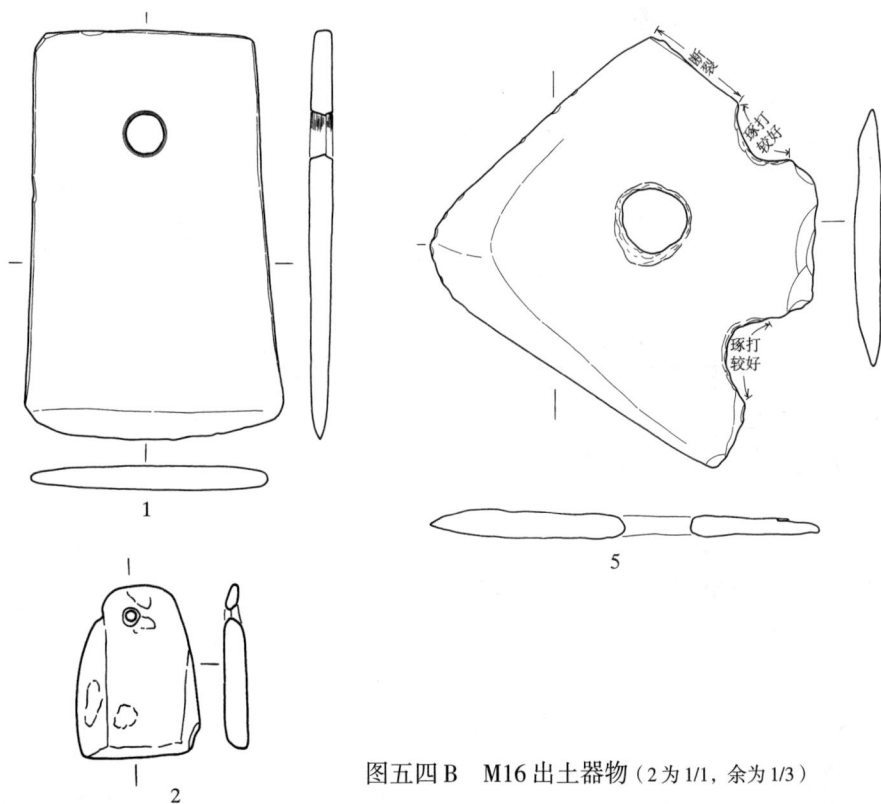

图五四 B　M16 出土器物（2 为 1/1，余为 1/3）

有明显的套接痕迹。肩、腹部各按贴一周泥条，泥条经过慢轮按捺后呈两道凸弦纹样，弦纹不甚平行。平底微内凹。高 12.7 ~ 13、口径约 7.4、底径约 6.5 厘米。（图五四 C；彩版二八，3）

鼎　M16：7，碎裂甚。粗泥褐胎灰黑陶。侈口，微折腹。凿形足，横截面为弧五边形。通高 13.7 ~ 14、鼎身高 10.5、口径 14 厘米。（图五四 C；彩版二八，4）

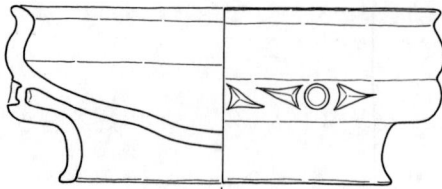

斜状分布

3

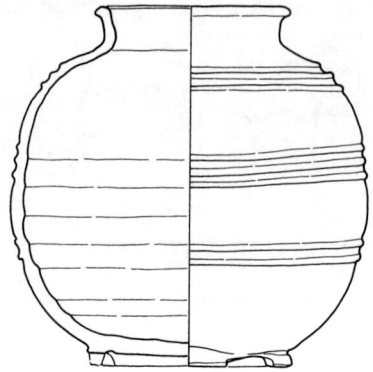

8

套接痕

6

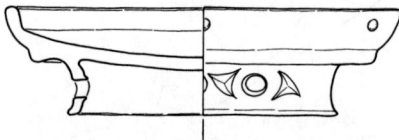

4

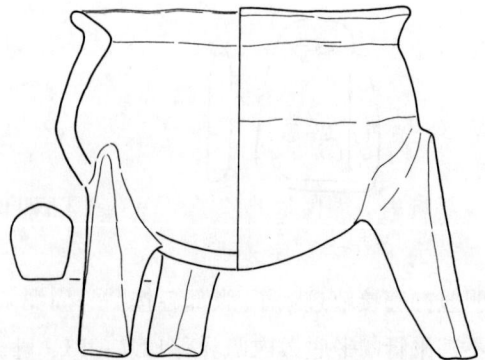

7

图五四 C　M16 出土器物（均为 1/3）

壶　M16：8，出土时倾倒，壶口朝南。泥质灰胎黑陶。唇略外翻，鼓腹，鼓腹及上、下各有三道泥条按贴，每道泥条经慢轮修整再在其上按捺一至二道凹弦纹。圈足切剔三个凹缺。内壁留有明显的泥条盘筑痕。高约14.3、口径约8.1、圈足径约8.5厘米。（图五四C）

石器　2件。

钺　M16：1，位于右上肢侧，出土时倾斜，东高西低。沁蚀甚呈灰黄色，内芯为灰黑色，角岩。双向管钻孔，内径约1.6、外径1.8～1.85厘米。刃部微弧凸，双面刃，刃脊线清晰。高16.3、上宽约9.2、刃宽约10.8厘米。（图五四B；彩版二八，5）

犁　M16：5，局部为4号陶盘所压，犁尖朝北，出土时略南高北低，正面朝上。黑灰色，正面沁蚀较甚，角岩。背面保存相对较好，背面两侧刃部稍打磨，犁尖部位斜杀，整体较为平整。单面刃，正面刃脊线清晰，除打磨的刃面外，余部位保留有一定的琢打糙面，且微微内凹，至一侧刃面隆起，这应与犁固定方式有关。犁尖夹角约74度。琢打一孔，内径约2.5～2.8厘米，正面孔周有疤痕，孔中心点偏于犁尖和后端中心点连接线上。后端呈近矩形凸起，凸起上下两侧琢打呈内凹缺形，一侧原本断裂。长16、宽17.2、最厚1.2厘米。（图五四B；彩版二九）

玉器　1件。

坠饰　M16：2，大致位于右手腕部位，系孔朝北。黄绿色，夹杂褐色斑，石英类。系孔单面桯钻，另面桯修。高2.2、宽1.7、最厚0.33厘米。（图五四B；彩版二七，2、3）

M15

墓内填土为夹杂较多红烧土颗粒的灰褐色土。仅存人骨残痕。从骨痕判断，墓主应为一未成年人。墓坑长120、宽60厘米，现深7厘米。墓内没有发现随葬器物。（图五五；另见图五三，1）

M10

（一）概述

墓坑内填埋大量的坯料形红烧土块，个体也较大，其中墓室东北紧贴墓坑壁处尤甚，似有意填埋。除了大块的红烧土外，还间杂有大量的经过二次氧化的陶片，其中可辨认的有陶罐残片，这些碎陶片的复原个体较大，并还零星发现于倾倒的陶大口缸内以及大口缸下。墓坑内的红烧土堆积还可细分

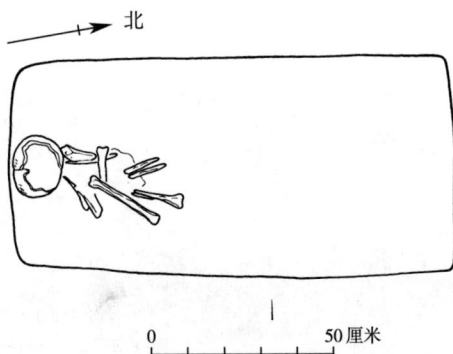

图五五　M15平面图

为两层：其中第①层夹杂的红烧土块较第②层的相对为多，堆积线较为清楚。从剖面及堆积情况分析，M10原来可能存在有葬具，11号陶大口缸和10号陶罐应位于葬具之外（葬具范围如平面图虚线所示）。

墓内人骨保存相对较好，其中头骨略有错位，下骸骨上翻，这些现象可能与原先存在葬具有关。随葬器物中1号陶假腹杯形豆位于墓主左肩部上方，3号石钺出土时呈斜状插入墓主右尺骨和桡骨之间，应是原先存在一定的空间，石钺下落或跌落偶然巧合所致。2号石锛大致位于左腕部，但为左股骨所压，原先可能是手握且不置柄的。8号陶盆间或于墓主左、右下肢，此类现象已不鲜见。11号陶大口缸呈侧倾状，且压红烧土，野外清理时似乎在此部位有深约5厘米的浅凹坑存在，而发现于大口缸外壁侧及底部的红烧土块、碎陶片可能是原先作为铺垫、固定大口缸用的。墓坑长250、北宽100、南宽73厘米，墓坑现深20厘米。随葬器物编号13件。（图五六，1~3；图五七A；彩版三〇）

填土标本选择环状盖纽一件，粗泥红陶，经二次氧化。（图五七B，01）坯料形红烧土标本一件，过烧，夹杂秕谷。外侧面光整但内凹弧，内侧面有多道杆印痕，厚约8厘米。（图五七B，02）

（二）遗物

陶器 7件。

假腹杯形豆 M10：1，出土时倾倒，口部朝西。泥质红胎褐陶，豆盘内及外壁呈灰

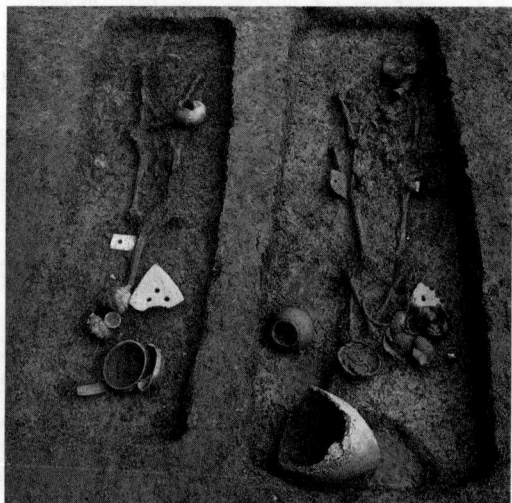

图五六 M10、M11及器物出土情况
1. M10剖面（北—南） 2. M10、M11（右为M10、左为M11，北—南） 3. M10陶大口缸等出土情况（东—西）

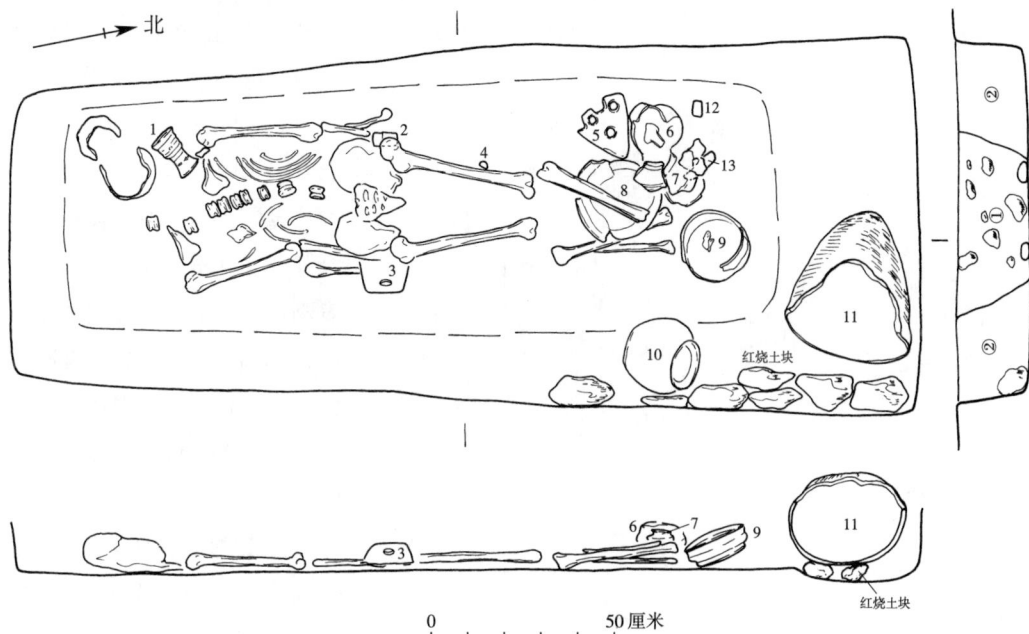

图五七 A　M10 平剖图

1. 陶假腹杯形豆　2. 石锛　3. 石钺　4. 玉坠饰　5. 石犁　6. 陶盉　7. 陶壶　8. 陶盆　9. 陶盘　10. 陶罐　11. 陶大口缸　12. 石锛　13. 石刀

白色，圈足内为红色。浅盘，盘壁较薄，似直接安置在假腹上。假腹外壁装饰四道凸弦纹，其间为等分的圆孔和弧边三角组合图案，圈足部位另有不等分的两组圆孔和弧边三角组合图案，假腹和圈足上的图案并不对应。高约 12、口径约 7.5、圈足径 7.7 厘米。（图五七 D；彩版三一，1）

盉　M10：6，侧倾。粗泥灰褐胎红陶。小口，鼓腹下垂，鼓腹上方抹划有不连续的多道弦纹，凿形足和把手压弦纹。把手上翘弧弯不与口沿相接，把端部位按捺小凹缺。口沿按捏的流和把手略有弯斜。通高 12.2、盉身高 11.8、口径 6.7 厘米。（图五七 C；彩版三一，2）

壶　M10：7，碎裂甚，碎片局部压 6 号陶盉和 8 号陶盆。泥质褐胎青灰色陶。唇略外翻，溜肩，鼓腹，肩腹部位经慢轮按捺有三组凹弦纹，每组二至三道。圈足刻剔三个大致等分的凹缺。高 13.6、口径 9.6～10、圈足径 9～9.2 厘米。（图五七 C；彩版三一，3）

盆　M10：8，泥质灰胎黑陶。翻沿，斜收腹，平底微内凹。高 5.5～5.7、口径约 21.3、底径约 10 厘米。（图五七 C；彩版三二，1）

盘　M10：9，微侧倾，盘内尚残留有动物肢骨。泥质黑-灰色胎黑陶，局部剥蚀呈灰色。敛口，假腹，外壁按捺一周而呈双弧腹。弧腹部位装饰三组大致等分的圆孔和弧边三角组合而成的图案，每组图案实为一组完整的弧边三角图案和半组的弧边三角组合

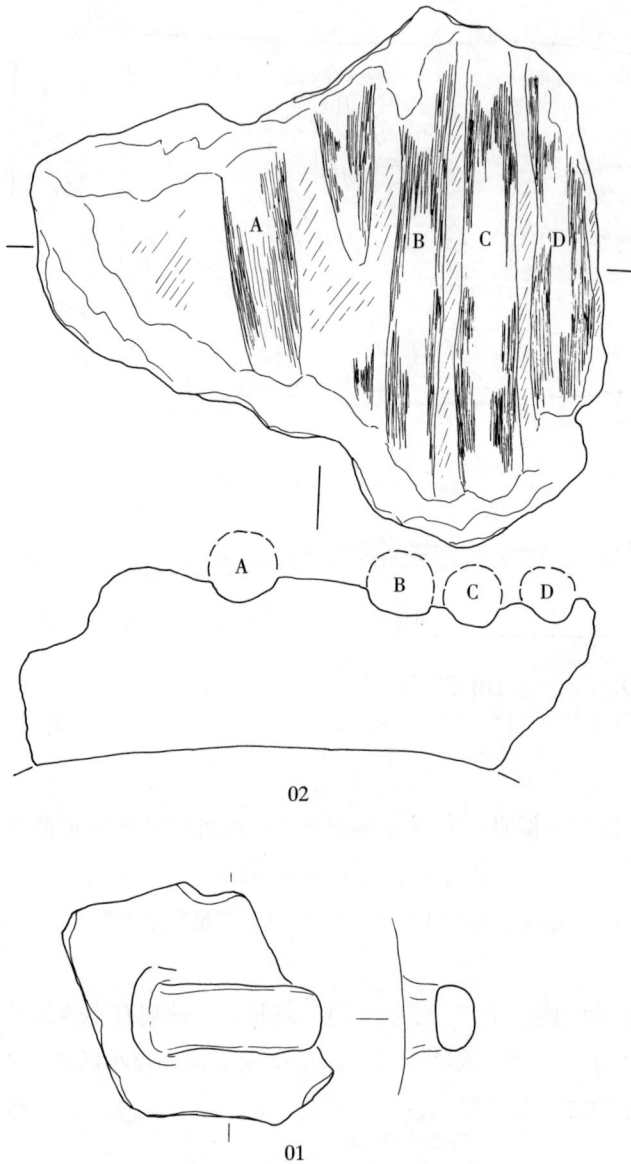

图五七 B　M10 填土中出土器物

01.二次氧化的环状盖纽残片　02.坯料形红烧土（均为1/3）

而成，半组的弧边三角方向一致。高6.6~6.9、口径18.7、圈足径14~14.3厘米。（图五七C；彩版三二，2）

罐　M10:10，倾倒，口沿朝北。泥质灰胎灰黑陶，外表剥蚀呈灰色。唇略外翻，溜肩，肩部慢轮按抹成两道凸弦纹，鼓腹，平底微内凹。高18.2、口径约12.7、底径约10厘米。（图五七C）

大口缸　M10:11，夹粗砂红陶，内外壁均留有白色涂层，可能为白衣。整器已受挤压变形。直口，圆唇，唇外壁上方抹划五道凹弦纹，弦纹下拍印条纹，条纹分为上下两部分，以口部以下约13厘米为界，上部为甚为清晰的斜线条纹，下部条纹呈交叉状拍印，且再以沙泥抹平，致使条纹不清晰，上下界线甚为明晰。尖底部位琢打近圆形的孔一个，直径约2.5厘米，从破裂疤痕分析，当为烧造后琢打。内壁上部修整较好，仅在近底部有横向垫痕，该部位微凸起，疑为制作时套接所致。通高36.4、现口径约34.5厘米。（图五七D；彩版三一，4、5）

石器　5件。

锛　M10:2，位于右股骨头下，背面朝上。沁蚀呈灰白色，流纹岩。起段，刃部略偏于一侧。高5.9、上宽3、刃部宽3.4、最厚1.1厘米。（图五七D；彩版三二，4）

钺　M10:3，剥蚀甚呈深黄色，器形与原貌相差较大，角岩。双向管钻孔，孔内径

图五七 C　　M10 出土器物（均为 1/3）

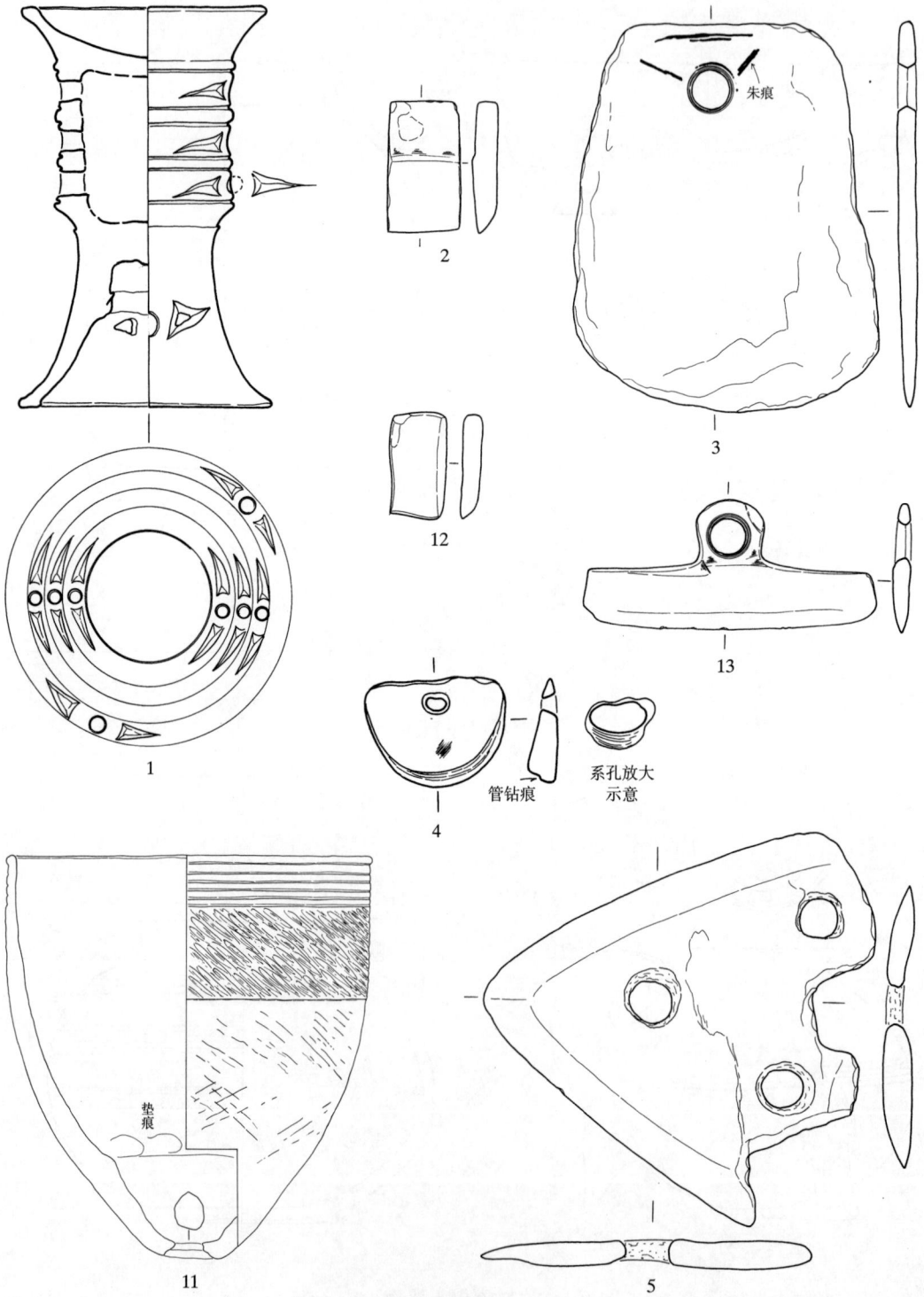

图五七 D　　M10 出土器物（1 为 1/2，11 为 1/6，4 为 1/1，余为 1/3）

约 1.7、外径 2.1 厘米，一面的孔周还残留有朱痕。高约 17.4、上宽 8、刃宽约 14、最厚约 0.8 厘米。（图五七 D；彩版三二，3）

犁　M10：5，出土时犁尖朝东，犁背面朝上。灰黑色，角岩。单面刃，正面刃脊线清晰，背面刃部略加修磨，一侧刃前部微微内凹。犁尖夹角约 67 度。后端琢打成近梯形的凹缺，凹缺之中轴线与另侧刃部基本平行。后端一侧残损，但残损缘面经过打磨。犁身有呈三角形布列的琢打孔三个，背面琢打孔周有疤痕，孔内径约 1.7~2 厘米，三孔连接的三角形与犁整体的三角形不对称吻合，但两侧的孔中心连线却基本与两侧的刃部平行。长 18.1、宽 17.8、厚 1.3 厘米。（图五七 D；彩版三三）

锛　M10：12，位于脚端随葬陶器的西侧，背面朝上。青灰色，沁蚀甚，侧面有竖向纹理，流纹岩。高 4.7、上宽 2.55、刃部宽 2.5、最厚 0.9 厘米。（图五七 D；彩版三二，5）

刀　M10：13，位于 7 号陶壶下，刃部朝东北。黑色，角岩。保存较好。上部中间有近圆形凸起，双向管钻孔，孔内径 1.65、外径约 2 厘米。两侧肩部较为齐平，肩部缘面及凸起缘面部位留有打磨痕迹。双面刃，刃部微弧凸，刃脊线清晰。高 5.9、宽 13.4、厚约 0.8 厘米。（图五七 D；彩版三二，6）

玉器　1 件。

坠饰　M10：4，位于左股骨侧。米黄色。整体呈半圆形，外缘尚留有管钻痕迹。系孔单面桯钻，内孔呈不规则的椭圆形，内孔壁一侧留有桯钻的旋痕。高 1.55、宽 2.1、最厚 0.37 厘米。（图五七 D；彩版三二，7、8）

M11

（一）概述

墓坑内填土为夹杂大量红烧土块的灰褐色土。人骨痕迹可辨，仰身直肢，耸肩，头骨稍偏下，可能原来头下垫有东西，下肢骨交错。墓坑长 227、宽约 75 厘米，现深 18 厘米。随葬器物编号 12 件。（图五八、五九 A；另见图五六，2）

（二）遗物

陶器　6 件。

壶　M11：1，位于右上肢侧，正置。泥质灰褐胎灰黑陶，外表剥蚀略呈灰色。近直口，唇微外卷。鼓腹部位按贴三个大致等分的小泥点。平底微微内凹，内凹面留有草席样印痕。高约 12.5、口径约 7.5、底径 6.8~7 厘米。（图五九 B）

盉　M11：6，出土时侧倾，口沿朝东北。粗泥红胎红陶。把手脱落、残碎不能修复。置把手部位另留有刻划痕，口沿外侧未置把痕，故盉把应为弧弯上翘形。垂腹，矮凿形足。通高 10.8~11.5、盉身高 10.4、口径 8~8.5 厘米。（图五九 B；彩版三四，1）

图五八　M11 北端器物出土情况（东—西）

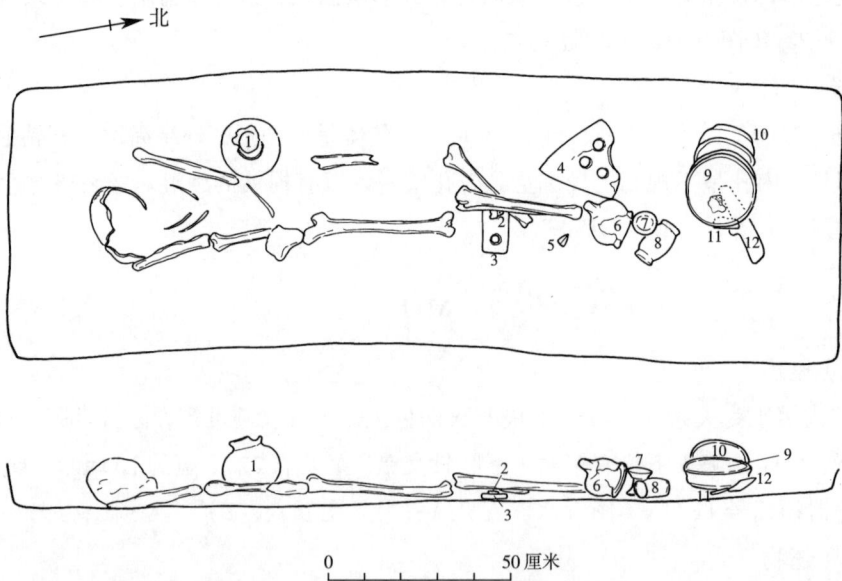

图五九 A　M11 平剖图

1. 陶壶　2. 玉坠饰　3. 石钺　4. 石犁　5. 石镞　6. 陶盉　7. 陶假腹杯形豆　8. 陶杯　9. 陶盆　10. 陶盘　11. 石锛　12. 石刀

假腹杯形豆　M11：7，出土时正置。泥质灰胎灰褐陶，外表略有剥蚀。浅盘，假腹部位有三道宽凸弦纹，喇叭形矮圈足，假腹、圈足外壁镂无规律排列的圆孔。高约 7、口径约 7.2、圈足径 7.2～7.3 厘米。（图五九 B；彩版三四，2）

1

刻
划
痕

6

动物骨头

9

7

8

10

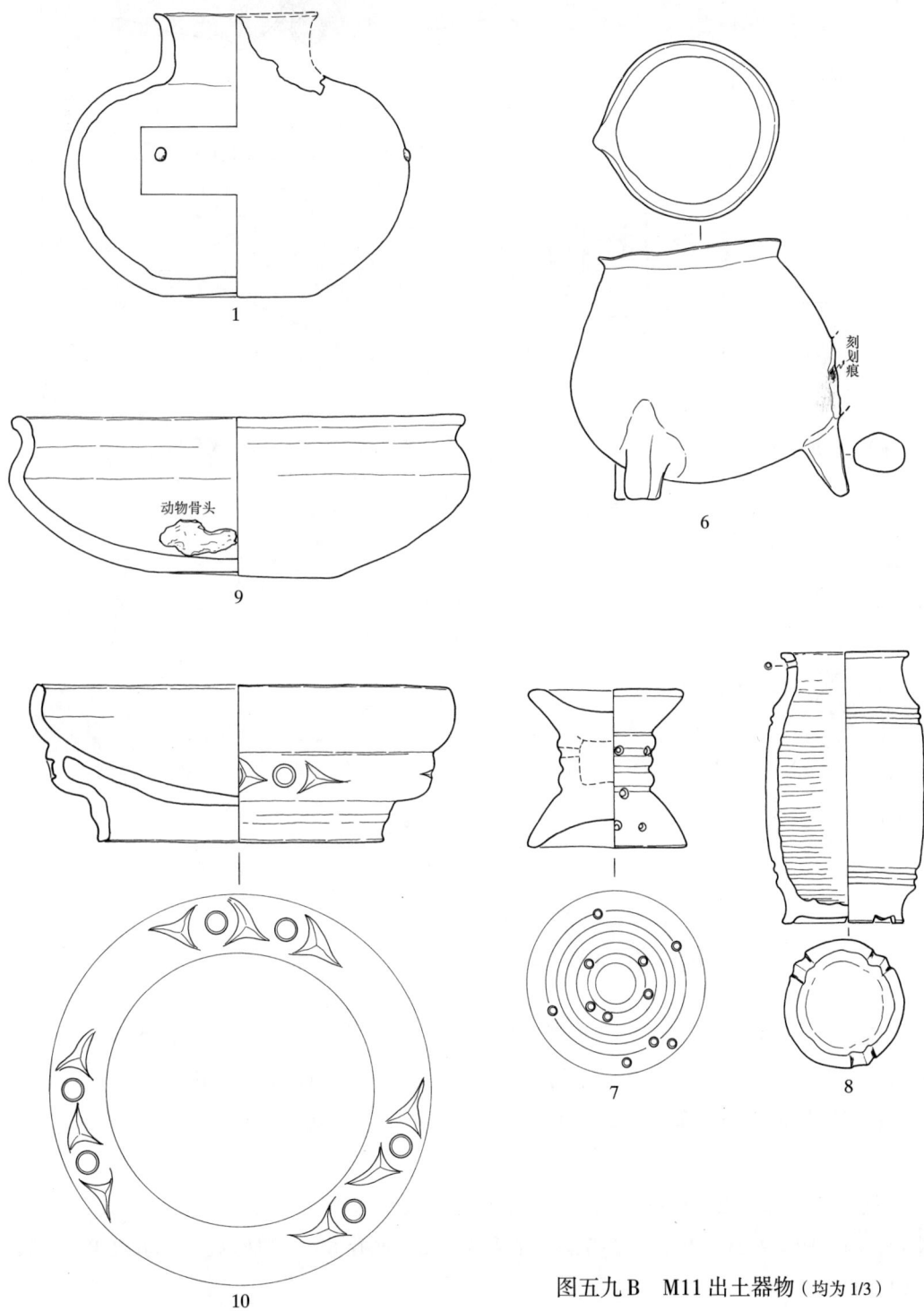

图五九 B　M11 出土器物（均为1/3）

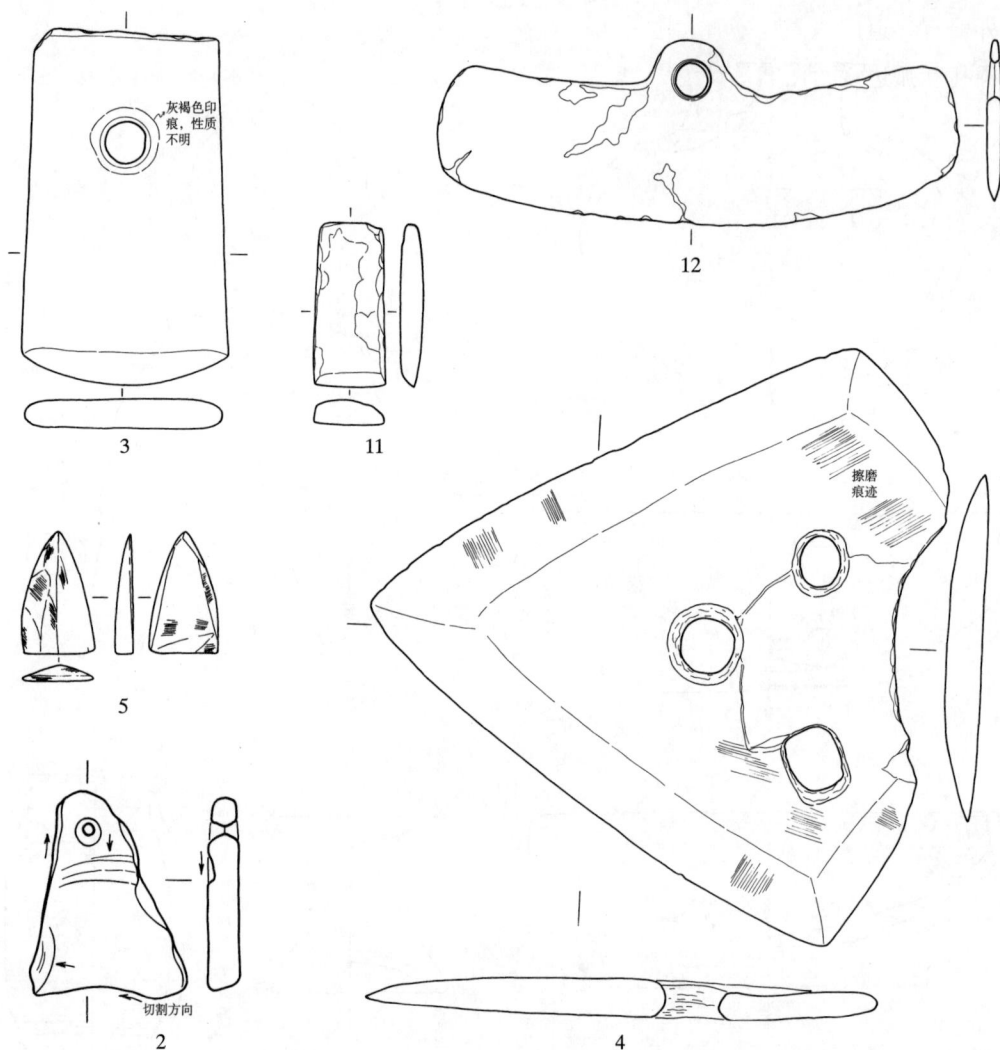

图五九 C　M11 出土器物（2 为 1/1，5 为 1/2，余为 1/3）

　　杯　M11：8，出土时倾倒，局部为 7 号陶豆所压。泥质褐胎黑皮陶，唇部及外壁留有朱痕。平唇略外翻，唇下有一穿孔。腹部上、下各有两道凹弦纹。圈足约等距切剔三个凹缺，凹缺呈"介"字形。高约 12、口径 5.7～5.9、圈足径约 5.6 厘米。（图五九 B；彩版三四，3）

　　盆　M11：9，出土时盆内尚残存动物骨痕。泥质灰胎黑皮陶，黑皮多有剥蚀。唇略外卷，斜收腹，平底微内凹。高 7.2、口径约 20.5、底径 8.8～9 厘米。（图五九 B；彩版三四，4）

　　盘　M11：10，位于 9 号陶盆下，出土时侧倾，盘口朝东。泥质灰胎黑陶。假腹，腹部外壁有一道应与圈足安置和图案布列有关的弦纹，双弧腹。下弧腹镂刻三组大致等分的圆孔和弧边三角图案。高约7、口径约18.8、圈足径13～13.4厘米。（图五九B；彩版三四，5）

石器　5件。

钺　M11∶3，出土时为右胫腓骨所压，刃部上有玉坠一件，刃部朝西。灰白色，抛光精美，流纹岩。顶部保留有打制疤痕，顶缘面另经打磨，两侧缘面打磨圆钝。双面弧刃。双向管钻孔，孔内壁保留有台痕，其中一侧孔壁留有一道管钻时带动沙粒磨擦所致的凹痕，孔内径1.6～1.7、外径2～2.1厘米。一面孔周侧有灰褐色印痕。高14.1、上宽7.5、刃部宽8.6、最厚1.2厘米。（图五九C；彩版三五，1）

犁　M11∶4，出土时平置，犁尖朝南，犁背面朝上。黑色，背面沁蚀甚，剥蚀部位出露小黑点，角岩。单面刃，刃脊线不甚清晰，刃面及正面局部留有擦磨痕。犁尖夹角约63度。后端琢打成凹缺，凹缺较宽长，约10厘米，凹缺上下两侧即犁后端也磨成刃状，近双面刃。犁身呈三角形布列三个琢打孔，孔大小、形制略有不同，孔内径1.6～2.4厘米，孔内壁局部可观察到修磨痕。孔周正、背面基本未有疤痕，但正面三孔范围至犁后端部位有大块的疤痕。三孔中心点连接的三角形与犁整体的三角形略有错位。长约23、宽约24、最厚1.5厘米。（图五九C；彩版三六）

镞　M11∶5，位于右下肢骨一侧，镞尖朝北。黑色。通体打磨，一面较为平整，另面打磨成脊状凸起，横截面呈三角形。长3.25、宽1.9、最厚0.45厘米。（图五九C）

锛　M11∶11，位于9号陶盆下，另压12号石刀。沁蚀甚，呈灰白色，内出露小黑点，流纹岩。背面留有打击疤痕，弧背。高6.6、上宽2.65、刃部宽2.95、最厚约0.9厘米。（图五九C；彩版三五，2）

刀　M11∶12，位于9号陶盆和11号石锛下，刃部朝北。沁蚀甚而呈灰黄色，外表出露小黑点，角岩。上部近中间凸起，双向管钻孔，孔内径约1.3、外径约1.6厘米。两侧肩部上翘。双面弧刃。高7.4、宽21.4、最厚约0.6厘米。（图五九C；彩版三五，3）

玉器　1件。

坠饰　M11∶2，位于右胫腓骨下，压3号石钺，系孔朝北。深黄褐色。整体略呈三角形。一面较为平整，另面及两侧面留有线切割痕迹（线图箭头所示）。双向桯钻系孔。高约2.65、宽2.2、最厚0.5厘米。（图五九C；彩版三五，4、5）

M19

（一）概述

位于M20西侧。人骨保存较差，仅可大致辨认骨骸，头骨中牙齿痕迹分别位于2号陶杯及墓主左肩部位。随葬的1号陶罐位于墓室的南端，13号陶盆位于墓主右上肢部位，

1. M19（西—东）

2. 石犁等出土情况（西—东）

3. 北端器物出土情况（西—东）

图六〇　M19及器物出土情况

此现象少见。4号石犁大致位于墓主胸腹部位，也不多见。余随葬器物位于墓主下肢部位，其中6号石钺位于右下肢侧，7号陶壶压左下肢，8号陶盘则位于右胫、腓骨之下。5号玉半球形隧孔珠位于股骨之间，其位置也较为少见。墓坑长约255、宽约65厘米，现深10厘米。随葬器物编号13件。（图六〇，1~3；图六一A；彩版三七，1）

（二）遗物

陶器　8件。

罐　M19：1，竖置。泥质灰褐胎黑皮陶。口沿部位受晚期堆积破坏残损不明。鼓腹，内壁留有斜向抹划痕迹，平底微内凹。残高10.7、底径8~8.2厘米。（图六一B）

杯　M19：2，出土时杯口朝西南，局部为骨痕所压，完整，保存较好。泥质灰胎黑皮陶，外壁尚保留有朱痕。腹上、下部位各有三组凹弦纹，每组两道。圈足仅为在底部抹划一周而成，外侧大致等分切剔三个凹缺。高11、口径5.9、底径约5.8厘米。（图六一B；彩版三八，1）

杯　M19：3，出土时杯口朝北。泥质灰胎黑皮陶，外壁残留有朱痕。形制同M19：2。高12、口径5.5~5.7、圈足径5.7厘米。（图六一B；彩版三八，2）

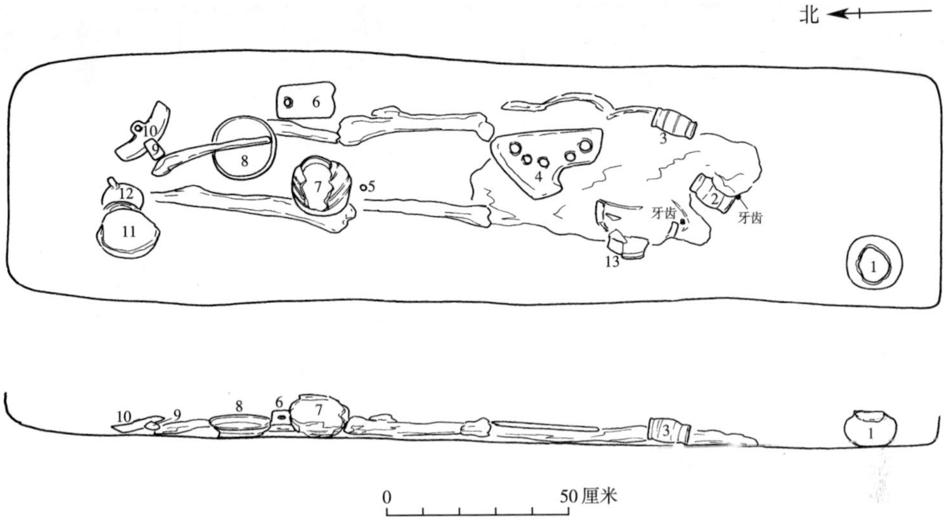

北 ←

0   50 厘米

图六一 A   M19 平剖图

1. 陶罐 2. 陶杯 3. 陶杯 4. 石犁 5. 玉半球形隧孔珠 6. 石钺 7. 陶壶 8. 陶盘 9. 石锛 10. 石刀 11. 陶盘 12. 陶盉 13. 陶盆

壶 M19：7，出土时微侧倾，朝东。泥质红褐胎灰黑陶。近直口，口沿一侧残损。鼓腹，腹部及上下有不平行的慢轮修整按抹而成的凹弦纹多周。内壁有明显的台痕，可能为分体制作或盘筑后抹划修整所致。矮圈足，外侧大致等分切剔三个凹缺。高约 14.8、口径 7.8、底径 8.5 厘米。（图六一 B）

盘 M19：8，为右胫腓骨所压。泥质灰褐胎黑皮陶，外表局部呈灰褐色，保存较好。微折敛口，豆盘外壁等分分布三个小泥点。圈足与盘安置部位经慢轮修整成棱状，并装饰有不等分的三组圆孔和弧边三角组合图案。高 4.5、口径 17.1、圈足径 11.5 厘米。（图六一 B；彩版三八，3）

盘 M19：11，叠压 12 号陶盉。泥质褐胎灰黑陶，外表剥蚀呈灰色。敛口，圈足与盘腹相接处按抹呈凹槽状。盘外壁大致等分按贴五个（？）小泥点（碎裂甚，现仅剩等距三个）。圈足部位镂刻三组不等分的圆形和弧边三角组合图案，每组各有两小组斜状布列的圆形和弧边三角组合图案。高 5.6、口径约 16、圈足径 11.6 厘米。（图六一 B）

盉 M19：12，出土时微侧倾。粗泥褐胎灰红陶，外表剥蚀甚。侈口，有流，折腹下垂，折腹上部有抹划的弦纹多道，环状把手接足根部和口沿外侧，凿形足。通高 11.4 ~ 11.8、盉身高约 10.1、口径 9.9 ~ 10.2 厘米。（图六一 C；彩版三八，5）

盆 M19：13，为墓主人骨骸所压。泥质灰褐胎灰黑陶。口沿一侧微呈流状，唇外翻，斜收腹，平底微微内凹。高 5.7 ~ 5.9、口径约 17.9、底径 7.5 ~ 7.9 厘米。（图六一 B；彩版三八，4）

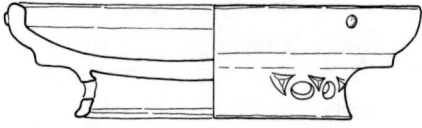
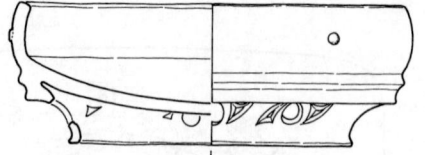
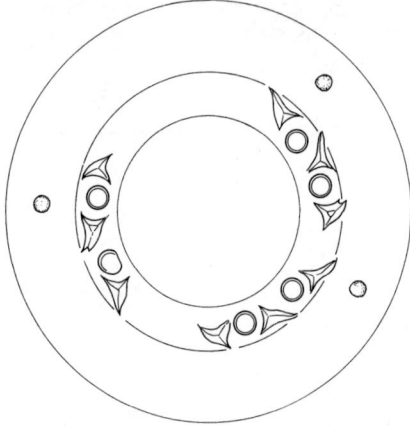

8

11

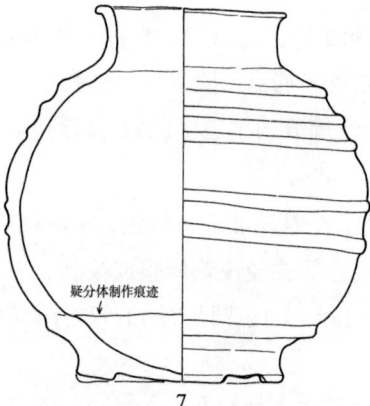
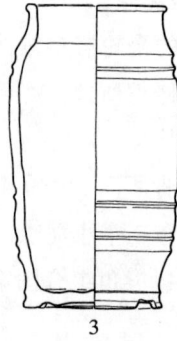
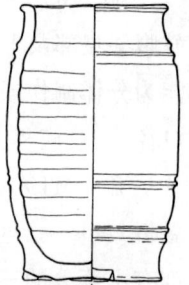
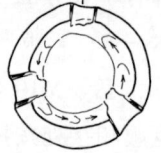

疑分体制作痕迹

7

3

2

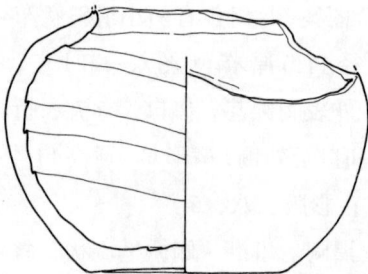
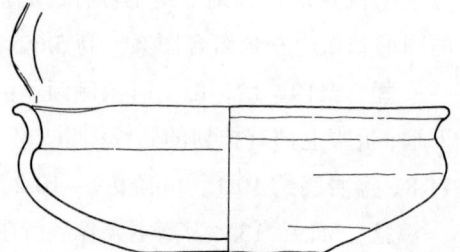

1

13

图六一 B　M19 出土器物（均为 1/3）

崩缺在背面

微内凹

起"刃"

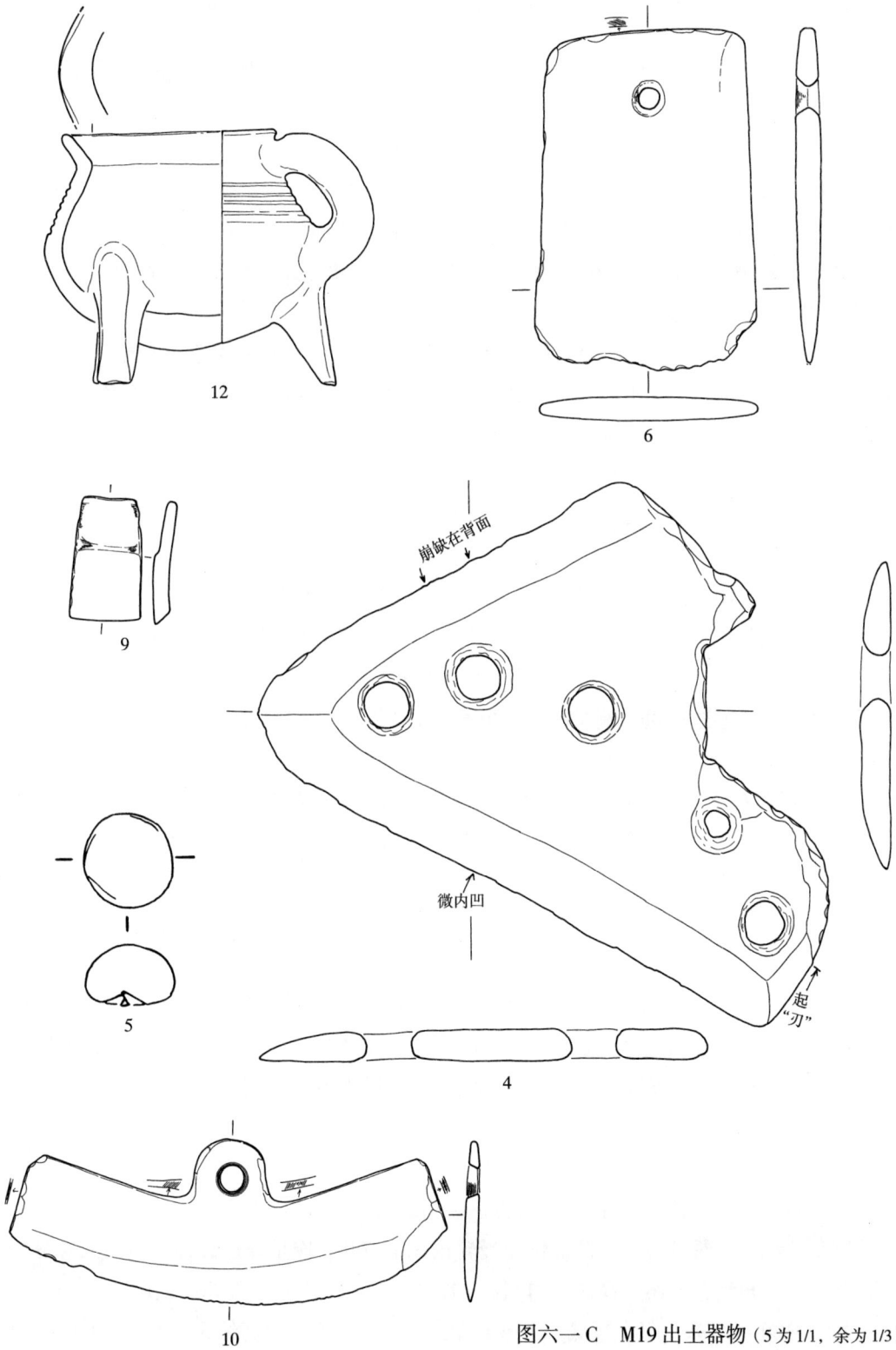

图六一C　M19出土器物（5为1/1，余为1/3）

石器　4件。

犁　M19：4，出土时犁背面朝上，并压墓主腹部的骨骸。灰黑色，沁蚀甚而呈青灰色，角岩。犁端一侧断裂残缺后似经修整。单面刃，刃脊线较为清晰，犁端未残缺一侧的刃部微微内凹，另侧刃部留有崩缺痕，崩缺面在背面。犁尖较为圆钝，犁尖夹角约54度。犁后端琢打有梯形凹缺，凹缺两端角再琢打成小凹缺状。未残缺之后端部位打磨成刃状。犁身有琢打孔五个，五孔成环状分布，孔正、背面均无琢打时所成的疤痕。五孔除一孔内径较小，约1.2厘米外，余内径较为接近，约2厘米。长27.2、宽25、最厚1.5厘米。（图六一C；彩版三九）

钺　M19：6，位于右下肢骨侧，出土时东高西低。沁蚀呈灰褐色，角岩。顶端缘面有斜向打磨痕。双向桯钻孔，孔内径0.9～0.96、外径1.4～1.7厘米。刃部有崩缺，刃部无明显刃脊线。高15.7、上宽9.4、刃部残宽约10.5、最厚1.15厘米。（图六一C；彩版三八，6）

锛　M19：9，出土时正面朝上。米黄色，沁蚀甚，侧面有竖向纹理，流纹岩。起段。高5.6、上宽2.6、刃部宽3.3、最厚0.8厘米。（图六一C；彩版三七，4）

刀　M19：10，出土时刃部朝西。灰黑色，角岩。一面保存较好，另一面剥蚀甚。上部近中间有圆形凸起，孔单面桯钻，另面桯修，孔内径1.3、外径1.5厘米。肩部两端后掠上翘呈飞翼状。双面刃弧凸，刃脊线清晰，刃面一侧较宽，刃部还有呈齿状的崩缺。肩部及两侧缘面均经过打磨。高7.6、宽20.6、最厚0.7厘米。（图六一C；彩版三七，5）

玉器　1件。

半球形隧孔珠　M19：5，位于两股之间，隧孔朝下。深黄色，石英类。隧孔面相对平整，正面弧凸，抛光精美。高0.9、外径约1.4厘米。（图六一C；彩版三七，2、3）

M20

（一）概述

位于M19东部。墓坑内填土为灰褐色。墓坑底部不明。除1号陶豆内出土残骨痕外，墓坑内没有发现人骨痕迹。南部出土粗泥陶凿形足大鼎1件，竖置，似为再挖坑填埋，但平剖面难以辨认。墓坑长197、宽约90厘米。随葬器物编号3件。（图六二A）

（二）遗物

陶器　3件。

盘　M20：1，竖置，豆盘内尚有骨痕（判断为动物肢骨）。泥质红褐胎灰红陶，一侧外壁呈砖红色。圈足与盘按接部位经慢轮按抹呈棱状，圈足部位装饰三组大致等分的圆孔和弧边三角组合图案。高3.8、口径约16.4、圈足径约11.1厘米。（图六二B）

罐　M20：2，残，仅存罐底。夹砂红胎灰红陶。平底。残高约5、底径约9.4厘米。

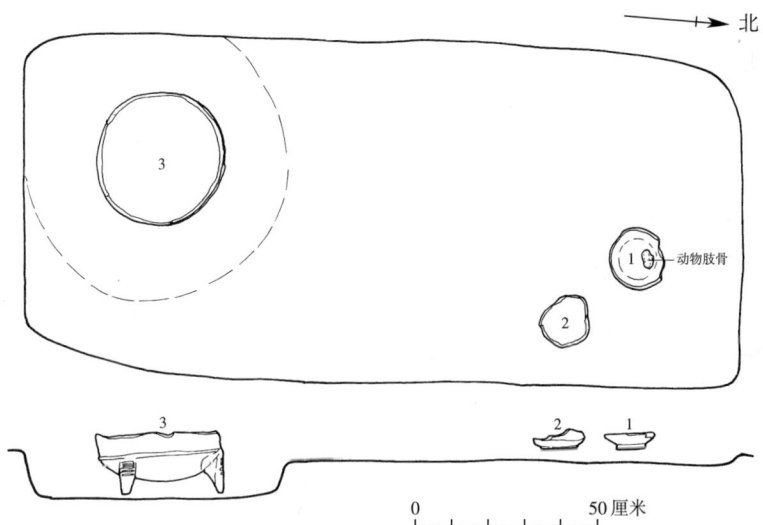

图六二 A　M20 平剖图

1. 陶盘　2. 陶罐　3. 陶鼎

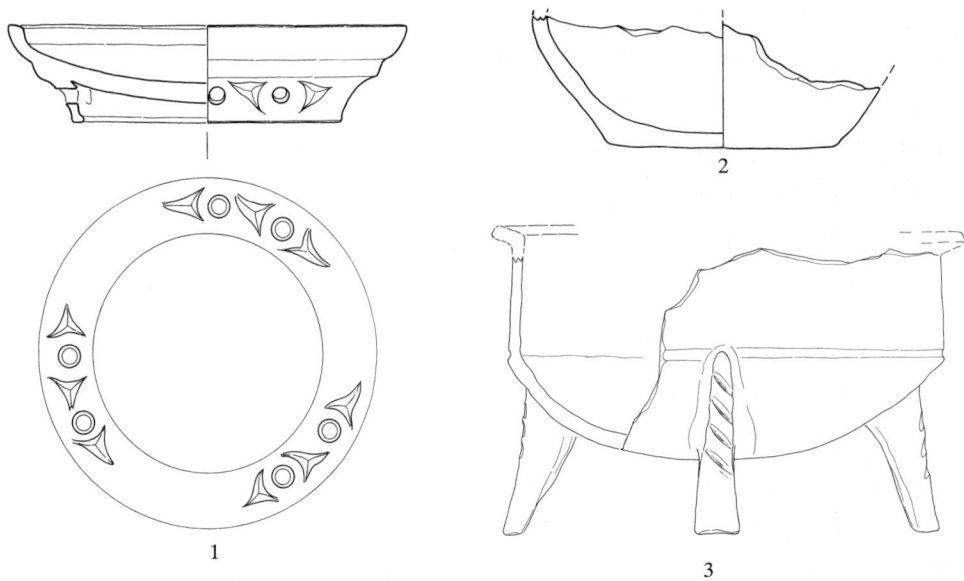

图六二 B　M20 出土器物（3 为 1/6，余为 1/3）

（图六二 B）

鼎 M20:3，可能为打破 M20 的小坑中所填埋，口沿部位受晚期堆积破坏残损，质地疏松难以修复。器形较大。折腹，折腹上部抹划有凹弦纹，凿形足。腹径约 36 厘米。（图六二 B，为示意图）

五 西区第三排墓葬

M23

（一）概述

位于 M7 西侧。南部为晚期扰坑所破坏，长、宽不明，深约 25 厘米。随葬器物编号 5 件。（图六三 A）

（二）遗物

陶器 5 件。

壶（罐） M23：1，出土时微侧倾。泥质灰胎灰黑陶，外表剥蚀呈灰色。口沿唇部残损。斜高领，外壁有多道不甚平行的凹弦纹，鼓腹部位有两道不甚平行的凸弦纹，矮圈足。残高约 18、口径约 11、圈足径约 11.3 厘米。（图六三 B；彩版四〇，1）

盘 M23：2，残损甚。泥质灰褐胎灰黑陶，外表剥蚀呈灰色。卷沿，敞口。大圈足中部内凹呈束腰状，上部弧凸，且有大致等分的五组圆孔和刻划的尖喙状组合图案；下部外敞呈喇叭形。高约 8.2、口径约 19.7、圈足径 13.4 厘米。（图六三 B）

盆 M23：3，出土时覆置。泥质灰胎灰黑陶，外表剥蚀呈青灰色。唇略外卷，斜收腹，内壁留有横向的明显台痕，可能为分段套接，平底微内凹。整器完整但显得不正。高约 7.2、口径 16.7～17.2、底径 8.8～9.3 厘米。（图六三 B；彩版四〇，2）

鼎 M23：4，残损甚。粗泥灰黑胎灰黑陶。敞口，折腹上部有两道凹弦纹，鼎身盆形。凿形足，足外侧面上部截面近圆形，上刻划有圆窝和重圈及重圈内填刻螺旋状线条的图案；下部截面为凿形，刻划有两道竖向的曲折线。通高约 12、鼎身高 6.8、口径约 19.7 厘米。（图六三 B；彩版四〇，3）

豆 M23：5，残损甚。泥质青灰胎黑皮陶。仅可辨圈足局部，为大喇叭形，装饰图案为双线绞索状纹饰结合相应的三角形刻剔。

图六三 A M23 平剖图

1.陶壶（罐）2.陶盘 3.陶盆 4.陶鼎 5.陶豆

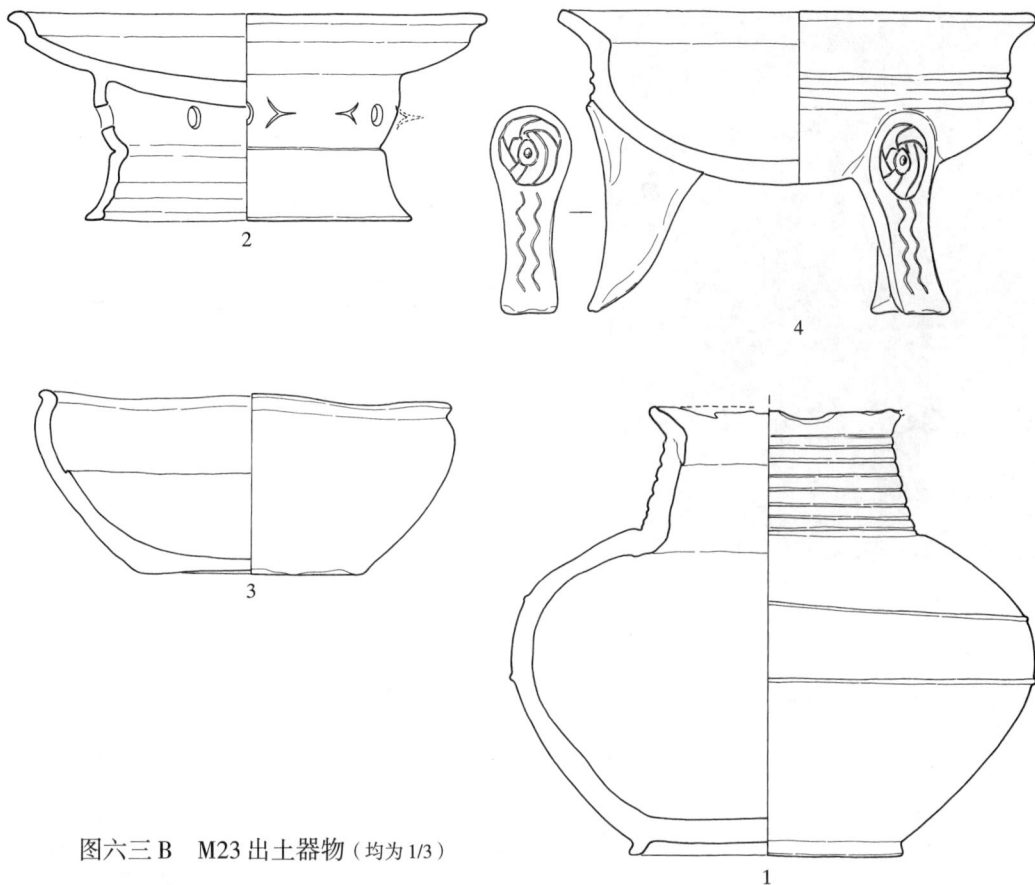

图六三 B　M23 出土器物（均为 1/3）

M7

（一）概述

墓坑西南角为后期堆积所扰残损。墓坑填土灰褐色。依稀可辨人骨残痕，墓主应为未成年人。随葬器物均位于头骨上方部位。墓坑长 120、宽 60 厘米，现深 15 厘米。随葬器物编号 3 件。（图六四、六五 A）

（二）遗物

陶器　3 件。

豆　M7：1，出土时微侧倾朝东。遭扰土层破坏残损。泥质红胎灰黑陶，外表剥蚀呈红色。浅盘，唇面较宽，豆柄上部微隆起，中部有两组各三道凹弦纹，间对称的两个圆孔。圈足外撇。高约 14.6、口径约 16.7、圈足径 12～12.3 厘米。（图六五 B）

假腹杯形豆　M7：2，出土时倾倒，盘口朝北。泥质灰胎黑皮陶，外表多有剥蚀。敛口，钵形豆盘，假腹部位外鼓，上、下各有五道刻划弦纹，其间再镂六组圆孔和刻剔未透的弧边三角图案。喇叭形圈足外壁竖向刻剔不甚等分的四个三角形图案，三角形下边

图六四　M7（北—南）

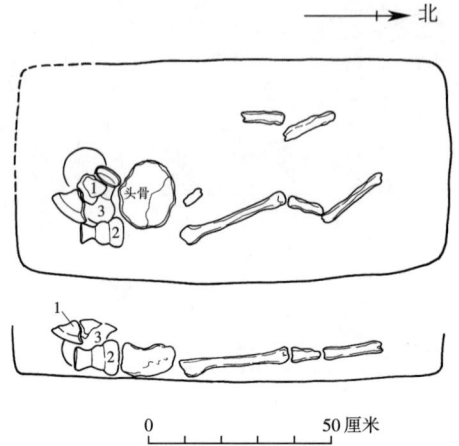

→ 北

0　　　　　　　　　　　50 厘米

图六五 A　M7 平剖图
1. 陶豆　2. 陶假腹杯形豆　3. 陶壶

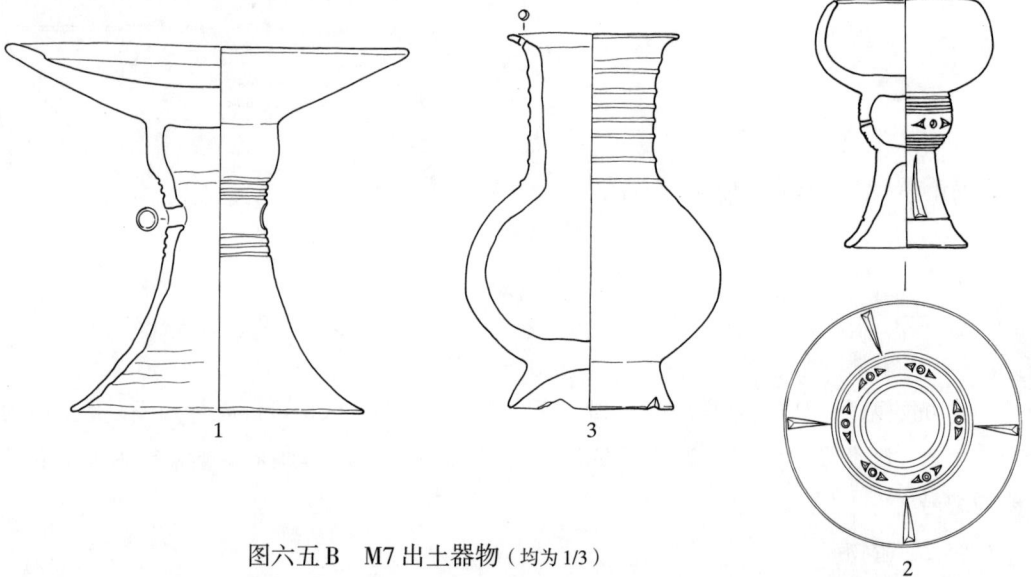

1　　　　　　　3　　　　　　　2

图六五 B　M7 出土器物（均为 1/3）

内折，结构上也应雷同弧边三角，圈足下部刻划凹弦纹一周。此器与墓地所发现的其他假腹杯形豆形制有别，但制作工艺一致。高约 9.9、口径 5.5～5.7、圈足径 5.2 厘米。（图六五 B；彩版四〇，4）

　　壶　M7：3，出土时倾倒朝西。泥质红胎灰黑陶，外表剥蚀呈红色。长颈，唇外翻，沿面有穿孔一个，颈部有七道凸弦纹，鼓腹。圈足切剔大小不一、且不等分分布的三角形凹缺。高 14.8、口径 6.7～6.9、圈足径 6.8～7.2 厘米。（图六五 B；彩版四〇，5）

M26

（一）概述

位于 M7 东侧，平面上未及时辨认，确认土台堆积时发现。墓坑填土为灰褐色。墓主人骨架保存较好，仰身直肢，头微侧向东。头骨右侧有陶纺轮 1 件，脚趾部位为 2 号陶豆和 3 号陶鼎所压。墓坑长 190、宽 65 厘米，现深约 20 厘米。随葬器物编号 3 件。（图六六、六七 A）

（二）遗物

陶器　3 件。

纺轮　M26：1，粗泥黑胎黑陶，质地疏松。厚约 1.8、直径约 5.6 厘米。（图六七 B）

豆　M26：2，泥质灰胎黑皮陶，外表基本脱落。折敛口，豆柄为算珠形，其下为台形。算珠形豆柄部位有一道凹弦纹，并有大致等分的未穿透圆孔装饰；台形部位上部为三道凹弦纹，下部为四组约等分、呈斜状布列的圆孔和弧边三角组合图案。高 14.8 ~ 15.2、口径约 18.5、圈足径约 13.2 厘米。（图六七 B；彩版四一，1）

图六六　M26（北—南）

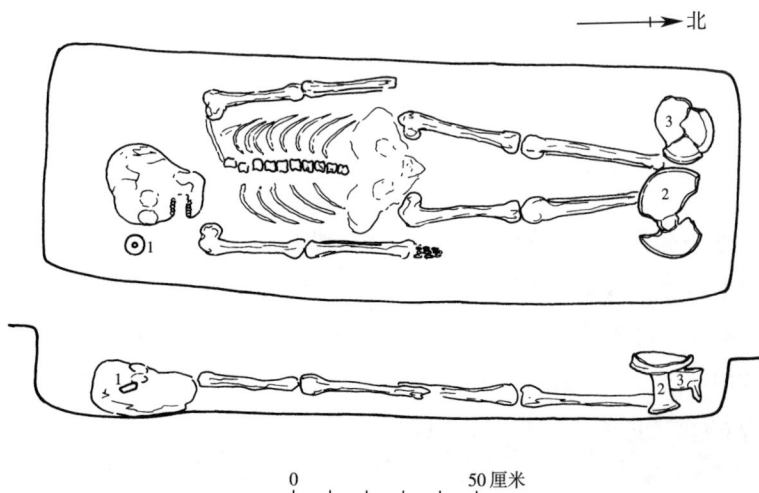

图六七 A　M26 平剖图
1. 陶纺轮　2. 陶豆　3. 陶鼎

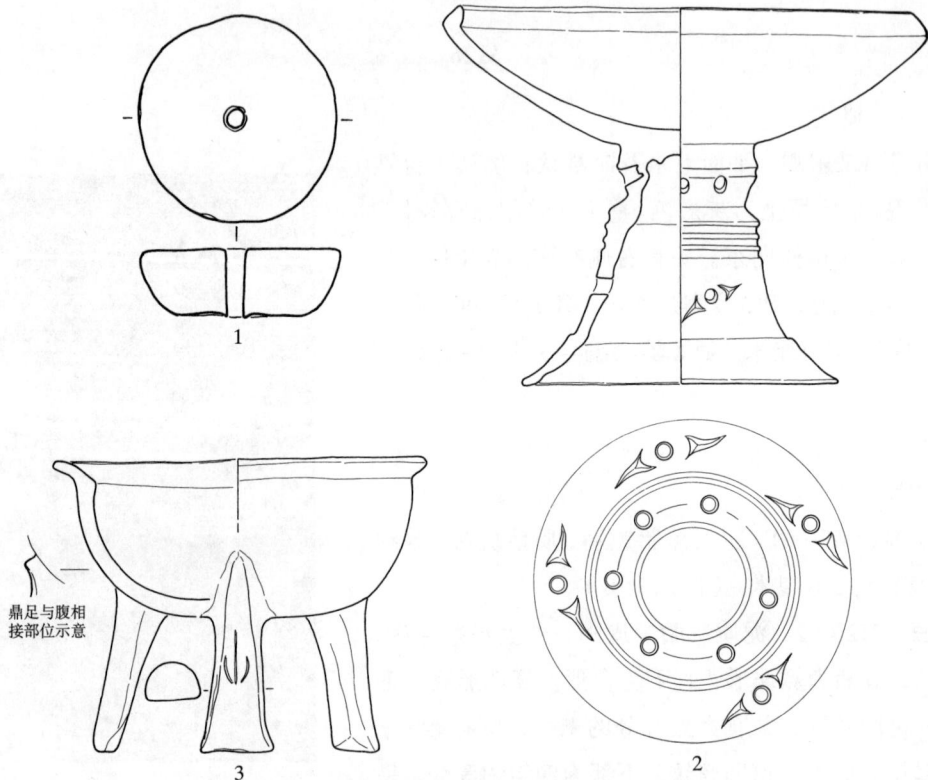

图六七 B   M26 出土器物（1 为 1/2，2、3 为 1/3）

鼎 M26：3，粗泥黑胎灰褐陶。敞口，盆形。凿形足，足横截面呈半圆形，足外侧面刻划有三叉样图案。通高 11.8、鼎身高 6.4、口径 15.2 ~ 15.8 厘米。（图六七 B；彩版四一，2）

M3

（一）概述

墓坑开口线较为模糊，但墓坑内填土分界明晰，北部为灰褐色土，南部为黄褐色土。野外发掘之初不能确认黄褐色土是否属于墓穴部分，后来发掘清理多座墓葬时亦发现此种情况，最后才认识到这是有意识的填埋土①。墓坑内未发现人骨残骸。随葬器物除 1 号陶盉位于墓葬中部外，余大致位于墓穴的北部。墓坑长 190、宽约 60 厘米，北窄南宽。随葬器物编号 6 件。（图六八，1 ~ 3；图六九 A）

---

① 在浙北嘉兴地区的相关墓葬清理中，发现墓穴填土或葬具外填土也多为质地较为纯净的黄土。相比而言，毘山墓葬的这类填土显得无规律一些。

1. M3（西—东）

2. 北端器物出土情况（南—北）

3. 陶盘 M3：4 圈足内出土的墓主人趾骨残痕

图六八　M3 及器物出土情况

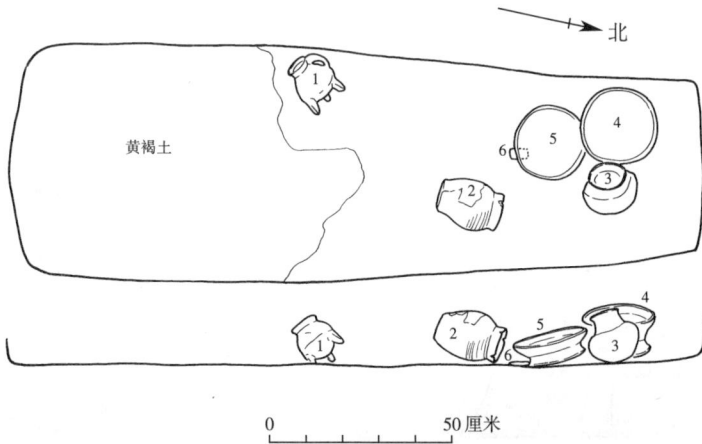

图六九 A　M3 平剖图

1. 陶盉　2. 陶杯（壶）　3. 陶壶　4. 陶盘　5. 陶盘　6. 石锛

（二）遗物

陶器　5件。

盉　M3：1，位于墓室中部西侧，出土时倾倒。粗泥黑胎灰黑陶。侈口，有流，垂腹。颈肩部、腹部按捺有斜向凹窝的附加堆纹。盉体一侧安环状把手，连接足根与口沿部位，把手横截面近圆形。凿形足。高12.2、口径约6.3厘米。（图六九B；彩版四二，1）

杯（或称壶）　M3：2，出土时倾倒，杯口朝南。泥质青灰胎灰陶，外表剥蚀甚。敛口，略垂腹，腹部外壁有上下两组弦纹，每组各有八九道不甚平行的弦纹。圈足内凹弧，呈不规则的椭圆形，切剔四个不等分的三角形凹缺。高15.5～15.8、口径8～8.5、圈足

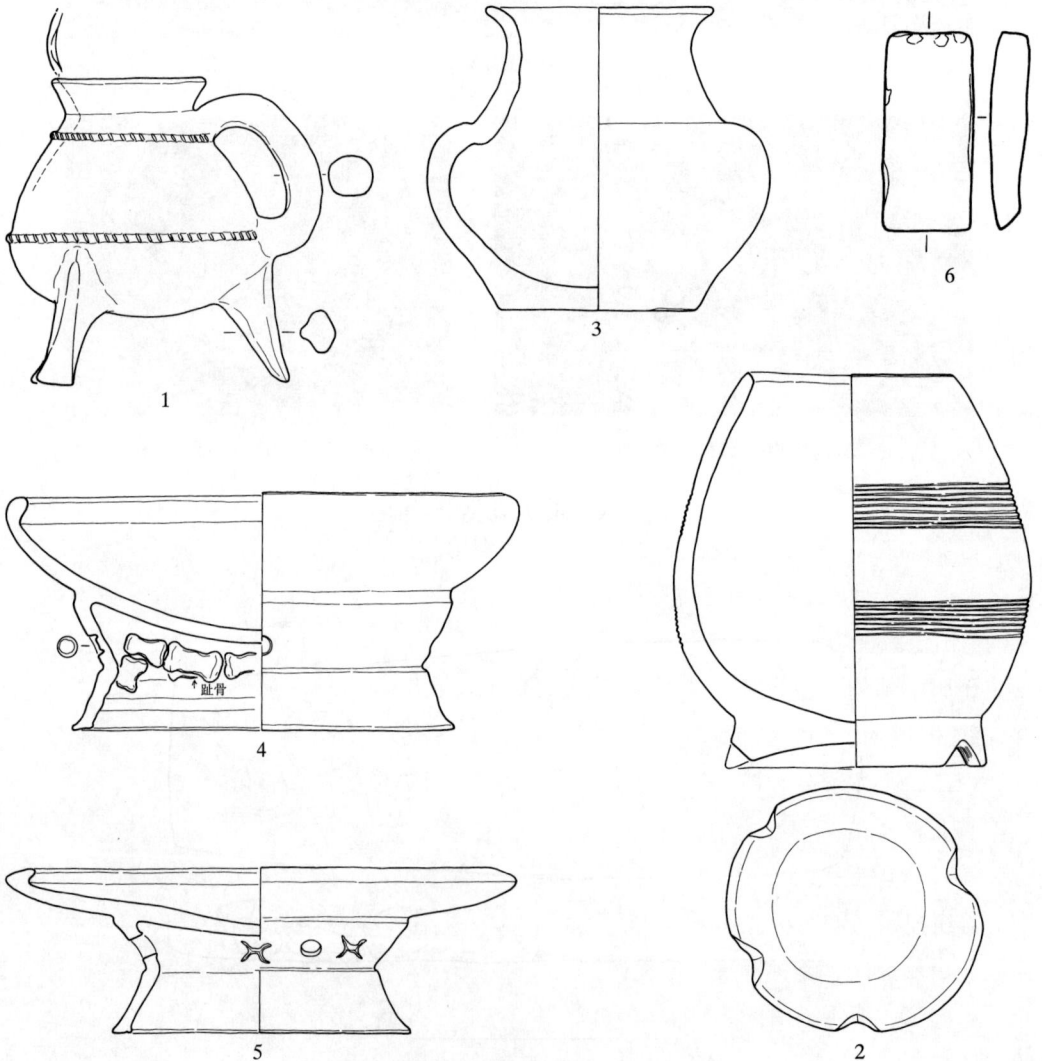

图六九 B　M3 出土器物（6为1/2，余为1/3）

径 9.8～10.8 厘米。（图六九 B；彩版四二，2）

壶　M3：3，泥质灰黑胎青灰陶。长颈，翻沿，颈肩部位微内凹，耸肩，腹部最大径偏上，腹下部微内收，平底。高 12.1、口径 9.4、底径约 8 厘米。（图六九 B；彩版四二，3）

盘　M3：4，出土时正置，口沿局部压 5 号陶盘。清理时发现圈足内残留有保存较好的墓主趾骨。泥质红褐胎黑皮陶，黑皮多脱落。折敛口，圈足中部内凹呈束腰状，束腰上部有四个大致等分的圆形按捺孔，均未透穿。高 9.5、口径 21.1、圈足径 16 厘米。（图六九 B；彩版四二，4）

盘　M3：5，出土时正置，下压 6 号石锛。泥质红褐胎黑皮陶，由于火候较低，黑皮不明显。折敛口，坦腹，圈足中部内凹呈束腰形，束腰上部镂孔、刻剔四组圆孔和"){"形结构图案，"){"形结构应为弧边三角的"）"形和"（"形的结合。高 6.6、口径 21.2、圈足径 12.4 厘米。（图六九 B；彩版四二，5）

石器　1 件。

锛　M3：6，出土时刃部朝南，背面朝下。青绿色，两面有竖向纹理，流纹岩，保存较好。弧背。高 5.3、上宽 2.4、刃部宽 2.35、最厚约 1.1 厘米。（图六九 B；彩版四二，6）

六　西区第四排墓葬

M25

（一）概述

东邻 M17，西北局部为晚期扰坑所破坏，但随葬器物完整。墓主人骨架保存一般，其中头骨偏于西侧。头端部位随葬有 3 号陶假腹杯形豆、1 号陶壶和 2 号陶杯，从盖体的分离、出土状况分析，M25 原先可能存在有葬具。5 号石犁大致位于右手腕下。余随葬器物位于脚端部位，并叠压墓主下肢骨。墓坑长 230、宽约 75 厘米，北端局部保留墓坑较深，约 30 厘米。随葬器物编号 11 件。（图七〇，1、2；图七一 A；彩版四三，1）

（二）遗物

陶器　8 件（组）。

壶（含器盖）　M25：1，出土时侧倾，壶口朝东北，盖内面朝上。盖为泥质灰胎黑陶。盖纽捏制，盖面一侧有一穿孔，可能为系孔。盖体高 2.1、盖径 6.2～6.5 厘米。壶为泥质灰黑胎黑陶，剥蚀甚而呈灰色。侈口，斜长颈，折沿面有穿孔一个，应与盖体系孔相配，鼓腹，平底微内凹。壶体高 11.8～12.2、口径 7.6、底径 6.9 厘米。（图七一 C；彩版四四，1）

杯（含器盖）　M25：2，出土时侧倒，杯口朝南，器盖侧倾。盖为泥质灰胎黑陶。呈

图七〇　M25 及器物出土情况

1. M25（东—西）2.北端器物出土情况
（西—东）

穿隆状，一侧残损。盖体高 1.3、盖径 4.8 厘米，盖壁厚仅 1.5 毫米。杯为泥质青灰胎黑
皮陶。保存尚可。敛口，鼓腹，口沿一侧有系孔一个，平底，底部刻划半圆和两道短线
组成的符号一个。杯高 8.4、口径 4.4、底径 5.3～5.4 厘米。（图七一 C；彩版四四，2）

假腹杯形豆　M25：3，出土时侧倒，口朝西北。泥质灰褐胎黑皮陶，外表基本剥蚀。
浅盘，腹壁较薄，似直接安置在假腹上。假腹外壁上、下各有四道、三道凹弦纹，其间有
上下两组圆形镂孔和弧边三角刻剔相结合的图案，圆孔均未透穿腹壁。假腹下折部位有明
显的泥片贴痕。高 12.4～12.8、口径 8.4、圈足径 7.8 厘米。（图七一 C；彩版四四，3）

豆　M25：6，豆圈足下有墓主趾骨。泥质灰胎黑陶，外表剥蚀较甚。敛口，豆盘外
壁上部内弧。豆柄部位有三道凸弦纹，弦纹之间上下各有错落的三个圆形镂孔，下部为
喇叭形圈足，以竖向的两道直线将圆形和弧边三角组合图案分隔为三组，其中每组除一
个圆孔和两侧的弧边三角组合外另有一个类似弧边三角结构的三叉状图案，此图案当是
弧边三角的简化。高约 17.8、口径约 18、圈足径约 16.6 厘米。（图七一 B；彩版四四，4）

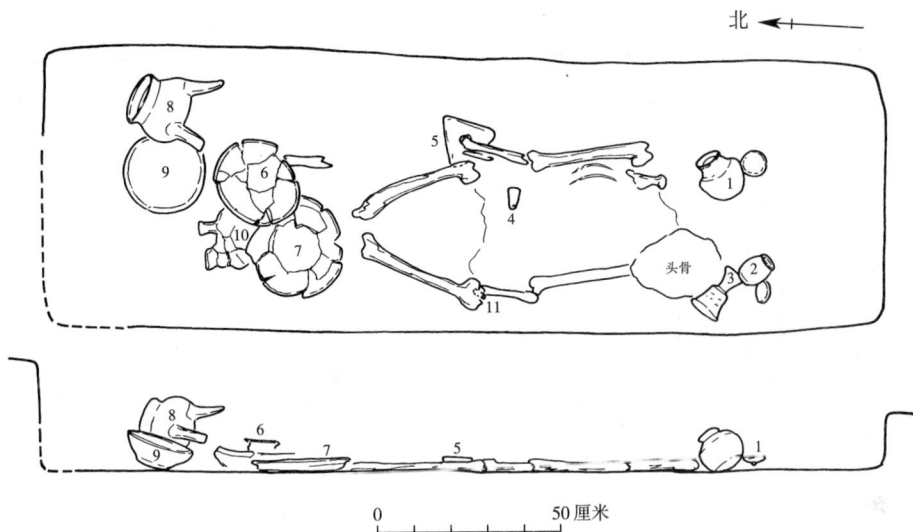

图七一 A　M25 平剖图

1. 陶壶（带盖）　2. 陶杯（带盖）　3. 陶假腹杯形豆　4. 玉坠饰　5. 石犁　6. 陶豆　7. 陶盘　8. 陶鼎　9. 陶盆
10. 陶鼎　11. 玉坠饰

盘　M25：7，出土时正置。泥质青灰胎黑皮陶，外表局部脱落。卷沿，坦腹。圈足中部内凹呈束腰状，上部镂剔图案，其中四组为圆形镂孔结合两侧的尖喙状（也即弧边三角的简化）刻剔，另一镂剔为两侧内凹的弧边四边形[1]。高 8.9～9.2、口径约 23.2、圈足径 14.5～14.7 厘米。（图七一 B；彩版四四，5）

鼎　M25：8，出土时侧倒，鼎口朝北。粗泥灰黑胎黑陶，外表局部保留有红衣。整器略显不正。侈口，唇略外展，折腹上部有两道抹划的凹弦纹，凿形足。通高 20.9～21.6、鼎身高 14.1、口径 14.8～15.8 厘米。（图七一 B；彩版四四，6）

盆　M25：9，出土时北高东低。泥质灰胎灰陶。敞口，唇内敛，唇下有间距约 1.8 厘米的两个横向穿孔。斜收腹，外壁留有制作痕迹，平底。高 5.1～5.6、口径 20.9～21.4、底径约 10 厘米。（图七一 C）

鼎　M25：10，出土时口沿朝南。粗泥黑胎红陶。碎裂甚不能完整修复。侈口，凿形足。高约 14、口径约 13.8 厘米。（图七一 B）

石器　1 件。

犁　M25：5，局部为右肢骨所压，出土时东高西低，正面朝上。黑灰色，角岩。两面打磨较好，其中琢孔周围有疤痕的一面略有凹凸，另一面较为平整，琢孔周围也未有

---

① 与此类镂孔结构类似的也见于同时段的刻划符号，如崧泽墓地 M97：5 觚形杯底的刻划符号。参见上海市文物保管委员会：《崧泽——新石器时代遗址发掘报告》，文物出版社，1987 年，第 60 页。

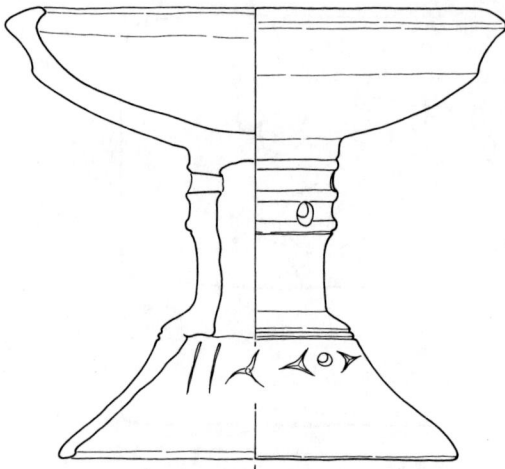

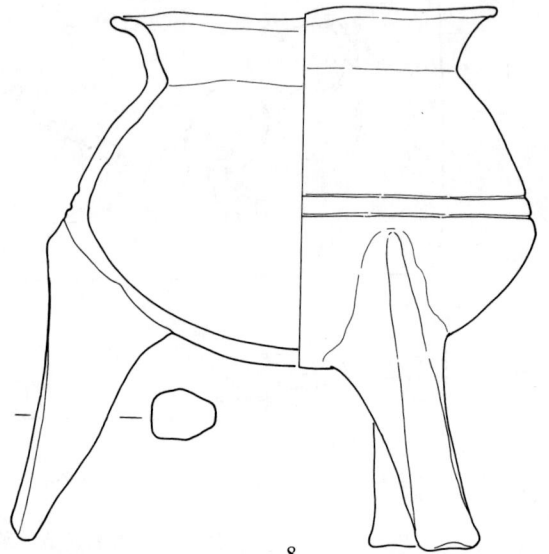

8

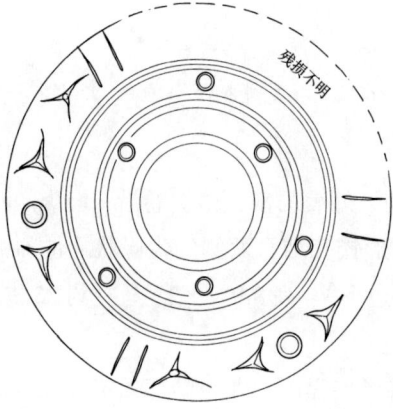

残损不明

6

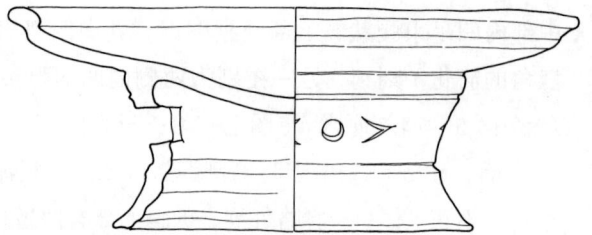

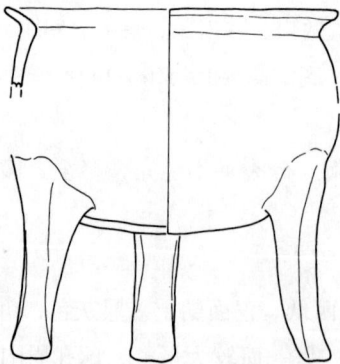

10

7

图七一 B　　M25 出土器物（均为 1/3）

疤痕。双面刃，两面的刃脊线均不明显，其中一侧刃部微微内凹。犁尖夹角约75度。犁
后端呈凹弧状，缘面经琢打，凹弧较宽长，约8厘米。琢打一孔，孔内径2.1～2.3厘米，
孔内壁有修磨痕。孔中心点与犁尖和后端中点连接线基本吻合。长16.5、宽20.8、厚1.3
厘米。（图七一C；彩版四五）

玉器　2件。

坠饰　M25：4，压骨骸，大致位于盆骨部位，出土时系孔朝西。深绿色，夹白色筋

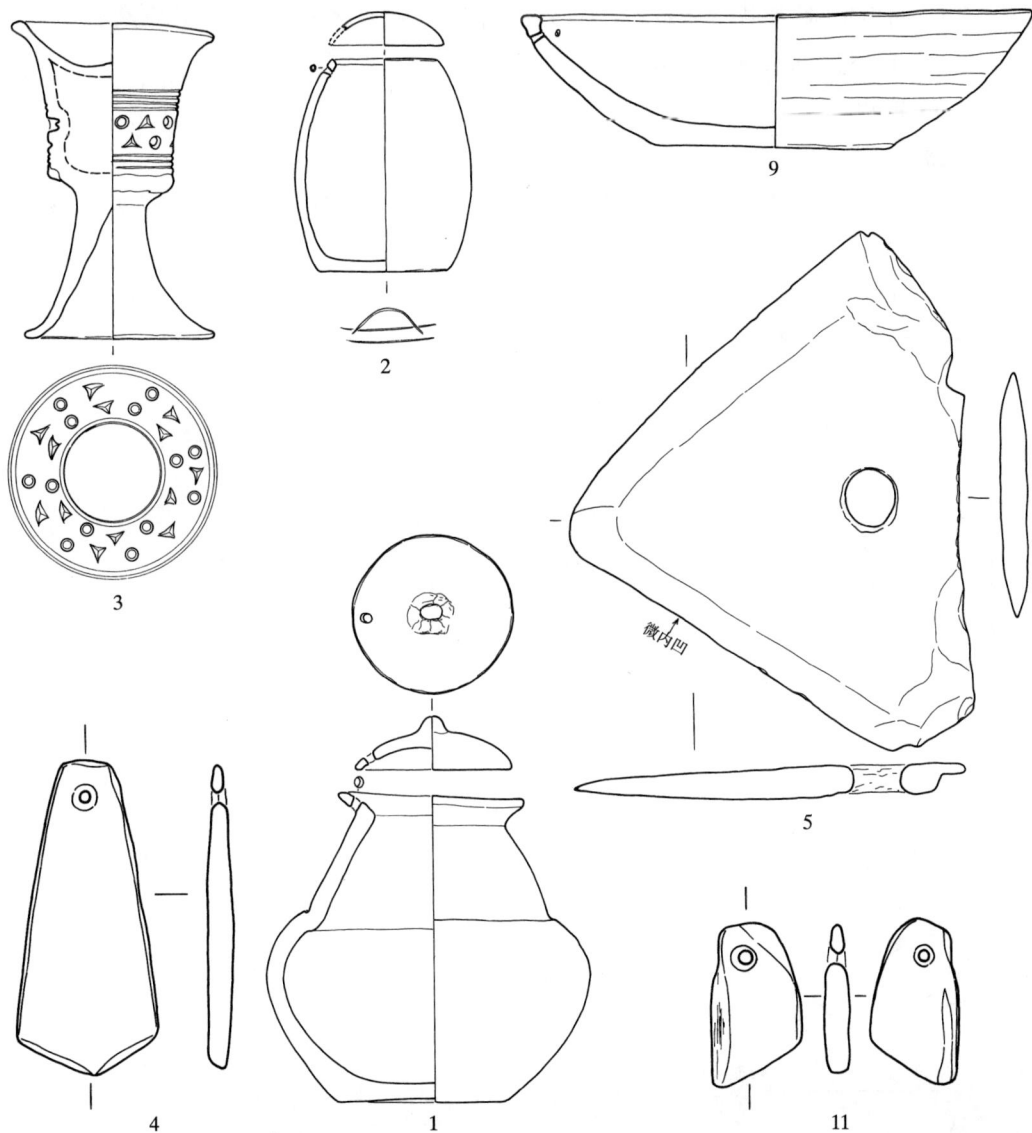

图七一C　M25出土器物（4、11为1/1，余为1/3）

斑。整体呈尖圭状，双向桯钻系孔。长4.13、宽1.93、厚0.35厘米。（图七一C；彩版四三，2、3）

坠饰　M25：11，位于左股骨头下，系孔朝南。深米黄色。双向桯钻孔，一侧面留有片切割痕。长2.2、宽1.2、最厚0.35厘米。（图七一C；彩版四三，4、5）

M17

（一）概述

墓坑东南部为晚期扰坑所破坏，内仅出土陶壶、陶豆各1件。墓坑残宽约80厘米，现深20厘米。随葬器物编号2件。（图七二A）

（二）遗物

陶器　2件。

壶　M17：1，竖置。泥质灰胎灰陶。直口，鼓腹，假圈足。高17～17.7、口径约9.6、底径12.5～12.8厘米。（图七二B；彩版四六，1）

豆　M17：2，竖置。泥质灰黑胎黑陶。豆柄原本残缺。敞口，坦腹，细柄。残高5、口径约20.2厘米。（图七二B）

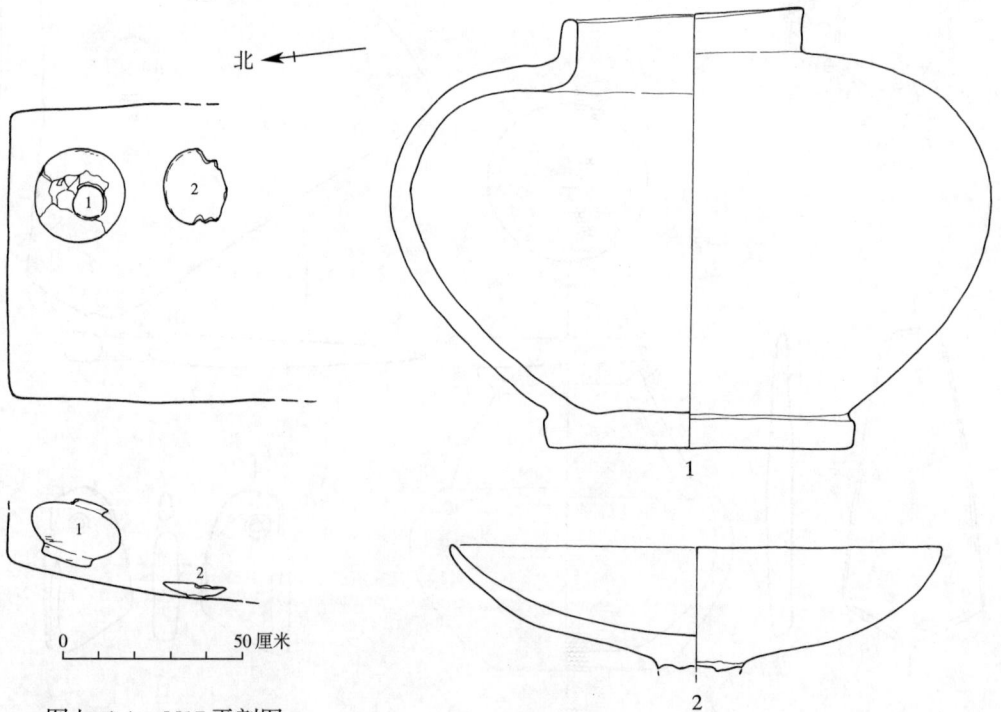

图七二A　M17平剖图
1.陶壶　2.陶豆

图七二B　M17出土器物（均为1/3）

M2

（一）概述

墓坑内填土为灰褐色。墓室南部残留有上肢骨和牙齿痕迹。7号陶罐为晚期堆积所扰而残损。3号石刀大致位于墓主胸腹部位，较为少见，余随葬器物多位于墓主下肢部位。墓坑长180、宽60厘米，现墓坑深约20厘米。随葬器物编号8件。（图七三、七四A）

（二）遗物

陶器 5件（组）。

壶（含器盖） M2：1，位于头骨左侧上方，出土时竖置，盖已残，位于杯体内。泥质褐胎黑皮陶。盖高2.2、直径5.7厘米。壶，小口，鼓腹一侧有小鋬，腹部并有三组凹弦纹，每组三道，三组弦纹之间上下错落按贴有小圆泥点。圈足外撇。此器也可以归为杯类。壶高10.3、口径5.7、圈足径6.6厘米。（图七四B；彩版四六，2）

盘 M2：4，泥质灰褐胎灰黑陶。厚唇，坦腹。圈足中部内凹呈束腰状，上部按抹微内凹弧，上有四个大致等距的圆形镂孔。高7.6、口径约22、圈足径13.5厘

图七三 M2（南—北）

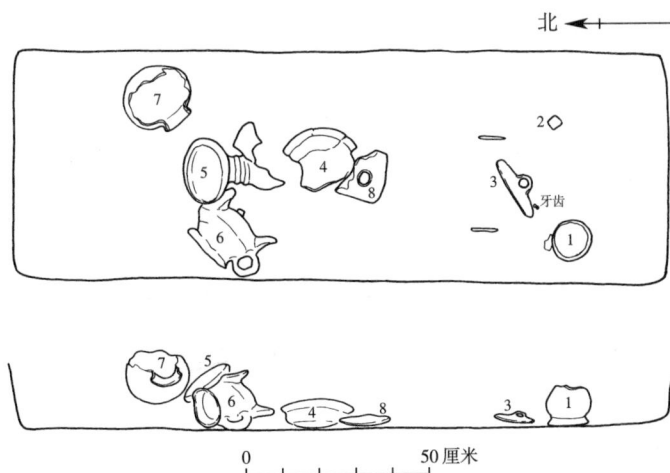

图七四A M2平剖图

1.陶壶（带盖） 2.石锛 3.石刀 4.陶盘 5.陶豆 6.陶盉 7.陶罐 8.石犁

把
部
位

1

7

5

6

4

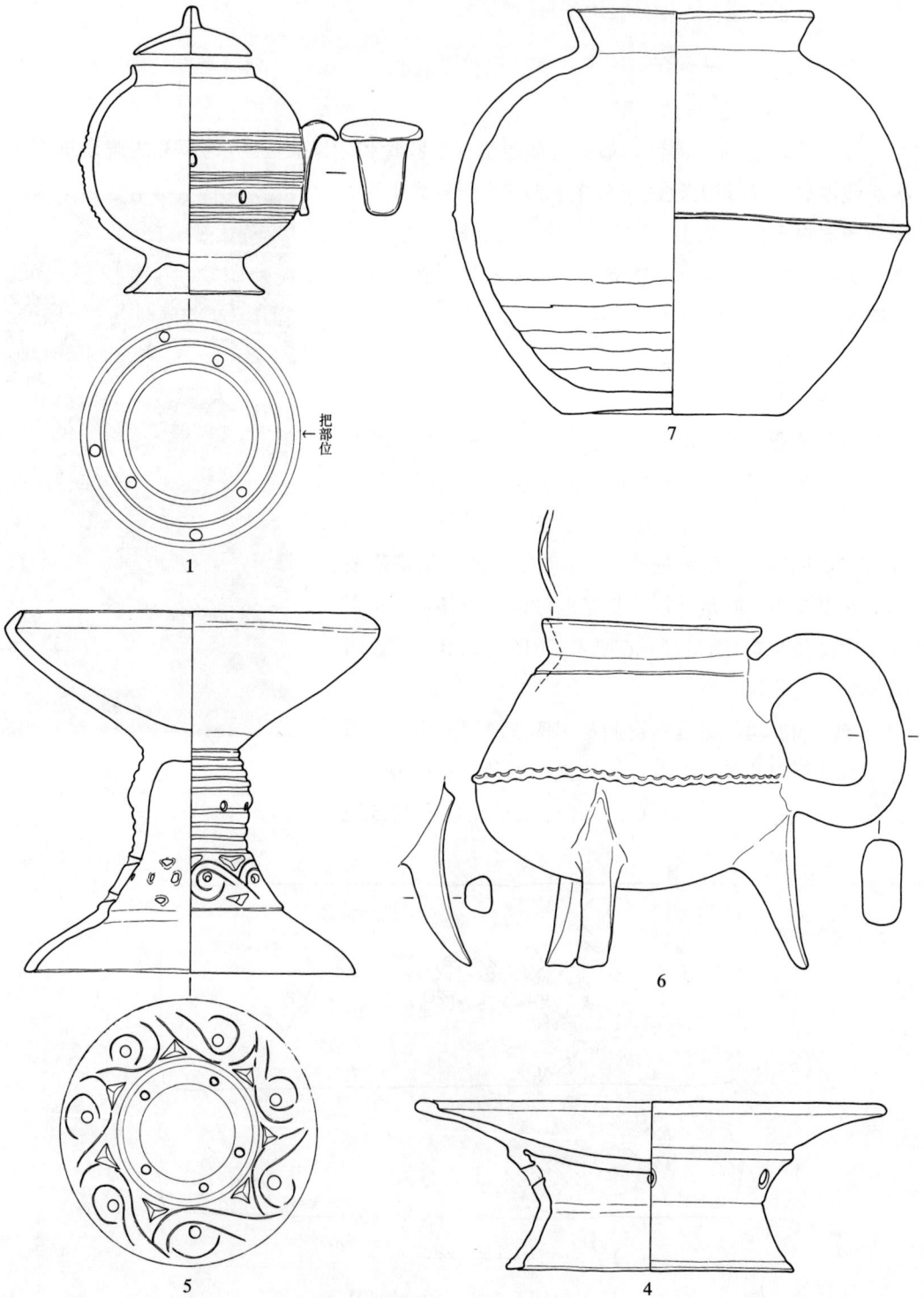

图七四 B　M2 出土器物（均为 1/3）

米。（图七四 B；彩版四六，3）

豆　M2∶5，泥质红褐胎黑皮陶，黑皮多有脱落。敛口。豆柄上部呈算珠形，装饰有凹弦纹多道，并间或小圆形镂孔；豆柄下部外展成喇叭形，镂刻（弧边）三角形、圆形孔和双螺旋线的组合图案，其中三角形结构与弧边三角图案结构一致。双螺旋线环绕圆孔并结合弧边三角图案与良渚玉器上的小尖喙等组合图案结构甚为一致，显示出两者具有一定的联系。整器高16.3、口径17.5、圈足径15.5厘米。（图七四 B；彩版四六，4）

盉　M2∶6，出土时倾倒。粗泥褐陶。侈口，有流。折腹，折腹部位有一周按捺的附加堆纹。盉体一侧安置环形把手，连接足根部和颈部，把手横截面为椭圆形。凿形足。整器略显不正。高15.6、口径约10厘米。（图七四 B；彩版四六，5）

罐　M2∶7，出土时倾倒，罐口沿侧向西。泥质灰胎黑陶，外表多剥蚀。侈口，鼓腹部位有一周歪斜的凸弦纹，平底微内凹。内壁有泥条盘筑痕迹。高18.3、口径11.3、底径10.2厘米。（图七四 B）

石器　3件。

锛　M2∶2，出土时刃部朝东南，背面朝上。灰白色。弧背，微起折。高3.3、上宽2.8、下宽3.1、最厚1.05厘米。（图七四 C；彩版四七，1）

刀　M2∶3，灰黑色，角岩。上部近中有半圆形凸起。孔单面管钻，另面锃修，孔内径2.76、外径3厘米。双面弧刃，肩部两侧斜下收，肩部缘面有明显的磨制痕迹。高5.9、宽15.9、厚0.8厘米。（图七四 C；彩版四七，2）

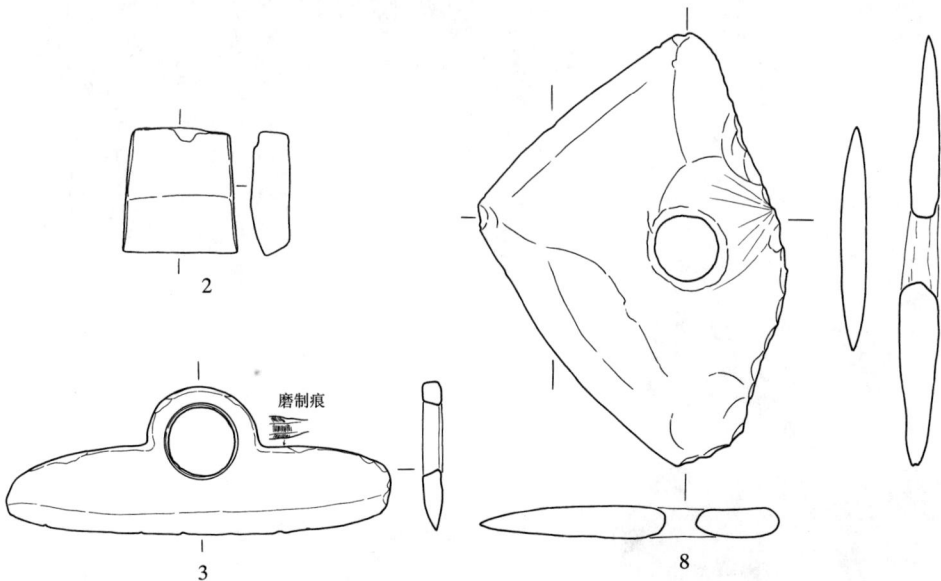

图七四 C　M2出土器物（2为1/2，余为1/3）

犁　M2：8，黑色，夹深黑色小点，角岩。保存较好。双面刃，两面刃脊线均不甚清晰。两面均经打磨，其中一面琢孔周无疤痕，但有从后缘打击的疤痕，另一面孔周局部有疤痕，且犁身有横向的糙面，该糙面与犁尖在同一直线上，可能与置柄方式有关。两侧刃部特征不一，一侧较长且微弧凸，另侧刃部较短，相对平直，也应与使用方式有关。犁尖夹角约98度。后缘琢打凸起，凸起部位上下不一致。犁身琢打有一孔，孔内径约2.6厘米，孔内壁经修磨。孔中心点与犁后端凸起中点、犁尖基本在一直线上，但若以此连接线分割犁身，两侧并不对称。长12.8、宽17、最厚约1.6厘米。（图七四C，现线图为犁背面；彩版四七，3、4）

M9

（一）概述

墓葬位于M8和M2之间，北部有一小坑打破墓坑，但平剖面上不易观察。小坑内埋设有陶大口缸和陶罐各1件，坑口平面约呈长方形，长90、宽55厘米。仅能辨别人骨残痕。随葬器物中1号陶假腹杯形豆和2号石锛大致位于头骨的上方，4号石钺位于右股骨侧，余随葬器物基本位于墓主脚端部位。墓坑长210、宽80厘米，现最深约30厘米。随葬器物编号14件。（图七五，1、2；图七六A）

图七五　M9及小坑内器物出土情况
1. M9（南—北）　2. 小坑内器物出土情况（南—北）

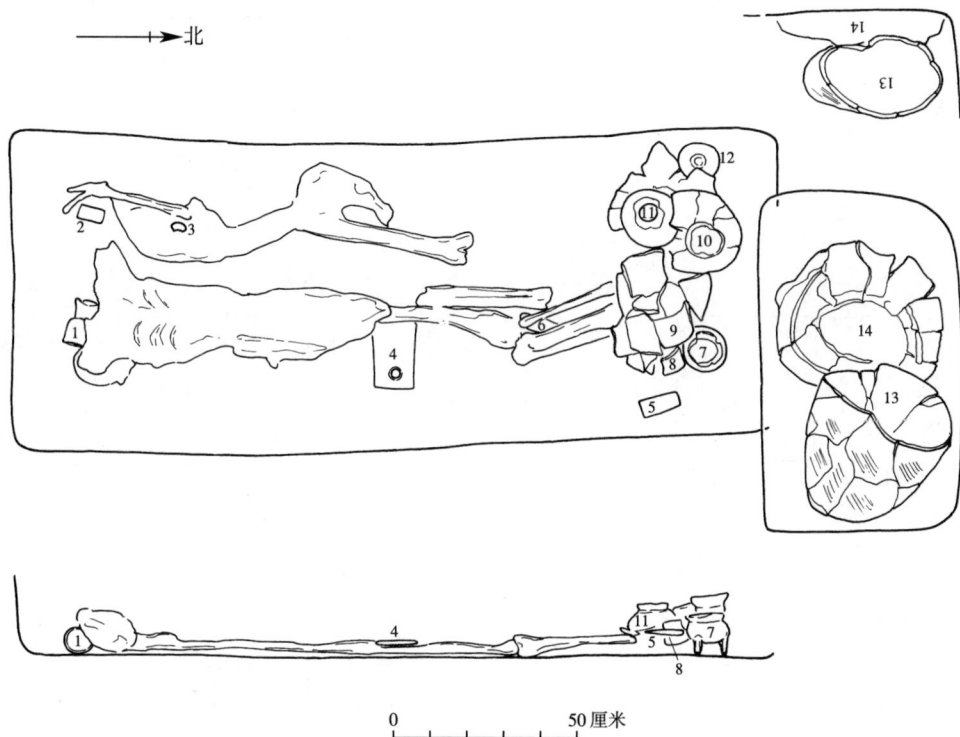

北

0 ⎯⎯⎯⎯⎯⎯⎯ 50厘米

图七六 A　M9 平剖图

1.陶假腹杯形豆　2.石锛　3.玉坠饰　4.石钺　5.石锛　6.石刀　7.陶鼎　8.陶壶　9.陶盆　10.陶豆　11.陶盉
12.陶豆　13.陶大口缸　14.陶罐

（二）遗物

陶器　9件。

假腹杯形豆　M9：1，出土时倾倒，口沿朝东。泥质红－灰胎黑皮陶。浅盘已脱落
至假腹内，假腹外壁有十道凹弦纹，圈足素面。假腹和圈足连接面有四个朝上的等距分
布的圆形戳孔，这样的圆形戳孔在平面视觉上是难以见到的，当仰视才能观察。高约
12.1、口径7.7～8、圈足径约7厘米。（图七六B；彩版四八，1）

鼎　M9：7，出土时竖置。粗泥黑胎灰褐陶。侈口，折腹，鼎身呈盆形，底部较平，
凿形足。近折腹部位有一周抹划的凹弦纹。通高约12、鼎身高5.6、口径约9.8厘米。（图
七六B）

壶　M9：8，出土时竖置，碎裂。泥质褐胎黑皮陶，黑皮保存较好。近直口，唇略
外翻，溜肩，鼓腹，矮圈足。内底留有螺旋状制作痕迹。高11.5～11.8、口径7.7～7.8、
圈足径6.6～6.8厘米。（图七六B；彩版四八，2）

盆　M9：9，碎裂。泥质灰胎灰黑陶。敞口，唇略外翻，口沿一侧微呈流状，平底。

陷落

9

1

7

8

10

11

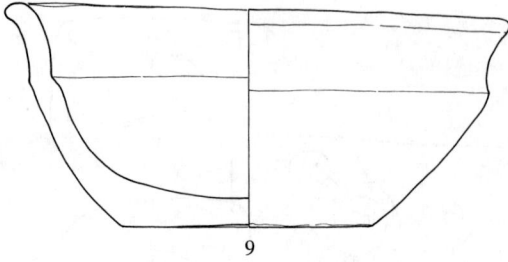

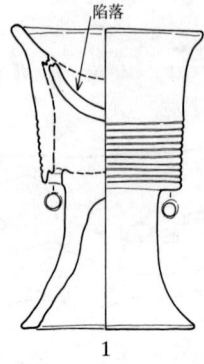

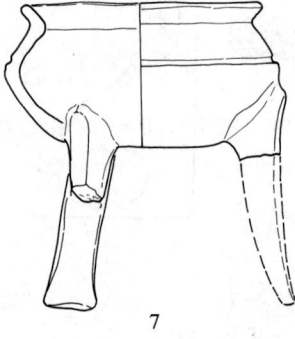

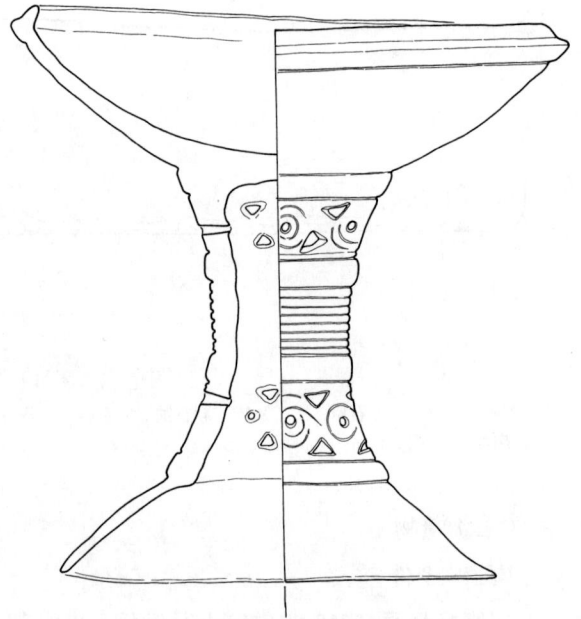

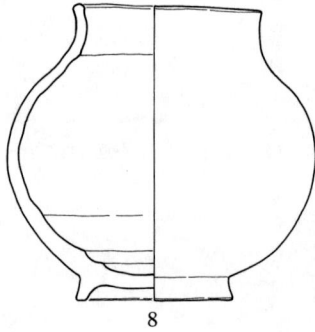

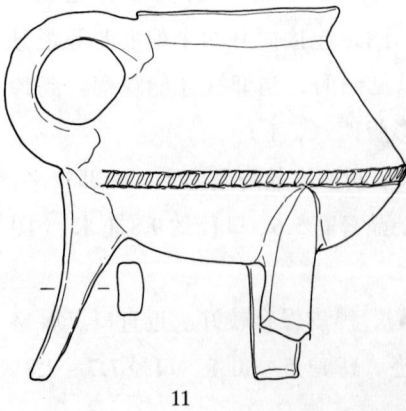

图七六 B　M9 出土器物（均为 1/3）

高 8.3~9、口径约 20.8、底径 10.4~10.7 厘米。（图七六 B；彩版四八，3）

豆　M9∶10，碎裂，但可复原。泥质灰黑胎黑陶，外表剥蚀甚而呈灰色。整器显得不正。敛口，略呈子母口状，坦腹，豆盘外壁有凹弦纹一周。豆柄部位有四道宽凸弦纹，其中间杂凹弦纹七道。豆柄上下有圆孔、双螺旋线、弧边三角的组合图案，上部为五组，下部为六组，图案整体结构基本一致。从结构上可作两种读识：其一是围绕圆形的双螺旋线结合斜上下的弧边三角（尖喙）图案；其二为多组的围绕圆形的双螺旋线结合上下的弧边三角（尖喙）图案。高 22~23.2、口径 21.2~21.5、圈足径 17.4~17.8 厘米。（图七六 B；彩版四八，5）

盉　M9∶11，粗泥黑胎灰褐陶，前腹外壁局部呈黑色。侈口，折腹部位有一道斜向按捺的附加堆纹。环状把手，凿形足。通高约 14.6、盉身高 10、口径 8~8.5 厘米。（图七六 B；彩版四八，4）

豆　M9∶12，泥质青灰胎黑皮陶。细柄豆。碎裂甚不能复原。

大口缸　M9∶13，出土时侧倾，口朝西北，下压 14 号陶罐，已碎裂，但可以完整复原。夹粗砂红胎红陶。近直口稍外展，口沿外壁为五道并不连续或平行的凹弦纹，凹弦纹压其下拍印的斜线条纹，说明口沿部位的慢轮修整在整器拍印完条纹之后。斜线条纹拍印的个体单元大致近圆形，直径约 8 厘米。圜底微尖，底部拍印的条纹呈交叉状。内壁局部还可以辨认横向的垫痕，大口缸以泥条盘筑法制作。通高 29.7、口径约 28.5 厘米。（图七六 C；彩版四八，6）

罐　M9∶14，出土时正置，整器碎裂甚，难以完整复原。粗泥黑胎红陶，外壁局部呈黑色，应与烧制有关。颈部较长，口沿外展，溜肩部位上下有多道凹、凸弦纹。微折腹，折腹部位粘贴一周泥条，泥条按抹后呈宽凹弦纹，其间还安置大致对称的四个长条形扁平牛鼻耳。矮圈足。口径 23.3、圈足径约 16.3 厘米。（图七六 C）

石器　4 件。

锛　M9∶2，大致位于头骨右侧。沁蚀甚而呈灰黄色，流纹岩。弧背。高 6.8、上宽 3.2、刃部宽 3.8、厚约 1 厘米。（图七六 C；彩版四九，1）

钺　M9∶4，大致位于腰部，局部为骨骸所压，出土时平置，刃部朝西。沁蚀呈灰黄色，角岩。顶端面打磨但仍可辨琢打痕迹。双向管钻孔，其中一面孔周还留有另一直径约 1.6~1.7 厘米的未遂管钻痕，钻孔内径 1.6~1.64、外径约 1.9 厘米。弧刃，刃部两侧略外展，整体略呈“风”字形，双面刃，刃部还保留有原本的崩缺，崩缺面两面均有。高 18.3、上宽 10.9、刃宽 12.7、最厚 0.9 厘米。（图七六 C；彩版四九，2）

锛　M9∶5，位于脚端随葬陶器堆的东侧。沁蚀呈灰黄色，流纹岩。弧背。高 9.67、上宽 4.3、刃部宽 4.9、厚 1.4 厘米。（图七六 C；彩版四九，3）

刀　M9∶6，位于墓主人的胫腓骨下。灰黑色，未沁蚀，保存较好，角岩。顶部较

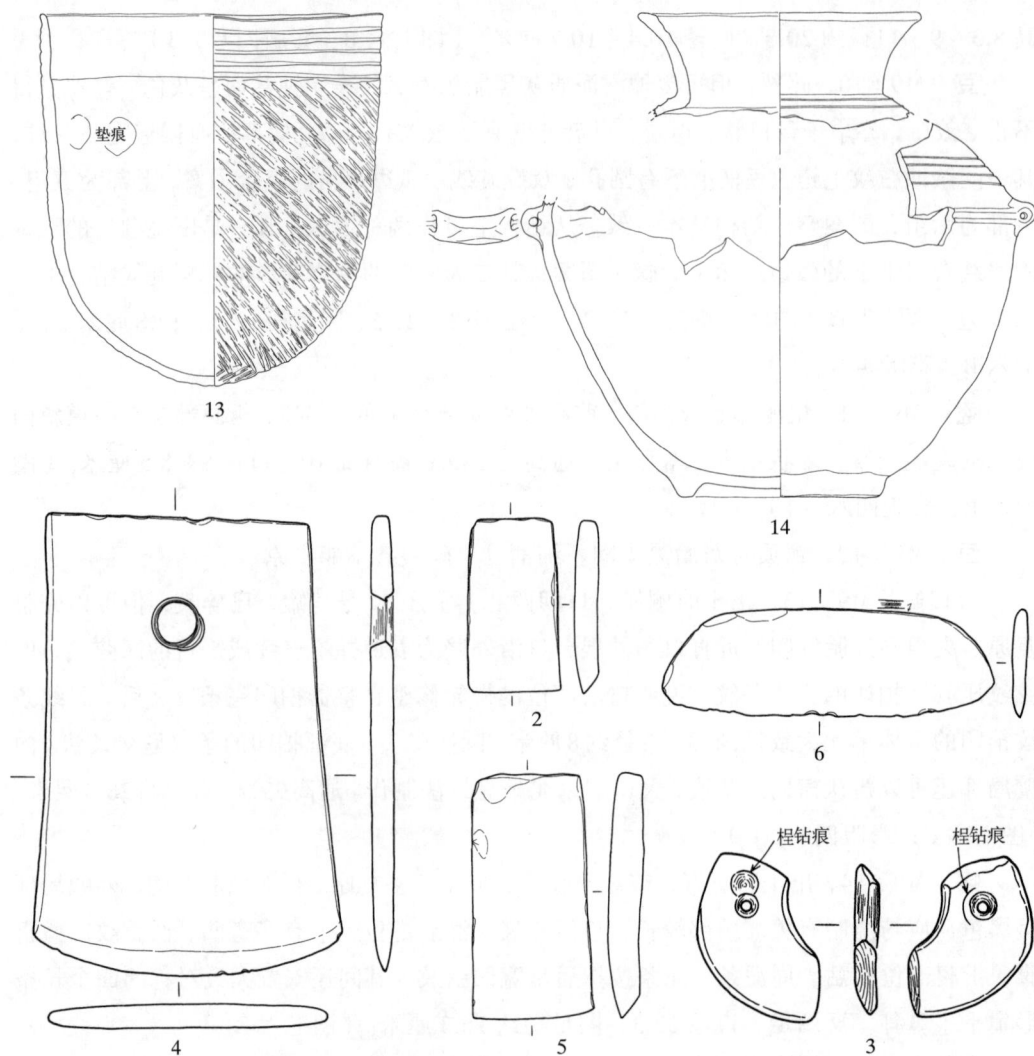

图七六C　M9出土器物（3为1/1，13、14为1/6，余为1/3）

为齐平，两侧呈溜肩状。刃部略弧凸，双面刃，但无刃脊线，刃部另有崩缺痕。高4.3、宽13.7、最厚0.62厘米。（图七六C；彩版四九，4）

玉器　1件。

坠饰　M9:3，大致位于墓主人的左上身部位。浅蓝色。一侧面有弧状的线切割痕迹，另一侧面有断茬口，但经打磨。整体圆弧状，其中内弧为双向管钻而成，这一部位也较边缘为厚，应为玦改制。双向桯钻孔，其中一面桯钻孔上方还有一未钻透的桯钻痕迹，而另一面则于桯钻外有一圆形桯钻具留下的擦磨痕（见线图箭头所示）。长约2.2、最厚0.32、最宽1.21厘米，若将此复原成玦形，其外径约3厘米。（图七六C；彩版四九，5、6）

M8

（一）概述

墓坑内填土灰褐色，杂质较多。墓坑东南角另有一填埋陶大口缸的小坑，小坑平面与墓坑关系难以辨认，应打破墓坑。坑口大致呈椭圆形，直径约55～70厘米，坑内陶大口缸呈侧倾状。人骨保存较好，仰身直肢，其中1号带盖陶假腹杯形豆位于头骨上方部位，2号条形玉坠饰位于胸腹部位之一侧，12号石镞为墓主肋骨所压。3号陶盘间或于墓主下肢骨之间，余随葬器物除11号陶罐外，均位于墓主脚端部位。墓坑长263、宽75厘米。随葬器物编号13件。（图七七、七八A）

（二）遗物

陶器　8件（组）。

假腹杯形豆（含器盖）　M8：1，出土时向北倾倒，局部叠压人头骨。盖体与豆体粘合紧密，惟恐碎裂未将其分开。两者均泥质灰胎黑皮陶，外壁局部留有朱痕。盖纽为立鸟形，唯鸟首略残损，盖高约4.9、盖径约7.8厘米。豆为浅盘，口沿一侧并有两个间距约0.7厘米的小穿孔，但相应的盖体部位未有发现，假腹下部斜收，上、下均有多道凹弦纹装饰，其间为小圆孔和弧边三角组合图案，上下各两组七个，每组弧边三角方向一致，此图案也可读识为上下两个不同方向的弧边三角结合其间的圆孔共同组成圆形和弧边三角的组合图案。假腹下部为器柄和圈足部位，也有多道弦纹装饰。豆体高约10.6、口径约7.7、圈足径6.6～6.9厘米。（图七八C；彩版五○，1）

盘　M8：3，出土时一侧下压墓主右下肢骨，另侧则为左下肢所压。泥质青灰胎黑陶。折敛口，坦腹。圈足中部内凹呈束腰状，上部微弧凸，上有四组大致对称的圆形和尖喙（弧边三角的简化）组合图案，圆孔镂穿，尖喙仅以上下两道弧线刻划而成。高9.6～10.1、口径23～23.3、圈足径16.8厘米。（图七八B；彩版五○，2）

壶　其中M8：5为壶体，M8：9为壶盖，两者当配伍，均位于10号陶盘下。盖为泥质灰陶。穹隆状，高1.9、盖径约5.4厘米。壶为泥质灰胎

图七七　M8（南—北）

图七八A M8平剖图

1.陶假腹杯形豆（带盖） 2.玉坠饰 3.陶盘 4.石钺 5.带盖（9号） 6.石镰 7.石锛 8.陶盉 9.陶器盖（与5号陶壶配伍） 10.陶盘 11.陶罐 12.石镞 13.陶大口缸

黑皮陶。短颈，唇略外翻。腹部按抹两道凹弦纹而呈双弧腹样，肩部和下腹部位另按贴有三个小泥点，上下错落有致。圈足实为弧状内凹，边缘切剔朝上的尖喙状三角形缺口。壶体高10.9、口径5.2~5.4、圈足径7~7.5厘米。（图七八B；彩版五〇，3）

盉 M8：8，出土时侧倾，口部朝东。粗泥褐胎红陶。侈口，垂腹，腹上部有四五道凹弦纹。环状把手以泥条绞辫而成，连接口沿外颈部和足根部位。凿形足，足尖疏松残损。残高13.9、盉身高13、口径10.7~11.6厘米。（图七八B；彩版五〇，4）

盘 M8：10，出土时覆置，压9号陶器盖。泥质青灰胎黑皮陶，外表略有剥蚀。浅盘，坦腹。圈足镂刻三个大致等距的长方形孔，其间再以弧边三角相隔，弧边三角图案大小不一。高约7.7、口径21.3、圈足径约16.3厘米。（图七八B；彩版五〇，5）

罐 M8：11，出土时侧倾，口沿朝东南。泥质灰黑胎黑皮陶。侈口，翻沿，溜肩，鼓腹下方凸弦纹上安置三个鸡冠状錾，平底微内凹。高17.8、口径约12.7、底径约11厘米。（图七八C；彩版五〇，6）

大口缸 M8：13，出土于M8东南的小坑内，出土时底部完整，口沿因受晚期堆积所扰仅剩一侧。夹粗砂红褐色胎红陶，内外壁均有一层灰白色涂层，似白衣。近直口，口沿外壁上部有多道凹弦纹，下部拍印条纹，拍印单元约4×4厘米，口沿往下约21厘米处的外腹壁另抹有一层沙，仅局部可见隐约的拍印条纹。高33、口径约29厘米。（图七八C；彩版五一，1）

石器 4件。

钺 M8：4，位于3号陶盘下。沁蚀甚，外表呈灰黄色，角岩。整器呈"风"字形。双向管钻孔，孔内壁台痕呈倾斜状，孔内径1.1~1.2、外径1.7~1.85厘米。双面刃，刃脊线不明晰。高15.04、上宽7.9、刃部宽10.3、最厚1.2厘米。（图七八C；彩版五一，2）

镰 M8：6，出土时为5号陶壶所压，刃部朝东。黑色，角岩。除置柄部位外，通体打磨。整器一面较为平整。双面刃，刃部呈齿状凹缺，可能为使用痕迹。竖截面呈垂囊形。长约25、最厚约0.8厘米，置柄部位宽约6.7、长约4.5、最厚约1.2厘米。（图七八C；彩版五一，3、4）

锛 M8：7，沁蚀呈青灰色，流纹岩。弧背，两侧边缘及顶部留有琢打痕迹。高8、上宽2.7、刃部宽2.95、最厚约0.7厘米。（图七八C；彩版五一，5）

镞 M8：12，位于墓主人左身下，出土时镞尖朝南。黑色，角岩。铤部原本残损，两翼切磨成倒刺样。残长7.6、宽3.16、最厚约0.5厘米。（图七八C；彩版五一，6）

玉器 1件。

坠饰 M8：2，大致位于墓主右胸部位。黄褐色。一面较为平整，另一面凹凸不平，且留有片（？）切割痕迹，可能为条璜改制。长约6.6、最宽0.95、最厚0.5厘米。（图七八C；彩版五一，7、8）

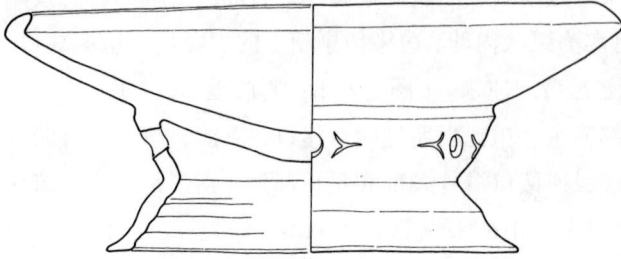

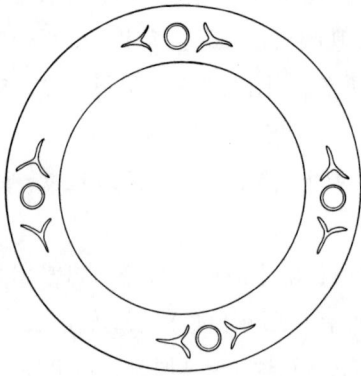

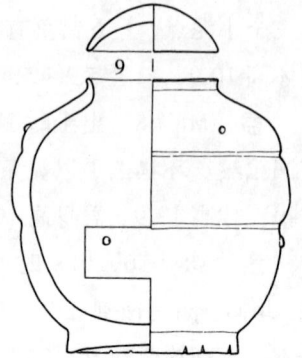

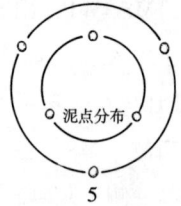

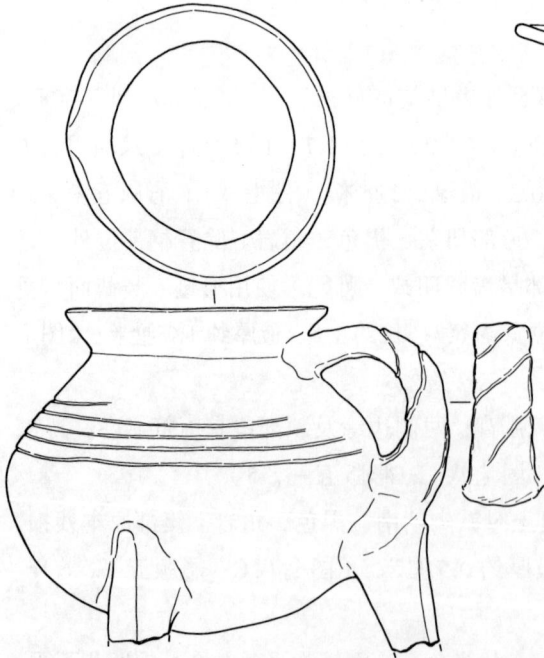

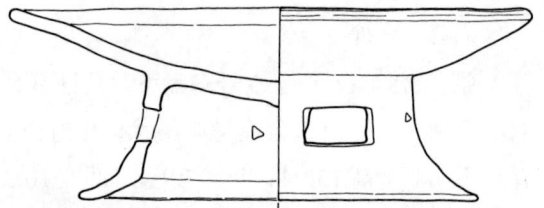

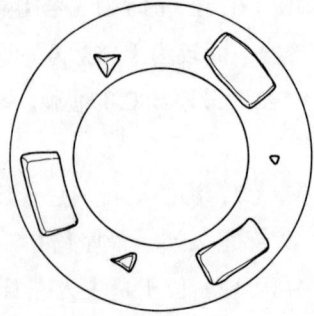

图七八 B　M8 出土器物（均为1/3）

抹沙层, 仅局
部可见隐约
的拍印条纹

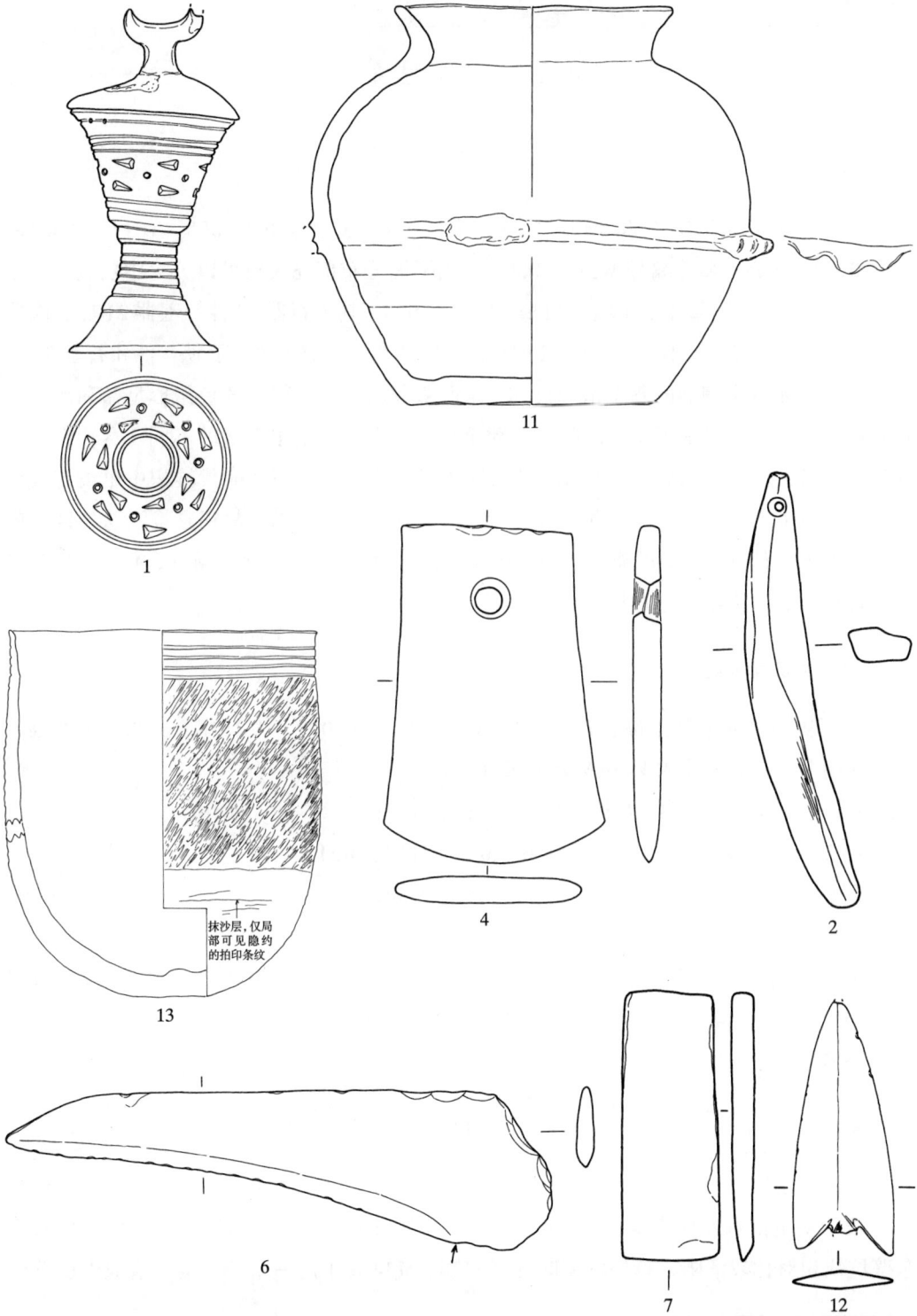

图七八 C M8出土器物（4、6、11为1/3，2为1/1，1、7、12为1/2，13为1/6）

第三节　东区墓葬

一　概述

东区墓葬分布于G1东部和现昆山西北山坡之间。集中分布于T005～T011、TE005～TE010，共35座，墓葬编号M27～M61，根据平面分布情况大致可以分为中、北、南三组。（图七九）东区墓葬出土编号遗物295件（组），其中石器57件、玉器21件、陶器217件。石器中有石钺10件、石犁11件、石刀17件、石锛9件、石镰7件和石镞3件。从随葬器物尤其是陶器的基本情况可知，东区墓葬出土有夹细砂的鱼鳍形足鼎和泥质黑皮陶质的双鼻壶，显示了东、西两区墓葬至少应该存在着下限年代的不同。尽管野外未能发现墓坑的迹象，在T003和T004印纹陶堆积层之下的新石器时代堆积中也没有其他的发现，但由于TG7出土了一组完整的鼎、盘、罐组合的陶器，故还是推测这一区域应该还存在着其他的墓葬，可能位于现在的南北向路基以下[①]。为便于阅读，本小节将以东区墓葬中、北、南组为序加以叙述。

二　东区中组墓葬

东区中组墓葬主要分布于T008、TE008、T009、TE009，共21座。从北向南大致可以分为南北四排，其中M45和M61暂归于此组。

第一排：M28、M34、M30、M33、M39、M32；

第二排：M54、M38、M43、M46、M42、M47、M51；

第三排：M37、M40、M41、M48、M49、M50；

第四排：M45、M61。

上述21座墓葬共有以下几组叠压打破关系：M28→M34，M30→M54，M37→M38→M40，M38→M43→M46，M42→M47，M48→M51。

各墓情况分别叙述如下。

M28

（一）概述

仅于墓坑南端发现陶罐1件。由于M28墓坑平面难以辨认，而M34在平面上仅墓坑东壁坑线相对比较清晰，野外发掘时怀疑M28、M34属于同一墓葬，鉴于墓地中也发现

---

① 2005年底，我们观察了原"老年公寓"内基建时清理的靠近南北向路基的剖面，发现有类似的文化堆积存在，证明判断无误。

北

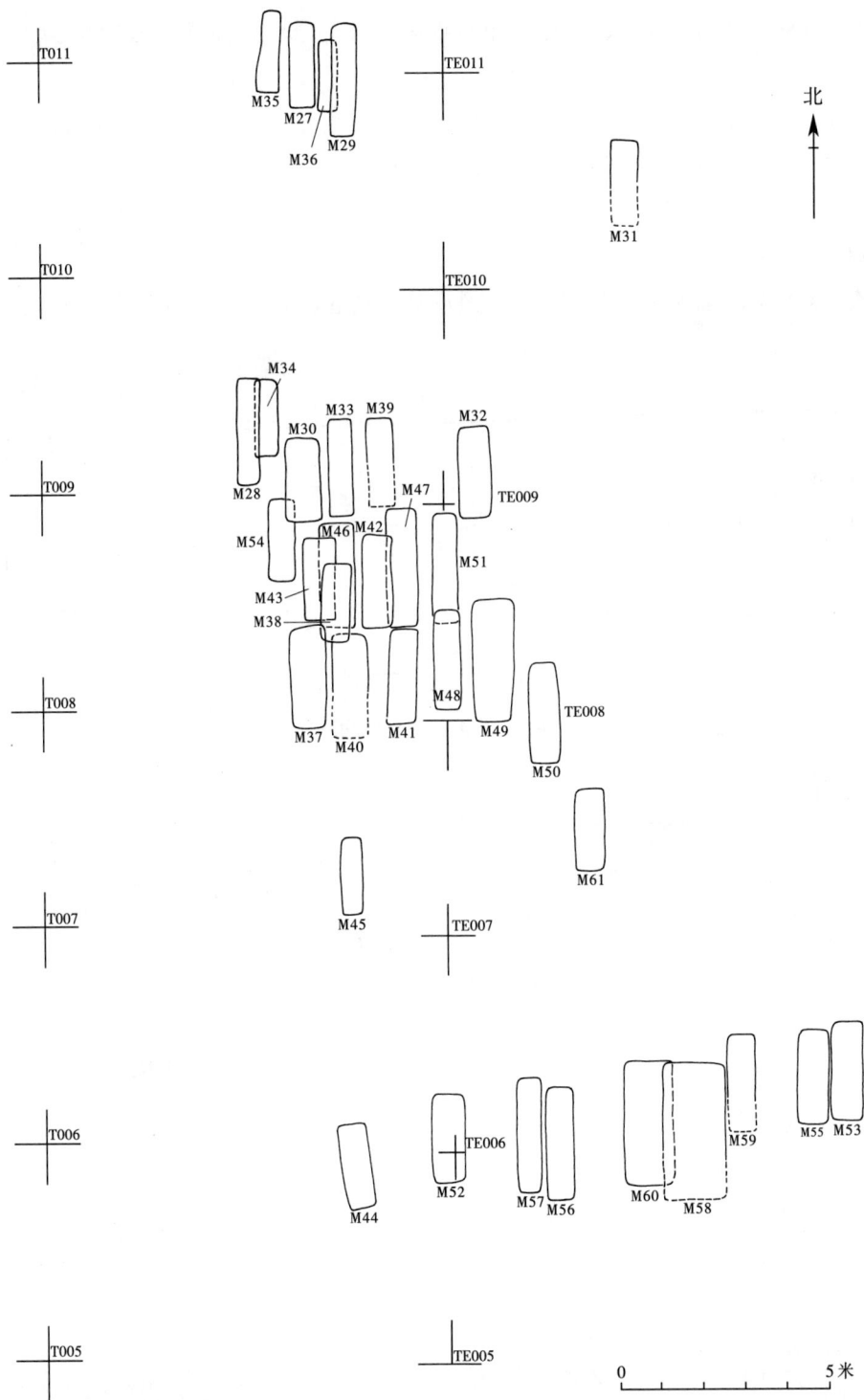

图七九　昆山东区墓葬平面分布图

仅随葬一件陶罐的墓例（如 M38），这里暂且将 M28、M34 归为两墓。墓坑长 24.1、宽 54 厘米。（图八〇 A）

填土中出土泥质灰胎黑皮陶假腹盘残片 1 片，假腹部位戳刻两个竖向半月形凹窝，其两侧切剔狭长形的弧边三角图案。（图八〇 B，01）

（二）遗物

陶器　1 件。

罐　M28：1，泥质青灰胎黑皮陶，黑皮基本脱落。唇外翻，鼓腹，平底微内凹。腹

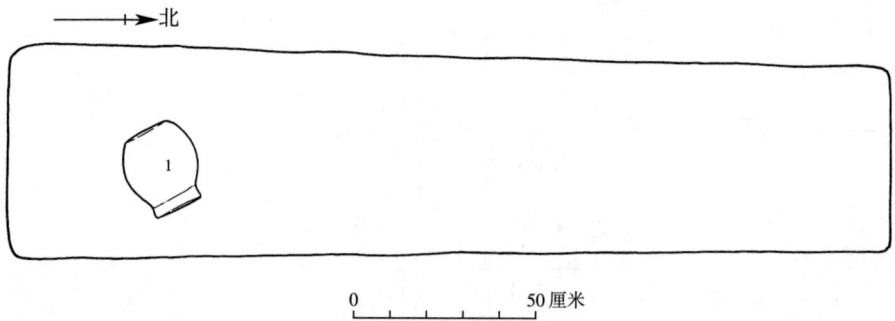

图八〇 A　M28 平面图
1. 陶罐

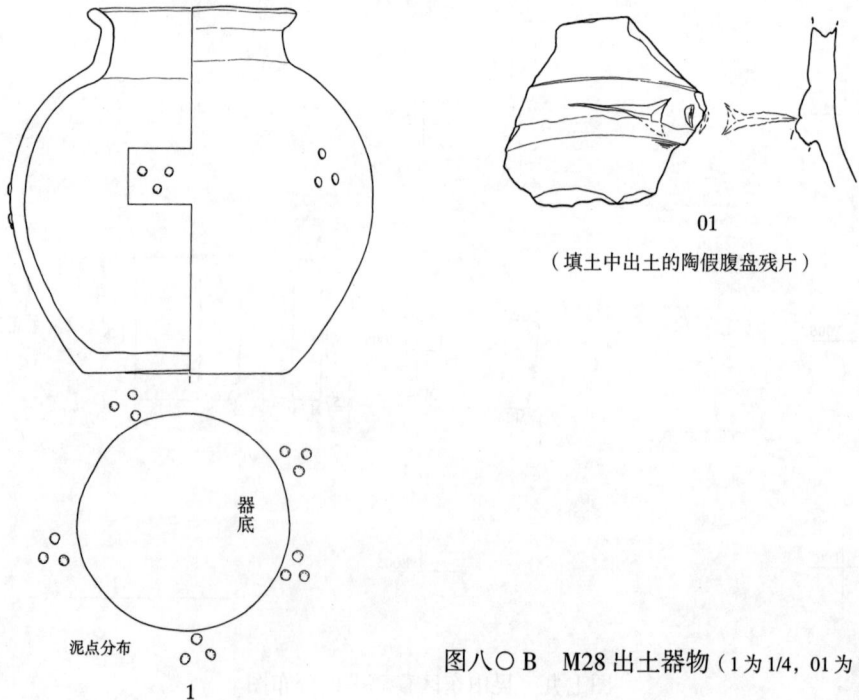

01
（填土中出土的陶假腹盘残片）

器底

泥点分布
1

图八〇 B　M28 出土器物（1 为 1/4，01 为 1/3）

部外壁按贴不甚等分的五组小泥点，每组由三个呈三角形布列的泥点组成。高约19.5、口径约11.4、底径约11.6厘米。（图八〇 B；彩版五二，1）

M34

（一）概述

墓坑清理时发现底部局部有黄色土铺垫，墓坑内堆积可以分为两层（野外绘图时未作详细剖面记录）：第①层，沙性褐色土，质地紧密，当是土台堆筑营建土的回填；第②层，黄土，呈凹弧状，自墓坑周壁向上延伸。随葬器物基本位于黄土层中，从陶盘倾倒及石刀竖置等情况分析，原先可能存在有葬具。黄土应是有意铺垫或覆盖的土层。

墓坑内未发现人骨残骸。随葬器物中1号玉璜呈竖向位于墓室的南部，大概当墓主的颈项部位。余随葬器物呈纵向分布，其中2号陶盆下压3号石刀和7号陶纺轮。墓坑长约180、宽约50厘米。随葬器物编号7件。（图八一 A）

（二）遗物

陶器　5件。

盆　M34：2，泥质青灰胎黑皮陶，黑皮略有脱落。侈口，翻沿，斜收腹，平底微内凹。器底着地面出露青灰色的胎芯，可能与使用磨损有关。高8.3、口径约18.1、底径约8.5厘米。（图八一 B）

盘　M34：4，泥质灰胎黑皮陶，黑皮基本脱落。弧敛口，圈足与盘黏结处按抹呈多棱状，线图箭头所示部位微内凹，也当抹按所致。盘外壁按贴不甚等分的七个小泥点，泥点上下呈不规则的错落布列。圈足上有三组圆孔和弧边三角组合图案。高6.3～6.6、口径13.7、圈足径约10.6厘米。（图八一 B；彩版五二，2）

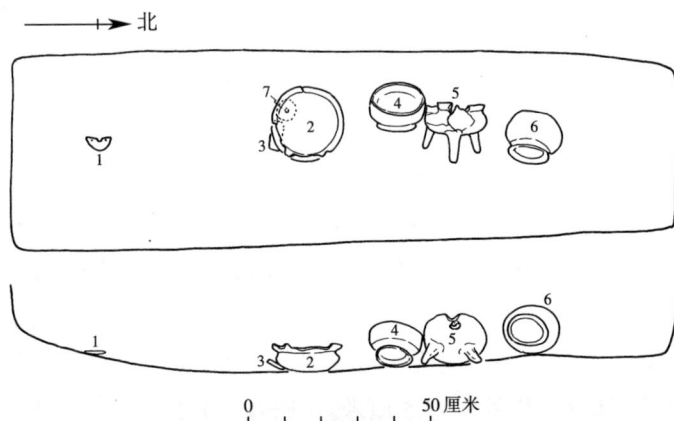

图八一 A　M34平剖图

1. 玉璜　2. 陶盆　3. 石刀　4. 陶盘　5. 陶鼎　6. 陶罐　7. 陶纺轮

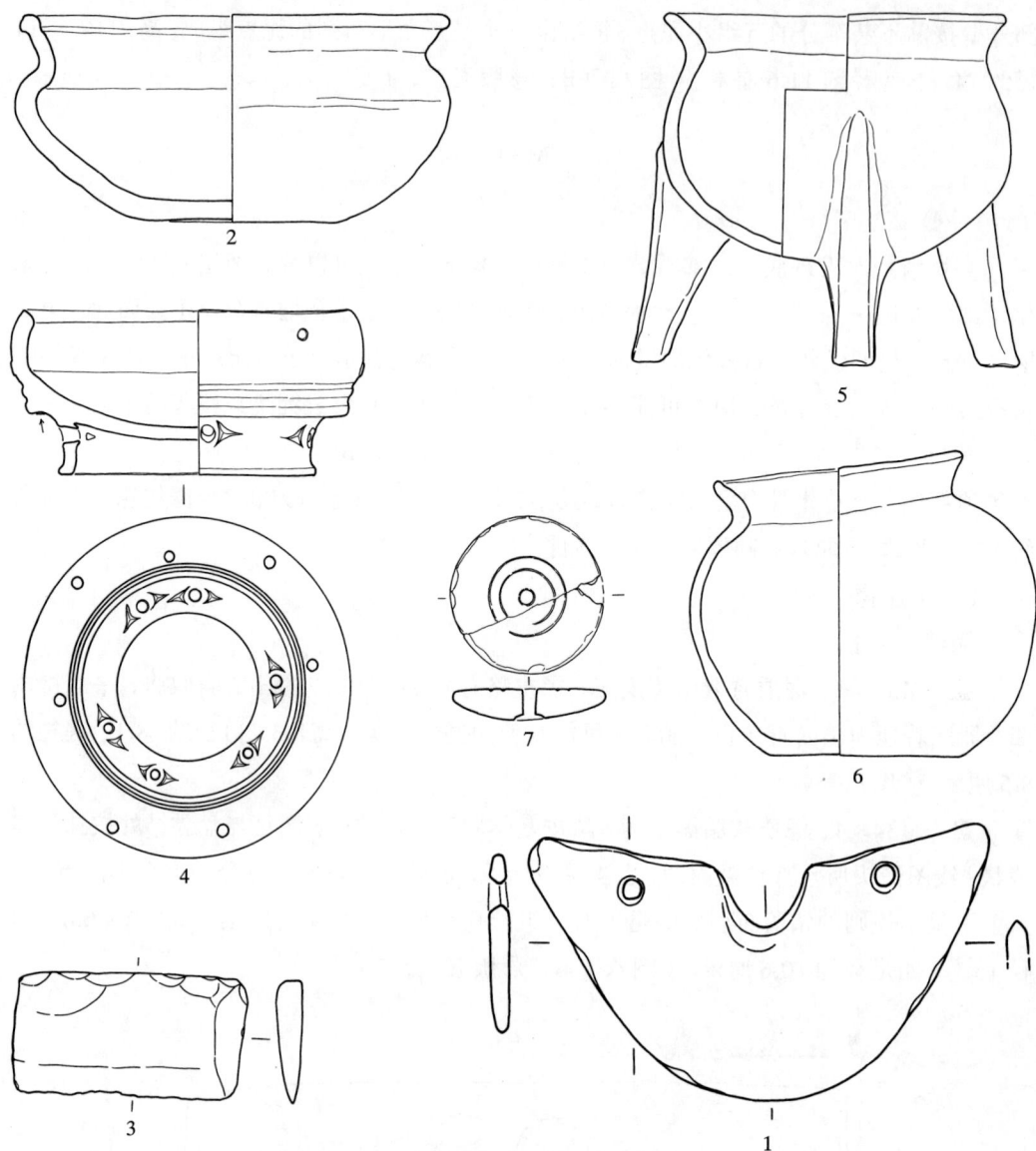

图八一 B   M34 出土器物（1 为 1/1，余为 1/3）

鼎　M34：5，出土时侧倾。粗泥褐胎红陶，外表局部呈灰黑色。侈口，鼓腹，凿形足。通高 14.2、鼎身高 9.8、口径约 13.8 厘米。（图八一 B；彩版五二，3）

罐　M34：6，出土时侧倾。泥质灰胎灰陶。整器不正。侈口，鼓腹，平底。器高 10.9～12.2、口径约 10.2、底径 8～8.5 厘米。（图八一 B）

纺轮　M34：7，泥质灰胎灰褐陶。正面平整，孔外周有两道圆形划纹，外径分别为 2.3、3.2 厘米。另面弧凸，穿孔周缘旋切磨。外径约 6.2、厚约 1.3 厘米。（图八一 B）

石器　1件。

刀　M34：3，沁蚀，外表呈灰黄色，角岩。顶端面保留有琢打痕，两端面为原本的断茬，可能为石镰改制。单面刃，刃部崩缺在背面。高约5、长约9.6、最厚约1.2厘米。（图八一B；彩版五二，4）

玉器　1件。

璜　M34：1，黄褐色。中间凹缺呈半椭圆形，凹缺部位斜杀，应是切磨所致，双向桯钻系孔。高3.6、两端宽约6.4、最厚约0.4厘米。（图八一B；彩版五二，5、6）

M30

（一）概述

墓内未发现人骨残骸。随葬器物中1号陶盆、2号玉坠饰位于墓室南端，余随葬品多位于墓室北部。墓坑较短，长仅190、宽约87厘米。随葬器物编号11件。（图八二A）

（二）遗物

陶器　9件。

盆　M30：1，泥质青灰胎灰褐陶，陶质疏松。侈口，唇面微内凹。从盆底面呈椭圆形看口沿可能有流。高约7.6、口径12.2~13.8、底径8.5~9.5厘米。（图八二B）

盘　M30：3，泥质红褐胎灰褐陶。弧敛口，唇略外卷，假腹，假腹和豆盘浑然一体，

北　◀

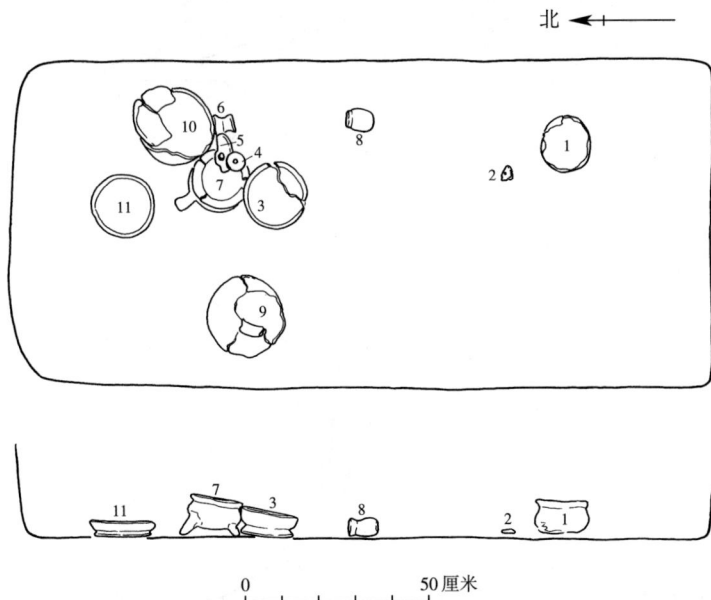

图八二A　M30平剖图

1.陶盆　2.玉坠饰　3.陶盘　4.陶纺轮　5.石刀　6.陶杯形豆　7.陶鼎　8.陶杯　9.陶罐　10.陶罐　11.陶盘

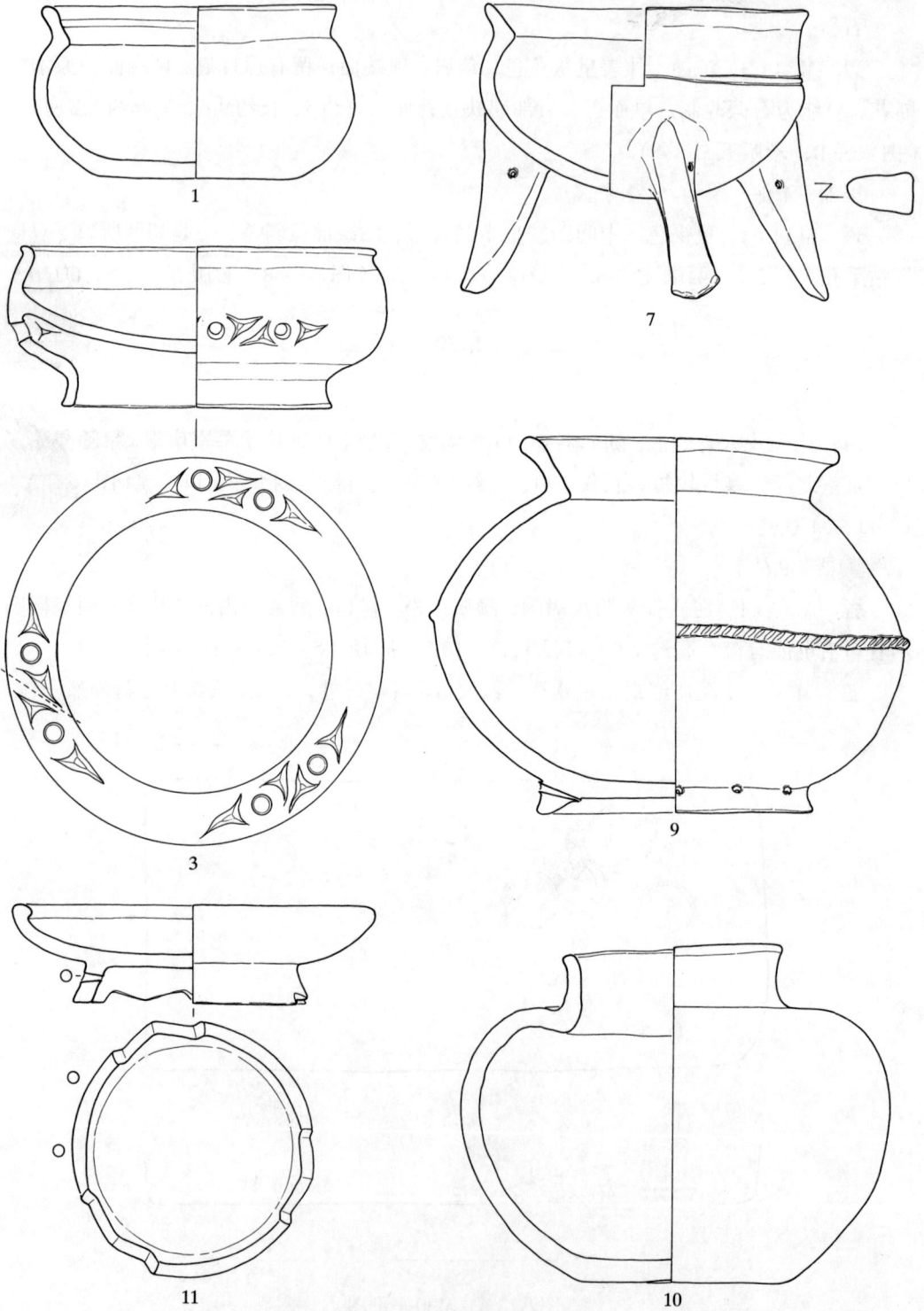

图八二 B　M30 出土器物（均为 1/3）

假腹部位装饰大致等分的圆孔和弧边三角组合图案三组，每组以两小组斜状布列的圆孔和弧边三角图案组合而成。高约 7.2、口径约 16.8、圈足径约 12.8 厘米。（图八二 B；彩版五三，1）

纺轮 M30：4，出土时叠压石刀和陶鼎。粗泥褐陶。正面略内凹弧，竖截面呈梯形。厚 1.8、外径约 4.8 厘米。（图八二 C）

杯形豆 M30：6，位于 7 号陶鼎、10 号陶盆侧，侧置。粗泥红褐色胎灰褐陶，但外表剥蚀呈红褐色。整器不正。尽管未有假腹，但浅盘及器形大小等特征与假腹杯形豆接近。圈足上有六道凹弦纹，上部弦纹间各戳刻竖向排列的横椭圆形小孔，其中上为竖向两个，下为竖向二三个不等。高 7.4 ~ 7.8、口径 8.2、圈足径 6.6 ~ 6.7 厘米。（图八二 C；彩版五三，2）

鼎 M30：7，粗泥黑胎红陶，外表局部保留有红色陶衣。整器显得不正，如一侧为侈口，另一侧折颈部位不清晰。微折腹，折腹部位上方有不连贯的凹弦纹。凿形足，近足根部有横向的穿孔，三足安置也不规整。通高 12.8 ~ 13.1、鼎身高 8.5、口径约 15 厘米。（图八二 B；彩版五三，3）

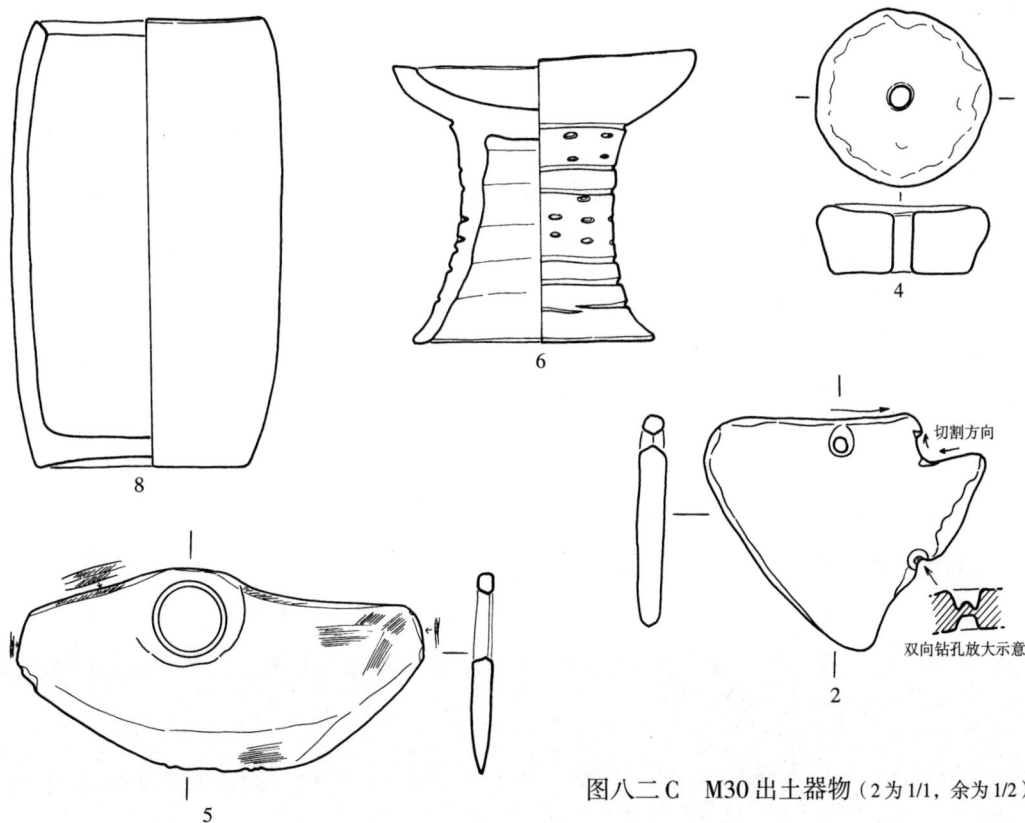

图八二 C　M30 出土器物（2 为 1/1，余为 1/2）

杯　M30：8，泥质青灰胎黑皮陶，黑皮基本脱落。微敛口，平底内凹。高11.8、口径6.3、底径5.7厘米。（图八二C）

罐　M30：9，夹砂红陶，外壁局部呈灰黑色，施红陶衣，但基本脱落。整器显得不正。侈口，鼓腹，鼓腹部位有一周按捺斜向凹窝的附加堆纹。矮圈足，圈足和罐体连接处戳大致等距分布的圆孔11个。高16.2～17.1、口径约14.8、圈足径12.2～12.7厘米。（图八二B；彩版五三，4）

罐　M30：10，泥质灰褐胎黑皮陶，外表局部色泽斑杂，平底部位呈灰色，罐内壁也为黑皮[①]。直口，唇略外翻，耸肩，鼓腹，平底微微内凹。高14.7～15.3、口径约10、底径约9.5厘米。（图八二B）

盘　M30：11，泥质灰胎黑皮陶，黑皮多脱落。弧敛口，坦腹，矮圈足。圈足上部有两个间距约2.7厘米的圆形镂孔，底部切剔有三组形同"介"字形结构的凹缺。高4.4、口径17.2、圈足径11厘米。（图八二B；彩版五三，5）

石器　1件。

刀　M30：5，出土时刃部朝南。黑色，角岩，保存较好。上部偏中间一侧弧凸，单面管钻孔，另面管修，管钻孔一面的孔外缘还有圆弧状划痕，孔内径1.78、外径2厘米。两侧肩部特征不一，其中一侧内凹弧，另一侧较斜直，肩缘面均有打磨痕迹。刃部弧凸，双面刃，刃脊线清晰，刃部还有齿状崩缺，当使用所致。高5.4、宽11、最厚0.63厘米。（图八二C；彩版五四，1）

玉器　1件。

坠饰　M30：2，出土于陶盆的北侧。黄褐色。一侧保留有原本应属凹缺的线切割痕迹（参见线图箭头所示），从整体形制看当属璜改制。顶部有一双向桯钻系孔（也是璜的一侧系孔），而断茬的一侧尚保留有一个未穿透的双向钻孔痕，一面为小圆底状的桯钻痕，一面底部有小尖疣状凸起，桯钻工具应为小管状器。高约3.1、宽约3.9、最厚约0.4厘米。（图八二C；彩版五四，2、3）

M33

（一）概述

墓坑内堆积可以分为两层：第①层，沙性褐色土，质地紧密，当是土台堆筑土的回填；第②层，黄土，呈凹弧状，自墓坑周壁向上延伸。随葬器物基本在黄土层中，从陶盘倾倒及石刀竖置等情况分析，原先可能存在有葬具。黄土应是有意铺垫或覆盖的土层。

---

① 此似说明所谓的"黑皮"是烧制过程中渗碳所致，烧制温度的高低、渗碳的时间长短以及器物外表的打磨程度直接与"黑皮"的形成和"质量"有关，目前及本书所提到的"黑皮陶"是为一个约定俗成的名称。

随葬器物均位于墓室北部。墓坑长约225、宽约50厘米。随葬器物编号7件。（图八三、八四A）

（二）遗物

陶器　6件。

盆　M33：1，泥质红胎黑皮陶，黑皮多脱落。翻沿，斜收腹，平底。高7.8、口径17.8～18.2、底径约8.5厘米。（图八四B；彩版五四，5）

鼎　M33：2，粗泥夹砂红褐陶，鼎身外壁局部呈黑色。侈口，

图八三　M33北端器物出土情况（西—东）

微折腹，折腹上方有不平行也不连贯的多道抹划凹弦纹，凿形足。通高13～13.6、鼎身高8.5、口径约15.5厘米。（图八四B）

盆　M33：3，泥质青灰胎灰黑陶。宽平沿上有两个间距约0.8厘米的穿孔，沿面上另有一道凹弦纹，斜收腹，平底微内凹。高约3.8、口径15.7、底径5.5厘米。（图八四B）

盘　M33：4，泥质青灰胎黑皮陶，黑皮多脱落。弧敛口，假腹，圈足与豆盘按接部位按抹呈内凹弧的宽条带状，其间装饰三大组圆孔和弧边三角组合图案。圆孔仅为管状物按捺，并未透穿，可能因为其位置接近圈足和盘的连接处。高约6.1、口径约18.4、圈

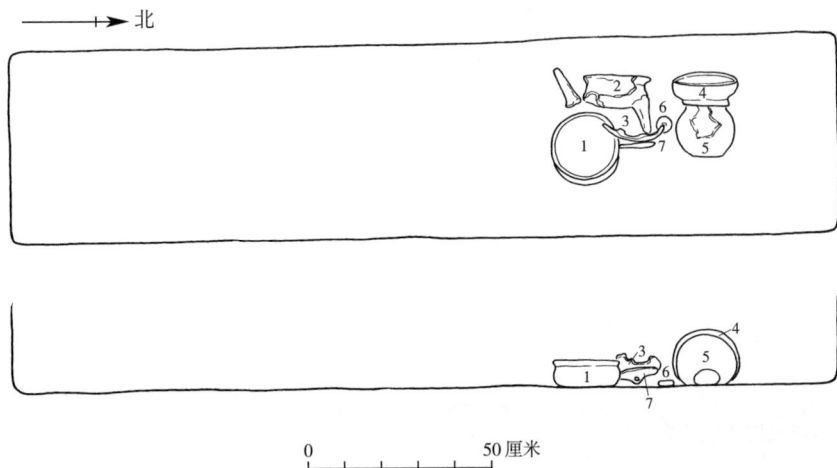

图八四A　M33平剖图

1. 陶盆　2. 陶鼎　3. 陶盆　4. 陶盘　5. 陶罐　6. 陶纺轮　7. 石刀

足径约 13.7 厘米。（图八四 B；彩版五四，6）

　　罐　M33：5，泥质红褐胎褐陶。直口，腹部最大径偏上，假圈足，平底内凹。高约
14.5、口径约 8、圈足径约 7.2 厘米。（图八四 B）

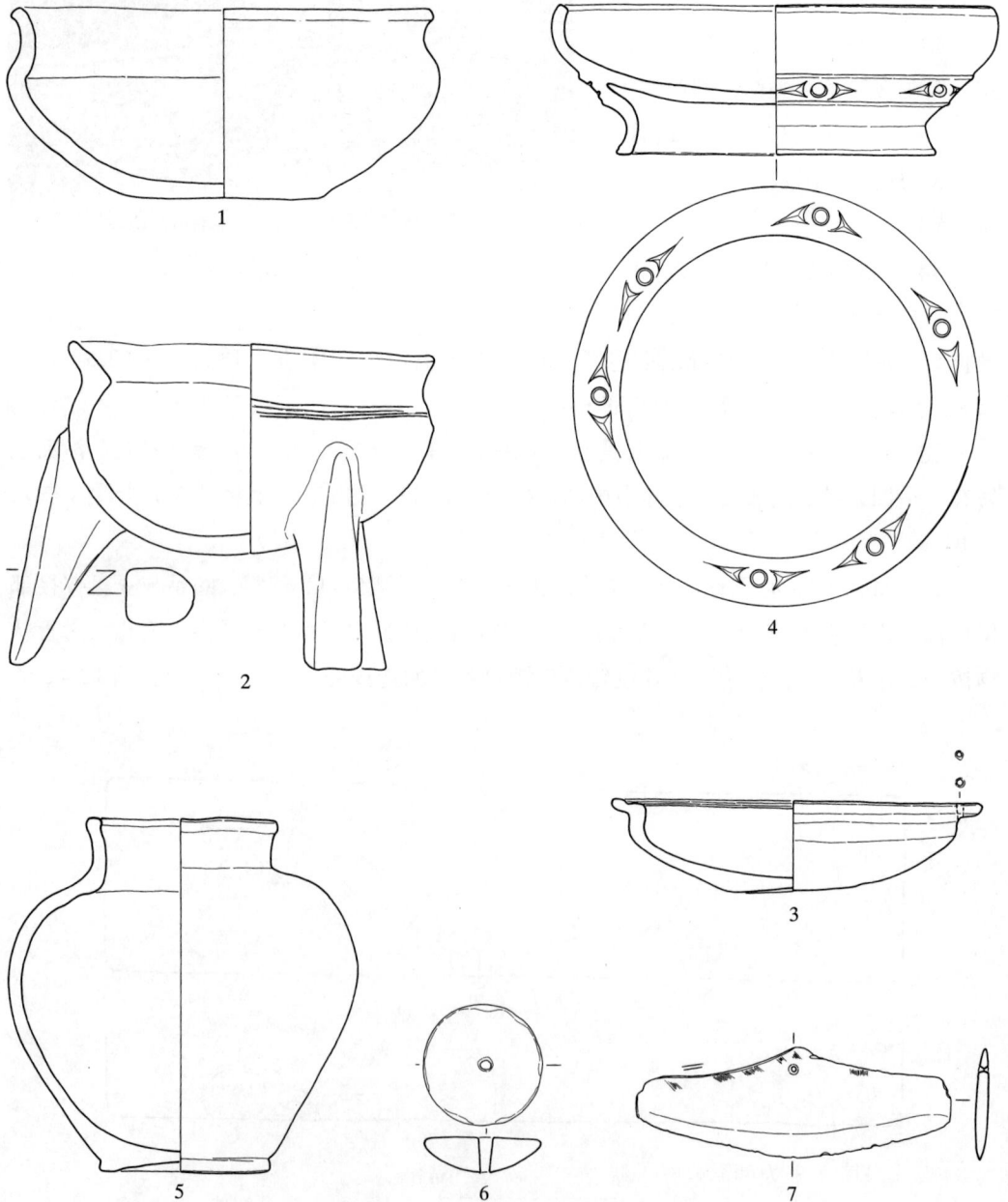

图八四 B　M33 出土器物（均为 1/3）

纺轮　M33：6，泥质红陶，局部呈灰褐色。背面弧凸。厚1.55、外径约5厘米。（图八四B）

石器　1件。

刀　M33：7，灰黑色，角岩，保存较好。中部呈"介"字形凸起，其下双向桯钻小系孔，孔内径约0.2、外径约0.4厘米。两侧肩部缘面有打磨痕迹。双面刃，刃部弧凸，刃脊线清晰，刃部有齿状崩缺，当使用所致。高4.6、宽13.4、最厚0.55厘米。（图八四B；彩版五四，4）

M39

（一）概述

野外清理时墓坑线不甚清晰，仅可辨墓坑北半部分，墓坑现宽60厘米。仅于墓坑北端发现陶器2件。（图八五A）

（二）遗物

陶器　2件。

盉　M39：1，粗泥红胎红陶，腹壁及底部有似"烟炱"的痕迹，可能是使用所致。侈口，鼓腹，鼓腹部位有两道不连贯的抹划凹弦纹，环状把手连接口沿外侧及足根部，凿形足。通高12.5、盉身高11.1、口径约9厘米。（图八五B；彩版五五，1）

盘　M39：2，泥质红褐胎黑皮陶。折敛口且呈子母口状，假腹，圈足和豆盘连接处按捺有凹弦纹。圈足中部内凹呈束腰状，其上部外壁弧凸，并戳刻圆孔和弧边三角组合图案，按层次可分为上下各方向一致的弧边三角和其间的圆形图案，也可读识为斜向呈螺旋形布局的五组圆孔和弧边三角组合图案。圆孔均未穿透，当也与其分布位置紧贴盘壁有关。高约10.1、口径约16.5、圈足径约11.5厘米。（图八五B；彩版五五，2）

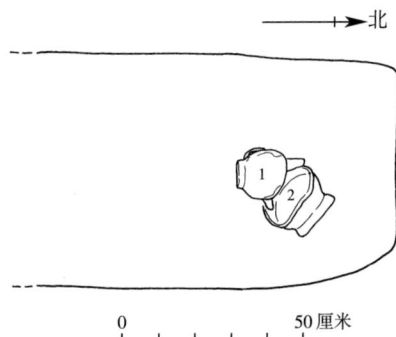

图八五A　M39平面图
1.陶盉　2.陶盘

M32

（一）概述

墓坑内填土分为两层：第①层，夹杂沙石的褐色土，质地紧密；第②层，黄色土，质地纯净，呈凹弧状位于墓坑底部和两侧，当为有意识的铺垫土。（参见剖面示意图）

人骨未有保存。随葬器物中1号陶假腹杯形豆位于墓室南部，2号石钺、3号石锛和

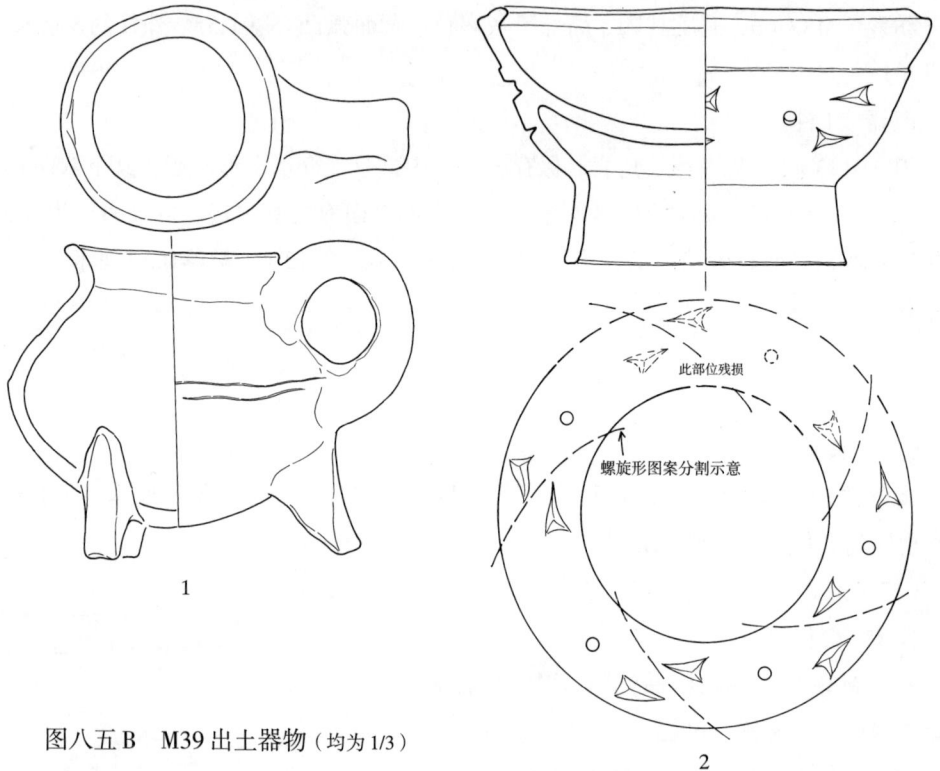

图八五 B　　M39 出土器物 (均为 1/3)

4 号陶罐位于墓室中部，余随葬器物均位于墓室北部。墓坑较短，长约 220、宽约 100 厘米。随葬器物编号 11 件。(图八六，1、2；图八七 A)

（二）遗物

陶器　7 件。

假腹杯形豆　M32：1，出土时倾倒，豆口朝西。泥质褐胎黑皮陶。浅盘，假腹外壁有三组由多道凹弦纹组成的弦纹组，其间镂刻圆形和弧边三角组合图案，分上下两组，每组均由四小组圆孔和两侧的弧边三角组合而成，大致等分且呈上下错落的近似斜向布局，假腹下缘及内折部位按捺竖向凹缺。圈足部位也装饰两组弦纹，每组弦纹由三四道凹弦纹组成，其间大致等距镂四个圆形孔。高约 11.8、口径 6.9、圈足径约 7.4 厘米。(图八七 B；彩版五五，3)

罐　M32：4，碎甚，根据其他墓葬随葬品位置判断，此件罐可能位于葬具外。泥质灰胎黑灰陶，外表基本剥蚀呈灰色。侈口，唇外翻，溜肩，鼓腹，肩、腹部有三道不平行的泥条按贴，平底。高约 19.8、口径约 12.5、底径约 11.5 厘米。(图八七 B；彩版五五，4)

罐　M32：5，碎甚，出土时罐口朝西，下压石犁。泥质红陶。口沿较直，肩口部位向下按抹，鼓腹，平底微内凹。高 15.8～16.1、口径约 9、底径约 8.2 厘米。(图八七 B)

1. 北端 器物出土情况（北—南）　　　　　　　2. 清理完陶器后石犁出土情况（南—北）

图八六　M32 器物出土情况

图八七 A　M32 平面图

1. 陶假腹杯形豆　2. 石钺　3. 石锛　4. 陶罐　5. 陶罐　6. 陶盉　7. 陶杯　8. 石犁　9. 石刀　10. 陶盘　11. 陶盆

　　M32：6，与 7 号陶杯压 11 号陶盆，出土时侧倾，口部朝南。粗泥褐胎褐陶。侈口，鼓腹，鼓腹部位有一周折棱，弧弯状把手，凿形足。通高 12.2、身高 10、口径 6.6～7 厘米。（图八七 B；彩版五五，5）

杯　M32：7，出土时侧倾，口部朝西。泥质褐胎黑皮陶，外壁尚残留有朱痕。口沿下有系孔一个。外壁上下各有三组由两道凹弦纹组成的弦纹。矮圈足，由外向内刻剔三个呈"介"字形的凹缺，内底有抹划或旋挖痕迹。高 12.4、口径 5.2～5.8、底径 5.3～5.6 厘米。（图八七 C；彩版五五，6）

盘　M32：10，泥质褐胎黑皮陶，外表多剥蚀。弧敛口，唇外卷，圈足与豆盘按接处按抹使得豆盘外壁呈双弧腹状，下弧腹部位镂刻不等分的三组圆孔和弧边三角组合图

4

10

按抹

5

6

1

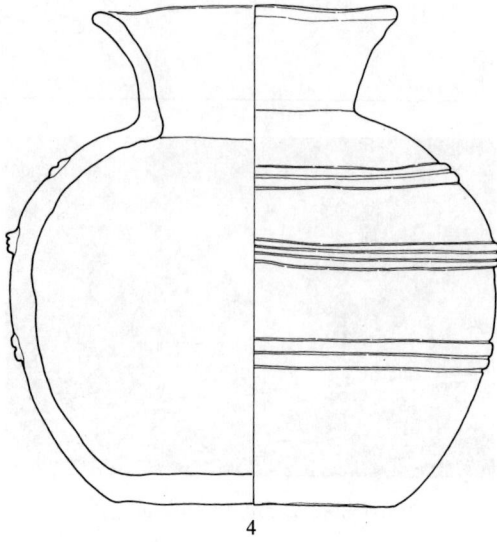

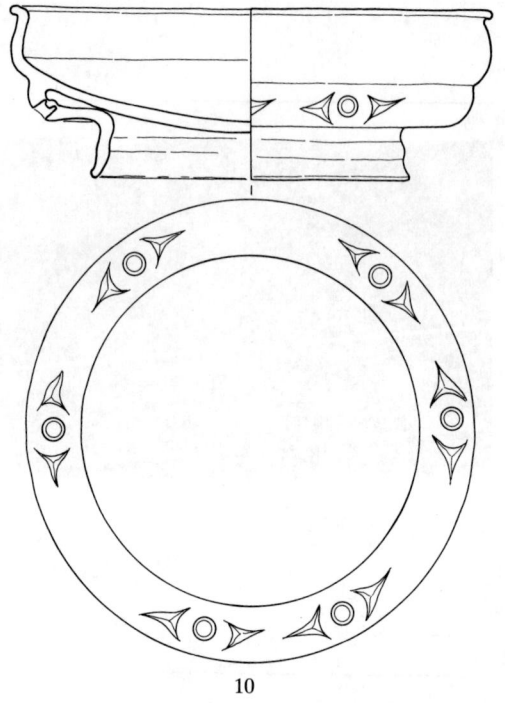

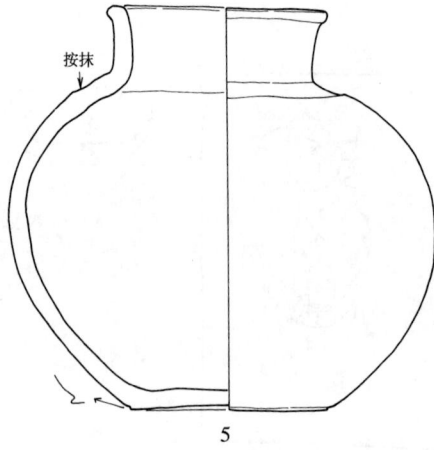

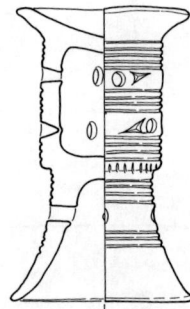

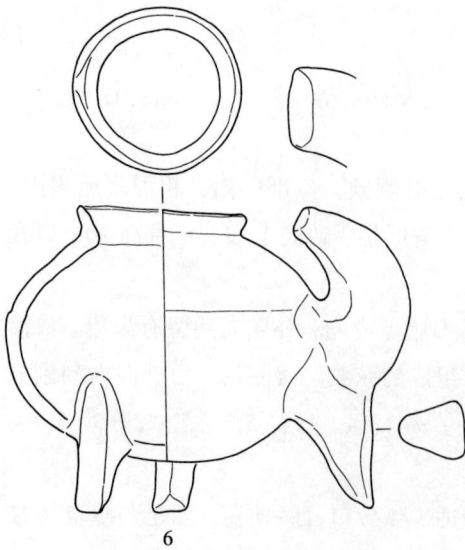

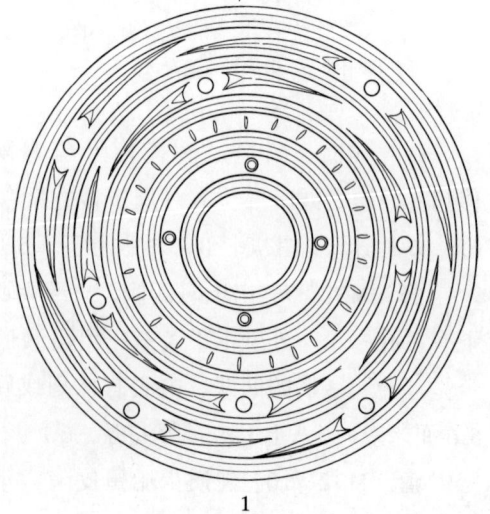

图八七 B　M32 出土器物（均为 1/3）

案，每组图案各由两小组圆孔和两侧的弧边三角组成。高 6.8、口径约 19.7、圈足径约 13.2 厘米。（图八七 B；彩版五六，5）

　　盆　M32：11，泥质灰胎黑皮陶，外表剥蚀甚。整器显得不正。敞口，宽沿面上有两个间距约 3 厘米的穿孔，斜收腹，平底微内凹。高约 5.7、口径约 20.2、底径约 7.9 厘米。（图八七 C）

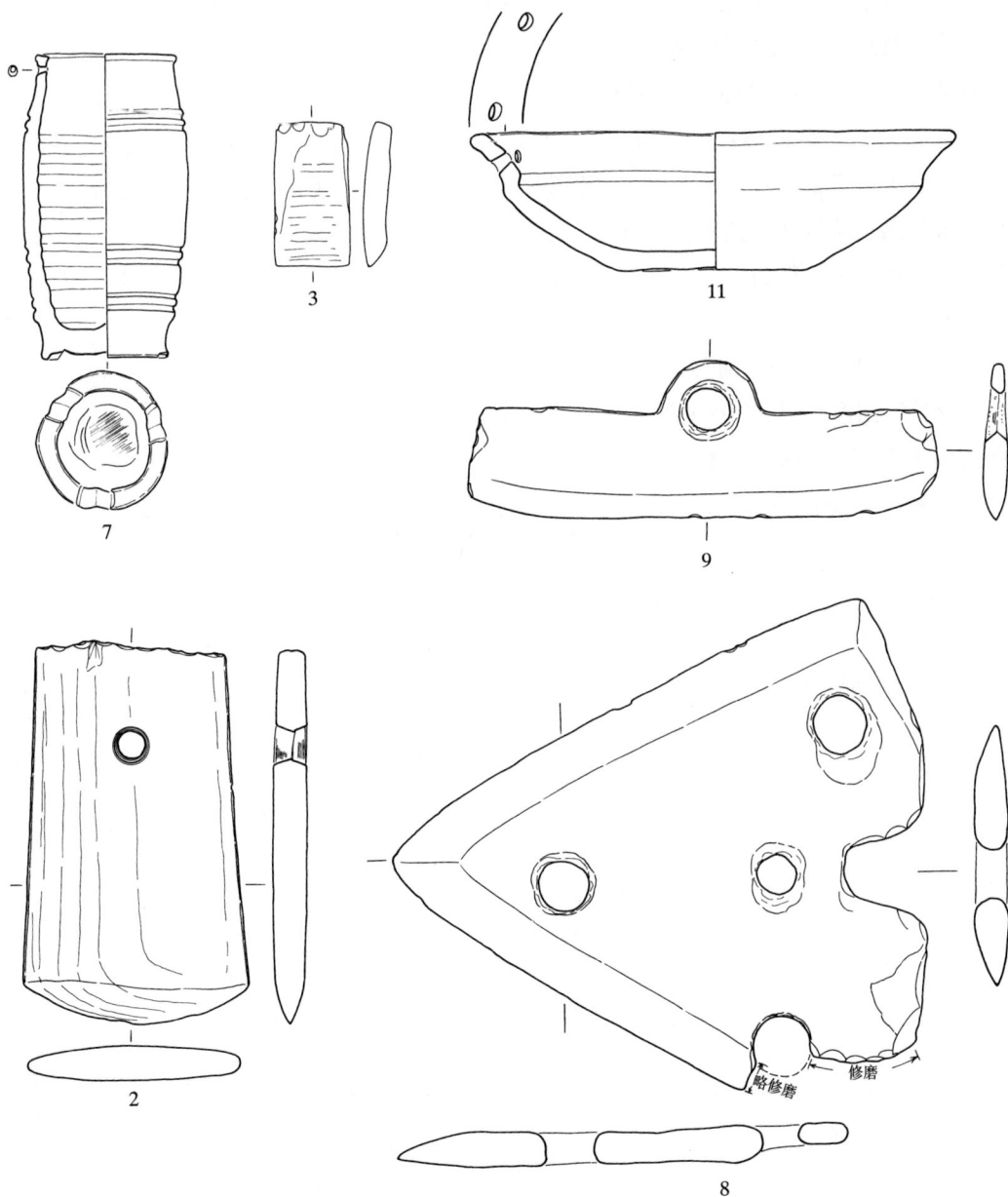

图八七 C　M32 出土器物（均为 1/3）

石器　4件。

钺　M32：2，清理时位置略有移动。沁蚀，呈灰黄色，两面有片状纹理，流纹岩。整体略呈"风"字形，顶端面打制较为齐平，未有打磨痕迹。双向管钻孔，孔内径1.13、外径1.45厘米。高15.7、上宽8.1、刃部宽9.6、最厚约1.4厘米。（图八七C；彩版五六，2）

锛　M32：3，清理时位置略有移动。灰黄色，两面有竖向纹理，流纹岩。弧背。高5.8、上宽2.8、刃部宽3.2、最厚1.1厘米。（图八七C；彩版五六，3）

犁　M32：8，为5号陶罐所压，下压10号陶豆。出土时犁尖朝东，犁背面朝上。沁蚀而呈青灰色，角岩。单面刃，背面刃部稍加修磨，正面刃脊线清晰而背面无刃脊线。犁尖夹角约61度。后端琢打成凹缺，凹缺呈矩形，深约3.5厘米，凹缺上方也即犁后端一侧磨制呈单面刃状，另一侧残损，但边缘面经过修磨（包括残孔的边缘）。犁身有呈三角形分布的四个琢打孔，其中一孔残损，正面孔周疤痕不甚明显，而背面孔周有大片的疤痕，孔大小不一，径约1.6~2.4厘米。长22.5、宽约20、最厚约1.6厘米。（图八七C；彩版五七）

刀　M32：9，出土时位于陶　和陶盆下，刃部朝北。沁蚀，呈灰褐色，角岩。上部近中部呈半圆形凸起，有双向琢打孔一个，孔内壁留有　修痕迹，孔中心点大致与两侧肩部连接线齐平，孔内径约1.7、外径约2.5厘米。肩部两侧微微上翘，双面刃，刃部两侧也略上翘，刃部还有崩缺痕。高6.4、宽19.9、最厚0.95厘米。（图八七C；彩版五六，4）

M54

（一）概述

野外清理时墓坑线不清晰，除墓室中部出土玉管1件外，余随葬陶器均位于墓室的北部。墓坑现长约190、宽约60厘米。随葬器物编号4件。（图八八A）

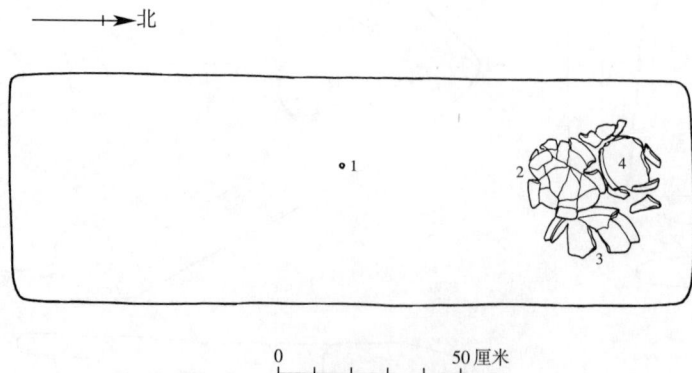

图八八A　M54平面图
1.玉管　2.陶豆　3.陶盆　4.陶鼎

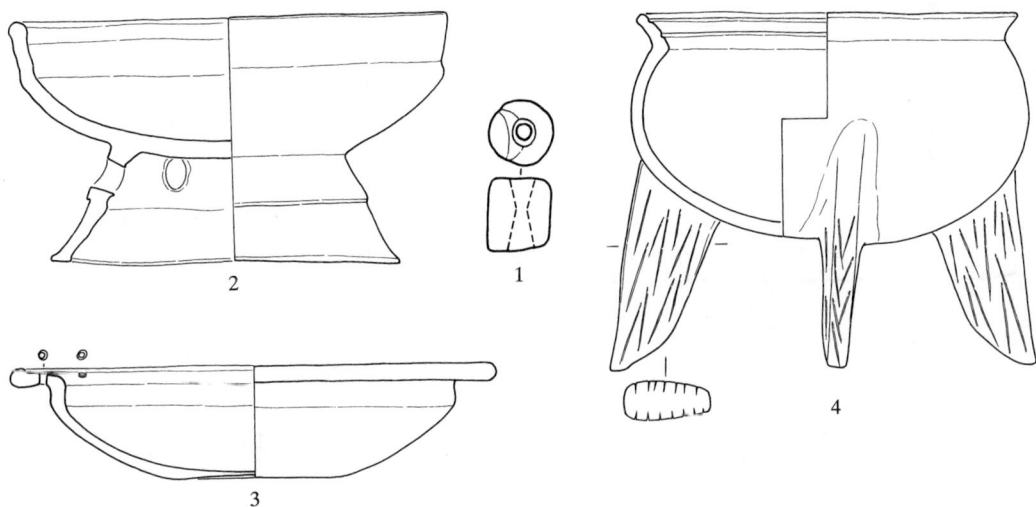

图八八 B　M54 出土器物（1 为 1/1，余为 1/3）

（二）遗物

陶器　3 件。

豆　M54：2，泥质青灰胎黑皮陶。近直口，折腹，高圈足。圈足中部按抹有呈台状的弦纹一周，可能此部位为套接，圈足上部镂两个间距约 3 厘米的圆孔。高 9.5～10、口径 18～18.4、圈足径 14.4 厘米。（图八八 B；彩版五八，1）

盆　M54：3，泥质灰胎灰黑陶，外表及内壁剥蚀甚。宽平沿面上有两个间距约 2 厘米的穿孔，斜收腹，平底微内凹。高约 4.4、口径 19.5～19.8、底径约 7 厘米。（图八八 B）

鼎　M54：4，夹砂褐胎红陶，鼎内外壁似施黑衣。侈口，沿面有两道凹弦纹，鼓腹，鼎身较浅。鱼鳍形足，截面外侧相对宽厚，鱼鳍形足整体略呈弧边三角形，足面均有竖向或斜线交叉的浅刻划。通高 14.2、鼎身高约 9、口径约 15.7 厘米。（图八八 B；彩版五八，2）

玉器　1 件。

管　M54：1，黄褐色。一端面留有线切割痕迹，双向　钻孔。高 0.95、截面径 0.85～0.9 厘米。（图八八 B；彩版五八，3）

M38

（一）概述

仅于墓坑南端发现陶罐 1 件。墓坑长约 180、宽约 67 厘米。（图八九 A）

（二）遗物

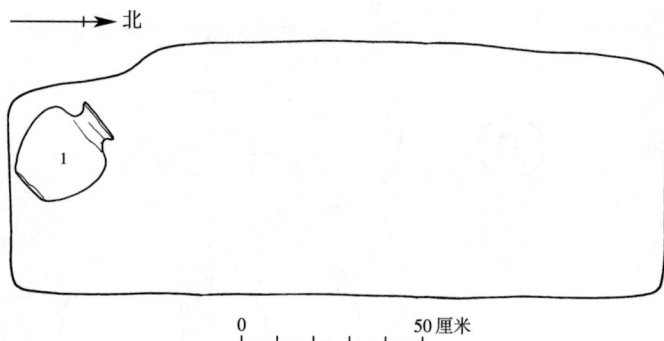

图八九 A　M38 平面图

1. 陶罐

0 ——————— 50 厘米

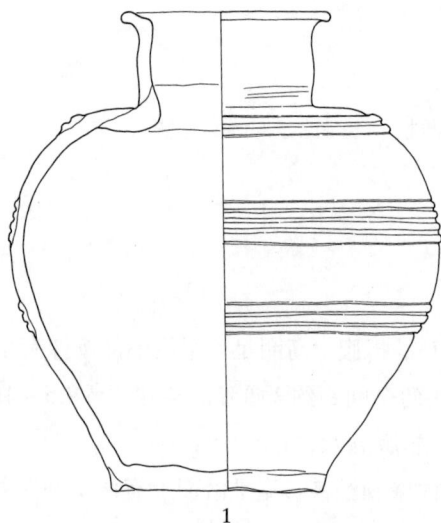

1

图八九 B　M38 出土陶罐（1/4）

陶器　1 件。

罐　M38∶1，出土时倾倒，口部朝西北。泥质青灰胎黑皮陶。直长颈，沿外翻，微耸肩，鼓腹，圈足。颈部和罐身用泥条按贴黏接。出土时肩、腹部位按贴三周泥条，经过按抹后呈多道的凸弦纹样。圈足为泥条按贴，仅为在内缘抹划一周而成，其相应底部外壁也有刮抹痕迹。高 25.4、口径约 11.6、底径约 11.5 厘米。（图八九 B）

M43

（一）概述

清理发掘时发现墓坑四周有一周黄色土，随葬器物大致位于黄土内，推测黄土应为葬具外填土，另外在 2 号陶杯一侧也有小范围的黄土分布。随葬器物中 1、2 号陶杯位于墓室南部，7 号玉坠饰位于墓室中部，余随葬器物大致位于北端。墓坑长约 190、宽约 80 厘米。随葬器物编号 7 件。（图九〇 A）

（二）遗物

陶器　6 件。

杯（觯形）　M43∶1，出土时侧倾，口朝东北。泥质灰胎灰黑陶，外壁局部留有朱痕。唇部微外卷，最大腹径偏下，圈足外侧切剔三个大致等分的凹缺。高 10.2、口径约 5.5、圈足径约 5 厘米。（图九〇 B）

杯（筒形）　M43∶2，出土时侧倾，口朝西南。泥质褐胎黑皮陶，外壁尚残留有朱痕。唇略外翻，腹部四组凹弦纹，每组二至五道不等，圈足外侧刻剔三个大致等分的凹缺。高约 14.8、口径 5.9~6、圈足径 5.5 厘米。（图九〇 B；彩版五八，6）

盘 M43：3，出土时正置。泥质黑—红褐胎灰黑陶。唇微内卷，坦腹，矮圈足外撇。高约 4.8、口径约 15.7、圈足径 9.5 厘米。（图九〇 B）

鼎 M43：4，出土时正置。粗泥褐胎灰褐陶。整器显得不正。微侈口，折腹，凿形足。通高 11.6~13.2、鼎身高 8.8、口径 14.2~14.6 厘米。（图九〇 B；彩版五八，7）

盘 M43：5，出土时正置。泥质灰褐胎黑皮陶，黑皮基本脱落。敛口，卷唇。圈足上部按抹内凹弧，并镂刻大致等分的三组圆孔和弧边三角图案，每组图案各由两小组圆孔和弧边三角组合图案组成，彼此呈斜状布列，圈足下部内收后呈喇叭形外展。高约 7.5、口径约 15.2、圈足径约 11.5 厘米。（图九〇 B；彩版五八，8）

罐（壶） M43：6，出土时侧倾，口部朝西。泥质红褐胎黑皮陶，内外均为黑色，底部着地面出露胎芯。直口，沿略外翻，鼓腹部位按贴三个大致等距的小泥点。底部内凹，底面留有线切割痕迹。高 11.4、口径 8.8、底径 7 厘米。（图九〇 B）

玉器 1 件。

坠饰 M43：7，黄褐色。系孔为单面桯钻，另面桯修，桯修一面的系孔上方还有一未钻透的桯钻痕。整器两侧弧度为同一方向，上端完整，下段有断茬痕，应为璜改制。长约 1.1、宽约 1.4、最厚约 0.4 厘米。（图九〇 B；彩版五八，4、5）

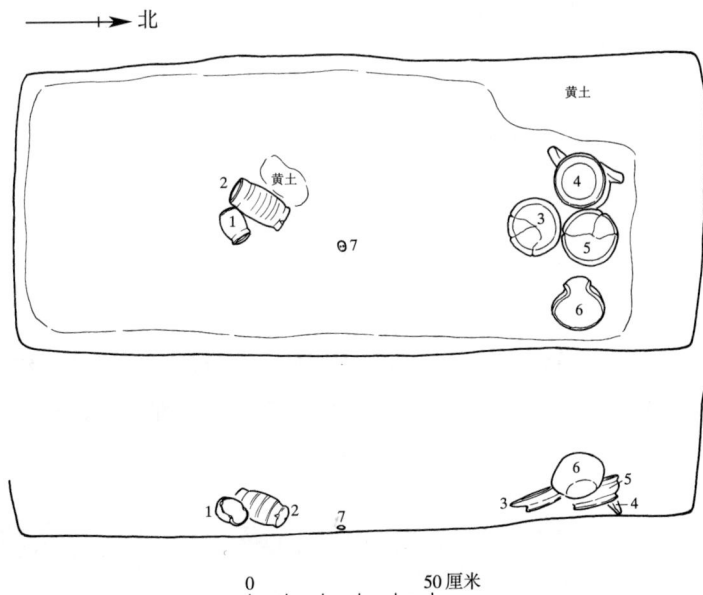

图九〇 A M43 平剖图
1.陶杯 2.陶杯 3.陶盘 4.陶鼎 5.陶盘 6.陶罐（壶） 7.玉坠饰

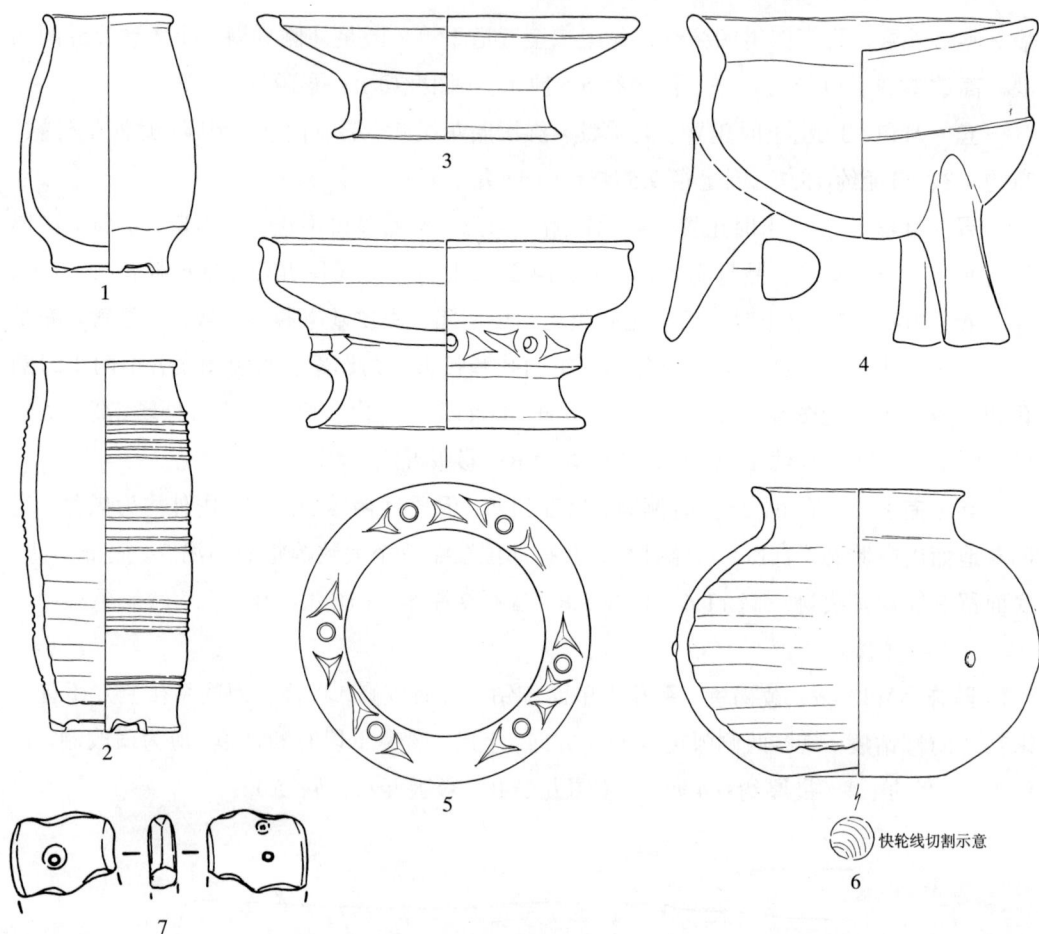

图九〇 B　M43 出土器物（7 为 1/1，余为 1/3）

M46

（一）概述

填土为灰黄色沙土夹杂黄斑土，土质较为紧密。墓坑底部及墓坑边缘有质地纯净的黄色土。随葬器物中 1、2 号陶杯和 3 号玉坠饰位于墓室的南部，余随葬器物除 11 号陶罐外，均大致位于墓室中偏北部位。墓坑长约 244、宽约 85 厘米。随葬器物编号 11 件。（图九一，1、2；图九二 A）

（二）遗物

陶器　8 件。

杯　M46：1，泥质灰胎黑皮陶，黑皮多剥蚀脱落。外壁有不甚明显的凹弦纹，可能为制作时抹划所致，平底微内凹。高 11.5、口径约 6.1、底径 5.3～5.5 厘米。（图九二 B）

杯　M46：2，泥质黑—灰胎黑皮陶，外表留有朱痕。口微内敛，腹部有刮削而成的凹弦纹（参见线图箭头所示）。内凹底，自外壁向内凹底刻剔四个不甚等分的三角形凹缺。高 14.5～14.9、口径 7.1、底径约 7 厘米。（图九二 B；彩版五九，1）

罐　M46：4，泥质黑灰胎黑陶。侈口，翻沿，鼓腹，假圈足，足底中间部位弧内凹。高 12.7、口径 9.2、圈足径 7～8 厘米。（图九二 B）

盘　M46：5，泥质褐胎黑皮陶，黑皮多剥蚀脱落，唇部及豆盘外壁一周为黑色涂层，应为黑衣。弧敛口，假腹，假腹部位装饰三组圆孔和弧边三角组合图案，每组各由两小组圆孔和弧边三角组合图案组成，图案位于圈足和豆盘按接处，均未透穿。高 6.8、口径约 19、圈足径约 13.4 厘米。（图九二 B；彩版五九，2）

盆　M46：7，泥质黑胎褐陶，外表呈灰褐色。口沿外翻，其中一侧下按呈流状，椭圆形底，与口沿流部方向一致。高 10.2～10.8、口径 16.2～16.4、底径 8.1～9.1 厘米。（图九二 B；彩版五九，3）

鼎　M46：9，粗泥红陶。侈口，微折腹，折腹上部有多道凹弦纹，凿形足。高约 13.9、口径约 14.7 厘米。（图九二 B；彩版五九，4）

纺轮　M46：10，泥质黑胎灰褐陶，质地相对较硬。野外清理时不慎碎裂。正面依穿孔布列五个圆形孔，未穿透，竖截面呈梯形。厚 2.85、外径约 5.4 厘米。（图九二 B；

图九一　M46 及器物出土情况

1. M46（北—南）　2. 北端器物出土情况（东—西）

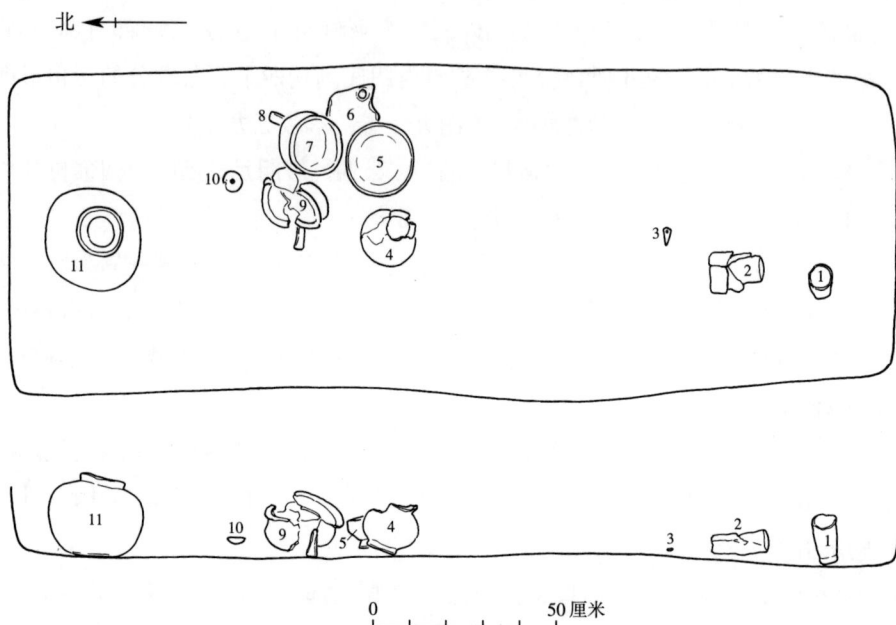

图九二 A　M46平剖图

1. 陶杯　2. 陶杯　3. 玉坠饰　4. 陶罐　5. 陶盘　6. 石犁　7. 陶盆　8. 石刀　9. 陶鼎　10. 陶纺轮　11. 陶罐

彩版五九，5）

　　罐　M46∶11，泥质青灰胎褐陶。直口，微耸肩，平底微内凹。高约20.9、口径13.1、底径约12.5厘米。（图九二 B；彩版五九，6）

　　石器　2件。

　　犁　M46∶6，为5号陶盘和7号陶盆所压，出土时钻孔部位朝东，呈东高西低的倾斜状，正面朝上。灰褐色，角岩。正背面均经打磨，但后端一侧原本就残损。从竖截面观察，犁正面略内凹，背面略弧凸，这可能与制作时的打片有关。双面偏正面刃，正面刃部有刃脊线，一侧刃部微微内凹，另侧刃部有大崩缺。犁尖端残损，犁尖夹角约61度。后端因残损结构不明，但大体应为凸起状，凸起呈梯形，缘面均经过琢打，凸起部位现保留的犁后端一侧之缘面切磨齐整。琢打一孔，孔内径约1.9厘米，孔内壁经过桯修，背面孔周有疤痕。孔中心点基本在犁尖和后端中点的连接线上。残长20.2、残宽约14.5、最厚约0.9厘米。（图九二 C；彩版六〇，1、2）

　　刀　M46∶8，为7号陶盆所压。灰黑色，角岩，保存较好。整器呈条状。上部一侧上翘，另一侧呈台形凸起，原本可能为两翼上翘的石刀，改制而成。双面刃，刃脊线清晰，一侧刃部微上翘，刃部除了斜线打磨外，还有横向擦痕及齿形崩缺。高3、宽12.6、最厚0.62厘米。（图九二 C；彩版六〇，3）

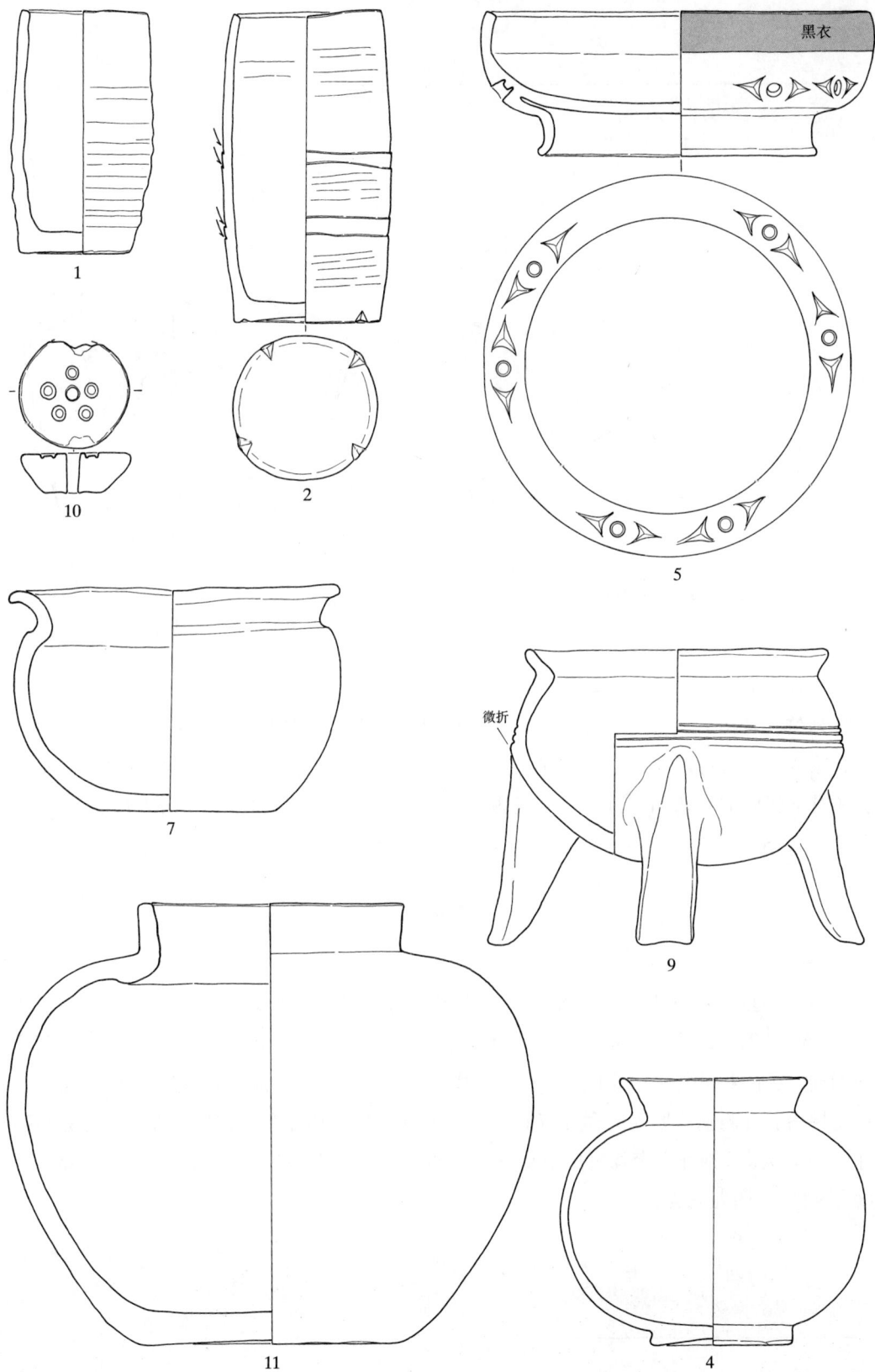

黑衣

微折

图九二 B　M46 出土器物（均为 1/3）

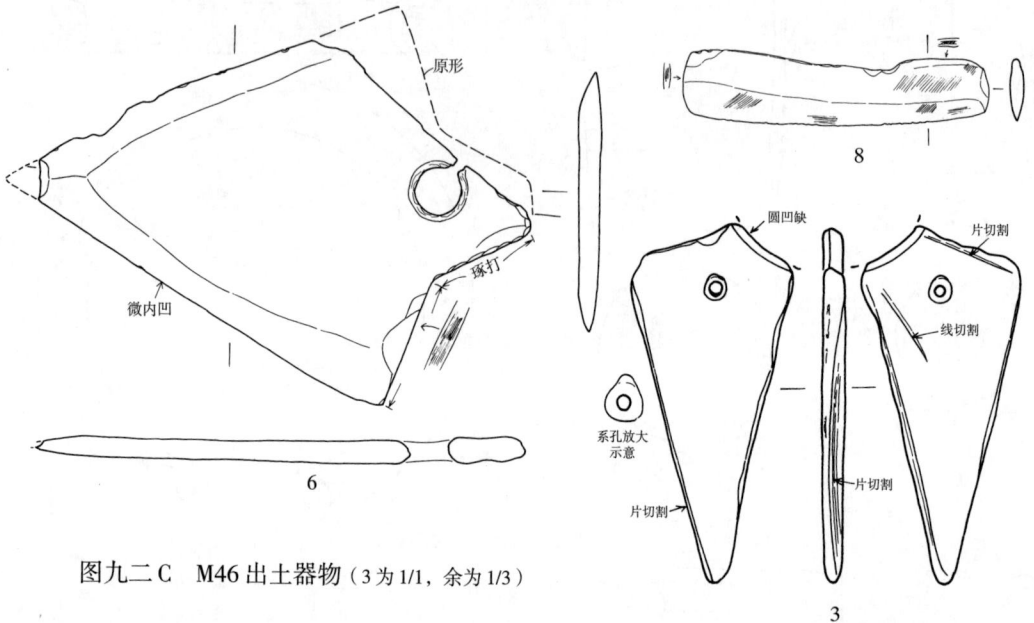

图九二 C　M46 出土器物（3 为 1/1，余为 1/3）

玉器　1件。

坠饰　M46：3，出土时系孔朝东。整体呈三角形，其中上端一侧为圆弧形，双向切磨，原本应为璜的凹缺部位。双向桯钻系孔，外缘上部凸起，可能与系挂有关。边缘一侧还有下弧状的片切割痕迹（参见线图）。长约 4.7、最厚约 0.3 厘米。（图九二 C；彩版六〇，4、5）

M42

（一）概述

墓坑内堆积可分为三层：第①层，墓坑中部塌陷的黑色土，包含印纹陶陶片①；第②层，沙性褐色土，质地较为紧密，当为土台堆筑土回填；第③层，黄土层，分布于墓坑的四周，墓底未有发现，其中南北两端尤甚，清理中发现个别陶器如 M42：7 陶罐还位于黄土层内。推测墓葬原先应存在有葬具，黄土可能为葬具外有意识的填埋土。随葬器物除南部 1 号玉坠饰外，余均集中于墓室的北部。墓坑长约 210、宽约 80 厘米。随葬器物编号 9件。（图九三 A）

（二）遗物

陶器　7件。

---

① M42 如果原先的墓坑还要深的话，那么印纹陶时期的堆积还对早先的新石器时代土台进行过"下降"式的破坏。这种塌陷土的形成也可反映该墓应存在葬具。

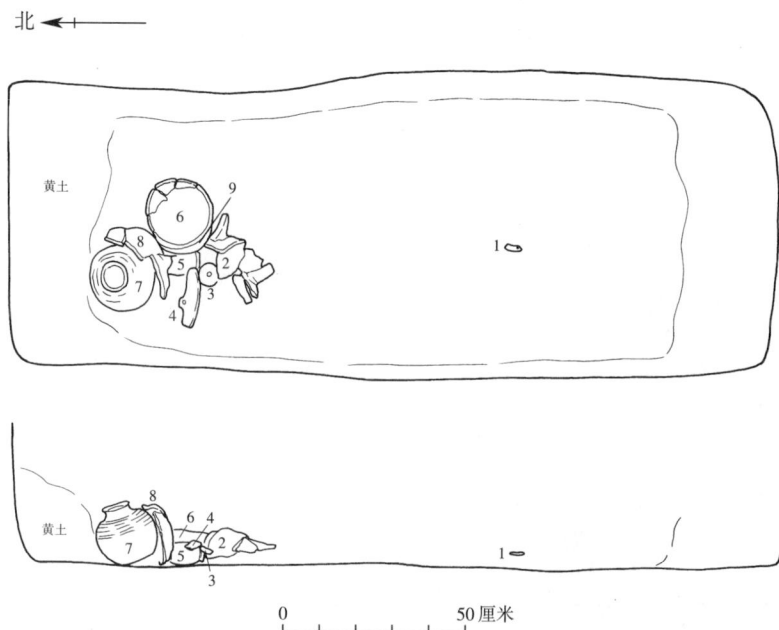

图九三 A　M42 平剖图

1. 玉坠饰　2. 陶鼎　3. 陶纺轮　4. 石刀　5. 陶杯　6. 陶盘　7. 陶壶　8. 陶盆　9. 陶盘

鼎 M42：2，粗泥灰黑胎陶，外壁呈灰黑色，内壁呈红色。口沿两侧对称残存有截面呈扁椭圆形的提梁，提梁碎片复原时未找到。盆形腹，凿形足。残高 11.5～11.7、口径 17 厘米。（图九三 C）

纺轮 M42：3，泥质红褐陶，保存甚佳。正面甚为平整，上刻划双弧线组成的五角星纹样。背面穿孔部位斜切，呈圆凹形，再穿孔，背面还留有刮削痕。厚约 1.4、外径约 6 厘米。（图九三 B、九三 C；彩版六一，1）

杯 M42：5，泥质灰胎黑皮陶，黑皮保存较好，外表局部呈灰白色，外壁及唇部尚残留有朱痕。腹部上下各有两道抹划的凹弦纹。矮圈足抹削而成，圈足部位由外向内刻剔"介"字形凹缺。高约 11.5、口径约 5.4、底径 5.5～5.6 厘米。（图九三 C；彩版六一，2）

图九三 B　M42 出土陶纺轮 M42：3 纹饰拓本（1/2）

盘 M42：6，出土时和 9 号陶盘上下叠压。泥质灰胎黑皮陶，保存较好。弧敛口，圈足与豆盘按贴处呈一周棱状，局部还保留有刮削的痕迹。豆盘外壁及凸棱处有不等分的上下错致的小泥点五个。高约 5.7、口径约 16.8、圈足径约 13 厘米。（图九三 C；彩版六一，3）

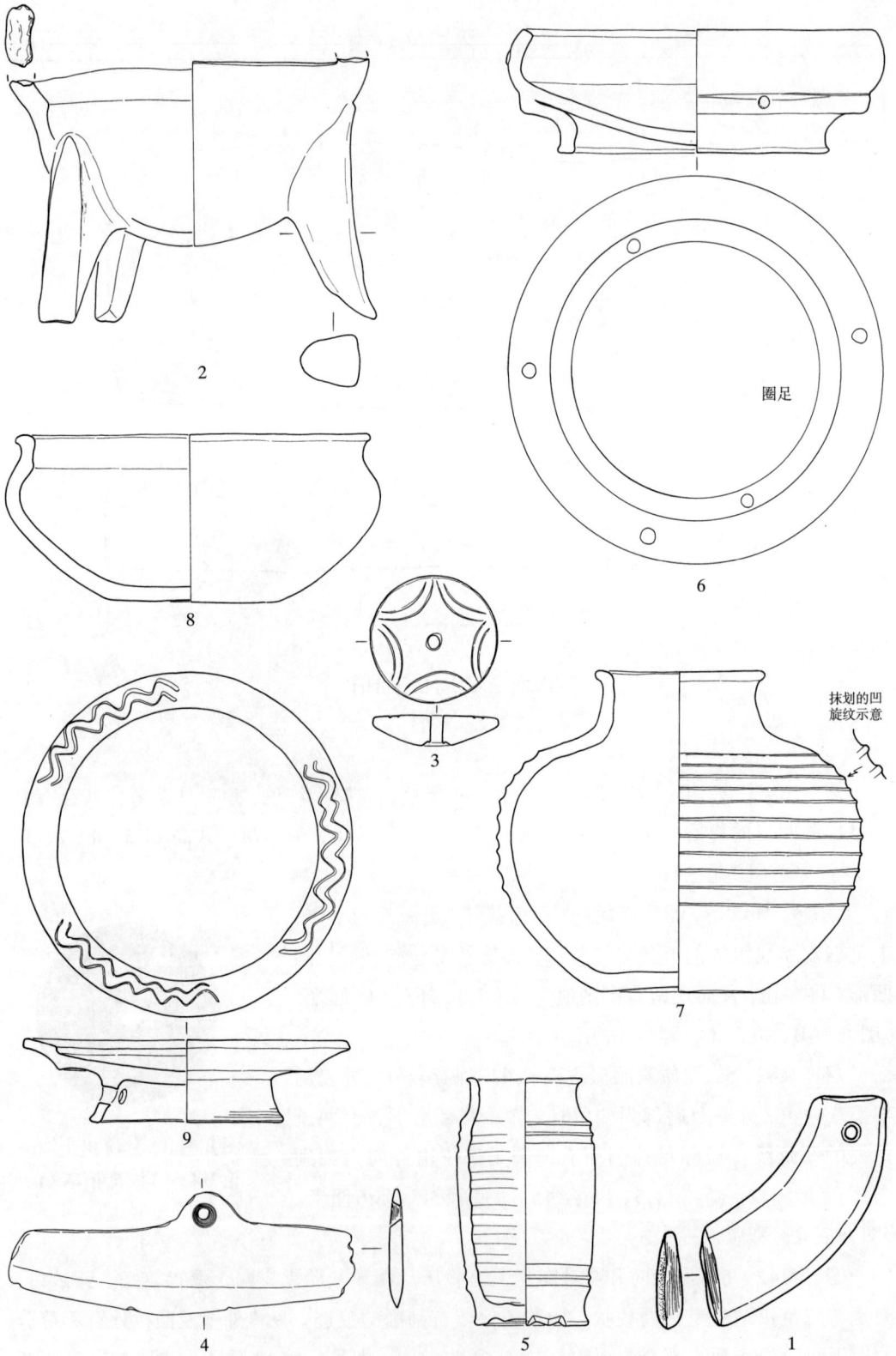

图中标注：

2

圈足

6

8

3

抹划的凹旋纹示意

7

9

4

5

1

图九三 C M42 出土器物（1 为 1/1，余为 1/3）

壶 M42：7，泥质红褐胎黑皮陶。直颈，唇略翻，鼓腹，腹部有抹划的凹弦纹十道，平底微内凹。高 14.5～14.8、口径 8～8.6、底径 7.6 厘米。（图九三 C；彩版六一，4）

盆 M42：8，泥质褐胎黑皮陶，保存尚可。近折沿，腹稍鼓，平底微内凹。高 7.8、口径 16～17、底径 8 厘米。（图九三 C）

盘 M42：9，泥质褐胎黑皮陶。浅盘，宽折沿，坦腹，沿面上大致等分分布三组双波浪状刻划线。矮圈足，上有两个间距约 1.5 厘米的圆孔。高 3.8、口径 15.5～16、圈足径 9.4 厘米。（图九三 C；彩版六一，5）

石器 1 件。

刀 M42：4，出土时刃部朝南。黑色，角岩。上部中间凸起并有一单面桯钻孔，孔另面桯修，孔内径 0.6、外径约 1.1 厘米，高于两侧肩部。一侧肩部较平，另一侧原本就残损，两肩高低不平。双面刃，刃部尖弧凸，刃脊线清晰，刃部尖弧凸与上部的突起不对称。高 5.7、宽 16.8、最厚约 0.75 厘米。（图九三 C；彩版六二，1）

玉器 1 件。

坠饰 M42：1，出土时系孔朝南。黄褐色偏青绿。璜形坠饰，当属璜改制而成。一面较为平整，另一面尤其是外缘弧凸。有系孔的一端面修磨较平整，另一端面留有片切割痕迹。依顶端测高约 3.45、顶端宽 1.1、最厚约 0.4 厘米。（图九三 C；彩版六二，2、3）

M47

（一）概述

清理发掘时首先发现了侧倾的陶大口缸口沿，由于受到晚期堆积的破坏，大口缸口沿局部残损。墓坑填土为灰黄色沙土，墓坑底部及墓坑周壁大部另有质地纯净的黄土分布，黄土范围北部大致止于大口缸。推断 M47 原先曾有葬具，而 11 号陶大口缸、10 号陶罐则埋设于葬具之外。随葬器物中 1 号陶假腹杯形豆、2 号玉坠饰位于墓室南部，余随葬器物大致位于墓室北部。墓坑长约 280 厘米，墓室北部宽于南部，北端宽约 75、南端宽 60 厘米。随葬器物编号 12 件。（图九四、九五 A）

（二）遗物

陶器 9 件。

假腹杯形豆 M47：1，泥质黑胎黑皮陶，黑皮保存较好，外壁及唇面上尚留有朱痕。浅盘，假腹外壁上下各有三道凹弦纹，其间有大致对称的四个小圆形镂孔。圈足部位呈台形，其中下部凹弦纹之间也有大致对称的四个圆形镂孔，且圆孔的位置与假腹的四个呈交错状。圈足与假腹内底还有一个圆形戳孔。高 13.5、口径约 8.4、圈足径约 9.2 厘米。（图九五 B；彩版六三，1）

杯 M47：5，出土时侧倾，杯口朝西。泥质黑胎黑皮陶，外壁及口沿唇面尚残留有

图九四 M47（东—西）

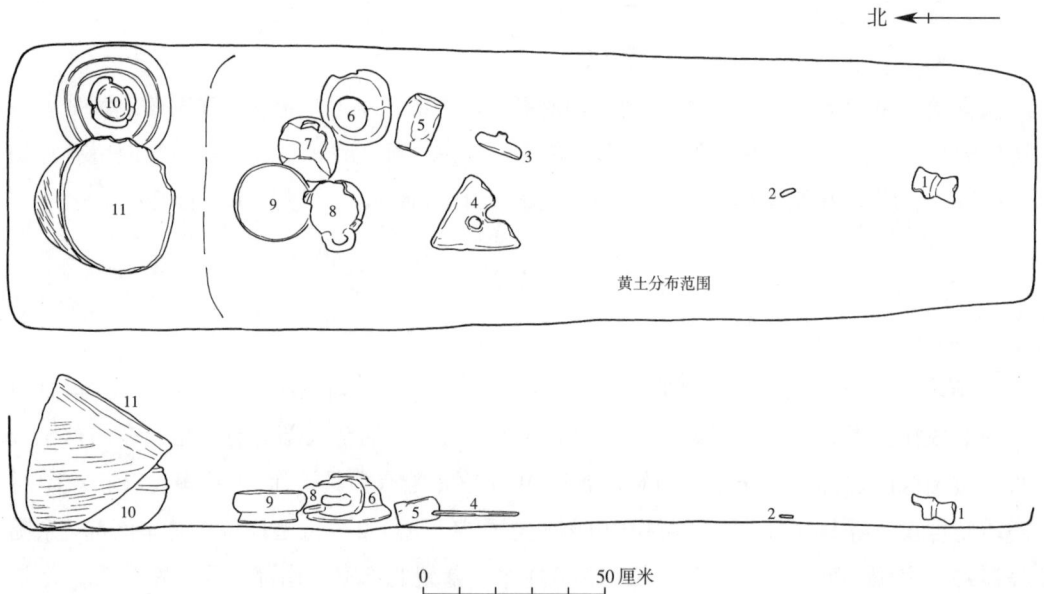

图九五A M47平剖图

1.陶假腹杯形豆 2.玉坠饰 3.石刀 4.石犁 5.陶杯 6.陶盆 7.陶罐 8.陶盉 9.陶盘 10.陶罐 11.陶大口缸 12.陶杯（图中未标明其位置）

朱痕。受挤压整器略变形。外壁装饰有四组由多道凹弦纹组成的纹饰。圈足刻剔大致等分的三个长方形凹缺。内底留有快轮拉坯的痕迹。高14.9、口径7.1～7.6、底径约7.3厘米。（图九五B；彩版六三，2）

盆 M47：6，泥质褐—灰胎黑皮陶，外表多剥蚀。敞口，沿面外翻，斜收腹，假圈足。高约7.4、口径约23、底径9.7～10.2厘米。（图九五B；彩版六三，3）

罐　M47：7，泥质青灰胎黑皮陶。侈口，沿外翻，腹部下垂，假圈足。罐内壁及内底面留有快轮拉坯的痕迹。高约12.3、口径8、底径7.4～8厘米。（图九五B）

盉　M47：8，粗泥褐胎红陶，局部如把手、下腹部位呈灰黑色。侈口，垂腹，垂腹上部有一周为把手所压的凸弦纹，把手连接腹部和口沿，截面呈椭圆形。凿形足，足根部有一横向穿孔。高15.3、盉身高约13、口径8～8.5厘米。（图九五B；彩版六三，4）

盘　M47：9，泥质灰褐胎黑皮陶，口沿唇部及外壁尚留有朱痕。弧敛口，唇略外卷。圈足与豆盘按接处按抹呈双弧腹样，上有三组大致等距的圆孔和弧边三角组合图案，每组又各由两小组圆孔和弧边三角图案组合而成。高约7.5、口径19.8～20、圈足径约14.8厘米。（图九五B；彩版六三，5）

罐　M47：10，为大口缸所压。泥质灰褐胎灰黑陶。侈口，翻沿，溜肩，鼓腹，肩腹部位有两周不平行的按贴后抹切的凸弦纹，平底。高28.8～29.1、口径13.5～14、底径16～16.5厘米。（图九五C；彩版六四，1）

大口缸　M47：11，出土时侧倾，口部朝南。夹粗砂褐胎红陶，内外均施有一层白衣。口部不圆整，并非受墓穴挤压所致。直口，口沿外壁有多道凹弦纹，凹弦纹之下拍印斜向的条纹，局部大致辨认条纹拍印单元约为5×7厘米。至口沿向下约11.8厘米处刻划一周弦纹，此弦纹上下外壁的颜色迥然有别，其中上部呈红褐色，下部为砖红色，且条纹的间隙中黏附的沙粒也难以清取。此一周刻划线似有意所为，上下所成明显的颜色之分或许与置放条件有关。尖底，尖底拍印的条纹呈螺旋状。内壁呈台形。内底约从口沿向下26厘米处为质地甚为紧密的灰褐色沙泥，难以起取。高37、口径32～35.7厘米。（图九五C；彩版六四，2）

杯　M47：12，野外发掘时未能及时辨认出墓坑线，从陶杯出土位置和高度判断，应为M47墓室南部遗物。泥质青灰胎黑皮陶，外壁残存朱痕。外腹壁较直，平底微微内凹。高约11.2、口径约6、底径约6.1厘米。（图九五B；彩版六三，6）

石器　2件。

刀　M47：3，出土时刃部朝西。略沁蚀呈灰褐色，角岩。上部近中呈近圆形凸起，但顶端原本残损，孔单面管钻、另面桯修。两侧肩部微斜杀，缘面上留有屋脊状的打磨痕迹。双面刃，刃脊线清晰，刃中部微内凹，且有齿状崩缺，当为使用痕迹。高约6.5、宽约13.5、最厚0.52厘米。（图九五C；彩版六四，3）

犁　M47：4，出土时犁尖朝西北，背面朝上。野外清理中因填土质地紧密，器物不慎裂损，黑灰色，角岩。正背面均打磨较好。双面偏正面刃，正面的刃脊线较为清晰，一侧刃部相对齐平，另一侧微微内凹，当与使用方式有关[1]。后端琢打凹缺，凹缺近矩形，

---

[1] 在此次发掘所出土的石犁中，一侧内凹刃部往往位于本报告所绘线图的下方，此件位于上方，较为少见。

戳孔

1

5

12

6

7

8

9

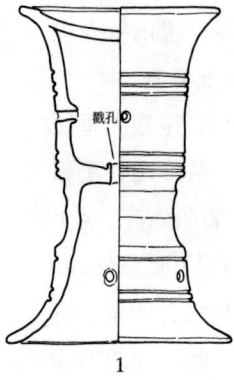

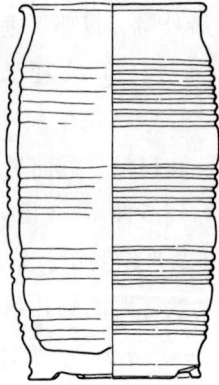

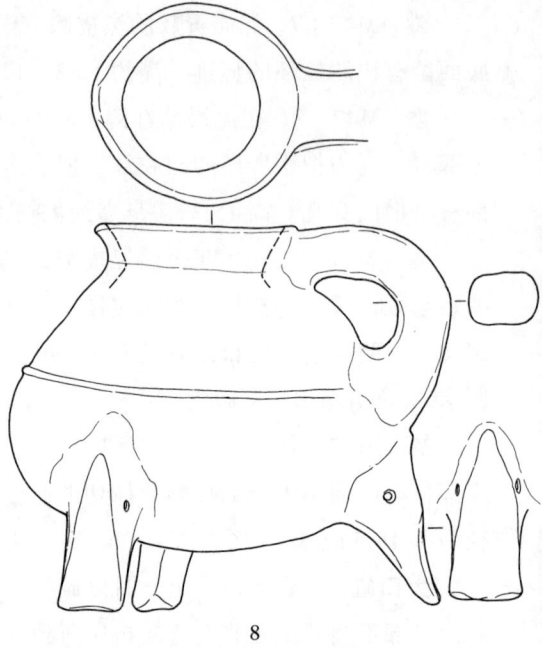

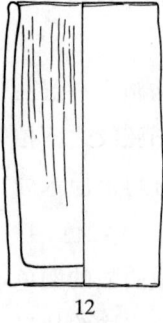

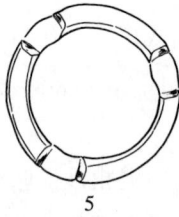

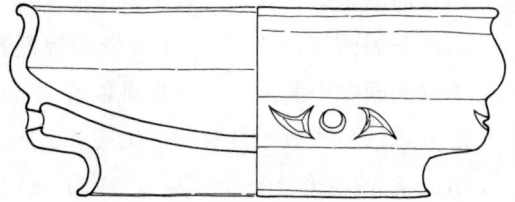

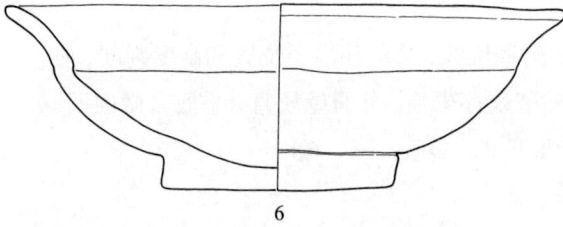

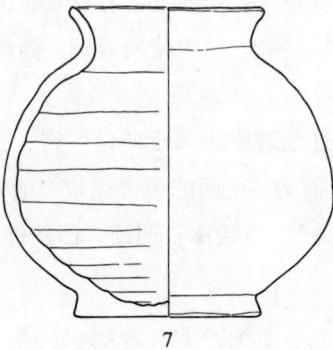

图九五 B　M47 出土器物（均为 1/3）

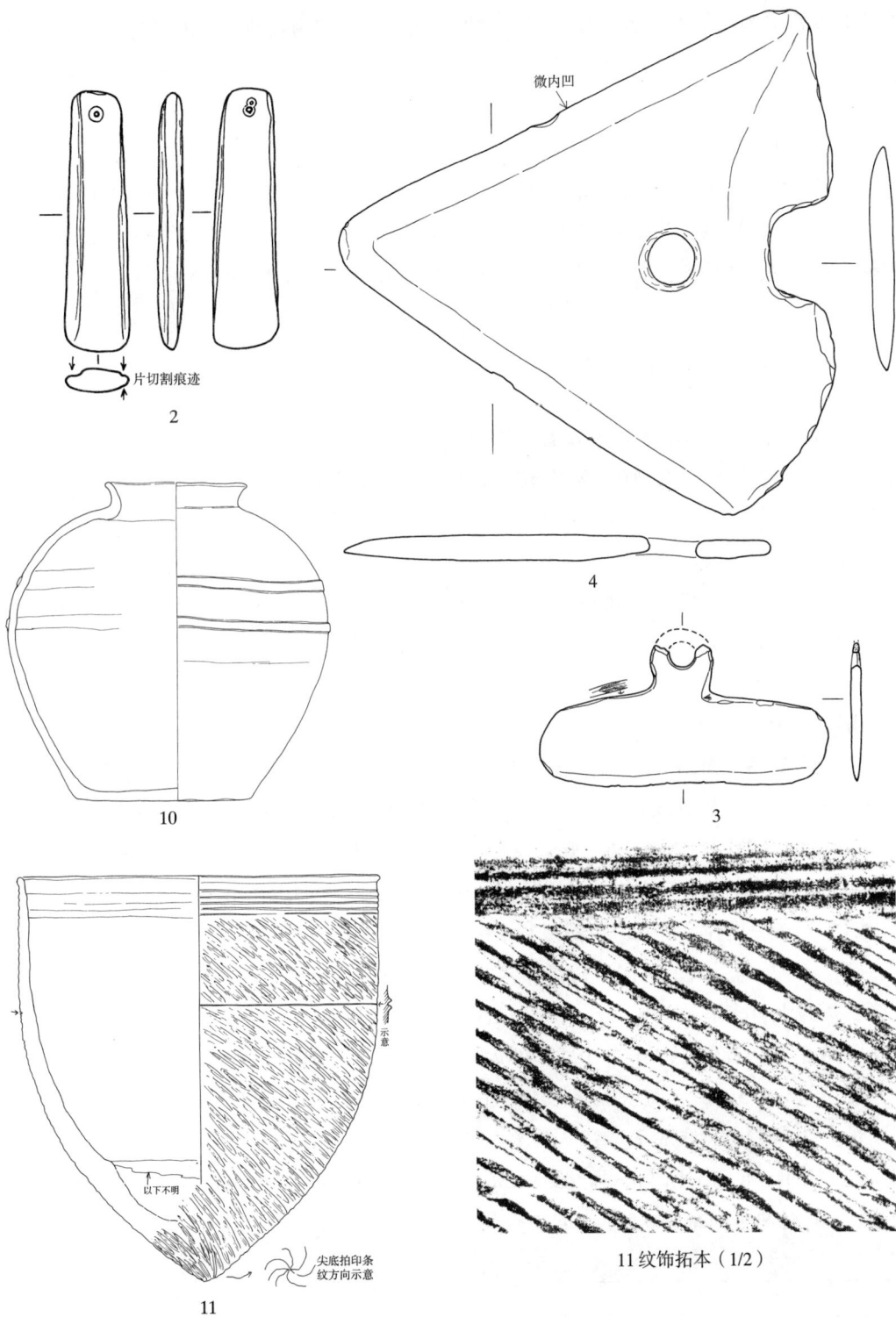

微内凹

片切割痕迹

2

4

10

以下不明

尖底拍印条
纹方向示意

11

3

11 纹饰拓本（1/2）

图九五C　M47 出土器物（2 为 1/1，10、11 为 1/6，余为 1/3）

后端上下宽度等特征不一致，其中一侧较为弧凸，一侧较为斜直。犁尖夹角约60度。琢打一孔，背面孔周有疤痕，孔内径约2.2厘米。长23.3、宽23、最厚1.3厘米。（图九五C；彩版六五）

玉器　1件。

坠饰　M47:2，黄褐色。片条状，两侧均留有片切割痕迹，其中一侧为双向片切割（线图箭头所示）。系孔为双向桯钻，一面的系孔上方还留有一未透的桯钻痕。长3.95、上宽约0.8、下宽约1.05、最厚0.38厘米。（图九五C；彩版六四，4、5）

M51

（一）概述

墓坑比较完整，墓坑南端发现有牙齿的残痕。墓坑平面刮面时发现墓坑南部周缘填埋有黄色土，经过局部剖面确认，发现黄色土主要位于墓坑的周边，一些随葬器物间杂于黄色土层内，其间难以分层。这些现象说明：有黄土填埋的墓葬原先可能是有葬具的[1]。

随葬器物中1号陶假腹杯形豆位于头端上方部位，2号石钺出土时呈倾斜状，原先可能位于葬具之外，余随葬器物除12号陶罐外，均大致位于下肢部位。墓坑长约250、宽约60厘米。随葬器物编号12件。（图九六，1、2；图九七A）

（二）遗物

陶器　8件。

假腹杯形豆　M51:1，出土时侧倾，口部朝南，间或于黄色土层内。泥质黑胎红陶，外表施红衣，质地相对较硬。整器显得不正。浅盘，假腹上下各有抹划的不连贯的弦纹组，其间镂刻圆孔和弧边三角，弧边三角朝向一致，共四组，似各为半组的弧边三角和圆孔组合图案。假腹下部按捺斜向小凹缺。圈足部位镂剔四个朝向一致的弧边三角图案。高11.1～11.6、口径7.6～7.7、圈足径7～8.3厘米。（图九七B；彩版六六，1）

盉　M51:4，出土时侧倾，口部朝西。粗泥红陶，内外壁残存黑衣。侈口，有流，折腹，折腹上有多道被把手叠压的抹划弦纹，把手连接腹部和口沿外侧，凿形足。通高14.1～15.6、盉身高12、口径10.4～10.7厘米。（图九七B；彩版六六，2）

壶　M51:5，出土时正置。泥质红胎褐陶。口沿因质地疏松甚，无法修复。鼓腹，假圈足。残高11.5、底径7.1～7.3厘米。（图九七C）

盘　M51:6，出土时正置。泥质红褐胎黑皮陶。近直口，折腹，圈足与豆盘按接处呈棱状，并有两个间距约0.5厘米的小戳孔，戳孔局部戳及豆盘底部。圈足底部大致等分

---

[1] 具体过程推测如下：1）挖墓穴；2）置放葬具；3）葬具外填埋黄色土；4）葬具倒塌，位于葬具边侧的随葬器物间或于黄色土层内。

1. M51（西—东）

2. 局部器物出土情况（西—东）

3. 局部器物出土情况（西—东）

图九六 M51 及器物出土情况

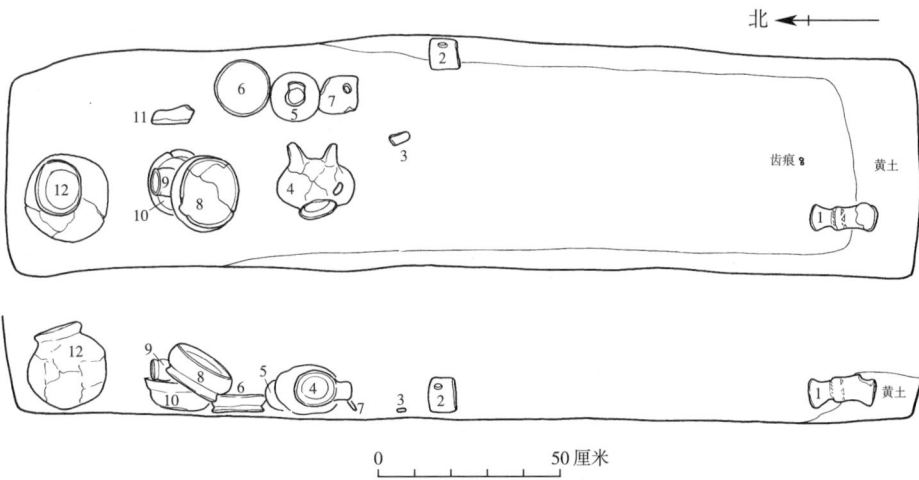

图九七 A M51 平剖图

1. 陶假腹杯形豆 2. 石钺 3. 石锛 4. 陶盉 5. 陶壶 6. 陶盘 7. 石犁 8. 陶盘 9. 陶杯 10. 陶盆 11. 石镰 12. 陶罐

圈足

1

9

4

觑孔

图案结构示意

6

10

8

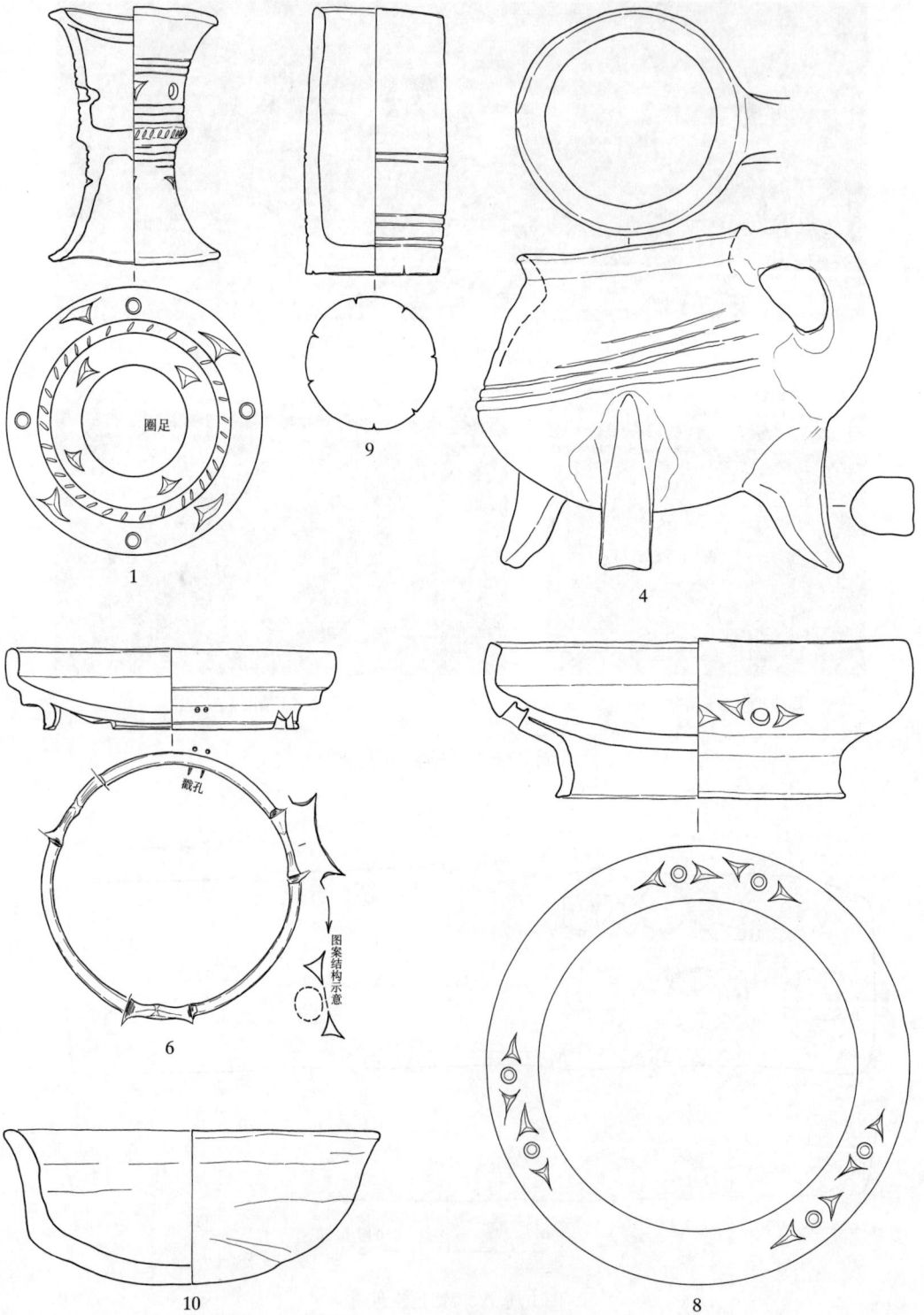

图九七 B　M51 出土器物（均为 1/3）

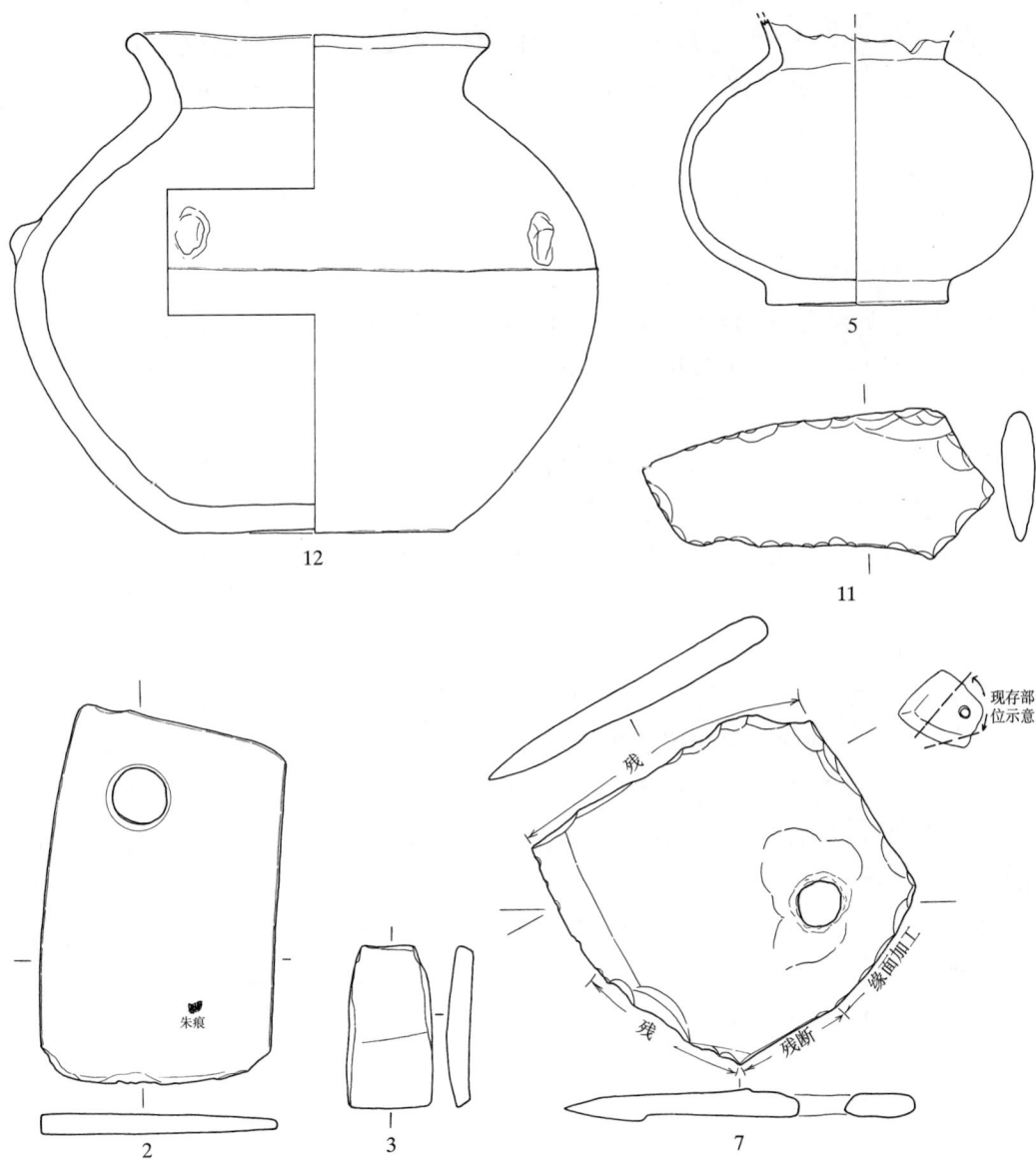

图九七 C　M51 出土器物（3 为 1/2，余为 1/3）

刻剔有三组凹缺，凹缺顶和两侧均呈凹弧状，这类凹缺甚似圆孔和两侧弧边三角组合图案的简约形态（见线图之图案结构示意）。高 3.4 ~ 3.6、口径 15.4、圈足径 12 厘米。（图九七 B；彩版六六，3）

盘　M51∶8，下压 9 号陶杯和 10 号陶盆，微侧倾。泥质红胎褐陶。弧敛口，圈足按贴与豆盘浑然一体，假腹，腹壁装饰三组圆孔和弧边三角组合图案。高 6.9 ~ 7.3、口径约 19.6、圈足径约 13.7 厘米。（图九七 B；彩版六六，4）

杯　M51：9，位于10号陶盆内，出土时侧倾。泥质青灰胎黑皮陶，外壁及口沿唇部尚留有朱痕。直口，外壁留有多道凹弦纹，平底内凹，边缘刻剔尖喙状小缺口。高11.5～12.1、口径约6.2、底径约6厘米。（图九七B；彩版六六，7）

盆　M51：10，粗泥红陶。外壁有刮削、抹划的痕迹。口微敞，两侧外腹壁不正，圜底。高约7、口径约17.6厘米。（图九七B；彩版六六，5）

罐　M51：12，位于墓坑的北端，微侧。粗泥黑胎红陶，外壁施红陶衣。侈口，翻沿，鼓腹，平底微内凹。鼓腹部位按贴四个不等分的未穿小孔的鼻。高约20、口径约14.7、底径约11.2厘米。（图九七C；彩版六六，6）

石器　4件。

钺　M51：2，位于墓坑中部东侧，出土时刃部朝西，侧倾，东高西低，压黄色土。外表剥蚀甚而呈灰黄色，角岩。除刃部外，边缘面均经打（修）磨，双向管钻孔，孔内径约2.1、外径约2.5厘米。双面刃有崩缺。高15.3、上宽9、刃部宽9.5、最厚约0.8厘米。（图九七C；彩版六七，1）

锛　M51：3，灰褐色，外表剥蚀甚，两侧面有竖向的纹理，流纹岩。弧背，略有脊线。高4.4、上宽1.6、刃部宽2.3、最厚0.75厘米。（图九七C；彩版六七，2）

犁　M51：7，位于5号陶罐南侧，呈北高南低的倾斜状出土，琢孔朝南，琢孔周有疤痕的正面朝上。黑灰色，外表剥蚀呈青灰色，角岩。整器原本残损，仅保留了一面的刃部，后端尖凸。琢打一孔，孔内径约1.9厘米。长约16、宽约14、最厚约1.2厘米。（图九七C；彩版六七，3、4）

镰　M51：11，出土时刃部朝西。灰黑色，角岩。整器似为基本成型之毛坯。顶部相对较为宽厚，且向外弧凸，刃部局部修磨，但仍基本保留琢打痕迹。后端琢打呈尖状。长14.4、最宽处约5.95、最厚约1.45厘米。（图九七C；彩版六七，5）

M37

（一）概述

发掘时首先发现墓坑北部倾斜的陶大口缸，由于受到晚期堆积的破坏，大口缸口沿局部及上腹部大部残损，大口缸压14号陶盘，并使后者侧倾，推测原先埋葬时应属于不同的层位。随葬器物中1、2号玉坠饰位于墓室南部，余随葬器物大致呈纵向位于墓室中部偏西一侧。墓坑长235、宽85厘米。随葬器物编号16件。（图九八、九九A；彩版六八，1）

（二）遗物

陶器　8件。

盘　M37：6，位于墓坑的中部。泥质灰胎黑皮陶，外表有所剥蚀。弧敛口，唇略外

卷。圈足与豆盘按接处抹划呈多棱状，上有不等
分分布的六组未透穿的圆形镂孔，每组各由两个
圆孔组成。圈足部位也有不等分的圆形镂孔四
组，每组也各由两个圆孔组成。高约5.5、口径约
20.4、圈足径约14厘米。（图九九B；彩版六九，
1）

　　罐　M37∶7，出土时侧倾，口部朝东，下压
8号陶盉和9号陶盆。泥质褐胎黑皮陶，外壁局
部呈灰白色。颈部较高，唇略外翻，沿内面有多
道横向的制作修制弦纹。鼓腹，平底。高14～14.
4、口径9.9、底径约8.4厘米。（图九九B；彩版
六九，2）

　　盉　M37∶8，出土时正置。粗泥灰胎黑衣陶。
质地甚疏松，无法整体复原。侈口，扁鼓腹，凿
形足。残高10.5厘米。（图九九B）

图九八　M37（北—南）

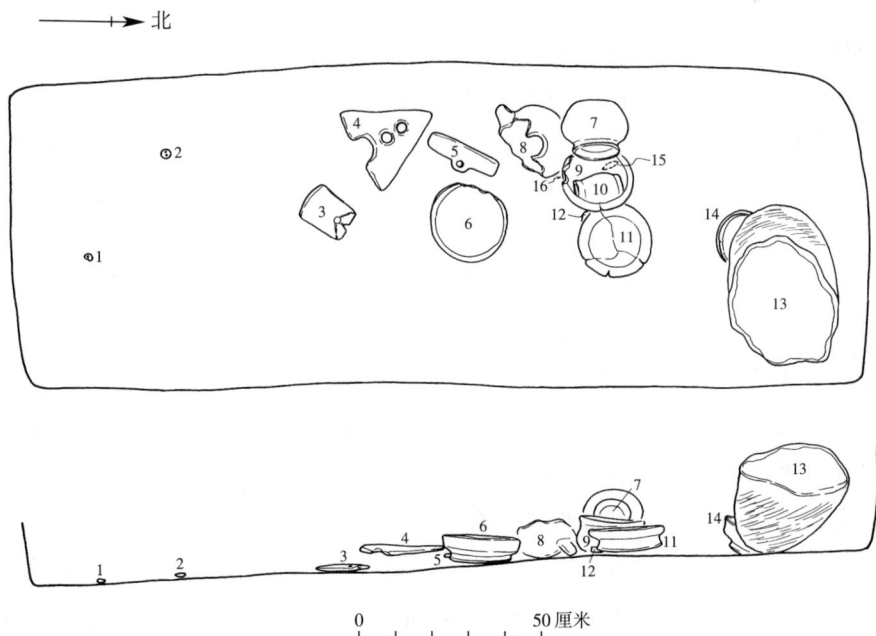

图九九A　M37平剖图

1. 玉坠饰　2. 玉坠饰　3. 石钺　4. 石犁　5. 石刀　6. 陶盘　7. 陶罐　8. 陶盉　9. 陶盆　10. 陶杯　11. 陶
盘　12. 石锛　13. 陶大口缸　14. 陶盘　15. 石镞　16. 石镞

盆 M37:9，出土时正置，内有10号陶杯。泥质黑胎黑皮陶，保存尚可。侈口，折沿，平底微内凹。内壁留有明显的刮抹痕迹。高9.2、口径16.5～17.2、底径11.2厘米。（图九九B）

杯 M37:10，出土时侧倾，口部朝南。泥质灰胎黑皮陶，外壁及口沿唇面尚留有朱痕。整器受挤压变形。卷唇，唇颈部有一个穿孔，略鼓腹，平底微内凹。高10.8、口径5.3～5.5、底径约4.8厘米。（图九九B；彩版六九，3）

盘 M37:11，出土时正置，局部为9号陶盆所压，下压12号石锛。泥质黑—青灰胎黑皮陶，外表多有剥蚀。宽沿外展，坦腹，矮圈足略外撇，上镂两个对称圆孔。高约5.5、口径约20.2、圈足径约11.3厘米。（图九九B）

大口缸 M37:13，出土时口部朝东。夹粗砂红陶，外表有一层白色陶衣，内壁为红褐色，抹制较为规整。口沿及上腹部受晚期破坏大部残损。从局部口沿残片判断，大口缸为直口，唇微外卷，口沿外壁刻划交叉条纹，其下素面。尖底。内壁上部有台痕。残高约41.6厘米。（图九九B；彩版六九，4）

盘 M37:14，泥质灰胎黑皮陶。敛口，唇外卷。圈足与豆盘按接处呈折棱状，分为上下两部分，上部微内弧凹，下部略外撇。高约6.5、口径约19.7、圈足径约11.7厘米。（图九九B）

石器 6件。

钺 M37:3，位于墓坑的中部，出土时刃部朝西南。外表沁蚀呈青灰色，角岩。整体平面呈"风"字形。顶端有琢打的浅凹缺。两面上部和钻孔周围留有朱痕，如线图所示图形。双向管钻孔，孔内径约1.1、外径约1.4厘米。双面刃，刃部弧凸，刃脊线明晰，刃部且有崩缺。高14.8、上端宽9.4、刃部宽11.1、最厚1.05厘米。（图九九C；彩版七○，1、2）

犁 M37:4，位于墓坑中部西侧，出土时犁尖朝西北，基本平置，背面朝上。黑色，角岩。保存较好。正面和背面打磨较好，基本未保留琢打面。双面偏正面刃，仅正面有较为明显的刃脊线，一侧刃部内凹、相对较钝，当是使用所致。犁尖夹角59度。犁后端琢打成凹缺，凹缺两侧均修磨，呈双面刃状，两面的"刃脊线"均清晰。器身有两个横向布列的双向琢打孔，孔内径约1.9～2厘米，孔内壁经过修磨，正、背面孔周未有疤痕。长22.1、宽23、最厚1.7厘米。（图九九C；彩版七一）

刀 M37:5，位于石犁的北侧，出土时刃部朝西。灰褐色，角岩。中部凸起部位有一双向管钻孔，孔内径0.9、外径1.3厘米。双面刃，刃部近平，两侧微上翘。高6.3、宽18.1、最厚约0.7厘米。（图九九C；彩版七○，5）

锛 M37:12，青灰色，沁蚀甚，两面留有竖向的纹理，流纹岩。弧背。高6.6、上宽3.4、刃部宽4、最厚0.8厘米。（图九九C；彩版七○，3）

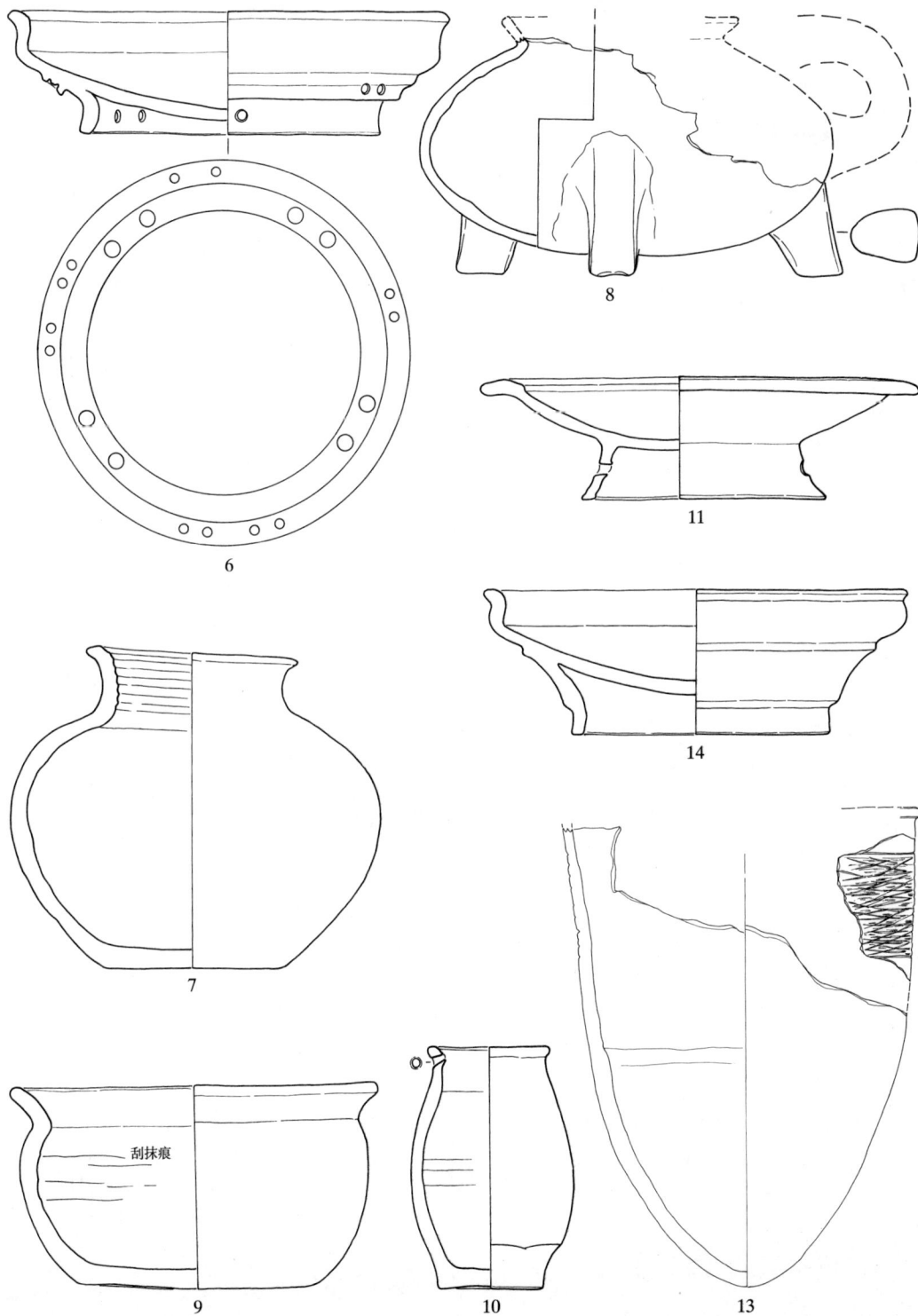

图九九 B　M37 出土器物（13 为 1/6，余为 1/3）

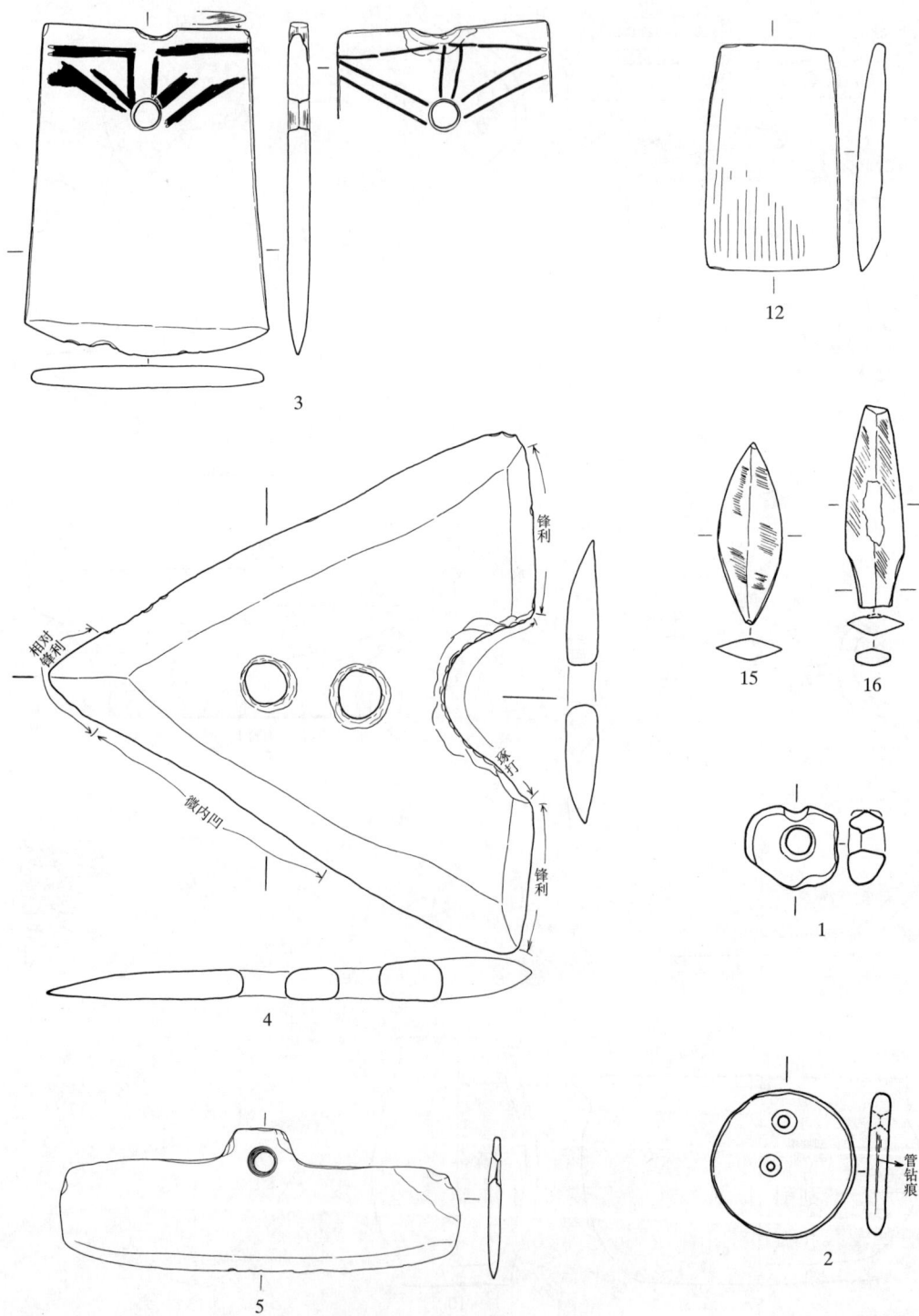

图九九 C　M37 出土器物（1、2 为 1/1，12、15、16 为 1/2，3~5 为 1/3）

镞 M37：15，位于9号陶盆下。黄褐色，夹杂棕黑色斑，凝灰岩。柳叶形，横截面呈扁菱形。长5.3、宽1.9、厚0.65厘米。（图九九C；彩版七〇，4右）

镞 M37：16，位于8号陶盉侧，为9号陶盆所压。深黄褐色，凝灰岩。镞尖原本残损，镞身横截面呈扁菱形，铤部横截面呈扁六边形。长5.88、厚0.6、宽1.7厘米。（图九九C；彩版七〇，4左）

玉器 2件。

坠饰 M37：1，位于墓坑的南端。鸡骨白。双向管钻孔，钻孔上方另有一双向桯钻孔和片切割痕迹。从两侧的弧度分析，当为璜改制。长1.4、宽1.14、最厚0.52厘米。（图九九C；彩版六八，2、3）

坠饰 M37：2，位于墓坑的南端。黄褐色。整器呈圆形，管钻成形。系孔及近中部偏一侧孔均为双向桯钻。外径约2.1、最厚0.27厘米。（图九九C；彩版六八，4、5）

M40

（一）概述

墓坑南部为后期堆积所破坏，随葬器物不明，余随葬品均集中分布于墓坑北端。墓坑残长130、宽约85厘米。随葬器物编号12件。（图一〇〇A）

（二）遗物

陶器 8件。

罐 M40：1，泥质灰胎黑皮陶，保存尚可。整器显得不正，如两侧的肩部一耸一溜。鼓腹，平底微内凹。高13.8、口径9.4、底径7.5厘米。（图一〇〇B）

盉 M40：2，粗泥红陶。侈口，有流，垂腹，环状把手，凿形足。足外侧面留有不甚明显的横向按抹痕迹。内外壁有横向的泥条盘筑痕。通高13、盉身高10.2、口径约7.5厘米。（图一〇〇B；彩版七二，1）

盘 M40：3，泥质灰胎黑皮陶。方唇，敛口，圈足与豆盘按接处呈棱状，棱部有明显的刮削、抹划痕迹。圈足装饰不等分的圆孔和弧边三角组合图案。高6、口径16.4、圈足径11.8厘米。（图一〇〇B；彩版七二，3）

盘 M40：4，泥质灰胎黑皮陶。折

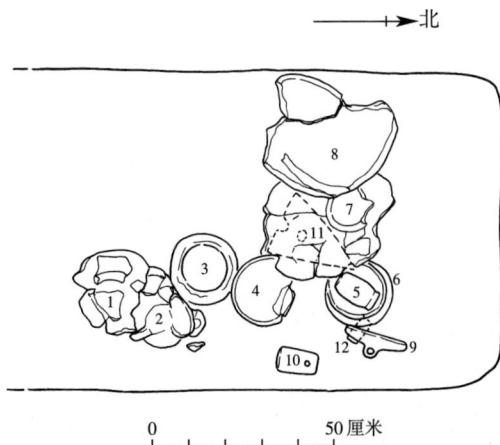

图一〇〇A M40平面图
1. 陶罐 2. 陶盉 3. 陶盘 4. 陶盘 5. 陶杯 6. 陶盆 7. 陶罐 8. 陶大口缸 9. 石刀 10. 石钺 11. 石犁 12. 石锛

残，当有

不甚
明显
的按
抹痕

刮抹

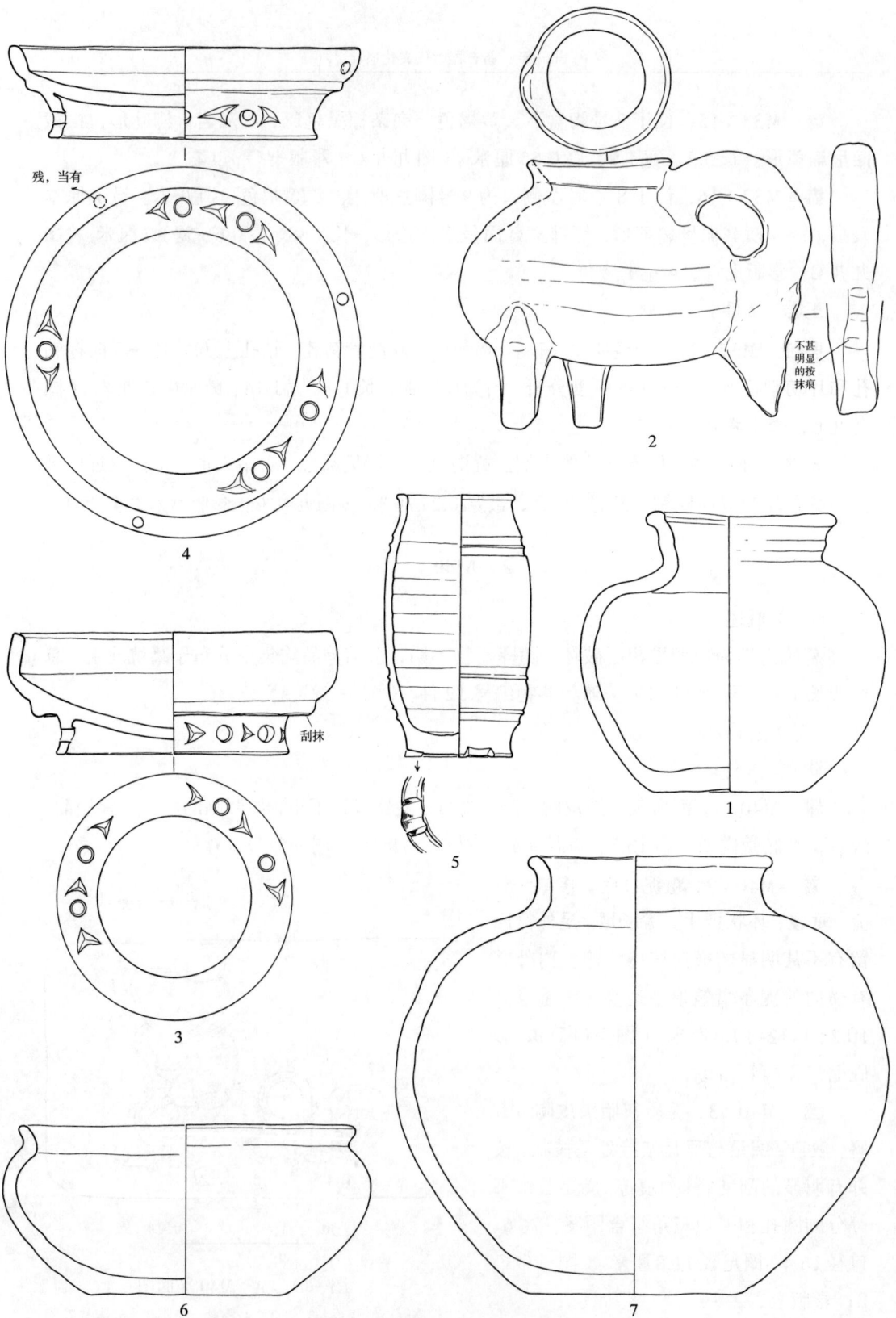

图一〇〇B　M40出土器物（均为1/3）

敞口，豆盘外壁有三个大致等分分布的小泥点。圈足与豆盘按接处呈棱状。圈足部位另装饰三组圆孔和弧边三角组合图案。高约4.4、口径18、圈足径13.8厘米。（图一〇〇B；彩版七二，4）

杯　M40：5，出土时位于6号陶盆内。泥质青灰胎黑皮陶，外壁留有朱痕。保存尚可，但受挤压变形。腹部上下装饰有三组凹弦纹。矮圈足抹划而成，刻剔三个等距的凹缺。高13、口径5~5.8、底径5.2厘米。（图一〇〇B；彩版七二，2）

盆　M40：6，泥质褐胎黑皮陶，外表多剥蚀。侈口，腹略鼓，平底。高8.4、口径17.3、底径10厘米。（图一〇〇B）

罐　M40：7，泥质灰胎黑皮陶。翻沿，鼓腹，平底。高21.7、口径12.2、底径11厘米。（图一〇〇B）

大口缸　M40：8，残甚，仅起取碎片若干，可辨有尖底残片。夹粗砂、云母碎片，

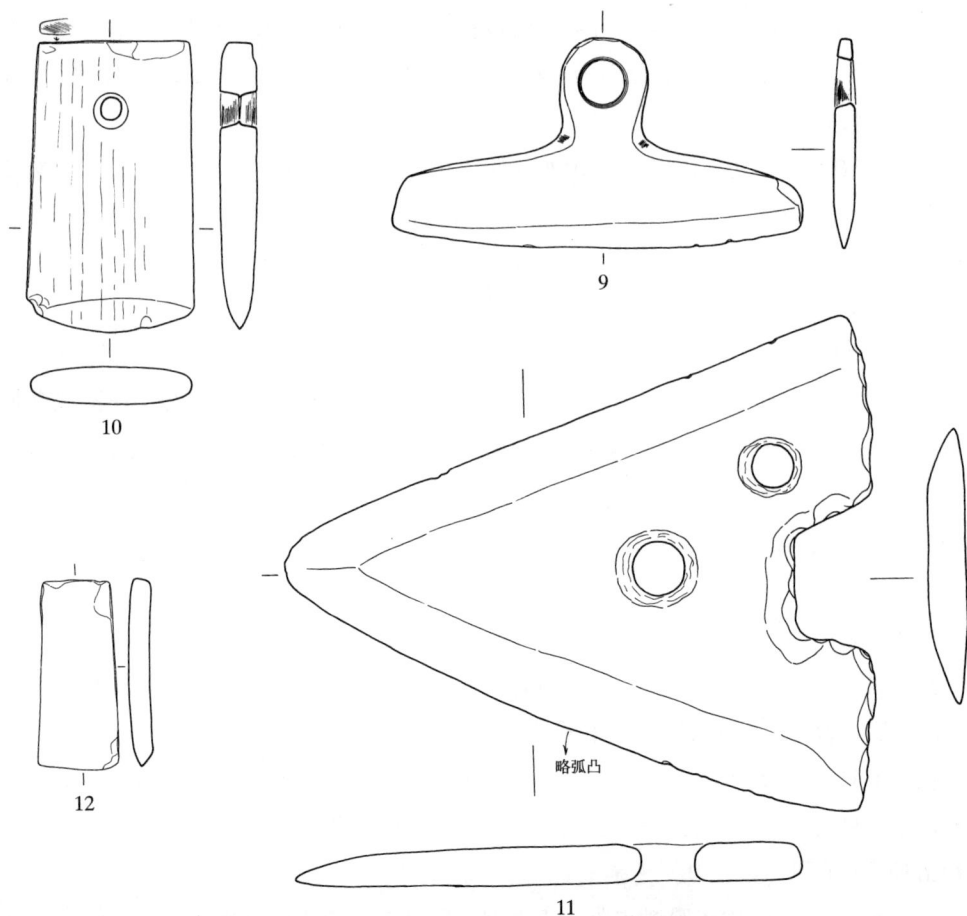

略弧凸

图一〇〇C　M40出土器物（均为1/3）

胎芯黑色，内壁呈红色，外表有白衣。

石器 4件。

刀 M40∶9，灰黑色，角岩。上部中央呈近圆形凸起，上有一单面管钻、另面桯修的圆孔，孔内径1.8、外径2厘米，钻孔远高于两侧肩部。两侧肩部斜杀。双面刃，刃部略弧凸，刃脊线较为清晰，刃部有崩缺。高8.5、宽16.9、最厚0.92厘米。（图一○○C；彩版七四，1）

钺 M40∶10，沁蚀呈灰白色，两面均有竖向的纹理，流纹岩。顶端面留有打磨痕迹。双向管钻孔，内径约0.9、外径约1.4厘米。双面弧刃，刃脊线清晰，刃部原本就有崩缺。高11.45、上宽6.2、刃部宽约7、最厚1.54厘米。（图一○○C；彩版七四，2）

犁 M40∶11，位于7号陶罐下，出土时犁尖朝北，基本平置，野外未明确记录正背面的朝向，从平面图判断应为正面朝上。黑灰色，角岩。双面刃，正面刃脊线较明显，两侧刃部均有崩缺痕迹，其中一侧刃部微内凹、一侧刃部微弧凸。犁尖夹角约49度。后端琢打成近矩形的凹缺。犁身有两个双向琢打圆孔，孔内壁经过修磨，正、背面孔周未有疤痕，两孔内径大小不一，分别为1.8、2.1厘米。长24.2、宽19.8、最厚1.5厘米。（图一○○C；彩版七三）

锛 M40∶12，位于石刀下。沁蚀甚而呈青灰色，流纹岩。弧背。高7.5、上宽2.8、刃部宽3.4、最厚0.9厘米。（图一○○C；彩版七四，3）

M41

（一）概述

平面清理时发现墓坑内有黄土填埋，12、13号陶罐位于黄色土外侧，推测墓葬原先有葬具存在。随葬器物均位于葬具内，其中1号石锛呈竖置状位于墓室的南部，2号石犁位于墓室的中部，余均集中于墓室北部。墓坑长约220、宽约80厘米。随葬器物编号13件。（图一○一，1、2；图一○二A）

（二）遗物

陶器 8件。

罐 M41∶5，下压6号陶盘。泥质青灰胎黑皮陶，保存尚可。侈口，唇略外卷，鼓腹，近平底。高11.9、口径9.5、底径7.7厘米。（图一○二B）

盘 M41∶6，泥质红胎黑皮陶，豆盘外壁留有朱痕，保存较好。敛口，圈足与豆盘按接处抹按呈棱状，矮圈足镂剔三组圆孔和弧边三角组合图案。高5.8、口径16.2、圈足径11.6厘米。（图一○二B）

盆 M41∶8，泥质灰胎黑皮陶。折敛口，唇外卷，斜收腹，平底。底部印有绳纹样的席纹（草席类）。高7~8、口径19.7~20、底径9厘米。（图一○二B）

1. M41（东—西）

2. 北端器物出土情况（东—西）

图一〇一　　M41 及器物出土情况

杯　M41∶9，为 8 号陶盆所压。泥质灰胎黑皮陶，外壁及口沿唇部留有朱痕。鼓腹下部有一周凸起的弦纹。底部抹划成矮圈足，并刻剔三个约等距的凹缺。高 9.2、口径 5.8、底径 5.2 厘米。（图一〇二 B；彩版七四，4）

盉　M41∶10，出土时侧倾。粗泥黑胎红陶，外表局部为黑色。侈口，鼓腹部位微有折棱。环状把手连接腹部与相对于流一侧的口沿，出土时陶质疏松，把手残损，从痕迹看似高于器口。凿形足。高 13.8、口径约 7 厘米。（图一〇二 B）

盘　M41∶11，出土时覆置。泥质灰胎黑皮陶，外表多有剥蚀。宽折沿，宽沿面上

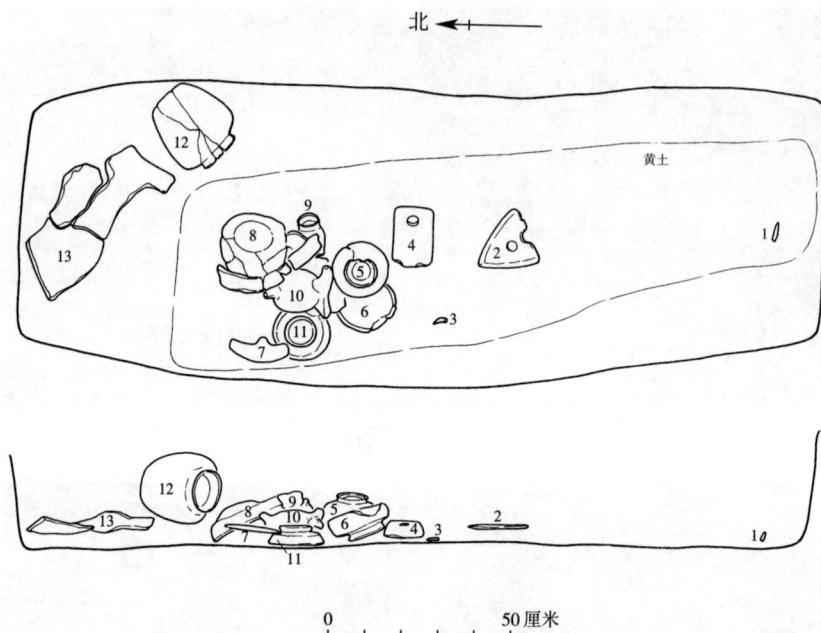

图一〇二 A M41 平剖图

1. 石锛 2. 石犁 3. 玉坠饰 4. 石钺 5. 陶罐 6. 陶盘 7. 石刀 8. 陶盆 9. 陶杯 10. 陶盉
11. 陶盘 12. 陶罐 13. 陶罐（残片）

刻划三组双线的波浪状纹饰。坦腹。矮圈足上镂两个间距约 1.5 厘米的圆形孔。高 3.7、口径约 14.4、圈足径 8.8 厘米。（图一〇二 B；彩版七四，5）

罐 M41：12，出土时倾倒，口部朝南。泥质青灰胎黑皮陶。侈口，唇外翻，平底。整器略显不正。高 22.7 ~ 23、口径 10.3、底径 10.2 厘米。（图一〇二 B；彩版七四，6）

罐 M41：13，野外起取时均为泥质青灰胎灰黑陶罐腹残片，不能复原陶器个体。报告选择其中一片加以说明：鼓腹处按粘泥条呈宽凸弦纹样，弦纹上再抹划横向弦纹多道，其间以竖、斜向划纹间隔。（图一〇二 C）

石器 4 件。

锛 M41：1，灰白色，沁蚀甚，两侧面有竖向纹理，流纹岩。微折背。高 4.4、上宽 2.2、刃部宽 2.3、最厚 0.7 厘米。（图一〇二 C；彩版七六，1）

犁 M41：2，出土时基本平置，正面朝上，犁尖朝西北。灰黑色，外表略有剥蚀，角岩。双面偏正面刃，仅正面留有刃脊线。一侧刃部略弧凸，另一侧刃部相对齐平，应与使用方式有关。犁尖夹角 67 度。后端琢打成三个凹缺，中间凹缺较为宽大，约 4.3 厘米，上下各宽约 1.5、2 厘米。琢打一孔，背面孔周有疤痕，孔内径 1.6 ~ 1.8 厘米。长 17.5、宽 18.3、最厚 1.2 厘米。（图一〇二 C；彩版七五）

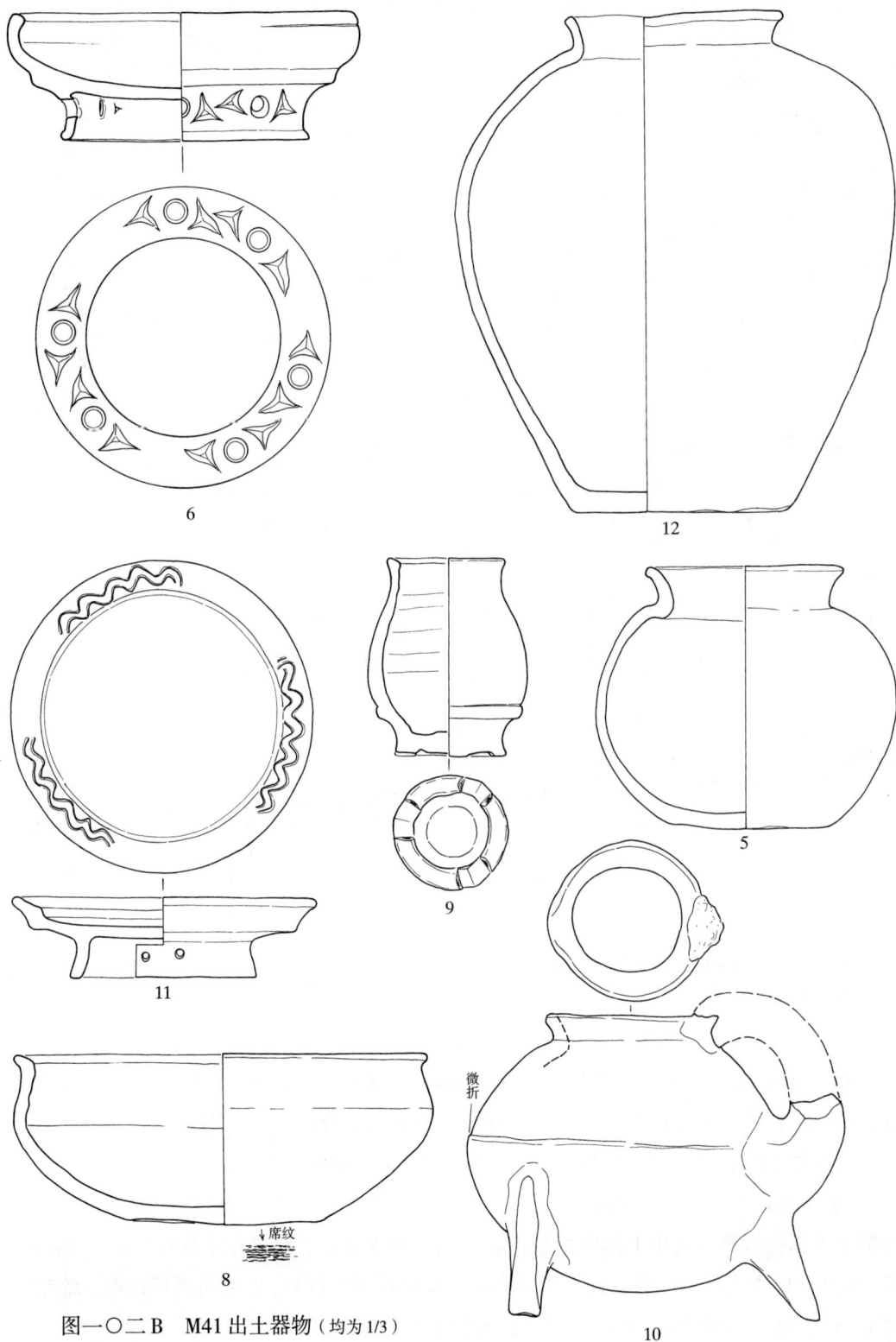

图一〇二 B　M41 出土器物（均为 1/3）

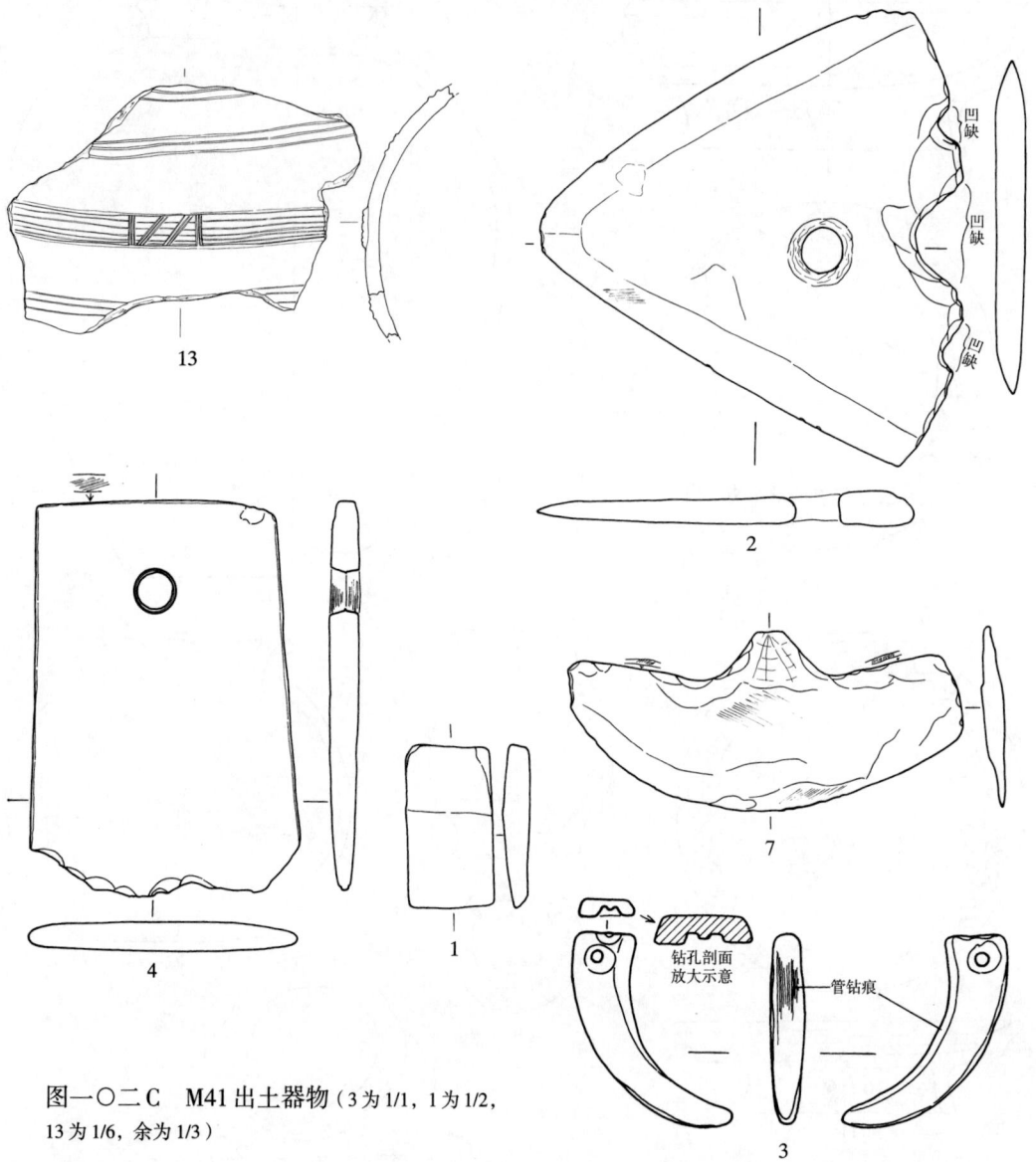

图一〇二 C　M41 出土器物（3 为 1/1，1 为 1/2，13 为 1/6，余为 1/3）

　　钺　M41：4，出土时东高西低，刃部朝西。灰黑色，微沁蚀，角岩。顶端面打磨较好，双向管钻孔，孔内径 1.5、外径 1.8 厘米。刃部无刃脊线，多有崩缺。高 15.9、上宽 10.1、刃部宽约 11.5、最厚 1.25 厘米。（图一〇二 C；彩版七六，2）

　　刀　M41：7，下压 11 号陶盘。黑色，角岩。整器除了双面刃部磨制较为明显外，余均保留有琢打痕迹。其中上部中央呈梯状凸起，两侧肩部上翘，肩缘面经打磨。刃部圆弧。从此件标本大致可以确认这类顶端中央凸起的石刀先打制，然后再进行修磨。高 7.2、宽 16.3、最厚 0.92 厘米。（图一〇二 C；彩版七六，3、4）

玉器　1件。

坠饰　M41∶3，出土时系孔朝南。鸡骨白。獠牙形。一面较为平整，另面弧凸不平，内面留有管钻痕。双向桯钻系孔，顶端另残有一未透桯钻孔，其钻孔中心凸起，可证桯钻工具为小管状。依顶端齐平长2.5、最厚0.52厘米。（图一〇二C；彩版七六，5、6）

M48

（一）概述

墓内填土为灰黄色沙土，土质较为紧密。另墓坑底部有不规则的、小范围的黄色土铺垫。随葬器物中11号陶杯位于墓室的南部，2号石犁压3号石钺，并与1号石锛分别位于墓室中部偏南的东西两侧，余随葬器物大致位于墓室北部。墓坑长230、宽62厘米。随葬器物编号11件。（图一〇三，1~4；图一〇四A）

（二）遗物

陶器　7件。

盘　M48∶4，泥质灰胎黑皮陶。敛口，盘外壁按贴三组小泥点，每组由三个呈三角形布列的小泥点组成。圈足与豆盘按接处按抹呈棱状，圈足一侧另镂两个间距约1.5厘米的圆形孔。高5.2、口径14、圈足径9.3厘米。（图一〇四B；彩版七七，1）

盘　M48∶6，泥质灰胎黑皮陶。敛口，唇外卷。豆盘外腹壁按抹呈两道宽凹弦纹。圈足与豆盘按接处呈束腰状，其中上部略弧凸，装饰有一周六组不等分布的双戳刻圆孔以及两侧的弧边三角组合图案，束腰内折部位镂两个间距约1.5厘米的小圆孔。高7.2、口径16~16.5、圈足径10.6厘米。（图一〇四B；彩版七七，2）

壶　M48∶7，出土时侧倾，口部朝西。泥质红胎黑皮陶，外表保存尚可。颈部较直，唇略外卷，鼓腹，腹部上下各有三道、四道按抹的凹弦纹，平底微内凹。高13.5~14、口径7.8、底径5.6~5.8厘米。（图一〇四C；彩版七七，4）

盉　M48∶8，出土时正置。粗泥褐胎黑衣陶。侈口，流一侧明显低于把手一侧的口沿，垂腹，把手自腹部弧状上翘但不与口沿外侧连接，凿形足。高11.2、口径7.5~7.7厘米。（图一〇四C；彩版七七，5）

盘　M48∶9，泥质青灰胎黑皮陶，上壁及口沿唇面残留有朱痕。敛口，唇外卷，圈足与豆盘按接处按抹呈双弧腹状，上装饰有三组大致等距的圆孔和弧边三角组合图案。高7.1、口径18.4、圈足径14.7厘米。（图一〇四B；彩版七七，3）

罐　M48∶10，出土时倾倒，口部朝东。泥质灰胎黑皮陶，外表多剥蚀而呈灰色。侈口，微耸肩，平底。内壁留有明显的泥条盘筑痕。高22.5、口径13.6~14.1、底径12~13厘米。（图一〇四B；彩版七八，1）

杯　M48∶11，出土时倾倒，口部朝北。泥质褐胎黑皮陶，外表残留有朱痕。腹部

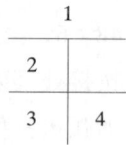

图一〇三　M48、M49及器物出土情况
1. M48、M49（东—西）　2. M48、M49（北—南）
3. M48陶盘、石刀出土情况　4. M48石犁、石钺
出土情况（西—东）

北 ←—

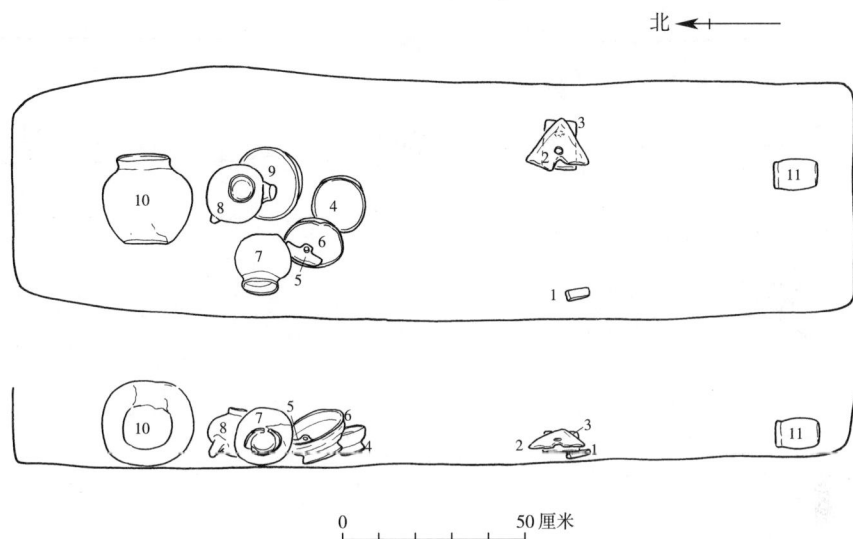

0　　　　　　　　50厘米

图一〇四 A　M48 平剖图

1. 石锛　2. 石犁　3. 石钺　4. 陶盘　5. 石刀　6. 陶盘　7. 陶壶　8. 陶盉　9. 陶盘　10. 陶罐　11. 陶杯

下垂，下部抹按呈折棱状。矮圈足等分刻剔三个凹缺。高 12.5、口径 5.7～6、底径 5.4 厘米。（图一〇四 C；彩版七八，2）

石器　4 件。

锛　M48：1，大致位于墓坑中部西侧，出土时刃部朝北。青灰色，夹杂绿色筋斑，两面为竖向纹理，流纹岩。弧背，刃部有崩缺，崩缺面在正面。高 6.3、上宽 3、刃部宽 3.1、最厚 1.4 厘米。（图一〇四 C；彩版七八，3）

犁　M48：2，出土时犁尖朝东，基本平置，下压石钺，正面朝上。灰黑色，外表沁蚀呈青灰色，角岩。单面刃，刃脊线清晰，两侧刃部均有崩缺。后端琢打呈凹缺状，其中凹缺的上侧残损，但边缘经过修磨。犁尖夹角 73 度。犁身琢打一孔，内径约 1.7 厘米，正背面琢孔周均较为规整，未有疤痕。长 15.5、宽 16.7、最厚 1 厘米。（图一〇四 C；彩版七九）

钺　M48：3，外表沁蚀甚而呈灰黄色，流纹岩。整器略呈“风”字形，顶端面尚保留有较为明显的打制痕迹。上部有双向管钻孔，内径 1.6、外径 1.8 厘米。双面弧刃。高 14.3、上宽 10、刃部宽 12、最厚 1 厘米。（图一〇四 C；彩版七八，4）

刀　M48：5，位于 6 号陶盘内。灰黑色，角岩。上部顶端中央呈半圆形凸起，有一双向管钻孔，内径 1.5、外径 1.8 厘米。两侧肩部上翘。双面弧刃，刃脊线清晰。高 5.7、宽 11.9、最厚 0.65 厘米。（图一〇四 C；彩版七八，5）

4

9

泥条盘筑痕

戳刻

尖喙相连

6

10

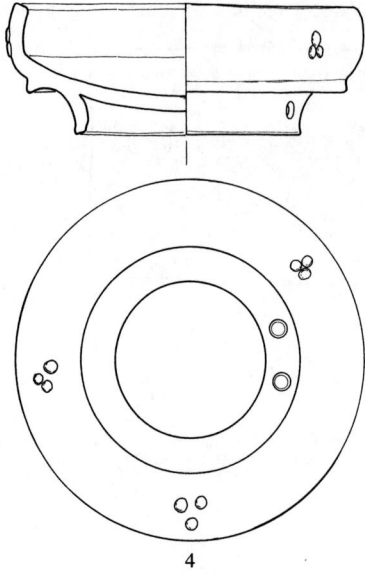

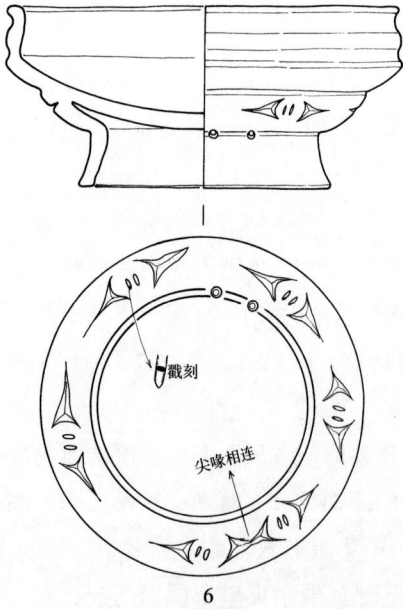

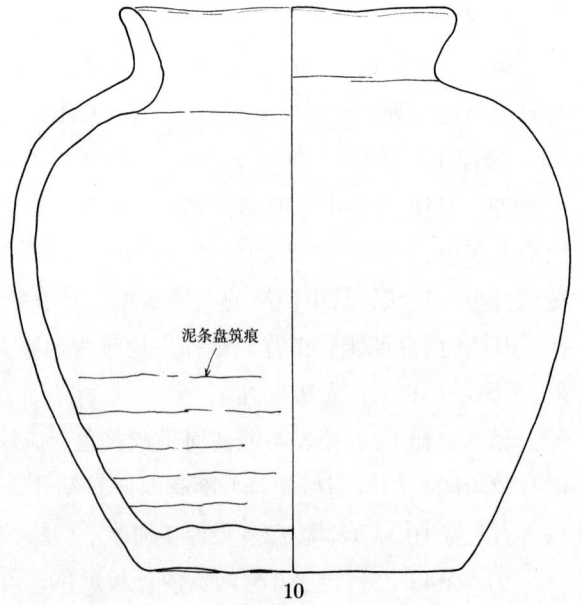

图一〇四B　M48 出土器物（均为1/3）

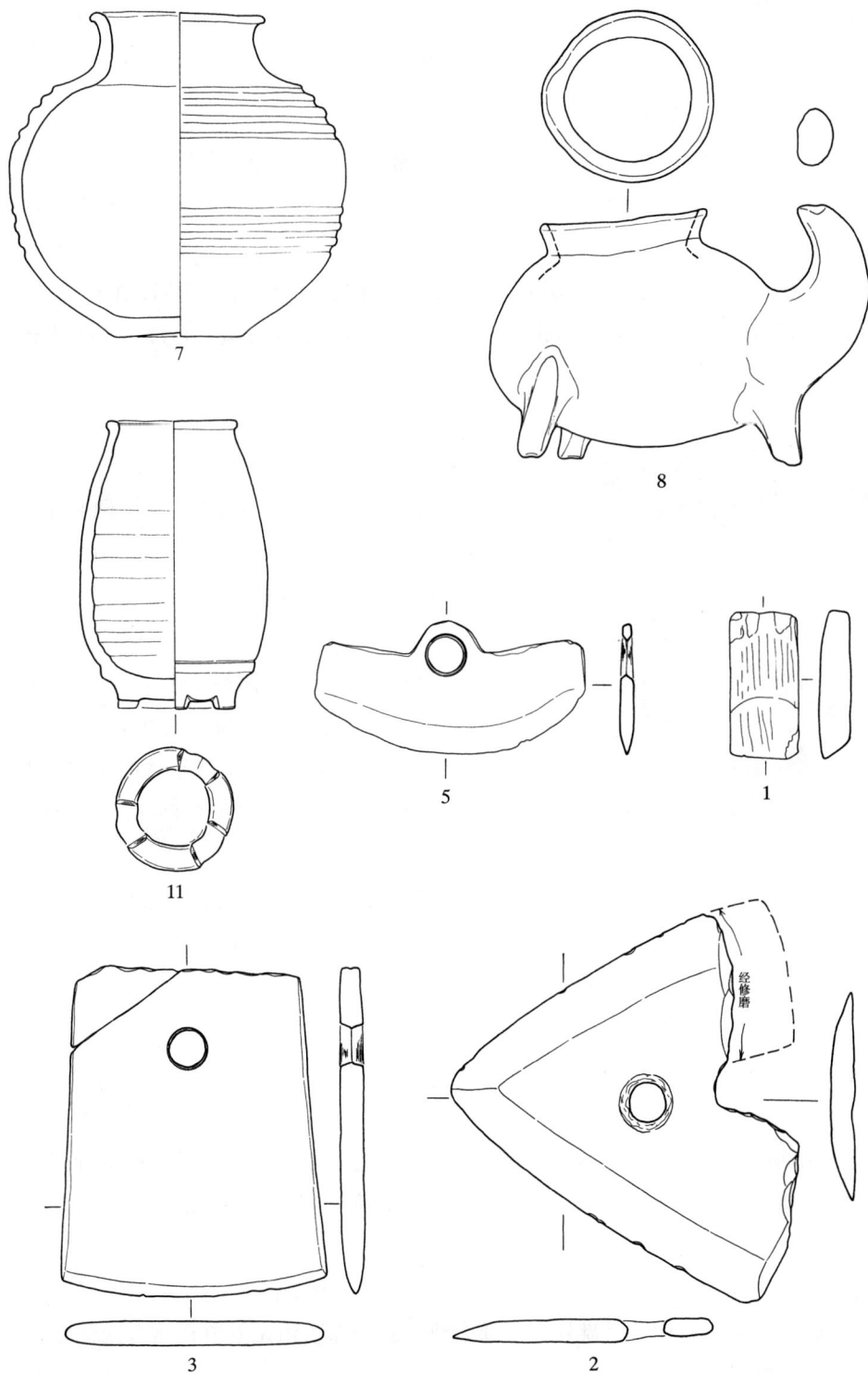

图一〇四 C　M48 出土器物（均为 1/3）

M49

（一）概述

墓坑东部有黄色土填埋，黄土呈垅状，推测墓葬原先存在有葬具。12 号陶大口缸、13 号陶罐则可能于葬具外随葬。坑内填土为灰褐色夹沙土，叠压黄土，故另推测墓室置放葬具后，墓室西部另应有"挡板"类相隔，待置放陶大口缸（图一〇五）、陶罐后再填土，而"挡板"与葬具（棺）之间还另存在空间，这样在葬具（棺）四周，主要是北、西、南部（因棺紧贴墓坑东壁）再有意识地填埋黄土。墓坑长 285、宽 105 厘米。随葬器物编号 14 件。（图一〇六 A；另见图一〇三，1、2）

图一〇五　陶大口缸 M49：12 底部特征

（二）遗物

陶器　8 件。

盆　M49：3，泥质青灰胎灰陶。一侧有流，相对一侧口沿内凹，斜收腹，平底微内凹。高 6.9 ~ 7.5、口径 16.2 ~ 18、底径 8.7 ~ 9 厘米。（图一〇六 B；彩版八〇，1）

杯　M49：4，出土时倾倒。泥质灰胎黑皮陶，外表残留有朱痕。整器由于受挤压而变形。唇略外翻，腹部上下有三组弦纹。底部削抹呈矮圈足样，且等距刻剔三个凹缺。高 12.6、口径 6.1 ~ 6.7、底径 5.5 ~ 5.8 厘米。（图一〇六 B；彩版八〇，2）

假腹杯形豆　M49：5，出土时倾倒。泥质青灰胎黑陶，外表剥蚀较甚。浅盘，浅盘直接承接在假腹之上。假腹上、中、下各有两道凹弦纹，弦纹之间镂刻上下两周等距且错落的三组圆孔和弧边三角组合图案。圈足微外撇。高 11.5 ~ 11.7、口径 7.2、圈足径 5.4 ~ 6 厘米。（图一〇六 B；彩版八〇，3）

罐　M49：9，出土时为石犁所压。泥质灰胎黑皮陶。侈口，唇略外翻，鼓腹，平底。高 14.7、口径 10、底径 9.2 厘米。（图一〇六 B）

盉　M49：10，出土时为石犁所压，正置。粗泥红陶。侈口，折垂腹，折腹部位有一周为把手所叠压的抹划凸弦纹。把手自腹部呈半环状上翘。凿形足。高约 12、口径 8 ~ 9 厘米。（图一〇六 C；彩版八〇，4）

盘　M49：11，为石犁所压。泥质褐胎黑皮陶，外壁及唇缘面留有朱痕。保存尚可。折敛口，唇部呈子母口样。豆盘外壁下部大致等距分布五组由双戳刻结合两侧弧边三角的组合图案。圈足外壁较直，一侧为圆形镂孔，相对的另一侧则为两个间距约 1 厘米的较小圆孔。高 7.9 ~ 8.3、口径 20.5、圈足径 14 ~ 14.4 厘米。（图一〇六 B；彩版八〇，5）

北 ←

图一〇六 A　M49 平剖图

1. 玉坠饰　2. 石刀　3. 陶盆　4. 陶杯　5. 陶假腹杯形豆　6. 石锛　7. 石钺　8. 石犁　9. 陶罐　10. 陶盉　11. 陶盘　12. 陶大口缸　13. 陶罐　14. 玉半球形隧孔珠

大口缸　M49：12，出土时微侧。夹粗砂褐陶。直口，唇微微外卷，口沿外壁上部为多道横向弦纹，下拍印一周斜向条纹，宽约 7 厘米，横向的弦纹压拍印的条纹。腹部以下斜收，至底部内凹收为小平底，小平底也不平整。高 38.7、口径 33 ~ 35、底径约 8 厘米。由于质地疏松，修复时难以剥剔内壁，故大口缸内深 28.4 厘米仅供参考。（图一〇六 C；彩版八一，1）

罐　M49：13，碎甚，出土时口朝北。泥质灰胎黑陶。侈口，唇外翻，溜肩，鼓腹，假圈足微微内凹。肩、腹部位有四组凹弦纹，每组各由两道凹弦纹组成，上下按抹而成。高 29.5 ~ 29.9、口径 14.5 ~ 14.8、底径 15.3 ~ 15.8 厘米。（图一〇六 B；彩版八一，2）

石器　4 件。

刀　M49：2，出土时刃部朝东，局部位于黄土内。灰黑色，角岩。上部中央凸起呈台形，凸起部位略低于肩部以下双向桯钻一孔，内径 1.25 ~ 1.3、外径约 1.8 厘米。两侧肩部略上翘。双面弧刃，刃部且有崩缺。高 8、宽 19、最厚 0.6 厘米。（图一〇六 C；彩版八一，5）

锛　M49：6，出土时刃部朝北。青灰色，两面有竖向纹理，流纹岩。折背，微微起段。高 5.9、上宽 3.3、刃部宽 3.7、最厚 1.7 厘米。（图一〇六 C；彩版八一，3）

朱痕

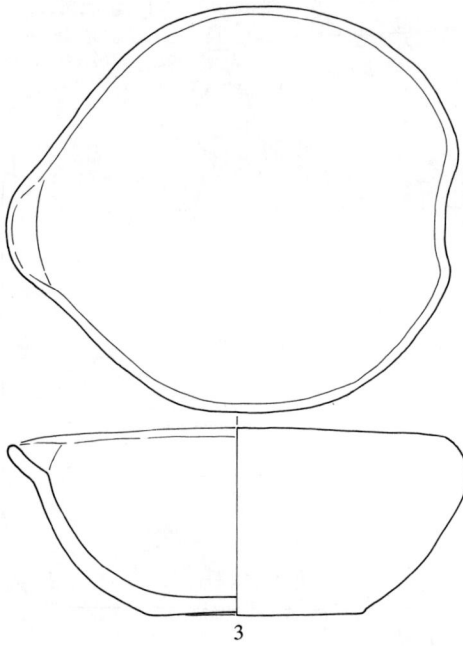

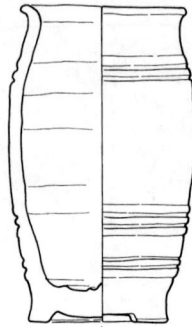

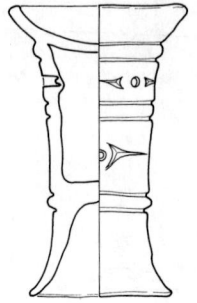

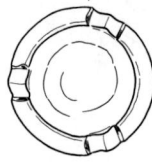

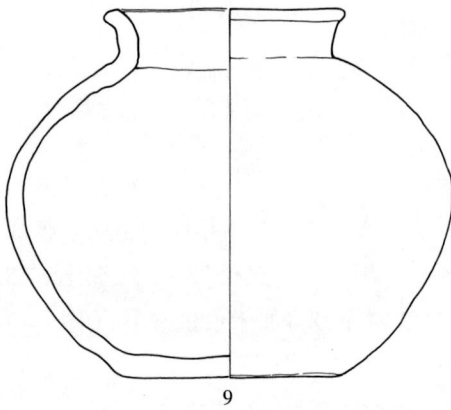

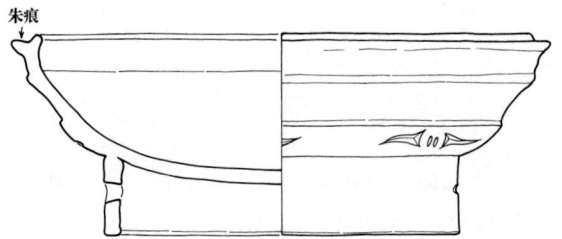

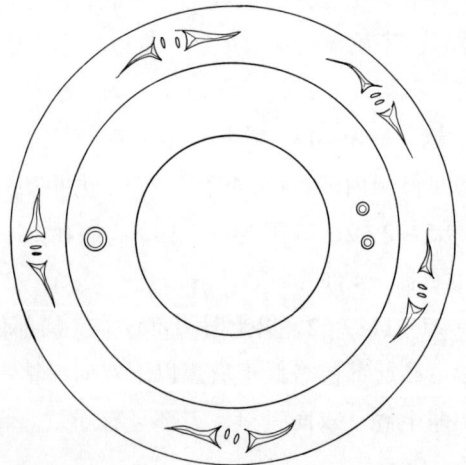

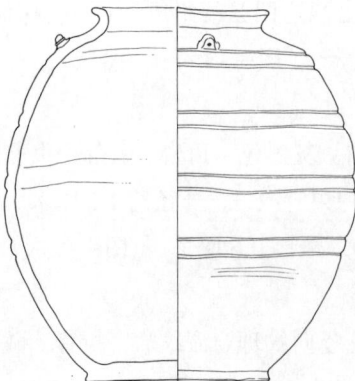

图一〇六 B　M49 出土器物（13 为 1/6，余为 1/3）

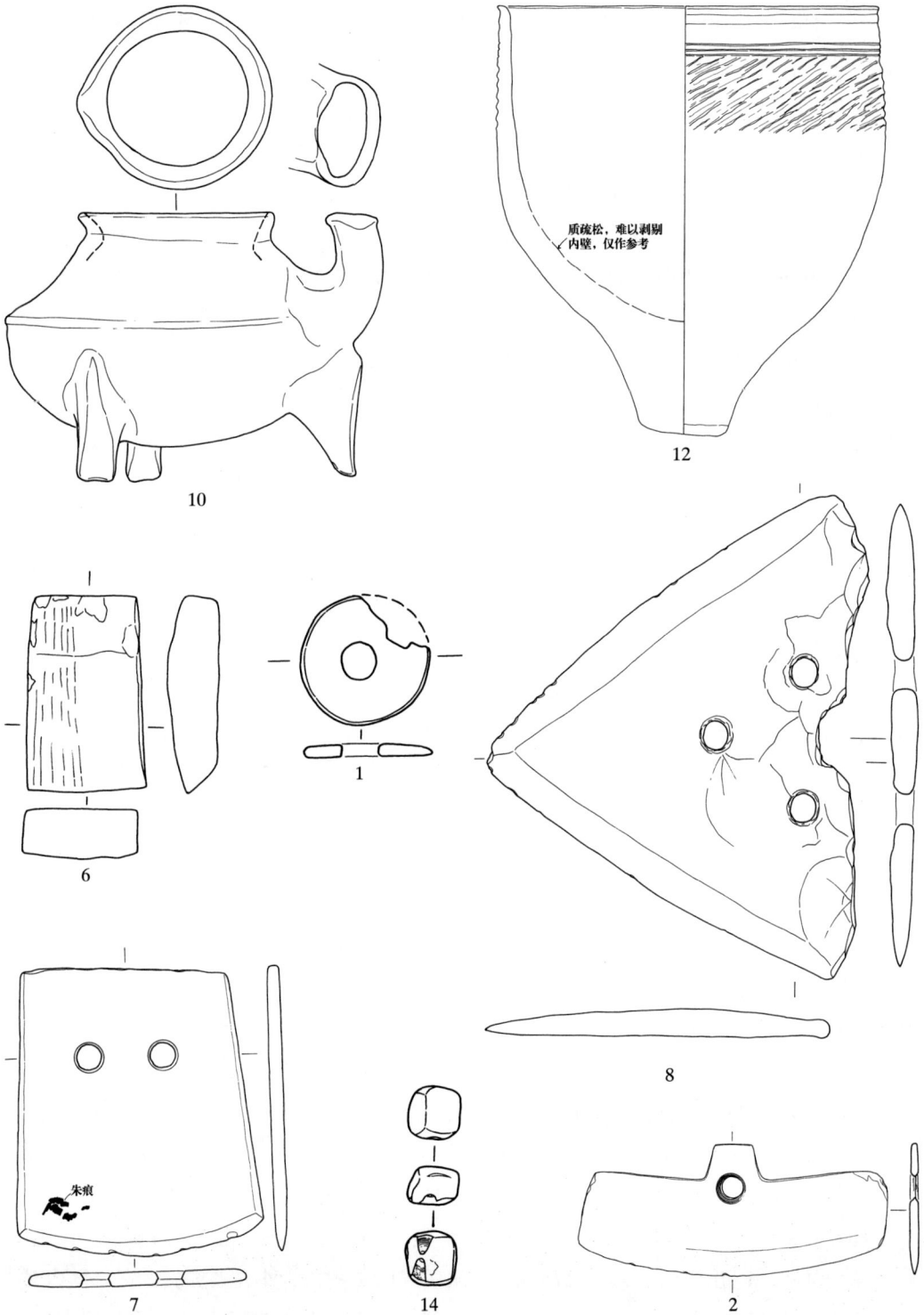

质疏松，难以剔剥
内壁，仅作参考

朱痕

图一〇六C　M49 出土器物（1、14 为 1/1，6 为 1/2，10 为 1/3，12 为 1/6，余为 1/4）

钺 M49：7，出土时刃部朝西，东高西低，位于墓坑的东侧。沁蚀甚，外表呈灰黄色，内芯为青绿色，流纹岩。整器略呈"凤"字形，顶端面略加打磨修整。上部有两个双向管钻孔，其中左侧孔缘离钺侧约3.4厘米，内径1.5、外径1.8厘米；右侧孔缘离钺侧约3.7厘米，孔内外径同左侧，两孔间距2.8厘米。双面弧刃，刃部有崩缺，可能因沁蚀甚野外起取时受损所致。钺身一面下部尚留有朱痕，这一面出土时朝下，朱痕性质不明。高17.2、上宽12.6、刃部宽15、最厚约0.8厘米。（图一○六C；彩版八一，4）

犁 M49：8，出土时基本平置，下压9号陶罐和11号陶盘，犁尖朝东，琢打孔周有较大疤痕面的正面朝上。灰黑色，角岩。双面刃，正面有明显的刃脊线，背面则无，刃部一侧略弧凸，另一侧相对齐平，当与使用方式有关。犁尖端及一侧刃部有崩缺，当实际使用所致。犁尖夹角77度。后端琢打成凹缺。犁身有三个呈等腰布列的琢打孔，孔内壁经过糙修，孔正背面均有疤痕，孔内径约1.5~1.7厘米。长23.5、宽29、最厚约1.8厘米。（图一○六C；彩版八二）

玉器 2件。

坠饰 M49：1，出土于黄土内。鸡骨白。野外清理时因质地疏松而残损。整器呈圆形，双向管钻孔，孔内径0.5厘米。整器外径约1.9、最厚约0.2厘米。（图一○六C）

半球形隧孔珠 M49：14，出土于3号陶盆下。鸡骨白。正面折弧凸，平面略呈方形，一侧留有弧状线切割痕迹，背面有一个隧孔。厚0.6、长0.7~0.8厘米。（图一○六C；彩版八一，6、7）

M50

（一）概述

清理发现墓坑南北局部填埋有黄色土，东南角的黄土在墓坑中呈斜坡状，而北部的部分随葬器物间或于黄土层中。墓坑内填土为灰黄色沙土，夹杂有石块及红烧土颗粒，质地较为紧密。随葬器物中1号石犁位于墓室中部偏南部位，2号石钺和3号石锛位于墓室中部偏东，4号陶器仅为陶器盖，可能原先还有其他有机质的容器。余随葬器物均位于墓室北端。墓坑长228、宽约70厘米。随葬器物编号10件。（图一○七、一○八A）

另墓内填土中出土保存较好的泥质褐胎黑皮陶罐残片。

（2）遗物

陶器 6件。

器盖 M50：4，泥质红胎褐陶。高2、外径5.7厘米。（图一○八B）

罐 M50：6，出土时倾倒，口部朝北。泥质灰胎黑皮陶，外表剥蚀甚。直口微内敛，溜肩，鼓腹，平底。肩部有一周按抹呈凸弦纹样的泥条，其上安置大致对称的穿系小孔或小鼻四个。腹部偏下部位也有一周凸弦纹。高13.8、口径7.9、底径8.5~9厘米。（图

图一〇七　M50（东—西）

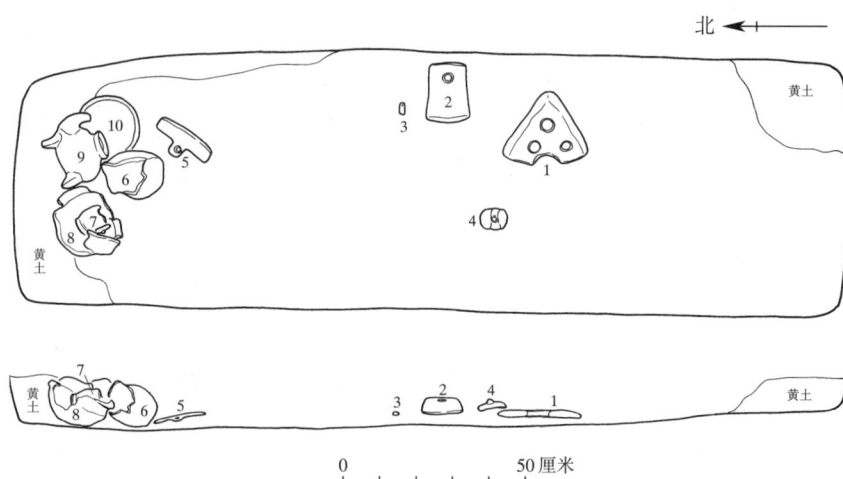

图一〇八 A　M50平剖图

1. 石犁　2. 石钺　3. 玉坠饰　4. 陶器盖　5. 石刀　6. 陶罐　7. 陶杯　8. 陶盆　9. 陶盉　10. 陶盘

一〇八 B；彩版八三，1）

杯　M50：7，位于8号陶盆内。泥质灰胎黑皮陶，外表留有朱痕。下腹部有两道浅凹弦纹，底部削抹呈矮圈足样，且刻剔有三个约等距的凹缺。高11.5、口径5.8～6、底径5.2厘米。（图一〇八 B；彩版八三，2）

盆　M50：8，泥质红褐胎黑皮陶，外表剥蚀甚。近直口，唇外翻，鼓腹，平底略圜。高10、口径15.5、底径约9厘米。（图一〇八 B）

盉　M50：9，出土时倾倒，口部朝南。粗泥红陶，外壁施红陶衣。侈口，鼓腹下垂，把手自腹部呈半环状上翘，把端与相对一侧的口沿流部呈一直线。凿形足。高13.8、口径9.3～9.5厘米。（图一〇八 B；彩版八三，3）

盘　M50：10，出土时为9号陶盉和6号陶罐所压。泥质红褐胎黑皮陶，外壁尚残留

刮削
修磨

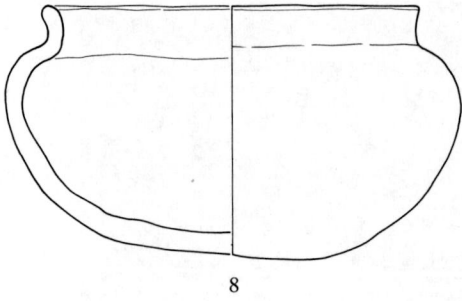

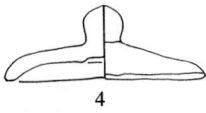

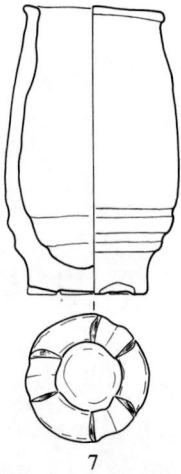

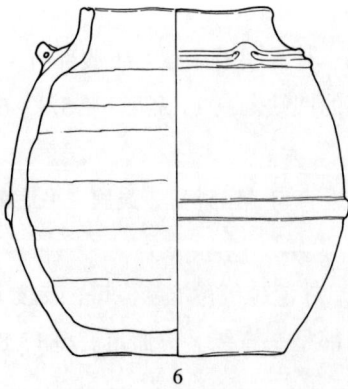

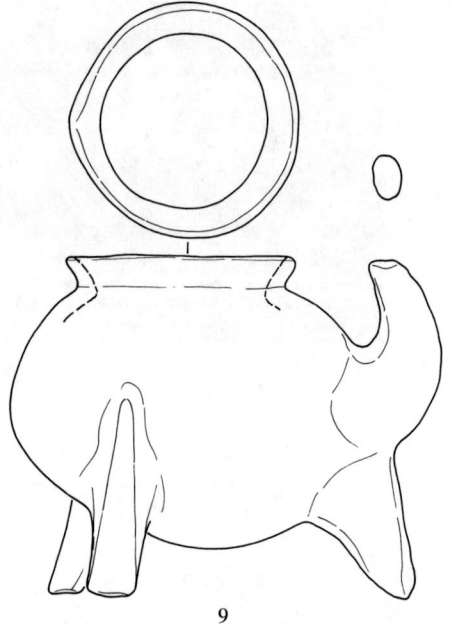

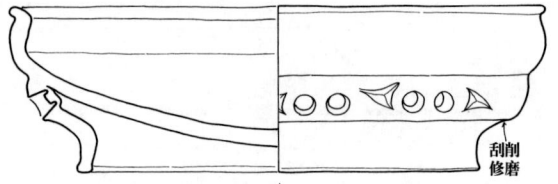

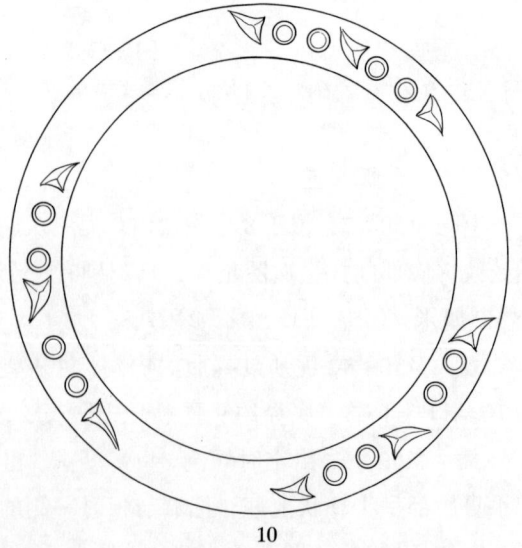

图一〇八 B　　M50 出土器物（4 为 1/2，余为 1/3）

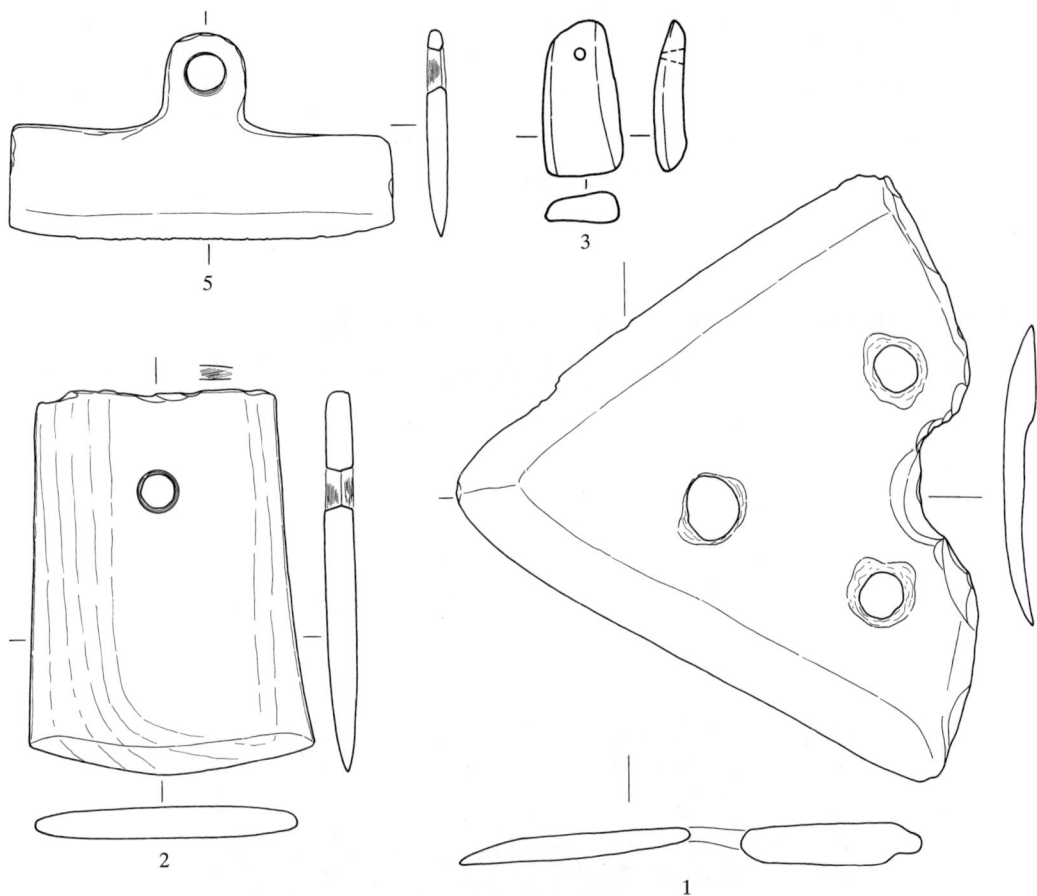

图一〇八 C　M50 出土器物（3 为 1/1，余为 1/3）

有朱痕。敛口，唇外卷。圈足与豆盘按接处按抹呈双弧腹状，其上装饰三组大致等距的圆孔和弧边三角组合图案，与其他陶盘上组合图案不同的是此图案中的圆孔为两个，而其他的均为一个。高 6.6、口径 21.8、圈足径 16.3 厘米。（图一〇八 B；彩版八三，4）

石器　3 件。

犁　M50：1，出土时基本平置，犁尖朝东，正面朝上。灰黑色，沁蚀呈青灰色，角岩。单面刃，正面刃脊线清晰，背面刃部略加修磨，刃部一侧微微内凹，内凹部位偏于犁的后端。犁尖夹角约 73 度。后端琢打成凹缺，凹缺上下两侧后端之边缘也加琢磨，略呈刃状。犁身有三个双向琢打孔，背面孔周留有疤痕，孔略有大小，内径 1.6 ~ 2.5 厘米。长 21.4、宽 24.1、最厚 1.6 厘米。（图一〇八 C；彩版八四）

钺　M50：2，出土时刃部朝西，东略高于西。沁蚀呈灰黄色，一面有明显的纹理，流纹岩。整器略呈"风"字形。顶端缘面保留有琢打痕迹，略经打磨。双向管钻孔，内径 1.4、外径 1.7 厘米。双面弧刃。高 15.5、上宽 9.9、刃部宽 11.8、最厚 1.3 厘米。（图

一〇八 C；彩版八五，1）

刀　M50：5，出土时刃部朝东南。灰黑色，角岩。上部中央有近圆形凸起，上有单面管钻、另面桯修圆孔，钻孔位于两侧肩部上方，内径 1.55、外径 1.7 厘米。两侧肩部微上翘。双面刃，刃部两侧也微微上翘，刃部有密集的呈锯齿状崩缺痕，当实际使用所致。高 8.2、宽 15.8、最厚 0.84 厘米。（图一〇八 C；彩版八五，2）

玉器　1 件。

坠饰　M50：3，出土时位于石钺的北侧，系孔朝东。鸡骨白。单面桯钻系孔，桯钻一面打磨较为齐平，另一面两侧呈下弧状，可能为环状玉器如璜等改制。长 2、下部宽 1.04、最厚 0.4 厘米。（图一〇八 C；彩版八三，5、6）

M45

（一）概述

墓内填土为夹杂零星红烧土颗粒的灰黄色沙土，质地紧密。随葬器物呈纵向分布于墓室。墓坑长 180、宽 55 厘米。随葬器物编号 8 件。（图一〇九、一一〇 A）

图一〇九　M45（东—西）

图一一〇 A　M45 平剖图

1. 陶盘　2. 陶盘　3. 陶杯　4. 陶盆　5. 陶杯　6. 石锛　7. 陶盉　8. 陶杯

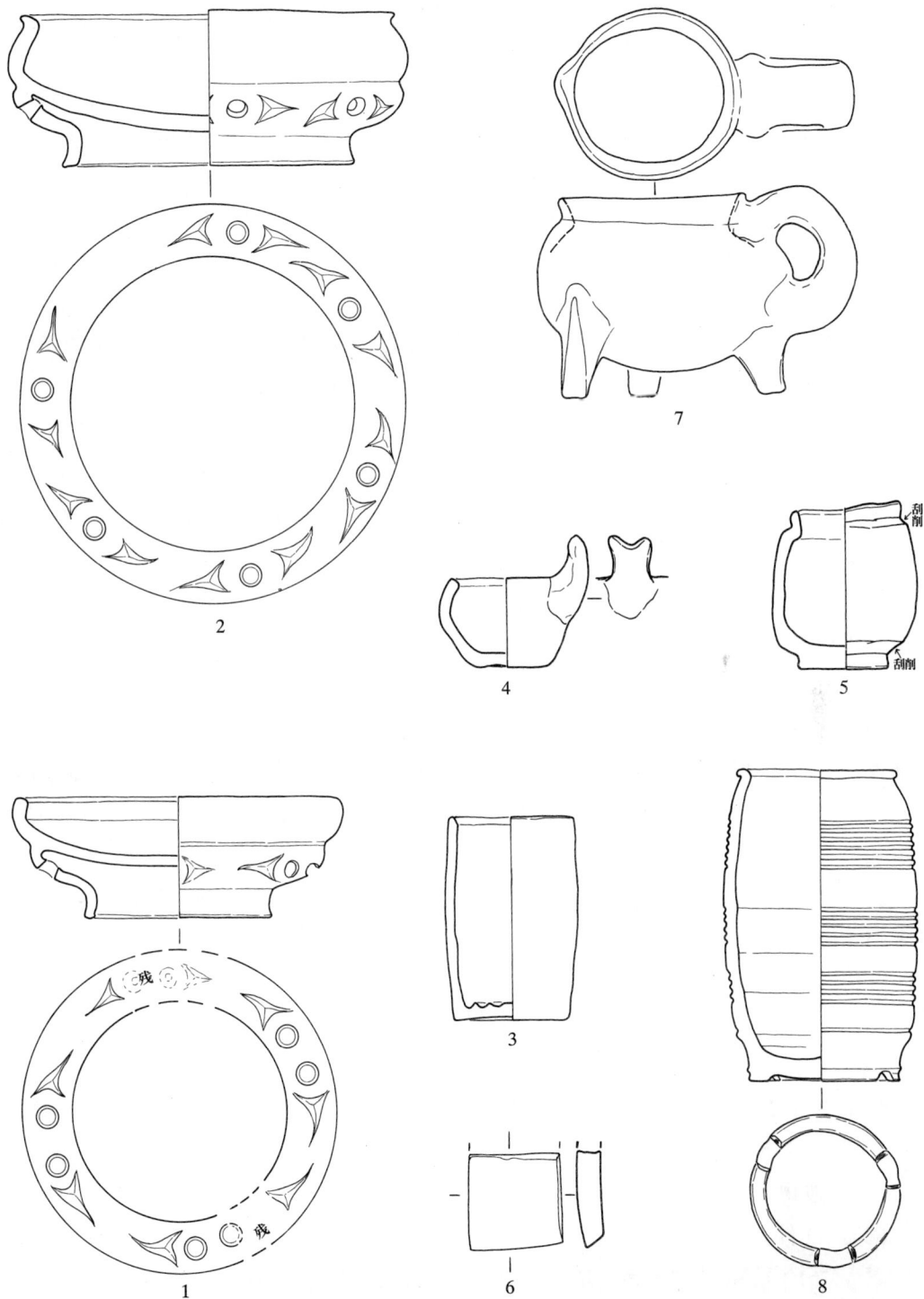

图一一〇B M45 出土器物（3～6为2/5，余为1/3）

（二）遗物

陶器　7件。

盘　M45：1，出土时覆置。泥质灰褐胎黑皮陶，保存尚可。敛口，圈足与豆盘按接处按抹呈双弧腹状，上有四组大致等分的圆孔和弧边三角组合图案。高5.3、口径15、圈足径8.6厘米。（图一一○B）

盘　M45：2，泥质青灰胎黑皮陶。敛口，唇略外卷，圈足与豆盘按接处按抹呈双弧腹状，上有六组不等距分布的圆孔和弧边三角组合图案。高6.7~6.9、口径17.2、圈足径13.4厘米。（图一一○B；彩版八六，1）

杯　M45：3，泥质灰胎黑皮陶，外壁残存有朱痕。口腹部略直，平底微内凹。整器略显不正。高9、口径5.3~5.7、底径5.2厘米。（图一一○B；彩版八六，2）

盆　M45：4，泥质灰陶。敛口，一侧置錾，錾端中部内凹，平底。连錾高4.8、盆体高3.3、口径3.7、底径2.7厘米。此器捏制而成。体形甚小，当为明器。（图一一○B）

杯　M45：5，泥质青灰胎黑皮陶。小直口，微折肩，底部外壁刮削呈假圈足样。高5.8~6.2、口径4.2、底径3.4~3.6厘米。（图一一○B；彩版八六，3）

盉　M45：7，出土时倾倒，口部朝东。粗泥黑—红胎黑衣陶。因胎质疏松，野外起取时足尖残损。侈口，垂腹，环状把手，凿形足。高8.8、口径7.5~8.5厘米。（图一一○B；彩版八六，4）

杯　M45：8，出土时倾倒，口部朝东。泥质青灰胎黑皮陶。受挤压变形。唇略外卷，腹部外壁装饰四组弦纹，圈足实为底部削抹一周而成，并刻剔三组大致等分的凹缺。高13.8、口径6.4~7.2、底径6.3~6.9厘米。（图一一○B；彩版八六，5）

石器　1件。

锛　M45：6，青灰色，流纹岩。上部原本就残损。弧背。残高3.4、上宽3.4、刃部宽3.45、最厚0.92厘米。（图一一○B；彩版八六，6）

M61

（一）概述

填土为黄褐色沙土，夹杂较多的小石块，土质甚为紧密。仅于墓坑西北部出土陶罐1件。墓坑长185、宽70厘米。（图一一一A）

（二）遗物

陶器　1件。

罐　M61：1，出土时倾倒，罐口朝西。泥质青灰胎灰陶。小直口，溜肩，折腹，肩部有一周按贴后抹制的凸弦纹，凸弦纹上另安置大致等距的四个系孔不明显的小鼻。折腹部位有明显的泥条按贴痕迹，当是上下套接而成。折腹以下内弧收至平底，弧壁上有三

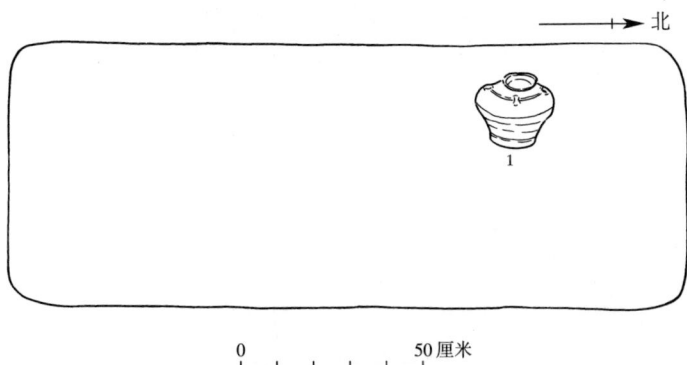

图一一一A　M61平面图
1. 陶罐

道凹弦纹。高18.3、口径9.5、底径12.1
厘米。（图一一一B；彩版八七，1）

三　东区北组墓葬

东区北组墓葬主要分布于T010、
T011，共5座。编号分别为M35、M27、
M36、M29、M31，其中M31位于TE010，
暂归此组。分别叙述如下。

M35

（一）概述

墓坑填土中夹杂较多的红烧土块，
清理中发现M35为包含印纹陶的红烧土

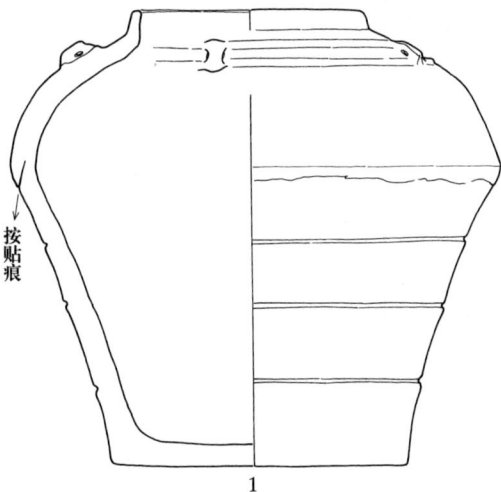

图一一一B　M61出土陶罐（1/3）

块所压，此层红烧土与墓坑中填埋的红烧土以及M35局部所打破的红烧土层有别。随葬
器物大致呈纵向分布。墓坑长145、宽55厘米。随葬器物编号4件。（图一一二A）

（二）遗物

陶器　4件。

壶　M35：1，泥质黑胎黑皮陶，保存甚好。直口，溜肩，腹部略下垂，假圈足，平
底微内凹。高14、口径6.4、底径7.2厘米。（图一一二B；彩版八七，2）

纺轮　M35：2，出土时位于墓室中部偏西一侧。泥质红褐陶。正面原本就有崩缺痕。
背面弧凸，穿孔自上而下，背面穿孔部位周缘斜削一周。高1.6、外径6.1厘米。（图一一
二B）

北 ←

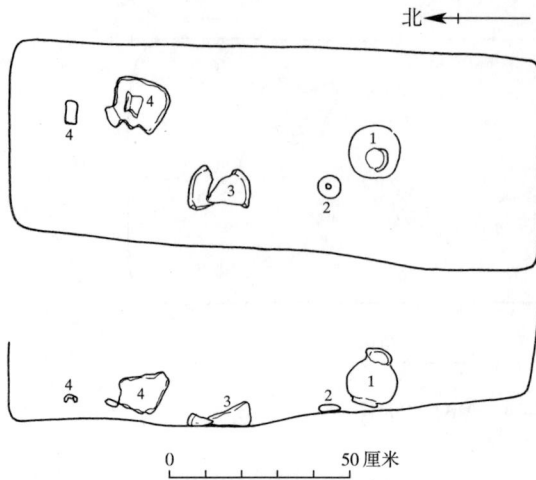

图一一二 A　M35 平剖图

1. 陶壶　2. 陶纺轮　3. 陶盘　4. 陶盆

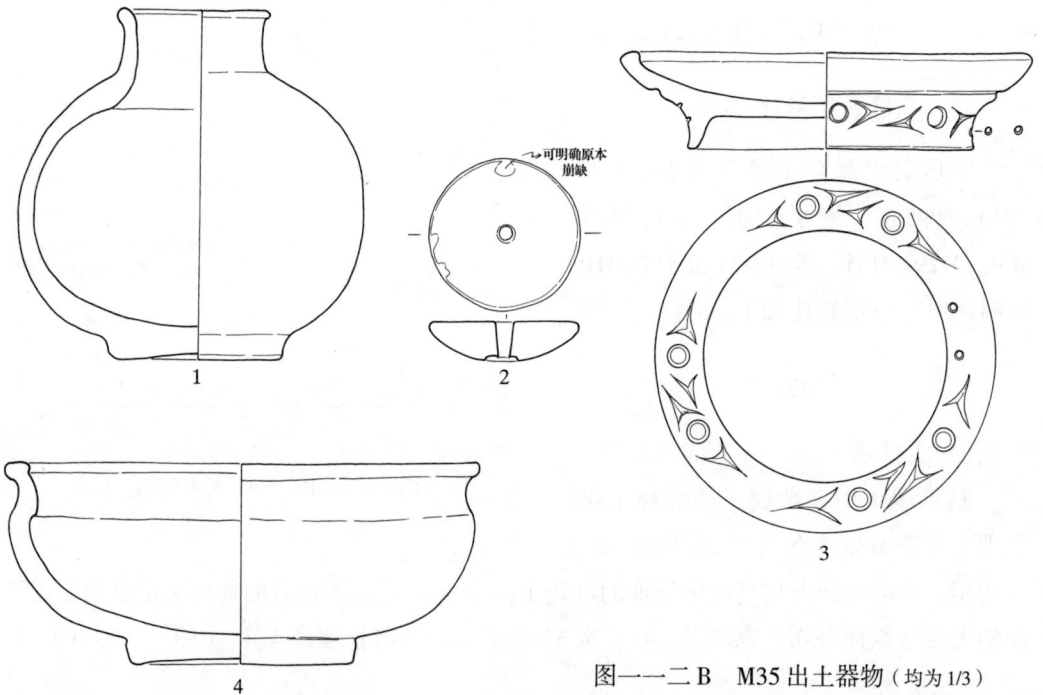

图一一二 B　M35 出土器物（均为 1/3）

盘　M35：3，出土时位于墓坑中部偏西一侧。泥质红胎灰褐陶。质地相对较硬。唇内折，坦腹，矮圈足上除了下部一侧镂穿两个间距约 1 厘米的小圆孔外，另装饰有三组圆孔和弧边三角组合图案。高 3.8、口径 16.8、圈足径 11.6 厘米。（图一一二 B）

盆　M35：4，泥质红褐胎黑皮陶，外表多有剥蚀。唇部略宽厚，腹略鼓，假圈足，底微内凹。高 8、口径 19.5、底径 9.2～10 厘米。（图一一二 B）

M27

（一）概述

为下半年东部发掘时发现的第一座墓葬，发掘时石犁先行出露，经平面仔细观察，墓坑线勉强辨认。随葬器物中除9号陶罐和8号石钺位于墓室中部的西侧外，余随葬器物均位于墓室北部。墓坑长205、宽60厘米。随葬器物编号9件。（图一一三A）

（二）遗物

陶器　6件。

盘　M27:3，泥质青灰胎黑皮陶，外表多剥蚀。方唇，敛口，圈足与豆盘按接处按抹呈内凹弧的宽带状，上装饰三组大致等分的圆孔和弧边三角组合图案。高5.9、口径18.1、圈足径12厘米。（图一一三B）

壶　M27:4，泥质红胎黑皮陶，黑皮保存尚可。小口，翻沿，溜肩，鼓腹，腹部最大径偏下，矮圈足实为底部削抹而成，底周大致等分刻剔三个凹缺。内壁留有快轮拉坯痕迹，内底亦留有顺时针的螺旋拉坯痕。高15.5、口径约6.2、底径6.8厘米。（图一一三B；彩版八七，3）

豆　M27:5，泥质灰胎黑皮陶，外表多剥蚀。整器显得较为小巧。口微敞，折腹。圈足中部内凹，上饰有四道凹弦纹，并镂剔圆孔和弧边三角组合图案、弧边四边形图案共三组：其中上部、下部均为大致等距的三组圆孔和弧边三角组合图案；中部为约等距的三个弧边四边形图案。以上三组图案竖向布列上错落有致。高8.7、口径8.4、底径7.1厘米。（图一一三B；彩版八七，4）

鼎　M27:6，粗泥红陶，胎芯黑色。凿形足。朽烂甚，不能修复。

杯　M27:7，泥质褐胎黑皮陶，外表多剥蚀。唇微外卷，腹部最大径偏下，近底部有两道抹划的不甚清晰的凹弦纹，矮圈足刻剔三个约等分的凹缺。高12.8~13、口径5.6、

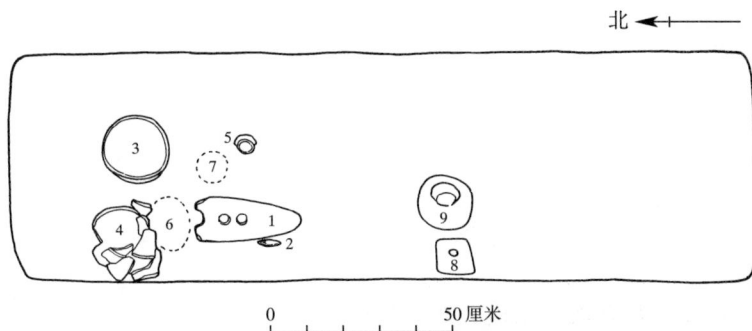

图一一三A　M27平面图

1.石犁　2.石镞　3.陶盘　4.陶壶　5.陶豆　6.陶鼎　7.陶杯　8.石钺　9.陶罐

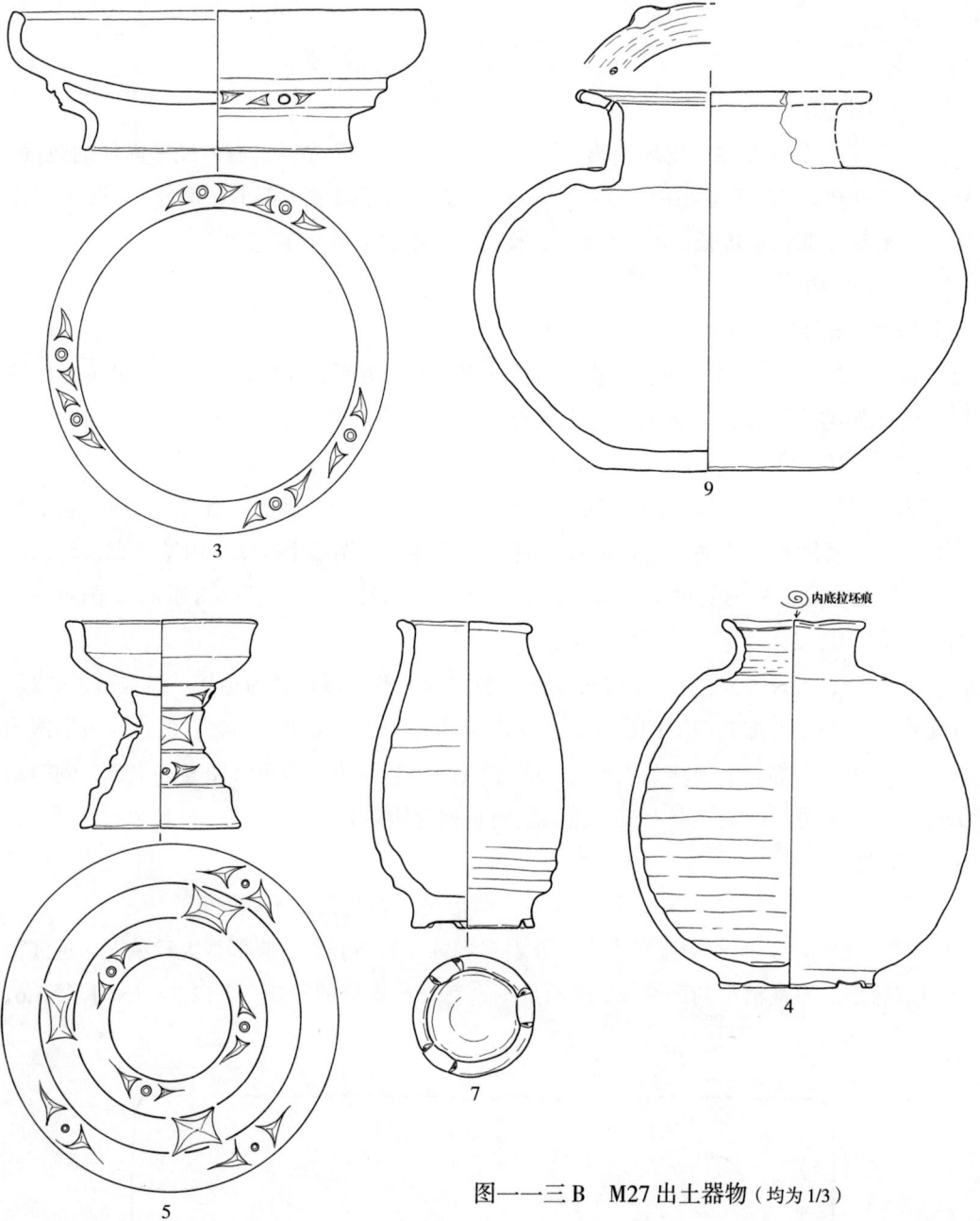

图一一三 B　M27 出土器物（均为 1/3）

底径 5.2 厘米。（图一一三 B）

　　罐　M27：9，泥质灰胎黑皮陶，外表多剥蚀。质地疏松，一侧口沿部位残损。近直口，宽沿外展，沿面有一穿孔，一侧粘贴有半环状小錾。鼓腹，平底。高 16、复原口径 12.8、底径 9.3～10.3 厘米。（图一一三 B）

石器　3件。

犁　M27：1，出土时犁尖朝南，正面朝上。黑灰色，沁蚀呈青灰色，角岩。双面偏正面刃，正背面刃脊线均不清晰，两侧刃部均有崩缺，当使用所致。正面后端孔周及后缘部位保留有琢打的糙面，余打磨较好。背面打磨限于犁尖及刃部两侧。犁尖背面微微上翘。犁尖夹角60度。后端琢打凹缺。琢打孔两个，其中背面孔周有疤痕，孔内壁经过修整，前端孔内径约2厘米，后端孔内径约1.8厘米。长28.7、宽13.4、最厚1.4厘米。犁尖至后端凹缺长26.7厘米。（图一一三C；彩版八八）

镞　M27：2，出土时位于石犁一侧，铤部朝南。沁蚀呈灰黑色，角岩。整器呈柳叶形，镞尖原本残损，横截面略呈扁六边形。残长5.07、最宽1.9、镞身厚0.37、铤部厚0.4厘米。（图一一三C；彩版八七，5）

钺　M27：8，沁蚀呈灰褐色，角岩。顶端面留有横向的打磨痕迹，孔单面管钻、另面桯修，孔内径1.6、外径1.9厘米。双面刃，但刃脊线不明晰，刃部有崩缺，崩缺面主要在一面上。高10.7、上宽8、刃部宽约9、最厚1.15厘米。（图一一三C；彩版八七，6）

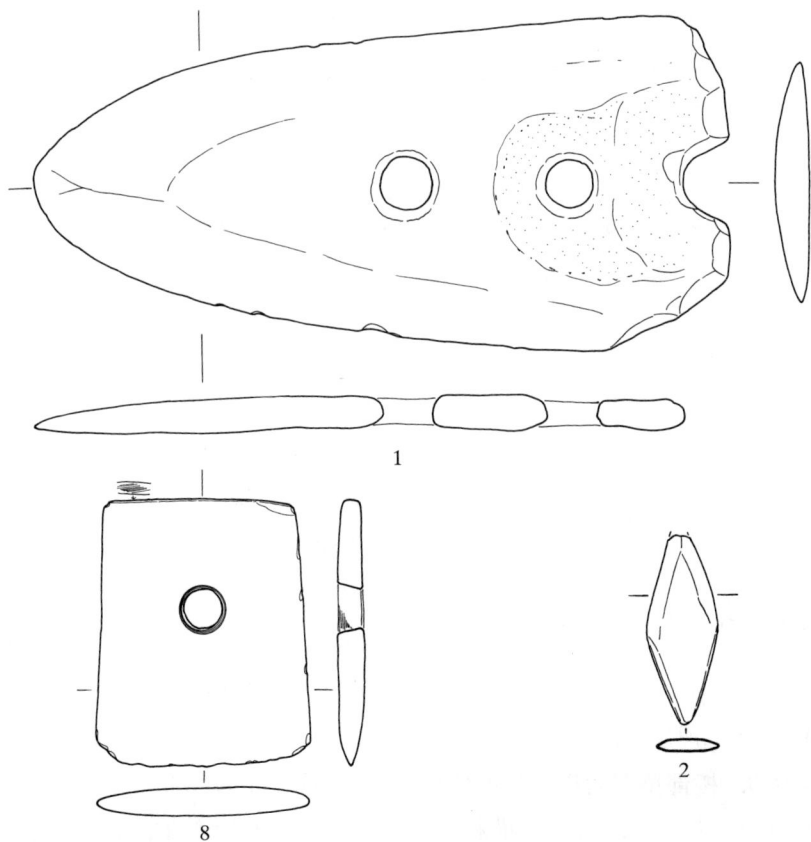

图一一三C　M27出土器物（2为1/2，1、8为1/3）

M36

（一）概述

随葬器物呈纵向分布于墓坑的北部偏西侧。墓坑长173、宽60厘米。随葬器物编号8件。（图一一四A）填土中出有夹砂红陶盖纽（？）一片，上端两侧另粘附小耳，残甚，整体不辨。（图一一四B）

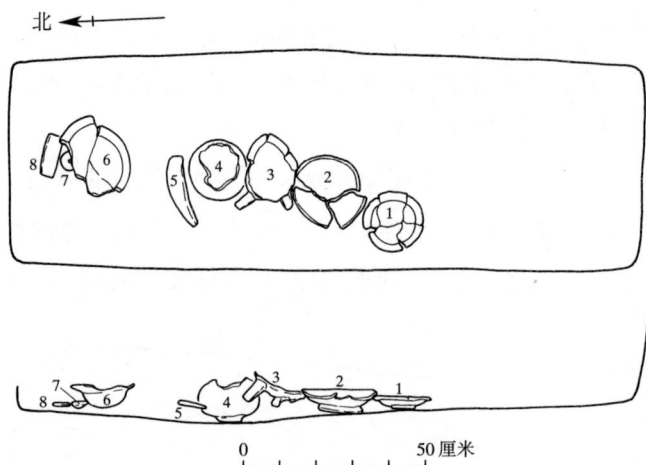

图一一四A　M36平剖图

1.陶盘　2.陶盘　3.陶鼎　4.陶壶　5.石镰　6.陶盆　7.陶纺轮　8.石刀

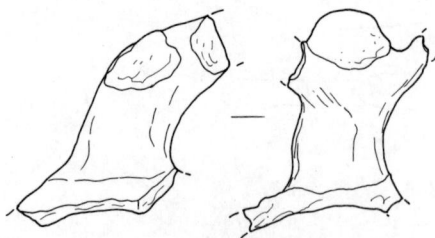

图一一四B　M36填土中出土的陶片（1/3）

（二）遗物

陶器　6件。

盘　M36：1，泥质灰胎黑皮陶，外表多有剥蚀。宽折沿，坦腹，宽沿面上以管状物戳出三组无序的圆形图案，惜陶质疏松不能清晰辨认。圈足外撇。高3.7、口径15、圈足径7.8厘米。（图一一四C；彩版八九，1）

盘　M36：2，泥质灰胎黑皮陶，外表多剥蚀。方唇，敛口，微折腹。圈足与豆盘按接处按抹呈棱状，棱部留有明显的刮削抹划痕迹。矮圈足上镂两个间距约1.5厘米的圆形孔。高6.1、口径16.6、圈足径11厘米。（图一一四C；彩版八九，2）

鼎　M36：3，粗泥红胎红陶，质地相对较硬。侈口，颈部不明显，鼎身呈盆形，凿

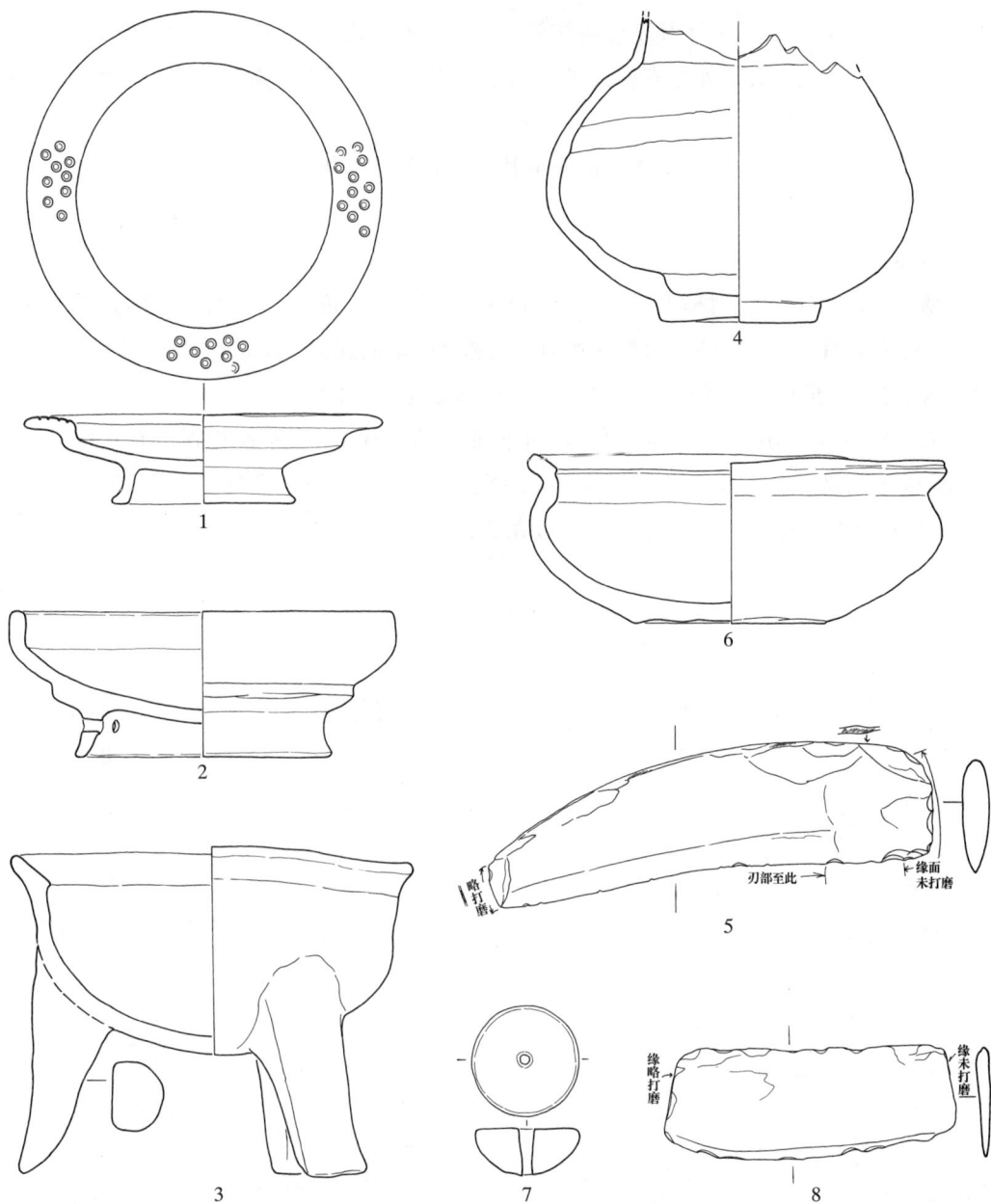

图一一四 C　M36 出土器物（均为 1/3）

形足。整器略显不正。高 13 ~ 13.7、口径 16.7 ~ 17.2 厘米。（图一一四 C；彩版八九，3）

　　壶　M36：4，泥质青灰—红褐胎灰黑陶，外表剥蚀呈红褐色。质地疏松，口沿残损，不能修复。似为长颈，敛口，垂腹，假圈足，底微内凹。残高 12.4、底径 6.4 ~ 6.7 厘米。（图一一四 C）

盆　M36：6，出土时下压 7 号陶纺轮。泥质灰胎黑皮陶，外表多剥蚀。侈口，微卷唇，斜收腹，平底，底部外缘有横向的抹划痕。整器显得不正。高 7、口径 17.8、底径 8 厘米。（图一一四 C）

纺轮　M36：7，泥质灰褐陶。正面平整，背面弧凸。高 1.93、外径 4.5 厘米。（图一一四 C）

石器　2 件。

镰　M36：5，出土时横向放置，刃部朝南。灰黑色，角岩。弧背面上经过打磨，前端部位缘面略有打磨，后端缘面均保留有琢打痕迹。单面弧刃，刃部磨制至置柄部位。长 19、柄端宽 5、最厚 1.1 厘米。（图一一四 C；彩版九〇，1）

刀　M36：8，沁蚀呈灰黑色，角岩。平面整体略呈梯形。顶端缘面保留有琢打痕迹，两侧缘面一侧略打磨，另一侧未打磨。双面弧刃，刃部略弧凸，且略有崩缺。高 4.6、宽 12.6、最厚 0.6 厘米。（图一一四 C；彩版九〇，2）

M29

（一）概述

墓室南部有 3 件玉管、珠，其中 10 号玉珠为 1 号陶盆所压。余随葬器物集中于墓室中、北部。墓坑长 261、宽 60～75 厘米，墓坑北部比南部稍宽。随葬器物编号 10 件。（图一一五 A）

（二）遗物

陶器　6 件。

盆　M29：1，泥质灰黑胎灰褐陶，质地相对较硬。宽折沿，敞口，斜收腹，平底。

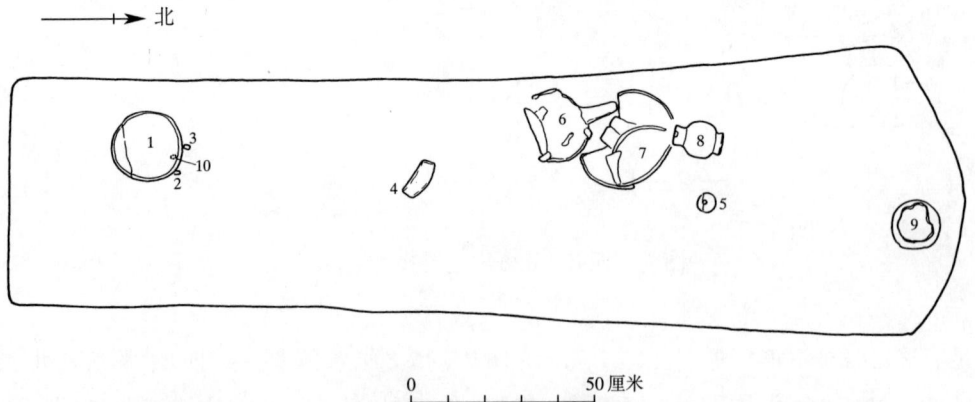

图一一五 A　M29 平面图

1. 陶盆　2. 玉管　3. 玉珠　4. 石镰　5. 陶纺轮　6. 陶鼎　7. 陶豆　8. 陶双鼻壶　9. 陶双鼻壶　10. 玉珠

高 4.6、口径 17.2、底径 7.4 厘米。（图一一五 B）

纺轮　M29：5，泥质褐胎灰黑陶。陶质疏松，碎裂。两面均较为平整。高 1.5、外径 5 厘米。（图一一五 B）

鼎　M29：6，粗泥红褐陶。质地疏松，不能完整修复。侈口，似垂腹，凿形足外侧面近足根部位刻划有短线。高 15、口径约 11.8 ~ 12.2 厘米。（图一一五 B）

豆　M29：7，泥质红胎灰黑陶。整器显得不正。短直敛口，坦腹。圈足中部有一周凸弦纹，上方不等距镂有两个圆孔。高 12.5 ~ 13.8、口径 19.2、圈足径 12 厘米。（图一一五 B；彩版九一，1）

双鼻壶　M29：8，泥质褐胎黑皮陶，外表基本剥蚀。高领外展，口沿两侧按贴竖向

图一一五 B　M29 出土器物（2、3、10 为 1/1，余为 1/3）

小鼻，矮圈足上抹划一周呈台状的弦纹。内壁留有快轮拉坯痕迹。高10.6、口径7.6～7.8、圈足径6.9～7.1厘米。（图一一五B；彩版九一，2）

双鼻壶 M29：9，泥质红褐胎黑皮陶，黑皮保存尚可。野外起取时残损，双鼻和壶体不能直接拼接，但从陶质等特征判读当大致如线图所示。短颈，微敛口，两侧按贴竖向小鼻，鼓腹，矮圈足上抹划一周呈台状的弦纹。残高8.6、圈足径8.3～8.5厘米。（图一一五B）

石器 1件。

镰 M29：4，出土时大致位于墓坑的中部。沁蚀呈灰褐色，角岩。弧背缘面打磨，两侧原本残损，保留有残断面，刃部双向琢打未磨制。应是一件改制未成的石制品。长10.1、宽4.4、最厚1厘米。（图一一五B；彩版九一，3）

玉器 3件。

管 M29：2，黄褐色。孔双向桯钻。高1.62、外径0.87～0.9厘米。（图一一五B；彩版九一，4）

珠 M29：3，鸡骨白。外壁一侧留有竖向的弧状线切割痕迹。高1.7、外径0.7～0.83厘米。（图一一五B；彩版九一，5）

珠 M29：10，出土于1号陶盆下，推测原先3件玉管、珠均位于陶盆下，陶盆可能叠压墓主人头骨。深米黄色，可能为"假玉"。孔桯钻。高0.37、外径0.58厘米。（图一一五B；彩版九一，6）

M31

（一）概述

野外清理时，由于堆筑土异常坚硬，填土也为质地紧密的夹沙褐土，墓坑北部勉强辨认，南部不清。墓坑长度不明，宽约62厘米。随葬器物除了5、6号陶杯位于墓室中部外，余均位于墓室北部。随葬器物编号6件。（图一一六A）

（二）遗物

陶器 6件。

豆 M31：1，泥质红胎红陶，外表局部残存有红衣。宽平沿，坦腹，细柄，柄上装饰有圆形镂孔。圈足底部残，不能修复。残高13.5、口径18.2厘米。（图一一六B）

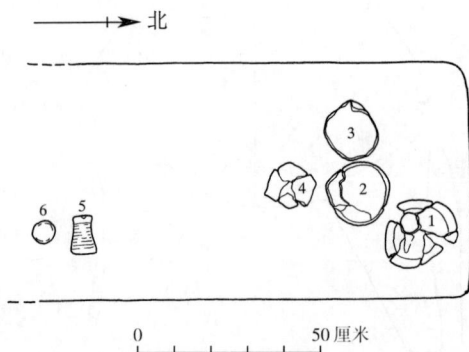

图一一六A M31平面图

1.陶豆 2.陶盘 3.陶盆 4.陶罐 5.陶杯 6.陶杯

　　盘　M31∶2，粗泥灰胎黑皮陶，外表基本剥蚀。敛口，坦腹。圈足中部内凹，上部镂剔斜向排列的十五组圆孔和弧边三角组合图案，下部呈台阶状。高9.8、口径18.4、圈足径12.2～12.5厘米。（图一一六B；彩版九二，1）

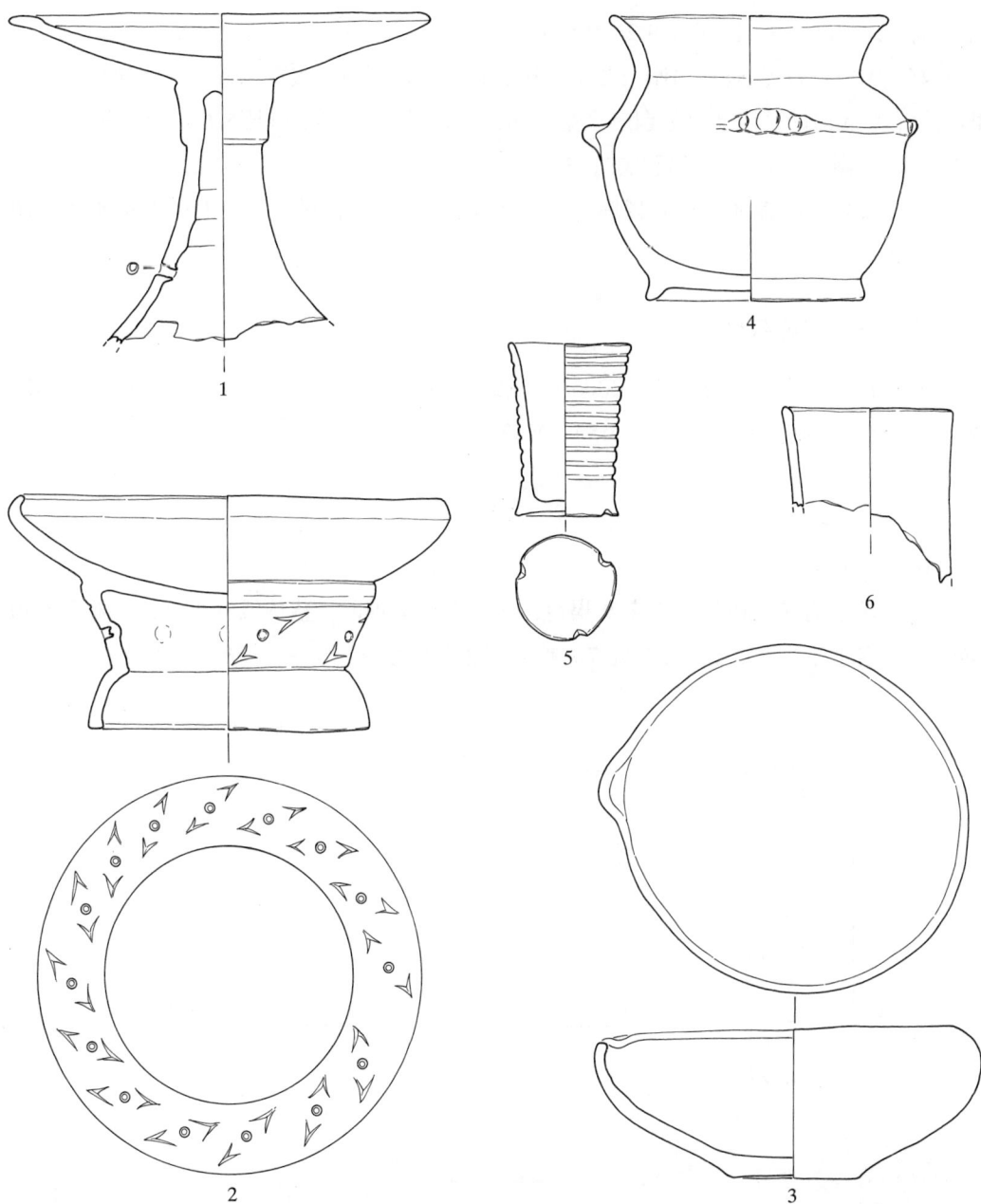

图一一六B　M31出土器物（均为1/3）

盆　M31：3，泥质红褐胎黑皮陶，外表基本剥蚀。敛口，口沿一侧按捏呈流状，斜收腹，平底微内凹。高6.3、口径14.3～16.2、底径5.5厘米。（图一一六B）

罐　M31：4，夹砂红陶，外表局部呈灰黑色，局部还可辨认曾施红衣。整器显得不正。侈口，大翻沿，腹部上方有一周凸弦纹，弦纹上约等距按贴四个鸡冠状小鋬。矮圈足。高12、口径12、圈足径9.2～9.6厘米。（图一一六B；彩版九二，2）

杯　M31：5，泥质红褐胎灰黑陶，外表剥蚀呈灰褐色。腹部内收，外壁抹划十一道凹弦纹，平底内凹，且等距刻剔三个呈三角形的凹缺。高7.3、口径5.1～5.2、底径4.1～4.3厘米。（图一一六B；彩版九二，3）

杯　M31：6，泥质灰胎灰黑陶。仅修复口沿部位，口微敞。口径7.5～7.9厘米。（图一一六B）

四　东区南组墓葬

东区南组墓葬主要分布于TE005和TE006，共9座。自西向东分别为：M44、M52、M57、M56、M60、M58、M59、M55、M53。

M44

（一）概述

坑内填土为灰黄色沙土夹杂灰褐色斑土，野外清理时，墓坑线甚难辨认。随葬器物均位于墓室北部。墓坑长205、宽70厘米。随葬器物编号6件。（图一一七A）

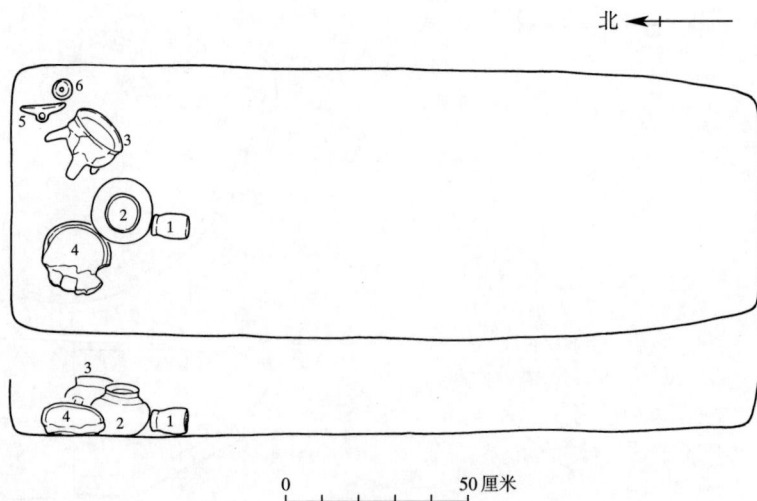

图一一七A　M44平剖图
1. 陶杯　2. 陶罐　3. 陶鼎　4. 陶盘　5. 石刀　6. 陶纺轮

（二）遗物

陶器　5件。

杯　M44∶1，泥质灰黑胎黑皮陶。口微敛，整器口部显得不正，下腹部外壁抹划三道浅凹弦纹，假圈足。高10.2、口径5.5～6、底径5.5厘米。（图一一七B；彩版九二，4）

罐　M44∶2，泥质青灰胎黑皮陶，外表基本剥蚀。侈口，翻沿，肩部有一周按抹的凹弦纹，鼓腹，假圈足。高13.3～13.5、口径9.7、底径8～8.3厘米。（图一一七B；彩

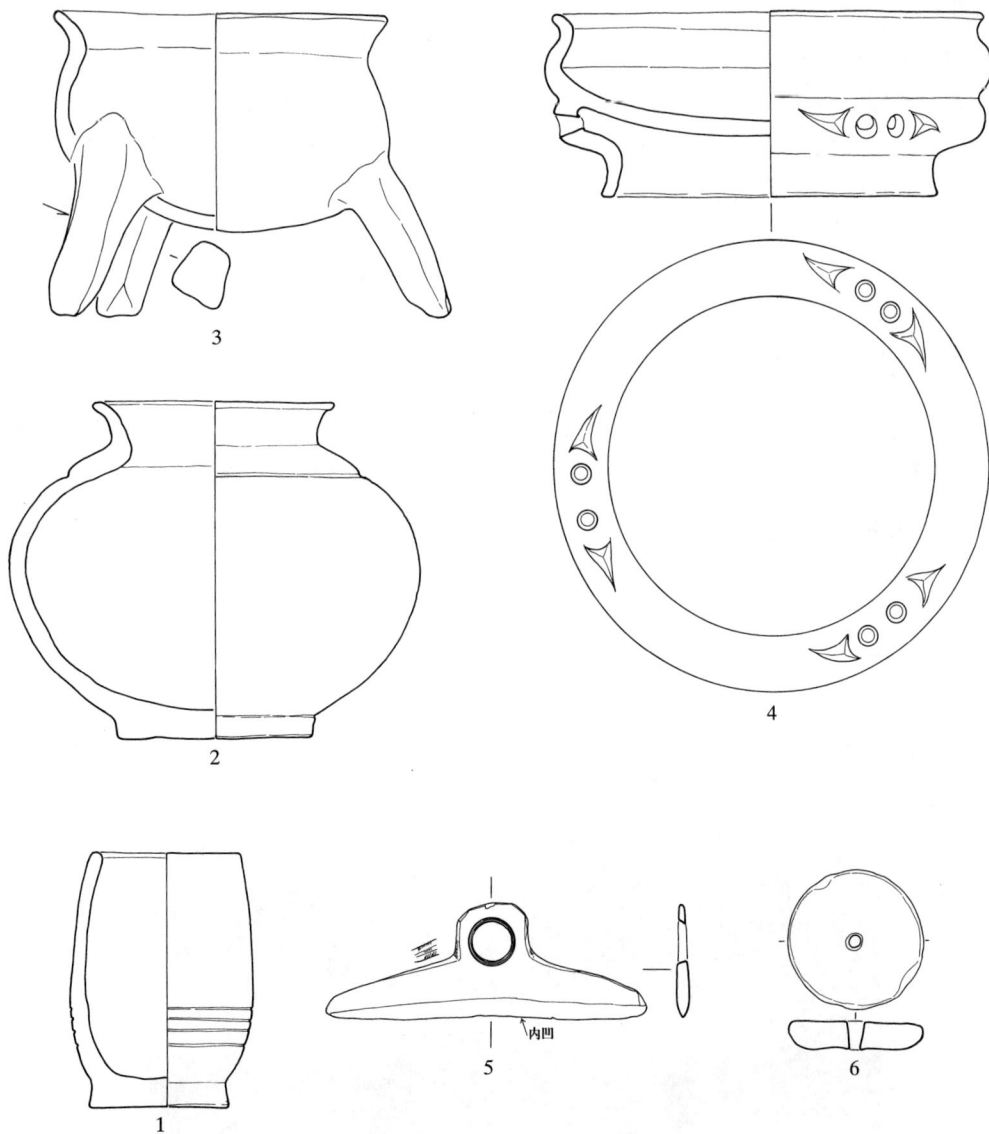

图一一七B　M44出土器物（均为1/3）

版九二, 5)

鼎 M44:3, 粗泥黑胎红褐陶。侈口, 凿形足。高12.1、口径13.5厘米。(图一一七B; 彩版九二, 6)

盘 M44:4, 泥质红褐胎黑皮陶, 外表基本剥蚀。敛口, 唇外卷。圈足与豆盘按接处按抹呈双弧腹状, 并刻剔三组大致等距的圆孔和弧边三角组合图案。高7.3、口径17.6、圈足径13.9厘米。(图一一七B)

纺轮 M44:6, 夹细砂灰黑胎灰褐陶。两面均较平整。高1、外径5.6厘米。(图一一七B)

石器 1件。

刀 M44:5, 出土时刃部朝东。灰黑色, 角岩。上部中央呈环状凸起, 并有一单面管钻、另面桯修的孔, 孔内径1.67、外径1.85厘米, 孔位置高于两侧的肩部。两侧肩部斜向下, 肩缘面留有打磨痕迹。双面刃, 刃部有呈齿状的崩缺, 刃中部微内凹, 应与使用方式有关。高4.5、宽13.3、最厚0.62厘米。(图一一七B; 彩版九三, 1)

M52

(一) 概述

墓坑边壁较为清晰, 填土为灰黄色斑土, 沙性, 土质较为疏松。随葬器物除南部陶杯、小陶罐外, 余均集中于墓室的北部, 其中9号陶盘明显高于其他出土器物。墓坑长205、宽80厘米。随葬器物编号9件。(图一一八、一一九A; 彩版九三, 2)

(二) 遗物

陶器 7件。

杯 M52:1, 出土时位于墓坑南端, 正置。泥质褐胎黑皮陶, 外表基本剥蚀。外腹壁较直, 平底微微内凹。高8、口径5、底径4.7厘米。(图一一九B; 彩版九四, 1)

图一一八 M52 (东-西)

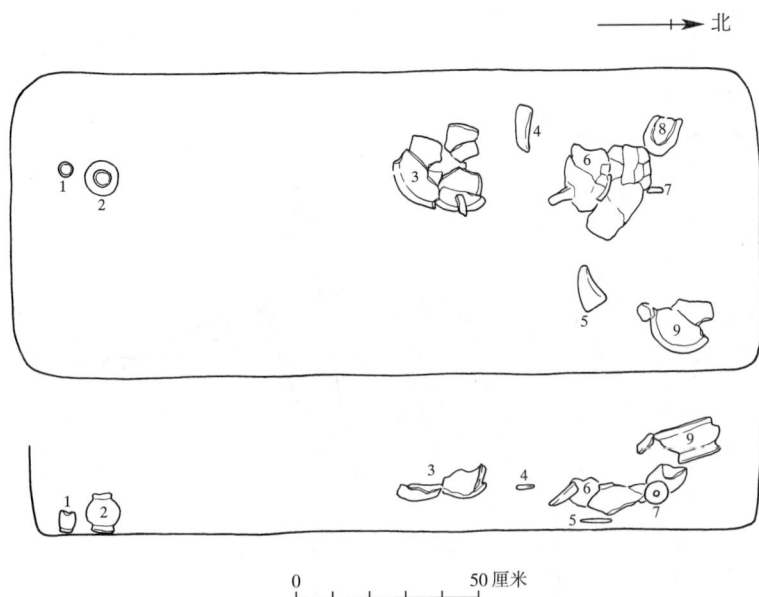

图一一九 A M52平剖图

1. 陶杯 2. 陶壶（杯） 3. 陶豆 4. 石镰 5. 石镰 6. 陶鼎 7. 陶纺轮 8. 陶杯 9. 陶盘

壶（杯） M52：2，出土时位于墓坑南端，正置。泥质灰褐胎黑皮陶。唇部略翻，鼓腹，假圈足底微内凹。高9.7、口径5.5、底径5.4～6厘米。（图一一九 B；彩版九四，2）

豆 M52：3，泥质灰胎黑皮陶，外表基本剥蚀。折敞口，坦腹，豆柄上部修治呈台形，且横向戳刻三排圆点纹，下部有圆形镂孔。高12.7～13.4、口径17.2～17.8、圈足径10.6～11.3厘米。（图一一九 B；彩版九四，3）

鼎 M52：6，粗泥褐胎红陶。侈口，唇略外卷，鼓腹，凿形足。高18.7、口径13.7厘米。（图一一九 B；彩版九四，4）

纺轮 M52：7，出土时竖置。夹细砂褐胎黑陶，过烧。正面平整，背面微弧凸。高1.4、外径5.5厘米。（图一一九 B）

杯 M52：8，泥质青灰胎黑皮陶。唇部微外翻，假圈足。高12、口径8.2、底径6.7厘米。（图一一九 B）

盘 M52：9，泥质红胎黑皮陶，外表基本剥蚀。折敞口，唇部略厚，腹部外壁按抹有一周折棱状的弦纹。矮圈足，圈足外侧尚留有抹削痕迹。高6.2、口径18.7、圈足径7.8厘米。（图一一九 B）

石器 2件。

镰 M52：4，出土时刃部朝北。灰黑色，角岩。弧背，双面刃，刃部有呈齿状的崩缺，刃部磨制至于柄端部位。置柄部位保留有原先的琢打面。长12.7、柄端宽4.5、最厚

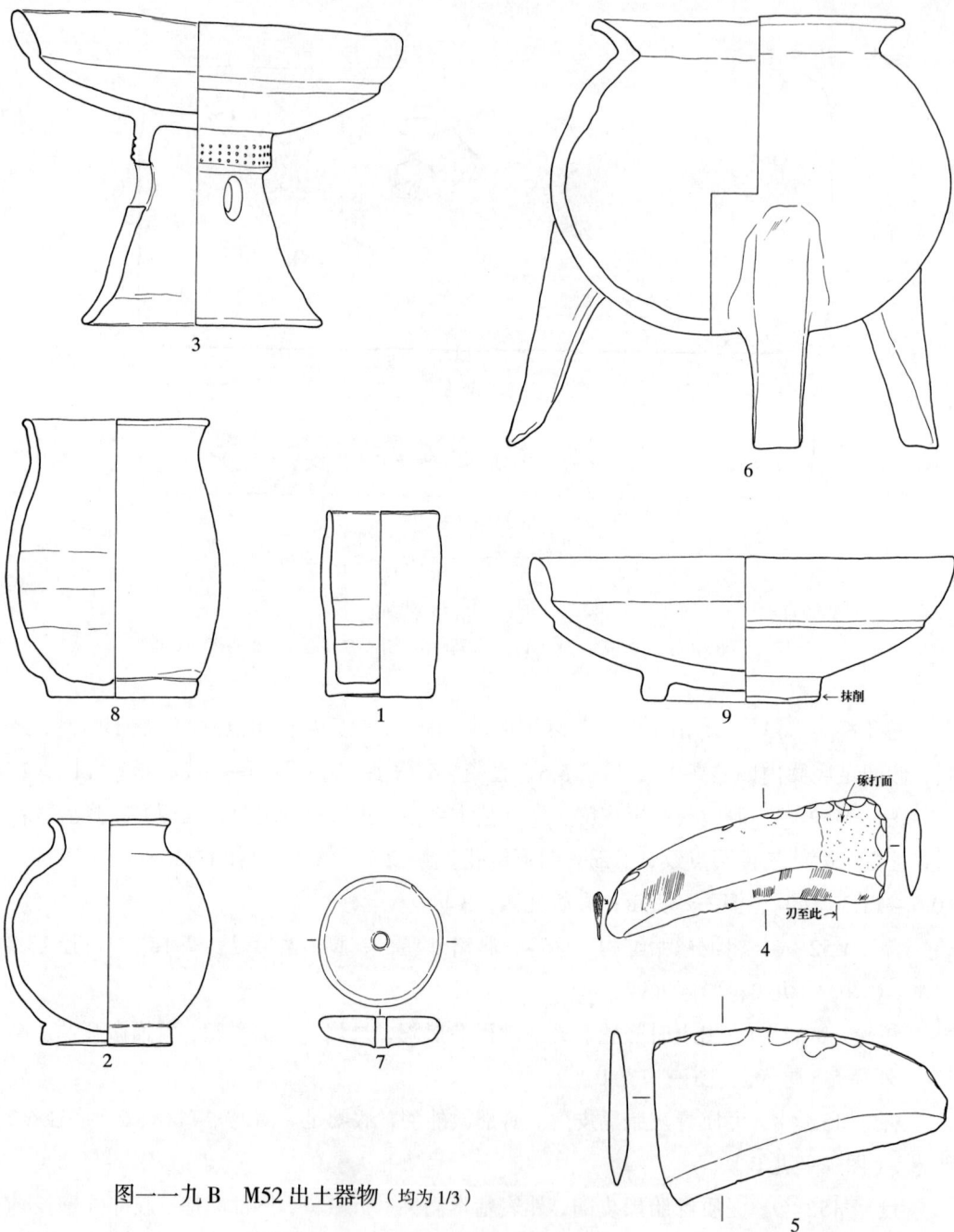

图一一九 B　M52 出土器物（均为 1/3）

0.75 厘米。（图一一九 B；彩版九四，5）

　　镰　M52：5，出土时刃部朝北。沁蚀呈灰黑色，角岩。弧背，双面刃，一面的刃脊线不明晰，刃部有呈齿状的崩缺。置柄部位原本残损。长 13、端部宽 7.2、最厚 0.85 厘米。（图一一九 B；彩版九四，6）

M57

（一）概述

野外墓坑南北边缘难以辨认。填土为灰黄色沙土，包含较多的小砾石，土质甚为紧密。墓坑长260、宽55厘米。随葬器物编号3件。（图一二〇 A）

（二）遗物

陶器　3件。

鼎　M57：1，出土时侧倒，口部朝西北。夹砂红陶，局部外壁似有黑色陶衣。侈口，折腹部位微微起棱，上部有隐约的抹划痕。凿形足，残损。残高12.5、口径12.6厘米。（图一二〇 B）

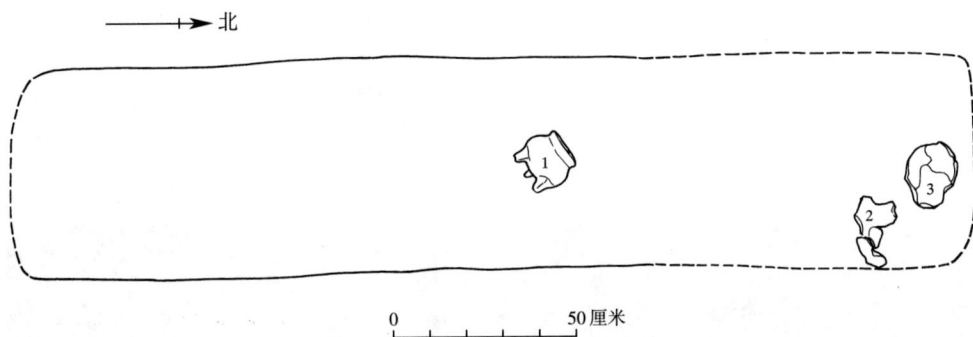

图一二〇 A　M57平面图

1.陶鼎　2.陶壶　3.陶盆

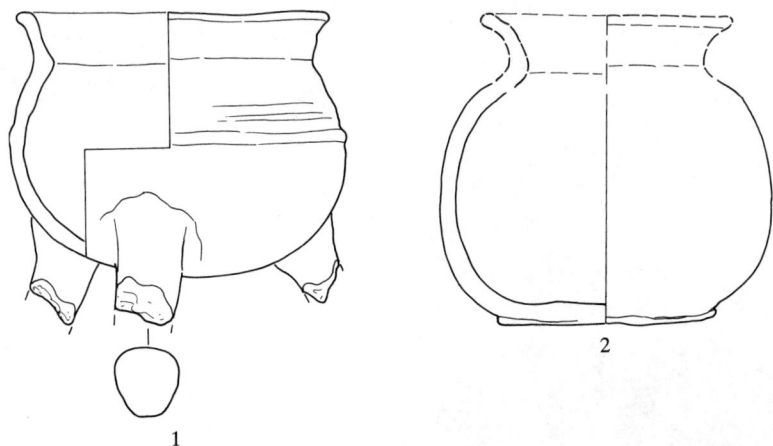

图一二〇 B　M57出土器物（均为1/3）

壶　M57：2，泥质黑胎黑皮陶，外表基本剥蚀。口部残，鼓腹，底部粘贴呈低矮的假圈足。残高9.2、底径9厘米。（图一二○B）

盆　M57：3，泥质灰胎黑皮陶。质地疏松，难以修复。

M56

（一）概述

野外清理时墓坑线不甚清晰，在解剖土台堆积时发现。墓坑内填土为灰褐色沙性土，质地紧密。随葬器物中13号陶大口缸仅存碎片，且高于其他随葬器物，应为晚阶段堆积破坏所致。墓坑长260、宽80厘米。随葬器物编号15件。（图一二一，1、2；图一二二A；彩版九五，1）

（二）遗物

陶器　10件。

盆　M56：3，出土时为2号石钺所压。泥质青灰胎黑皮陶，黑皮保存较好。折沿，浅腹，高圈足。高5.9、口径18.2、圈足径11.8厘米。（图一二二B）

图一二一　M56及器物出土情况
1. M56（南—北）　2. 石钺、陶盆等出土情况（西—东）

图一二二 A　M56 平剖图

1. 半圆形玉坠饰　2. 石钺　3. 陶盆　4. 陶盆　5. 石镰　6. 玉镯　7. 陶杯　8. 陶鼎　9. 陶豆　10. 陶纺轮 11. 陶纺轮
12. 陶盘　13. 陶大口缸　14. 陶双鼻壶　15. 玉珠

盆　M56：4，出土时大致位于墓室中部，较为贴近墓坑东壁，侧倾，东高西低。泥质褐胎灰褐陶。折沿，腹较深，高圈足。高 9.8、口径 16.8、圈足径 11 厘米。（图一二二 B）

杯　M56：7，位于墓室北部，出土时倾倒，碎裂，口部朝西北。泥质灰胎黑皮陶。侈口，鼓腹，假圈足。内壁及内底留有快轮拉坯的痕迹。高 10.3、口径 5.8、底径 6 厘米。（图一二二 B；彩版九六，1）

鼎　M56：8，野外起取时除了有夹砂黑胎黑陶残片外，另可辨认的还有三个夹细砂的扁状侧足，外侧面且有竖向刻划，当为鼎。

豆　M56：9，泥质红褐胎黑皮陶，黑皮保存尚可。敞口，折腹，折腹部位内折凹。圈足中部有一周凸弦纹，上方有两个圆形镂孔，圈足内壁及豆盘底部留有制作痕。高 14.2、口径 19～19.5、圈足径 14.1～15.2 厘米。（图一二二 B；彩版九六，2）

纺轮　M56：10，出土时位于 9 号陶豆的北侧，竖置。泥质褐胎黑皮陶。两面均较为平整。高 1.7、外径 4.9 厘米。（图一二二 B）

纺轮　M56：11，出土时位于 7 号陶杯的西北侧，竖置。泥质褐胎黑皮陶，外表局部呈灰褐色。两面均较为平整。高 1.7、外径 5.2 厘米。（图一二二 B）

盘　M56：12，泥质黑胎黑皮陶。残损甚，现修复件仅供参考。敞口，微折腹，高圈足。高约 7、口径约 20、圈足径约 13 厘米。（图一二二 B）

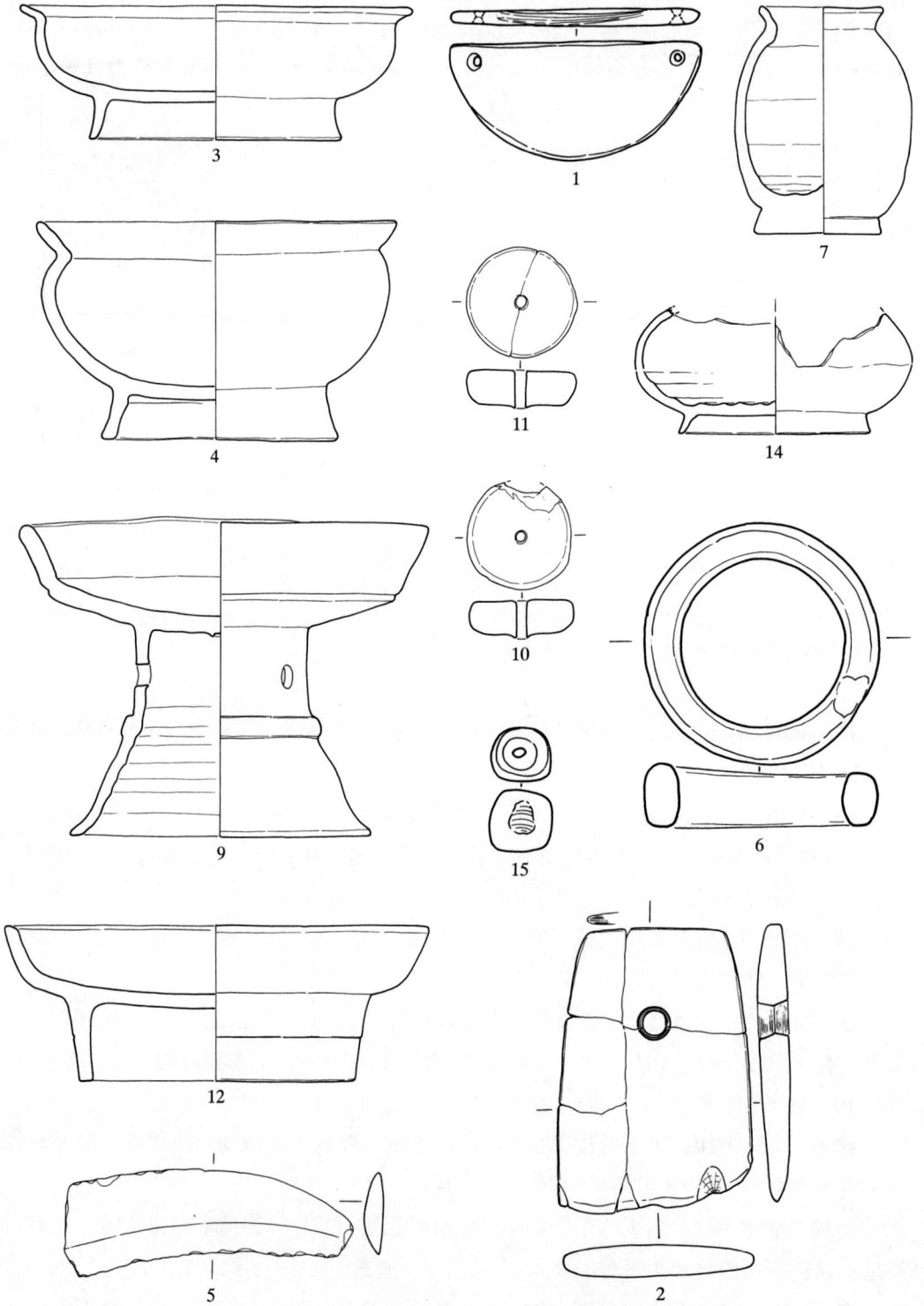

图一二二 B　M56 出土器物（1、15 为 1/1，6 为 1/2，余为 1/3）

大口缸　M56：13，出土时高出其他器物约 10～20 厘米，仅为大口缸底部残片。夹粗砂红陶。壁厚 5.7 厘米，自内壁向外依次为：白衣涂层、夹杂云母和粗砂的红褐色胎、灰褐色胎（中心最厚部分）、灰白色胎和夹杂云母和粗砂的红褐色外壁。（彩版九六，3）

双鼻壶　M56：14，仅为碎片，不能完全修复，原器可能为双鼻壶。泥质红胎灰黑陶。鼓腹，矮圈足。残高 5.6、圈足径 8.8 厘米。（图一二二 B）

石器　2 件。

钺　M56：2，出土时压 3 号陶盆，受挤压残损为数块，刃部朝西。黄褐色，局部夹紫红色斑，凝灰岩。顶端面横向打磨，双向管钻孔，孔内径 1.1、外径 1.5 厘米。双面偏一面刃，刃部有崩缺。高 13、上宽 6.5、刃部宽 9 厘米。（图一二二 B；彩版九五，2）

镰　M56：5，出土时压 6 号玉镯，刃部朝南。沁蚀呈灰黄色，角岩。弧背，单面刃，刃部打磨至柄端部位。长 13.6、柄部位宽 4.2、最厚 0.9 厘米。（图一二二 B；彩版九五，3）

玉器　3 件。

半圆形坠饰　M56：1，出土时位于石钺的西侧，较贴近墓坑的西壁，系孔朝东。黄褐色。顶部缘面可见明显的弧状片切割痕迹，两侧有双向桯钻的小系孔，整器一面较为平整，另一面中部略弧凸。高 1.72、两端宽 3.87、最厚 0.3 厘米。（图一二二 B；彩版九六，4、5）

镯　M56：6，出土时大致位于墓室中部的西侧，当左腕饰。野外清理发掘 F2 及土台基址剖面时器物不慎受损。黄褐色。镯体截面呈椭圆形。一面较为平整，另面略有高低，一侧还有原本取料时的凹缺，凹缺面经打磨。中孔双向管钻，孔内壁经过修磨使得内径不圆，内径 5.15～5.2 厘米，外径 7.1～7.2 厘米。高 1.6～1.85 厘米。（图一二二 B；彩版九六，6）

珠　M56：15，出土时位于半圆形玉坠饰北侧，紧贴墓坑的西壁。黄褐色。横截面略呈椭圆形，外壁留有切割痕迹。高 0.86、外径 0.82～0.92 厘米。（图一二二 B；彩版九六，7）

M60

（一）概述

野外清理时墓坑线相对清楚，墓坑东侧被 M58 打破，但随葬器物保存完好。坑内填土为灰褐色沙土，土质紧密。墓葬长 280、宽 120 厘米。随葬器物编号 9 件，均为陶器，均位于墓室中部偏北。（图一二三、一二四 A）

（二）遗物

陶器　9 件。

盆　M60：1，出土时盆内有 9 号陶纺轮。泥质灰胎黑皮陶，外表多剥蚀。敞口，斜

图一二三　M60（北—南）

宽唇，唇面上有两个间距约 1.5 厘米的穿孔。斜收腹，平底微内凹。高 4.1、口径 19、底径 8.5 厘米。（图一二四 B）

豆　M60：2，泥质青灰胎黑皮陶，黑皮保存尚可。敞口，唇部略厚，折腹，折腹部位按抹呈棱状。圈足中部装饰三个大致等距的圆形镂孔。高 13.3、口径 19.5、圈足径 12.4～12.8 厘米。（图一二四 B；彩版九七，1）

鼎　M60：3，夹砂红陶，鼎身外壁及足根部有黑色烟炱，可能是实用器。侈口，腹部甚为圆整。鱼鳍形足，横截面中部略鼓，两面均有斜向的刻划线。高 17.5～18.4、口径 13.6 厘米。（图一二四 B；彩版九七，2）

盆　M60：4，出土时碎裂甚。泥质红胎

图一二四 A　M60 平剖图

1. 陶盆　2. 陶豆　3. 陶鼎　4. 陶盆　5. 陶双鼻壶　6. 陶大口缸　7. 陶罐　8. 陶豆　9. 陶纺轮

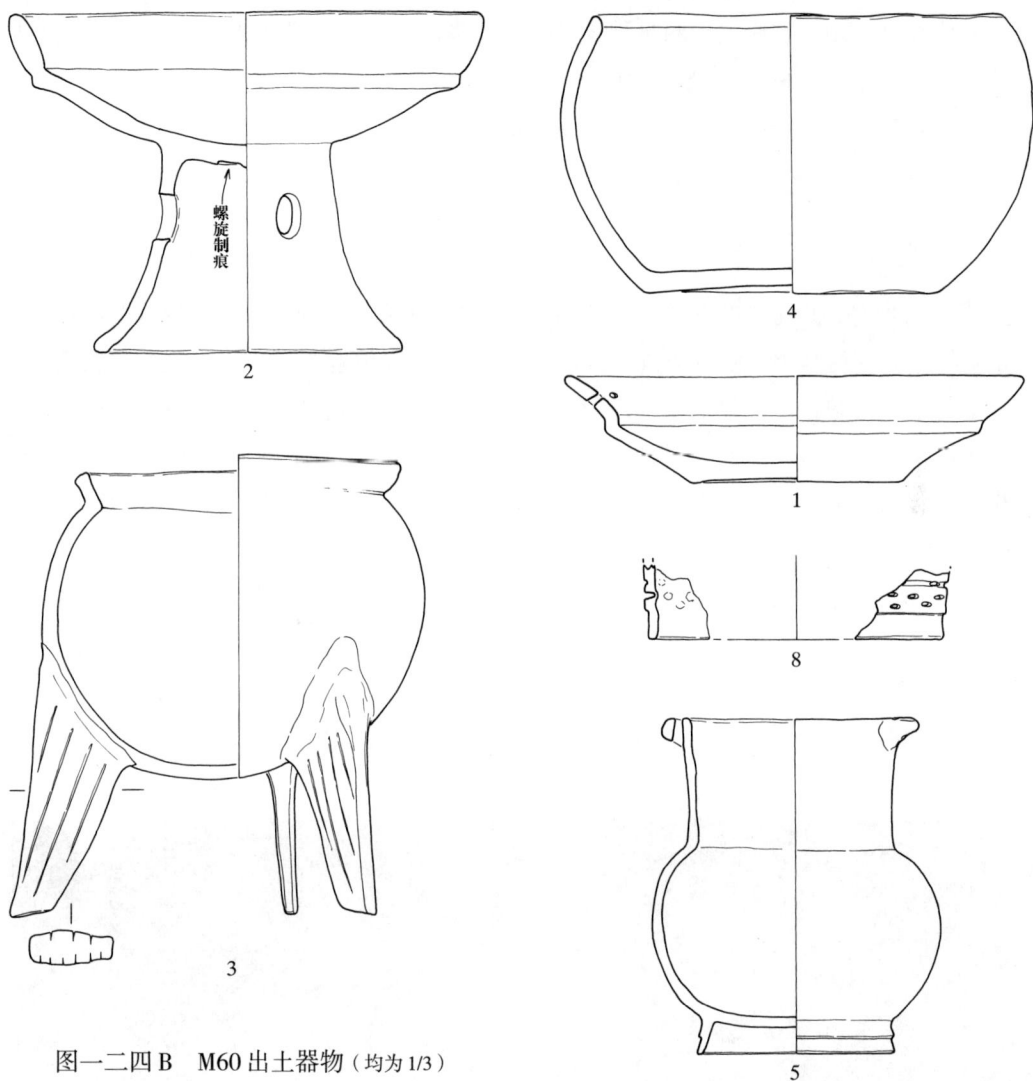

图一二四 B　M60 出土器物（均为 1/3）

褐陶。敛口，鼓腹，平底微内凹。整器或可称钵。高 11.2、口径 16～17、底径 12 厘米。（图一二四 B）

双鼻壶　M60：5，出土时倾倒，壶口朝东。泥质灰胎黑皮陶，外表多剥蚀。高领较直，口沿两侧按贴竖向小鼻，鼓腹，矮圈足按抹有呈台形的弦纹。高 13.1～13.5、口径 8.7、圈足径 8.1 厘米。（图一二四 B；彩版九七，3）

大口缸　M60：6，位于墓坑北端西部，仅存口沿和腹部残片。夹粗砂，粗砂多为棱角分明的石英类。缸内壁施白衣。口沿外部拍印菱形纹。

罐　M60：7，泥质灰褐陶。仅可辨认平底，无法修复。

豆　M60：8，碎裂甚，出土时底部高出其他随葬器物约 5 厘米。泥质红胎黑皮陶。

仅可辨认圈足，无法整修复。圈足外壁较直，有横向椭圆形镂孔（未穿透）和弦纹相结合的装饰。复原圈足径 12 厘米。（图一二四 B）

纺轮　M60∶9，残甚。泥质褐胎黑皮陶。直径约 6、最厚 1.5 厘米。

M58

（一）概述

野外清理时，墓坑线难以辨认，墓坑南部为晚期堆积所破坏。野外清理分两次进行，先于墓坑东北部清理出 1 号陶壶和 2 号陶大口缸碎片，在清理过程中另发现有器物出露，而且墓坑中部还暴露出明显的质地纯净的黄土，经仔细辨认，最后判定 M58 可能存在葬具结构。其中墓室的中部即为葬具痕迹，边线较为清楚，葬具范围内北部还保留有黄土堆积。余墓坑填土为灰黄色沙土，含小砾石、红烧土颗粒等，土质甚为紧密。墓坑残长 230、宽 150 厘米。随葬器物编号 13 件。（图一二五，1、2；图一二六 A）

墓坑填土中出土有夹砂红陶鱼鳍形足（图一二六 B），另发现有宽约 4.6 厘米的凿形足，凿形足外侧面有多道竖向抹划。

（二）遗物

葬具内有随葬品 7 件，除了石镰位置稍靠中部外，余大致集中于北端。

图一二五　M58 及器物出土情况
1. M58（北—南）　2. 陶器等出土情况（东—西）

北 ←

0　　　　　　　　50厘米

图一二六 A　M58 平剖图

1. 陶壶　2. 陶大口缸（残片，呈散落状）　3. 陶豆　4. 陶盘　5. 陶杯　6. 陶盉　7. 陶双鼻壶　8. 陶双鼻壶
9. 陶豆　10. 陶豆　11. 玉圆牌　12. 石镰　13. 陶双鼻壶

陶器　5件。

豆　M58：3，出土时倾倒，口部朝东。泥质灰褐胎黑皮陶。敞口，折腹，折腹部位按抹呈棱状。高圈足，圈足中部按贴一周凸弦纹，其上有不甚等距的三个长方形镂孔。高16.9、口径19、圈足径14.5～15厘米。（图一二六 C；彩版九七，4）

盘　M58：4，出土时稍压5号陶杯。泥质黑—红褐胎黑皮陶。圈足原本残缺。坦腹，厚唇，微内卷，唇下有两个间距约1.2厘米的穿孔。残高4.1、口径20厘米。（图一二六 C）

杯　M58：5，出土时倾倒，口部朝北。泥质青灰—灰胎黑皮陶，外表多剥蚀。侈口，翻唇，略垂腹，矮圈足上按抹一周凹弦纹。高12、口径5.9～6.2、圈足径5.8厘米。（图一二六 C；彩

图一二六 B　M58 填土中出土的陶鱼鳍形足（1/2）

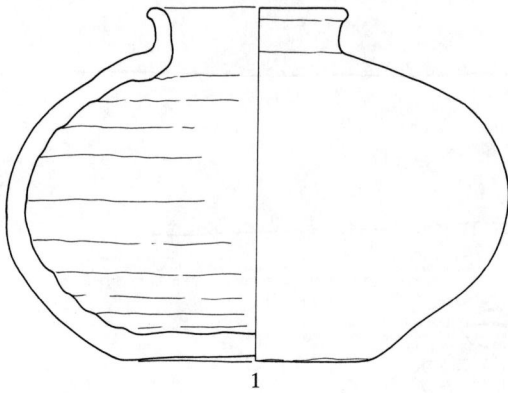

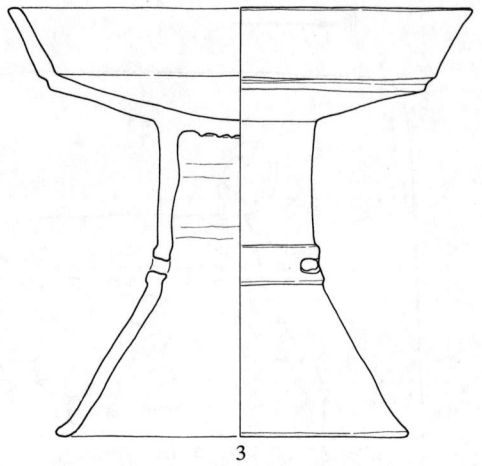

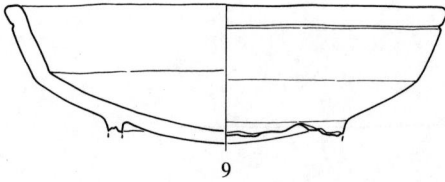

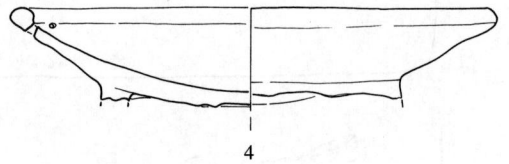

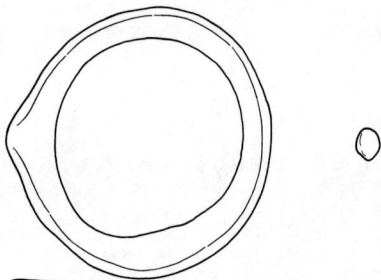

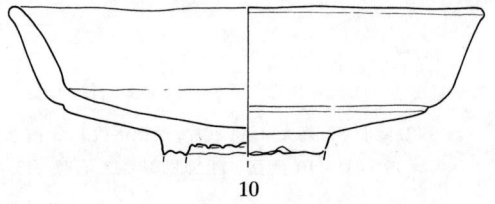

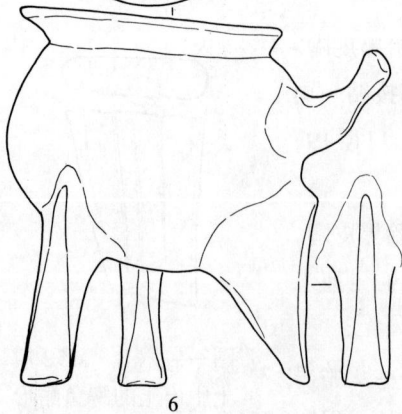

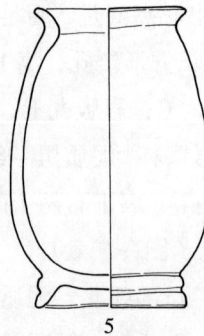

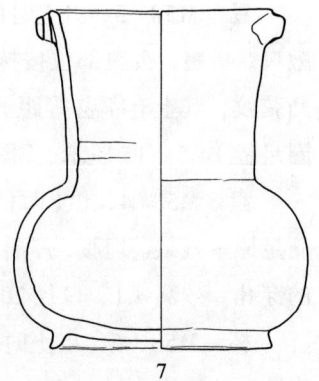

图一二六 C　　M58 出土器物（均为1/3）

版九七，5）

盉　M58：6，出土时倾倒，局部为4号陶豆所压，口部朝北。粗泥红胎褐陶。侈口，有流，球形腹，弧状上翘把手，凿形足。高15、口径10.6～11厘米。（图一二六C；彩版九七，6）

双鼻壶　M58：7，碎裂甚。泥质褐胎黑皮陶，外表多剥蚀。口微外敞，口沿两侧按贴竖向小鼻，高领，鼓腹，矮圈足。高13.5、口径9.2、圈足径9厘米。（图一二六C）

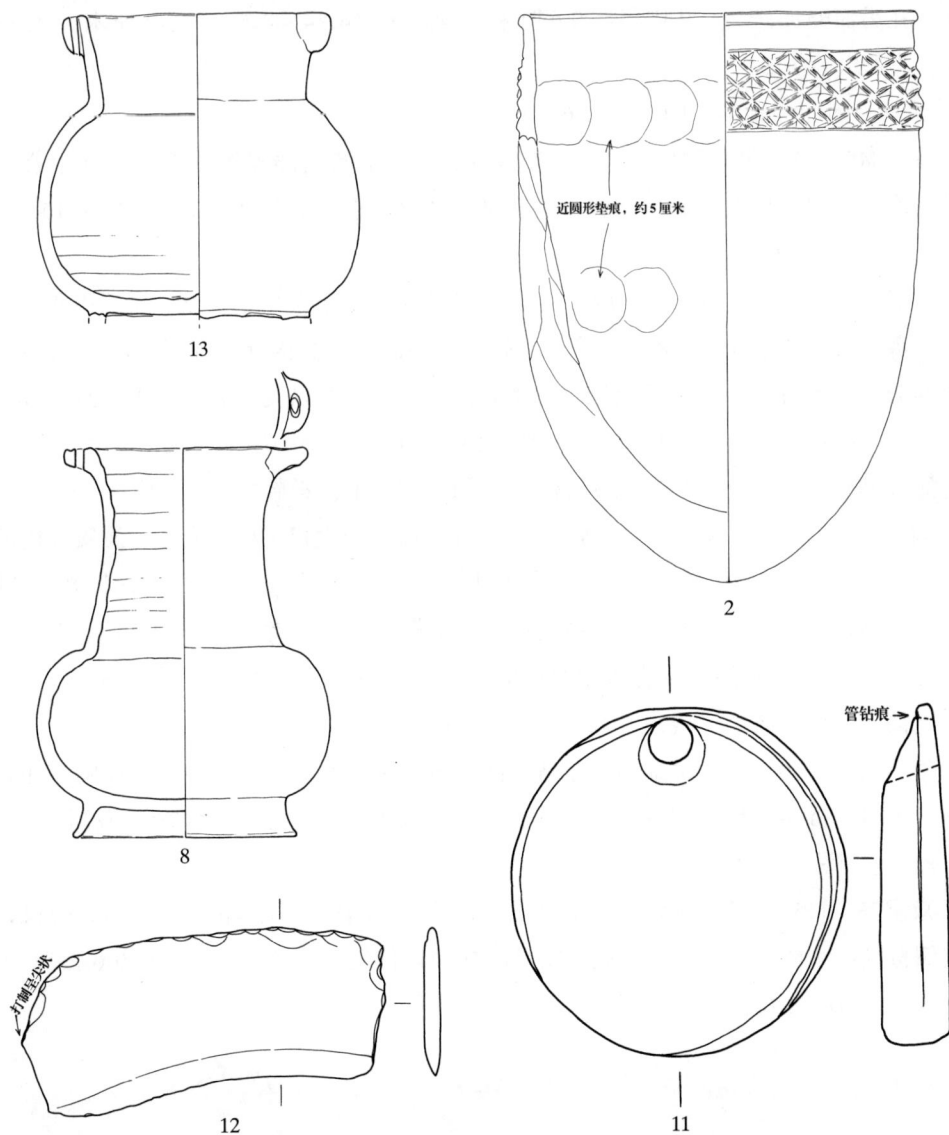

图一二六D　M58出土器物（11为1/1，2为1/6，余为1/3）

石器 1件。

镰 M58：12，出土时刃部朝北。沁蚀呈灰黄色，角岩。沙土黏附紧密，难以观察微痕。弧背，柄部琢打呈尖状，刃端部原本残损，单面刃。长14.9、宽6、最厚0.64厘米。（图一二六D；彩版九八，1）

玉器 1件。

圆牌 M58：11，出土时位于3号陶豆的东侧，系孔朝南。黄褐色，夹杂条状的青绿色晶体。整器管钻成形，一面较为平整，但留有线切割痕迹，另一面略弧凸。单面锃钻孔，孔另面略加修整，孔内径约0.6厘米。整器外径4.54～4.6、最厚1厘米。（图一二六D；彩版九八，2）

葬具外随葬器物均为陶器，共6件。

壶 M58：1，出土时位于墓坑的东北端，高出葬具内随葬器物约20厘米。泥质褐胎黑皮陶。小口，唇略外翻，鼓腹，平底微内凹。内壁留有制作痕。高13.8～14.2、口径8～8.2、底径10.5厘米。（图一二六C）

大口缸 M58：2，出土时为碎片，且呈半环状分布于墓坑的北端，局部压葬具痕迹和位于葬具外的8号双鼻壶和9号陶豆。碎片大多高出葬具内外随葬器物约15厘米。从碎片的分布情况分析，似有意识打碎后撒落，碎片基本可以复原完整的大口缸个体。夹粗砂红陶。从残片上观察，大口缸内壁似施白衣。口沿外壁拍印菱形纹。底片胎芯黑色，似有泥片贴塑。高45.5、口径约33厘米。（图一二六D；彩版九八，3）

双鼻壶 M58：8，出土时倾倒，壶口朝北，局部为大口缸碎片所压。泥质红褐胎黑皮陶，保存尚可。口沿外敞，口沿两侧按贴两个竖向的环形鼻，高领中部内凹弧，鼓腹，矮圈足。高15.6、口径7.4～7.6、圈足径9.2厘米。（图一二六D；彩版九八，4）

豆 M58：9，泥质黑－青灰胎黑皮陶，外表多剥蚀。圈足原本残缺。敞口，折腹，外壁上部有一周凹弦纹。残高5.4、口径18.2厘米。（图一二六C）

豆 M58：10，出土时微侧，北高南低。圈足原本残缺。泥质褐胎黑皮陶，外表多剥蚀。敞口，折腹，折腹部位按抹呈棱状，豆盘底面留有修整时的旋痕。残高6、口径19.5厘米。（图一二六C）

双鼻壶 M58：13，泥质青灰胎黑皮陶，外表多剥蚀。颈部相对较短，微敞口，口沿两侧按贴两个竖向的小鼻，鼓腹，圈足疏松难以修复。残高12.2、口径9.6厘米。（图一二六D；彩版九八，5）

M59

（一）概述

填土为灰黄色沙土，包含小砾石及红烧土颗粒等，土质较为紧密。随葬器物中除1

号玉坠饰位于墓室中部外，余随
葬器物均位于墓室的北端，其中
4号陶鼎压8号已倾倒的陶杯，5
号陶罐、6号陶盘、7号陶盆依次
叠压。墓坑南端为晚期堆积所破
坏，残长160、宽70厘米。随葬
器物编号8件。（图一二七、一二
八A）

（二）遗物

陶器　6件。

纺轮　M59：2，位于墓室北
端靠近墓坑西壁处。粗泥红陶。
竖截面略呈梯形。高1.6、外径约
5厘米。（图一二八B）

鼎　M59：4，出土时微侧，
鼎口东高西低。粗泥红陶。侈口，
微折腹，凿形足。高15.2、口径
14.3厘米。（图一二八B；彩版九
九，1）

罐　M59：5，出土时微侧，
口部南高北低，位于6号陶盘内。
泥质红胎红陶，外表及口沿内壁
尚存红衣。直口，鼓腹，平底。高
12.7、口径9.2、底径7.7～8.2厘
米。（图一二八B）

盘　M59：6，出土时微侧，
盘口北高南低。泥质青灰胎黑皮陶，外表留有朱痕。敛口，圈足与豆盘按接处按抹呈双
弧腹状，上镂刻约等距的三组圆孔和弧边三角组合图案。高6.9、口径19.6、圈足径14.7
厘米。（图一二八B；彩版九九，3）

盆　M59：7，出土时微侧，盆口东高西低。泥质红胎褐陶。口沿两侧高低不平，敞
口，唇外翻，平底。高7.6～8.3、口径19.5～20.1、底径10.3～10.6厘米。（图一二八B；
彩版九九，4）

杯　M59：8，出土时倾倒。泥质青灰胎黑皮陶，外壁局部尚残留有朱痕。整器受挤

图一二七　M59器物出土情况（西—东）

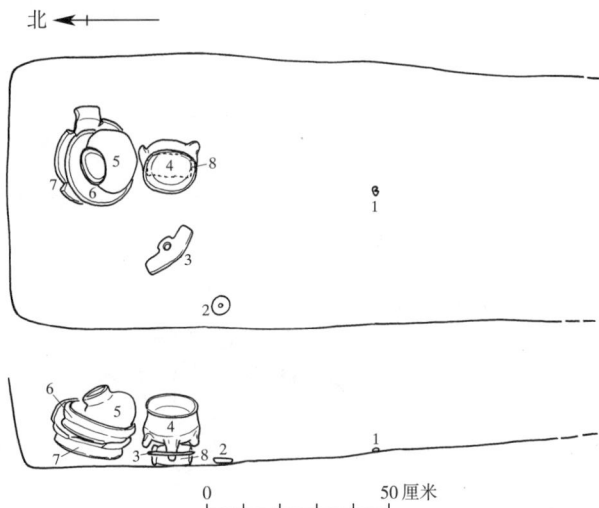

图一二八A　M59平剖图

1. 玉坠饰　2. 陶纺轮　3. 石刀　4. 陶鼎　5. 陶罐　6. 陶盘　7. 陶盆　8. 陶杯

线切割

管钻痕示意

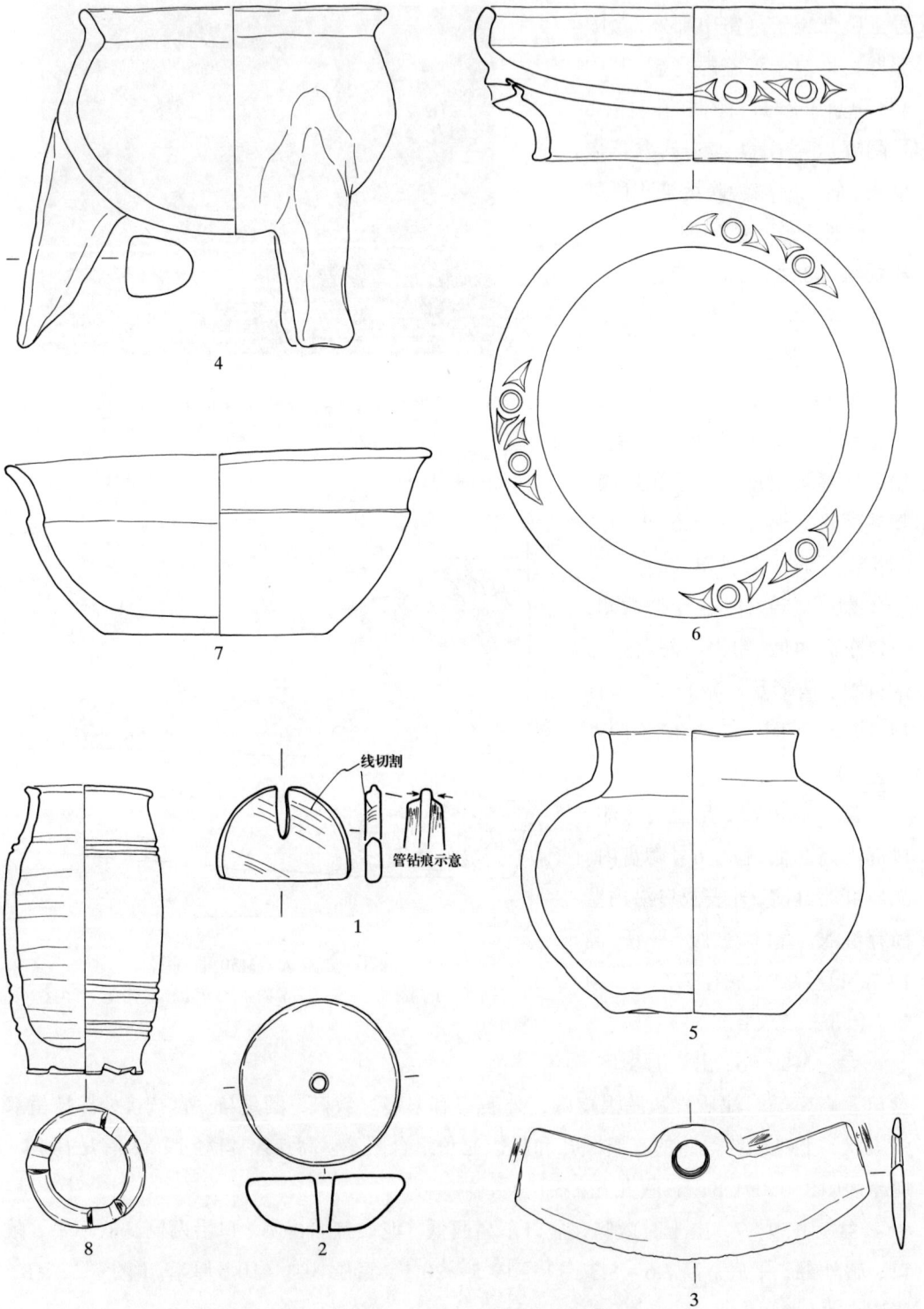

图一二八 B　M59 出土器物（1 为 1/1，2 为 1/2，余为 1/3）

压变形。腹部上下各有三组凹弦纹，圈足刮削一周而成，切剔三个约等分的"介"字形凹缺。高13、口径5.1～6、底径5.5厘米。（图一二八B；彩版九九，2）

石器 1件。

刀 M59：3，出土时刃部朝西南。沁蚀呈灰黄色，角岩。上部中央呈半环状凸起，有单面管钻、另面桯修孔一个，孔内径1.38、外径1.6～1.7厘米。两侧肩部上翘，肩部及两侧边缘面均经过打磨。双面弧刃，刃脊线较清晰，刃部有呈齿状的崩缺痕，当为使用所致。高6.1、宽16.4、最厚0.67厘米。（图一二八B；彩版一〇〇，1）

玉器 1件。

坠饰 M59：1，半圆形，上有竖向切割的凹缺，出土时凹缺朝南。鸡骨白。外侧缘面留有管钻痕迹，整器管钻成形。高1.4、宽2.04、最厚0.3厘米。（图一二八B；彩版一〇〇，2）

M55

（一）概述

坑内填土为灰黄色沙土，质地较为紧密。随葬器物基本呈纵向布列于墓室的中部。墓坑长210、宽80厘米。随葬器物编号9件。（图一二九、一三〇A）

（二）遗物

陶器 8件。

盆 M55：1，出土时覆置。泥质灰胎褐陶，胎质疏松。口沿一侧有明显的流，唇部

图一二九 M55器物出土情况（西—东）

北 ←—→

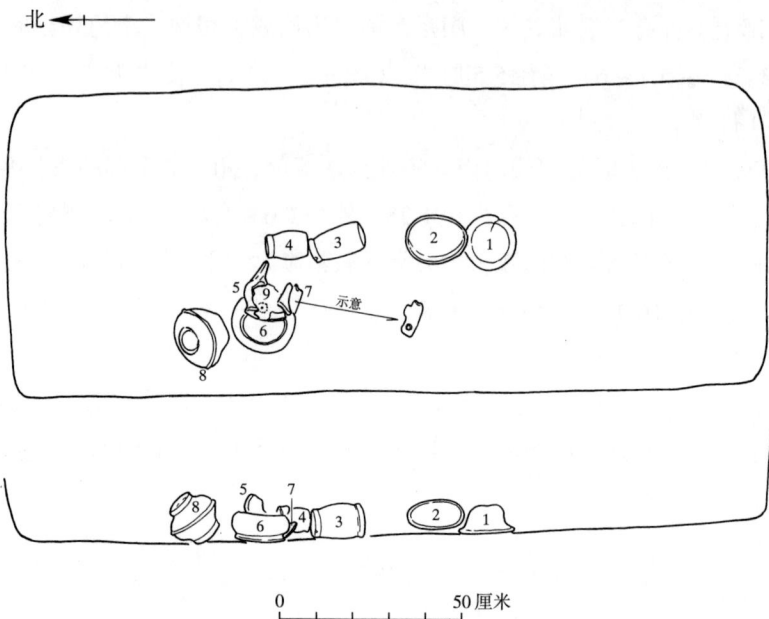

0   50厘米

图一三〇A　　M55平剖图

1. 陶盆　2. 陶盘　3. 陶杯　4. 陶杯　5. 陶鼎　6. 陶盘　7. 石刀　8. 陶罐　9. 陶纺轮

略外翻，内凹底。高7、口径15.2～16、底径9.5厘米。（图一三〇B）

　　盘　M55:2，出土时呈倾斜状，东高西低，压1号陶盆的口沿。泥质红褐胎黑皮陶，黑皮多呈褐色。折敛口，折腹部位按抹呈棱状，圈足外撇。高4.4、口径15.2、圈足径9.7厘米。（图一三〇B）

　　杯　M55:3，出土时倾倒，口部朝南。泥质青灰胎黑皮陶，黑皮呈青灰色。受挤压变形。腹部外壁有三组弦纹，圈足仅底部刮削而成，切剔三个约等距的凹缺。高14.8、口径6～6.7、底径6.7厘米。（图一三〇B；彩版一〇一，1）

　　杯　M55:4，出土时倾倒，口部朝北。泥质青灰胎黑皮陶。口沿微外展，略垂腹，腹部偏下部位有三个小泥点。圈足仅底部刮削而成，整体呈假圈足样，切剔三个约等距的凹缺。高11.2、口径5.4～5.8、底径5厘米。（图一三〇B；彩版一〇一，2）

　　鼎　M55:5，出土时叠压6号陶盘。粗泥红陶，外壁局部存黑衣。侈口，微折腹，折腹上部有横向的抹划痕迹。凿形足。高14.5、口径11.1厘米。（图一三〇B；彩版一〇一，3）

　　盘　M55:6，泥质红褐胎黑皮陶，外表基本剥蚀。敛口，圈足与豆盘按接处浑然一体，假腹上有三组约等距的圆孔和弧边三角组合图案。高6.8、口径17、圈足径12.3～12.7厘米。（图一三〇B；彩版一〇一，4）

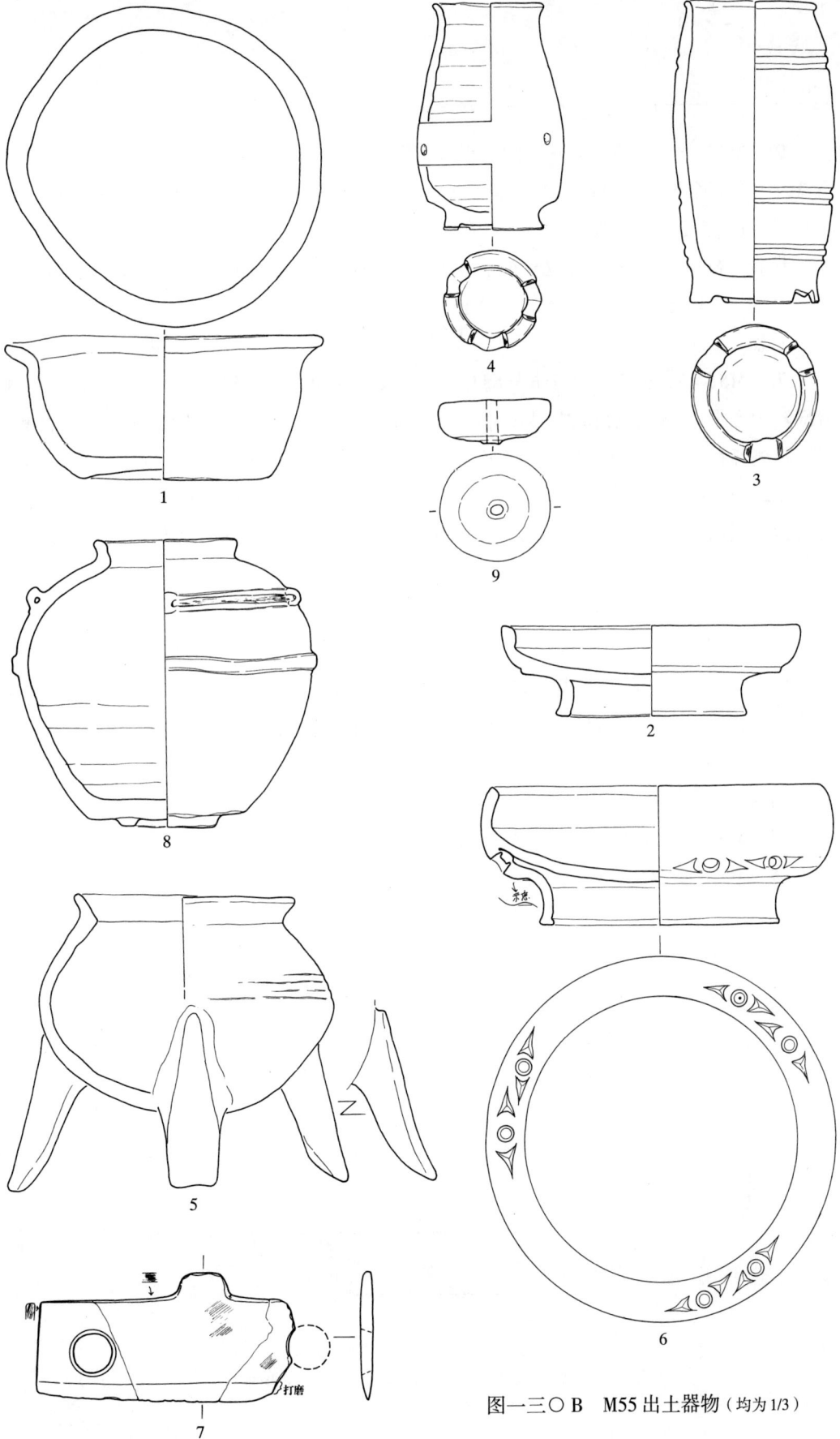

图一三〇 B M55 出土器物（均为 1/3）

罐　M55：8，泥质黑胎灰黑陶。小口，肩、腹部各粘贴有两道凸弦纹，其中肩部的凸弦纹上有四个大致等分的系耳。底部按贴小圈足。高14.2、口径7.1、圈足径4.5～4.7厘米。（图一三〇B；彩版一〇一，5）

纺轮　M55：9，出土时位于6号陶盘内。泥质红褐陶。正面平整，背面略弧凸。高2.1、外径5.35～5.6厘米。（图一三〇B）

石器　1件。

刀　M55：7，出土时位于6号陶盘下。灰黑色，角岩。上部中央呈台形凸起，两侧肩部较为齐平。一侧边缘微斜，另一侧边缘原本残损，但残损部位近刃部缘面经过打磨。器体两侧各有一孔，左侧孔从孔壁不连贯的磨痕分析，可能为单面桯钻，内径2.03～2.05、外径2.2～2.3厘米；右侧钻孔残损。双面微弧刃，刃部有呈齿状的崩缺。此器应为石钺类石器改制而成。高6.4、宽12.9、最厚0.68厘米。（图一三〇B；彩版一〇一，6）

M53

（一）概述

野外清理时，墓坑线不甚清晰。坑内填土为灰黄色沙土，土质紧密。随葬器物均位于墓室东北部。墓坑长220、宽80厘米。随葬器物编号6件。（图一三一A）

（二）遗物

陶器　5件。

鼎　M53：2，粗泥红陶。仅修复腹底部及凿形足。（图一三一B）

盆　M53：3，泥质红褐胎黑皮陶，外表基本剥蚀。口沿部位疏松不能修复，根据残

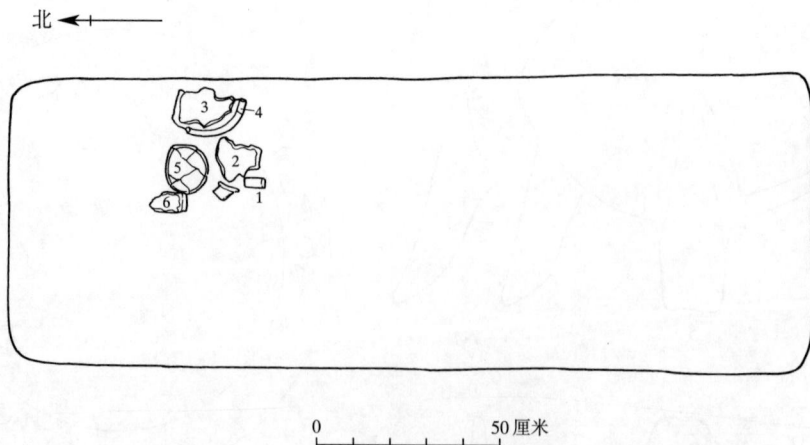

北 ←

0　　　　　　　　　50厘米

图一三一A　M53平面图

1. 石锛　2. 陶鼎　3. 陶盆　4. 陶盘　5. 陶壶　6. 陶杯

片判断为折沿，斜收腹，平底微内凹。底径9厘米。（图一三一B）

盘 M53：4，泥质褐胎黑皮陶，外壁局部残存朱痕。陶质疏松。唇部微敛，坦腹，假腹。高6、口径23、圈足径16.6厘米。（图一三一B）

壶 M53：5，泥质红褐胎黑皮陶。腹上部残损甚，不能修复。平底内凹。底径5.7厘米。（图一三一B）

杯 M53：6，泥质褐胎黑皮陶。口部外敞，腹壁上下装饰多道凹弦纹，圈足仅是底部刮削而成，上有三个约等距的凹缺。高11.8、口径5.5、底径4.8厘米。（图一三一B）

石器 1件。

锛 M53：1，出土时刃部朝南。沁蚀呈灰黄色，两侧有竖向的纹理，流纹岩。弧背。高5.8、上宽2.3、刃部宽2.7、厚0.9厘米。（图一三一B；彩版一〇〇，3）

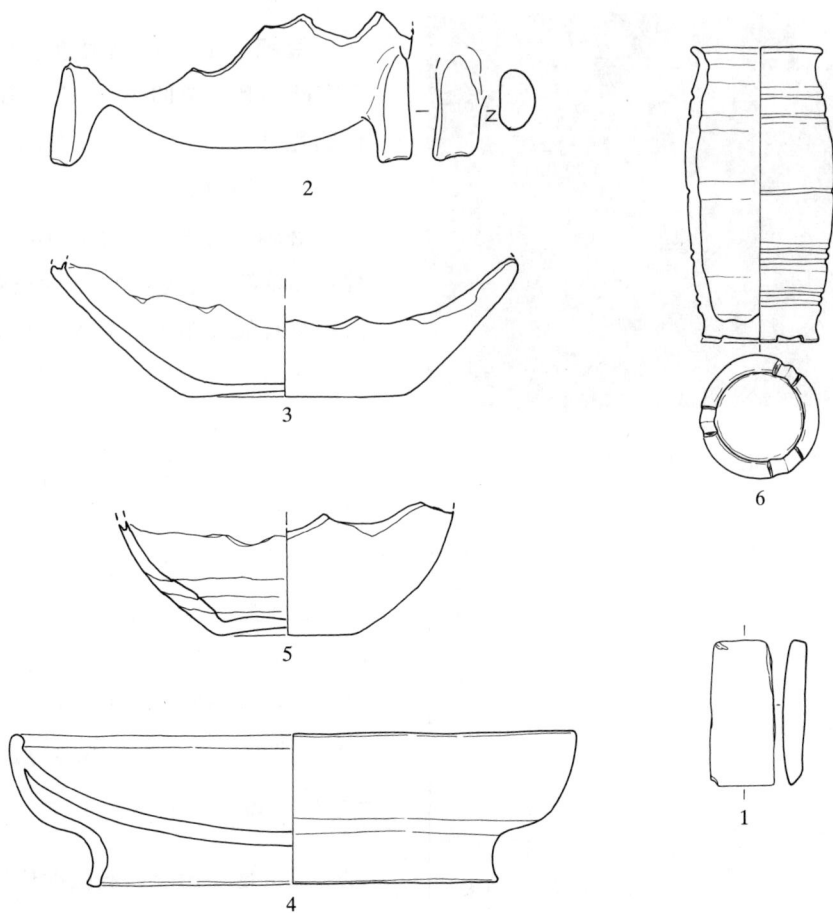

图一三一B M53出土器物（均为1/3）

第四节　其他相关迹象和遗物

一　H6

位于T310西部，开口于扰土层下。坑内堆积主要以红烧土块为主。坑口呈不规则的椭圆形，直径110 × 165、深25厘米。（图一三二、一三三A）

坑内遗物出土数量不多，其中粗泥陶鼎口沿2片（一片还夹蚌）、粗泥凿形足9个、泥质灰陶罐碎片10片、泥质灰陶豆碎片2片和夹砂灰红陶罐碎片2片。标本举例如下：

凿形足　H6：1，粗泥灰红陶。足根部呈脊状凸起，有横向穿孔三个。（图一三三B）

H6：2，粗泥灰红陶。足根部呈外凸的圆拱形，上刻划呈波折状的交叉短直线。（图一三三B）

豆柄　H6：3，泥质灰胎黑陶。柄上有凸棱和多道凹弦纹，凸棱部位以管状物戳压呈有呈三角形分布的小圆窝。（图一三三B）

坯料形红烧土（块）　H6：4，夹杂秕谷和草茎，质地坚硬。正面略弧凸，内面保留有如线图所示的A～D印痕，其中B、C印痕一端至顶；D印痕似为板印痕；E印痕面略内凹弧，且较为光整，也可能为板印痕。厚约6.3厘米。（图一三三B；彩版一〇二，1～3）

H6：5，夹杂秕谷和草茎，质地坚硬。正面弧凸，内面有印痕。外弧凸面局部过烧呈青灰色，另还留有横向的抹划痕迹；内面有横向和竖向的杆印痕。厚约8厘米。（图一三三B；彩版一〇二，4～6）

二　地层出土新石器时代遗物

地层出土的新石器时代遗物包括土台堆积层中的出土物、探方表土层及扰

图一三二　H6平面开口情况（北—南）

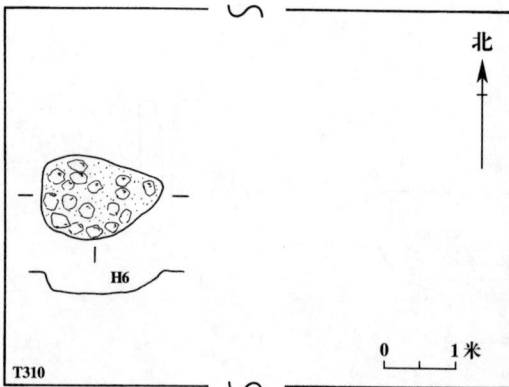

图一三三A　H6平剖图及在T310的位置示意图

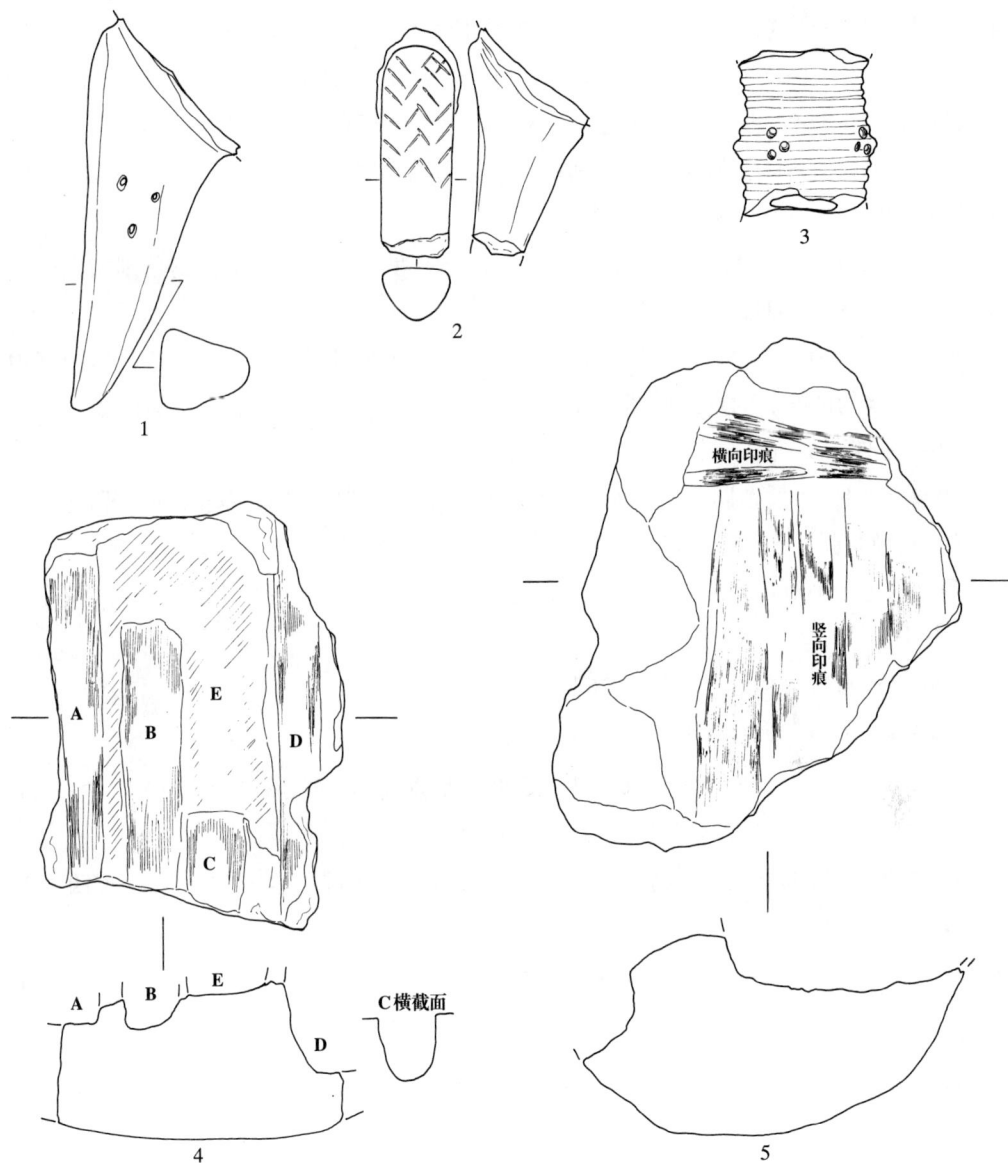

图一三三B　H6出土器物

1、2.凿形足 H6∶1、2　3.豆柄 H6∶3　4、5.坯料形红烧土（块）H6∶4、5（均为1/3）

土层中出土的相对完整的遗物。那些完整的遗物一部分应是受到晚期堆积破坏的墓葬中的随葬器物。为了便于更进一步的了解，相关的标本也标注了出土坐标，深度依已统一起取表土后的隔梁高度计算。

（一）陶器

鼎口沿　T003④∶036，出土于探方西南部红烧土堆积层中，下文T003④标本出土位

置同。夹蚌（呈灰白色，捏可疏碎）粗泥二次氧化红陶。口径约34厘米[①]。（图一三四，1）

鼎足　T003④：037，质地同T003④：036鼎口沿片，应可配伍。（图一三四，2）

鼎腹足片　T003④：015，粗泥二次氧化红陶。折腹部位抹划弦纹，凿形足根部呈外凸的圆拱形，上部按捺圆窝，下部刻划多组横向结合竖向排列的"∧"形图案，近中部两侧还有耳状粘贴。（图一三四，3）

鼎足　TE003⑦：006，粗泥红陶。足根部外凸呈圆拱形，圆形凹窝下刻划竖向的"∧"图案。（图一三四，4）

T007④：160，粗泥黑胎灰红陶，外表施红衣。足根部呈大圆拱形，刻划以圆窝为中心主体结构的图案，圆窝两侧图案如同蚌壳展开样，截面呈宽扁状。足面最宽13.2厘米。（图一三四，5；图一三五，1；彩版一〇三，1、2）

T007④：161，质地同上，大小也接近，唯图案外圈结构不同，双重圆圈间隔竖向分割短线，再填刻弧线。足面最宽13.3厘米。（图一三四，6；图一三五，2；彩版一〇三，3）

鼎　出土于T003⑩层，质地均为粗泥黑胎灰褐色陶。可能为两件以上鼎的个体，但不能复原。

T003⑩：029，翻沿。口径约26厘米。（图一三四，7）

T003⑩：033，鸡冠状錾。（图一三四，8）

T003⑩：032，扁足，足根部外凸，足截面呈宽扁形。（图一三四，9）

T003⑩：030，三角形侧足。（图一三四，10）

T003⑩：035，扁足，足外侧中部凸起，且以杆状物压印斜向的凹窝。（图一三四，11）

T003⑩：034，花蕾形扁状錾。（图一三四，12）

隔档鼎　出土于T003⑨层，粗泥黑胎红陶。从陶质陶色判断应属于两个个体。T003⑨：002，分别为鼎的隔档片、足和錾。（图一三四，13）

罐　T309④：022，泥质青灰色灰红陶。翻沿，短颈，溜肩。口径约16厘米。（图一三六，1）

T309④：021，泥质灰陶。矮圈足。径约22厘米。（图一三六，2）

T309④：024，泥质青灰胎黑陶。平底，底面留有压印的编织纹。（图一三五，3）

T310③：011，夹砂红陶。拍印竖向绳纹，外壁另有附加堆纹粘贴，堆纹斜向压印凹窝，凹窝印有绳纹，"棍"印宽约1.3厘米。

盘　T310③：010，泥质灰陶。假腹、腹壁刻剔横向的扁橄榄形组合图案。腹径约22厘米。（图一三六，3）

T003④：017，泥质二次氧化红陶。假腹外壁刻剔弧边三角和弦月形组合图案。腹

[①] 地层中出土的口沿、器底残片的尺寸均为复原尺寸。

隔档片　　　　　釜　　　　　　　　足　　　　　　　　足
　　　　　　　　　　　13

图一三四　土台堆积层中出土的新石器时代陶鼎

1. T003④：036　2. T003④：037　3. T003④：015　4. TE003⑦：006　5. T007④：160　6. T007④：161　7. T003⑩：029
8. T003⑩：033　9. T003⑩：032　10. T003⑩：030　11. T003⑩：035　12. T003⑩：034　13. T003⑨：002（均为1/4）

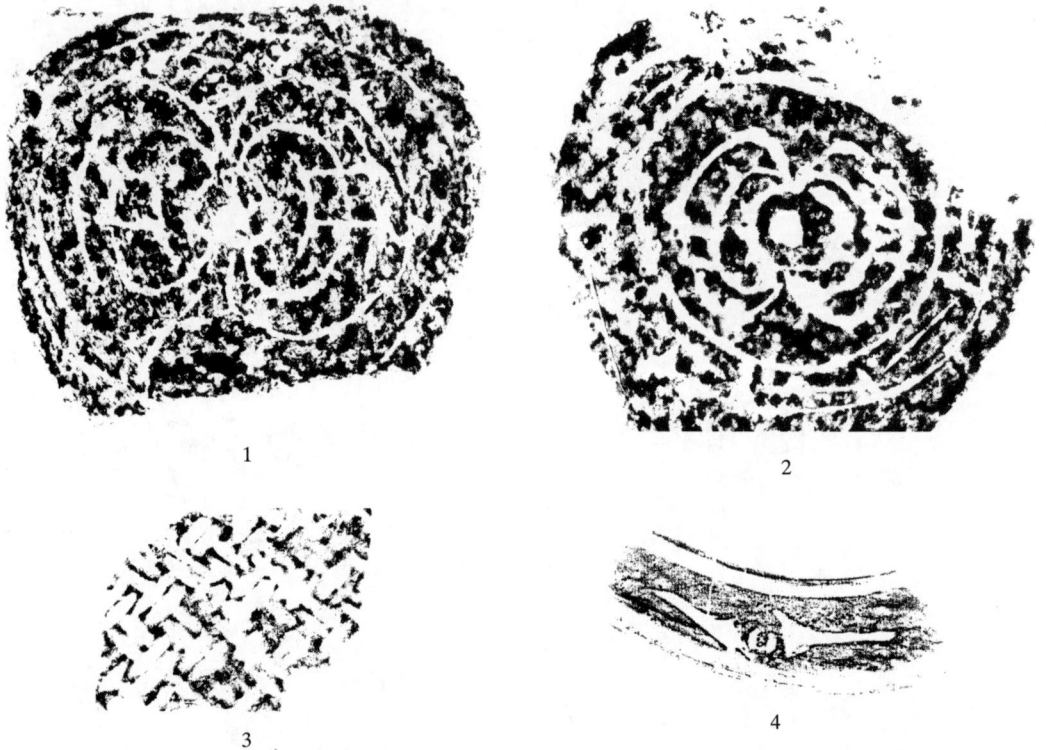

图一三五　土台堆积层中出土的新石器时代陶器纹饰等拓本

1. 鼎足的圆圈纹和弧线纹 T007④：160　2. 鼎足的双重圆圈纹和弧线纹 T007④：161　3. 罐底压印的编织纹 T309④：024
4. 壶腹的弧边三角和半月形按剔组合图案 T008④：028（均为1/2）

径约22厘米。（图一三六，4）

TE003⑥：008，泥质黑胎灰褐陶。假腹部位压印圆圈并间或弧边三角切剔，其中弧边三角之尖喙均朝向左。腹径约16厘米。（图一三六，5）

豆 T309④：023，泥质青灰胎灰陶。柄部戳压、刻剔八组斜向布列的圆形和弧边三角组合图案，每组以斜向的双交互螺旋线分隔。（图一三六，6）

T003⑨：001，泥质黑胎灰黑陶。柄部有多道弦纹和六个横向的未戳穿的圆形孔。（图一三六，7）

T310③：013，泥质灰陶。细柄内壁留有横向的泥条盘筑痕迹。细柄外壁上部装饰六组斜向的圆孔和弧边三角组合图案，每组以交互螺旋线相连；中部为轮修时抹划的多道弦纹装饰；下部图案结构同上部。（图一三六，8）

盘 T011⑦：156，出土坐标600×150-25厘米，仅口沿部残损。泥质灰陶。敞口，唇外翻，矮圈足壁较直。高4.7、口径15.6、圈足径9.8厘米。（图一三六，9）

盉 T003④：016，泥质二次氧化红陶。把手连接口沿。

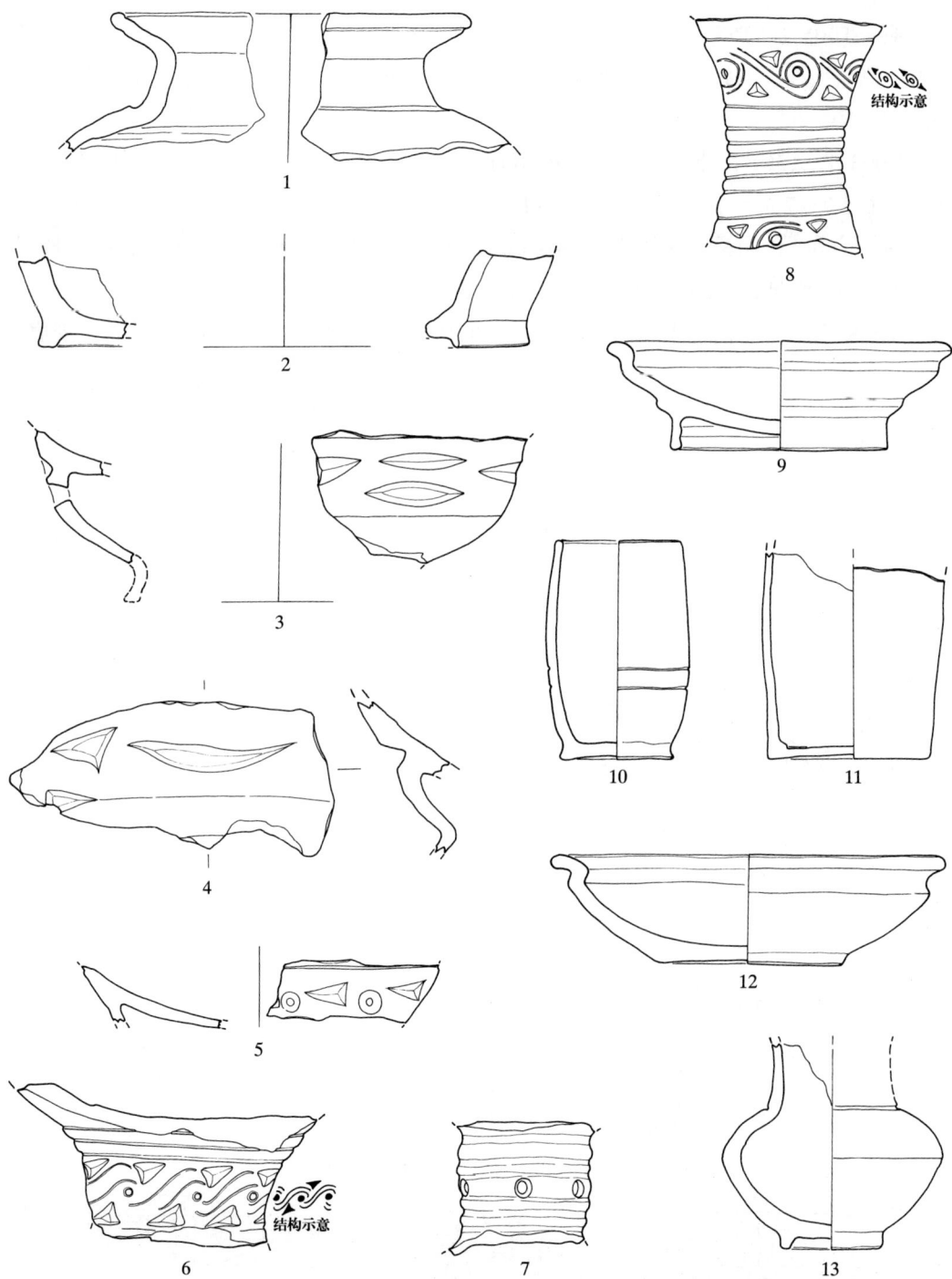

图一三六　土台堆积层中出土的新石器时代陶器

1. 罐 T309④：022　2. 罐 T309④：021　3. 盘 T310③：010　4. 盘 T003④：017　5. 盘 TE003⑥：008　6. 豆 T309④：023
7. 豆 T003⑨：001　8. 豆 T310③：013　9. 盘 T011⑦：156　10. 杯 T005④：153　11. 杯 T003④：155　12. 盆 T008④：
152　13. 壶 T006④：157（均为1/3）

杯 T005④：153，出土坐标910×90-70厘米。泥质灰褐陶，外壁局部有朱痕。仅口沿一侧略残损。下腹部有两道凹弦纹，假圈足。高9.6、口径5.6、底径5.1厘米。（图一三六，10）

T003④：155，出土坐标240×90-60厘米。泥质红陶。腹壁较直，平底微内凹。残高9、底径7~7.3厘米。（图一三六，11）

壶 T006④：157，出土坐标910×80-70厘米。口腹部位残损，鼓腹微折，矮圈足。残高9、圈足径4.6厘米。（图一三六，13）

T008④：028，出土坐标380×430~40厘米。泥质灰陶。一侧残损。侈口，削肩，

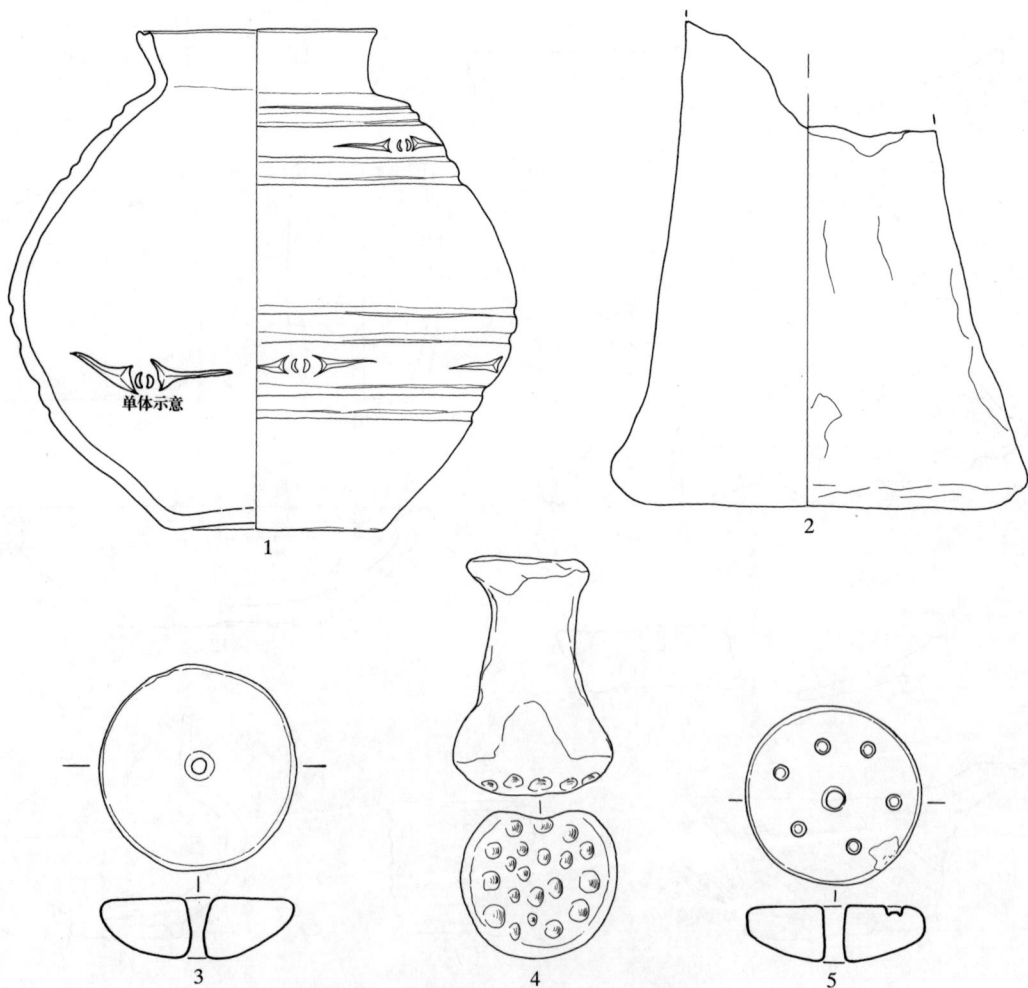

图一三七 土台堆积层中出土的新石器时代陶器

1. 壶 T008④：028　2. 支座 TG4③：159　3. 纺轮 TG3②：154　4. 拍（垫?）T310③：012　5. 纺轮 TG3②：128（3、5为1/2，余为1/3）

鼓腹，削肩部位抹划的弦纹之间装饰四组大致等分的狭长形的弧边三角和相向的半月形按剔组合图案，鼓腹下部装饰同。平底内凹。高19.8~20、口径9.8、底径9厘米。（图一三五，4；图一三七，1）

盆　T008④：152，泥质灰褐陶，陶质疏松。仅口沿一侧略残损。翻沿，斜收腹，平底微内凹。高4.8、口径17.8、底径8.5厘米。（图一三六，12）

支座　TG4③：159，粗泥红陶。横截面呈圆形。残高19.5、底径16.5~18厘米。（图一三七，2）

纺轮　TG3②：154，粗泥灰黑陶。截面呈扁馒头形。厚1.6、外径5.4厘米。（图一三七，3）

TG3②：128，出土坐标40（距东壁）×165-85厘米，泥质红褐胎灰黑陶。截面呈扁馒头形。正面依穿孔以管状物戳按大致等分的五个小圆窝，径约0.4厘米。厚1.55、外径4.7厘米。（图一三七，5）

拍（垫？）　T310③：012，粗泥红褐陶。垫面弧凸，有多个大小、深浅不一的小圆窝，圆窝最深约1.7厘米。高9.6、垫面径约6.3厘米。（图一三七，4）

（二）成组陶器

以下三件完整陶器在TG7的剖面清理时发现，剖面上难以辨认坑状迹象，T003、T004发掘后，虽然在其相关的新石器时代土台中也未发现墓坑或其他墓葬，但它们还是应该与墓葬有关。

鼎　TG7：151，夹砂黑胎红褐色陶，口唇面局部留有红衣。宽折沿，颈腹分界不明显。高8.8、口径10.5~11.2、鼎身高约5厘米。捏制，明显为明器。（图一三八，1；彩版一〇三，4）

盘　TG7：150，泥质灰褐胎黑皮陶。敛口，假腹部位有四组不等分的圆孔和弧边三角组合图案。高7、口径16.4、圈足径11.2厘米。（图一三八，2；彩版一〇三，5）

罐　TG7：158，泥质灰褐陶。翻沿，鼓腹，平底微内凹。高12.6、口径13.6、底径8.6厘米。（图一三八，3）

（三）石器

钺　T309②：124，灰绿色。双面刃，刃部崩缺集中在一面。双向管钻孔，孔外径2.6、内径2.3厘米。高13、顶部宽约9、刃部宽约10.8、厚约1厘米。（图一三九，1）

TG3①：121，出土坐标150（距东壁）×110-80厘米。灰黄色，竖向片状纹理，流纹岩。整器呈长条形，顶端面保留有琢打痕，未修磨，横截面呈扁椭圆形。双向管钻孔，孔外径约1.4、内径1厘米。高10.5、顶部宽5、刃部宽5.5、厚1.2厘米。（图一三九，2）

T313①：125，出土坐标3×260-90厘米。灰黑色。一面较为平整。双向管钻孔，孔外径约2.2厘米。残高7.1、厚0.8厘米。（图一三九，3）

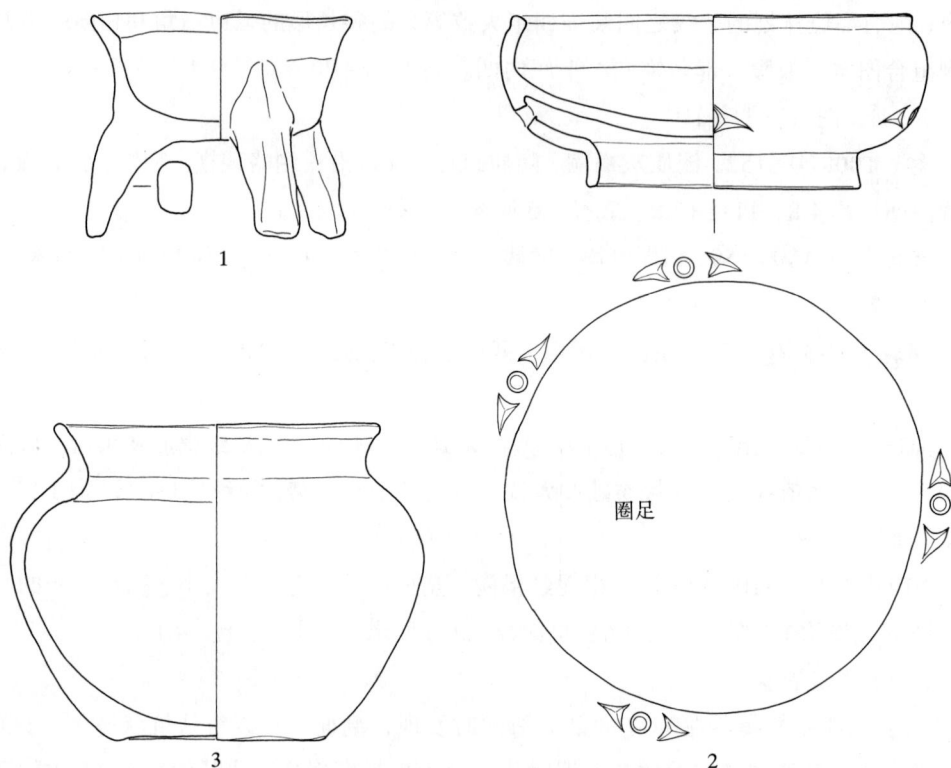

图一三八　TG7 出土的成组陶器

1. 鼎 TG7∶151　2. 敛口盘 TG7∶150　3. 罐 TG7∶158（均为1/3）

T309④∶122，灰黑色，角岩。整器呈长条形。双向琢打孔，孔另面桯修。两侧残留有横向的切磨凹槽可供捆扎。残高6.3、宽3、厚1.4厘米。（图一三九，4）

锛 T009②∶003，出土坐标580×500-10厘米。青绿色，流纹岩。保存甚佳。高4.65、顶部宽3.3、刃部宽3.7、厚1.15厘米。（图一三九，5）

刀 T009②∶004，出土坐标340×10-30厘米。沁蚀呈灰褐色，角岩。中部半圆形凸起，双向桯钻孔，孔内径1.35~1.4厘米。器高5.2、残长9.3、厚约0.6厘米。（图一三九，6）

T311①∶112，出土坐标930×430-40厘米。沁蚀后外表有墨绿色微小斑点，角岩。中部环形凸起，双向桯钻孔，孔外径0.7、内径0.5厘米。双面刃。整器高6.2、宽15.8、厚0.75厘米。（图一三九，7）

T207②∶132，出土坐标395×200-125厘米。灰黑色，角岩。残损，中部凸起部位有双向琢打孔。双面刃，刃两面均有崩缺。残高5.9、残宽9.8、厚1.2厘米。（图一三九，8）

镰 TG4①∶109，出土坐标1300×2-100厘米。沁蚀呈灰黄色，角岩。双面刃至

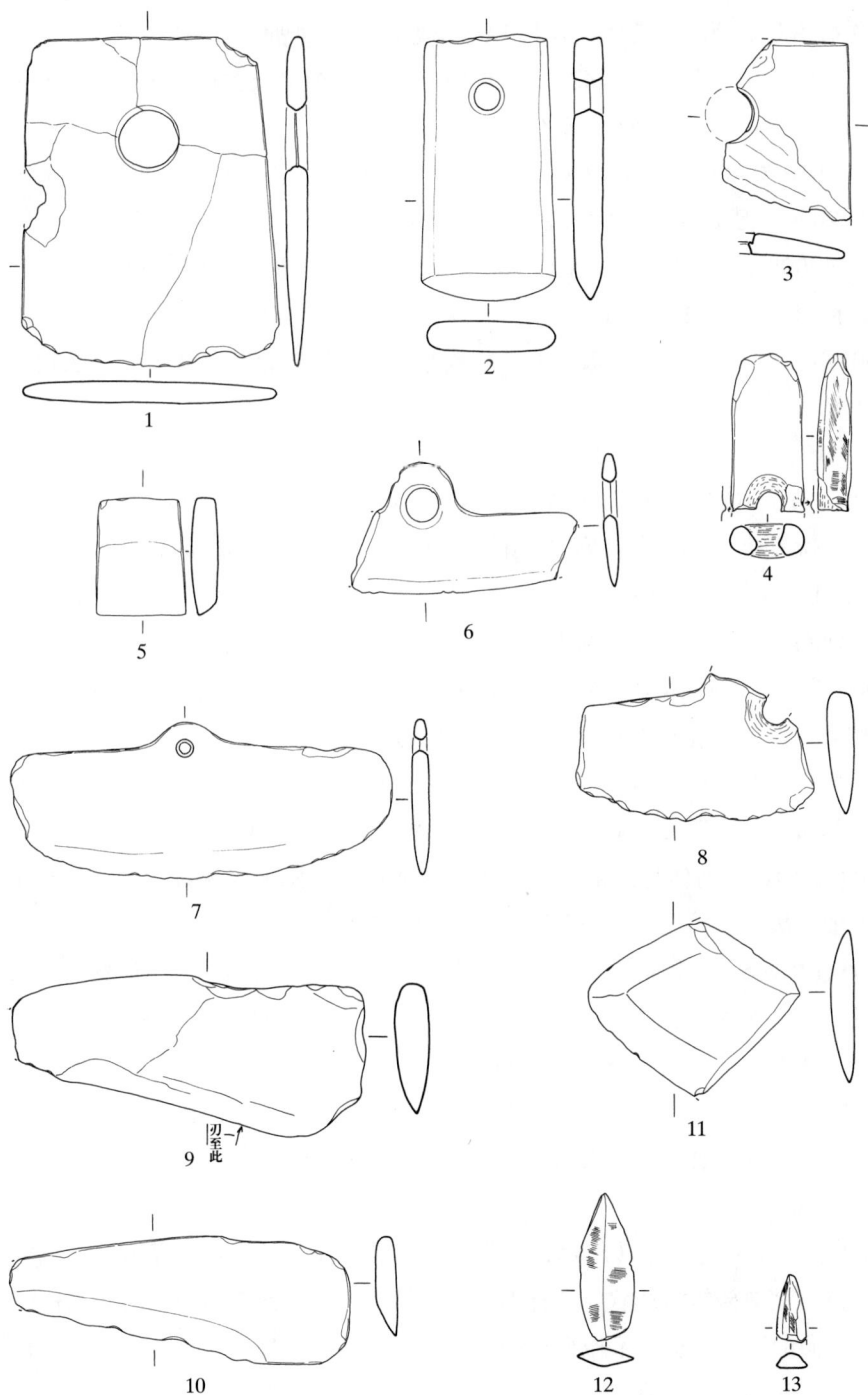

图一三九　土台堆积层中出土的新石器时代石器

1. 钺 T309②：124　　2. 钺 TG3①：121　　3. 钺 T313①：125　　4. 钺 T309④：122　　5. 锛 T009②：003　　6. 刀 T009②：004
7. 刀 T311①：112　　8. 刀 T207②：132　　9. 镰 TG4①：109　　10. 镰 T007②：010　　11. 犁 T010③：007　　12. 镞 TE008⑥：
005　　13. 镞 T008③：014（均为 1/3）

柄部，顶部相对置柄部位内凹。残长14.3、宽6、厚1.4厘米。（图一三九，9）

T007②：010，出土坐标420×30–10厘米。沁蚀呈灰黄色，角岩。单面刃，刃部崩缺在背面。残长14、宽5.2、厚0.9厘米。（图一三九，10）

犁 T010③：007，仅为犁尖部位。青灰色，角岩。单面刃，背面刃部也经打磨。犁尖夹角约70度。残长8.6厘米。（图一三九，11）

镞 TE008⑥：005，出土坐标780×120厘米。黄褐色。柳叶形。长5.8、宽2.3、厚0.7厘米。（图一三九，12）

T008③：014，青灰色，凝灰岩。一面平整，截面略呈扁三角形。长2.7、宽1.23、厚0.6厘米。（图一三九，13）

（四）坯料形红烧土（块）

集中分布于T003西南部，呈东北向西南的倾斜状堆积，大、小块间杂，其间出土的陶片均经二次氧化（参见本书第四章第三节H13的相关叙述）。例举标本如下：

T003④：162，外侧面呈砖红色，外侧面较为平整，内面凹凸不平，有二次氧化的陶片、沙泥粘贴较为紧密。厚约17厘米。（彩版一○四，1、2）

T003④：163，通体均红褐色，夹杂秕谷，厚约10厘米。内面一侧有两道杆痕，杆痕壁面相对方正，一道宽约1.5、深约3厘米，另一道宽约1、深0.6～1厘米不等。两道杆痕的另侧还残留有较为粗大的杆痕，深约3.5厘米。从杆痕之间的烧土分析，内面不再糊贴。外侧面经多层糊贴，局部呈凹弧状。（彩版一○四，3～6）

T003④：164，通体呈红褐色，夹杂较多的秕谷，厚约9.5厘米。两面均较平整，从剖面上看似一次性糊贴而成。（彩版一○五，1、2）

T003④：165，外侧面呈砖红色，内侧面呈灰红色，夹杂秕谷，厚约8厘米。内面留有四道杆痕，一侧面还有略呈"＜"痕，也应是构件留下的痕迹。外侧面较为平整。从剖面看当一次性糊贴而成。（彩版一○五，3、4）

T003④：166，通体呈砖红色，夹杂秕谷，厚约7厘米。内面留有斜状的绳索痕迹及已成扁状的"杆"痕，一侧面另留有"└"痕。外侧面较为平整。从剖面看，为二次糊贴而成。（彩版一○六，1～3）

T003④：167，通体呈砖红色，夹杂秕谷，厚约16厘米。内面留有六道的杆痕，杆痕底面整体略呈中部的弧凸状，各杆痕底面均凹弧，直径约2厘米。与六道杆痕垂直相交，留有横向的捆扎痕迹，呈橄榄形的凹窝状，凹窝底面呈两端高、中间低，且均低于杆痕底面，应是绳捆扎的痕迹。从剖面观察，经过较为规整的两次糊贴，第一次是直接糊贴在杆上，第二次再在其外侧糊贴，各厚约8厘米。（彩版一○六，4～6）

T003④：168，通体呈红褐色，夹杂秕谷，厚约16厘米。一面较为平整，另面凹凸不一，可呈块状脱落。（彩版一○五，5、6）

第四章 高祭台类型时期遗存

第一节 概述

本次发掘清理的高祭台类型时期遗存主要有 G1 及其堆积，G1 东岸也即紧邻昆山东坡的建筑基址（包括 F1、F2 以及其他相关建筑单元Ⅰ、Ⅱ、Ⅲ）、灰坑（共 9 座，编号为 H7~H15）以及东部土台地层中出土的遗物。（图一四〇）

从遗迹叠压关系上分析，H14、H15 当为相对早期阶段的遗迹。叠压 H14、H15 的 F1、F2 以及 H11、北部的以 H7 为代表的堆积，大致为同一阶段的堆积，应晚于上述以 H14 和 H15 为代表的早期阶段。

H10、H12 堆积整体呈浅凹坑形状，直接叠压在新石器时代营建的呈土丘状的土台之上，尤其是 H12 基本上在新石器时代土台的边缘和山坡之间的凹陷地带，通过对 H12 堆积性质的讨论，初步判断 H12 为自然沉积。为了便于记录，仍作为灰坑处理，为了与其他灰坑区别，现将 H12、H10 分别介绍如下。

H12

H12 主要位于 TE009 南部和 TE008、TE007 的大部以及 TE006 的北部。整体呈不规则形，外径约 13×8 米，深约 0.7 米（以 TE009 南壁为例）。堆积为沙土、淤泥相隔的夹心凹弧状堆积，遗物包含甚少。野外曾一度判断为人工堆积，但考虑到坑壁不能自然剥落、堆积也呈凹弧状、其范围限于所压土台的边缘和山坡之间的凹陷地带；堆积中的陶片多呈水平状出土，少量陶片棱角圆钝；故最终认定 H12 为多次自然沉积而成。（图一四一；图一四二 A、B、C；彩版一〇七，1、2）

出土遗物标本举例如下：

波折纹陶片 H12：3（野外 TE009④层），泥质紫褐色硬陶罐腹片。

席纹陶片 H12：2（野外 TE009④层），泥质青灰胎硬陶。（图一四二 B，1）

菱形回纹陶片 H12：6（野外 TE008⑦层），泥质紫灰色硬陶罐腹片。菱形格内填多重回纹，形似云雷纹。（图一四二 B，2）

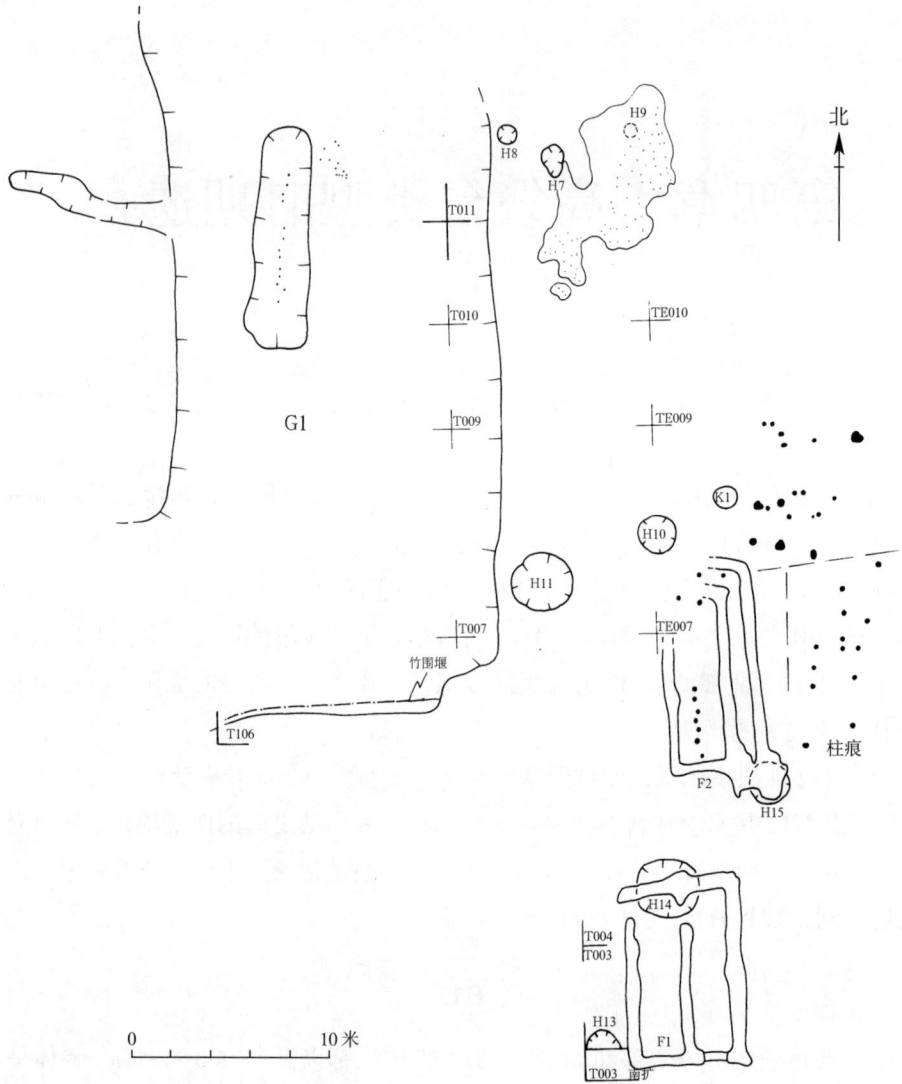

图一四〇　昆山高祭台类型时期遗迹分布图

扁侧足　H12：1（野外 TE009 ④层），夹砂黑胎红陶。（图一四二 C，1）

羊角形把手　H12：5（野外 TE008 ⑦层），夹砂红陶。（图一四二 C，2）

陶支座　H12：4（野外 TE008 ⑥层），粗泥红褐陶。质地疏松，上端残损。整体呈台形，上端近台形部位有一径约1.6～2.6、深约3.2的斜向插孔，底内凹甚。残高8.5、底径11.7～13 厘米。应是崧泽文化阶段的遗物。（图一四二 C，5）

另有以下标本整理时误编号，从出土位置看，应归属 H12。

高领罐口沿残片　TE007 ⑦：045，泥质红褐色陶，质地稍硬。（图一四二 C，3）

1. TE009 南壁地层局部

2. TE009 南壁地层局部

3. H12 南北向剖面

图一四一　H12 在 TE009 南壁地层上的堆积情况

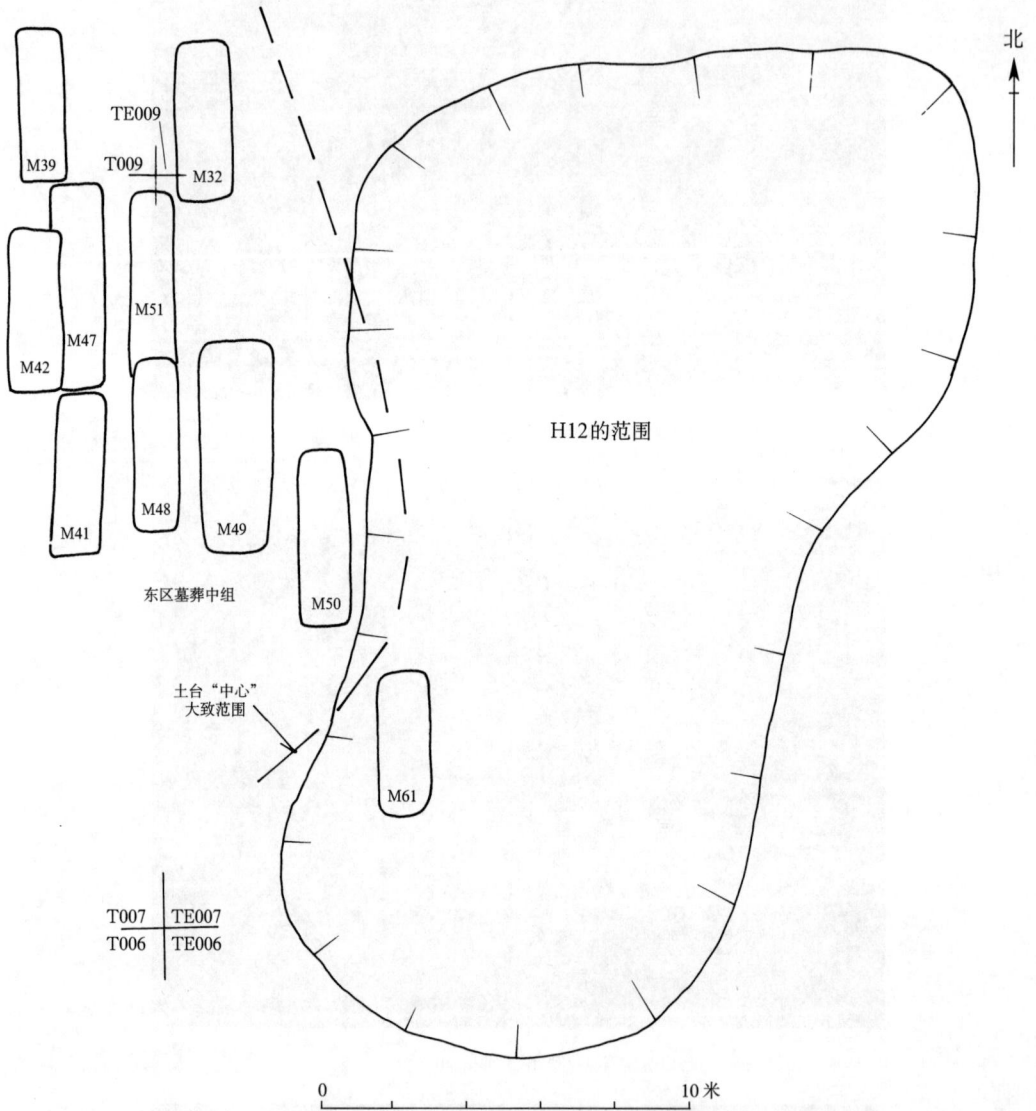

图一四二 A　H12平面相对位置图

高领罐口沿　TE007⑦：044，泥质青灰胎褐色硬陶。口径约20厘米。

罐肩部残片　TE009④：102，泥质黑胎红陶。拍印梯格纹，肩部另有蝶形泥片（条）粘贴。（图一四二C，4）

席纹陶片　TE009④：101，泥质青紫色硬陶罐腹片。（图一四二B，3）

波折纹陶片　TE007⑦：047，泥质紫褐色硬陶罐腹片。（图一四二B，4）

席纹陶片　TE007⑦：046，泥质灰褐色硬陶罐腹片。外表有褐色涂层，但多剥落。

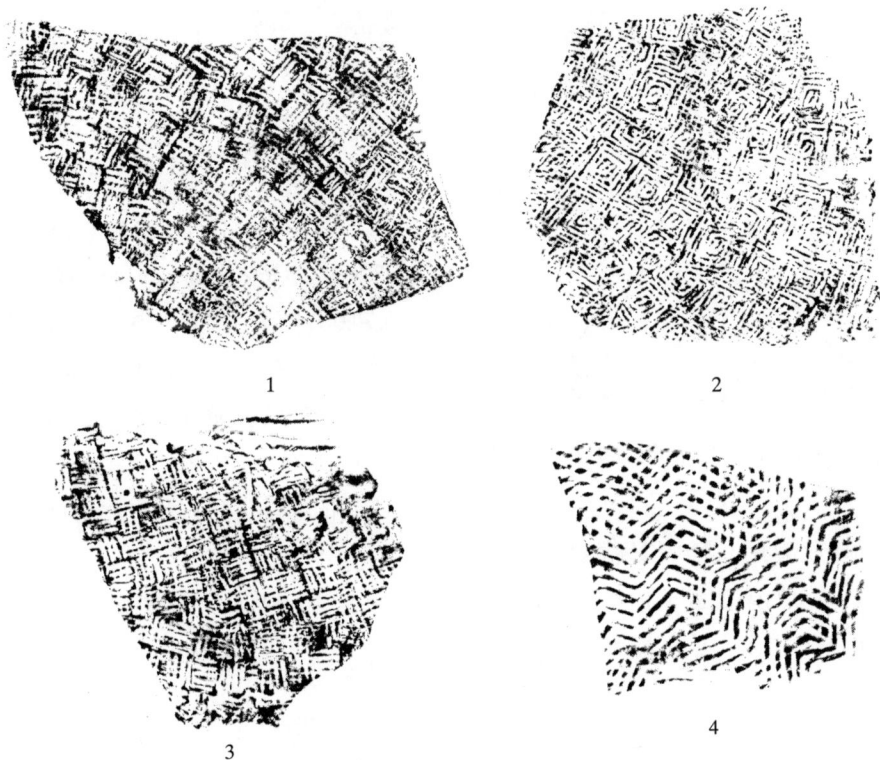

图一四二 B H12 出土陶片纹饰拓本

1. 席纹 H12：2 2. 菱形回纹 H12：6 3. 席纹 TE009④：101 4. 波折纹 TE007⑦：047（均为 1/2）

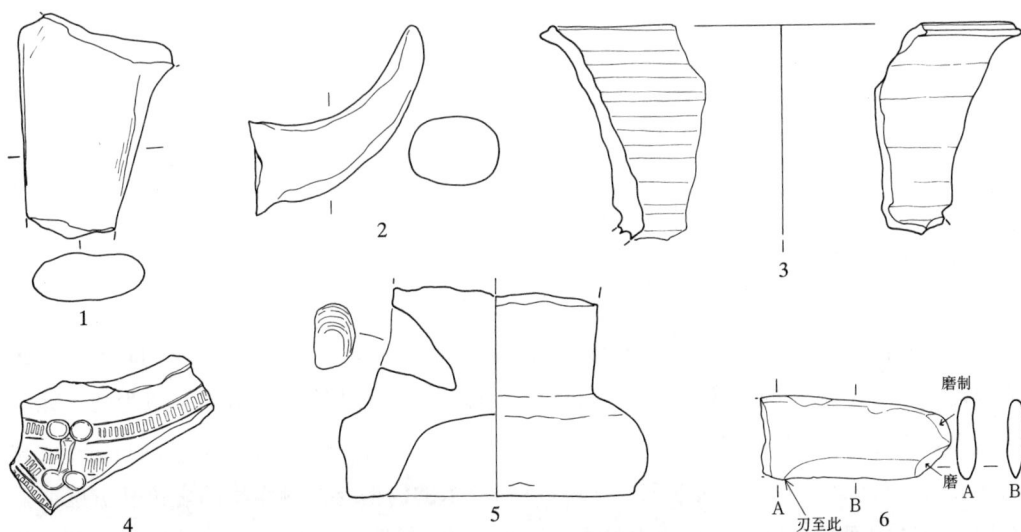

图一四二 C H12 出土器物

1. 陶扁侧足 H12：1 2. 陶羊角形把手 H12：5 3. 高领陶罐口沿 TE007⑦：045 4. 陶罐肩部残片 TE009④：102 5. 陶支座 H12：4 6. 石镰（戈？）H12：7（均为 1/3）

另有残**石镰（戈？）**一件。H12：7，黑色，角岩。双面刃，刃脊线清晰。柄部残损，两面均经打磨，尖端也经过两面磨制。残长7.9、宽3.4、厚约0.8厘米。（图一四二C，6）

H10

H10主要位于T007、T008、TE007、TE008四方交界处，开口于第2层下，打破T007的第3层和T008的第4、第5层，该坑又打破M48和M41。平面近圆形，直径约3.8米，坑底呈浅缓的锅底状，最深约0.45米。坑内填土为黑色斑土，夹杂零星的红烧土颗粒和炭化的草木灰，出土较多的印纹陶片，其中以硬陶为主。

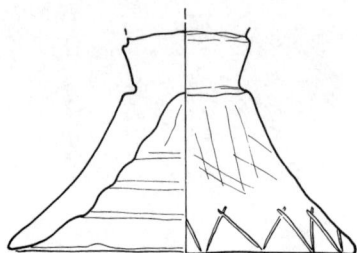

图一四三　　H10出土的硬陶豆（1/2）

出土遗物如**硬陶豆**，标本T008③：104，泥质灰胎硬陶。外壁刻划波折线。残高5.8、径约9.6厘米。或可能为盖纽。（图一四三）

第二节　建筑遗迹

共发现房址2座，分别编号为F1、F2；建筑基址单元3个，分别编号为建筑Ⅰ、建筑Ⅱ、建筑Ⅲ。

一　房址

F1

（一）概述

主要位于T003、T004。F1在揭去表土层后出露，其南部局部为包含有"万岁不败"铭文砖的汉代扰坑所破坏。

F1整体呈长方形，以平面上发现的沟槽外缘计，南北长9.3、东西宽约6米。在此范围内，又有南北向的沟槽将内部一隔为二，其中在北部没有沟槽分布，似为两单元的内通道，此通道宽0.8米。F1整体的沟槽之西北角也没有沟槽发现，似为外通道之一，宽约0.8米；F1东南角在平面观察时，发现宽约1.2米的沟槽与两侧沟槽的土色和宽度明显有别，经过剖面观察以及对沟槽内的土质、两侧的柱痕分析，判断此也为F1外通道，而且是F1的主要外通道。（图一四四~一四六、一四七A；彩版一〇八；彩版一〇九，1）

F1平面所发现的沟槽宽度不等，约在0.4~1.1米左右，深度约0.6米。在沟槽范围

图一四四　F1 及红烧土分布情况

1. F1（西—东）　2. F1 堆积下的红烧土分布情况

内还发现有浅灰色淤泥的柱痕，经过剖面解剖，多数柱痕得以确认，共发现有 28 个，但形制不甚规范，如底部有圜底或尖底，有及沟槽底或不及沟槽底等。

F1 在清理过程中选取了十四个剖面加以观察，具体情况如下：

AA′ 剖面——沟槽内填土为沙性的黄斑土。柱痕 Z9 不及沟槽底部，柱痕底部较尖，

1. T004 南壁地层

2. T003 南壁地层

图一四五　F1剖面

填土为浅灰色淤泥。（图一四七 B，1）

　　BB′剖面——沟槽内填土分为两层，上层为沙性黑灰色土，局部夹杂黄斑土，呈凹弧状；下层为沙性褐色土。Z10底部为近圜底，填土为浅灰色淤泥；Z16柱痕底部较尖，填土为沙性褐色土。两个柱痕均未及沟槽底部。（图一四七 B，2）

　　CC′剖面——沟槽内填黄斑土，夹杂沙性褐色土。Z5底部较尖，及沟槽底部，填土为浅灰色淤泥；Z21填土为浅灰色淤泥，底部近平，及沟槽底；Z20填沙性灰褐色土，底部近平，及沟槽底部。（图一四七 B，3）

　　DD′剖面——沟槽内填土为呈团块状的黄斑土，质地较为纯净。Z18底部略尖，远未及沟槽底，填土为浅灰色淤泥。（图一四七 B，4）

　　EE′剖面——沟槽内填土为浅灰色土。（图一四七 B，5）

　　FF′剖面——沟槽内填土分为上下两层，均为沙性褐色土，上层夹砂少于下层。Z15底部近尖，远未及沟槽底，填土为浅黄色土。（图一四七 B，6）

　　GG′剖面——沟槽内填土分为上下两层，其中上层为团状的黄斑土，其间夹杂为浅黑色土，质地甚为紧密；下层为沙性的黑灰色土。（图一四七 B，7）

　　HH′剖面——沟槽内填土为浅灰黄色土。Z25底部近尖，未及底，为灰黑色土。（图一四七 B，8）

　　II′剖面——沟槽内填土分为上下两层，上层为团状黄斑土；下层为沙性褐色土，但

1. 沟槽和 Z1　　　　　　　　　　　　2. 沟槽和 Z2

3. 沟槽和 Z18　　　　　　　　　　　4. 沟槽和 Z6

图一四六　F1 沟槽和柱痕

夹杂淤泥。Z19 底部略圜，远未及底，为黄褐色土，夹棕褐色土结核。（图一四七 B，9）

　　JJ′剖面——沟槽内填土分为上下两层，上层为团状黄斑土，下层为夹杂淤泥的沙性褐色土。（图一四七 B，10）

　　KK′剖面——沟槽内堆积为团状的黄斑土，中间部位也为团状的黄斑土，但是夹杂淤泥。Z1 填土为浅灰色淤泥，底部平，及沟槽底。（图一四七 B，11）

　　LL′剖面——沟槽内除了东南角为含沙的灰褐色之外（这一土层中还出土有残罐碎片），余均为团状黄斑土，其中上部略夹沙，底部夹沙略多且含淤泥。Z26、Z27 两处柱痕底部均近平，填土均为浅灰色淤泥，其中西侧柱痕 Z26 过沟槽底部。东侧柱痕 Z28 底恰于沟槽底部，填土为浅灰色淤泥，底部圆圜，近底部的淤泥中残留有竖向的木质柱。（图一四七 B，13）

　　MM′剖面——沟槽内填土为沙性的棕褐色土。Z12 填土为浅灰色淤泥，底部圆圜，未及沟槽底。（图一四七 B，12）

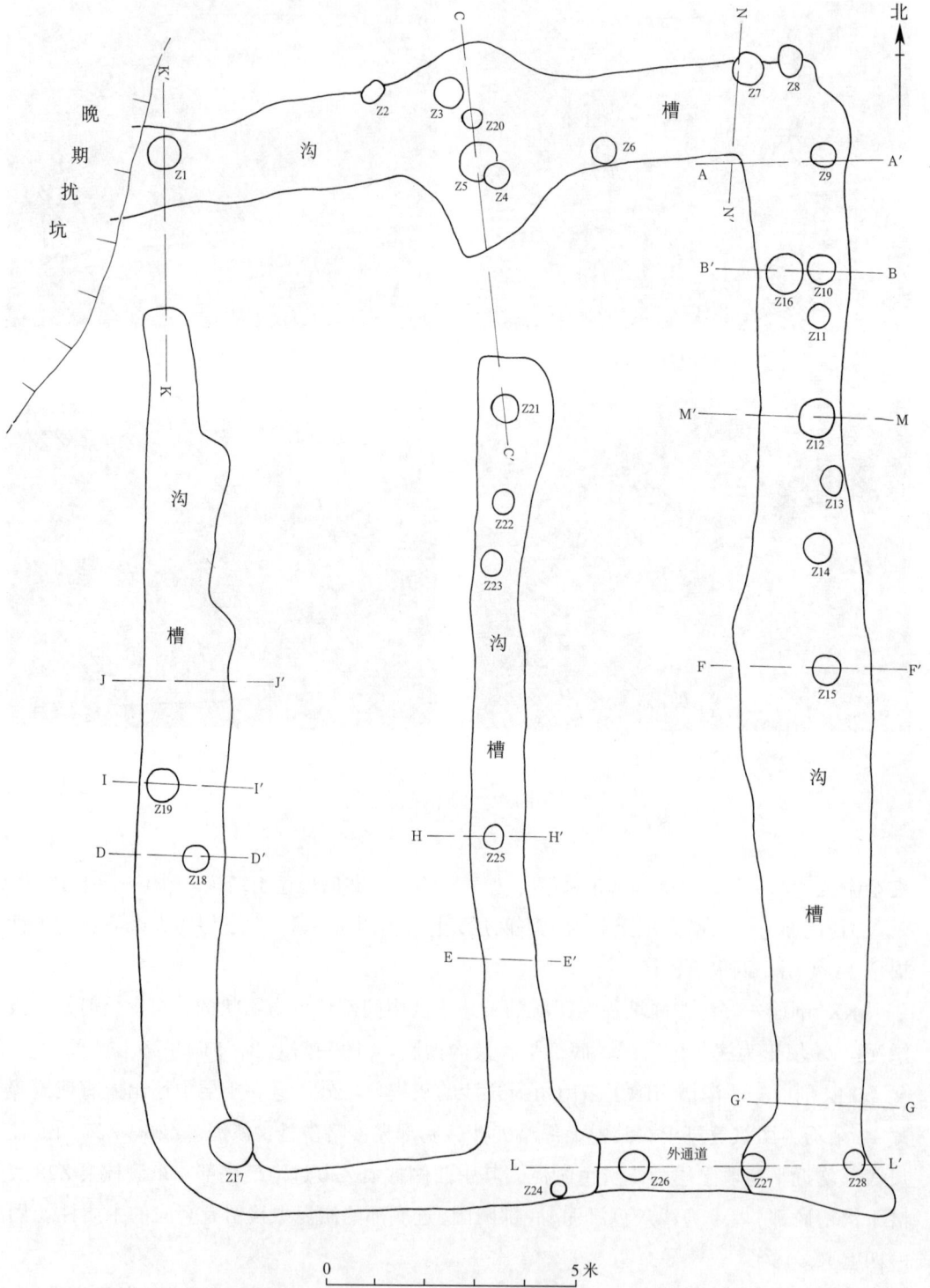

图一四七A　F1平面图

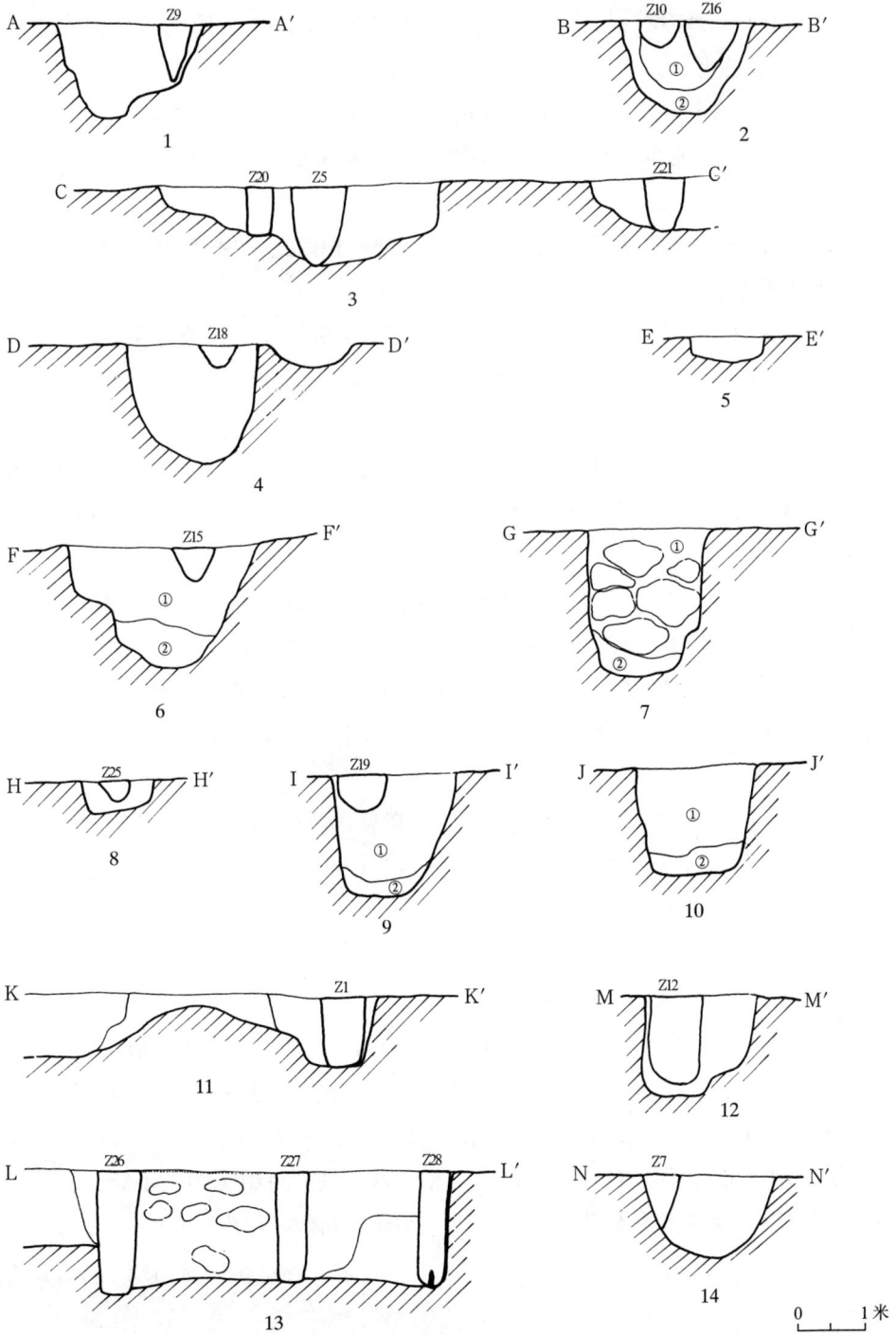

图一四七 B　F1 剖面图

1. AA′剖面　2. BB′剖面　3. CC′剖面　4. DD′剖面　5. EE′剖面　6. FF′剖面　7. GG′剖面　8. HH′剖面　9. II′剖面　10. JJ′剖面　11. KK′剖面　12. MM′剖面　13. LL′剖面　14. NN′剖面

NN′剖面——沟槽内填土为棕褐色土，夹杂较多的沙，沟槽底部有淤泥。Z7底部尖，填土为沙性褐色土，夹杂淤泥。（图一四七 B，14）

F1沟槽内填土以质地纯净的团状黄褐色土为主，但北部沟槽内土色略显斑杂，而南部沟槽内填土甚为纯净，可能与建筑性质有关。从沟槽、柱痕等情况分析，F1其建筑形式可能为地面式房子。

F1所依托的建筑基址叠压早期土台，基址堆积内还发现少量的印纹陶。

（二）遗物

罐　F1∶1，出土于F1东南角的沟槽底部，多碎片，但可修复完整。泥质灰陶。器身较矮，翻沿，鼓腹，内凹底，外壁拍印交叉绳纹，但抹划后不甚清晰。高20.3、复原口径19.5、底径约15厘米。（图一四七 C，1）

F1∶2，出土于F1开口层面。泥质黑胎灰陶。近直口，鼓腹，颈部两侧各有一个直径约1厘米的穿孔，腹部拍印斜角相交的编织纹。残高12.5、口径12.8厘米。（图一四七C，2）

F1∶5，出土于F1开口层面。泥质紫褐色硬陶。宽折沿面上有刻划符号一个，笔序如线图所示，外壁拍印条纹。口径约21厘米。（图一四七 C，3）

F1∶6，出土于F1开口层面。泥质灰褐色硬陶。仅口腹局部残损，宽折沿，鼓腹，内凹底。外壁原本拍印条纹，但抹划后已基本呈素面。高17.8～18.1、口径16.4、底径9.4厘米。（图一四七 C，4；彩版一○九，2）

豆　F1∶3，出土于BB′剖面清理时。泥质紫褐色硬陶。内面灰白色，外壁似有深褐色涂层。上有多道弦纹和镂孔装饰。（图一四七 C，6）

F1∶4，出土于FF′之Z15剖面清理时。泥质灰胎灰陶，质地较硬。坦腹，唇内敛。口径约19厘米。（图一四七 C，5）

以下标本是在清理F1平面时起取。

豆　F1∶066，泥质红褐色硬陶。圈足高约8.4、圈足径约12.8厘米。（图一四七C，7）

F1∶067，泥质黑胎黑陶。豆柄上部有一周凸棱。（图一四七 C，8）

鼎足　F1∶069，夹砂红陶。为侧装扁足。（图一四七 C，9）

罐　F1∶068，泥质红陶。内凹底，拍印叶脉纹，每组宽约2厘米。

F1∶070，泥质红色硬陶，质地稍硬。拍印波折纹。（图一四七 D，1）

F1∶071，泥质青灰胎褐色硬陶。宽折沿，削肩，外壁拍印条格纹。口径约18厘米。（图一四七 C，11）

以下标本出土于T004第④、⑤层，应与F1的建设相关。

鼎足　T004⑤∶054，夹砂灰褐陶。鱼鳍形，两面均有较浅的切划直线，截面中部较厚。（图一四七 C，10）

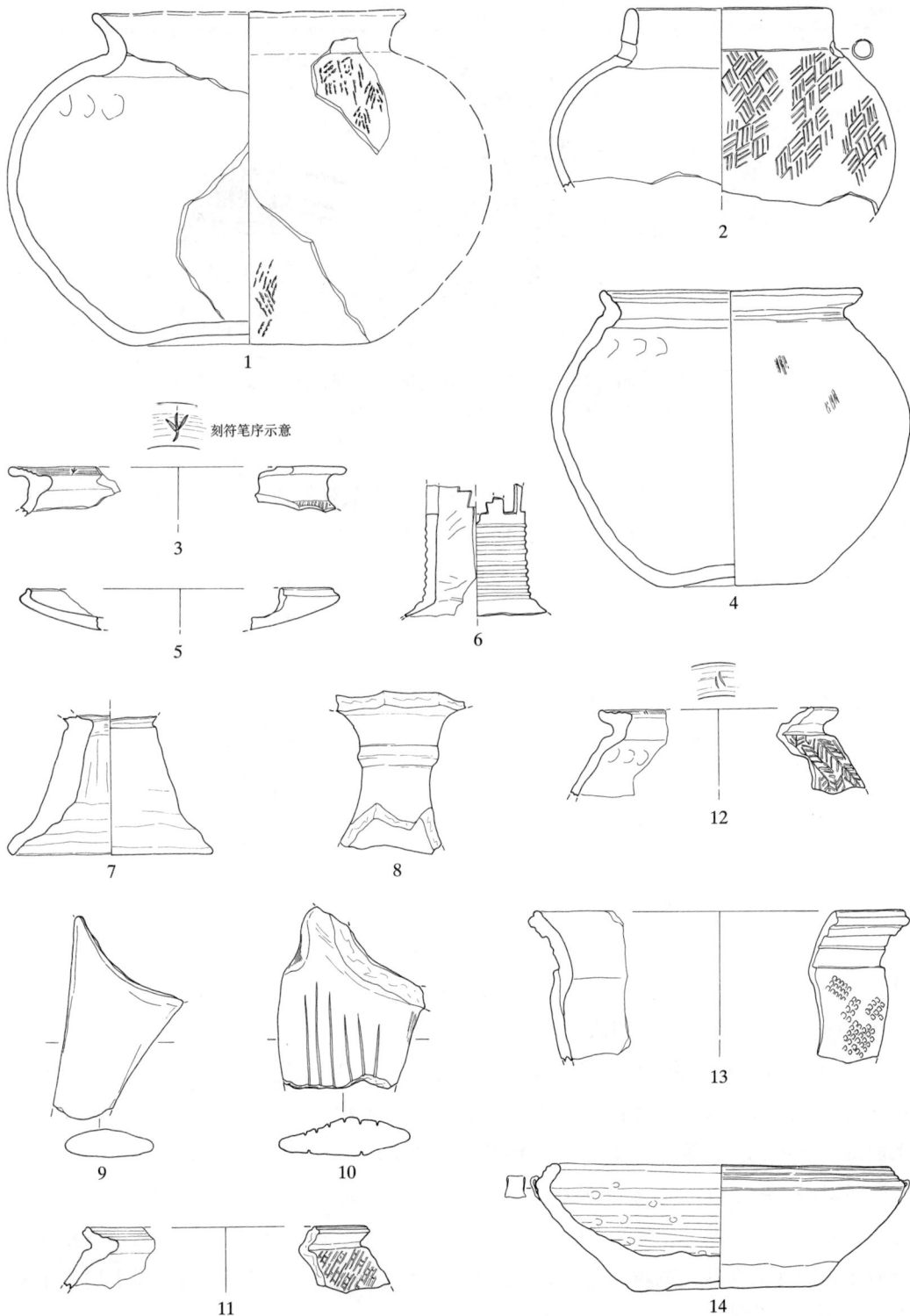

刻符笔序示意

图一四七C　F1出土陶器

1. 罐 F1：1　2. 罐 F1：2　3. 罐 F1：5　4. 罐 F1：6　5. 豆 F1：4　6. 豆 F1：3　7. 豆 F1：066　8. 豆 F1：067　9. 鼎足 F1：069　10. 鼎足 T004⑤：054　11. 罐 F1：071　12. 罐 T004④：099　13. 盆 T004④：100　14. 钵 T004④：096（均为1/4）

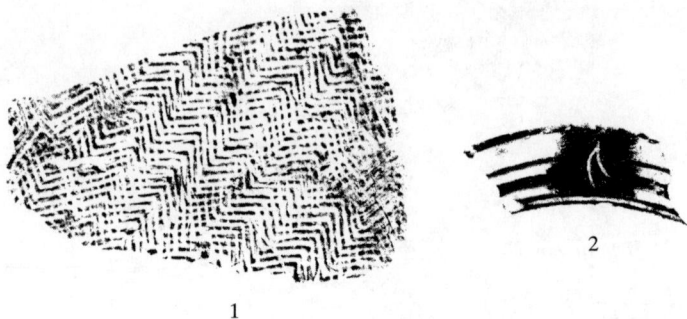

图一四七 D　F1 出土陶器纹饰和刻划符号拓本
1. 波折纹 F1：070　2. 刻划符号 T004④：099（均为 1/2）

罐　T004④：099，泥质紫褐色硬陶。平折沿面上有刻划符号，削肩，腹部拍印叶脉纹。口径约 15 厘米。（图一四七 C，12；图一四七 D，2）

盆　T004④：100，泥质黑胎灰黑陶。翻沿，拍印小方格纹。口径约 23.4 厘米。（图一四七 C，13）

钵　T004④：096，泥质青灰胎灰褐色硬陶。口腹部残损，整器烧制变形。敛口，沿外粘贴有两个大致对称的未透扁耳，斜收腹，平底内凹。内壁有横向制作痕。高 7.3～7.7、口径约 21、底径约 12 厘米。（图一四七 C，14）

F2

（一）概述

位于 TE005、TE006、TE007 的西部。在清理建筑基址平面时发现南北向的沟槽迹象，沟槽内填土为浅灰色斑土，多夹杂沙砾，沟槽局部还能观察到似"柱痕"的迹象，但整体平面甚不明晰。F2 开口于表土层下，现平面东高西低，绝对高度约 10～-40 厘米。F2 东南角叠压 H15。（图一四八，1～3；图一四九 A、B、C）

F2 平面依南北向的沟槽迹象界定，其中西北部受扰，情况不明，估计原应为通道所在位置。依沟槽外缘计，南北长 11.6、东西宽 5.7 米。据沟槽可将 F2 分为南北向狭长的东西两个小单元。西单元内宽约 2.2、南北长约 7.8 米，单元南部保留有纵向布列的柱痕 7 个，编号 Z35～Z41[①]；柱痕平面均为圆形，有尖底和圜底，填土均为深灰色土。其具体情况见附表一。东单元呈南北向的狭长形，南北长 9.4、东西宽 0.7～1 米。两小单元内的土质土色均为夹杂沙性的黄褐色土，土层中出土少量印纹陶片。F2 沟槽内填土均为浅灰

---

① F2 所发现的柱痕与后文建筑基址单元中所发现的柱坑和柱痕统一编号。为避免混乱，此处介绍时仍保持原来野外发掘时所编的序号。

1. F2（西—东）

2. Z35

3. Z15

图一四八　F2 及其柱痕

北

Z16　Z15

Z14

Z17

T007 TE007

剖面 C（TG2 南壁）

剖面 A

Z41

Z40

Z39

Z38

Z37

剖面 B

TE006
TE005

Z36

Z35

0　　　1 米

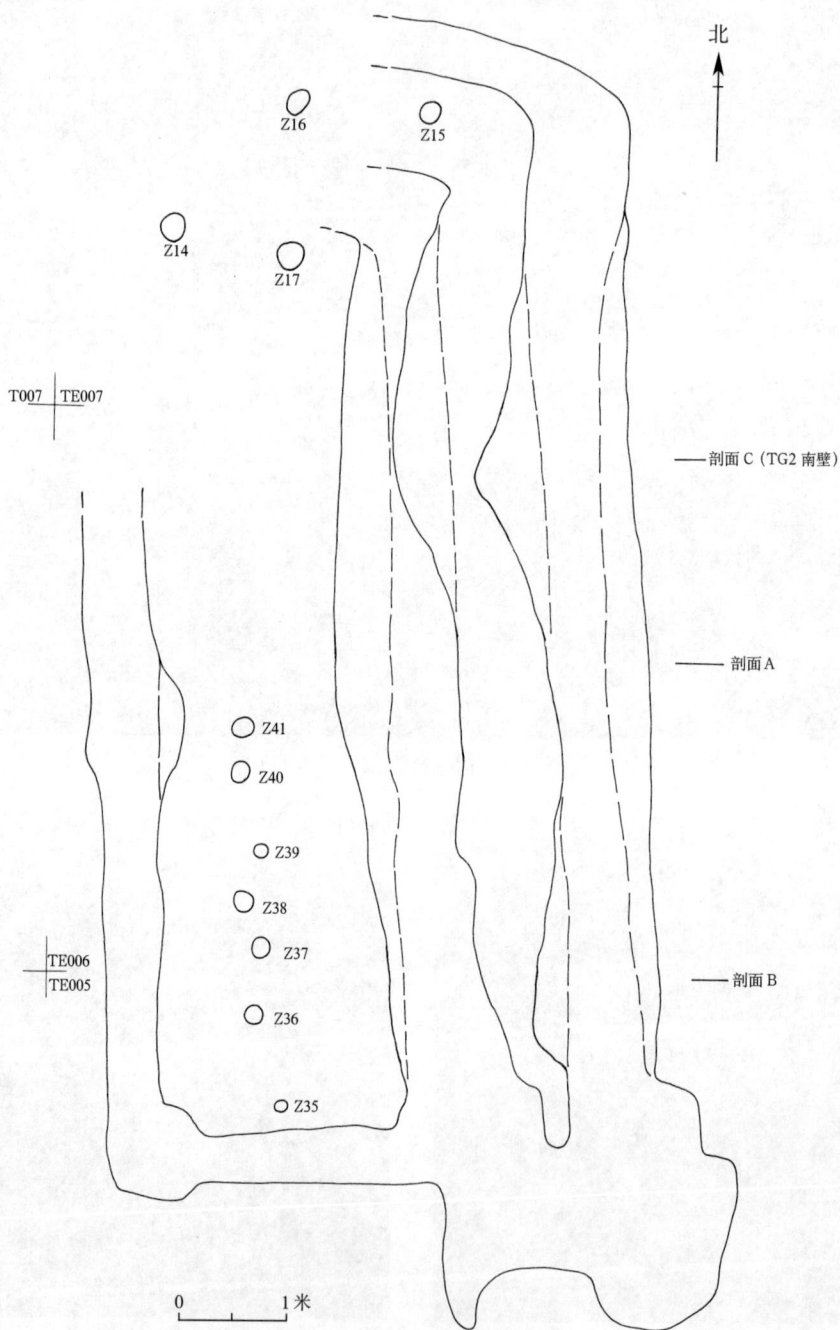

图一四九 A　F2平面图
（虚线为发掘过程中的曾经确认线）

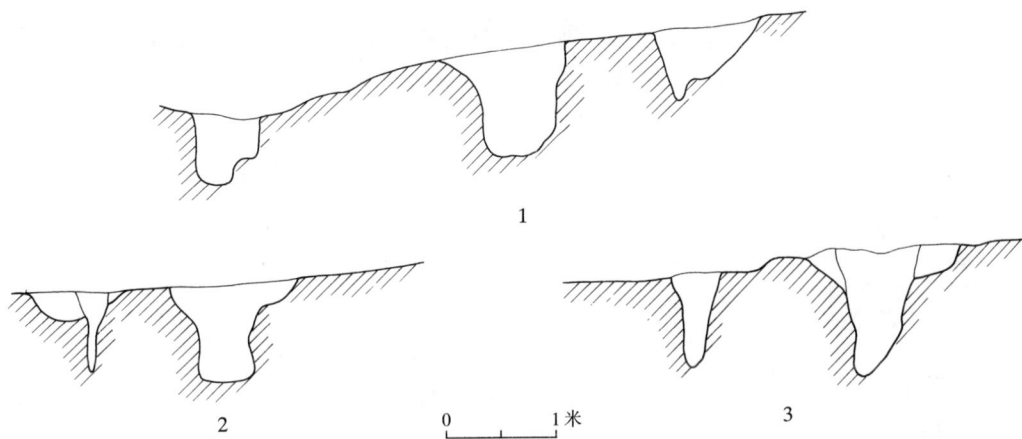

图一四九 B　F2 剖面图
1. 剖面 A　2. 剖面 B　3. 剖面 C

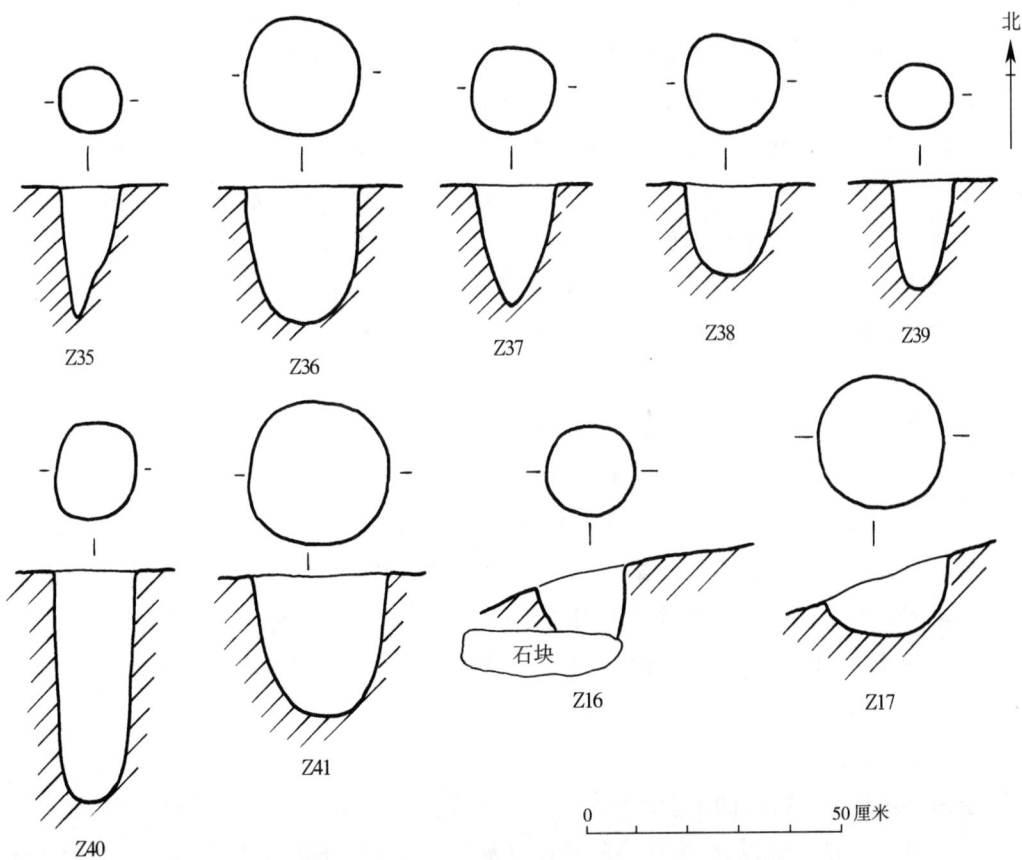

图一四九 C　F2 之 Z35～Z41、Z16、Z17 平剖面图

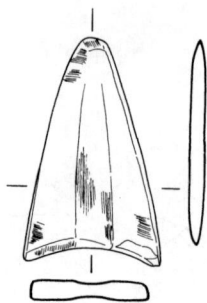

图一四九 D　F2 出土
石矛 F2：1（1/2）

色斑土。在 F2 北部发现四个柱痕，编号为 Z14～Z17，它们也可能与 F2 有关。其情况见附表二。

（二）遗物

F2 东沟槽内出土**石矛**一件，编号 F2：1，青灰色，凝灰岩。中部两面均有竖向切磨的浅凹槽，下端内凹，两侧未开锋。高 5.96、宽 3.77、厚 0.5 厘米。（图一四九 D；彩版一〇九，3）

二　建筑基址单元

G1 东岸的遗址堆积主要由两大阶段组成：埋设有新石器时代墓葬的土台和高祭台类型时期人工营建的土台基址。在高祭台类型时期的土台层面上发现了柱坑、柱痕等有关的建筑迹象，由于遗迹是在揭去表土层后直接暴露，野外无法整体判读具体单元，故暂将各类遗迹现象统一编号，为了便于记录，我们将此均称之为"建筑基址"。它以质地较为紧密的黄褐色夹沙土营建，叠压自然沉积形成的 H12。

除了在平面发现柱坑、柱痕（Z）、坑（K）外，还发现了被上述遗迹打破的整体呈不规则的土层或土块分布，其中土色主要为黄斑土和灰黑色土。经过剖面确认，灰黑色土多呈沟槽状、浅坑状，土质较为疏松，夹杂有少量的印纹硬陶片，主要呈纵向分布于东区土台的东侧，经解剖分析，我们认为其为沟槽样遗迹，应该属于建筑的一部分；黄斑土为质地甚为紧密的土层，似为人工有意铺垫。

建筑基址除了明确判定为房址的 F1、F2 外，通过对上述种种迹象的整体观察，并根据平面的分布情况，我们将其划分为三个建筑单元。（图一五〇、一五一；图一五二 A、B；彩版一一〇，1、2）

（1）主要分布于 TE007 东北部、TE008 东部的柱坑和柱痕并结合东侧的纵向沟槽可能为建筑的一个单元，暂定为建筑 I。

（2）主要分布于 TE005、TE006、TE007 东部以及东扩方部分呈纵向布列的柱痕，大致可以分为东西两排，柱痕均为尖桩，打破生土层，结合其东侧的纵向沟槽，可能也为一个单元，此单元可能为建筑 I 的附属建筑，但为了叙述方便，暂定为建筑 II。

（3）位于 T006 的东部，直接在表土层下开口，开口标高明显低于 F2 的开口面，编号 D1～D7，暂定为建筑 III。

另外在 F2 北部和建筑 I 西部平面上除了 K1 外没有发现其他相关的遗迹现象，估计这一空白区域是一个特殊的活动场所。

位于建筑基址北部以 H9 为代表的遗迹以及位于 F2 西北部的可以明确为水井的 H11（参见图一四〇），明显低于建筑基址的平面，但整体上应该与建筑基址有关。

1. 南—北

2. 北—南

图一五〇 建筑基址

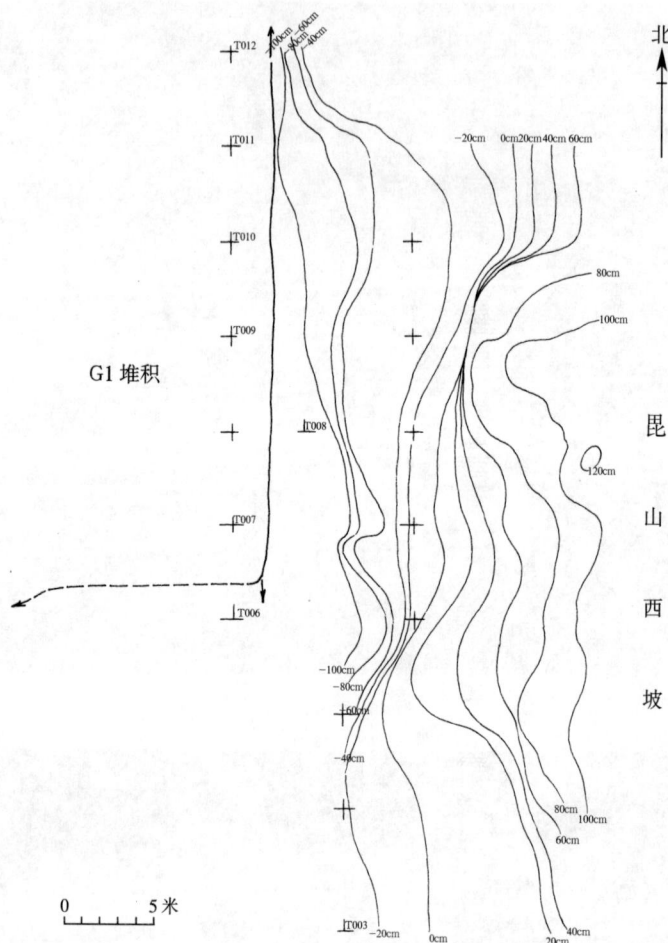

图一五一　　发掘东区文化堆积出露时的相对等高线图

　　建筑基址的堆积层中包含的印纹硬陶片很少,重要的有在Z9东侧的土层中出土的一块云雷纹的青铜器残件。(图一五三;参见图二六七,4夏彩版一五五,3、4)

建筑 I

(一)概述

　　依柱坑和柱痕范围观察,建筑 I 平面大致呈正方形。(见图一五二 B)在 TE009 东部的发掘中没有发现柱坑和柱痕迹象,推测建筑 I 已至北缘。依此丈量,建筑 I 东西宽约6、南北长约7米。柱坑和柱痕平面上从北往南可以大致分为东西向的三排,除了西北的Z1 和西南的 Z12 可明确为柱坑外,其余均为柱痕。三排柱坑和柱痕或有错位,具体编号如下:

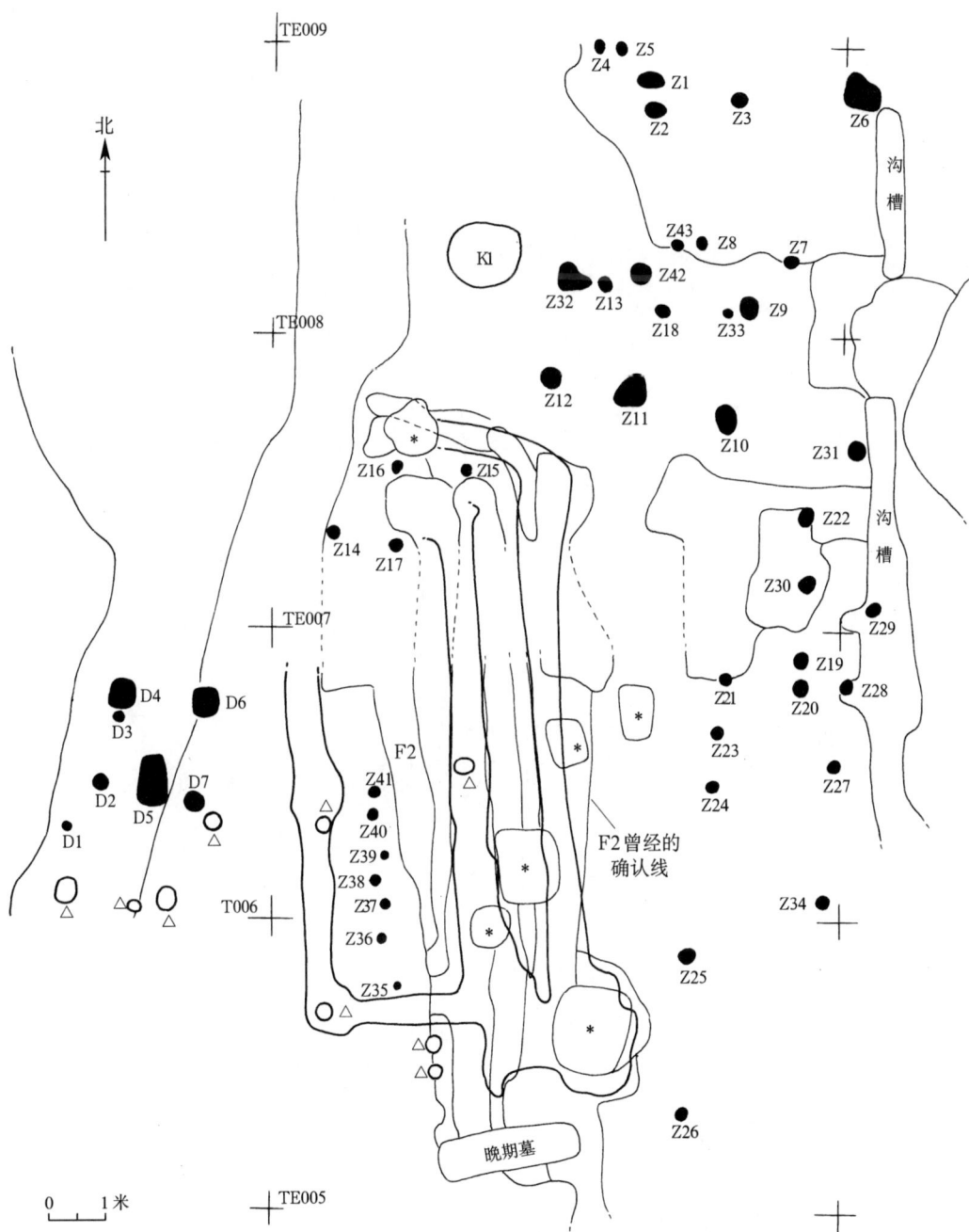

图一五二 A　建筑基址平面开口情况

（图中"△"在野外发掘时曾判断为柱洞，但最终不能明确其性质，故未编号。图中"＊"表示平面上不同色泽的土块）

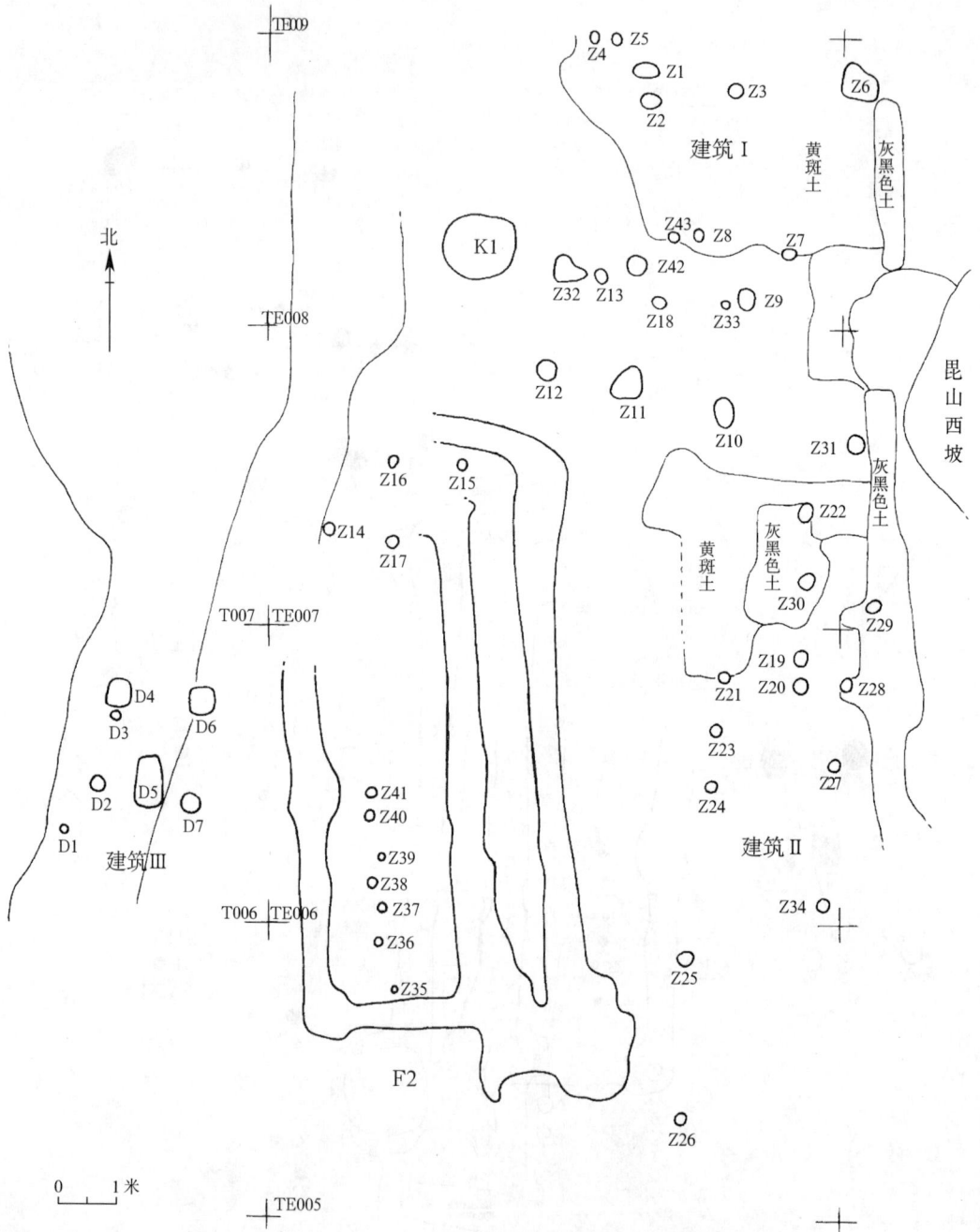

图一五二 B 建筑基址之建筑 I 、 II 、 III 及 F2、K1 相对位置图

第一排：Z4、Z5、Z1、Z2、Z3、Z6；

第二排：Z32、Z13、Z42、Z43、Z8、Z7、Z18、Z33、Z9；

第三排：Z12、Z11、Z10、Z31。（图一五四 A、B）

关于上面三排柱坑和柱痕的情况详见附表三。

建筑 I 东侧的南北向沟槽属于附属的遗迹，或可能为"散水"类的建筑设施，填土为灰黑色，中间为黄斑土所隔断，可能为建筑 I 的通道所在。据各种迹象分析，我们推测建筑 I 可能为干栏式建筑。

（二）遗物

Z8 出土有残石戈、碎陶片等，可辨陶片有泥质青灰色硬陶条纹罐片、夹砂红陶绳纹鼎甗类口沿。

图一五三　建筑基址中青铜残块出土情况

石戈　标注为柱洞内出土。剥蚀呈青灰色，并有暗绿色微小斑点，角岩。上阑微出，内下缘有凹缺。残长 12.6、宽 5.2、厚约 1.2 厘米。（图一五四 C）

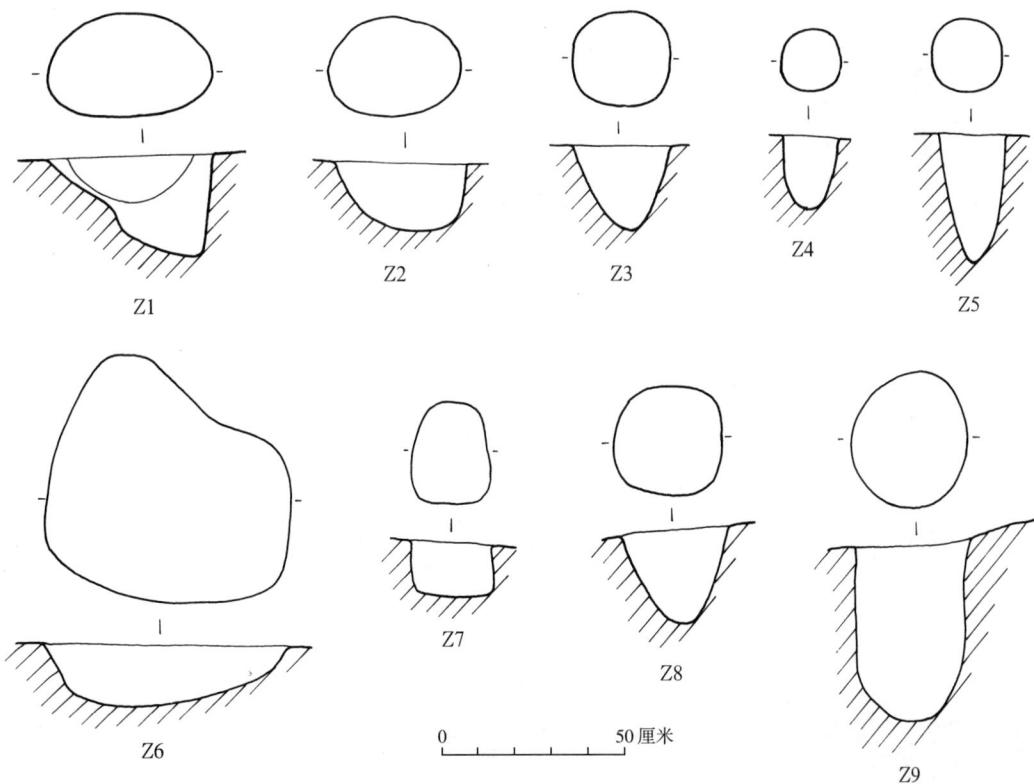

图一五四 A　建筑基址 I 柱坑（柱痕）Z1~Z9 平剖面图

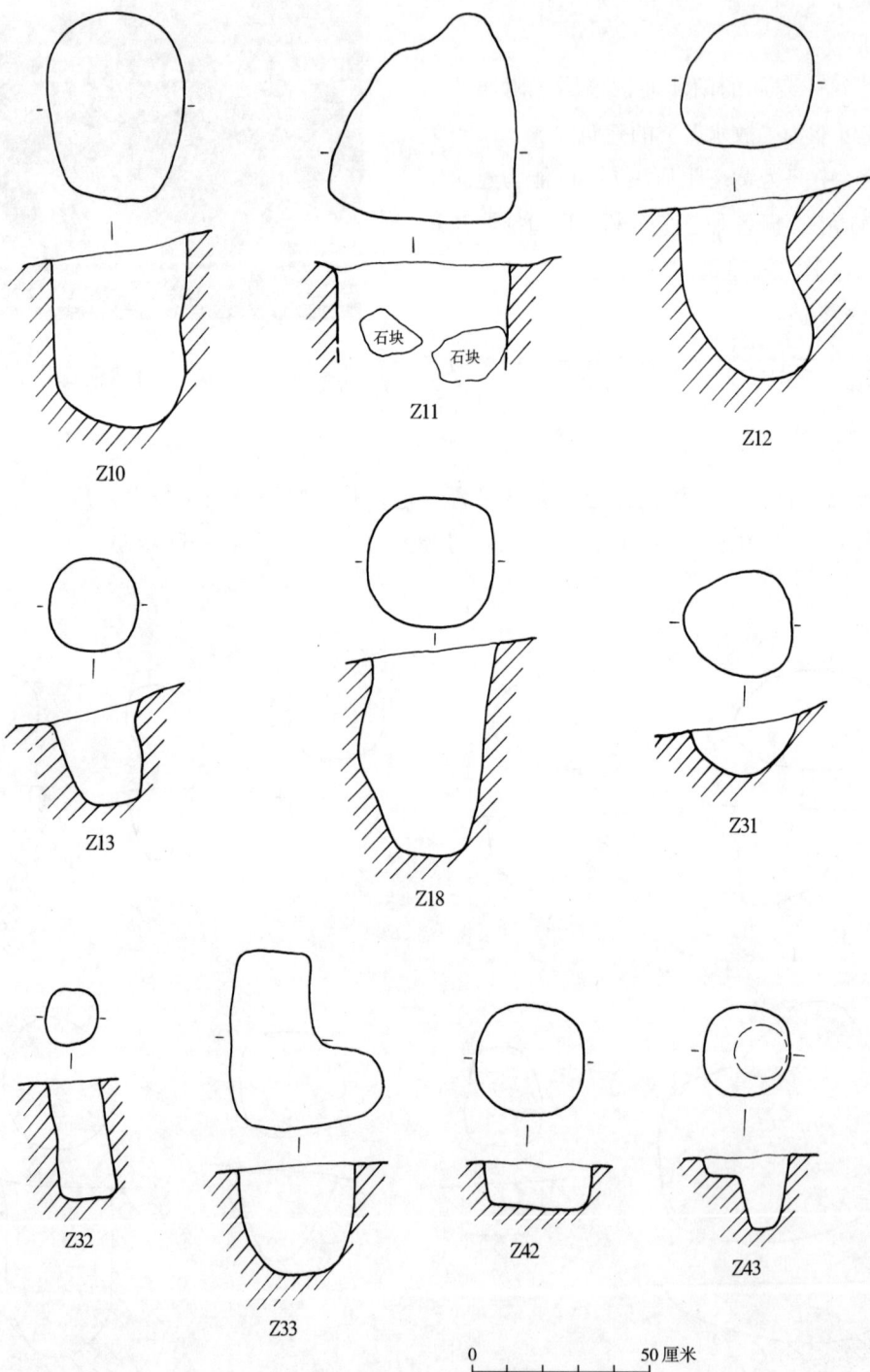

石块

石块

Z11

Z10

Z12

Z13

Z18

Z31

Z32

Z33

Z42

Z43

0　　　　　　　　　　50厘米

图一五四 B　建筑基址 I 柱坑（痕）Z10 ~ Z13、Z18、Z31 ~ Z33、Z42、Z43 平剖面图

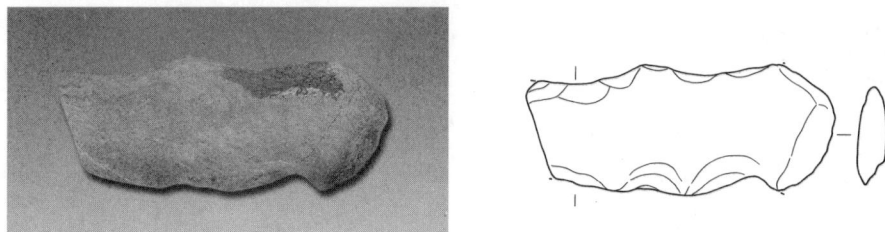

图一五四 C　Z8 内出土的残石戈（1/3）

建筑 Ⅱ

建筑 Ⅱ 的最大特点为：基本为南北向分布的两列柱痕（附表四），两列柱痕的间距宽约 2 米，其中北部相对较狭窄，宽约 1 米。柱痕编号为 Z19～Z30、Z34。（图一五五）

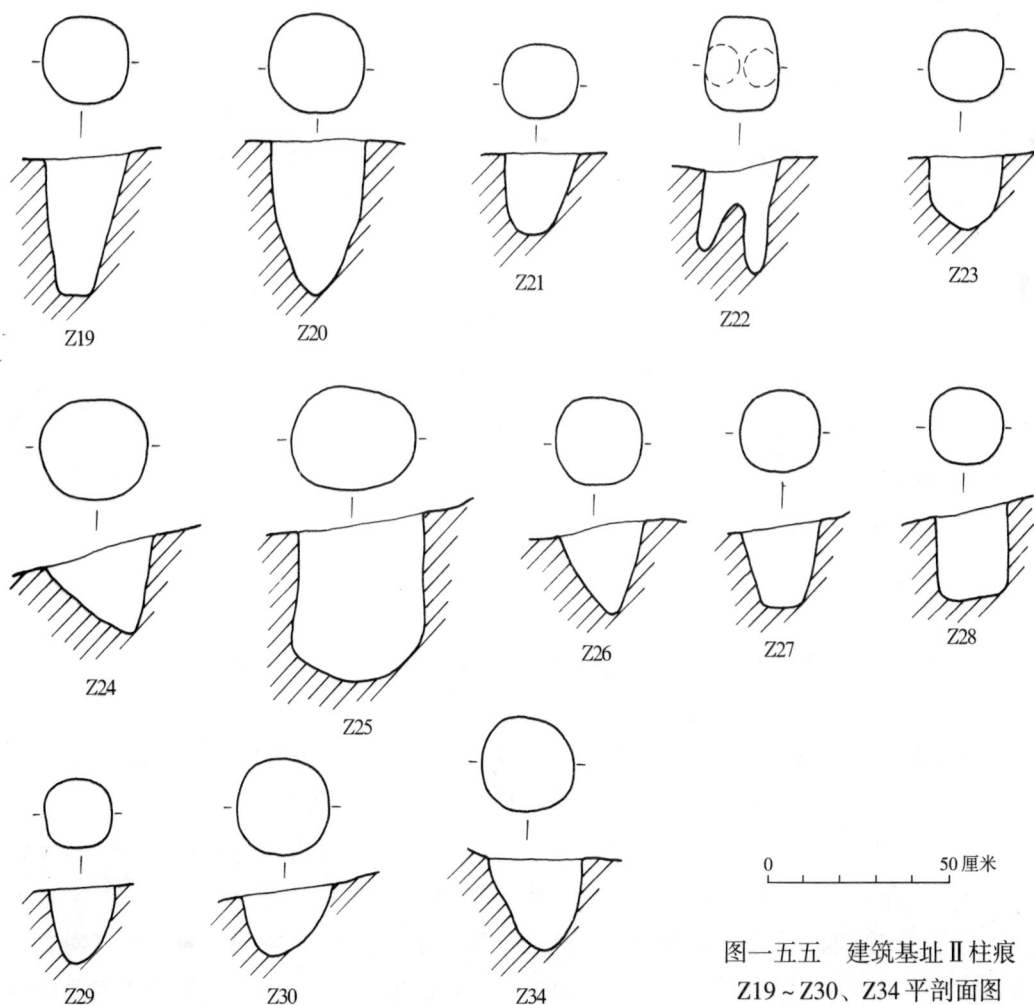

0　　　　　　　　　50 厘米

图一五五　建筑基址 Ⅱ 柱痕
Z19～Z30、Z34 平剖面图

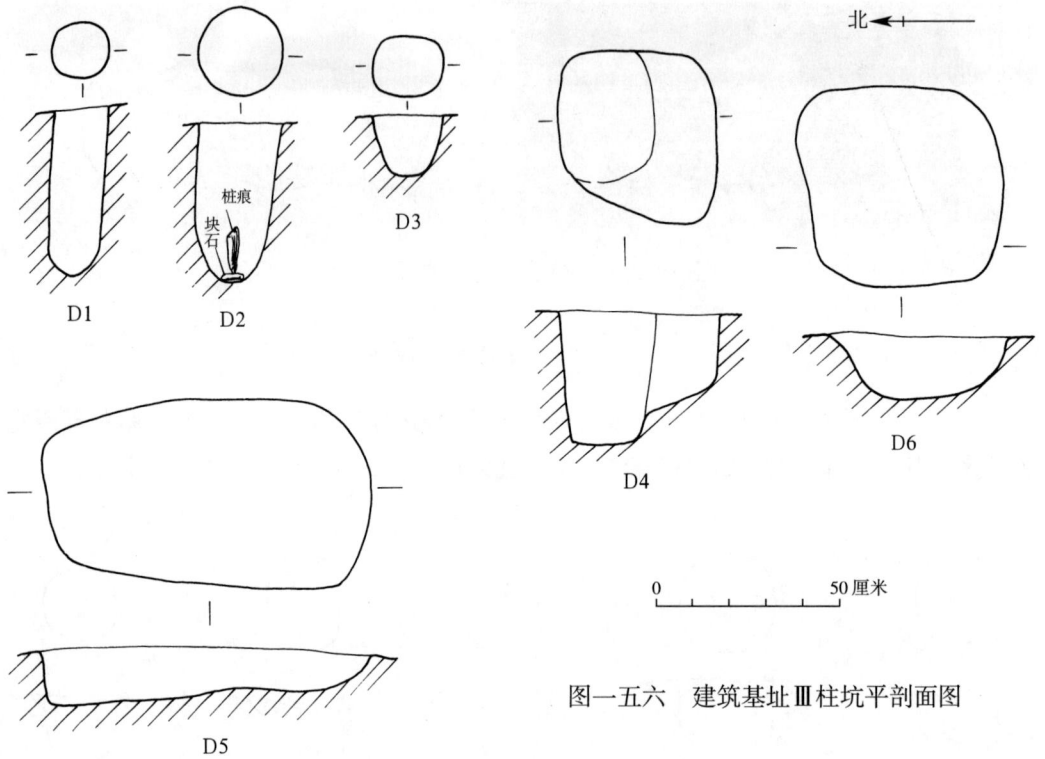

图一五六　建筑基址Ⅲ柱坑平剖面图

建筑Ⅲ

建筑Ⅲ位于T006的东部，野外共编号D1～D7，其中D5、D6为浅凹坑状，但填土与明确为柱坑的D2一致，暂归属"D"类。（图一五六）有关的情况统计参见附表五。建筑形式等具体情况不明。

K1

（一）概述

K1大致位于TE008的中部。平面近圆形，最大直径约1.2、现深约0.78米，坑口东高西低。圜底。坑内堆积分为两层：

第①层，黄褐色斑土，质地较为疏松。K1∶1陶罐在该层下部出露，罐出土时倾倒，口部朝北。K1∶2青铜铲在该层中部偏下出土，出土时刃部朝东。

第②层，深灰色斑土，质地较为疏松。（图一五七、一五八A；彩版一一一，1、2）

（二）遗物

除了发现完整的陶罐、青铜铲各一件外，陶片发现极少，可辨器类有夹砂红陶宽唇面的鼎甗类口沿片、横截面为椭圆形的圆锥足，夹砂灰陶绳纹腹片，泥质紫褐陶菱形回

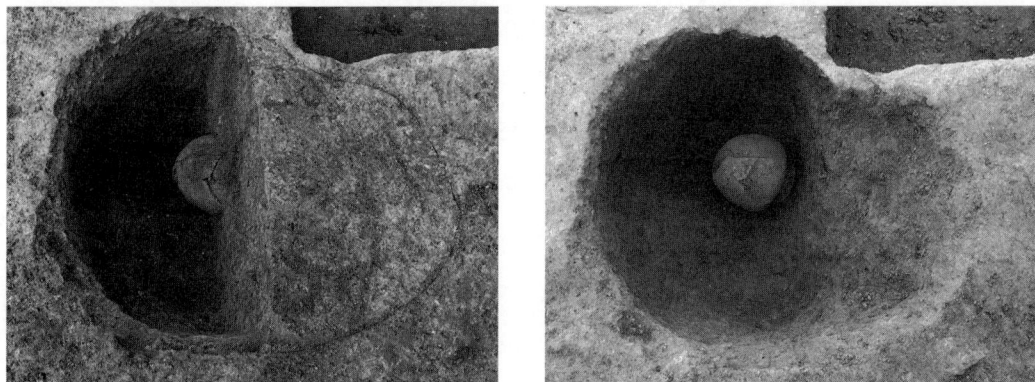

图一五七　K1

纹罐口沿片等小碎片。还有羊角
形把手一片，横截面呈椭圆形。
（图一五八B，3）

罐　K1:1，泥质紫褐硬陶，
外表局部呈红褐色。翻沿、斜领，
宽沿面上有三周凹弦纹，口部并
不圆整，一侧略尖。微耸肩，耸
肩部位下略折，底部为着地面较
大的浅凹底。颈部外壁留有约1
×1.4厘米呈水滴状的绿色窑汗，
耸肩外壁也留有一呈碎玻璃状的
1×1.2厘米的绿色点状窑汗。罐
外壁拍印菱形状的多重回纹，回
纹中心为两道短线，拍印单元面
积约7×7.5厘米，凹底部位也有。
口沿和罐体按接而成，且叠压拍
印的纹饰。罐体内壁留有泥条盘
筑痕及外壁拍印纹饰时的垫痕。
全器完整无缺损。高29.6～30、口
径17.8～18、底径约11厘米。（图
一五八B，1；图一五八C；彩版
一一一，3、4）

铲　K1:2，青铜质，沁蚀呈

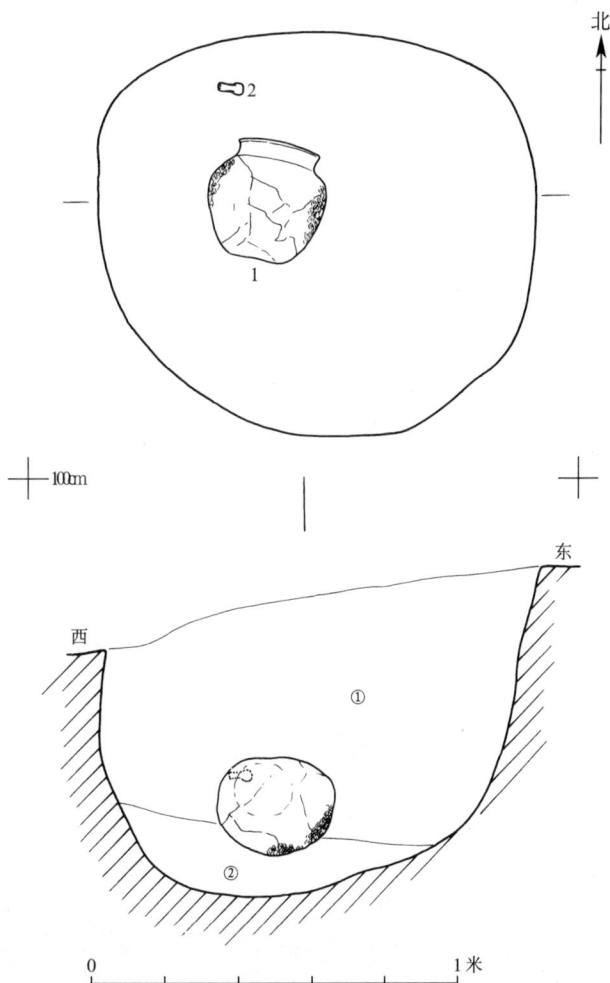

图一五八A　K1平剖图

灰绿色。銎部、刃部朽烂。銎截面呈两侧尖的扁圆形，銎部外壁一侧留有"扉棱"（或合范线），一侧不明。刃部呈圆弧状，因刃端部残朽整体不明，从前端横剖面一面略内凹弧而另一面略弧凸的情况分析可能为铲类。残长7、銎径1.4～1.7厘米。（图一五八B，2；彩版一一一，5）

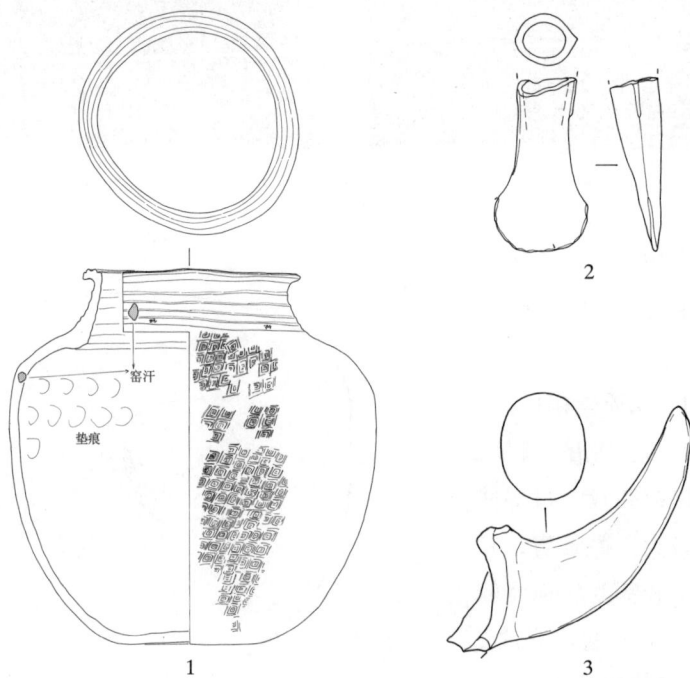

图一五八B　K1出土器物

1.印纹硬陶罐K1：1　2.青铜铲K1：2　3.陶羊角把手K1：3（填土中出土）（1为1/6，余为1/3）

图一五八C　K1出土印纹硬陶罐K1：1纹饰拓本（1/2）

第三节　灰坑

此次共发掘高祭台类型时期灰坑9座。除前文介绍的属自然沉积的H10、H12外，其余7座编号分别为H13~H15、H11、H7~H9。

H13

（一）概述

位于T003的西南角，野外仅清理1/2，坑内堆积以层状淤积的炭化草木灰为主。（图一五九，1）包含印纹陶。由于难以扩方，具体情况不明。鉴于发掘区西南堆积情况未有

1. H13在T003南壁的堆积情况及T003南壁（局部）地层剖面

2. T003西壁地层剖面

图一五九　H13在T003南壁的堆积情况及T003地层剖面

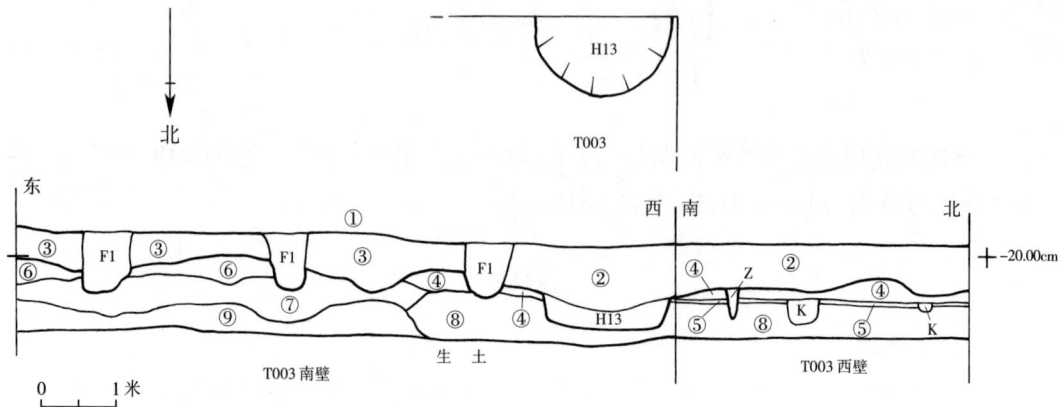

图一六〇 A　H13平剖图

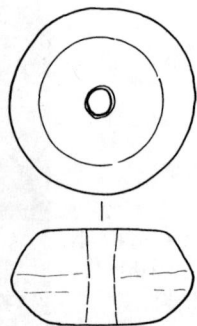

图一六〇 B　H13出土
陶纺轮 H13∶1（1/2）

揭露，此将与 H13 相关的 T003 地层堆积介绍如下。（图一
五九，2；图一六〇 A）

T003 南壁、西壁地层可分为九层：

第①层，表土和扰土层，已统一起取，F1 开口于此层
下；

第②层，呈层状的草木灰间杂淤泥，其中西壁另夹杂
黄斑土，质地疏松；

第③层，黄褐色斑土，T003 的东部夹杂较多的沙砾，
质地较为紧密；

②、③层堆积为高祭台类型时期，第③层堆积应与 F1
有关。②层下开口 H13，灰黑色填土的柱痕（Z）也与此同
一阶段；

第④层，红烧土堆积层，局部夹杂灰褐土，主要分布于 T003 的西部，呈南北纵向分
布，本书第三章第四节介绍的 T003 坯料形红烧土（块）均出土于此层；

第⑤层，质地较纯的浅黄色沙土，仅分布于 T003 西部，厚薄较为均匀，此层面上开
口两个填土为灰黄色斑土的圜底小坑（K）；

第⑥层，灰黄色沙土，局部夹杂红烧土颗粒，分布于 T003 东部；

第⑦层，黄褐色沙土，质地紧密；

第⑧层，同第⑦层；

第⑨层，深黄褐色沙土，夹杂较多且个体较大的沙砾，质地紧密。

第④~⑨层为新石器时代堆积。

以下为生土。

（二）遗物

H13出土陶片仅十余片，可辨器形有崧泽文化阶段的粗泥褐陶凿形足、粗泥褐陶有注水孔的隔档鼎片和饰斜角相交编织纹的泥质紫褐色硬陶罐片、饰斜方格纹的泥质灰陶罐盆类片。另出土纺轮1件。H13：1，泥质褐色硬陶，有褐色涂层。外径约4.9～5、高2.5厘米。（图一六○B）

H14

（一）概述

位于T004的西部，为F1所压，打破新石器时代营建的土台和生土层。平面呈圆形，口大底小，圜底，口径3.1、底径约1.2、深约3米。

坑内堆积可以分为两层：第①层，黑灰色土，质地松软。夹杂少量印纹硬陶片，厚约1.3米，中部稍凹陷。在距坑口约1.2米处的西壁和南壁，分别出土陶汲水罐和石锛一件。第②层，青灰色土，质地甚为松软。无陶片出土，只是近底部出土有残木块等。

坑内尤其是第②层堆积形成的原因不明，考虑到第①层底部出土完整的陶汲水罐，应曾作水井用。（图一六一，1～4；图一六二A）

（二）遗物

坑内出土遗物不甚丰富，除发现一片泥质灰陶鼓腹花瓣足杯外，其余陶片统计见附表六。

选取一些标本叙述如下：

罐 H14：3，为H14出土的唯一一件汲水罐。泥质灰黑色硬陶。翻沿，口沿外壁尚留有芦苇质的编织束缚痕。鼓腹，内凹底，肩腹及内凹底部位留有不甚清晰的方格纹。高13.2、口径12.2～12.5、底径7.5厘米。（图一六二B，1；彩版一一二，1）

H14：6，夹砂褐陶。宽折沿，上腹部拍印有斜向的条纹，垂腹。（图一六二B，2）

鼎（？）口沿 H14：5，夹砂内褐外黑陶。宽折沿，沿面上有多道弦纹，垂腹。口径约26厘米。（图一六二B，3）

钵口沿 H14：7，泥质紫褐硬陶。敛口，口沿外壁安置半环状小錾。此类器多为平底。口径约8厘米。（图一六二B，4）

器盖 H14：4，夹砂褐陶。内壁留有逆时针的螺旋纹。纽径10、高8.8厘米。（图一六二B，5）

豆圈足 H14：8，泥质紫褐硬陶。矮圈足底切刻三个半圆形凹缺，圈足外壁留有刮削痕迹，内壁留有横向的快轮制作痕迹。豆盘底部至圈足高6、圈足径10～10.2厘米。（图一六二B，6）

1. H14 清理情况

2. H14 陶汲水罐出土时的情况

3. H14 陶汲水罐细部

4. H14 陶汲水罐上的编织物

图一六一　H14 清理情况和陶汲水罐出土情况

盆口沿　H14：9，泥质黑皮陶。敛口，宽平沿，沿面上留有多道弦纹。外壁拍印波折纹。口径 23 厘米。（图一六二 B，8）

石锛　H14：1，灰白色，流纹岩。背面切磨有横向的两道凹槽。高 3.6、上宽约 3、刃宽 3.35、最厚 0.8 厘米。（图一六二 B，7；彩版一一二，2）

H14：3，灰白色，流纹岩。上端残损，刃部崩缺面在背面。残高 6.3、宽 4.3、厚 2.9 厘米。

石戈　H14：2，灰黑色，内部下缘凹缺处出露黑色内芯，且夹杂有白色小斑点，角岩。上阑呈隆起状，内下缘凹缺似为切刻而成。单面刃，刃脊线清晰，开刃至凹缺止。残长 12.2、宽 6.3、厚 1.2 厘米。（图一六二 B，9；彩版一一二，3）

北

①

陶汲水罐

②

-60cm

0　　　　　　1米

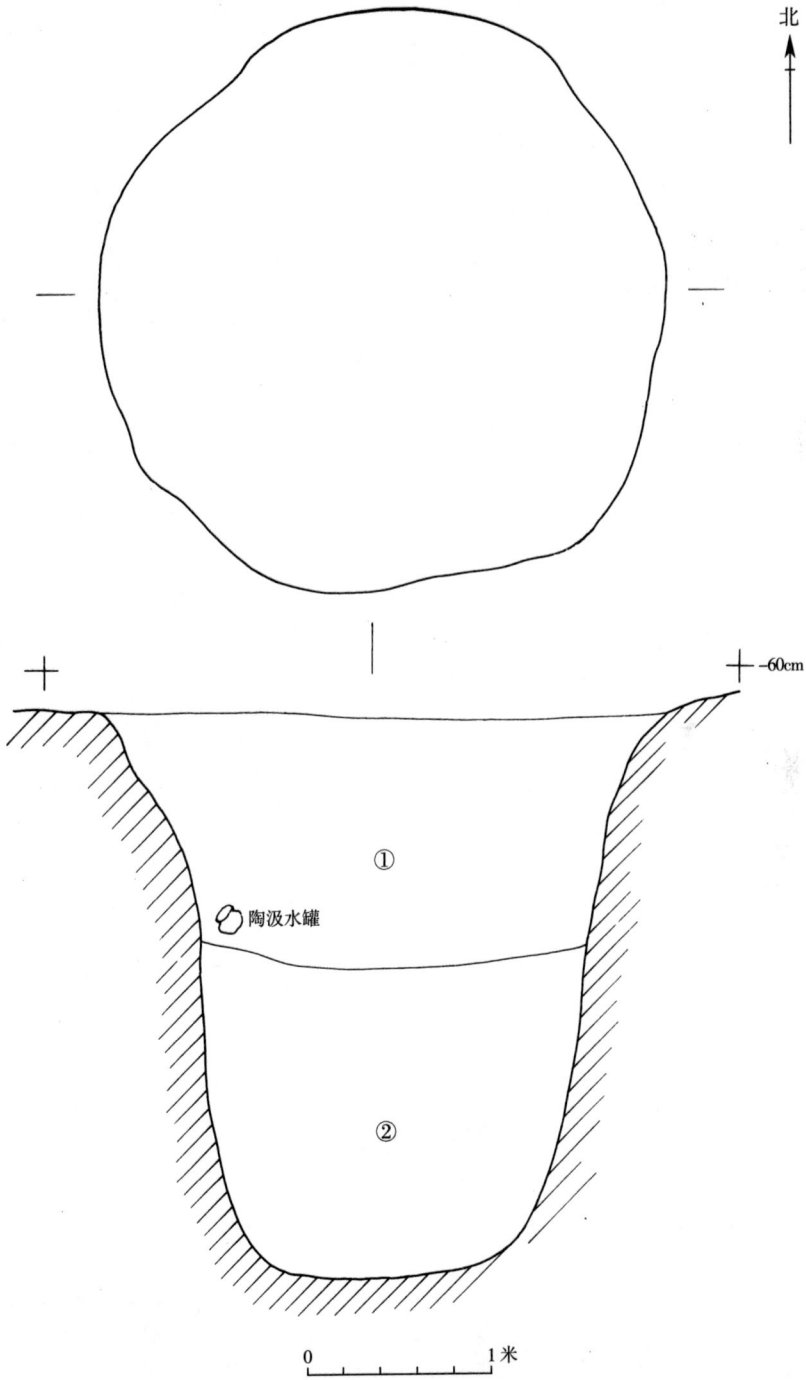

图一六二 A　H14平剖图

图一六二 B   H14 出土器物

1. 罐 H14：3   2. 罐 H14：6   3. 鼎（？）口沿 H14：5   4. 钵口沿 H14：7   5. 器盖 H14：4   6. 豆圈足 H14：8   7. 石锛 H14：1   8. 盆口沿 H14：9   9. 石戈 H14：2（7 和 8 的纹饰拓本为 1/2，余为 1/3）

H15

（一）概述

位于 TE006，为 F2 堆积所压，打破生土层。现清理的坑口相对标高为 −20 厘米。

平面呈圆形，平底，底部略成长方形。坑口直径 2、现深 2、坑底约 0.7 × 0.84 米。

坑内堆积可分为五层：

第①层，灰黄色斑土，呈凹陷状分布于坑的中间部位。从堆积性状及土质、土色上看，此层应不属于 H15 堆积；

第②层，炭化状的草木灰层；

第③层，灰黄色斑土，呈凹陷的条状；

以上三层堆积均属于凹陷的堆积，遗物均出于以上三层。

第④层，炭化的草木灰层，质地松软；

第⑤层，夹沙的灰黄色斑土。

第④、第⑤层无任何遗物出土。

H15 似与曾作水井用的 H11、H14 不同，具体性质不明。（图一六三，1 ~ 3；图一六四 A）

（二）遗物

H15 出土的陶、石质遗物甚少，其中陶片统计见附表七。

以下选择代表性标本叙述如下：

1. 陶器

柱形鼎足　H15：15，夹砂红陶。拍印绳纹。（图一六四 B，1）

H15：16，夹砂红陶。拍印绳纹，足根部有一圆形捺窝。（图一六四 B，2）

豆圈足　H15：8，泥质灰胎灰褐硬陶。豆盘内有顺时针方向的螺旋纹，豆盘与圈足按接处、圈足底部均有逆时针方向的抹划痕，足部切剔三个大致等距的半圆形凹缺。残高 7.7、圈足径 9.3 ~ 9.8 厘米。（图一六四 B，3）

H15：9，泥质紫褐硬陶。豆盘内及圈足下部外壁留有白色点状爆汗釉，豆盘内留有顺时针螺旋线，圈足内壁有多道横向凹弦纹状的制作痕迹。圈足两侧镂刻领结样的穿孔。残高 8、圈足径 12.5 厘米。（图一六四 B，4）

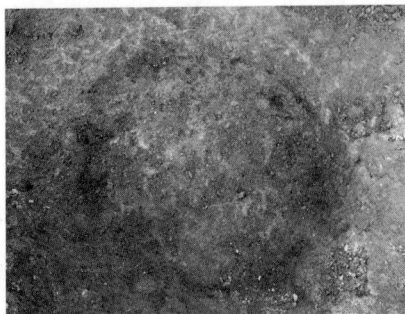

1. 平面开口情况

2. 剖面

3. 底部情况

图一六三　H15

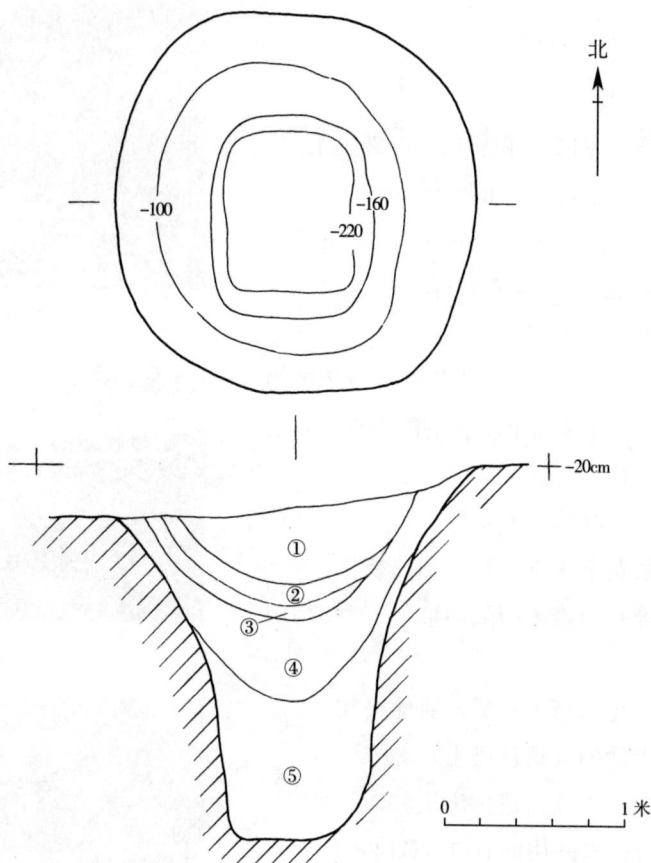

图一六四 A　H15 平剖图（平面图上数据表示相对标高，单位为厘米）

H15：17，泥质紫褐硬陶。圈足径 9.5～10.5 厘米。（图一六四 B，5）

钵　H15：10，泥质浅紫褐硬陶。内壁留有呈灰白色点状的爆汗釉，另还有逆时针方向的螺旋制痕，平底。整器不正。高 5.9、底径 8 厘米。（图一六四 B，6）

H15：11，泥质灰胎硬陶。敛口，平底，口沿外壁大致等距按贴四个小耳。高 4.4、底径 5.5 厘米。（图一六四 B，7）

叶脉纹腹片　H15：13，泥质紫褐硬陶。

2. 石器

矛　H15：2，青灰色，凝灰岩。双面刃，尖端略残损，铤部一侧留有双向桯钻痕。高 7.5、最宽 3.05、最厚 0.5 厘米。（图一六四 B，8；彩版一一二，4 右）

锛　H15：3，灰白色，流纹岩。微起段，刃部崩缺在刃面。高 4.4、上宽 2.3、刃宽 2.8、最厚 0.73 厘米。（图一六四 B，9；彩版一一二，4 左）

图一六四 B　H15 出土器物

1、2. 柱形陶鼎足 H15：15、16　3~5. 陶豆圈足 H15：8、9、17　6、7. 陶钵 H15：10、11　8. 石矛 H15：2　9. 石锛 H15：
3　10. 残石犁 H15：5　11. 残石器 H15：1　12. 绿松石残片 H15：4（12 为 1/1，余为 1/3）

犁　H15：5，青灰色，角岩。残。单面刃，刃部背面稍加修磨，单面刃一侧脊线朝上，可能欲改制为刀类。残长 13.2、厚 0.9 厘米。（图一六四 B，10；彩版一一二，5）

石器　H15：1，黄褐色。原器可能为刀类，一侧双向片切割。长 11.3、宽 3、厚 1厘米。（图一六四 B，11；彩版一一二，6）

绿松石残片　H15：4，浅绿色。两面均经打磨。（图一六四 B，12）

H11

（一）概述

位于 T007，直接开口于扰土层下。平面坑口线清晰，可能因为塌陷使得坑口并不圆整。坑口外径 2.6～3.07、深 2.94 米。圜底。坑内填土可以分为两大层：上层包括剖面之第②、③层，第①层为黄褐色土，未有包含物，从堆积性状分析应不属于 H11 的堆积。上层剖面堆积呈凹陷状，堆积为质地疏松的草木灰，夹杂层状的淤泥。厚约 0.9～1.15 米。出土残石戈和少量的陶片。下层即剖面之第④层，填土为浅灰色淤泥，质地疏松，有少量的残木块、零星的红烧土块和较多的芦苇。厚约 1.85～2.6 米。出土遗物相对丰富，其中包括陶汲水罐。从出土的汲水罐分析，H11 曾作水井用。（图一六五，1～5；图一六六A；彩版一一三，1、2）

（二）遗物

下层遗物较为丰富，可辨器形主要有：拍印斜向条纹的夹砂灰陶鼎甗类口沿、夹砂红陶鼎甗类圆锥足、夹砂灰陶交叉绳纹罐口沿、泥质紫褐硬陶竖向条纹罐口沿、泥质灰陶斜向绳纹盆口沿以及少量的泥质橘红陶叶脉纹腹片、泥质灰褐陶叶脉纹腹片等。其中鼎甗类残片中，除了两片为条纹外，余均拍印绳纹，绳纹多横向，少量斜向；泥质硬陶类残片中，多拍印方格纹，少量梯格纹、叶脉纹或梯格纹＋叶脉纹组合纹饰；泥质灰陶盆类碎片均拍印方格纹。

上层遗物主要有鼎口沿片、腹片、扁形足以及罐、盆、钵、盘口沿和腹部残片。除此之外，还发现了残窑块两块以及崧泽阶段的两件粗泥凿形足、一片泥质灰陶平底罐片。

以下将整理时选取的标本叙述如下。

1. 下层出土的遗物标本

汲水罐　完整或近似完整的 3 件。

H11：5，仅口沿唇部残损。泥质紫褐硬陶，外壁近底部及凹底部位呈灰白色，与上部有明显的界限。口沿内面及相应垂直的罐内底、口沿外壁大部、罐身上部有灰白色点状爆汗釉。敞口，口沿内面有多道凹弦纹，高领，腹部微鼓。外壁打磨较好，局部可辨拍印的菱形状回纹。底部为着地面较小的深凹底，凹底为抹按。残高 13.5、底径 4.2 厘米。（图一六六 B，1；彩版一一四，1）

H11：8，出土时距井口深约 2.8 米。泥质紫褐硬陶，外表呈灰黑状。整器烧制略有气泡。高领，口外展，口沿内壁有多道凹弦纹，一侧有两个叠压弦纹的刻划符号。颈部尚保留有藤条质的编织、缚扎物。溜肩，腹部略鼓，内凹底。外壁拍印小方格纹，由于拍印后抹制较好，纹饰仅近罐底部、凹底部可以辨认。高 15.2～15.8、口径 10.5～10.7、底径 6.7 厘米。（图一六六 B，2；彩版一一四，2～4）

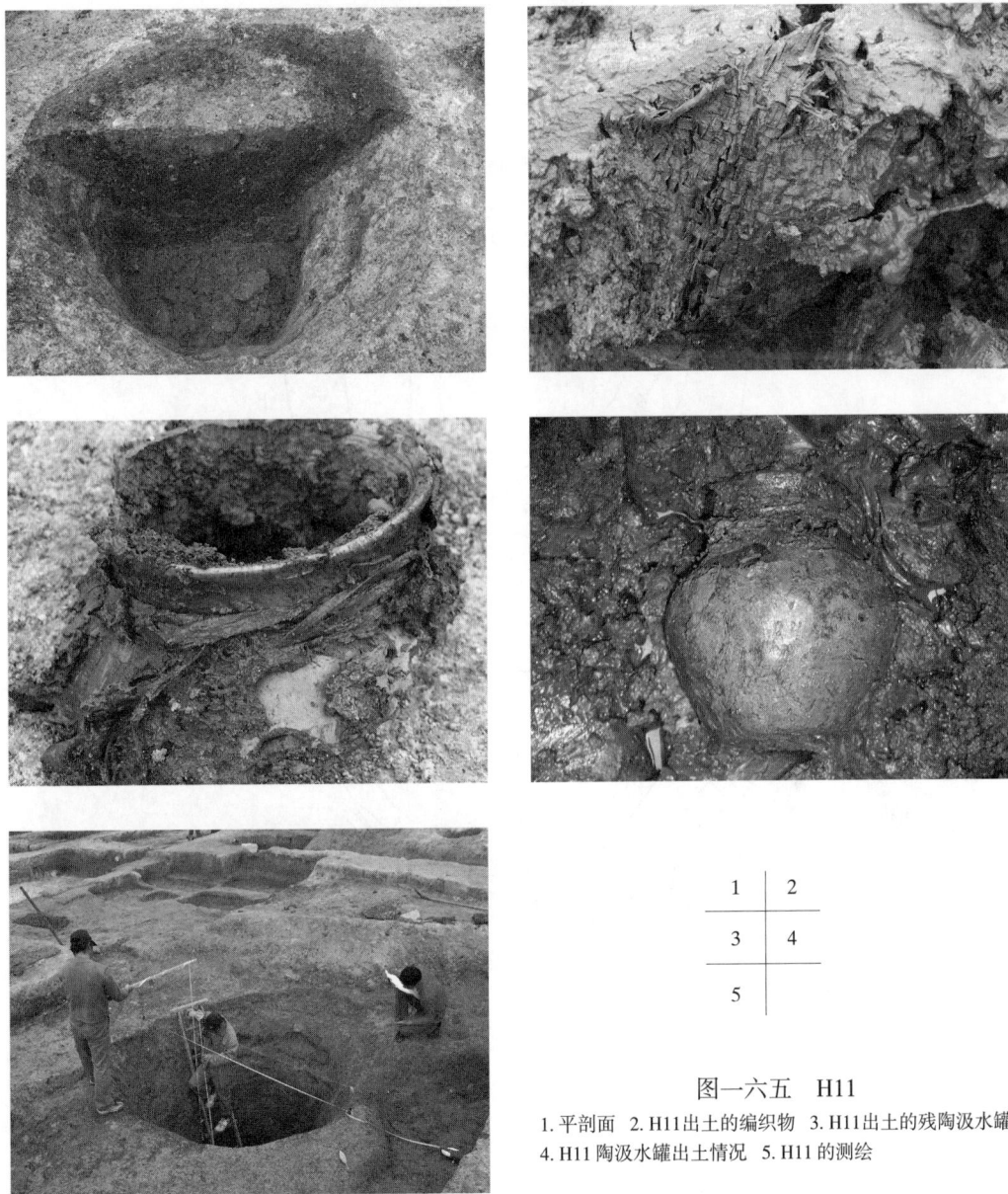

1	2
3	4
5	

图一六五　H11

1. 平剖面　2. H11出土的编织物　3. H11出土的残陶汲水罐
4. H11陶汲水罐出土情况　5. H11的测绘

　　H11：9，出土时位于井底部。泥质紫褐硬陶。整器烧制变形，内外壁均有气泡。敞口，高领，高领内壁有多道弦纹。溜肩，腹部微折，内凹底。外壁抹划较为光洁，仅隐约可见拍印的小方格纹。高17.8、口径12～12.5厘米。（图一六六B，3；彩版一一四，5、6）

　　H11：6，泥质橘红陶，质地稍硬于软陶。仅为完整的口沿片。高领，翻沿，口沿内面有多道凹弦纹，颈外部尚残留有藤条状的编织和缚扎物。口径11.5厘米。（图一六六

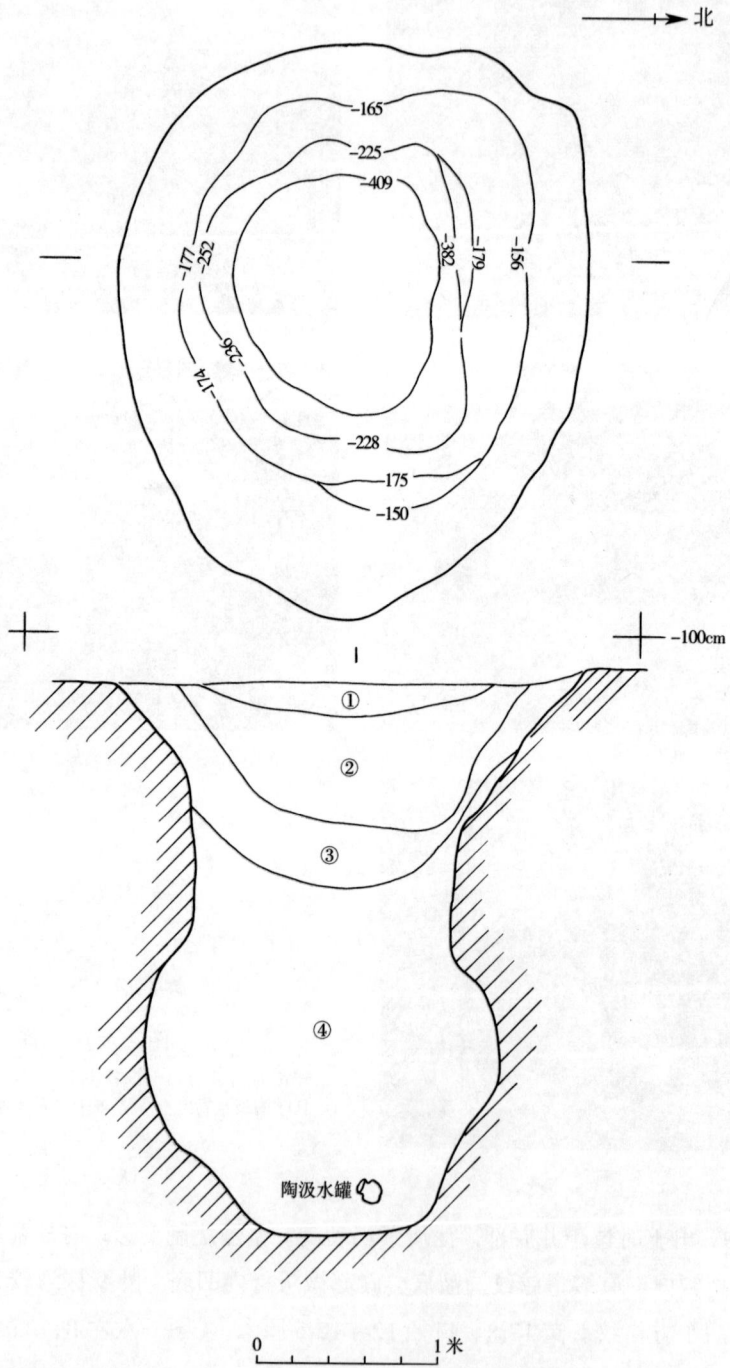

图一六六 A　H11 平剖图（平面图上数据表示相对标高，单位为厘米）

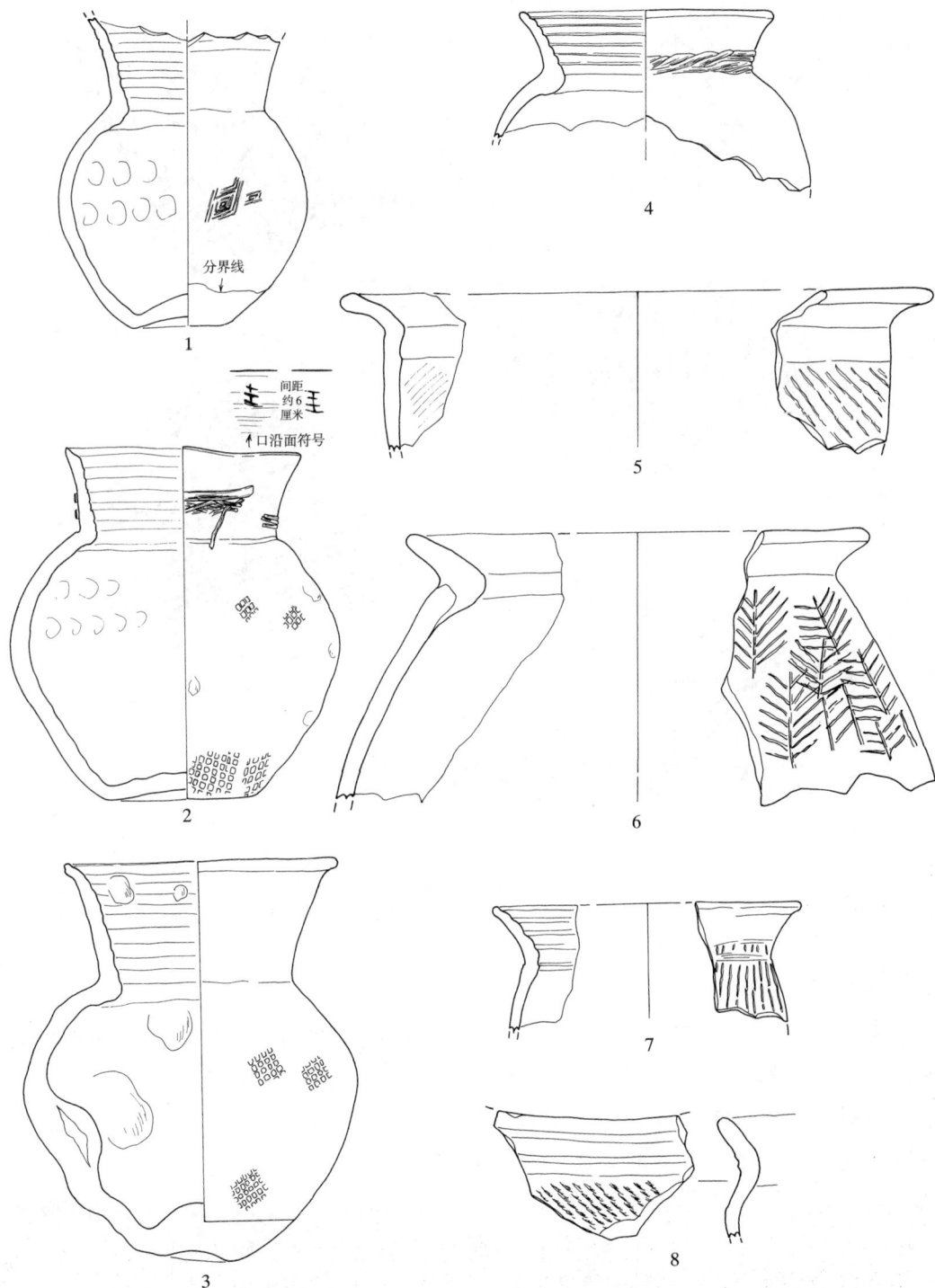

图一六六 B　H11 下层出土的陶器

1~3.汲水罐 H11：5、8、9　4.汲水罐口沿 H11：6　5.鼎（？）口沿残片 H11：37　6、7.罐口沿残片 H11：36、38　8.盆口沿残片 H11：39（均为1/3）

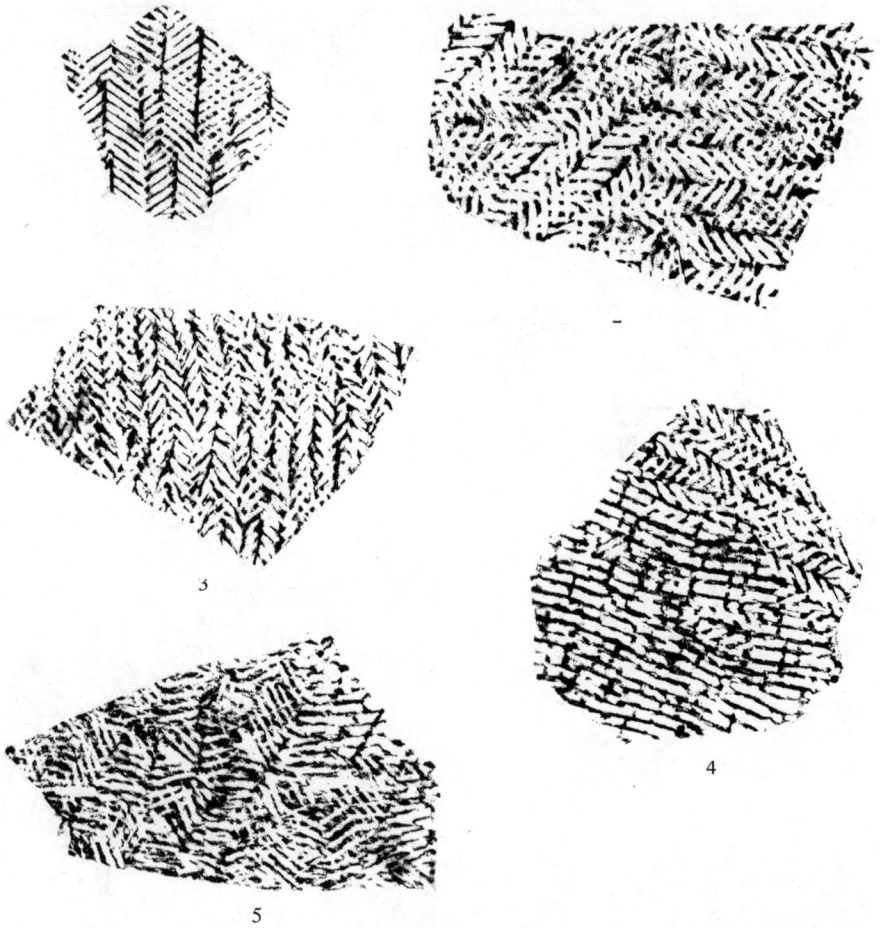

图一六六C　H11 出土的陶器纹饰拓本

1.叶脉纹 H11：41　2.叶脉纹 H11：40　3.叶脉纹 H11：27　4.梯格纹和叶脉纹 H11：28　5.叶脉纹 H11：26（均为 1/2）

B，4；彩版一一五，1）

　　鼎（？）口沿残片　H11：37，夹砂黑陶，内壁褐色。宽折沿，唇略外翻。外壁拍印斜向条纹。口径 27 厘米。（图一六六 B，5）

　　罐口沿残片　H11：36，夹砂褐陶。宽折沿，垂腹，外壁拍印较大的交错重叠的叶脉纹。口径 21 厘米。（图一六六 B，6）

　　H11：38，泥质紫褐色硬陶。侈口，翻沿，沿内面上有多道凹弦纹，外壁拍印竖向条纹，条纹局部延伸至折颈上部。口径 14 厘米。（图一六六 B，7）

　　盆口沿残片　H11：39，泥质黑灰陶。翻沿，外壁拍印斜向绳纹。（图一六六 B，8）

　　叶脉纹罐腹片　H11：41，泥质红色硬陶。（图一六六 C，1）

　　H11：40，泥质紫褐硬陶。拍印呈交错重叠状叶脉纹。（图一六六 C，2）

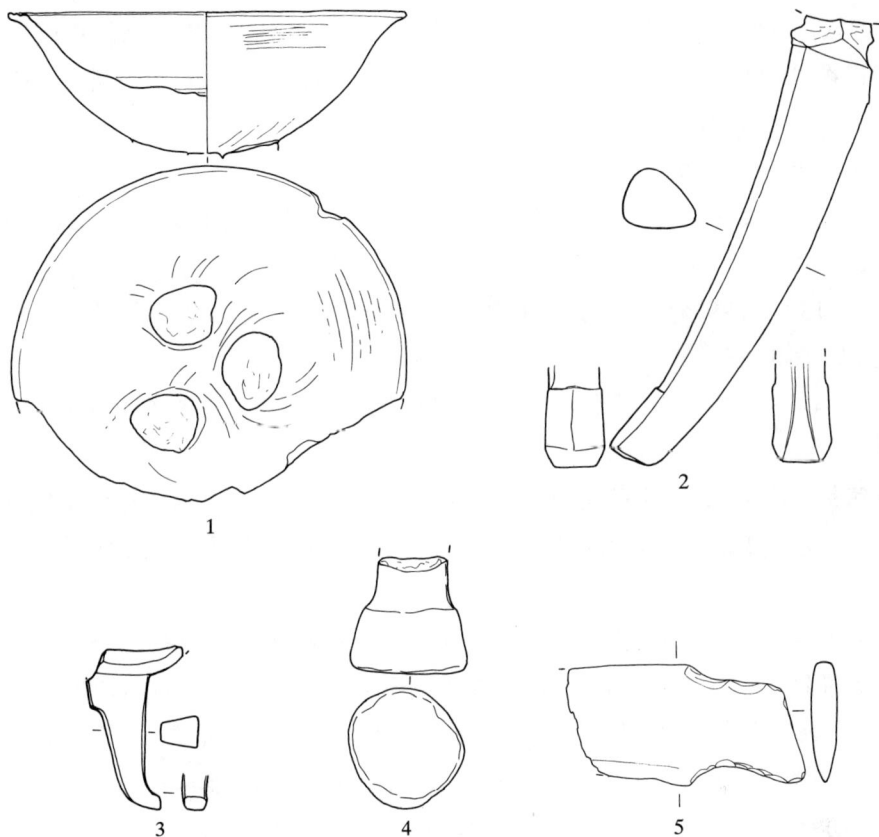

图一六六 D　H11 下层出土器物

1~3. 陶三足盘残片 H11：3、4、11　4. 陶垫（拍？）H11：36　5. 石戈 H11：2（均为1/3）

H11：27，拍印叶脉纹。（图一六六 C，3）

三足盘残片　H11：3，泥质紫褐硬陶，盘内底及盘外壁局部留有灰白色的点状爆汗釉。三足及盘部分残损。敞口，沿面略宽，上有多道凹弦纹，三足安置较为紧凑。盘高5.7、口径16.3厘米。（图一六六 D，1；彩版一一五，2）

H11：4，泥质紫褐硬陶，盘底及足外侧面留有黑点状的爆汗釉。足中截面呈外侧圆弧的三角形，足底抹削呈微凸起的脊背状。足高18厘米。（图一六六 D，2；彩版一一五，3）

H11：11，泥质红褐硬陶，足尖部位呈橘红色。盘内面留有快轮制作的螺旋纹痕迹。足中截面呈长梯形，足尖外撇。足高6厘米。（图一六六 D，3；彩版一一五，4）

陶垫（拍？）　H11：36，粗泥陶。柄部残损。垫面呈圆形，微微弧凸。残高4.2、拍面直径4.7厘米。（图一六六 D，4）

石戈　H11：2，黑色，上布满小白点，角岩。缘部残损，内部上下缘均经琢打，下

缘呈内凹状，双面刃。残长 9.7、最宽 4.9 厘米。（图一六六 D，5；彩版一一五，5）

编织物 H11：41，出土时呈金黄色，后氧化成灰黑色。似以芦苇斜向经纬编织而成。高约 7.5、长约 16、宽约 11 厘米。（彩版一一三，2）

2. 上层出土的遗物标本

鼎口沿片 H11：12，夹砂褐陶。宽翻沿，外壁拍印斜向条纹。口径 24 厘米。（图一六六 E，1）

H11：13，夹砂褐陶。宽折沿，垂腹。外壁拍印横向绳纹，内壁留有横向的垫痕。口径 23 厘米。（图一六六 E，2）

H11：14，夹砂褐陶。宽折沿，上有多道凹弦纹，垂腹。外壁拍印横向绳纹。口径 24 厘米。（图一六六 E，3）

鼎腹片 H11：18，夹砂褐陶。宽沿外翻，底部较平。颈部横向抹划并叠压斜向拍印的绳纹，内壁留有内凹较深的横向垫痕。侧装足，从印痕上看应为圆锥足。（图一六六 E，4）

柱形鼎足 H11：17，夹砂红陶。足根部拍印绳纹。（图一六六 E，5）

侧扁鼎足 H11：15，夹砂灰褐陶。足外侧面留有竖向的抹划痕迹。（图一六六 E，6）

H11：16，夹砂红陶。外侧面有竖向抹划，足为交错捏合而成。（图一六六 E，7）

罐口沿片 H11：22，泥质紫褐硬陶。高领，翻沿，沿内面有多道凹弦纹，颈部抹划，拍印方格纹。口径 15 厘米。（图一六六 F，1）

H11：24，泥质紫褐硬陶。宽折沿，颈部抹划并压拍印的叶脉纹和小方格纹。口径 17 厘米。（图一六六 F，2）

罐腹片 H11：28，泥质紫褐硬陶。拍印梯格纹和叶脉纹。（图一六六 C，4）

H11：26，泥质灰褐硬陶。叶脉纹为上下左右重叠拍印。（图一六六 C，5）

盆口沿片 H11：25，泥质橘红硬陶。宽折沿，腹外壁拍印叶脉纹，呈上下交错状。口径 24 厘米。（图一六六 F，3）

H11：31，泥质黑陶，外表剥蚀呈灰色。翻沿，外壁拍印方格纹。口径 30 厘米。（图一六六 F，4）

H11：33，泥质灰陶。翻沿，外壁拍印斜方格纹。口径 30 厘米。（图一六六 F，5）

钵 H11：21，泥质紫褐硬陶。钵内底有呈玻璃状的较薄爆汗釉。敛口，平底。高 6.1、口径 13.5、底径 7.6 厘米。（图一六六 J，1）

三足盘残片 H11：20，泥质褐陶。足为捏制。（图一六六 J，2）。

H11：30，泥质紫褐硬陶。唇略外翻，足横截面呈长方形。（图一六六 J，3）

豆 H11：29，泥质灰黑陶，外表剥蚀呈灰色。口沿及圈足部位残损。敞口，折腹，外壁及豆柄部位有多道凹弦纹。（图一六六 J，4）

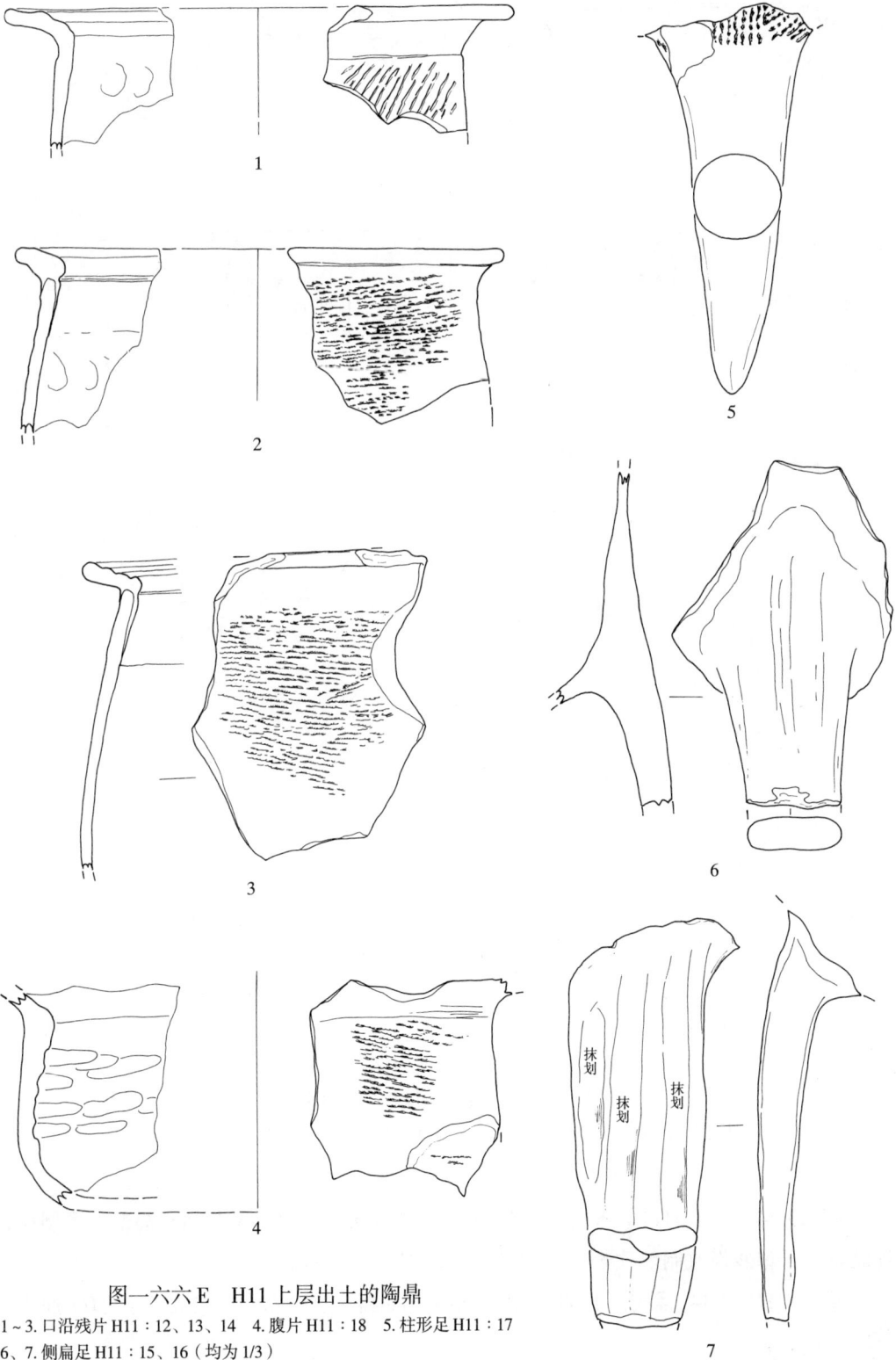

图一六六 E　H11 上层出土的陶鼎

1~3. 口沿残片 H11：12、13、14　4. 腹片 H11：18　5. 柱形足 H11：17
6、7. 侧扁足 H11：15、16（均为1/3）

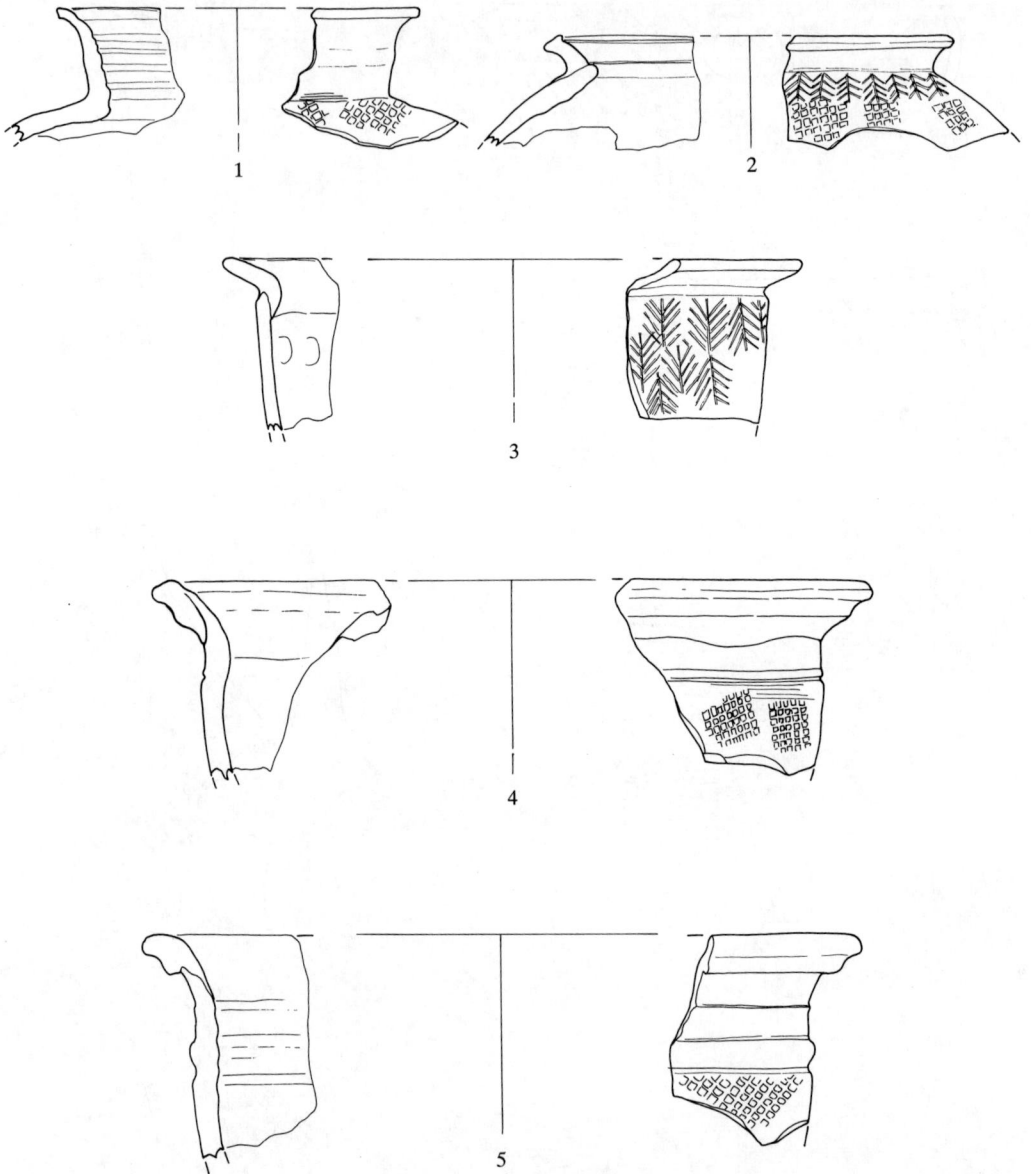

图一六六 F　H11 上层出土的陶器

1、2. 罐口沿片 H11：22、24　3～5. 盆口沿片 H11：25、31、33（均为1/3）

石犁残件（？） H11：35，灰黑色，角岩。单面刃，相对一侧断面有局部的磨制面，可能是将石犁残件改制。残长9.3、厚约0.8厘米。（图一六六 J，5）

石刀 H11：34，黑色，角岩。残断。单面刃，器身有一双向琢打孔。厚约0.8厘米。（图一六六 J，6）

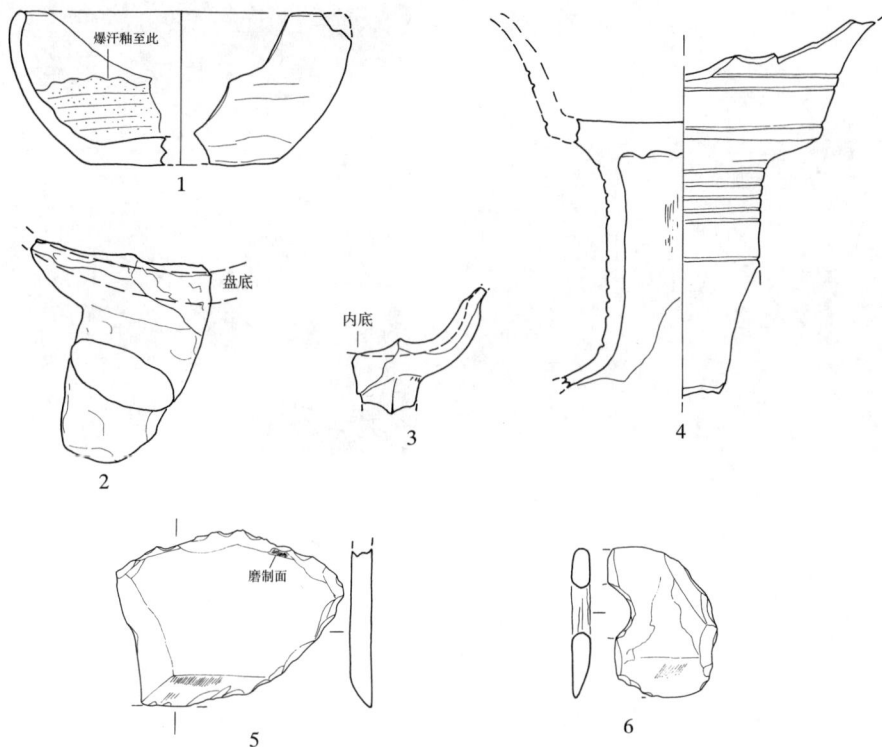

图一六六 J　H11 上层出土器物

1. 陶钵 H11：21　2、3. 陶三足盘残片 H11：20、30　4. 陶豆 H11：29　5. 石犁残件（？）H11：35　6.
石刀 H11：34（均为 1/3）

H7

位于 T011 中部偏北，平面呈不规则形，发掘清理时发现坑口中间部位凹陷，其堆积
为扰土层。坑口直径 1.1～1.35、坑中部直径约 0.7、深 1.45 米。坑口标高约 −20 厘米。

坑内堆积可以分为四层：

第①层，堆积呈凹陷状，草木灰层，夹杂有丰富的有机质和少量印纹陶，堆积中淘
洗出炭化的大米、果核、植物种子以及动物肢骨等。

第②层，草木灰层，凹陷状堆积，比第①层含草木灰更多。

第③层，黄褐色土层，质地松散，夹杂少量的草木灰，有加工痕迹的残木出土。

第④层，青灰色淤泥。

H7 出土少量陶片，可辨器形有拍印竖向绳纹的夹砂红陶鼎甗类口沿片，口沿沿面有
多道弦纹；泥质灰陶盆、罐类腹片，拍印斜方格纹；泥质红褐色硬陶罐腹片，拍印交叉
粗条纹、条纹、条格纹、叶脉纹等。

根据形状和堆积判断，H7 可能曾作水井用。（图一六七～一六九；彩版一一六，1）

1. H7

2. H7 出土器物

图一六七 H7 及其出土器物

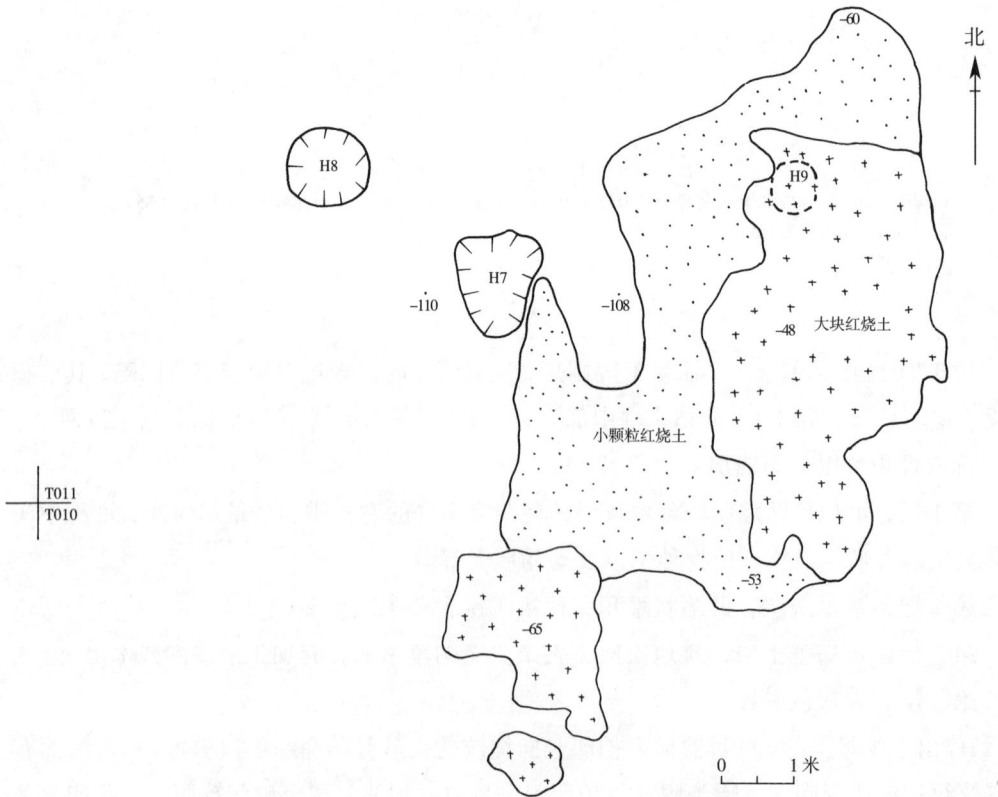

图一六八 H7、H8、H9 及红烧土平面分布图
（平面图上数据表示相对标高，单位为厘米）

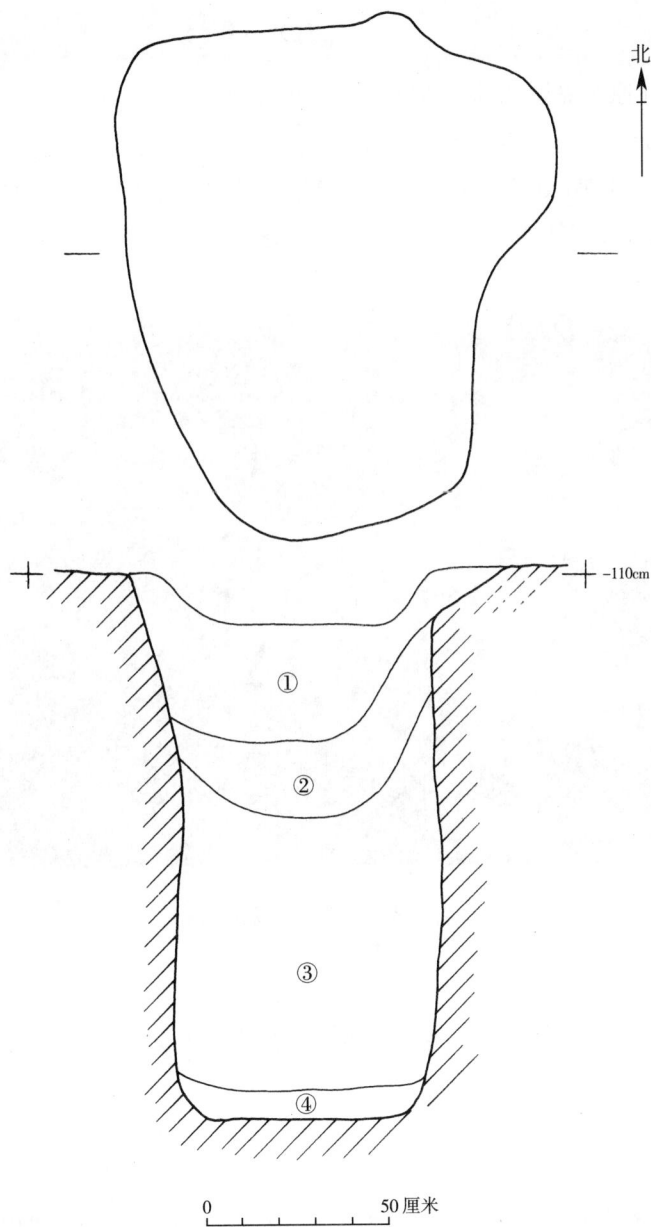

图一六九　H7 平剖图

H8

位于 T011 东北部，开口于扰土层下。（参见图一六八）坑口外径 1～1.06、深约 0.65 米，圜底。填土为草木灰，质地疏松，没有发现任何包含物。性质可能同 H7。

H9

位于T011原东隔梁北部，开口于该探方的第⑦层下。坑口外径0.65、深约0.55米。斜收壁，坑底凹凸不平，填土皆为红烧土块，未发现任何其他包含物。此类形制的"红烧土坑"还发现于T010的东部，性质可能与位于T010、T011分布的不规则红烧土堆积有关。（图一七〇；彩版一一六，1、2；另见图一六八）

图一七〇　H9剖面

第四节　沟（G1）

一　概述

位于发掘区的东部，主要分布于T212、T211、T210、T209、T208、T207、T307和T111、T110、T109、T108、T107（因扰乱甚，未发掘）、T106的大部，以及T012、T011、T010、T009、T007、T006的西部。现清理长32、宽约16米，打破生土层。其中生土层可以分为两层，上层为结构较为紧密的黄色土，质地纯净；下层为浅蓝色的淤泥，经钻探2米仍未及底部，根据建设部门的地质钻探，深15米左右，淤泥中包含有较多的有机物。（图一七一～一七三；彩版一一七；彩版一一八，1）

G1东、西两侧新石器时代阶段土台的底部营建土，为质地较为纯净的黄褐色团状斑

1. 清理中留取的隔梁（北—南）

2. 扩方清理（南—北）

图一七一　G1 的清理

土，此土质土色与所发现的被 G1 打破的上层生土质地较为接近，推测 G1 的开挖形成与其两侧的土台营建有关。但从 G1 堆积的清理来看，其中的包含物除了底部淤泥堆积中有相对较多的新石器时期遗物外，基本上以印纹陶时期的遗物为主。

1. 北—南

2. 南—北

图一七二　G1局部

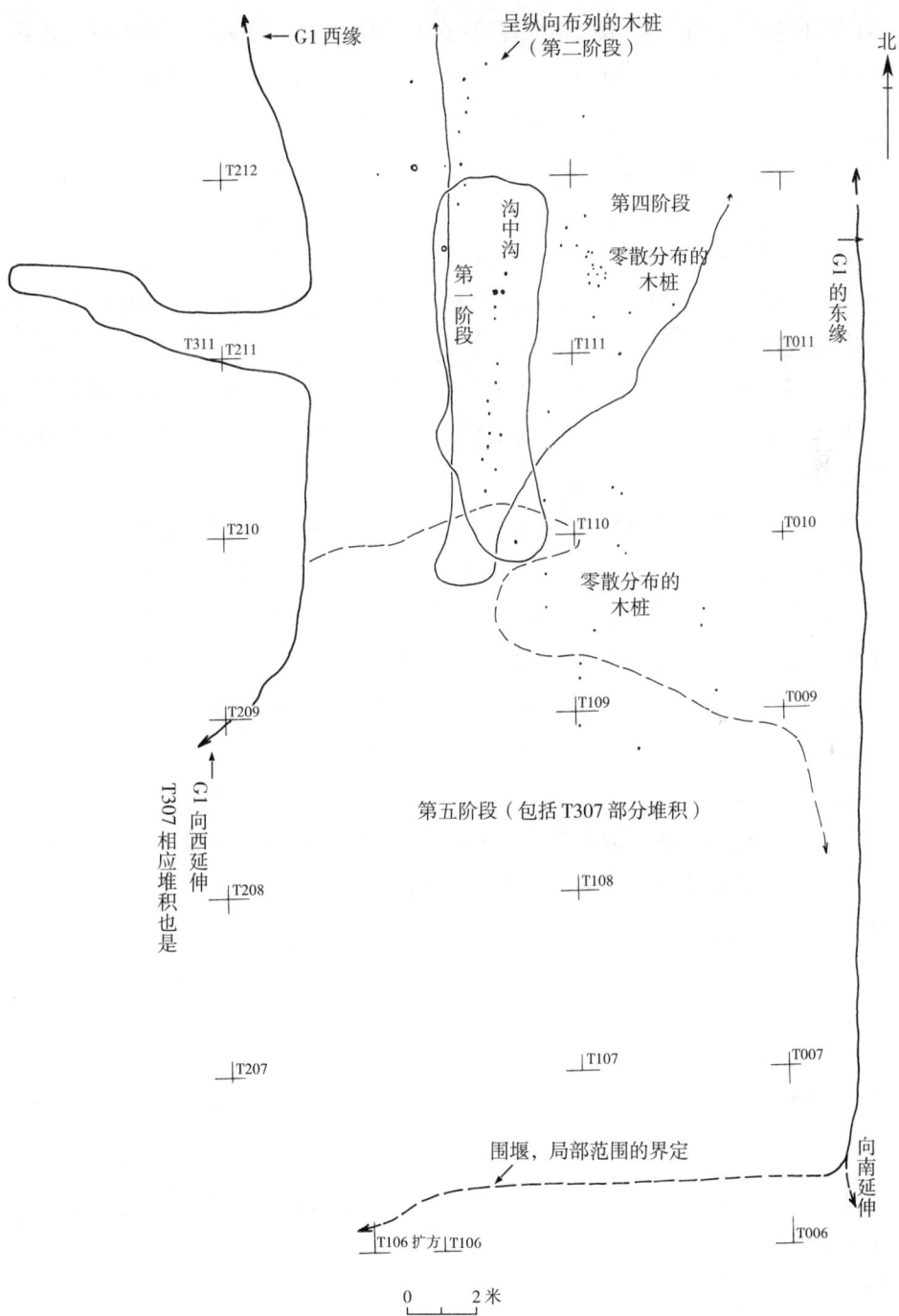

图一七三 G1 堆积过程平面示意图

根据堆积层次及堆积平面分布特征，推测：

G1 的开挖应与其东西两侧土台的营建有关，即 G1 的形成或第一阶段的上限可以到新石器时代文化时期。从 T106 东壁地层判断，G1 南部东西向的、整体呈倾斜状并由木桩和竹编组合而成的围堰，应该属于第一阶段的堆积。这一阶段沟内相关遗迹，还包括位于沟中部的呈南北向的"沟中沟"遗迹。从相关平面残存的竖向芦苇痕迹分析，当时存在较大面积的水域；

在此后的过程中，G1 底部的淤泥应是 G1 主要使用时期的堆积，是 G1 的第二阶段。这一阶段的堆积叠压"沟中沟"遗迹，也叠压南部的竹围堰，从这一角度而言，围堰所起到的作用应延续到 G1 的第二阶段；

随着时间的推移，G1 的东西两侧开始倾倒制陶作业的相关废弃物，而为什么将这些制陶废弃物弃于 G1 中，可能与其时 G1 水域功能的消失相关，此为 G1 堆积过程的第三阶段；

在此后，主要限于 G1 的北部区域，由于烧窑作业废弃物向两侧倾倒，形成 G1 中部较为狭窄的水域，这一阶段的堆积主要以质地较为纯净的淤泥为主，包含物极少。另外从清理的情况来看，发现这一堆积底部整体呈北低南高的现象，如果存在水域的话，水流应是从南向北流动，此为 G1 堆积过程的第四阶段；

G1 堆积过程的第五阶段主要反映在 G1 的南部，平面范围相对较广，堆积厚度高低不平，堆积中杂质甚多。

综上，将 G1 的堆积过程归纳如下：

第一阶段：沟的形成和沟中部的沟槽和木桩，沟南部的竹围堰；

第二阶段：沟底部的淤泥堆积，围堰继续使用；

第三阶段：烧窑作业的废弃物堆积；

第四阶段：打破上述第二、第三阶段堆积的沟槽，主要位于北部；

第五阶段：位于沟南部低洼部位的淤积。

二　堆积剖面

（一）G1 堆积剖面之一——T212 北壁地层（图一七四，1；图一七五）

由于受发掘区北部堆砖场的限制，本次发掘既未能揭示此剖面的东部分，又无法进行钻探，所以 G1 的向北延伸部分面貌不清。

堆积共分为六层。

第⑥、⑤、④堆积层属于 G1 堆积过程的第二阶段堆积，堆积呈由西向东的倾斜状。其中：

第⑥层，为质地松软的深灰色淤泥。

1. T212北壁和东壁地层（G1剖面之一）

2. T111北壁地层局部（G1剖面之二）

3. T011北壁地层局部（G1剖面之二）

图一七四　G1剖面

第⑤层，为质地松软的深灰色土，夹杂少量红烧土颗粒和沙粒。

第④层，为质地松软的深灰色淤泥。

第③、②层属于G1堆积过程的第三阶段，堆积整体呈由西向东的倾斜状，局部呈隆

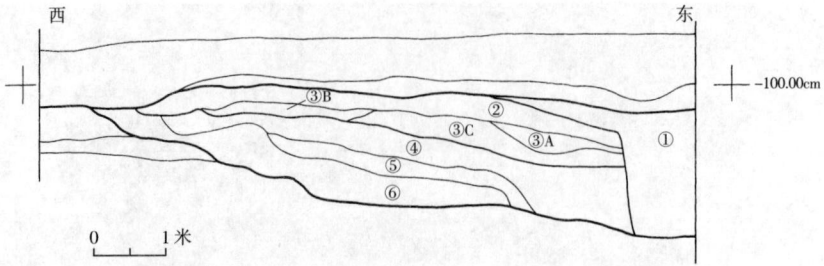

图一七五　G1 堆积剖面之一（T212 北壁地层）

（图上粗线所示部分表示沟内堆积，以下图一七五～一七七，图一七九～一八二均同）

起状态，这与 G1 堆积的性质有关①。其中：

第③层，为夹杂大量红烧土块以及"草木灰"②的灰褐色土，质地较为紧密。该层又分为三个亚层：第③A 层为深灰色土，质地松软，淤泥；第③B 层为夹杂沙粒的黄褐色土；第③C 层为夹杂大量"草木灰"的灰黑色土，其间夹杂少量红烧土颗粒。

第②层，质地较为紧密，包含十分丰富的红烧土块和与烧窑作业有关的废弃物。

第①层，属于 G1 堆积过程的第四阶段，打破沟内第④～②层的堆积，属于再行开凿的沟，沟壁清晰，堆积为质地松软的淤泥，包含物不甚丰富。

（二）G1 堆积剖面之二——T211、T111、T011 北壁地层（图一七四，2、3；图一七六）

堆积共分为七层。

第⑦层，属于 G1 堆积过程的第一阶段，堆积为沙土，局部夹杂稀薄的淤泥层，木桩直接打在该堆积层中。

第⑥层，属于 G1 堆积过程的第二阶段，填土为质地松软的深灰色淤泥。

第⑤～②层为 G1 堆积过程的第三阶段，有关烧窑作业的废弃物相对于 T211 的北部为少。其中：

第⑤层，为夹杂沙粒的褐色土，质地较为紧密。

第④层，为深灰色淤泥，其中西部的第④层质地较为纯净，东部的第④层包含少量的红烧土颗粒和"草木灰"。

第③层，为灰褐色土，质地较为松散，其中东部的第③层包含"草木灰"。并可分为③A、③B 两小层，土质、土色均一致。

---

① 1999～2000 年我们在良渚庙前第五、第六次发掘清理大坑 H3 时，也发现坑口堆积呈隆起状。

② "草木灰"是指黑色的、尚保留有丰富的植物根茎的、质地酥软的堆积，实际上是未曾炭化的有机质残存，并非由于烧制而成的堆积。下文同。

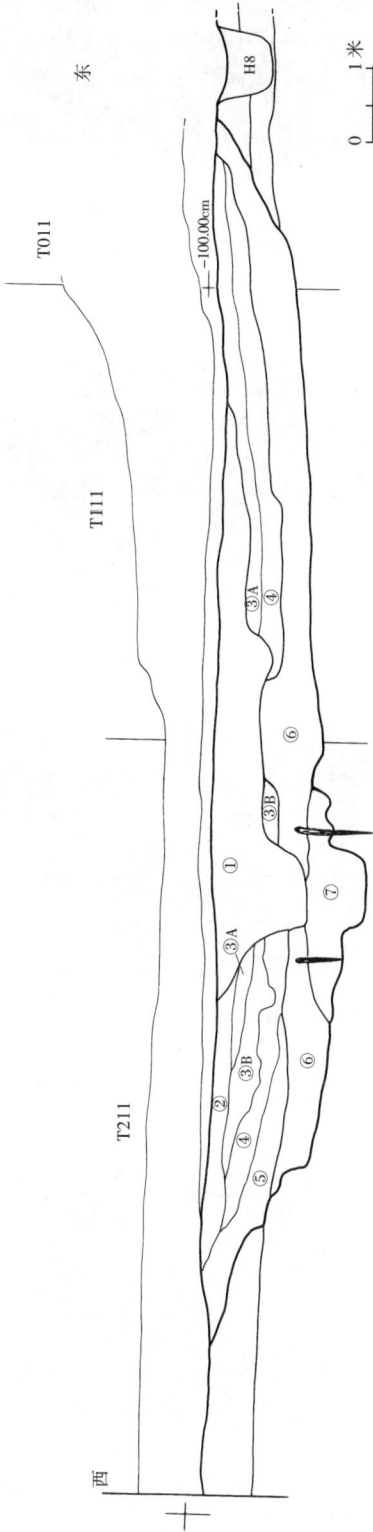

图一七六 G1堆积剖面之二（T211、T111、T011北壁地层）

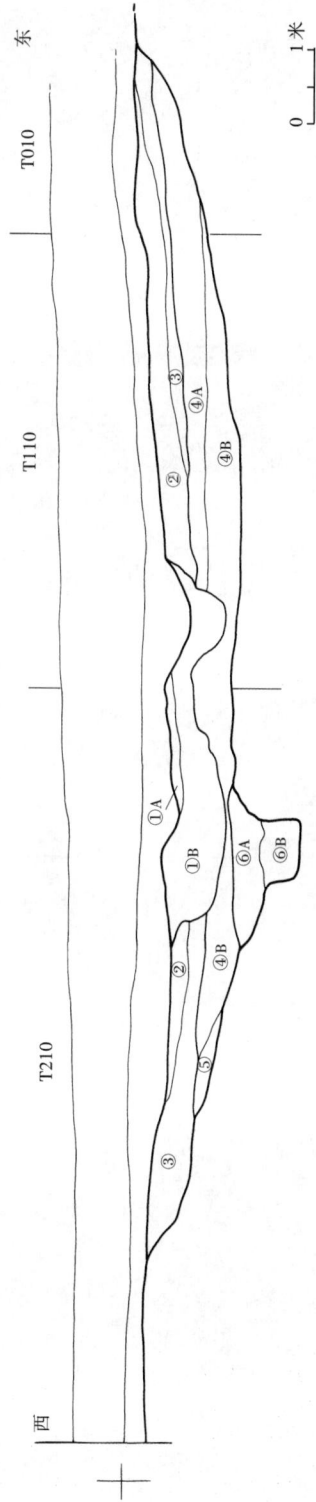

图一七七 G1堆积剖面之三（T210、T110、T010北壁地层）

1. T210、T110、T010 北壁地层（G1 剖面之三）

2. T010、T110、T210 南壁地层（G1 剖面之四）

3. T209、T109 北壁地层局部（G1 剖面之五）

4. T209、T109 南壁地层局部

图一七八　G1 剖面

第②层，为灰褐色土，质地相对紧密，包含红烧土颗粒。

第①层，属于G1堆积过程的第四阶段，打破沟内第⑥～②层的堆积，属于再行开凿的沟，西沟壁清晰，东沟壁局部呈缓坡状，堆积为质地松软的淤泥，包含物不甚丰富。

（三）G1堆积剖面之三——T210、T110、T010北壁地层（图一七七；图一七八，1）

堆积共划分为六层。

第⑥层，属于G1堆积过程的第一阶段。可分为两个亚层，其中第⑥A层为夹沙层，第⑥B层为浅灰色淤泥层。

第⑤、④层为G1堆积过程的第二阶段。其中：

第⑤层，仅分布于G1的西岸，呈由西向东的缓坡状堆积，堆积为质地较为紧密的黄褐色沙质土。

第④层，为淤泥层，可以分为两个亚层①，其中第④A层为青灰色淤泥层，第④B层为深灰色淤泥层。

第③、②层为G1堆积过程的第三阶段，其中所包含的有关烧窑作业的废弃包含物相对于T211的北部为少。其中：

第③层，为夹杂沙粒的黄褐色土，质地相对紧密。

第②层，为褐色土，质地相对紧密，其中西部堆积中夹杂草木灰和红烧土颗粒，东部堆积中夹杂红烧土颗粒。

第①层，属于G1堆积过程的第四阶段，打破沟内第④～②层的堆积，属于再行开凿的沟，西沟壁局部较为清晰，东沟壁与第②层的分层界限不甚清晰，堆积为质地松软的淤泥，可分为①A、①B两小层，包含物不甚丰富。

（四）G1堆积剖面之四——T010、T110、T210南壁地层（图一七八，2；图一七九）

此堆积剖面可以反映G1堆积过程的第一阶段和第四阶段在此区域渐渐消失，而第五阶段开始出现。

堆积共划分为五层。

第⑤层，属于G1堆积过程的第一阶段，堆积为沙层，较薄。此堆积在T209北隔梁消失。

第④层，属于G1堆积过程的第二阶段，可以分为两个亚层，第④A层为青灰色淤泥层，第④B层为深灰色淤泥层。

第③层，属于G1堆积过程的第三阶段，为夹杂丰富烧窑作业废弃堆积的褐色土，质

---

① 在其他探方的关于G1的这一阶段堆积中，大多可以划分出这类的亚层，考虑到层次之间并没有明确的层面且质地较为接近，并非所有的剖面上都作出了亚层的标志。

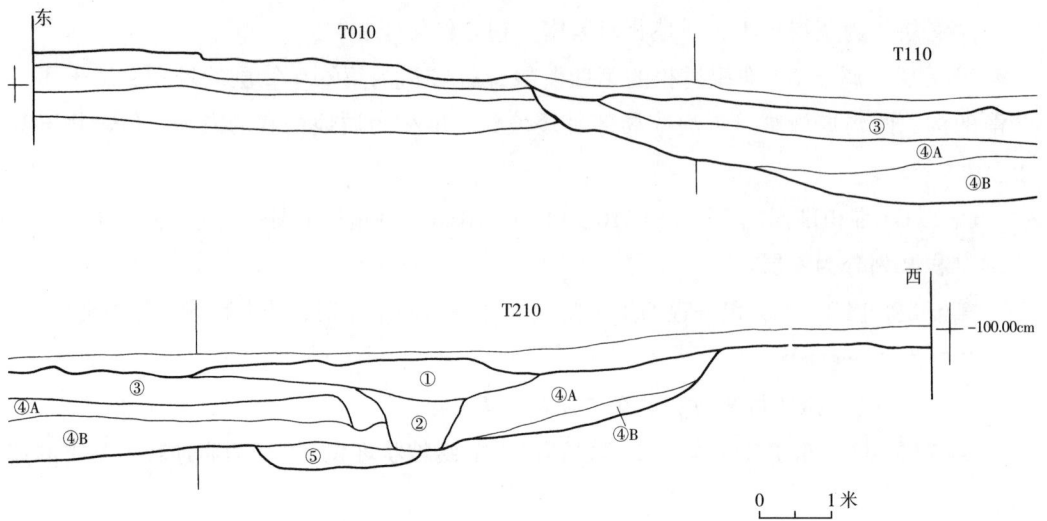

图一七九　G1堆积剖面之四（T010、T110、T210南壁地层）

地甚为紧密，该层堆积不见于 G1 西部，充分说明堆积来自东部。

第②层，属于 G1 堆积过程的第四阶段，打破沟内第④、③层的堆积，属于再行开凿的沟，东西沟壁较为清晰，但宽度比北部明显狭窄。堆积为质地松软的淤泥，包含物不甚丰富。考虑到这一阶段的堆积，即沟中开凿的沟至 T209 北隔梁基本消失，为了表示该"沟"为由南向北的流向，现将该层（"沟"）堆积底部的标高测量如下表三。

第①层，属于 G1 堆积过程的第五阶段，堆积主要分布在 T209 的大部和 T210 的局部，堆积层相对较薄，范围也呈不规则状，判断为该区域低洼所形成的堆积。填土为质地松散的包含较多"草木灰"的深灰色土。

（五）G1 堆积剖面之五——T209、T109、T009 北壁地层（图一七八，3；图一八〇）

本剖面可以说明：第五阶段的堆积主要集中分布在 T209；第四阶段的堆积基本到了南缘；G1 南部烧窑作业的废弃堆积主要集中在 T209。

表三　G1 第四阶段在相关探方中的底部标高

测点位置	标　高
T212 北壁	-300 厘米
T211 北壁	-250 厘米
T210 北壁	-240 厘米
T210 南壁	-255 厘米
T209 北壁	-195 厘米

堆积共划分为九层。

第⑨、⑧层属于 G1 堆积过程的第二阶段。其中：

第⑨层，为灰黄色夹沙土，质地相对紧密，仅限于探方西部也就是 G1 西缘的堆积。

第⑧层，为淤泥层，分为两个亚层，其中第⑧A 层为青灰色淤泥层，第⑧B 层为深灰色淤泥层。

第⑦～⑤层属于 G1 堆积过程的第三阶段，第⑦层为主要堆积层。其中：

第⑦层，为夹杂丰富烧窑作业废弃堆积的褐色土，质地甚为紧密。

第⑥层，为质地松软、仅局部分布的黑灰色土。

第⑤层，为沙性的灰褐色土，质地相对紧密。

第④层，属于 G1 堆积过程的第四阶段，为黑色淤泥，堆积呈较薄的凹弧状，至 T209 中部，这一堆积就渐渐消失。

第③～①层属于 G1 堆积过程的第五阶段，第①层是主要堆积层。其中：

第③层，为局部分布的黑灰色土，质地松软，包含丰富的"草木灰"，其间呈层状堆积。

第②层，为质地较为松软的灰褐色土，仅局部分布，与第①层仅是一层水积线相隔。

第①层，为包含丰富"草木灰"堆积的灰褐色土，质地甚为松散。（另南壁地层见图一七八，4）

（六）G1 堆积剖面之六——T108、T208 南壁地层（图一八一）

堆积共划分六层。

第⑥层，属于 G1 堆积过程的第二阶段，为青灰色淤泥。

第⑤、④属于 G1 堆积过程的第三阶段，但以第④层堆积为主的堆积层中包含的烧窑作业废弃物明显减少。其中：

第⑤层，为灰黄色的斑状土，质地相对紧密。

第④层，为夹杂红烧土小块和颗粒的褐色土，其中包含有少量的烧窑作业的废弃物。

第③～①层属于 G1 堆积过程的第五阶段，其中：

第③层，为灰黑色、质地松软的淤泥，夹杂大量的"草木灰"。从打破第④～⑥层以及生土层分析，其形成当为人工有意开凿。

第②层，为夹杂丰富"草木灰"的灰黑色土。这一堆积层向西延伸，尽管 T308 未作发掘，但可以肯定 T307 的大部分文化层堆积均属于此层，这说明在 G1 堆积的第五阶段，G1 局部折向西，这在 T006 发掘的 G1 局部南缘的竹围堰走向也可以证明。

第①层，为黄褐色沙质土，仅局部分布，且为凹陷状，当为自然的沉积层。

（七）G1 堆积剖面之七——T106 北壁和东壁地层与 T106、T006 北壁地层（图一八二，1、2；图一八三）

堆积共划分为八层。

第⑧层，实为人工有意开凿的坑状堆积，坑内出土有高祭台类型时期的遗物，可能与 G1 堆积过程的第一阶段有时段上的关联。第⑧层可以分为两个亚层，其中第⑧A层为厚仅 15 厘米的青灰色淤泥层；第⑧B 层为坑内的主要堆积，为黑色的淤泥层。

第⑦层，属于 G1 堆积过程的第二阶段，为质地松软的灰黑色淤泥。在此层中清理出

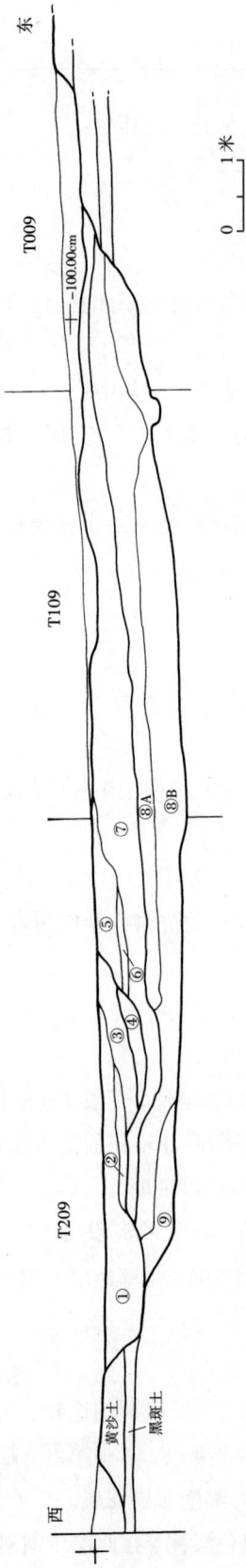

图一八〇 G1堆积剖面之五（T209、T109、T009局部北壁地层）

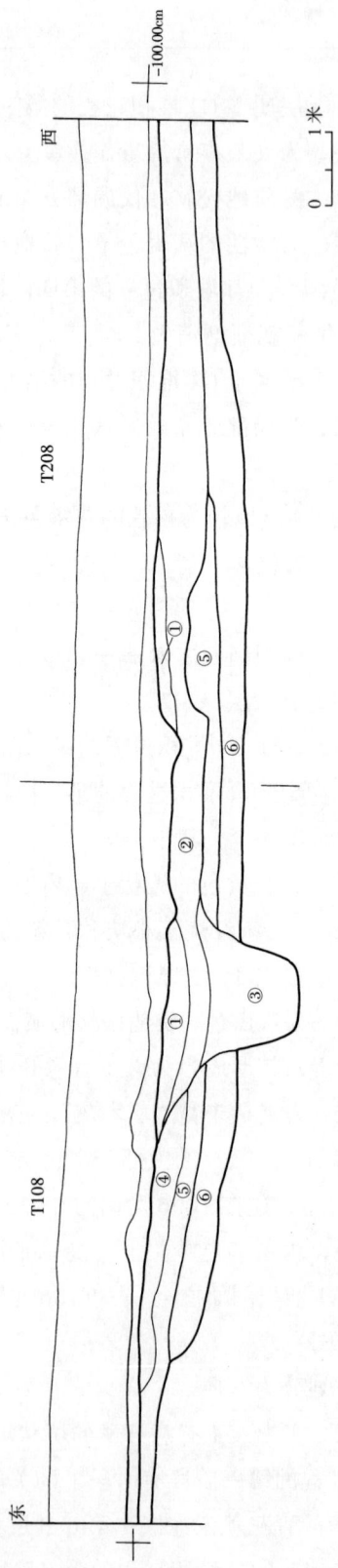

图一八一 G1堆积剖面之六（T108、T208南壁地层）

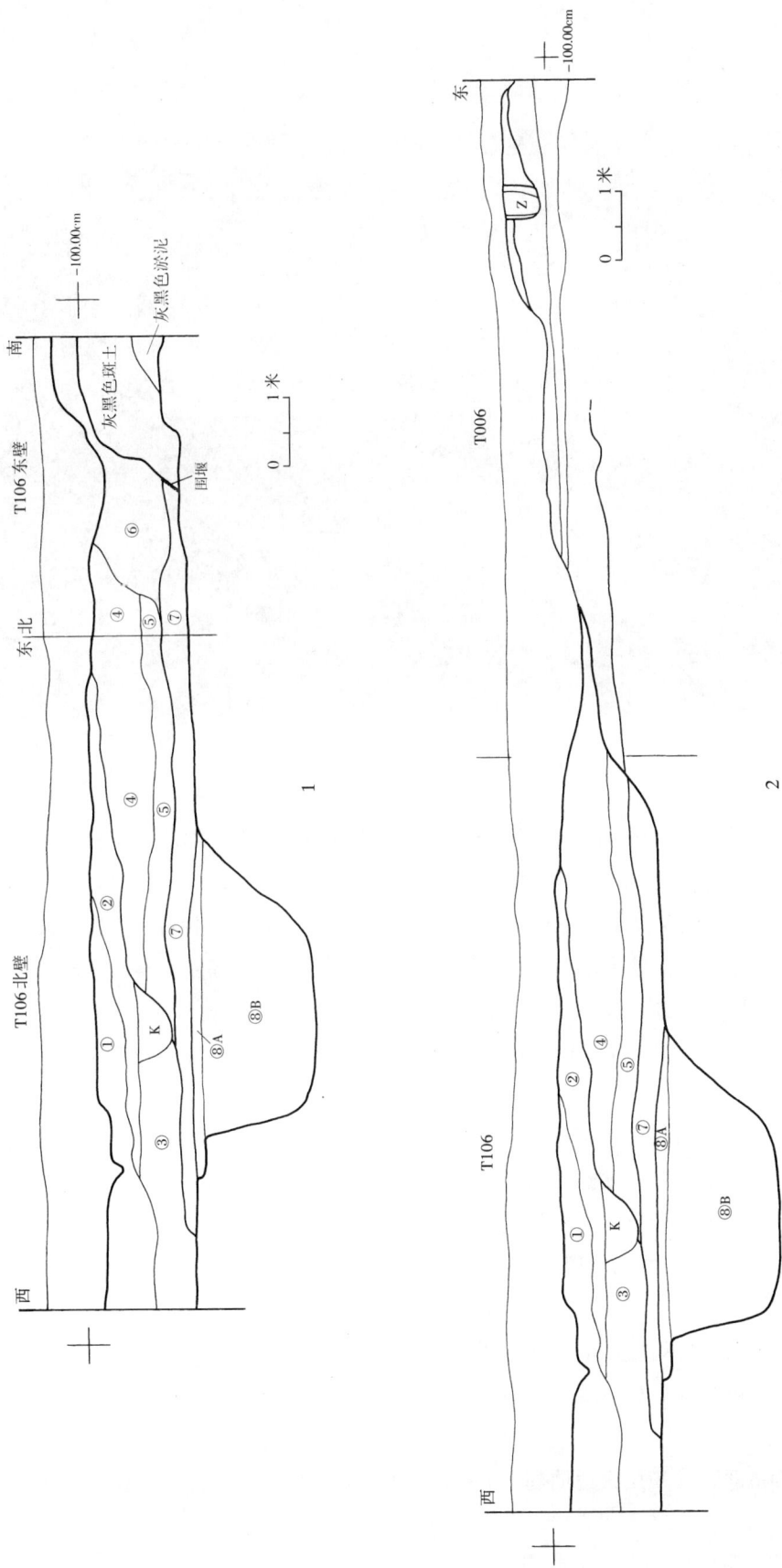

图一八二 G1 堆积剖面之七

1. T106 北壁和东壁地层　2. T106、T006 北壁地层

图一八三　T106东壁地层局部（G1剖面之七）

呈集束状的竹桩若干组，另外在此层下，即T106南部清理出呈东西向的由木桩和竹子编织的围堰一处，围堰略作由南向北的倾斜状，其所依托的地层如T106东壁所示，也均为倾斜状的堆积，堆积上层为灰黑色的斑土，其中还夹杂大块的呈团状黄色土块，没有发现包含物；其下为灰黑色的淤泥，没有发现包含物。考虑到G1东部新石器时代土台下的堆积与此类似，判断可能属于新石器时代土台的一部分，这样G1的南缘基本可依此界定。

第⑥～④层属于G1堆积过程的第三阶段，但是在堆积层中未发现与烧窑作业有关的废弃堆积。其中：

第⑥层，为黏性的黄褐色斑土。

第⑤层，为质地相对松软的灰黑色土，夹杂少量的红烧土颗粒。

第④层，为灰黄色斑土，夹杂零星的红烧土颗粒。

第③～①层属于G1堆积过程的第五阶段，此堆积层向西延伸，与T307的主要文化堆积相关。其中：

第③层，为黏性的灰褐色土，其中还夹杂块状的灰黄色土块。

第②层，为灰黄色土，夹杂少量的红烧土颗粒和"草木灰"。

第①层，为质地松软的灰黑色土，夹杂较为丰富的"草木灰"。

T106、T006北壁堆积层次说明同上，只是在T006的G1堆积中缺失第⑥层黏性的黄褐色斑土层。

三　各阶段堆积现象的说明

（一）第一阶段

可能为营建新石器时代土台开挖南北向大沟，沟东、西边缘呈漫坡状（现位于T311的G1延伸部分应是第三阶段堆积过程时所形成的）。G1中部再南北向开凿宽约3、长约10余米的"沟中沟"，最深约1米，从T211北和T210北、中、南底部标高测点说明此"沟中沟"呈南北两端高中间低的状态。（见图一七三）

此阶段沟内堆积为质地甚为纯净的沙土和呈层状的淤泥和沙层相夹杂，出土极少量的属于崧泽文化晚期阶段的陶片。大致在此沟的中部呈纵向分布有木桩一组（14根），木桩底部均削尖，木桩还保留有树皮，少量为板桩，底部也经削尖。木桩直径3～9厘米。从T210编号为Z4、Z3等柱痕的剖面清理情况分析，打桩痕迹非常明显，有个别木桩甚至直接打入至生土。在这一组的木桩清理中，还发现残留有原生的竖向芦苇根系。从木桩有序分布于沟的中部看，此沟的开凿不但是人工有意所为，而且可能与固桩有关。（图一八四、一八五；彩版一一八，2）

在T111西部、T110和T109等探方还有零星木桩分布，木桩均在G1堆积的第二阶段淤泥层中出露，打破生土层，T111的木桩较为集中，系打桩前挖坑并填埋沙土，其余木桩均直接打入生土层。这些木桩尽管与第一阶段"沟中沟"的成组木桩无关，但是性

图一八四　G1第一阶段"沟中沟"剖面

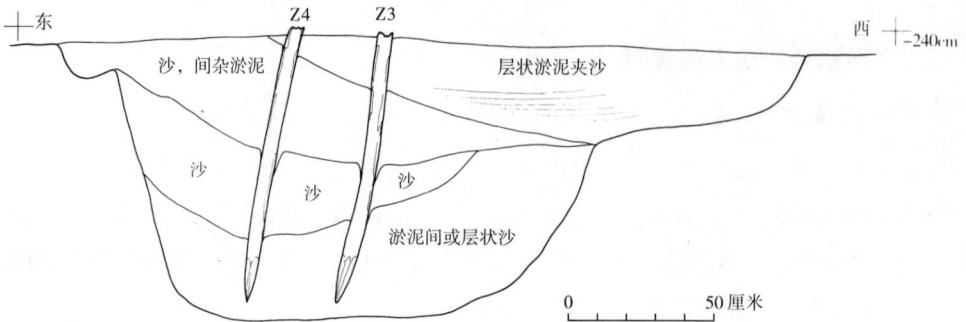

图一八五　G1 第一阶段 "沟中沟" 中 Z4、Z3 剖面图

质接近，也应属于 G1 的第一阶段堆积。

T106 西部淤泥下开口大坑一座(野外发掘时因为取土土方量过大未对其进行扩方清理和编号)，也应属于第一阶段堆积。T106 南部呈东西向布列的以木桩或集束竹桩和竹编结合的围堰为第二阶段的淤泥所压，此遗迹也为 G1 堆积过程的第一阶段，围堰北部有呈集束状或呈直线布列的竹桩多组，竹桩底部加工成尖状。采集的竹桩（实验室编号 BA05318）的 ^{14}C 年代（BP）为 3855 ± 40，树轮校正后年代（BC）1σ(68.2%) 为 2460BC（1.2%）2440BC、2430BC（2.1%）2420BC、2410BC（13.1%）2370BC、2360BC（36.7%）2270BC、2260BC（15.1%）2200BC，2σ(95.4%) 为 2460BC（95.4%）2200BC。[1]（参见附录一）

围堰所依的堆积层为新石器时代阶段的堆积，也是 G1 局部过程中的南部边缘。（图一八六，1 ~ 5；图一八七；彩版一一九，1、2）

同一天在 T110、T210 淤泥底部采集了芦苇样本进行 ^{14}C 测定，但数据相差较大。如实验室编号 BA05334 为 4255 ± 40（BP），树轮校正后年代（BC）1σ(68.2%) 为 2920BC（50.8%）2870BC、2810BC（13.7%）2780BC、2770BC（2.3%）2760BC、2720BC（1.4%）2710BC，2σ(95.4%) 为 2930BC（58.8%）2850BC、2820BC（36.6%）2680BC；实验室编号 BA05335 为 3590 ± 40，校正后年代（BC）1σ(68.2%) 为 2020BC（6.5%）1990BC、1980BC（61.7%）1880BC，2σ(95.4%) 为 2120BC（1.3%）2090BC、2040BC（84.8%）1870BC、1850BC（6.0%）1810BC、1800BC（3.3%）1770BC。（参见附录二）

（二）第二阶段

是 G1 的主要使用阶段，淤泥应是有水时候的自然沉积，淤泥中的包含物极少，包含物中多为新石器时代文化阶段的遗物，仅发现极少量印纹陶。靠近 G1 边缘的局部分布有

---

[1] 文中所引的所有 ^{14}C 数据仅作参考。

1. 南部围堰（东—西）

2. 南部围堰（西—东）

3. 围堰局部

4. 围堰局部

5. 围堰北部的竹桩

图一八六　G1 第一阶段南部围堰

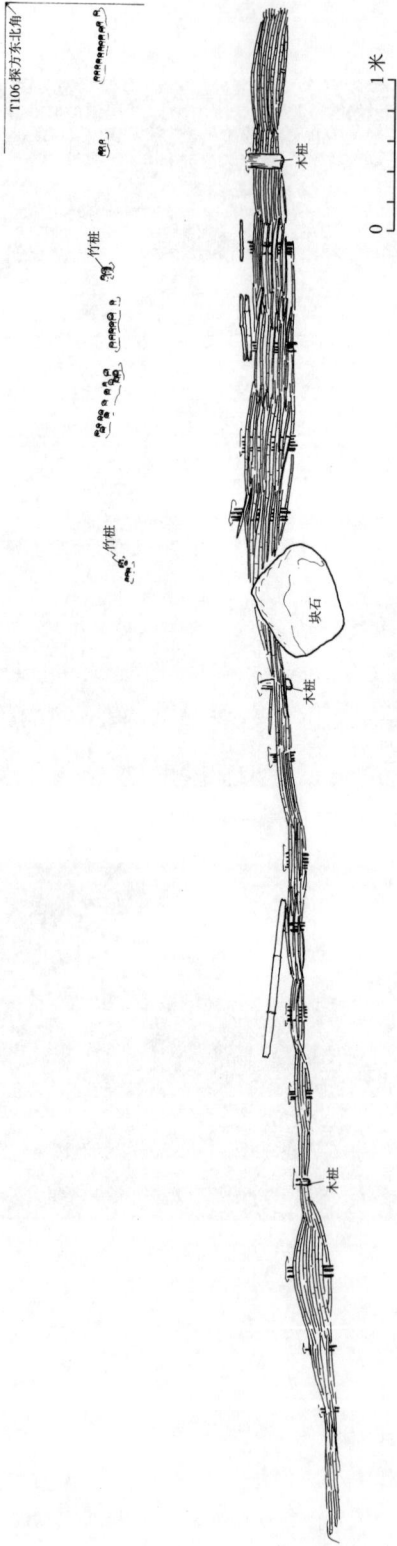

图一八七　G1第一阶段南部围堰平面图

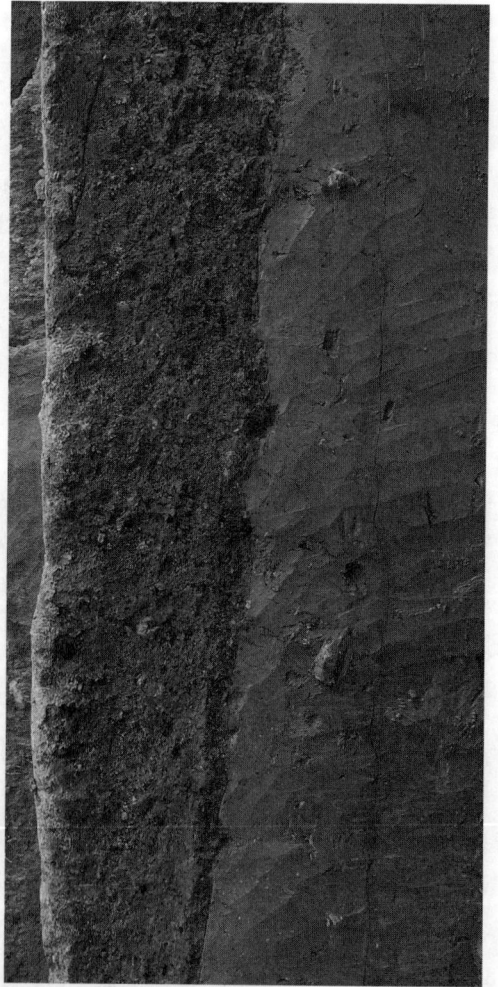

图一八八　G1第三阶段呈斜坡状的
堆积情况

夹杂沙石或碎陶片的质地相对紧密的褐色土层，当与水域边缘的自然冲刷有关。

T212 在 G1 淤泥层的清理中，还发现呈纵向布列的木桩一组 8 根，仅少量木桩打入生土层，余木桩底均处在淤泥中，故其打桩时间应属于该阶段。（参见图一七三 T212 的 G1 部分）采集的木桩（实验室编号 BA05333）^{14}C 年代（BP）为 4160 ± 50，树轮校正后年代（BC）1σ (68.2%) 为 2880BC（13.3%）2830BC、2820BC（6.1%）2800BC、2790BC（47.0%）2660BC、2650BC（1.9%）2630BC，2σ (95.4%) 为 2890BC（95.4%）2580BC。

（三）第三阶段

是 G1 堆积中遗物出土最为丰富的阶段，主要为与烧窑作业有关的废弃堆积，这一堆积集中在 G1 的西北和东部偏中部位，堆积呈倾斜状。（图一八八、一八九）堆积最厚约 0.5 米，堆积中除了夹杂大量的红烧土块、红烧土颗粒外，还发现窑壁的残块、烧糊的陶器等，其中一件标本中有两件鸭形壶的残片黏附，说明当时陶器烧制是成批加工的。

在 T311，G1 的向西延伸部位出上了数件基本完整及可复原的鸭形壶，野外判断在大致位于 T311、T312 处当有与此相关的残存遗迹，因受到晚期阶段的破坏，未能发现该遗迹，仅在位于 T312 的水泥电杆下，发现堆积状况如同 H9 的坑一座，内填红烧土块，因场地受限无法清理，故具体情况不明。G1 东岸也应该存在与此堆积有关的活动遗迹，但仅在北部清理了不规则的红烧土堆积和类似 H9 的坑状遗迹。

除了上述与烧窑作业有关的堆积层外，位于 G1 南部和西南方向的 T207、T307 部分堆积也应属于这一阶段。

（四）第四阶段

由于在第三阶段，G1 尤其是中部基本被填埋，可能是引水的需要，在第四阶段，有意在 G1 北部偏中部位再开沟凿，此沟西部（壁）较直、较深，沟壁也甚为清晰。淤积中除了底部残留有残木板等丰富有机质外，基本上未发现有陶片。在局部如 T210 的清理中，底部还发现有沉积的沙层，就水域面积而言，这一阶段大大缩小了。（图一九○；另见图一七三）图一七三所示仅是这一堆积阶段的淤积范围。

（五）第五阶段

主要分布于 G1 南部，以"草木灰"的堆积为主，在 T108 内还发现呈坑状的"草木灰"堆积，且打破上一阶段的堆积，说明这一堆积过程的形成也是人工有意的，其范围限于南部，或可说明当时人类的活动区域有所变化。

从 G1 堆积过程尤其是第三～第五阶段的分析可知，水域面积因第三阶段与烧窑作业有关的废弃物倾倒而逐渐减少，这从侧面或可反映 G1 东岸、依昆山脚下的居民还需要开凿水井，也可说明从 G1 第三阶段起的沟内这些堆积与当地居民的生产生活关系甚为密切。

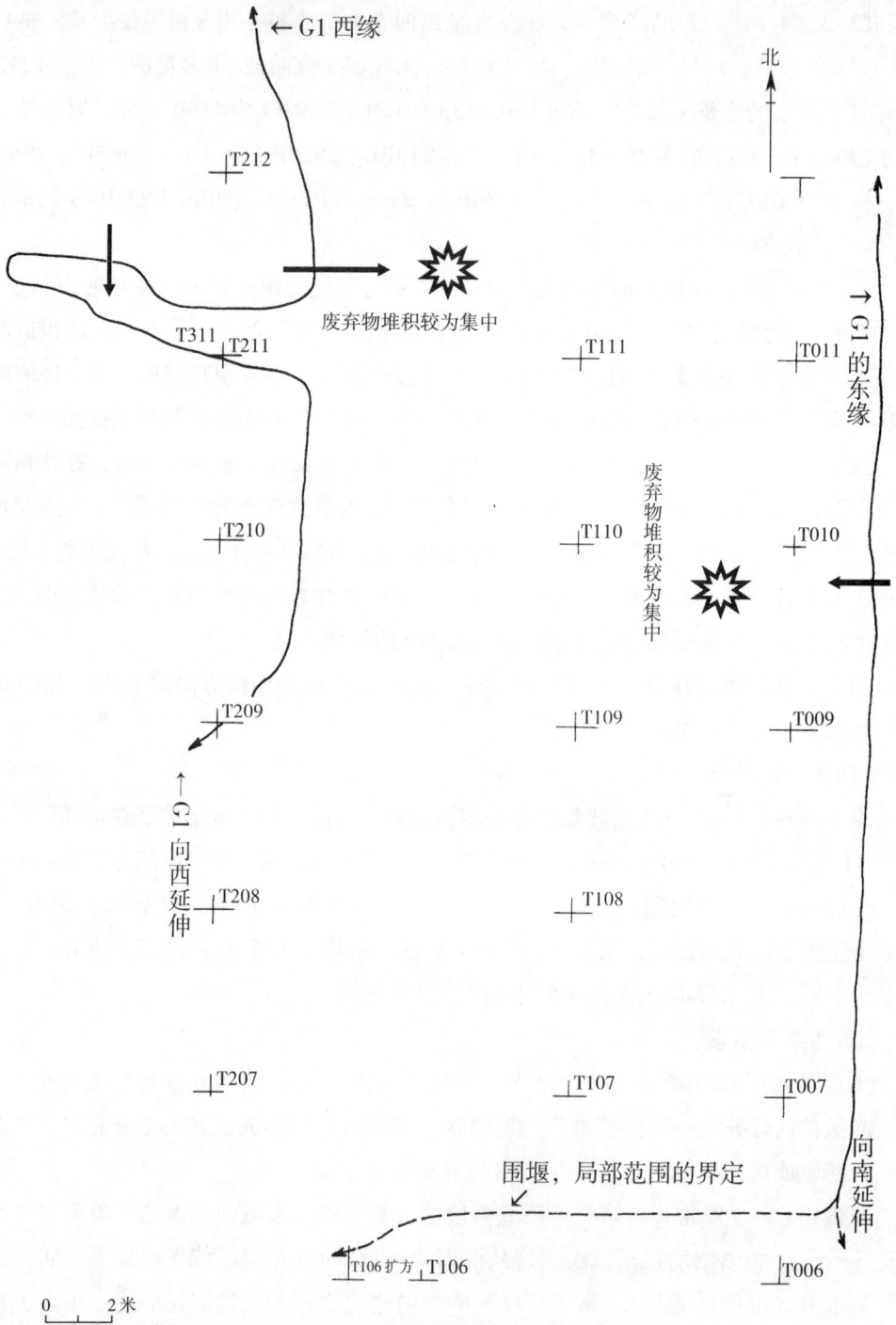

图一八九 G1 第三阶段堆积平面图

四　各堆积阶段出土遗物

　　在 G1 的清理作业中，对于 G1 各阶段堆积过程的认识是逐渐形成的。在野外发掘时，为了有效地把握堆积层的过程，根据实际情况采用各探方分别编号，并有目的的留取东西向隔梁，但是在实际操作过程中，难免会存在不同堆积阶段遗物混杂的情况。后期室内整理时将各探方所清理的沟内堆积进行了阶段性的归位，所选择的各堆积阶段出土遗物编号形式为：G1①~⑤：×××[①]。

　　（一）第一阶段

　　此阶段遗物发现不多，主要出土于 T106 西北部和开口于淤泥层下的深坑中[②]。

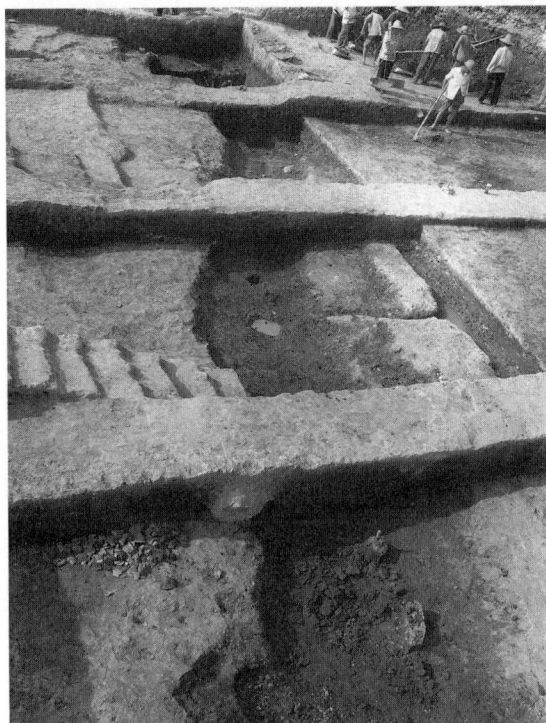

图一九〇　G1 第四阶段清理后的情况（南—北）

　　凹弧足鼎　G1①：4，鼎口沿片。夹蚌黑陶，蚌末呈白色片状，已炭化。宽折沿，拍印斜向条纹。口径 16 厘米。（图一九一，1 上部）

　　G1①：5，鼎腹足片。质地同上，可能为同一器物。凹弧足。鼎整体为垂腹，底部近平。（图一九一，1 下部）

　　泥质陶罐口沿　G1①：3，泥质黑—灰胎黑皮陶。鼓腹，拍印斜方格纹。（图一九一，2）

　　G1①：19，泥质黑灰胎黑陶。翻沿。口径 23.6 厘米。（图一九一，4）

　　G1①：20，泥质黑—灰胎灰黑陶。翻沿，口沿内面有多道凹弦纹。口径 20 厘米。（图一九一，5）

　　泥质陶盆口沿　G1①：12，泥质青灰胎黑皮陶。翻沿，拍印斜角方格纹。口径 32 厘米。（图一九一，3）

[①] 出土遗物编号中"G1①"表示 G1 第一阶段堆积，"G1②"表示 G1 第二阶段堆积，以此类推。另现标本原来的探方编号、地层编号及出土日期，整理时均保留其原始记录。本报告略。

[②] 野外收集时民工不慎将此坑陶片与其上的地层堆积陶片相混杂，据具体清理者回忆，陶片中似未发现硬陶，故第一阶段所选取的关于硬陶的标本存疑。

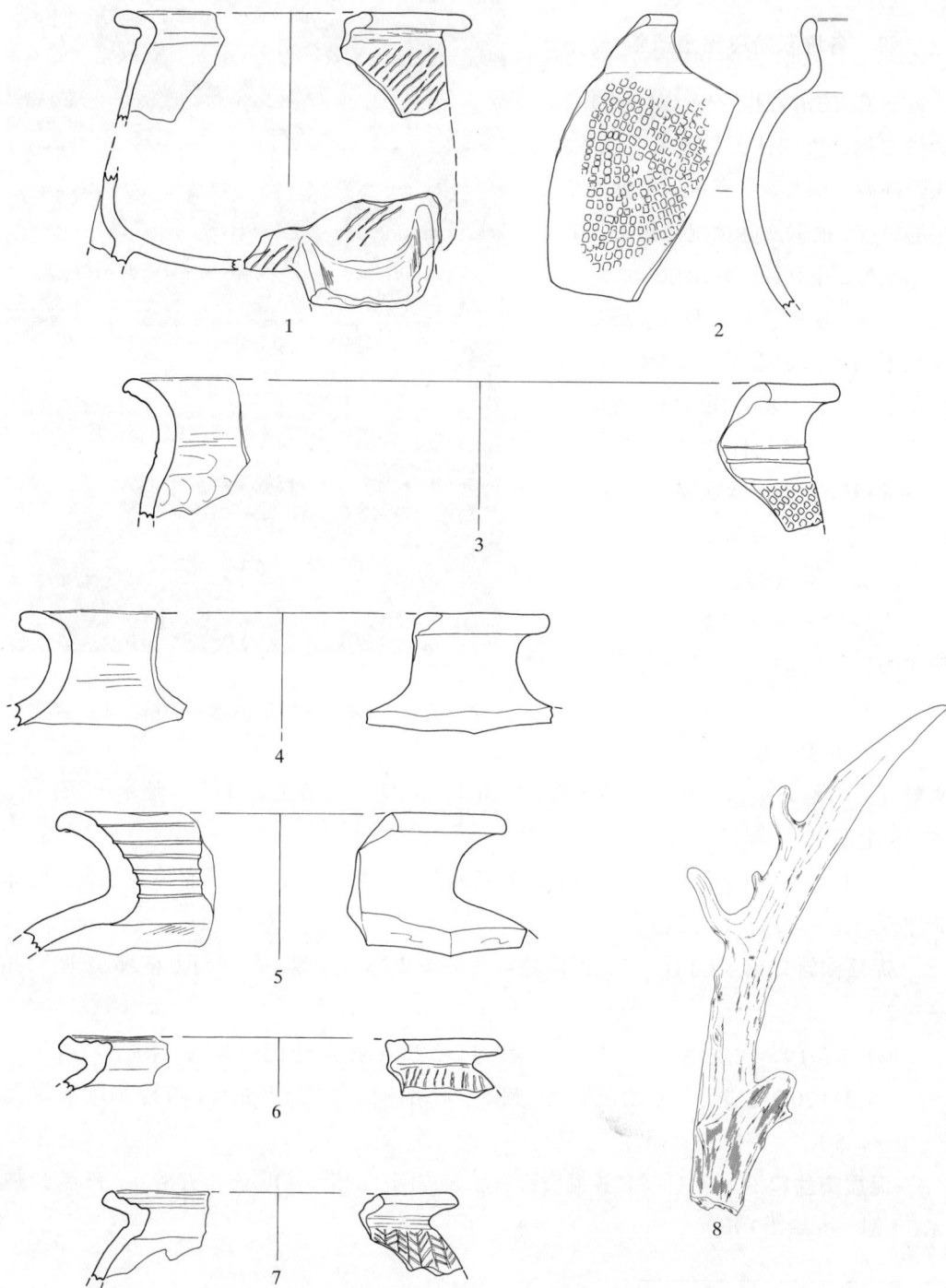

图一九一　G1 第一阶段出土器物

1. 凹弧足陶鼎 G1①：4、5　2、4、5. 泥质陶罐口沿 G1①：3、19、20　3. 泥质陶盆口沿 G1①：12　6、7. 印纹硬陶罐口沿 G1①：15、16　8. 鹿角 G1①：1（均为 1/3）

印纹硬陶罐口沿　G1①：15，泥质灰红色硬陶，质地相对较软。宽折沿，沿面有多道凹弦纹，拍印条纹。口径20厘米。（图一九一，6）

G1①：16，泥质近紫褐色硬陶。宽折沿，沿面有多道凹弦纹，拍印叶脉纹。口径16厘米。（图一九一，7）

拍印纹饰陶片　举例如下：

G1①：8，鼎甗类肩部残片，夹砂红陶。拍印竖向绳纹。（图一九二，1）

图一九二　G1第一阶段出土的拍印纹饰拓本

1. 竖向绳纹 G1①：8　2. 叶脉纹 G1①：11　3. 条格纹 G1①：6　4. 条纹 G1①：18　5. 菱形云雷纹 G1①：17（均为1/2）

G1①：11，罐腹片，泥质灰红色硬陶。拍印叶脉纹，两组叶脉组成长方形的拍印单元，阳文表述，单元宽约2.8厘米。（图一九二，2）

G1①：6，微内凹底罐片，泥质红褐色硬陶。拍印条格纹。（图一九二，3）

G1①：18，鸭形壶残片，泥质灰褐色硬陶。拍印条纹。（图一九二，4）

G1①：17，罐腹片，泥质紫褐色硬陶。拍印菱形云雷纹，阴阳文结合。（图一九二，5）

另还出土**鹿角**一件，G1①：1，端部有烧灼痕迹。（图一九一，8；彩版一二〇，1）

（二）第二阶段

此阶段出土的陶片不甚丰富，其相对时段约当新石器时代崧泽文化晚期至高祭台类型早期阶段。前者如粗泥陶凿形足鼎和盉，泥质黑皮陶壶、杯、豆盘类等，大多器物的

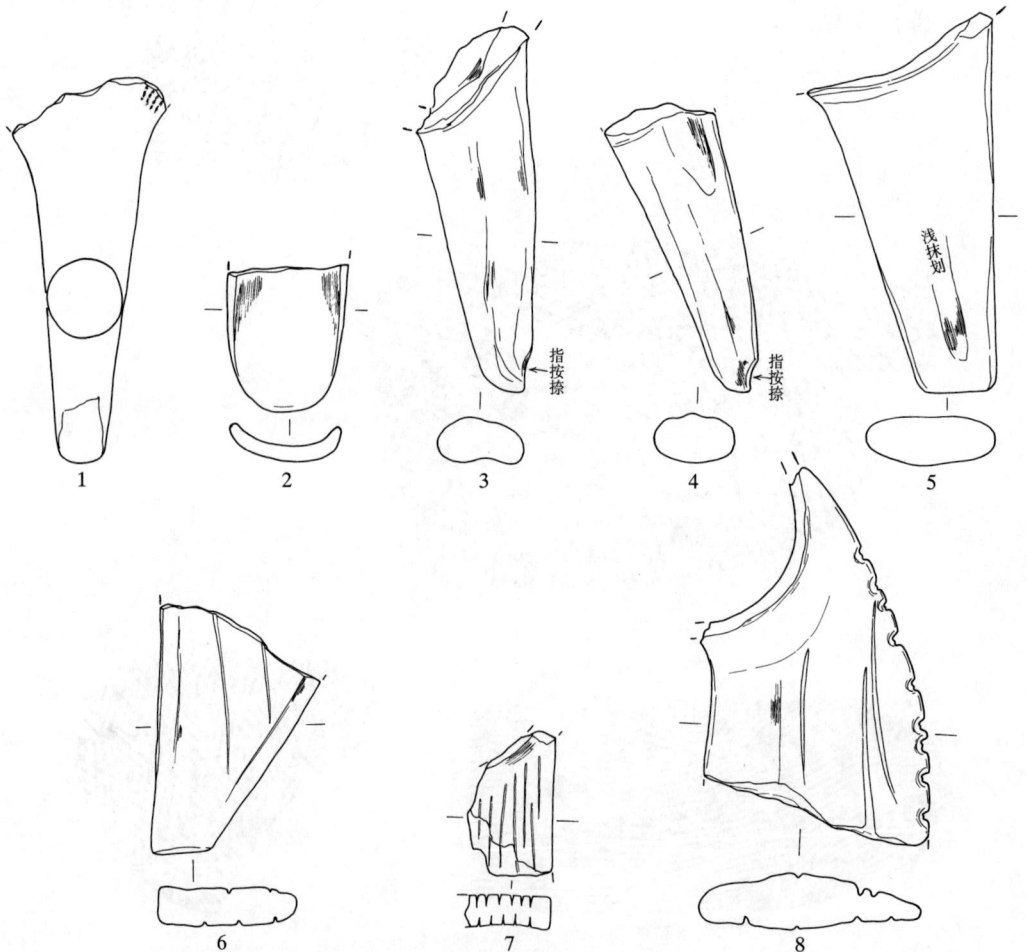

图一九三　G1第二阶段出土的陶鼎甗类足

1. 圆锥足 G1②：56　2. 凹弧足 G1②：39　3. 侧扁足 G1②：33　4. 侧扁足 G1②：59　5. 鱼鳍形足 G1②：53　6. 鱼鳍形足 G1②：21　7. 鱼鳍形足 G1②：70　8. 鱼鳍形足 G1②：67（均为1/3）

形制与G1东西两侧清理的新石器时代墓葬出土遗物具有可比性。后者如夹砂陶圆锥足、侧扁足、凹弧足的鼎，外壁多拍印绳纹或条纹，夹砂陶的鱼鳍形足鼎也有一定的数量；罐类中除了泥质灰、红软陶外，还有少量的硬陶标本，拍印的纹饰有条格纹、梯格纹、编织纹、叶脉纹等。整理时为了避免多层次堆积清理时的混杂，特选择T211、T 212相关地层同一天所起取的陶片进行统计。（参见附表八～一一）

第二阶段遗物叙述如下①：

鼎甗类足　除圆锥足外，余为良渚文化晚期阶段或高祭台类型早期阶段遗物。

G1②：56，圆锥足，夹砂红陶。横截面呈圆形，足根部留有绳纹。（图一九三，1）

G1②：39，凹弧足，夹蚌黑陶。（图一九三，2）

G1②：33，侧扁足，夹砂灰褐陶。足尖外侧有指按捺，足根内壁有竖向的捺窝痕，足面有抹划痕。（图一九三，3）

G1②：59，侧扁足，夹砂灰黑陶。特征同上。（图一九三，4）

G1②：53，鱼鳍形足，夹砂红陶，一面留有灰白色涂层。足面有浅抹划痕，横截面呈扁椭圆形。（图一九三，5）

G1②：21，鱼鳍形足，夹砂红褐陶。切划较浅。（图一九三，6）

G1②：70，鱼鳍形足，夹砂红褐陶。切划较深。（图一九三，7）

G1②：67，鱼鳍形足，外侧面弧凸，外侧脊面按切呈锯齿状，足两面有三四道切划，中部隆起。（图一九三，8）

甗　G1②：74，夹砂褐胎灰黑陶，外壁附着浓黑色烟炱。口沿及上部残缺。束腰内可承箅，圜底本无足，拍印横向绳纹。出土时甗内尚留有双层的芦苇（？）编织箅架。残高16.5、束腰径18、最大腹径20.8厘米。（图一九四，1～3；彩版一二〇，2）

鼎　G1②：97，夹砂红陶。鼎足残缺。翻沿，沿内面有多道凹弦纹，垂腹。鼎上部拍印竖向绳纹，近底部绳纹呈交叉状，足根部绳纹内凹弧状，当滚压所致。鼎身高16、口径17.3厘米。（图一九五，1；彩版一二〇，3）绳纹拍印情况参考G1②：95。（图一九六，1）

G1②：68，夹蚌灰褐陶。宽折沿，沿面有多道凹弦纹。腹部拍印斜向条纹。口径28厘米。（图一九五，2）

G1②：83，夹蚌黑胎灰红陶。侈口，颈部有一周按捺的附加堆纹。口径30厘米。（图一九五，3）

隔档鼎（甗）残片　G1②：58，夹蚌黑陶，外壁附着有浓厚的烟炱。隔档相对应外壁有按捺的附加堆纹一周，注水孔外壁另按贴燕窝状泥片以利注水。（图一九五，4）

---

① G1出土遗物按器类介绍，各器类中除明确表明所属相对时代的标本外，其余均为高祭台类型时期遗物。

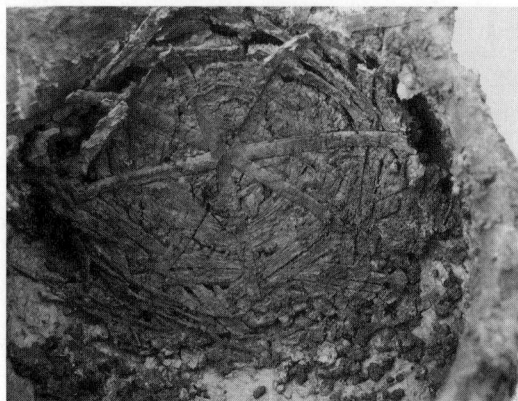

1. 陶甗出土时留有的双层编织算架

2. 陶甗出土时留有的双层编织算架

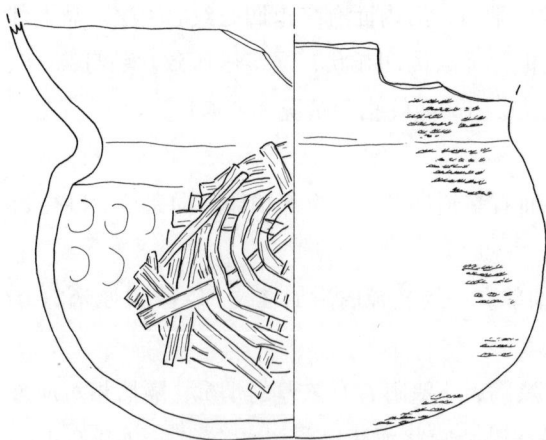

3. G1②：74（1/3）

图一九四　G1第二阶段出土的陶甗G1②：74

另第二阶段还出土了不少相当于崧泽文化阶段的鼎足，均凿形。

G1②：1，夹蚌灰褐陶。正面足根部位呈脊状凸起。（图一九七，1）

G1②：35，粗泥灰褐陶。正面足根呈尖三角凸起。（图一九七，2）

G1②：6，粗泥夹蚌灰黑陶。正面足根部呈圆拱状凸起，且刻划有交叉样纹饰。（图一九七，3）

G1②：38，夹砂灰褐陶。足根部有两道切划。（图一九七，4）

G1②：32，粗泥灰褐陶。正面足根部呈圆拱状凸起，且有用指甲捺剔组成的纹样。（图一九七，5）

G1②：71，粗泥灰褐陶。正面足根部呈圆拱状凸起，上部两侧还有泥突粘贴似双耳。正面刻划横向布列的多道波折纹，上部另按捺圆窝。（图一九七，6）

G1②：23，形态与上述各标本有所区别。足根部两侧也有泥突粘贴，正面刻划交叉短直线。（图一九七，7）

瓮罐类　G1②：46，印纹硬陶大罐（瓮），泥质红陶，但质地相对硬陶较软。近直口，腹壁拍印条格纹。内壁留有红色涂层。（图一九八，1）

G1②：43，印纹硬陶高领罐，泥质紫褐硬陶。高领内面有多道凹弦纹。口径19厘米。（图一九八，2）

G1②：49，印纹硬陶内凹底罐片，泥质紫褐胎灰褐色硬陶。拍印交叉重叠的叶脉纹。残片剖面可见明显

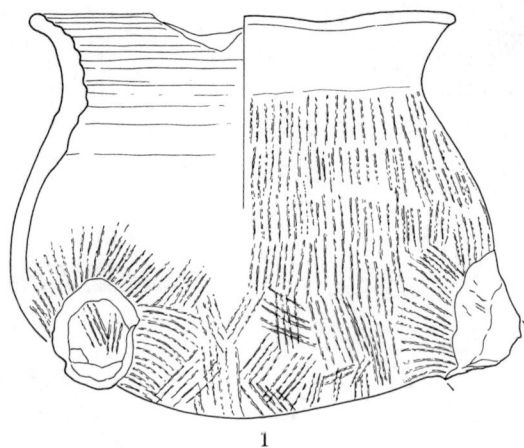

1

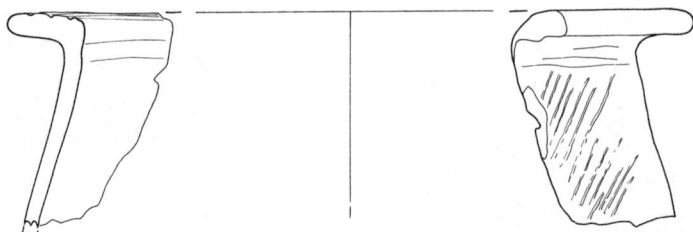

2

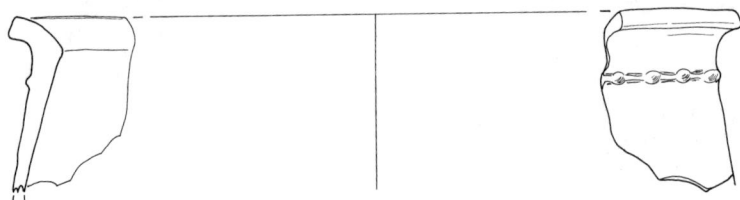

3

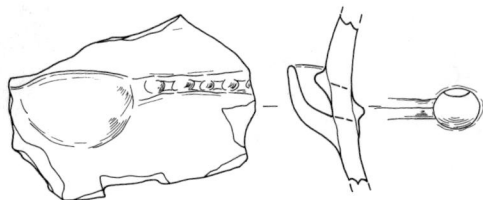

4

图一九五　G1 第二阶段出土的陶鼎

1~3. G1②：97、68、83　4. 隔档鼎（甗）残片 G1②：58（均为 1/3）

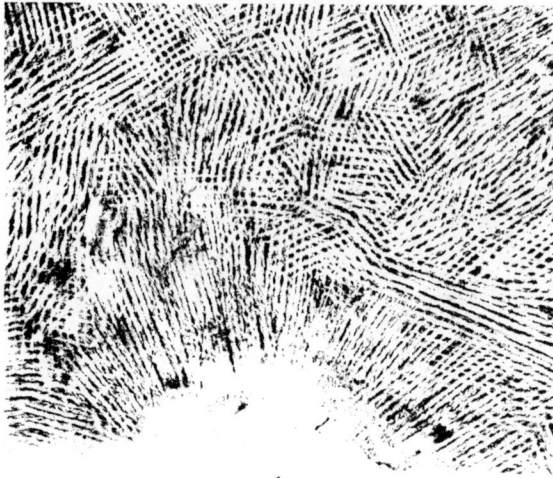

1

4

5

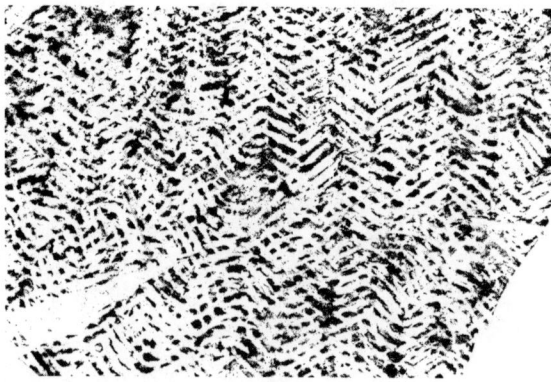

2

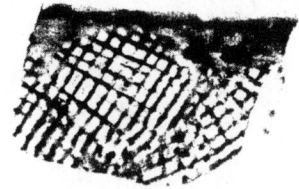

6

7

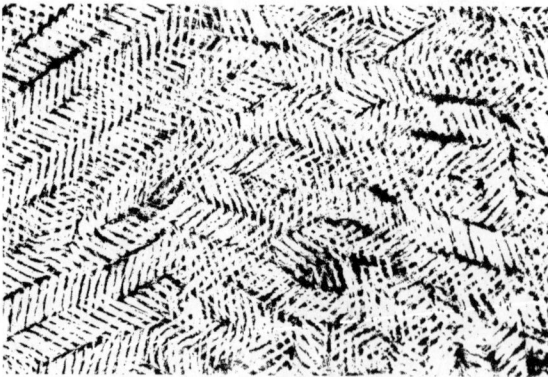

3

8

图一九六　G1第二阶段出土的陶器纹饰和刻划符号拓本

1.绳纹 G1②：95　2.叶脉纹 G1②：49　3.叶脉纹 G1②：50　4.竖向条纹 G1（：102　5.刻划符号 G1②：61　6.斜方格纹 G1②：36　7.刻划符号 G1②：79　8.刻划符号 G1②：80（均为1/2）

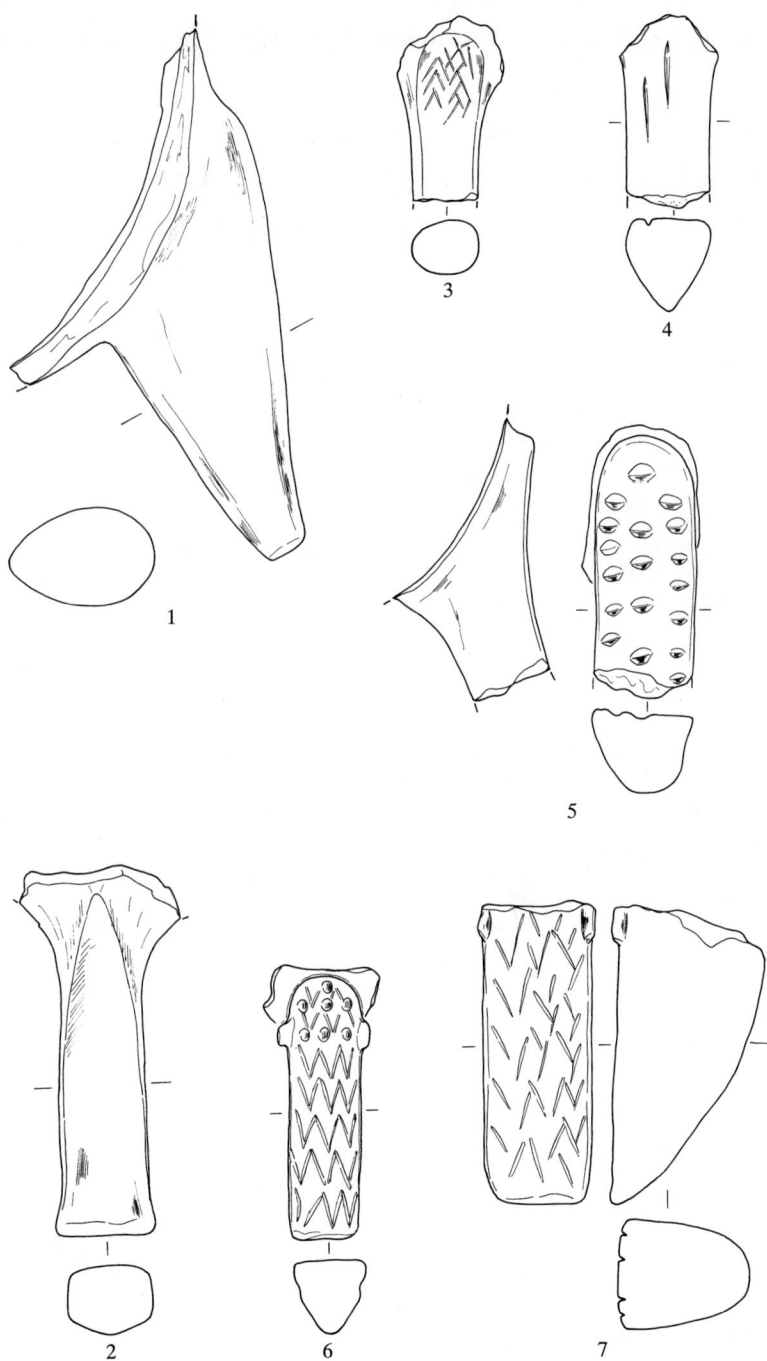

图一九七　G1 第二阶段出土的崧泽文化陶鼎足

1. G1②：1　2. G1②：35　3. G1②：6　4. G1②：38　5. G1②：32　6. G1②：71　7. G1②：23（均为 1/3）

的泥条盘筑痕迹。（图一九六，2；图一九八，3）

　　G1②：50，泥质红陶罐腹片。拍印由两组叶脉组成的叶脉纹，宽约4厘米。（图一九六，3）

　　G1②：48，内凹底罐片，泥质红陶。拍印叶脉纹。（图一九八，4）

　　G1②：61，小罐，泥质灰胎灰红硬陶。宽折沿，沿面有刻划符号一个，笔序如图示。拍印斜角编织纹。口径10.4厘米。（图一九六，5；图一九八，5）

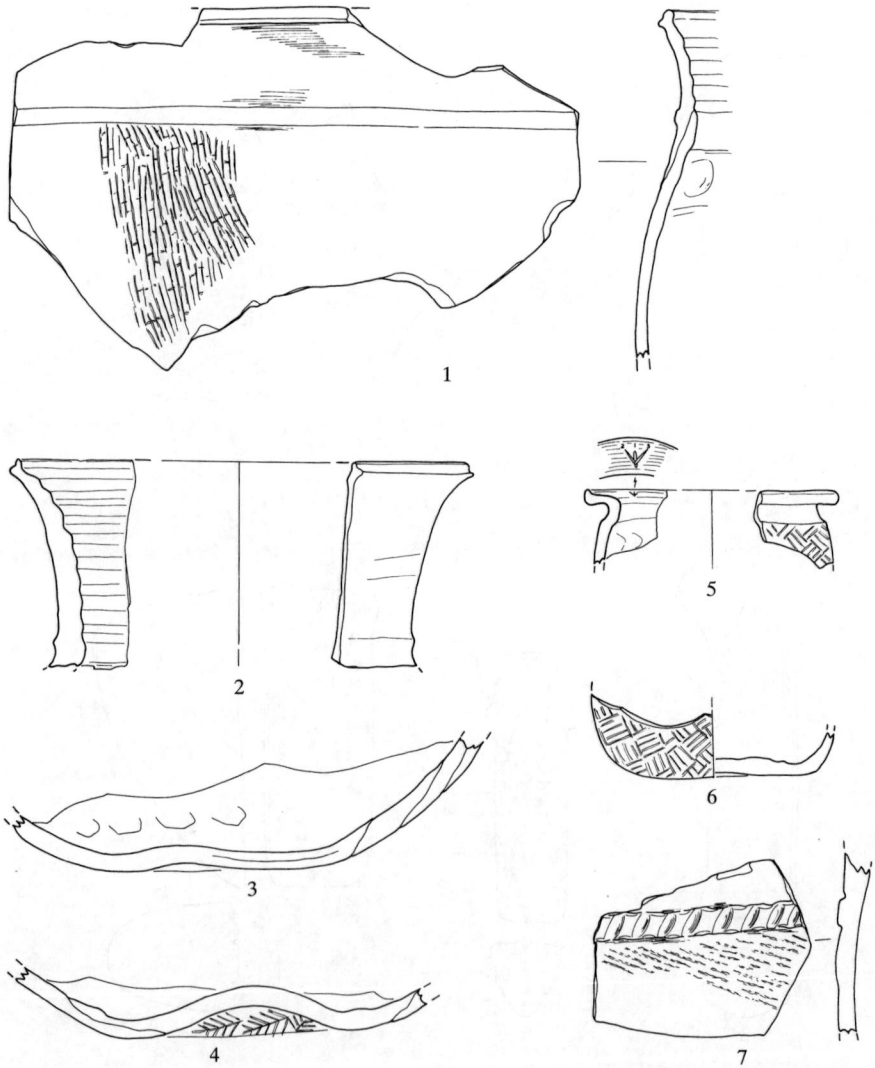

图一九八　G1第二阶段出土的瓮罐类陶器

1. 大罐（瓮）G1②：46　2. 高领罐 G1②：43　3. 内凹底罐片 G1②：49　4. 内凹底罐片 G1②：48　5. 小罐 G1②：61　6. 小罐 G1②：44　7. 罐腹片 G1②：66（均为1/3）

　　G1②：44，印纹陶小罐，泥质紫褐硬胎灰红硬陶。底部微内凹，拍印斜角编织纹。（图一九八，6）

　　G1②：66，罐腹片，泥质青灰胎灰陶，胎质细腻，火候较高。外壁有一周按捺的附加堆纹，其下为斜向绳纹。（图一九八，7）

　　（1）以下**罐类残片**时代约当良渚文化晚期。

　　G1②：102，泥质黑胎黑陶。外壁拍印竖向条纹，再横向抹划。（图一九六，4）

　　G1②：93，夹砂灰陶罐腹片。外壁刻划弦纹和成组短直线组合而成的纹样。（图一九九，1）

　　G1②：76，夹砂黑胎黑皮陶。牛鼻耳。（图一九九，2）

　　G1②：34，泥质青灰胎红陶，外表剥蚀甚。宽折沿，沿面以小管状戳刻间隔符号。口径14厘米。为典型良渚文化遗物。（图一九九，3）

　　G1②：13，泥质灰胎灰黑陶。侈口。口径14厘米。（图一九九，4）

　　G1②：78，泥质青灰胎灰褐陶，质地相对较硬。肩部有一周凸弦纹。口径14厘米。（图一九九，5）

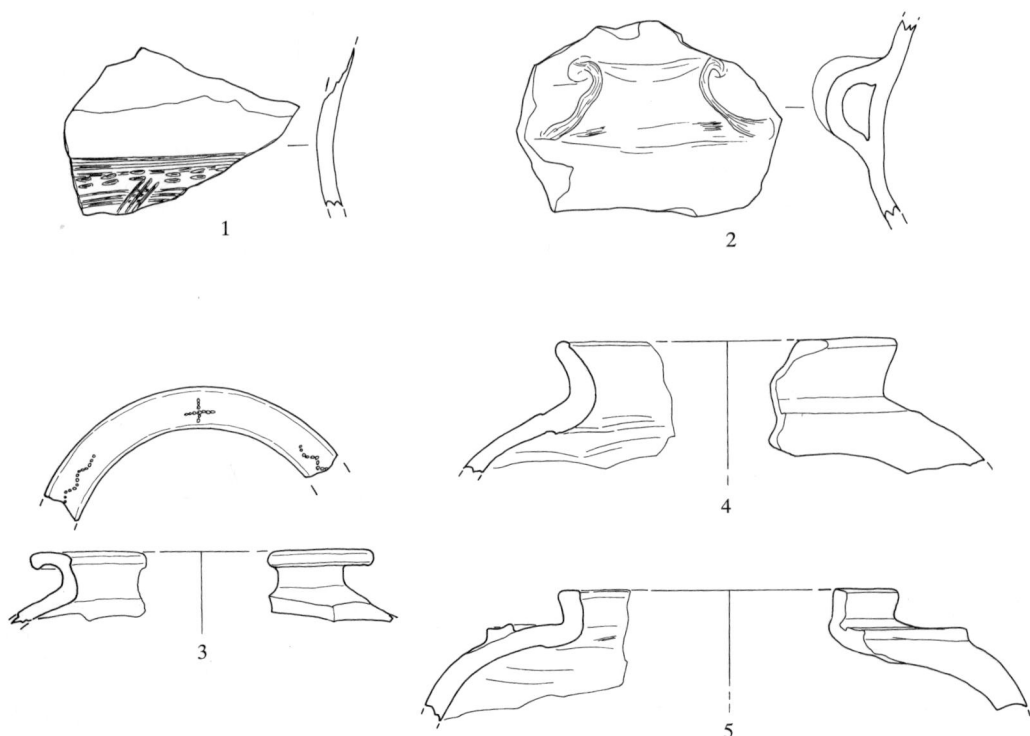

图一九九　G1第二阶段出土的良渚文化陶罐类残片
1. G1②：93　2. G1②：76　3. G1②：34　4. G1②：13　5. G1②：78（均为1/3）

（2）以下**罐壶类残片**，时代均相当于崧泽文化时期。

G1②：62，泥质灰胎黑皮陶。腹部上下有多道凹弦纹，假圈足微内凹，中心刻划符号，周边等距切剔三个凹缺。残高12.5厘米。在复原陶碎片中还发现有一粘贴小圆泥点的泥质青灰胎黑皮陶片，可与墓葬相应随葬器物对比。（图二〇〇，1）

G1②：63，泥质黑—灰胎黑皮陶。腹下部凹弦纹之间按捺、刻剔圆孔和弧边三角组合图案，假圈足外壁切剔有两个一组的三角形凹缺。残高7.8、底径8.8厘米。（图二〇〇，2）

G1②：64，泥质灰胎内褐外灰陶。斜收腹，底部内凹。内底有顺时针螺旋纹。残高7.7、底径5.7厘米。（图二〇〇，3）

G1②：12，小壶或杯残片，泥质灰胎黑皮陶。圈足刻剔、镂穿六组不等距的圆孔和弧边三角组合图案。残高3.4、圈足径6厘米。（图二〇〇，4）

G1②：86，泥质黑—灰胎黑陶。鼓腹，矮圈足。残高4.5、圈足径5.8厘米。（图二

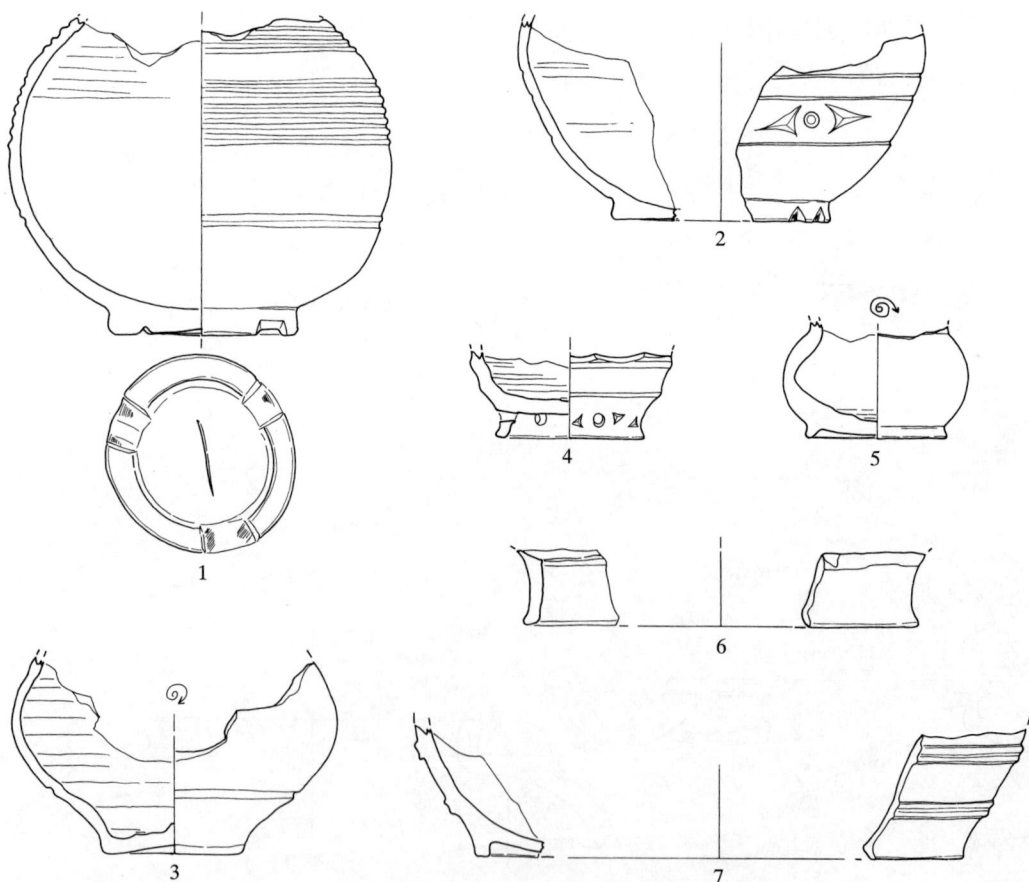

图二〇〇　G1第二阶段出土的崧泽文化罐壶类陶器
1. G1②：62　2. G1②：63　3. G1②：64　4. G1②：12　5. G1②：86　6. G1②：9　7. G1②：25（均为1/3）

○○，5）

G1②：9，泥质灰胎黑皮陶。圈足外壁有一褐色涂层，可能是漆。圈足径16厘米。（图二○○，6）

G1②：25，泥质灰黑陶。下腹部凸弦纹上再抹划凹弦纹。圈足径20厘米。（图二○○，7）

豆类 G1②：18，泥质黑陶。圈足外壁弦纹之间刻划交叉波折线。（图二○一，1）

G1②：42，泥质黑灰胎黑皮陶，外表多剥蚀。豆柄内壁上端有竖向的抹切痕，下部有横向弦纹和斜向麻花状纹的制作痕迹。豆柄上部有一周凸棱，下部为多道不连贯的凹弦纹。（图二○一，2）

G1②：88，泥质灰胎黑皮陶，外表剥蚀甚。凸弦纹上部有两个基本对称的圆形镂孔。（图二○一，3）

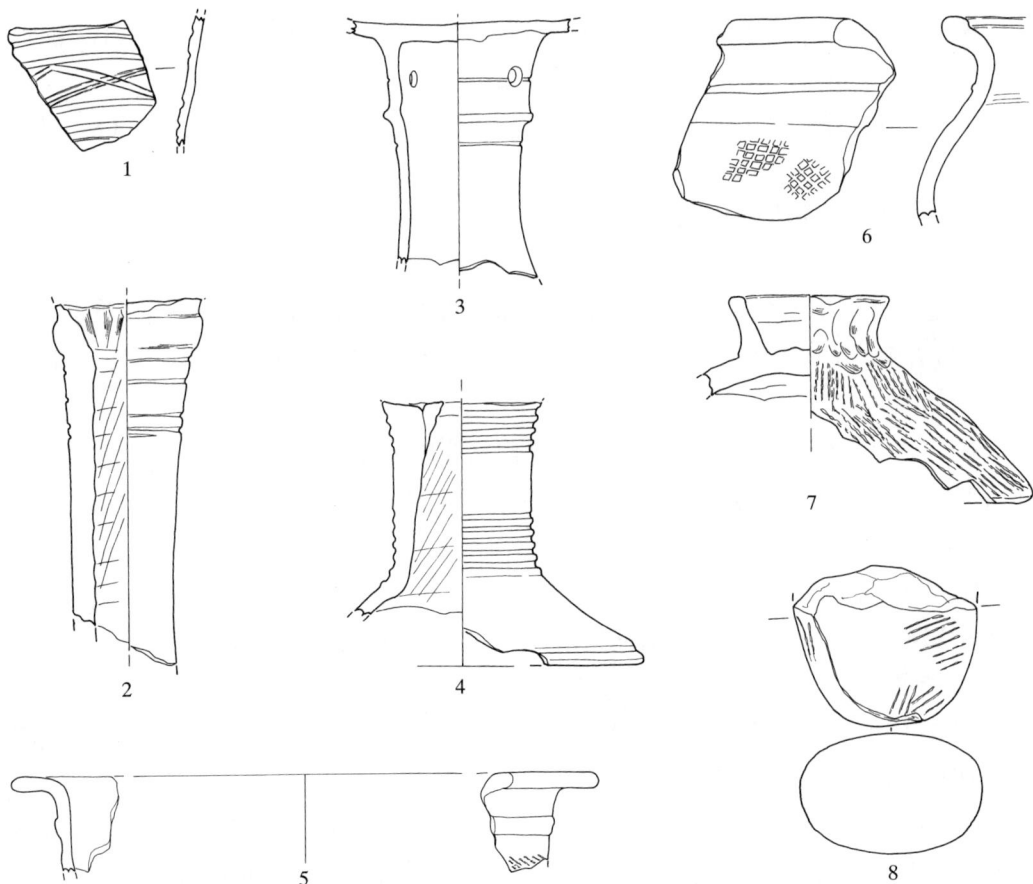

图二○一 G1第二阶段出土的陶豆类、盆、器盖等

1～4.豆类 G1②：18、42、88、97 5、6.盆 G1②：89、36 7.器盖 G1②：96 8.球 G1②：92（5为1/4，余为1/3）

G1②：97，泥质青灰胎黑皮陶。喇叭形圈足。圈足上有两组由多道旋纹组成为旋纹组。圈足高10.5厘米。（图二〇一，4）

盆　G1②：36，泥质灰陶，陶胎质地比同类盆细腻，烧制火候较高。拍印斜方格纹。（图一九六，6；图二〇一，6）

G1②：89，泥质青灰胎黑皮陶。宽折沿，颈部有一周凸弦纹，下拍印绳纹。口径32厘米。（图二〇一，5）

器盖　G1②：96，夹砂红陶。杯形纽为捏制，盖外壁拍印条纹。高8.3、纽径6.5、复原盖径18.5厘米。（图二〇一，7）

球　G1②：92，夹砂青灰胎红陶。残损，横截面呈椭圆形，隐约可见条纹。残长6.5、厚4.8厘米。（图二〇一，8）

以下选取的标本均为崧泽文化时期遗物。

豆盘类　G1②：60，泥质灰胎黑皮陶。多道宽凹弦纹之间镂圆形穿孔。（图二〇二，1）

G1②：14，泥质青灰胎黑陶。双弧腹假圈足盘，相对于墓地出土同类器而言，质地较硬。假腹部位刻锡圆孔和弧边三角组合图案。（图二〇二，2）

G1②：30，杯形豆，泥质灰黑胎黑陶。外壁下部有多道凹弦纹。豆盘高3.8、口径6.6厘米。（图二〇二，3）

G1②：101，泥质灰黄胎黑皮陶。盘壁施红褐色漆绘。口径约21.4厘米。（图二〇二，3；彩版一二〇，4）

G1②：100，泥质黑—灰胎黑皮陶，外壁留有朱痕。圈足中部内束，上部有圆孔、弧边三角各五个，呈螺旋散发状布列。残高7.5、圈足径7.7厘米。（图二〇二，5；彩版一二〇，5）

杯　G1②：87，泥质青灰胎黑皮陶，除圈足着地面出露胎芯外，黑皮保存甚佳。腹部、圈足有多道凹弦纹，杯体和圈足内壁有竖向刮削痕迹。残高10、圈足径4.1厘米。（图二〇二，6）

G1②：79，泥质灰胎黑皮陶。外壁有多道弦纹，上部残存有粘贴的小圆泥点。圈足约等距切剔三个凹缺，杯底刻划有交叉形符号一个。内壁及内底留有快轮拉坯痕迹。残高8.5、圈足径5.8厘米。（图一九六，7；图二〇二，7）

G1②：80，泥质灰胎黑皮陶。外壁有多道凹弦纹，底内凹且刻划有双线符号。残高4.8、底径7厘米。（图一九六，8；图二〇二，8）

G1②：72，泥质黑—灰胎黑皮陶。底外壁以尖状小棒按捺竖向小凹缺，平底抹按呈圈足样，另有刻划符号一个。残高2.9、底径6厘米。（图二〇二，9）

G1②：99，泥质灰胎黑皮陶，保存较佳。外壁有多道凹弦纹，圈足外壁刻划两道一组的竖线，共九组。残高5、底径6.8厘米。（图二〇二，11；彩版一二〇，6）

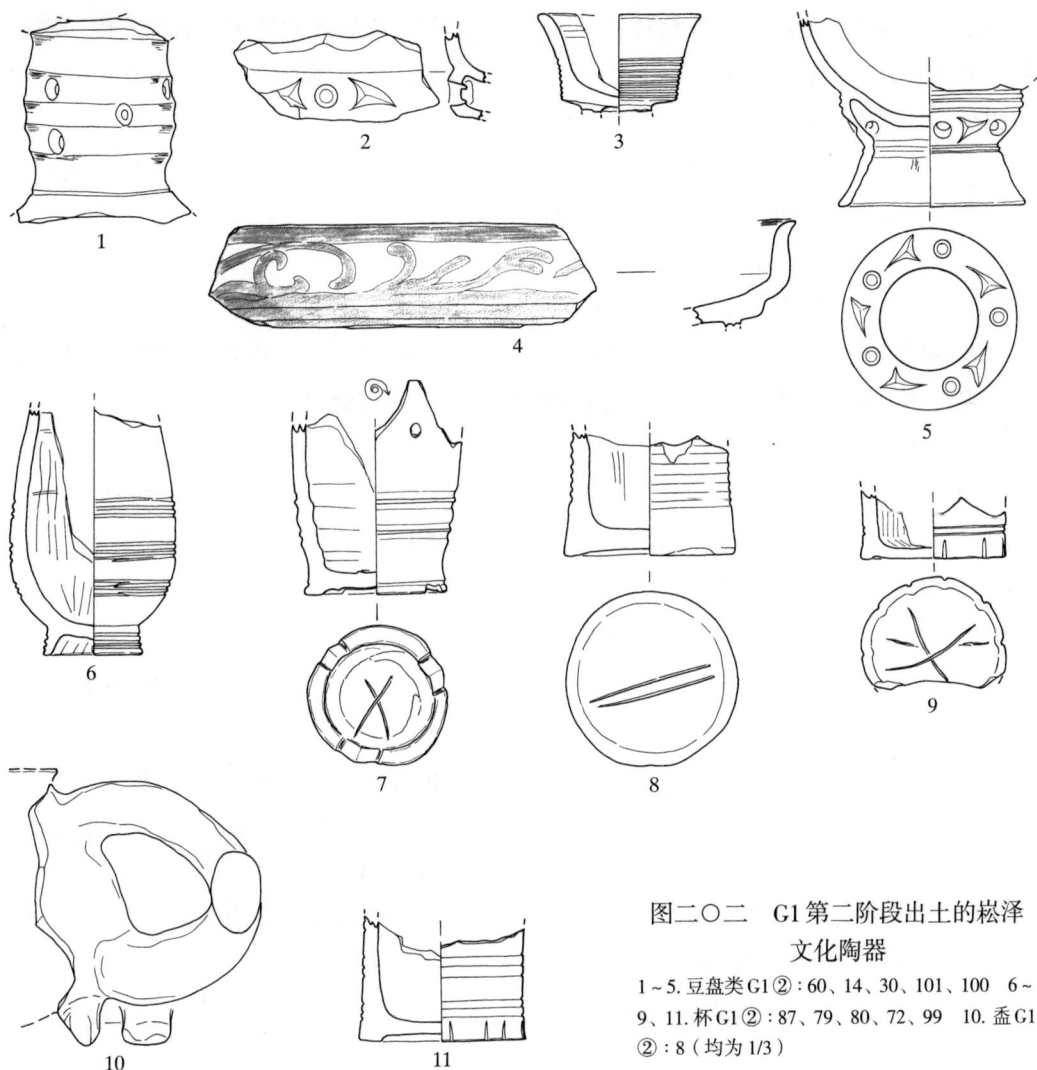

图二〇二　G1第二阶段出土的崧泽
文化陶器

1~5.豆盘类G1②:60、14、30、101、100　6~
9、11.杯G1②:87、79、80、72、99　10.盉G1
②:8（均为1/3）

盉　G1②:8，夹蚌（呈白色片状样）灰褐陶。半环状把手。复原高11厘米。（图
二〇二，10）

（三）第三阶段

此阶段出土的遗物主要是高祭台类型时期与烧窑作业有关的废弃堆积，除了大量的
窑块外，陶片中过烧的器类主要有泥质灰褐色硬陶鸭形壶和高领罐两大类，在统计的陶
片数量中也占有绝对的优势，其主要分布于现清理的G1的北部，出土时与窑块间杂，一
些窑块上还黏附着上述的两种器类，也应是烧陶专业化分工相当细的废弃物①。高领罐均

---

① 与三里桥河东岸的金家　烧陶作坊遗址仅主要烧制泥质灰色软陶豆、盘两种器类形成鲜明的对比。

拍印条纹，肩部按贴小耳，微耸肩，碎片中口沿和腹片占有绝对数量；底部分内凹底和近平底两种，但碎片数量极少，根据碎片大致作复原的器形基本一致。鸭形壶器表也均拍印条纹，微内凹底，除把手部位的装饰略有区别外，整体形制也较为接近。除了上述与烧窑作业有关的废弃堆积外，其他器类主要还有：夹砂陶质的、足根部无捺窝或有捺窝的圆锥足鼎甗，拍印、滚压绳纹；泥质硬陶的罐类，多宽折沿，拍印的纹饰有条纹、叶脉纹、波折纹等；泥质软陶主要有盆类、豆类和少量的三足盘、瓦足皿等，盆类多拍印方格纹，豆柄或豆圈足上多压印纹饰。（参见附表一二、一三）

G1第三阶段还出土了一定数量的石器，其中较为完整的半月形石刀、破土器以及狭长形尖端的石犁为此类石器的相对或沿用时段提供了很好的资料。

1. 陶制品

鼎甗类口沿、腹片　G1③：312，夹蚌粗泥黑陶。器壁多有小气孔。宽折沿，垂腹，凹弧足，外壁拍印斜向条纹。残高16.6、口径18.8厘米。（图二〇三，1；彩版一二一，1）

G1③：156，夹砂红陶。翻沿沿面上有多道弦纹，外壁拍印竖向绳纹，颈部拍印后再横向抹划以加固口沿按接部位。口径26厘米。（图二〇三，2）

G1③：274，夹砂红陶。翻沿，外壁拍印交叉绳纹。残高15.7、口径22厘米。（图二〇三，3）

G1③：137，夹砂红褐陶。翻沿，外壁拍印横向细绳纹。口径26厘米。（图二〇三，4）

G1③：88，夹砂灰黑陶，外壁留有烟炱。宽沿外翻，略鼓腹，拍印基本横向的绳纹。口径20厘米。此件为鼎类。（图二〇三，5；图二〇四，1）

G1③：126，粗泥灰黑陶。宽折沿，外壁拍印斜向粗绳纹（较为模糊，或为条纹）。口径28厘米。此类器往往装置凹弧足，鼎类。（图二〇三，6；图二〇四，2）

G1③：97，夹砂灰褐陶。宽折沿，沿面上有多道弦纹，拍印斜向条纹。口径22厘米。（图二〇三，7；图二〇四，3）

G1③：214，夹砂紫褐色硬陶。翻沿，外壁拍印竖向绳纹。口径24厘米。鼎类，火候较高，多圆锥足。（图二〇三，8；图二〇四，4）

G1③：285，夹砂黑陶，外壁附着烟炱。器壁有慢轮修整的弦纹线。口径24厘米。此类鼎依质地看，其足为扁侧足。（图二〇三，9）

G1③：160，夹砂红陶。翻沿，颈部拍印横向的类梯格纹（与梯格纹的区别在于格子两侧有竖向线条）。口径20厘米。仅发现一例标本，可能为罐类，鉴于其为夹砂陶质，暂归为鼎类。（图二〇三，10；图二〇四，5）

G1③：309，夹砂黑陶，外壁附着浓厚的烟炱。扁侧足相应内壁有竖向按抹凹痕，截面呈椭圆形。（图二〇五，1）

G1③：39，甗隔档片。夹砂灰红陶。上下部位通过外壁泥条按贴、刮抹连接，内壁

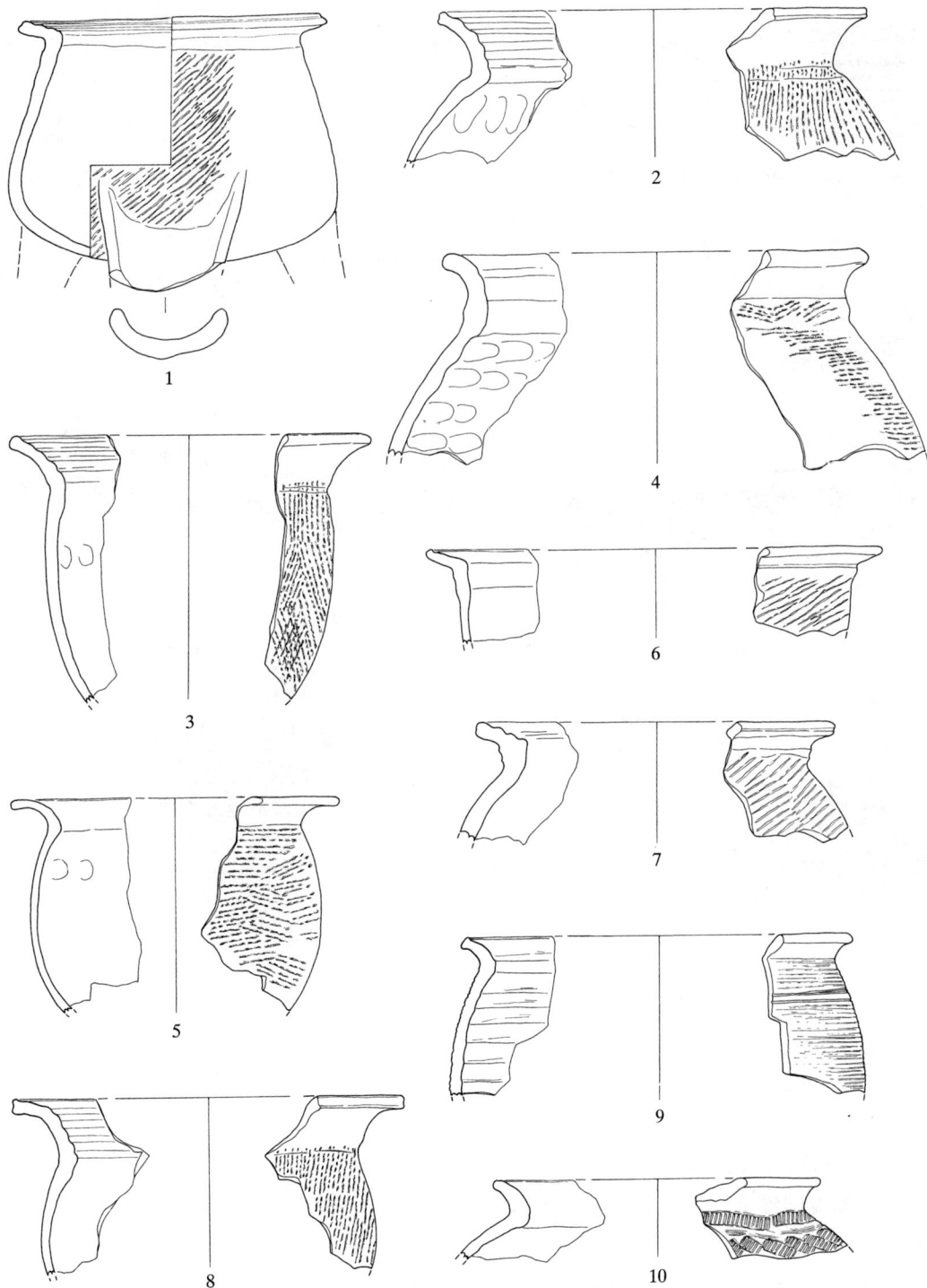

图二〇三　G1 第三阶段出土的鼎甗类陶器

1. G1③：312　2. G1③：156　3. G1③：274　4. G1③：137　5. G1③：88　6. G1③：126　7. G1③：97　8. G1③：214
9. G1③：285　10. G1③：160（均为1/4）

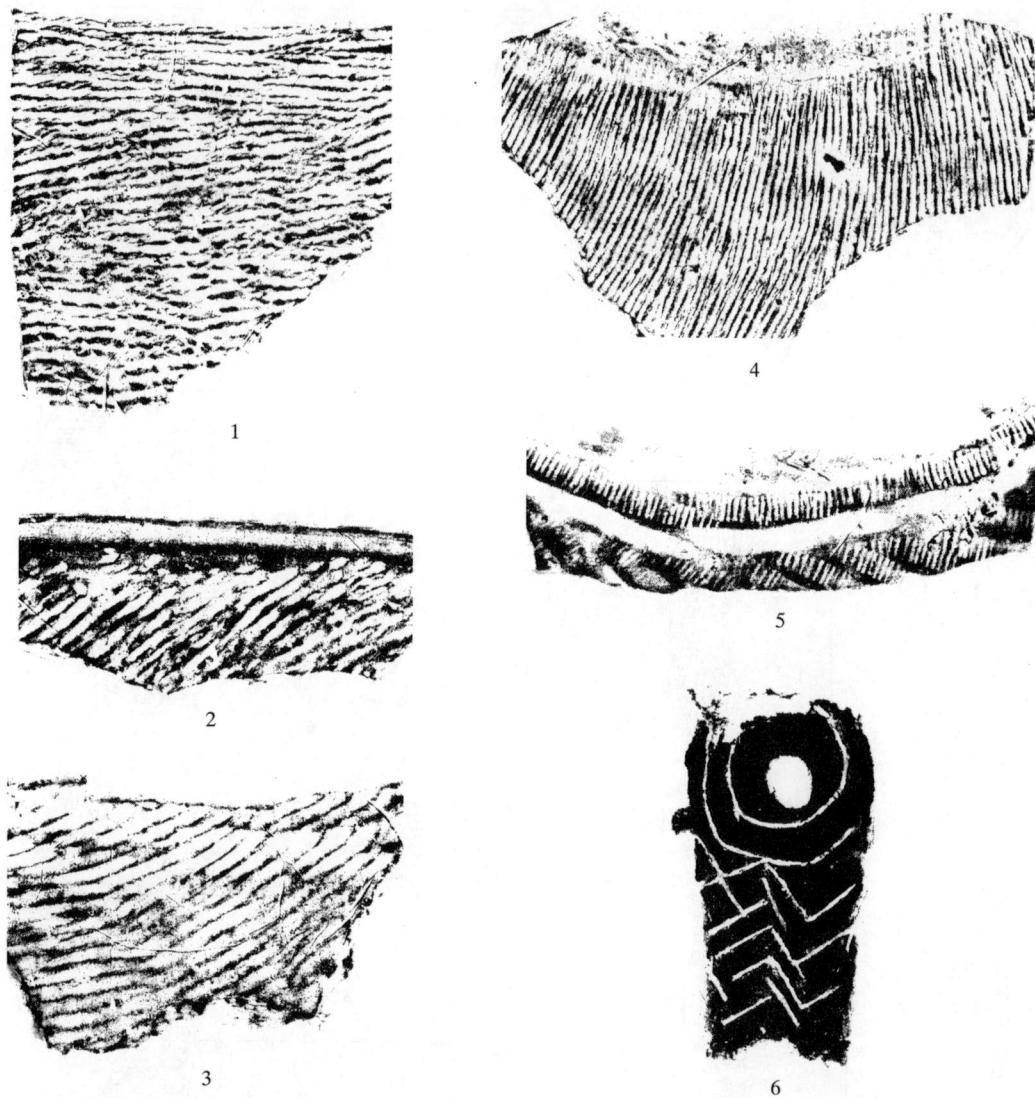

图二〇四　G1 第三阶段出土的陶器纹饰拓本

1. 横向绳纹 G1③：88　2. 斜向粗绳纹 G1③：126　3. 斜向条纹 G1③：97　4. 竖向绳纹 G1③：214　5. 类梯格纹 G1③：160　6. 双重圆圈纹和交叉短线纹 G1③：35（均为1/2）

隔档另行按贴。（图二〇五，2）

　　鼎甗类圆锥足　G1③：68，夹砂红陶。鼎足安置面留有鼎身拍印的绳纹。（图二〇五，3）

　　G1③：120，夹砂红陶。鼎底部较为平整，足根部绳纹如线图箭头所示，应为滚压，每条绳纹大致平行，滚压后再刮削。滚压绳纹单元宽约2.5、长约13厘米。（图二〇五，4）

　　G1③：133，夹砂红陶。滚压绳纹。（图二〇五，5）

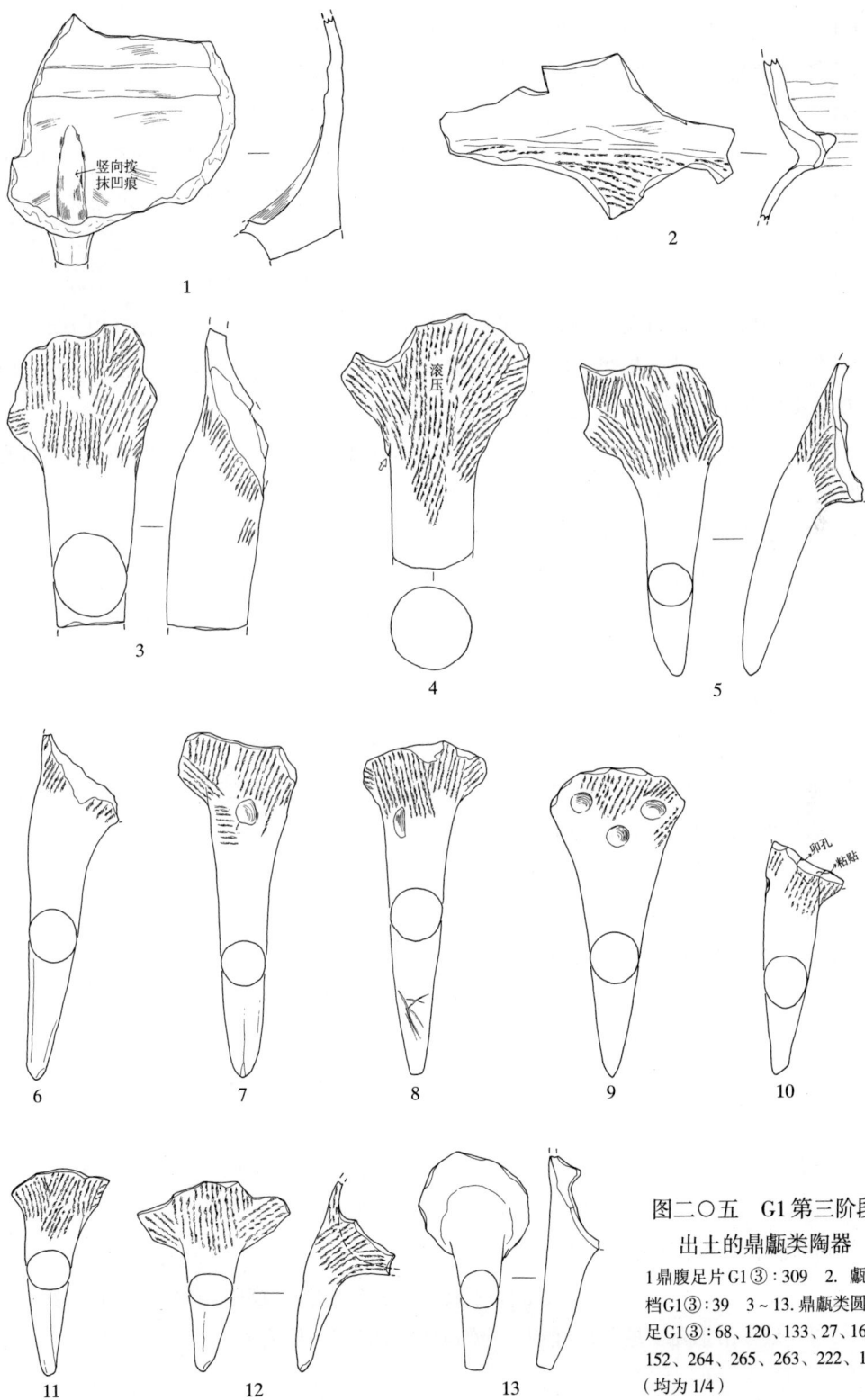

图二〇五　G1 第三阶段
出土的鼎甗类陶器

1 鼎腹足片 G1③：309　2. 甗隔
档 G1③：39　3 ~ 13. 鼎甗类圆锥
足 G1③：68、120、133、27、164、
152、264、265、263、222、130
（均为 1/4）

G1③：27，夹砂灰黑胎红陶。（图二〇五，6）

G1③：164，夹砂灰红陶。足根部外侧面有指捺圆窝。（图二〇五，7）

G1③：152，夹砂红陶。足根部外侧面有半圆指捺窝。（图二〇五，8）

G1③：264，夹砂红陶。足根部外侧面有等腰分布的三个指捺圆窝。（图二〇五，9）

G1③：265，夹砂红陶。足根部外侧面有一指捺圆窝，足粘贴面留有卯孔供"卯销"安固。（图二〇五，10）

G1③：263，夹砂灰褐陶。（图二〇五，11）

G1③：222，夹砂红陶。横截面呈椭圆形。鼎底部较平。（图二〇五，12）

G1③：130，夹砂灰褐陶。隔档，素面，应属良渚文化晚期遗物。（图二〇五，13）

其他类鼎甗足 其中舌形足、凹弧足多为甗类。

G1③：65，舌形足，夹砂黑胎红陶。横截面呈宽扁的椭圆形，外侧面有竖向抹划痕，内侧面中部微隆起。（图二〇六，1）

G1③：201，凹弧足，夹砂红陶。外壁似有白色涂层。（图二〇六，2）

G1③：124，凹弧足，夹砂和植物草茎的褐陶。鼎身留有斜向的拍印条纹。外壁附着烟炱。（图二〇六，3上）其下部特征如G1③：171，凹弧足，夹砂和植物草茎的褐陶。外表多有气孔。（图二〇六，3下）

G1③：231，扁侧足，夹砂灰褐陶。鼎足相应内壁有指捺窝。（图二〇六，4）

G1③：193，扁侧足，夹砂灰褐陶。足尖外侧手捏呈尖状。（图二〇六，5）

G1③：69，扁侧足，夹砂灰黑陶，外壁附着烟炱。鼎底部拍印交叉绳纹，相应足根内壁有捺窝两个。（图二〇六，6）

G1③：163，类鱼鳍形足，夹砂黑陶。外壁有灰白色涂层。（图二〇六，7）

G1③：307，扁侧足，夹砂灰褐陶。（图二〇六，8）

G1③：229，鱼鳍形足，夹砂黑胎红陶。一侧面有两道切划线。（图二〇六，9）

G1③：155，鱼鳍形足，夹砂红陶。两侧面均有切划线。（图二〇六，10）

G1③：169，鱼鳍形足，夹砂灰褐陶。足上有两个圆形对穿孔。（图二〇六，11）

G1③：308，"T"字形足，夹砂灰褐陶。外侧缘较厚，外侧面中部凸起，两面均有刻划。实介于鱼鳍形足和"T"字形足之间。（图二〇六，12）

以下**鼎足**标本均为粗泥陶，时代约当于崧泽文化时期，附录于此作为参考。

G1③：33，近鱼鳍形足，夹砂红陶。有气孔，两侧面有竖向宽道抹划，间或圆形戳孔，外侧面有指捺椭圆形窝。（图二〇七，1）

G1③：161，近鱼鳍形足，粗泥灰褐陶。有多个小圆形戳孔。（图二〇七，2）

G1③：55，凿形足。足下部残损，外侧面竖道凹槽两侧有斜向按捺，呈麦穗状。（图二〇七，3）

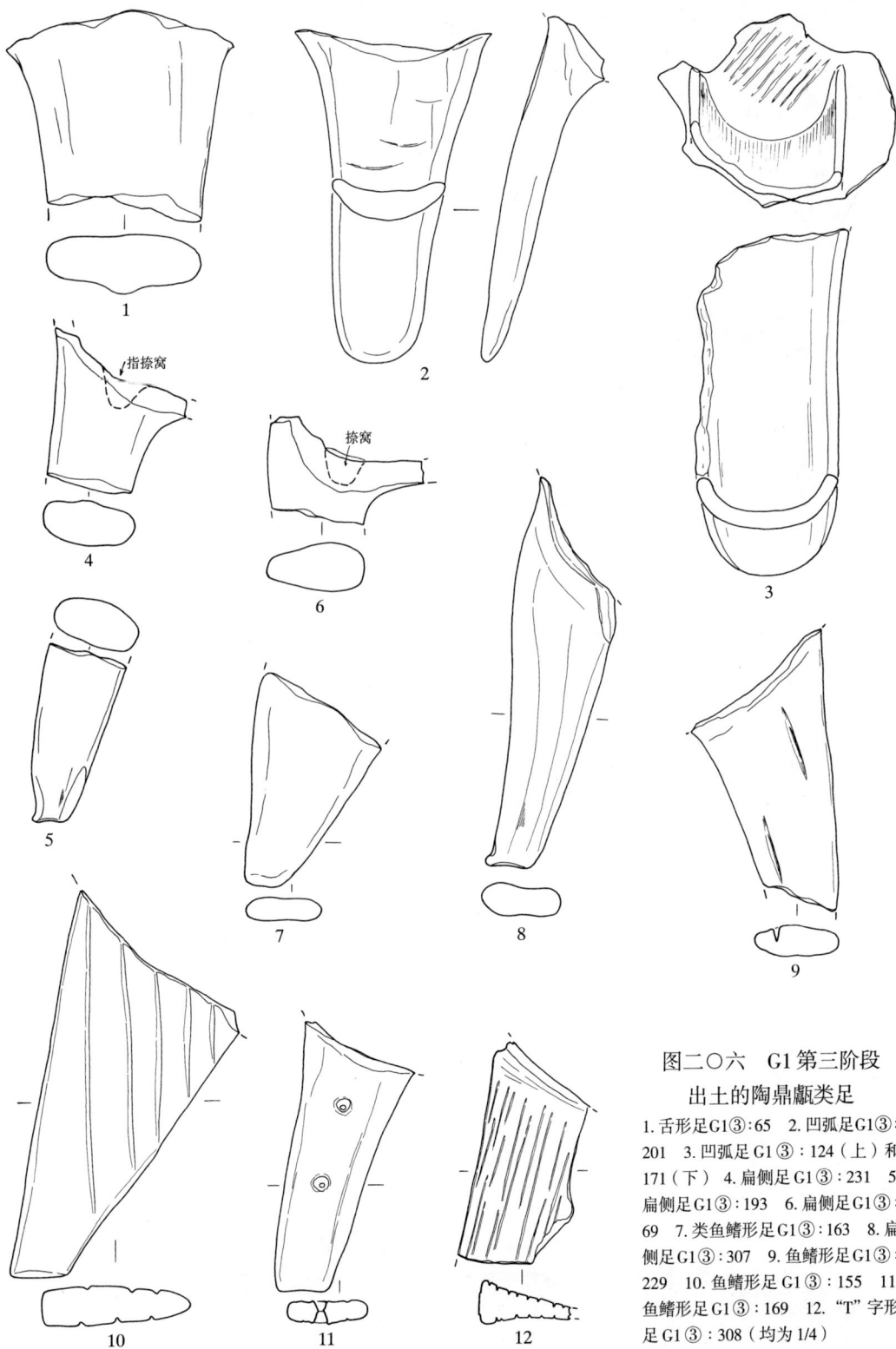

图二〇六　G1 第三阶段
出土的陶鼎鬶类足

1. 舌形足 G1③:65　2. 凹弧足 G1③:
201　3. 凹弧足 G1③:124（上）和
171（下）　4. 扁侧足 G1③:231　5.
扁侧足 G1③:193　6. 扁侧足 G1③:
69　7. 类鱼鳍形足 G1③:163　8. 扁
侧足 G1③:307　9. 鱼鳍形足 G1③:
229　10. 鱼鳍形足 G1③:155　11.
鱼鳍形足 G1③:169　12. "T"字形
足 G1③:308（均为1/4）

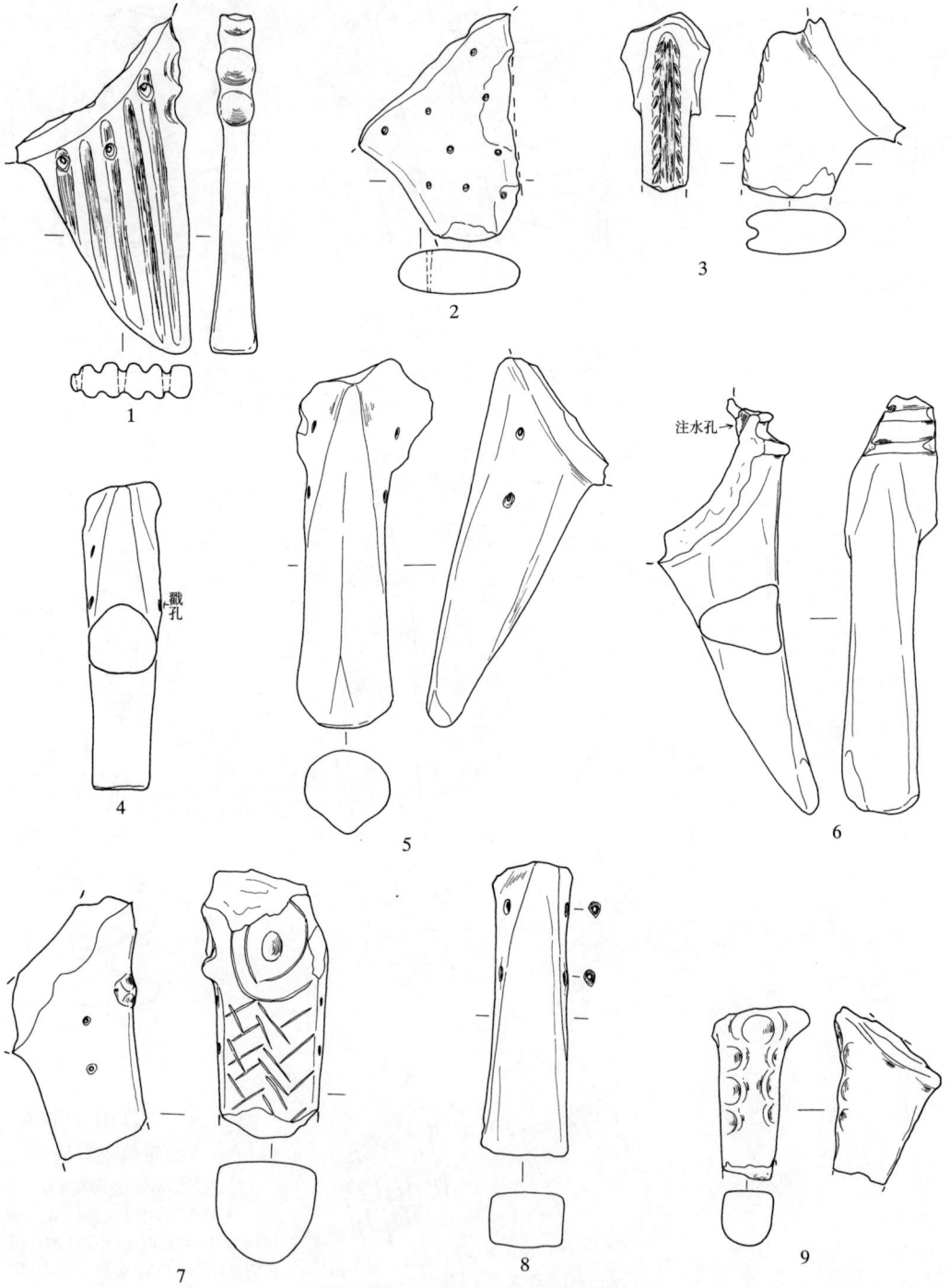

注水孔→

戳孔

图二〇七　G1 第三阶段出土的崧泽文化陶鼎足

1. 近鱼鳍形足 G1③：33　2. 近鱼鳍形足 G1③：161　3. 凿形足 G1③：55　4. 凿形足 G1③：230　5. 凿形足 G1③：41
6. 凿形足 G1③：184　7. 凿形足 G1③：35　8. 凿形足 G1③：291　9. 凿形足 G1③：297（均为 1/3）

G1③：230，凿形足，粗泥褐陶。有两个横向穿孔。（图二〇七，4）

G1③：41，凿形足，粗泥褐陶。有两个横向穿孔。（图二〇七，5）

G1③：184，凿形足，粗泥褐陶。近足根部有两周凸棱，其上有斜向注水孔。（图二〇七，6）

G1③：35，凿形足，粗泥灰褐陶。足根部位原当呈圆拱形，足外侧面两侧捏有小耳状泥突，足面上方刻划以圆形捺窝为中心的双重圆圈纹，下方刻划多组交叉短线。足之两侧另有两个穿孔。（图二〇四，6；图二〇七，7）

G1③：291，凿形足，粗泥灰白陶。侧面有两穿孔，截面呈长方形。（图二〇七，8）

G1③：297，凿形足，粗泥夹砂青灰胎陶，外表有红衣。足根部及两侧有按捺窝。（图二〇七，9）

罐口沿　G1③：82，泥质红陶。翻沿沿面上多道弦纹，腹壁较直，外壁拍印交叉绳纹，绳纹每组约2×2.5厘米，内壁留有刮削修治痕迹。口径24厘米。（图二〇八，1；图二〇九，1）

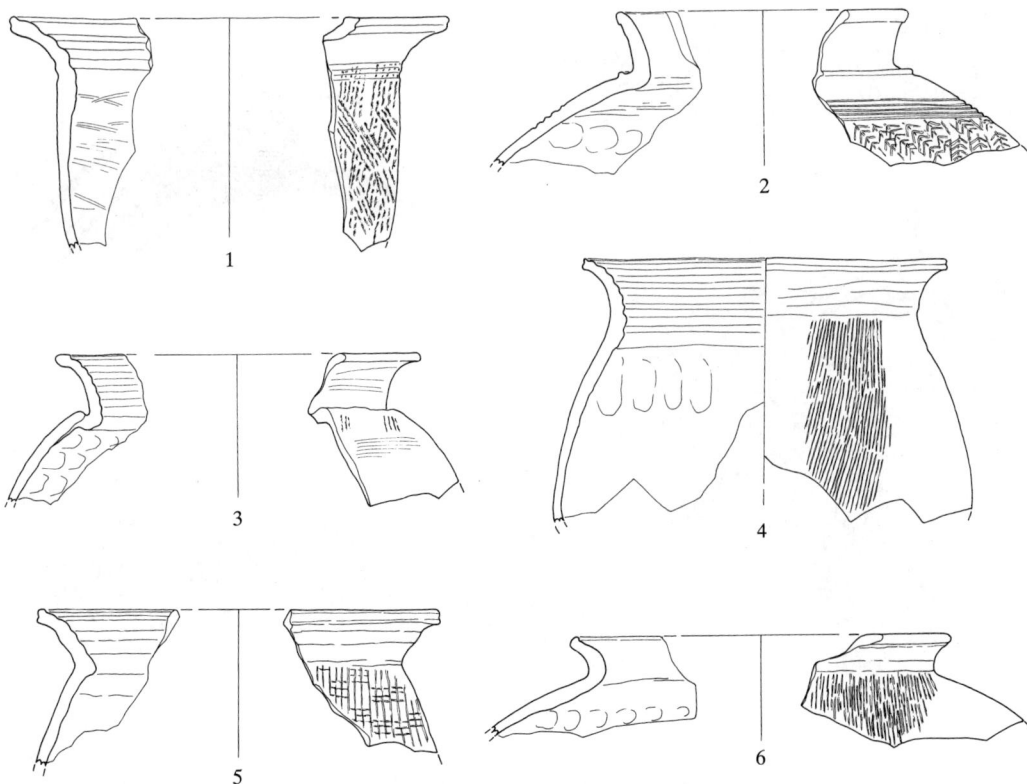

图二〇八　G1第三阶段出土的陶罐口沿

1. G1③：82　2. G1③：147　3. G1③：143　4. G1③：44和253　5. G1③：57　6. G1③：86（均为1/4）

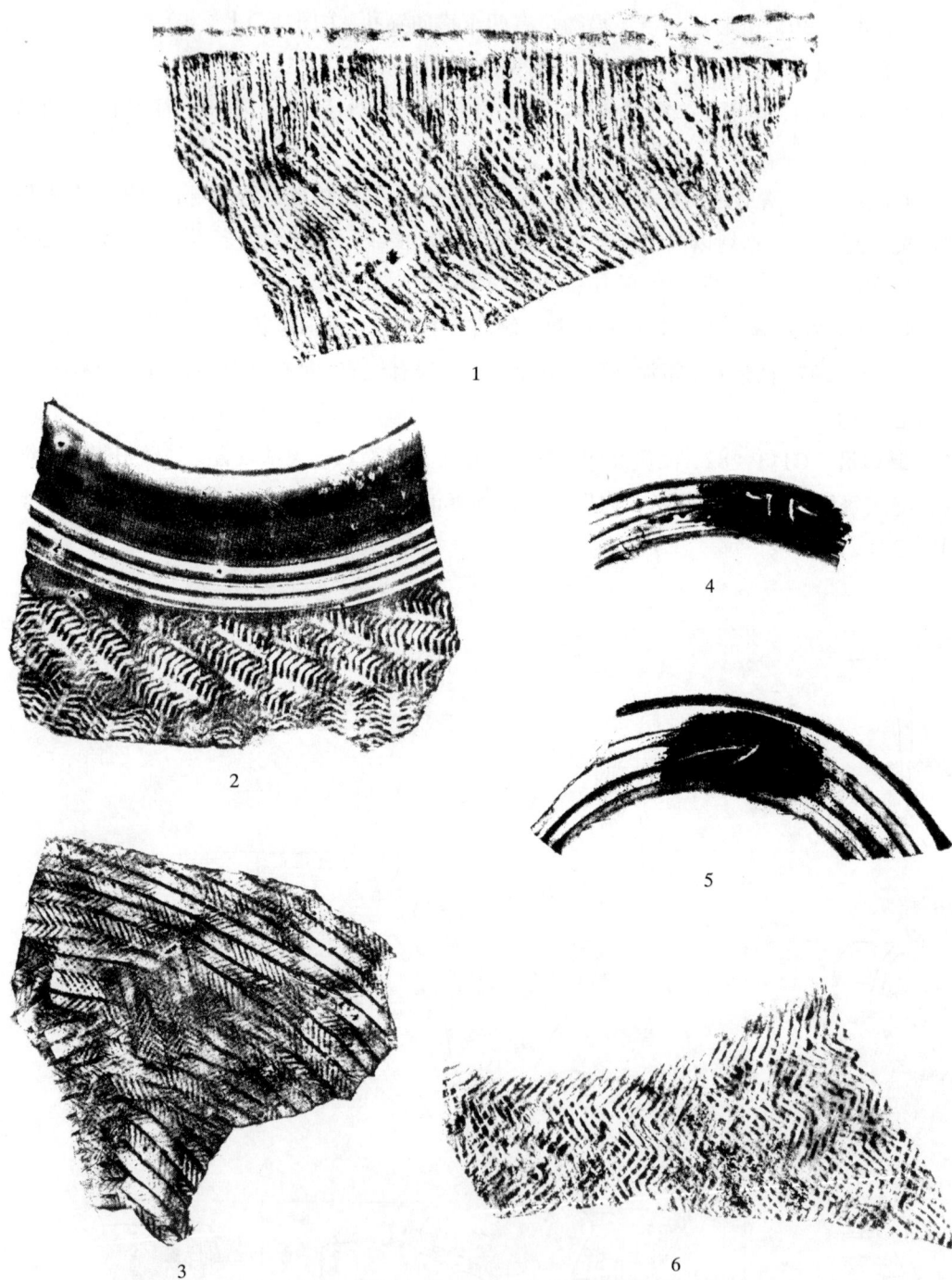

図二〇九　G1第三阶段出土的陶器纹饰和刻划符号拓本

1.交叉绳纹 G1③：82　2.叶脉纹 G1③：147　3.交错叶脉纹 G1③：182　4.刻划符号 G1③：301　5.刻划符号 G1③：81
6.竖向波折纹 G1③：81（均为1/2）

G1③：147，泥质红陶。肩部有多道凹弦纹，其下拍印叶脉纹。口径16厘米。（图二〇八，2；图二〇九，2）

G1③：143，泥质红陶。翻沿，外壁已将拍印纹饰抹去，仅肩部留有依稀的条纹（？）。口径20厘米。（图二〇八，3）

G1③：44、253，泥质红陶。翻沿，拍印竖向条纹。形同鼎类。口径20厘米。（图二〇八，4）

G1③：57，泥质红陶。侈口，拍印条格纹。口径22厘米。（图二〇八，5）

G1③：86，泥质灰陶。拍印竖向细条纹。口径21厘米。（图二〇八，6）

G1③：138，夹细砂灰褐陶，外壁似有灰红色涂层。宽折沿，拍印交叉绳纹，沿面有"＋"字形刻符。口径24厘米。（图二一〇，1）

G1③：301，泥质青灰胎褐色硬陶。宽折沿面上有刻划符号一个。拍印条纹。口径18厘米。（图二〇九，4；图二一〇，2；彩版一二一，2）

G1③：255，泥质灰红陶，质地稍硬。宽折沿，肩部拍印的叶脉纹压颈部的斜向条纹。口径16厘米。（图二一〇，3）

G1③：45，泥质红陶，质地稍硬。宽折沿，拍印波折纹。口径18厘米。（图二一〇，4）

G1③：194，泥质紫褐色硬陶。宽平折沿，拍印交错的菱形云雷纹。（图二一〇，5）

G1③：182，泥质红褐色硬陶。垂腹，拍印交错叠压的叶脉纹。拍印单元长2.5、宽2厘米。（图二〇九，3；图二一〇，6）

G1③：189，泥质灰褐色陶，质地稍硬。拍印条格纹和条纹。口径18厘米。（图二一〇，7）

G1③：174，泥质红陶，质地稍硬，外壁似有灰白色涂层。宽平折沿，肩部拍印的条格纹压颈部的斜向条纹。口径18厘米。口沿不正。（图二一〇，8）

G1③：81，泥质紫褐色硬陶。宽平折沿面有一刻符，外壁拍印竖向的波折纹。口沿面及肩部有墨绿色爆汗釉。口径16厘米。（图二〇九，5、6；图二一〇，9；彩版一二一，3）

G1③：167，泥质红褐色硬陶。宽折沿，肩部斜向拍印的方格纹压颈部的斜向叶脉纹。口径18厘米。（图二一〇，10）

G1③：181，泥质紫褐色硬陶，硬度甚高。肩部条格纹压颈部斜向叶脉纹。口沿唇面及肩部有较薄的玻璃状青绿色釉（？）。（图二一〇，11；彩版一二一，4）

G1③：107，泥质褐胎黑皮陶。唇内卷，拍印叶脉纹。口径15厘米。（图二一一，1；图二一二，1）

G1③：185，泥质灰褐色硬陶。高领，唇内折。口径26厘米。（图二一一，2）

G1③：146，泥质红陶，质地稍硬。翻沿，拍印斜向的方格纹。口径16.5厘米。（图

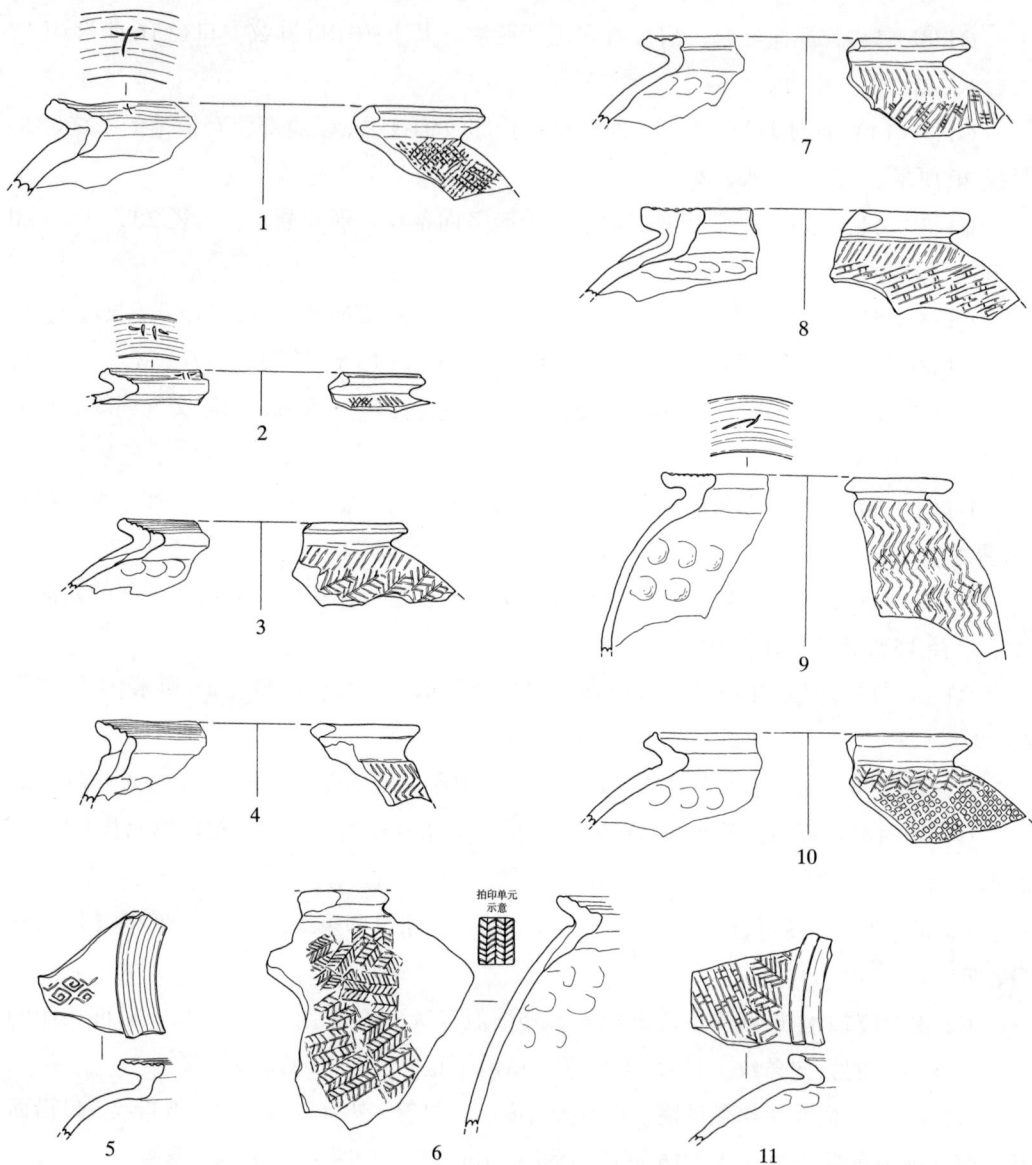

图二一〇　G1 第三阶段出土的陶罐口沿

1. G1③：138　2. G1③：301　3. G1③：255　4. G1③：45　5. G1③：194　6. G1③：182　7. G1③：189　8. G1③：174
9. G1③：81　10. G1③：167　11. G1③：181（均为1/4）

二一一，3）

　　G1③：105，泥质紫褐色硬陶。拍印条纹。口径9厘米。（图二一一，4）

　　G1③：53，泥质紫褐色硬陶。拍印直角云雷纹。（图二一一，5）

　　G1③：119，泥质灰胎灰陶，质地稍硬。拍印菱形云雷纹。口径16厘米。（图二一

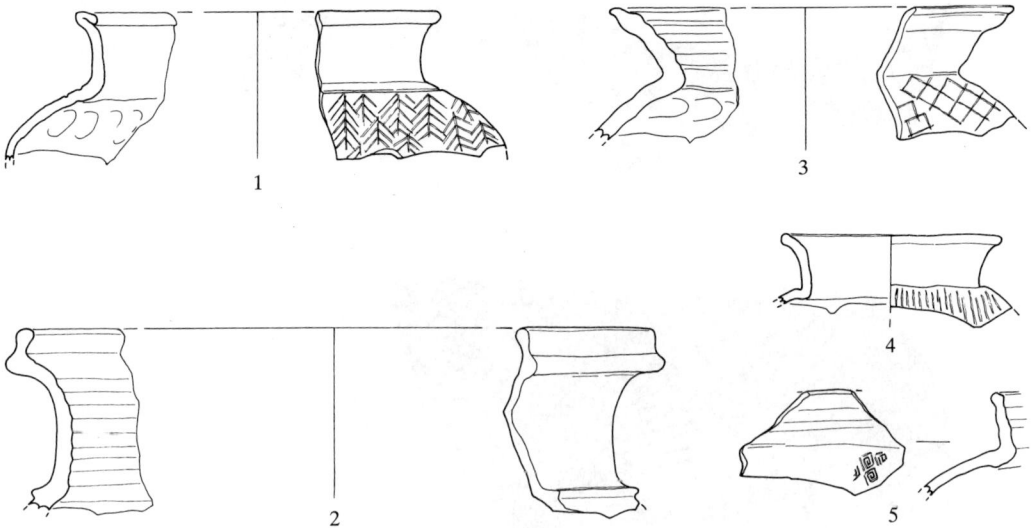

图二一一　G1 第三阶段出土的陶罐口沿
1. G1③：107　2. G1③：185　3. G1③：146　4. G1③：105　5. G1③：53（均为 1/3）

二，2；图二一三，1）

G1③：134，泥质紫褐色硬陶。高领，按接面留有条纹。口径 15 厘米。个体较小。（图二一三，2）

G1③：240，泥质紫褐色硬陶。高领，耸肩，拍印条格纹。口径 28.6 厘米。此类罐（瓮）形体往往较为硕大，口部也不圆整，耸肩，凹底，拍印条格纹。（图二一三，3）

G1③：248，泥质紫褐色硬陶。高领，口沿内壁及器外壁有黑色涂层（着黑），肩部留有条纹。口径 18 厘米。（图二一三，4）

G1③：247，泥质紫褐色硬陶。高领。口径 19 厘米。G1 第三阶段高领硬陶罐片占有绝对的数量。（图二一三，5）

其他部位的**罐**残片：

G1③：245，泥质紫褐色硬陶。肩部按贴小耳，拍印条纹，另有墨绿色爆汗釉。为 G1③：247 类高领罐的肩部特征。（图二一四，1）

G1③：276，泥质红陶，外壁另有红色涂层。口沿残缺，肩部按贴小耳，拍印条纹。（图二一四，2）

G1③：277，泥质红陶。小平底，拍印条格纹。底径 5.3 厘米。（图二一四，3）

G1③：108，泥质红陶，质地稍硬。内凹底，拍印叶脉纹。（图二一四，4）

G1③：113，泥质灰褐陶，质地稍硬。鼓腹，内凹底，拍印交错条纹。底径 5.5 厘米。（图二一四，5）

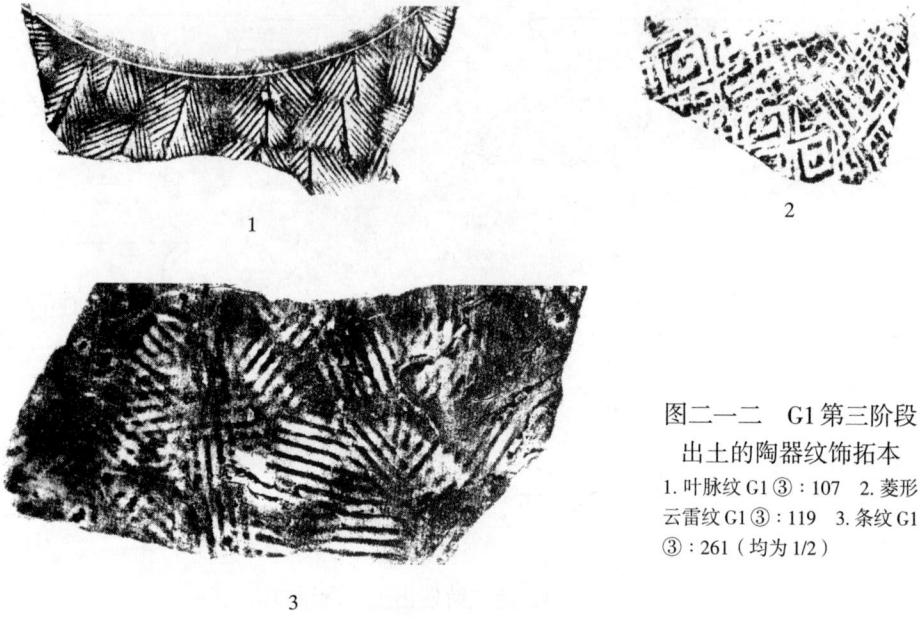

图二一二　G1第三阶段
出土的陶器纹饰拓本
1. 叶脉纹 G1③：107　2. 菱形
云雷纹 G1③：119　3. 条纹 G1
③：261（均为1/2）

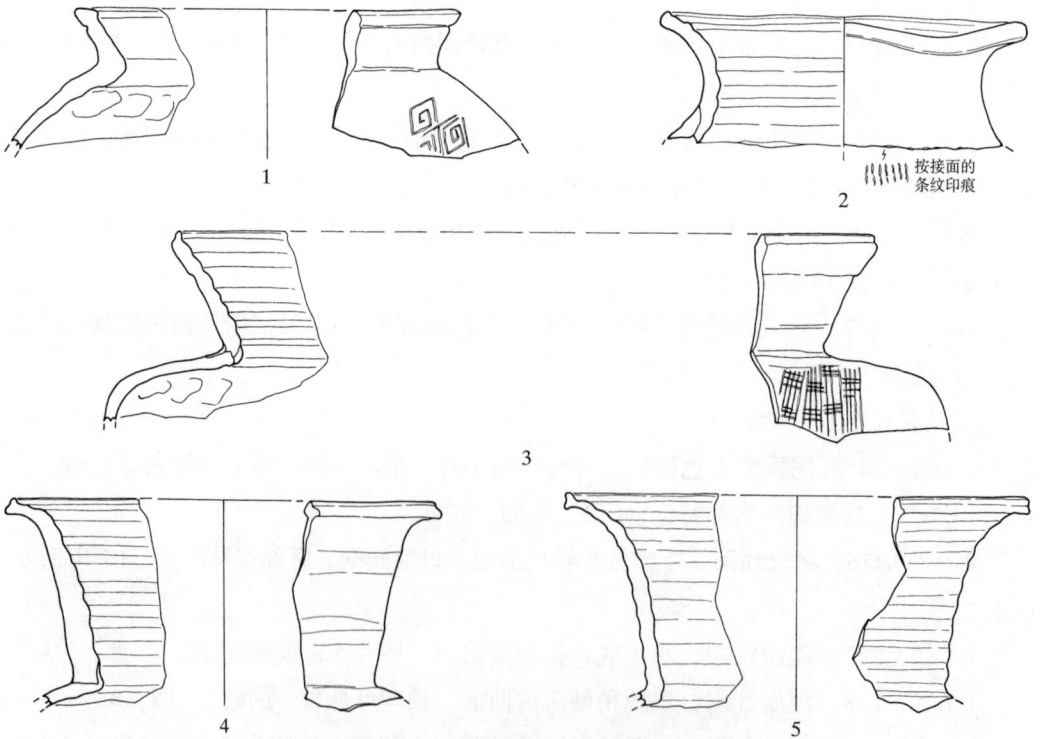

按接面的
条纹印痕

图二一三　G1第三阶段出土的陶罐口沿
1. G1③：119　2. G1③：134　3. G1③：240　4. G1③：248　5. G1③：247（均为1/3）

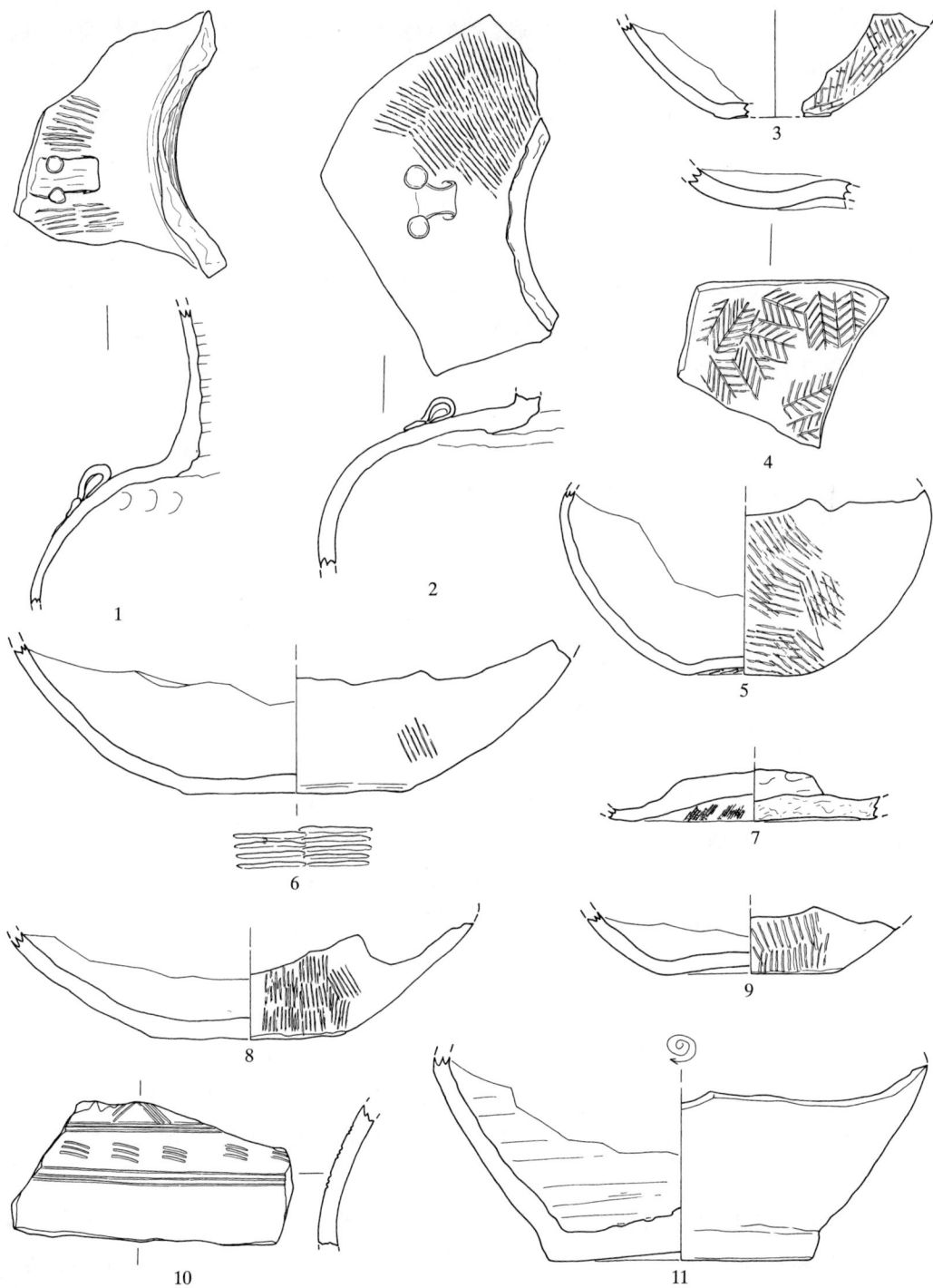

图二一四　G1第三阶段出土的陶罐残片

1. G1③：245　2. G1③：276　3. G1③：277　4. G1③：108　5. G1③：113　6. G1③：252　7. G1③：144　8. G1③：251
9. G1③：242　10. G1③：289　11. G1③：176（均为1/3）

G1③：252，泥质紫灰色硬陶。平底，依稀可辨拍印的条纹。近底部周缘经磨抹，底部留有两组条纹，条纹单元长 3.2、宽 2 厘米。底径 10 厘米。（图二一四，6）

G1③：144，泥质红陶，质地稍硬。内凹底，依稀可见条格纹。底径 11 厘米。（图二一四，7）

G1③：251，泥质紫灰色硬陶。平底磨抹，外壁拍印条纹。底径 9 厘米。（图二一四，8）

G1③：242，泥质紫褐色硬陶。内凹底，条纹较为模糊。底径 8 厘米。（图二一四，9）

G1③：261，泥质红陶，外灰红内红色。平底微内凹，拍印条纹。（图二一二，3）

G1③：289，夹砂黑胎灰陶。外壁有刻划纹。应属于良渚文化晚期遗物。（图二一四，10）

G1③：176，泥质青灰色胎黑皮陶。平底内凹，内底留有顺时针螺旋制作痕迹。底径 12 厘米。可能为良渚文化晚期遗物。（图二一四，11）

鸭形壶　G1③：47，泥质紫褐偏灰硬陶，器壁拍印条纹。（图二一五，1；彩版一二一，5）此件标本能较为清晰的反映鸭形壶的制作过程。其制作过程大致如下：鸭身下部为泥条盘筑，内壁留有指垫痕，从 G1③：217 的鸭形壶残片看，垫痕还有绳纹（或条纹）类；鸭尾部为两侧泥片交叠按捏而成，以至于内壁尚留有纵向的开裂痕，内壁往往以指为垫；口沿安置后，内壁以泥条按贴加固，再行轮修；最后安置宽把手，尾端外侧再以小泥饼和小泥柱按贴加固，起到美化的作用。

G1③：9，泥质红褐陶，质地稍硬。口沿及把手脱落。残高 11.4、底径 6～7 厘米。（图二一五，2；彩版一二一，6）

G1③：192，鸭形壶把手，泥质青灰胎褐硬陶，硬度相对略底。把面以泥条卷编织贴塑成图案。宽 4.4 厘米。（图二一五，3；图二一六，1；彩版一二二，1）

G1③：258，鸭形壶把手，泥质紫灰色硬陶。压印"X"形纹样。（图二一六，2；彩版一二二，2）

G1③：257，鸭形壶把手，泥质灰红陶。压印菱形云雷纹。（彩版一二二，3）

G1③：135，鸭形壶把手，泥质灰红陶。压印斜线交叉的斜方格纹样。（彩版一二二，4）

G1③：109，泥质紫褐色硬陶。按贴九道细泥条编织成的小辫。（图二一五，4；图二一六，3）

G1③：1，出土于 T311，泥质青灰—红褐色胎紫褐硬陶，外壁有一层黑色涂层。仅口沿局部残损。拍印条纹。高 10.7、口径 9.8、体长约 16、体宽约 11.8、内凹底径约 5～6 厘米。（图二一五，5；彩版一二二，5）

G1③：8，出土于 T311，泥质紫褐硬陶，内壁及鸭尾部位呈红褐色。口沿稍残损，口沿内面及器外壁有黑色点状物黏附，疑着黑残存，拍印条纹。高 13、口径 11～11.5、

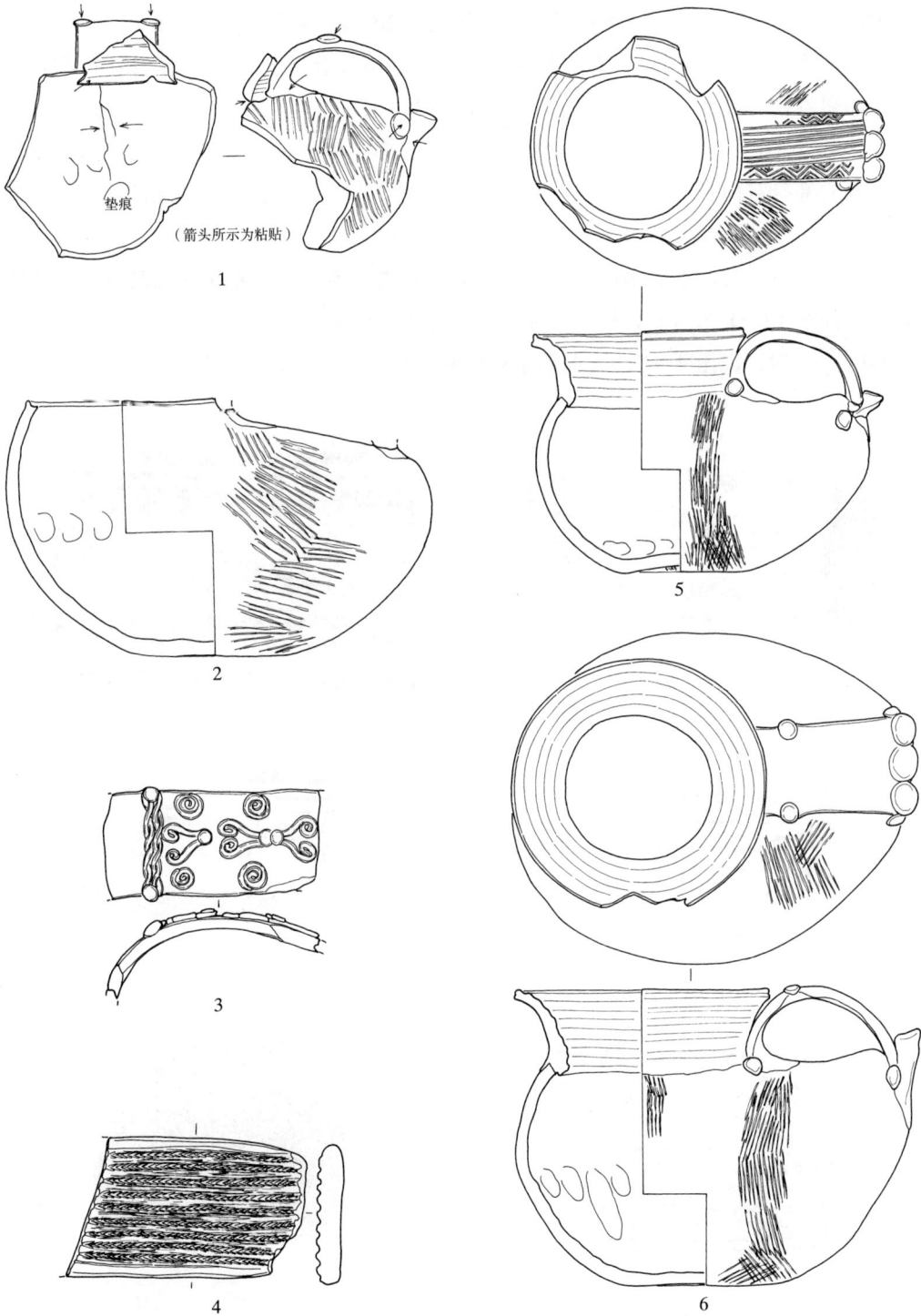

（箭头所示为粘贴）

垫痕

图二一五　G1第三阶段出土的陶鸭形壶

1. G1③：47　2. G1③：9　3. 把手G1③：192　4. 把手G1③：109　5. G1③：1　6. G1③：8（均为1/3）

体长 18.5、体宽 14.5、底径 5.5～7 厘米。（图二一五，6；彩版一二二，6）

G1③：5，出土于 T311，泥质灰褐胎硬陶。过烧起泡，把手断落，一侧腹、底残，交叉拍印短条纹。高约 12、口径约 10.5 厘米。（彩版一二二，7）

G1③：2，出土于 T311，泥质紫褐硬陶，近底部一侧外表呈红褐色，口沿内面及把手上部及肩部有灰白色点状爆汗釉。除口沿一侧略残损外整器较为完整，拍印条格纹。高约 13、口径约 11 厘米。（彩版一二三，1、2）

G1③：313，出土于 T310，泥质灰褐硬陶。前腹局部残损，把手压印纹饰。腹壁拍印条纹。高约 12、口径 10 厘米。（彩版一二三，3、4）

G1③：314，出土于 T310，泥质紫褐硬陶。仅腹部一侧残损，拍印条纹，内凹底。

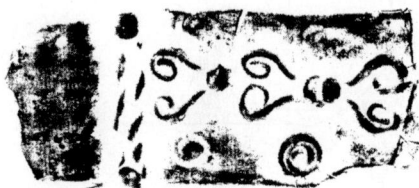

1

4

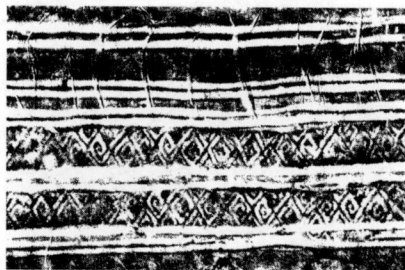

2

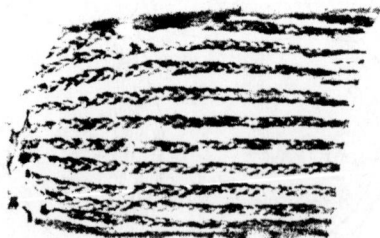

5

3

6

图二一六　G1 第三阶段出土的陶器纹饰拓本

1. 贴塑纹样 G1③：192　2. "X" 形纹样 G1③：258　3. 编织纹样 G1③：109　4. 菱形云雷纹和弦纹 G1③：110　5. 压印纹饰 G1③：63　6. 直边 "S" 形纹样 G1③：32（均为1/2）

高约 10.4、口径约 10 厘米。(彩版一二三，5、6)

豆盘类　G1③：232，泥质黑胎黑皮陶。豆柄呈火炬形。(图二一七，1)

G1③：286，泥质黑胎黑皮陶。细豆柄凸棱不甚明显，内壁有斜向及横向的制作痕迹。型式上似介于 G1③：232 和 G1③：29 之间。(图二一七，2)

G1③：29，泥质灰胎灰陶。细豆柄上部有一道凸棱。此类豆本次发掘仅个例，但在遗址采集品中大量存在，三里桥河西的金家圩遗址所发掘的豆类基本也属此类。(图二一七，3)

G1③：110，泥质灰胎黑皮陶。内壁有斜向制作痕，外壁压印菱形云雷纹后再抹划多道弦纹。(图二一六，4；图二一七，4)

G1③：254，泥质黑—灰胎黑皮陶。唇外折，坦折腹，大圈足。口径 18 厘米。(图二一七，5)

G1③：149，夹砂黑—灰胎褐陶。唇外卷，折腹，大圈足。口径 18 厘米。夹砂质地陶豆仅个例。(图二一七，6)

G1③：237，泥质黑—灰胎黑皮陶。平唇略外翻，折腹，圈足中部内收。圈足上装饰有凹凸弦纹和圆形镂孔。残高 9、口径 17 厘米。(图二一七，7)

G1③：63、226，泥质灰胎灰黑陶，剥蚀呈灰色。坦腹。大圈足外压印纹饰，压印单元互有重叠，纹饰以阳文表述，细部结构参见放大示意图。两残片室内整理时拼合而成，其中 G1③：63 出自 T108，而 G1③：226 出自 T211，说明关于 G1 的阶段性堆积过程的判读大致是正确的。(图二一六，5；图二一七，8；彩版一二四，1)

G1③：195，泥质灰褐陶。唇外卷，外壁压印卷云状纹饰，阳文表示。口径 18 厘米。(图二一七，9；彩版一二四，2)

G1③：177，泥质灰胎黑皮陶。外壁有多道凹弦纹，大圈足上镂水滴状孔，且压印弦纹，其下另有卷云状纹饰。(图二一七，10)

G1③：188，泥质灰胎黑皮陶。豆柄压印纹饰，纹饰以阴阳两种手法表述，其中阴文两侧均内卷，但一侧呈尖喙状凸起，阳文部分即以"＋"结构上下内卷纹、左右单元连接表示，参见线图示意。(图二一七，11)

G1③：196，泥质灰红陶。折腹，外壁压印菱形云雷纹。(图二一七，12)

G1③：219，泥质黑—灰胎黑陶。折腹，外壁压印纹饰，经抹划后纹饰结构不清。(图二一七，13)

G1③：224，泥质黑—灰胎灰黑陶。圈足部位压印菱形云雷纹后再抹划弦纹和镂孔。(图二一七，14)

G1③：123，泥质灰胎黑皮陶。大圈足上有多道弦纹间或不等距分布的圆形镂孔。圈足高 10.4、圈足径 18 厘米。(图二一七，15)

完整压印纹饰放大示意

压印纹饰单元示意

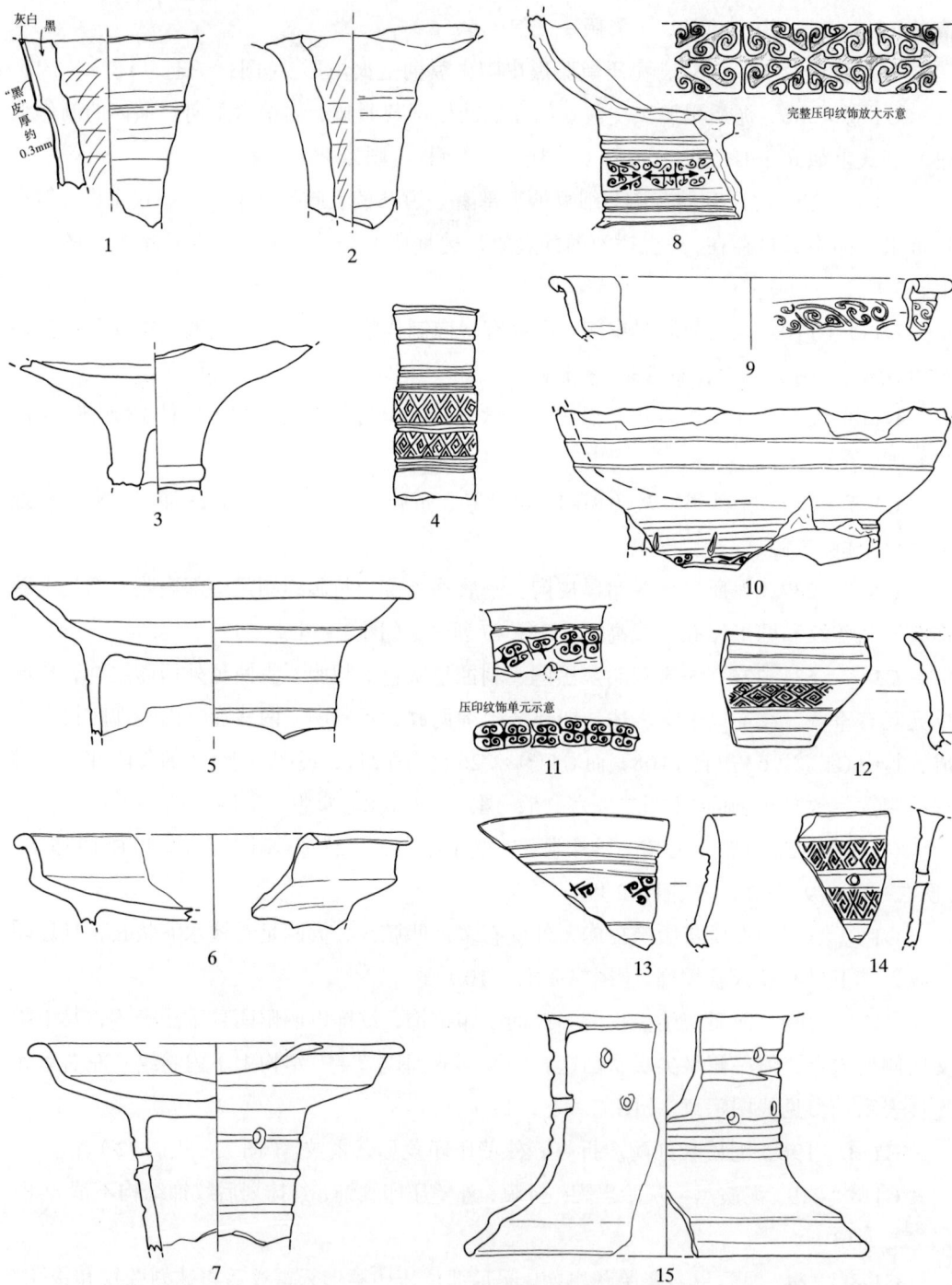

图二一七 G1 第三阶段出土的豆盘类陶器

1. G1③:232 2. G1③:286 3. G1③:29 4. G1③:110 5. G1③:254 6. G1③:149 7. G1③:237 8. G1③:63 和226 9. G1③:195 10. G1③:177 11. G1③:188 12. G1③:196 13. G1③:219 14. G1③:224 15. G1③:123（均为1/3）

G1③：204，胎色灰白。矮圈足。外壁及圈足内外留有抹划、刮削痕迹，盘内过烧起泡，有螺旋制痕。盘内另有呈圆周状的垫痕，可能是叠烧所致，叠烧范围外釉色呈黄绿色。残高8.5、圈足径9厘米。（图二一八，1；彩版一二四，3~5）

G1③：99，泥质紫褐硬陶，豆盘内面有褐色带绿色斑点的爆汗釉。圈足残存有镂孔。（图二一八，2；彩版一二五，1~3）

G1③：32，泥质紫红色胎硬陶，外壁紫红色，盘内有灰黑色带灰白色斑点的爆汗釉。外壁刻划有直边"S"形纹样。考虑到纹样处于外壁，此件标本或为盖类。（图二一六，6；图二一八，3；彩版一二五，4、5）

G1③：49，泥质紫褐硬陶，盘内面及圈足外壁下部有黄绿色的极薄爆汗釉。残高13厘米。（图二一八，4；彩版一二六，1~3）

G1③：85，原始瓷（？）豆，胎色灰黄，盘内有黄绿色釉。口径20厘米。（图二一八，6）

G1③：296，原始瓷（？）豆，胎色灰白，且夹杂有少量微小的黑色斑点，盘内及矮圈足外壁有极薄的黄褐色釉。残高4.4、圈足径7.3厘米。（图二一八，7；彩版一二六，4~6）

瓦足皿　G1③：40，泥质黑灰胎黑陶。瓦足约60度等分。口径24厘米。（图二一八，5）另G1③：158形制、大小同，唯为黑皮陶。

G1③：77，泥质黑—灰胎灰黑陶。高7.2、口径约22厘米。（图二一八，8）

三足盘　G1③：281，泥质紫褐硬陶。内底有螺旋痕。（图二一八，9）

G1③：116，泥质紫褐硬陶。仅为残足，内底有灰白色点状爆汗釉。（图二一八，10）

G1③：112，泥质紫褐硬陶，局部胎芯呈灰色。内壁留有螺旋制痕。残高6、口径18厘米。（图二一八，11；彩版一二七，1、2）

G1③：104，泥质紫灰胎紫褐硬陶，足外侧面留有灰白色点状爆汗釉。（图二一八，12）

另有捏制的**小三足器**1件。G1③：17，泥质橘黄色陶。残高4.9、口径7~7.2厘米。（图二一八，13）

三足盘、盖两用器　此类器外壁抹划相对较好，而内壁往往还留有制作痕迹，但考虑到器形类似于三足盘类，故可能既作盘用也作盖用。

G1③：89，夹砂褐陶。外壁抹划相对齐整，内壁保留有螺旋状制痕，捏制三足，足截面呈椭圆形。高7、口径18厘米。（图二一八，14）

G1③：87，夹砂灰黑陶。残高8厘米。（图二一八，15）

瓯　数量不多，底缘均外凸。

G1③：94，泥质灰褐胎红陶。底微内凹，器壁施多周凹旋纹。底径6.8厘米。（图二一九，1）

黑
灰

紫褐
灰

黑
灰

笔序示意

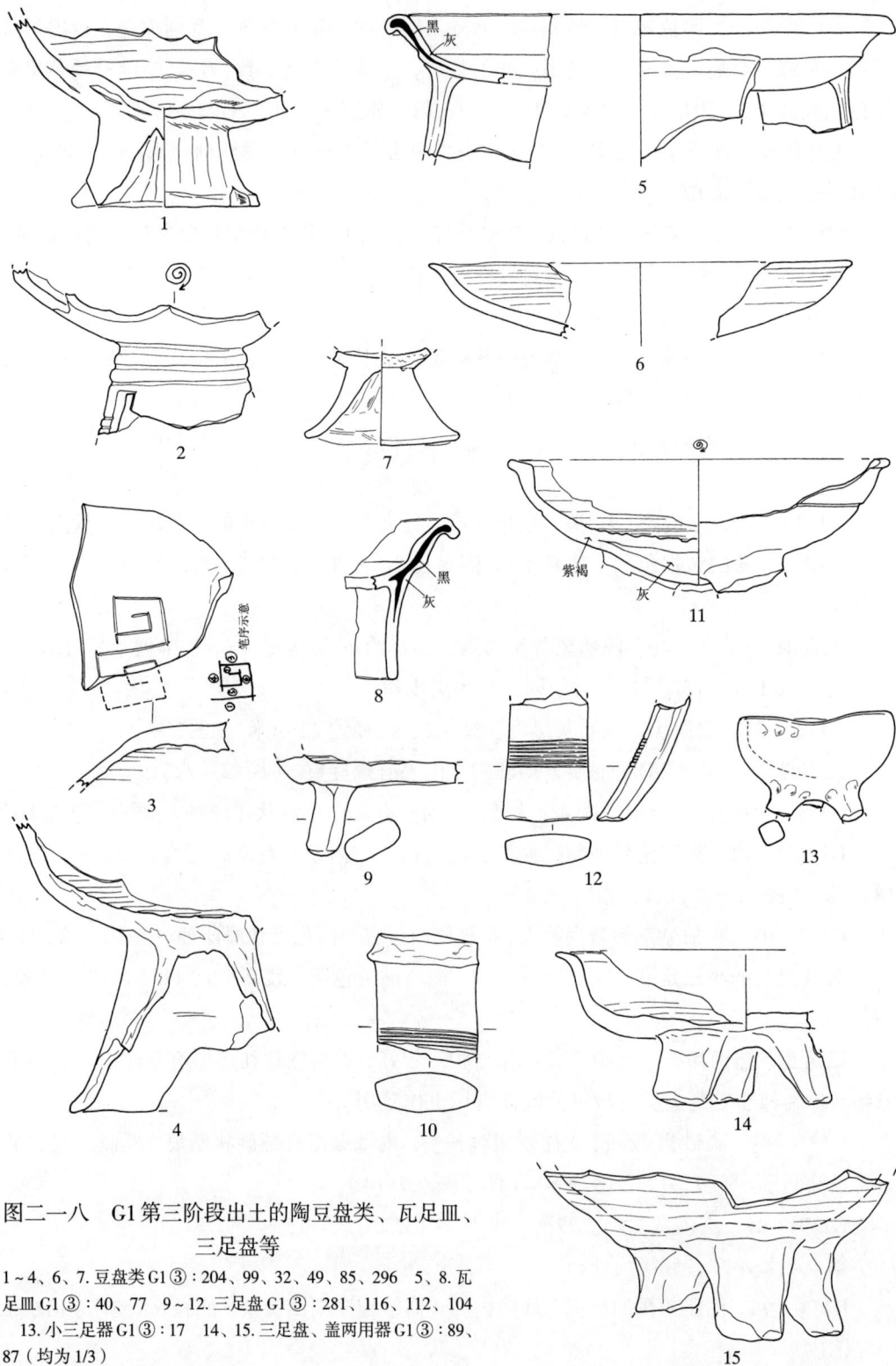

图二一八　G1 第三阶段出土的陶豆盘类、瓦足皿、三足盘等

1～4、6、7. 豆盘类 G1③：204、99、32、49、85、296　5、8. 瓦足皿 G1③：40、77　9～12. 三足盘 G1③：281、116、112、104　13. 小三足器 G1③：17　14、15. 三足盘、盖两用器 G1③：89、87（均为 1/3）

G1③：70，泥质黑—灰胎黑皮陶。内底有螺旋拉坯痕，底微内凹。底径7厘米。（图二一九，2）

甗残片 G1③：64，泥质黑—灰胎黑皮陶，外表多剥蚀。拍印菱形云雷纹。

壶（盉） G1③：288，仅为壶（盉）嘴，泥质青灰胎黑皮陶。时代可能为良渚文化晚期。长12厘米。（图二一九，3）

盆 G1③：30，泥质灰胎灰黑陶。卷唇外翻，拍印斜向方格纹。口径30厘米。（图二一九，4）

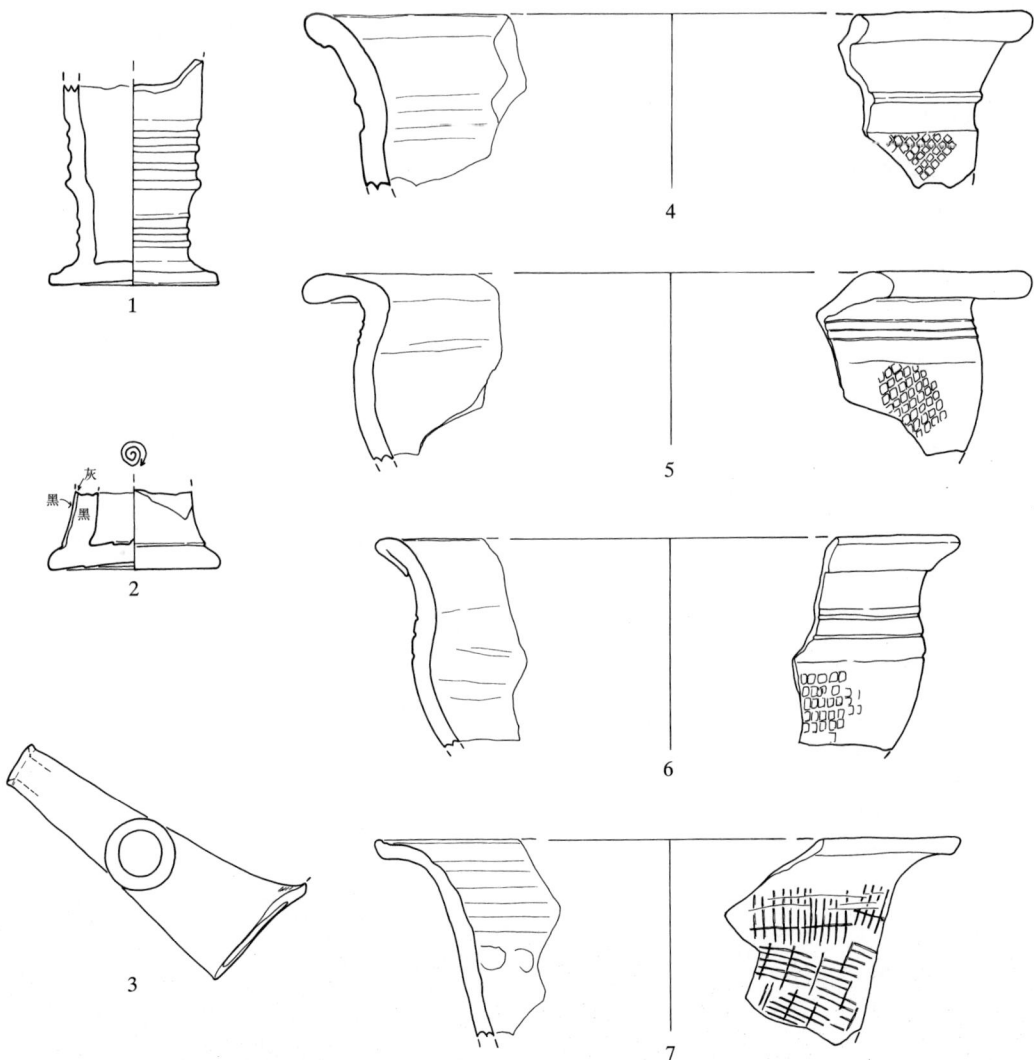

图二一九 G1第三阶段出土的陶瓿、壶、盆

1、2.瓿 G1③：94、70 3.壶（盉）G1③：288 4～7.盆 G1③：30、150、101、36（均为1/3）

G1③：150，泥质灰胎灰陶。宽翻沿，拍印斜方格纹。口径30厘米。（图二一九，5）

G1③：101，泥质灰黑胎灰黑陶。唇外翻，拍印方格纹。口径24厘米。（图二一九，6）

G1③：36，泥质红陶。敞口，斜收腹，拍印条格纹。口径24厘米。（图二一九，7）

G1③：145，泥质紫褐胎红色硬陶。深腹，口一侧有流，拍印斜方格纹。口径20厘米。或可归为带流的罐类。（图二二〇，1）

G1③：205，泥质紫褐色硬陶。折沿，浅腹，拍印叶脉纹。口径20厘米。（图二二〇，2）

G1③：18，泥质紫褐色胎灰褐硬陶。拍印小方格纹，拍印单元约2×3厘米。下腹及凹底部位有爆汗釉，应是覆烧所致。高5.5、口径15、底径4厘米。（图二二〇，3；彩版一二七，3、4）

G1③：311，泥质灰褐色硬陶。宽翻沿，一侧按捏流，底、腹局部残损。外壁原本拍印条纹及圆圈纹，但经抹划后已不清晰。内壁以锐利的竹片类物刻划叶脉形凹槽。圜底。高20.5、口径23.5～24厘米。（图二二〇，4；彩版一二七，5）

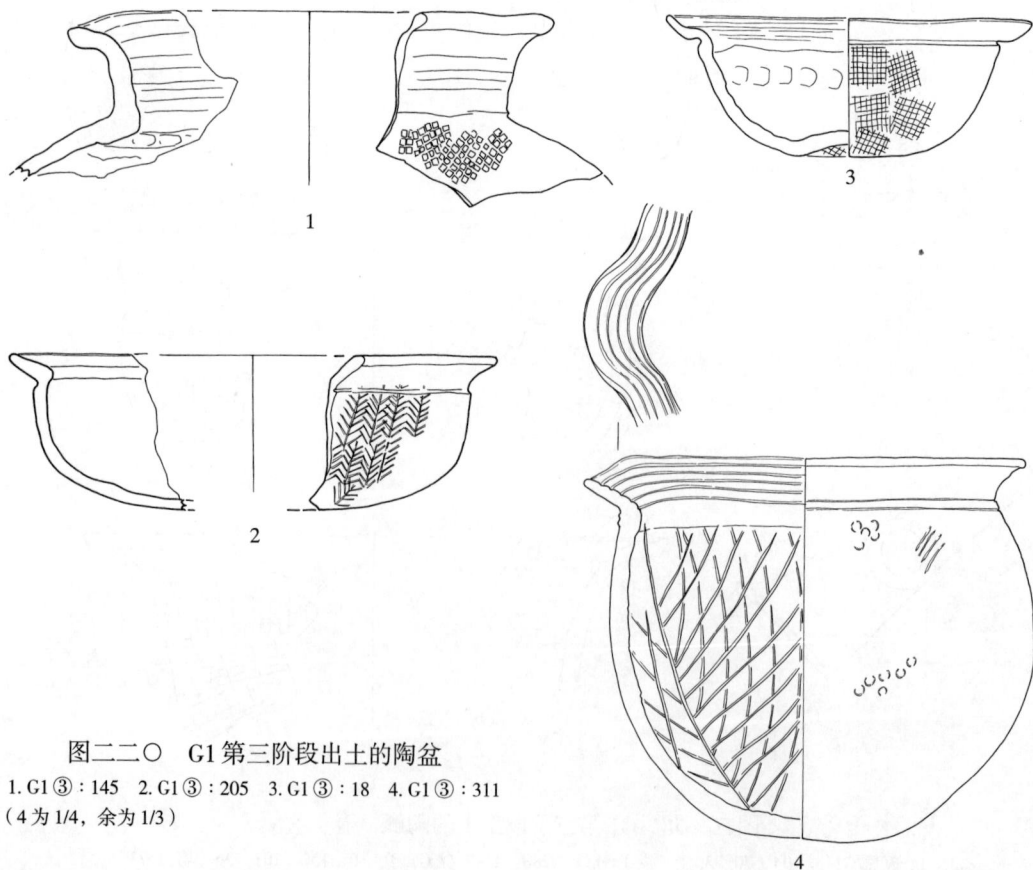

图二二〇　G1第三阶段出土的陶盆

1. G1③：145　2. G1③：205　3. G1③：18　4. G1③：311
（4为1/4，余为1/3）

器盖　G1③:315,夹砂黑胎灰白色陶,胎质似不同于已发现的一般的夹砂陶,似为另一种胎泥。盖沿内卷,外沿面有多道弦纹,拍印绳纹后再呈圆周状和斜状抹划,残有半环形捉手。高约15、直径约近50厘米。(图二二一,1)

G1③:166,夹砂灰红陶。盖面有四道弦纹和拍印绳纹,另残存双向桯钻孔一个。(图二二一,2)

G1③:72,夹砂黑陶,内外皆附着烟炱。高7.6、盖径22厘米。(图二二一,3)

G1③:175,夹砂红陶。盖面拍印绳纹。(图二二一,4)

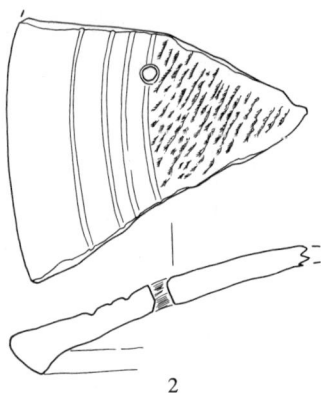

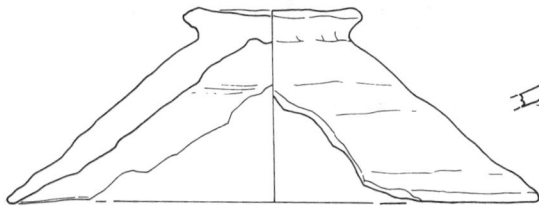

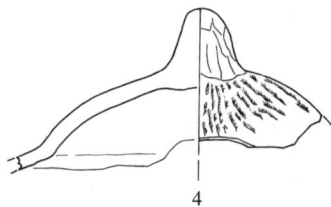

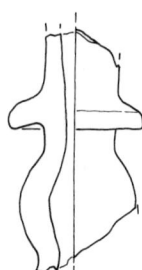

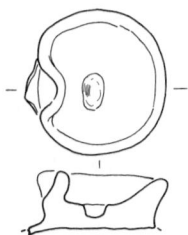

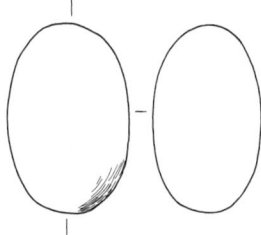

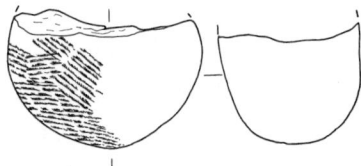

图二二一　G1第三阶段出土的陶器盖、网坠、球

1~6.器盖 G1③:315、166、72、175、141、293　7.网坠 G1③:27　8、9.球 G1③:26、13(均为1/3)

G1③：141，泥质灰黑胎黑皮陶。烛台形。（图二二一，5）

G1③：293，盖纽，粗泥黑胎褐陶。属崧泽文化阶段遗物。（图二二一，6）

网坠 仅出土1件。

G1③：27，泥质紫褐硬陶。两侧各有两道凹槽。长2.9、外径1.2～1.6厘米。（图二二一，7）

球 有一定数量，多呈扁圆的蛋形。

G1③：26，夹砂灰红陶。素面。长7.5、外径4.5～5.1厘米。（图二二一，8；彩版一二七，6）

G1③：13，夹砂红陶。上有绳纹。外径6～8厘米。（图二二一，9；彩版一二七，7）

拍印纹饰陶片 举例如下：

G1③：227，泥质红陶。拍印方格纹。

G1③：92，泥质灰红陶。拍印类梯格纹。（图二二二，1）

G1③：91，泥质红陶，外壁另有红色涂层。拍印方格纹。

G1③：278，泥质灰红陶。外壁拍印条纹，内壁垫痕也为条纹。

G1③：84，泥质红陶。拍印叶脉纹，但叶脉筋较细。

G1③：215，泥质红陶。拍印绳纹单元约1.8×2.7厘米大小，内壁另有绳纹垫痕。

G1③：197，泥质红陶，质地稍硬。拍印叶脉纹。

G1③：140，泥质黑胎红陶，质地稍硬。拍印方格纹。

G1③：58，泥质紫褐色硬陶，外壁且有墨绿色爆汗釉（？）。拍印条格纹。（图二二二，2）

G1③：198，泥质紫褐色胎黑陶。拍印叶脉纹。

G1③：102，泥质灰褐色硬陶。拍印的叶脉纹压条格纹。

G1③：200，泥质紫褐色硬陶。拍印条格纹，每组条格纹由三道组成，宽约1厘米，竖向1.4厘米间隔横向短线三道，三道短线长0.8厘米。（图二二二，3）

G1③：52，泥质紫褐色硬陶。拍印波折纹。（图二二二，4）

G1③：173，泥质红色硬陶。拍印叶脉纹。

2. 窑块标本

G1③：183，厚约8～10厘米，外壁凹凸不平，黏附沙、泥，呈灰褐色，内壁呈浅紫灰色，表面凹凸不平，但有抹划痕迹，且呈熔岩状，局部起泡或呈窑汗状。内壁还黏附、嵌入有鸭形壶的口沿残片。（彩版一二八，1、2）

G1③：235，厚约3厘米，嵌有印纹陶口沿残片。（彩版一二八，3、4）

G1③：67，厚约5厘米，内壁窑汗明显，呈黄褐色，嵌有印纹陶高领罐口沿残片。（彩版一二八，5）

G1③：236，厚约3厘米，嵌有印纹陶罐（鸭形壶？）口沿残片。（彩版一二八，6）

G1③：234，厚约8厘米，外壁有抹划痕迹，且呈熔岩状。内壁黏附、嵌有鸭形壶口沿残片。（彩版一二九，1~3）

G1③：179，厚约5厘米，嵌入的印纹陶罐口沿残片与内壁面较为齐平。（彩版一二九，4）

以上几件标本质地均同G1③：183。

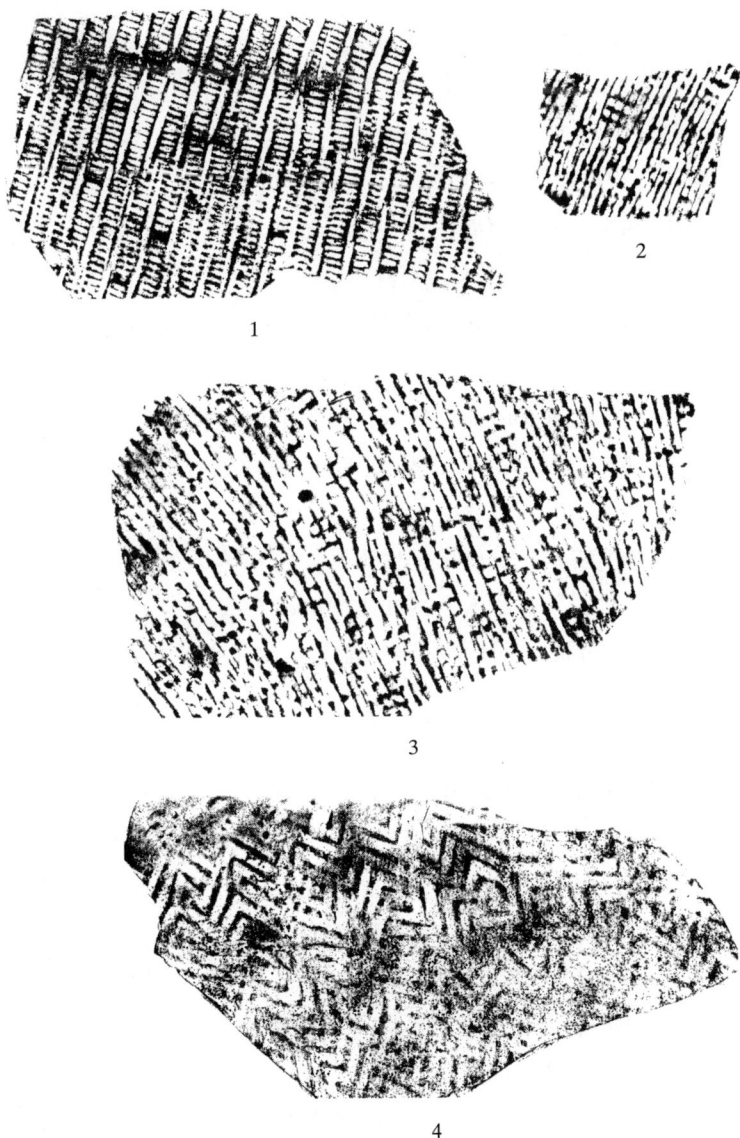

图二二二 G1第三阶段出土的拍印纹饰拓本
1.类梯格纹 G1③：92 2.条格纹 G1③：58 3.条格纹 G1③：200 4.波折纹 G1③：52（均为1/2）

G1③:117，厚约 2～3 厘米，内面纵横抹划痕迹明晰，呈灰褐色，外壁呈红色。（彩版一二九，5、6）

G1③:187，厚约 7 厘米，外壁黑褐色，凹凸不平，内壁有抹划痕迹，且有浓黑色的窑汗。黏附、嵌入的印纹陶口沿残片位于一侧，性质不明。（彩版一三○，1～3）

G1③:178，厚约 9 厘米，内面有黑色的窑汗，且经过抹划，较为平整。剖面分为内外两层，内层厚约 3 厘米，呈灰黑色；外层厚约 3～6 厘米不等，呈红色。（彩版一三○，4～6）

G1③:222，厚约 6 厘米，已烧熔呈紫红色，内壁尚能辨抹划痕。（彩版一三一，1～3）

G1③:220，厚约 3～6 厘米，内面抹划，有一层黄绿色的窑汗。剖面可分内外两层，内层厚约 1～3 厘米，呈灰褐色；外层厚约 0～3 厘米，呈红色。（彩版一三一，4～6）

G1③:239，厚约 3 厘米，内面抹划，已呈龟裂状。剖面可分内外两层，内层厚约 1～2 厘米，灰褐色；外层厚约 1 厘米，呈红色。（彩版一三二，1～3）

G1③:223，厚约 7 厘米，过烧，整体除了外壁呈红色外，余均呈紫红色。（彩版一三二，4～6）

G1③:206，厚约 7 厘米，内面经抹划，虽起泡但仍相对较为平整，有浓黑色的窑汗，外壁呈红色，厚约 1～3 厘米，夹心为灰褐色，质地紧密，甚硬，应接近印纹硬陶的质地。（彩版一三三，1～3）

G1③:211，厚约 8 厘米，一面虽起伏不平，但整体仍较为平整，另面有杆痕，其中一侧杆痕高于其他，杆径约 2 厘米。剖面上另有三根直径约 1 厘米的杆痕与之歪斜相交。烧土整体呈红色，夹杂秕谷。此件标本可能与本次发掘的新石器时代遗存有关。（彩版一三三，4～6）

3. 石制品

选择典型或相对完整的标本举例介绍如下，未说明其相对年代。

斧 G1③:16，灰黄色。可能系卵石改制，刃部有崩缺，顶端两侧竖向砸击以便置入鋬内。高 13.8、宽 8.2、厚 5.2 厘米。（图二二三，1）

凿 G1③:305，蓝色，流纹岩。剥蚀甚使得竖向纹理呈槽样。刃部残损。残长 14.7、宽 4、厚 3 厘米。（图二二三，2）

锛 G1③:15，墨绿色，流纹岩。有段，抛光精美，刃部崩缺在背面。高 4.45、上宽 2.8、刃宽 3.1、厚 0.88 厘米。（图二二三，3；彩版一三四，1）

刀 G1③:14，灰黑色，角岩。双面刃，椭圆形双向琢打孔。高 4.4、残宽 6.4、厚 0.7 厘米。（图二二三，4；彩版一三四，2）

G1③:19，灰黑色，角岩。双面刃，刃部弧凸。高 4.7、残宽 6、厚 0.5 厘米。（图

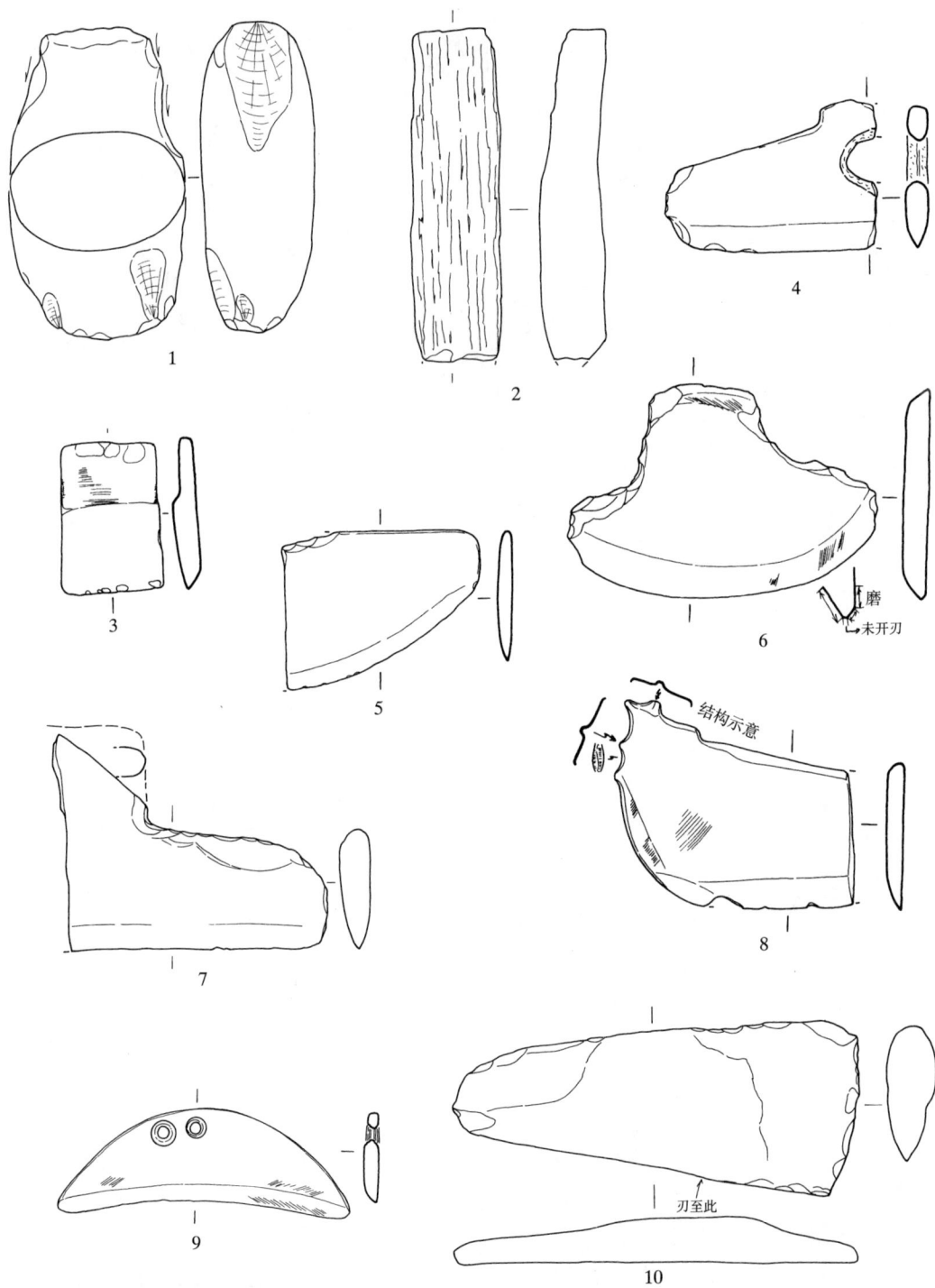

图二二三 G1第三阶段出土的石斧、凿、刀等

1.斧 G1③：16 2.凿 G1③：305 3.锛 G1③：15 4～9.刀 G1③：14、19、25、22、24、310 10.镰 G1③：20（3～6、8为1/2，余为1/3）

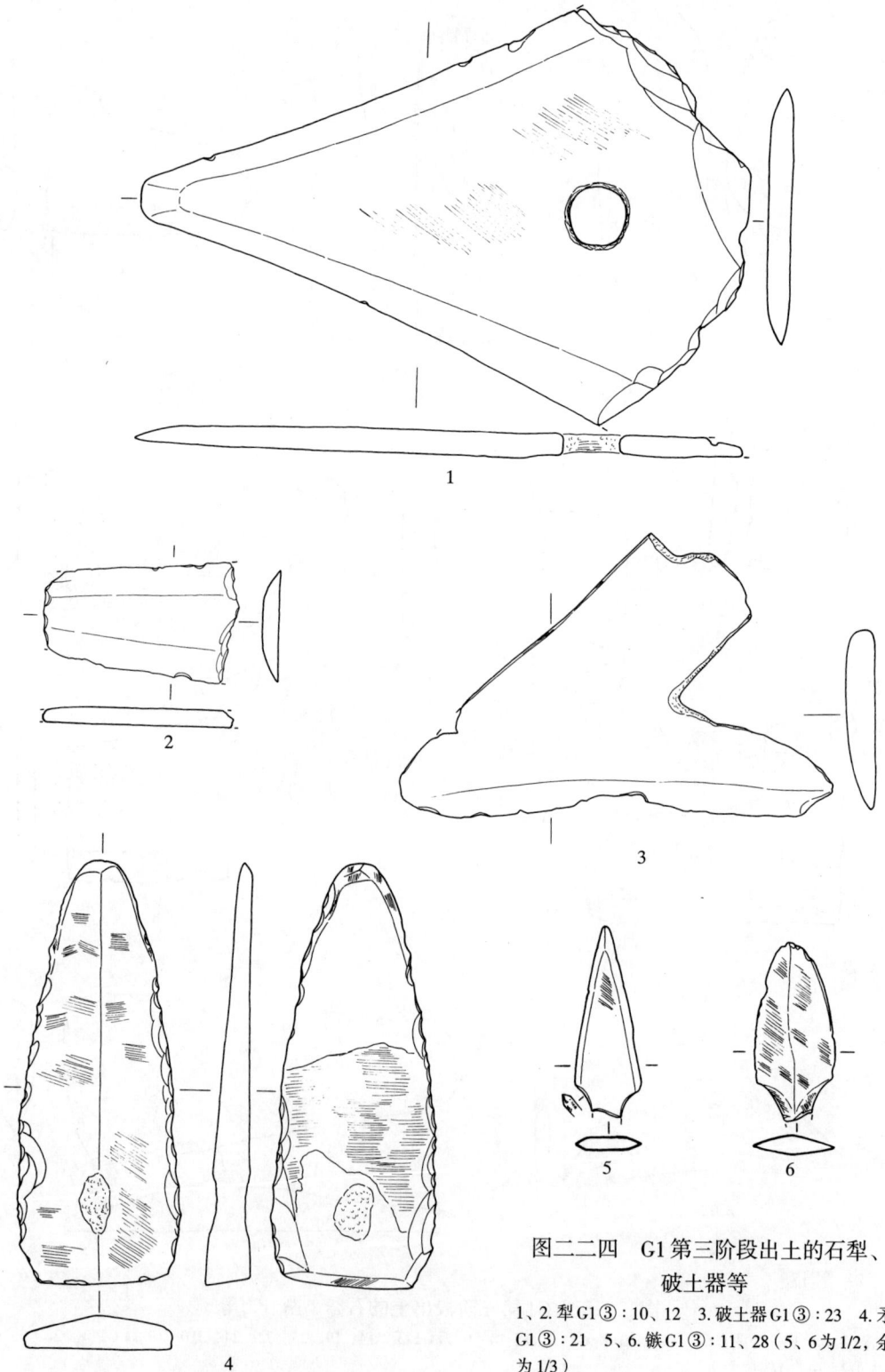

图二二四　G1第三阶段出土的石犁、
　　　　　破土器等

1、2. 犁 G1③：10、12　3. 破土器 G1③：23　4. 矛
G1③：21　5、6. 镞 G1③：11、28（5、6为1/2，余
为1/3）

二二三，5）

G1③：25，灰黑色，角岩。两面均保留有片状裂痕，顶端及两侧肩缘面未经修磨，单面弧刃，暂归刀类。高6.3、宽9.4、厚0.8厘米。（图二二三，6；彩版一三四，3）

G1③：22，灰黑色，角岩。双面刃，刃脊线不明晰，器中凸起。应为刀类，唯器形相对较大。残高9.5、残宽11.7、厚1.4厘米。（图二二三，7；彩版一三四，4）

G1③：24，黑色。一侧上翘部位切磨呈宝盖头结构，单面刃，两面均打磨，刀部有崩痕。高6、残宽7.4、厚0.55厘米。（图二二三，8；彩版一三四，5）

G1③：310，半月形石刀。黑色，角岩。顶部圆拱，单面刃凹弧。正面打磨较好，背面局部保留有石片剥离面。双向桯钻孔，左孔外径1.1、右孔外径0.9厘米，内径约0.5厘米，两孔偏于石刀一侧。高4.7、宽13.3、厚0.65厘米。（图二二三，9；彩版一三四，6）

镰　G1③：20，黑色，角岩。保留有打制石片时的弧曲面，双面刃。长18.5、柄部宽7.8、厚2.3厘米。（图二二三，10；彩版一三五，1）

犁　G1③：12，黑灰色，角岩。仅为狭长形犁尖局部，单面刃，刃脊线明晰，正面经打磨，背面保留有剥离面。残长9、残宽5.5厘米。（图二二四，2；彩版一三五，2）

G1③：10，灰黑色，角岩。两面均经打磨，正面刃脊线较为明晰，而背面刃部也经打磨，但刃脊线不明晰。犁尖夹角35度。双向琢打孔大致位于中轴线上，琢打孔背面周缘有疤崩，孔壁有横向的断续弦纹，当桯修所致，孔内径2.5～2.6厘米。残长28、残宽18.7、厚1.1厘米。（图二二四，1；彩版一三六，1、2）

破土器　G1③：23，黑色，表面略有剥蚀，角岩。通体打磨后两面还保留有疤痕，背面较为平整，器的柄部和中部弧凸，当与打片有关。上端有"⌐"形琢打凹缺，器中另有狭长形供缚扎的琢打凹缺。尖端部位夹角48度。单面刃凹弧，与使用方式有关。高12.8、刃部长20、厚1.7厘米。（图二二四，3；彩版一三五，3）

矛　G1③：21，青灰色。尖端部位打磨成刃，两侧尚保留有琢打痕迹。正面两侧打磨呈中轴脊状凸起，背面局部打磨，局部保留有石片剥离面。后端有双向斑点状琢打孔，但未透穿，后端缘也经打磨。整器应是石矛半成品。长19、宽7.5、厚1.9厘米。（图二二四，4；彩版一三五，4、5）

镞　G1③：11，灰黄色。横截面呈扁六菱形。残长5.7、两翼宽2、厚0.37厘米。（图二二四，5）

G1③：28，青灰色。柳叶形。残长5.3、两翼宽2.4、厚0.6厘米。（图二二四，6）

（四）第四阶段

此阶段出土的遗物不甚丰富，兹将较为完整、有代表性的陶器和石器标本介绍如下。

1.陶制品

鼎甗类口沿、腹片　G1④：147，夹细砂黑胎褐陶，外表多脱落剥蚀。宽唇外翻，拍

印横向绳纹。口径24厘米。此件当垂腹鼎类。（图二二五，1）

　　G1④：69，夹砂褐陶。侈口，拍印竖向细绳纹。口径24厘米。此件当垂腹鼎类。（图二二五，2）

　　G1④：57，夹砂红陶，外壁附着烟炱。束腰，垂腹，底部近平，拍印横向绳纹，局部将绳纹抹平。（图二二五，3）

　　G1④：162，夹砂黑陶。足根相应内壁有按抹凹痕，鼎底近平，拍印交叉绳纹，足从印痕上看，应为扁侧足。（图二二五，4）

　　G1④：110，夹砂黑陶。宽折沿，外壁有多道慢轮修整所成的凹弦纹，腹壁较直。口

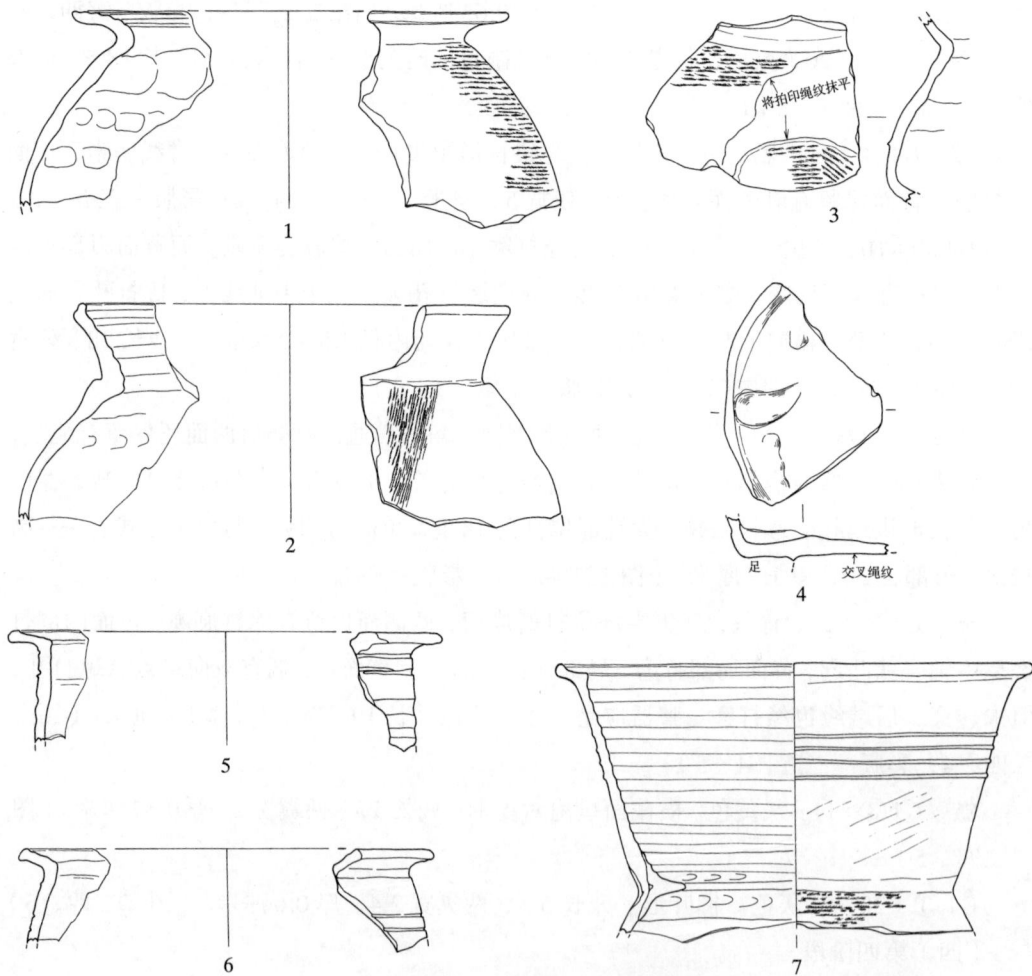

图二二五　G1第四阶段出土的鼎甗类陶器

1. 鼎 G1④：147　2. 鼎 G1④：69　3. 鼎 G1④：57　4. 鼎 G1④：162　5. 鼎 G1④：110　6. 鼎 G1④：123　7. 甗 G1④：165（均为1/4）

径 24 厘米。此类鼎应为扁侧足。（图二二五，5）

G1④：123，夹砂黑陶。宽折沿。口径 23 厘米。雷同 G1④：110。（图二二五，6）

G1④：165，夹砂红陶。甗上部破裂但残片可拼接完整。敞口，折沿，沿内外壁有多道轮修弦纹。甗上、下部套接，下部外壁拍印横向绳纹。残高 14.5、口径 26.1 厘米。（图二二五，7）

鼎甗类足　G1④：101，圆锥足，夹砂红陶。足根部滚压绳纹。（图二二六，1）

G1④：73，圆锥足，夹砂灰红陶。足根部滚压绳纹。（图二二六，2）

G1④：83，圆锥足，夹砂红陶。足根部滚压绳纹。（图二二六，3）

G1④：54，舌形足，夹砂红陶。足根与鼎身粘合面留有拍印的绳纹。（图二二六，4）

G1④：156，凹弧足，夹砂灰褐陶。足根与鼎身粘合面留有拍印的绳纹。（图二二六，5）

G1④：130，扁侧足，夹砂灰黑陶。足根部位有交叉绳纹。（图二二六，6）

G1④：71，扁侧足，夹砂灰褐陶。线图箭头所示为按捺，足两面有竖向抹划痕，足根与鼎身粘合面留有拍印的绳纹。（图二二六，7）以下标本形制均同。G1④：124，夹砂灰红陶。（图二二六，8）G1④：120，夹砂黑陶。（图二二六，9）G1④：137，夹砂黑陶。过烧局部起泡。（图二二六，10）

G1④：63，扁侧足，夹砂灰褐陶。（图二二六，11）

G1④：64，类鱼鳍形足，夹砂灰褐陶。素面。（图二二六，12）

G1④：136，鱼鳍形足，夹砂红褐陶。（图二二六，13）

G1④：66、68，鱼鳍形足，夹砂红陶。两面刻划斜线并间或水滴状戳孔。（图二二六，14）

G1④：109，弧脊形鱼鳍足，夹砂灰褐陶。鼎身当为垂腹，且底部较平，鼎内壁抹划较齐整，似有褐色陶衣。足横截面近三角形，长边的一面有多道竖向抹划凹槽。（图二二六，15）

以下两件**鼎足**标本约当崧泽文化阶段。

G1④：128，凿形足，夹砂灰褐陶。外侧面有片划竖短线。夹砂陶质的凿形足较为少见。（图二二七，1）

G1④：129，扁足，粗泥褐陶。夹杂秕谷。（图二二七，2）

罐口沿、腹片　G1④：52，高领罐口沿，泥质紫褐硬陶。口径 24 厘米。（图二二八，1）

G1④：112，高领罐口沿，泥质青灰胎灰褐色硬陶。拍印条纹。口径 17 厘米。（图二二八，2）

G1④：84，高领罐肩部，泥质紫褐硬陶，器表着染黑色，肩部另有灰白色斑点状爆

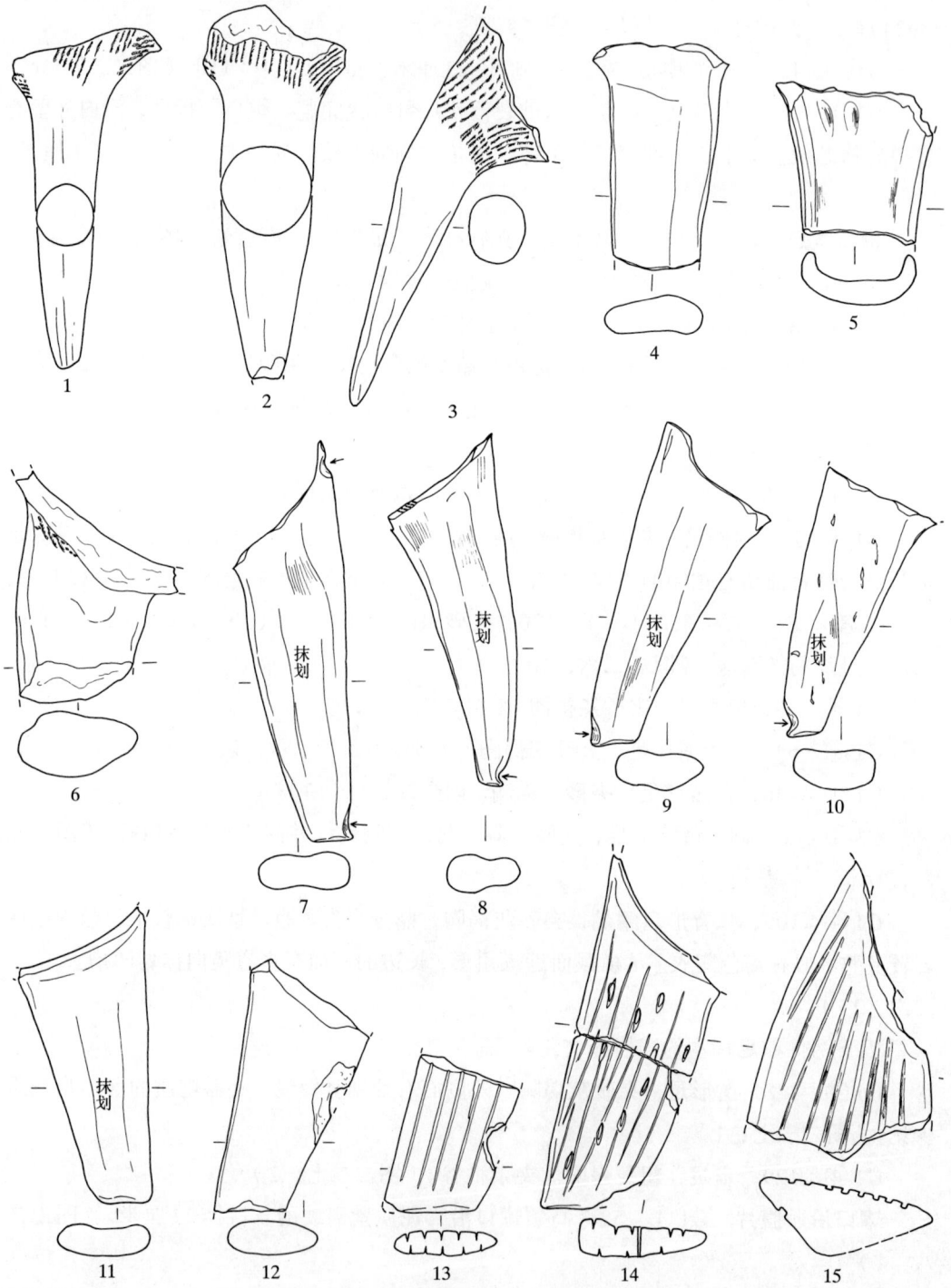

图二二六　G1 第四阶段出土的陶鼎甗类足

1～3. 圆锥足 G1④：101、73、83　4. 舌形足 G1④：54　5. 凹弧足 G1④：156　6～11. 扁侧足 G1④：130、71、124、120、137、63　12. 类鱼鳍形足 G1④：64　13、14. 鱼鳍形足 G1④：136、66 和 68　15. 弧脊形鱼鳍足 G1④：109（均为 1/3）

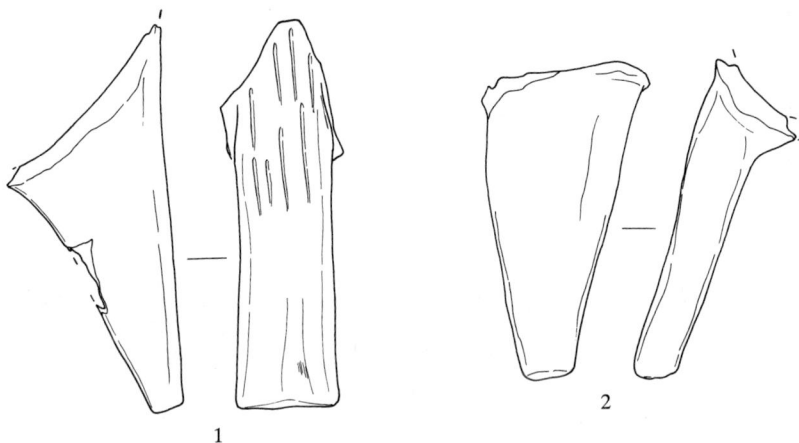

图二二七　G1 第四阶段出土的崧泽文化陶鼎足
1. 凿形足 G1④：128　2. 扁足 G1④：129（均为 1/3）

汗釉。拍印细条纹，肩部粘贴小耳。（图二二八，3；图二二九，1）

　　G1④：17，高领罐肩部，泥质紫褐硬陶，外表呈灰绿色。按贴环状耳。（图二二八，4）

　　G1④：121，颈肩部残片，泥质紫褐硬陶。粘贴以细泥条盘成的"X"形堆塑。（图二二八，5）

　　G1④：167，罐口沿片，泥质紫褐色硬陶，唇至外壁有褐色涂层。翻沿，环状耳压印云雷纹（？）口径 17.5 厘米。（图二二八，6）

　　G1④：166，罐肩部残片，泥质紫褐色硬陶。环状耳在安置前压印双勾云雷纹，器表拍印席纹。（图二二八，7；图二二九，2）

　　G1④：88，泥质灰褐色胎紫红色硬陶，线图着点部分为灰白色斑点状爆汗釉。与高领罐的区别在于口沿及唇部外翻，口沿外壁多道轮修凹弦纹。口径 28 厘米。（图二二八，8）

　　G1④：138，泥质紫褐硬陶，口沿内面有灰白色斑点状爆汗釉。内面有一刻符，惜不完整。口径约 16 厘米。（图二二八，9；图二二九，3）

　　G1④：27，夹砂灰褐陶。器表拍印波折纹。口径 14 厘米。（图二二八，10）

　　G1④：45，泥质灰红色硬陶。宽折沿，拍印叶脉纹。口径 16 厘米。（图二二八，11；图二二九，4）

　　G1④：20，泥质紫红色硬陶，唇面及肩局部有灰白色斑点状爆汗釉。宽折沿，腹壁拍印的条格纹压颈部的斜向叶脉纹。口径 14.5 厘米。（图二三〇，1）

　　G1④：97，泥质红褐色硬陶。宽折沿，削肩，拍印条格纹。口径 18 厘米。（图二三〇，2；图二二九，5）

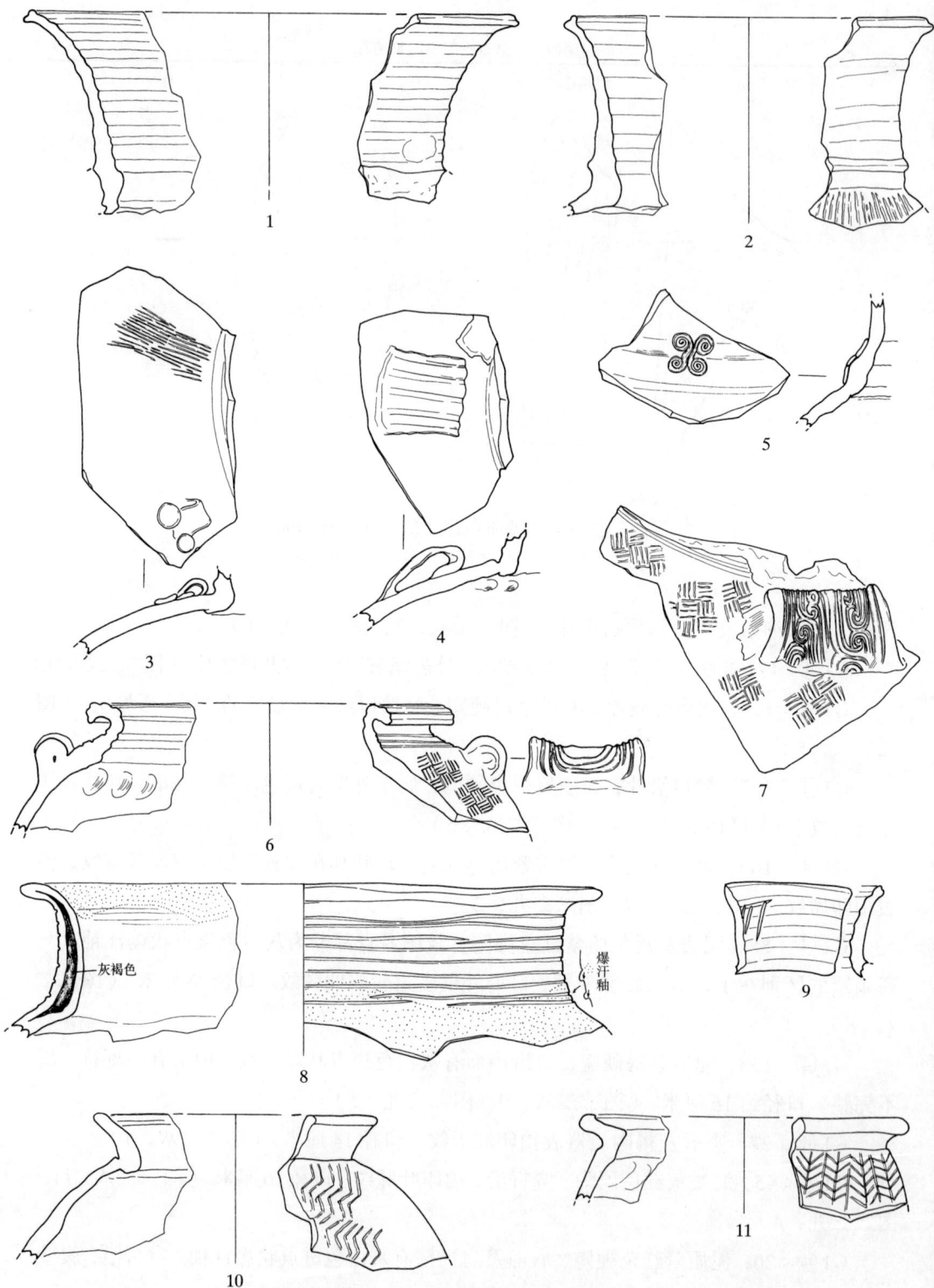

灰褐色

爆汗釉

图二二八　G1 第四阶段出土的陶罐

1. G1④：52　2. G1④：112　3. G1④：84　4. G1④：17　5. G1④：121　6. G1④：167　7. G1④：166　8. G1④：88　9. G1④：138　10. G1④：27　11. G1④：45（均为1/3）

图二二九　G1第四阶段出土的陶器纹饰和刻划符号拓本

1.细条纹 G1④：84　2.双勾云雷纹 G1④：166　3.刻划符号 G1④：138　4.叶脉纹 G1④：45　5.条格纹 G1④：97　6.刻划符号 G1④：50　7."山"形刻划符号 G1④：31　8."）））"形刻划符号 G1④：61　9.条纹 G1④：114（均为1/2）

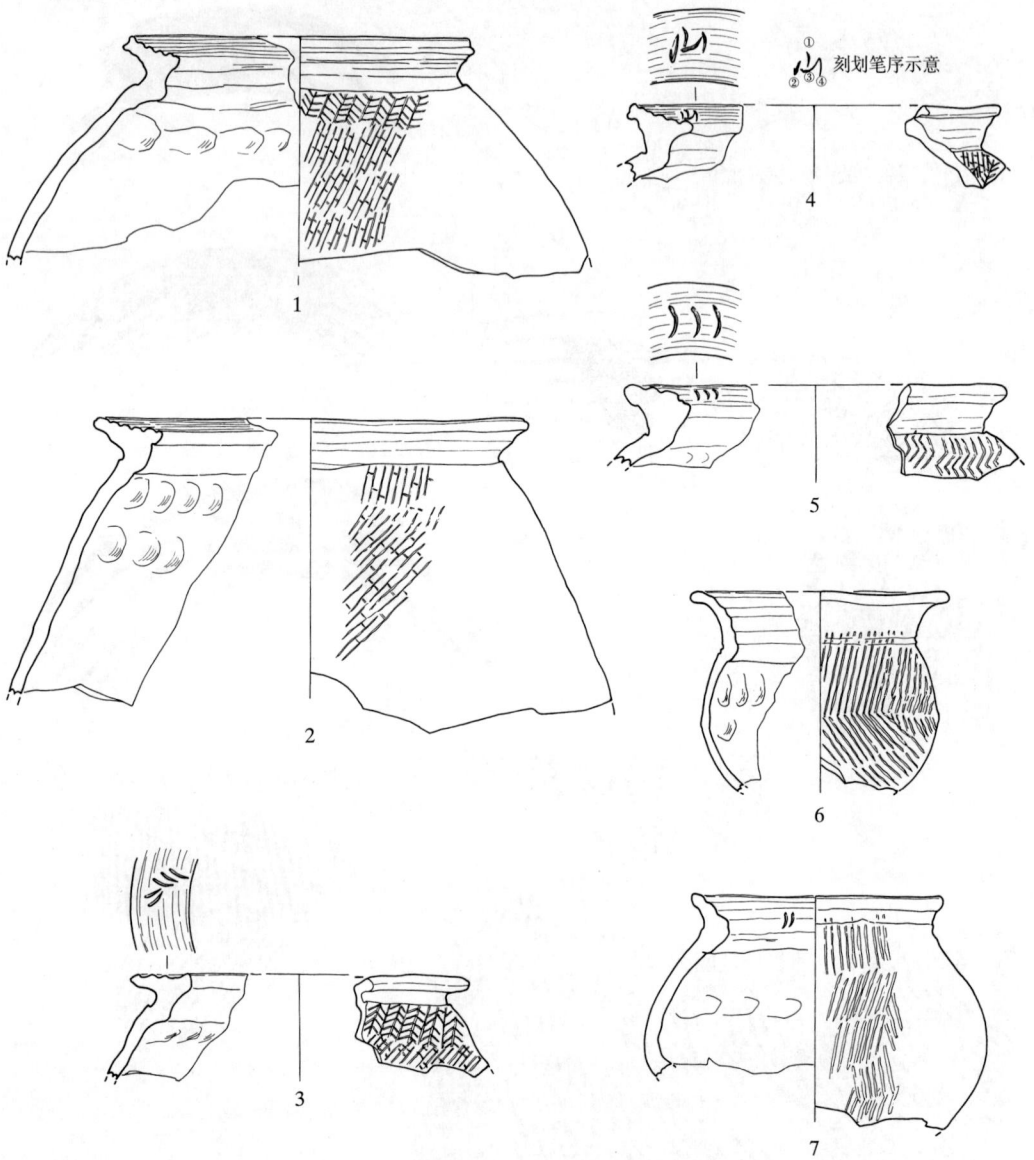

图二三〇　G1 第四阶段出土的陶罐

1～5. G1④：20、97、50、31、61　6、7. 小罐 G1④：114、54（均为 1/3）

G1④：50，泥质紫褐硬陶，口沿面及外壁局部有灰白色斑点状爆汗釉。平折沿上有一刻划符号，拍印的条格纹压颈部的叶脉纹。口径 14 厘米。（图二二九，6；图二三〇，3；彩版一三七，1）

G1④：31，泥质紫红色硬陶。宽折沿上刻划一"山"形符号，拍印的条格纹压叶脉纹。口径 15.6 厘米。（图二二九，7；图二三〇，4；彩版一三七，2）

G1④：61，泥质红色硬陶，口沿面及外壁着染灰白色。宽折沿上刻划＂）））＂形符号，外壁拍印波折纹。口径16厘米。（图二二九，8；图二三〇，5；彩版一三七，3）

G1④：114，小罐，泥质红陶，口沿及外壁着染红色，质地稍硬。翻沿，腹部微折，上拍印竖向条纹，下拍印斜向条纹。口径10.7厘米。（图二二九，9；图二三〇，6；彩版一三七，5）

G1④：54，小罐，泥质红陶，质地稍硬。侈口，口沿面上刻划＂））＂符号，鼓腹，拍印条纹。口不规整，口径10.4厘米。（图二三〇，7；彩版一三七，4）

G1④：9，泥质紫褐硬陶。整器保存较好，仅附贴的耳脱落。整器过烧起小泡，长颈，内凹底。高16.7、口径9～9.3、底径约6.5厘米。（图二三一，1；彩版一三七，6）

G1④：30，夹砂红软陶。翻沿，颈部拍印横向的类梯格纹，肩部拍印类梯格纹后再横向抹划。口径18厘米。（图二三一，2；图二三二，1）

G1④：70，腹片，夹砂红褐色陶。刻划纹饰。（图二三一，3）

G1④：135，腹片，夹砂灰黑陶。刻划纹饰。（图二三一，4）

罐底片 G1④：67，泥质灰－黑胎黑陶。平底微内凹，内底有螺旋制作痕。底径11.2厘米。此件罐应与扁侧足鼎代表的时期相当。（图二三一，5）

G1④：43，内凹底，泥质红胎红陶，质地稍硬。拍印叶脉纹，叶脉纹中间的筋较为隆起。底径约9厘米。（图二三一，6；图二三二，2；彩版一三七，7）

G1④：42，内凹底，泥质红褐色硬陶。拍印叶脉纹，每组叶脉纹由两小组组成，宽2.7、长大于5厘米，拍印后再行刮抹。凹底剖面呈片状结构。（图二三一，7；图二三二，3）

G1④：65，内凹底，泥质青灰胎灰褐色硬陶。拍印斜角相交的编织纹，内底下凹部位有明显的捺窝痕。（图二三一，8；图二三二，4）

G1④：95，内凹底，泥质紫褐色硬陶。已刮抹呈素面。（图二三一，9）

G1④：76，内凹底，泥质灰黑胎黑陶，外表灰褐色。内壁抹划较好，外底拍印方格纹。可能为盆底部。（图二三一，10；图二三二，5）

G1④：104，泥质内灰红外灰褐陶，质地稍硬。平底微内凹，拍印交错的条纹。（图二三一，11；图二三二，6）

豆 G1④：105，泥质灰胎黑皮陶。火炬形豆柄，外壁有多道凸弦纹，内壁有斜向制作痕迹。（图二三三，1）

G1④：118，泥质灰陶。细豆柄上端有一周凸棱。（图二三三，2）

G1④：58，泥质灰黑胎黑陶。细豆柄上有多道凸棱。（图二三三，3）

G1④：56，泥质灰胎灰黑陶。弦纹之间戳刻未穿透圆孔。（图二三三，4）

G1④：72，泥质黑－灰胎黑皮陶。翻沿。口径12.4厘米。（图二三三，5）

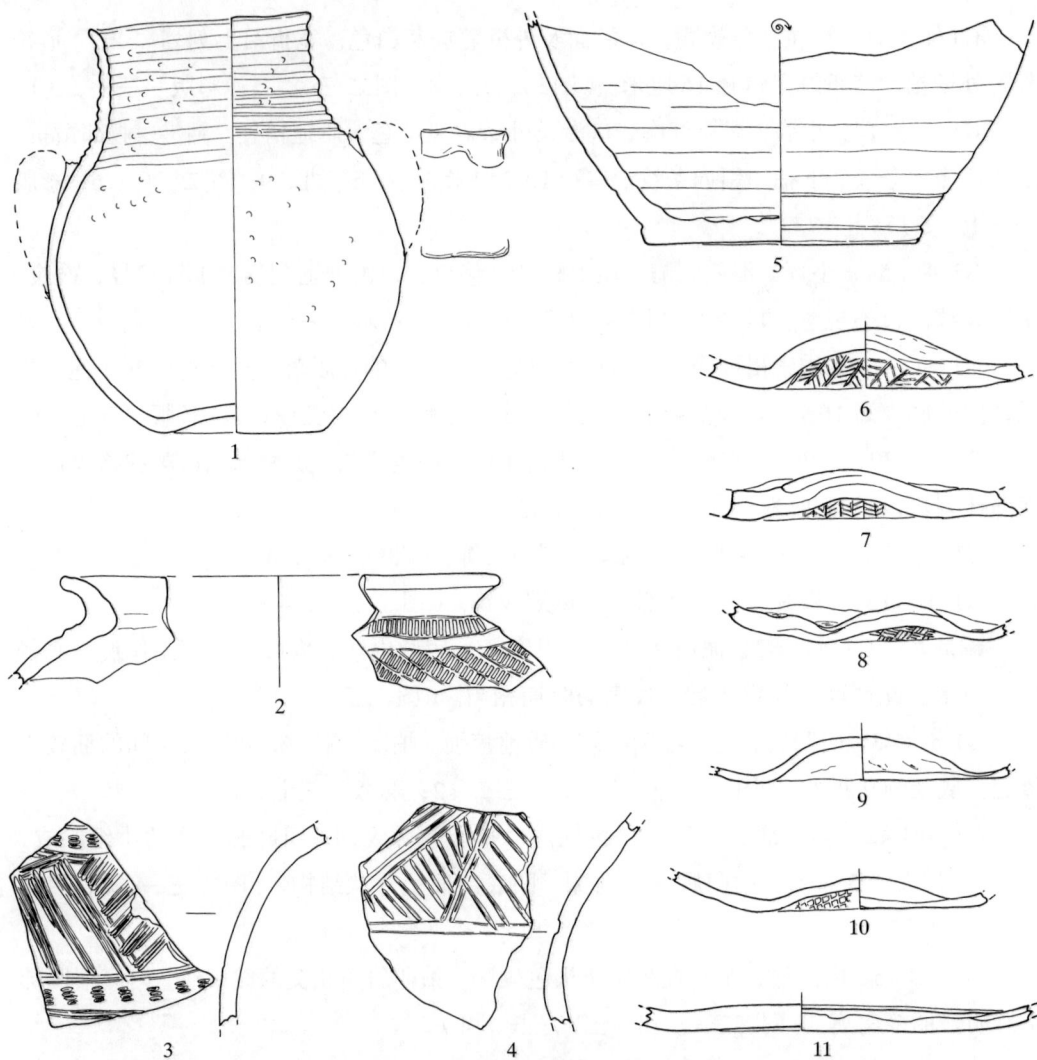

图二三一　G1第四阶段出土的陶罐

1、2. 口沿 G1④：9、30　3、4. 腹片 G1④：70、135　5～11. 底片 G1④：67、43、42、65、95、76、104（均为1/3）

　　G1④：24，泥质黑—灰胎黑陶。唇外翻，折腹。压印菱形云雷纹。口径21厘米。（图二三三，6；图二三四，1）

　　G1④：80，泥质灰胎黑陶。口径19厘米。（图二三三，8）

　　G1④：158，豆圈足残片。压印的纹饰用阳文表述，互有重叠，结构参见线图。（图二三三，7；图二三四，2；彩版一三八，1）

　　G1④：33，泥质灰胎灰黑陶。弦纹之间有管状物按捺。（图二三三，9）

　　G1④：16，豆圈足，泥质黑胎灰黑陶。压印纹饰后再抹划弦纹，残片过小，纹饰结

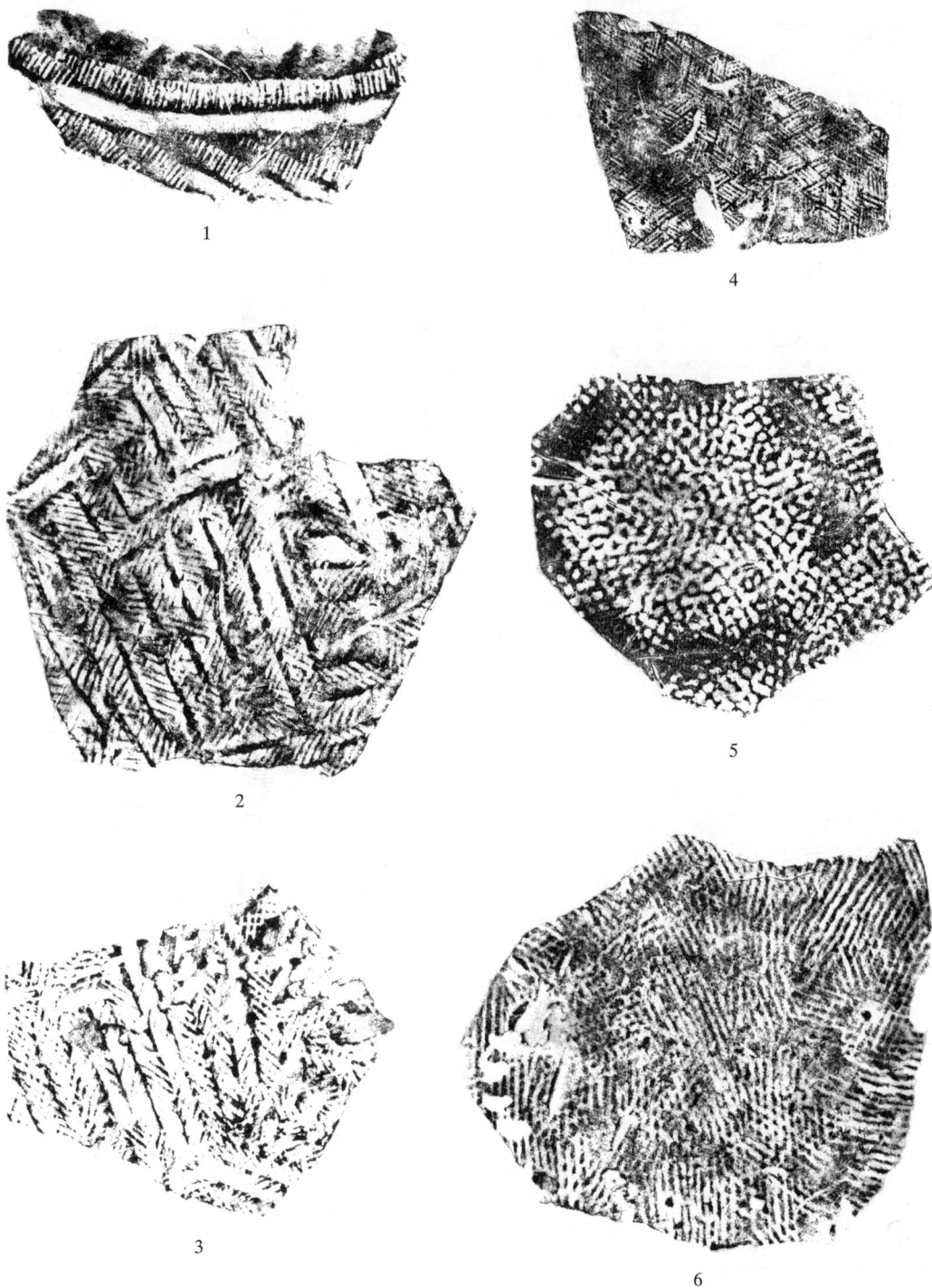

图二三二　G1 第四阶段出土的陶器纹饰拓本

1. 类梯格纹 G1④：30　2. 叶脉纹 G1④：43　3. 叶脉纹 G1④：42　4. 斜角相交的编织纹 G1④：65　5. 方格纹 G1④：76
　6. 交错条纹 G1④：104（均为 1/2）

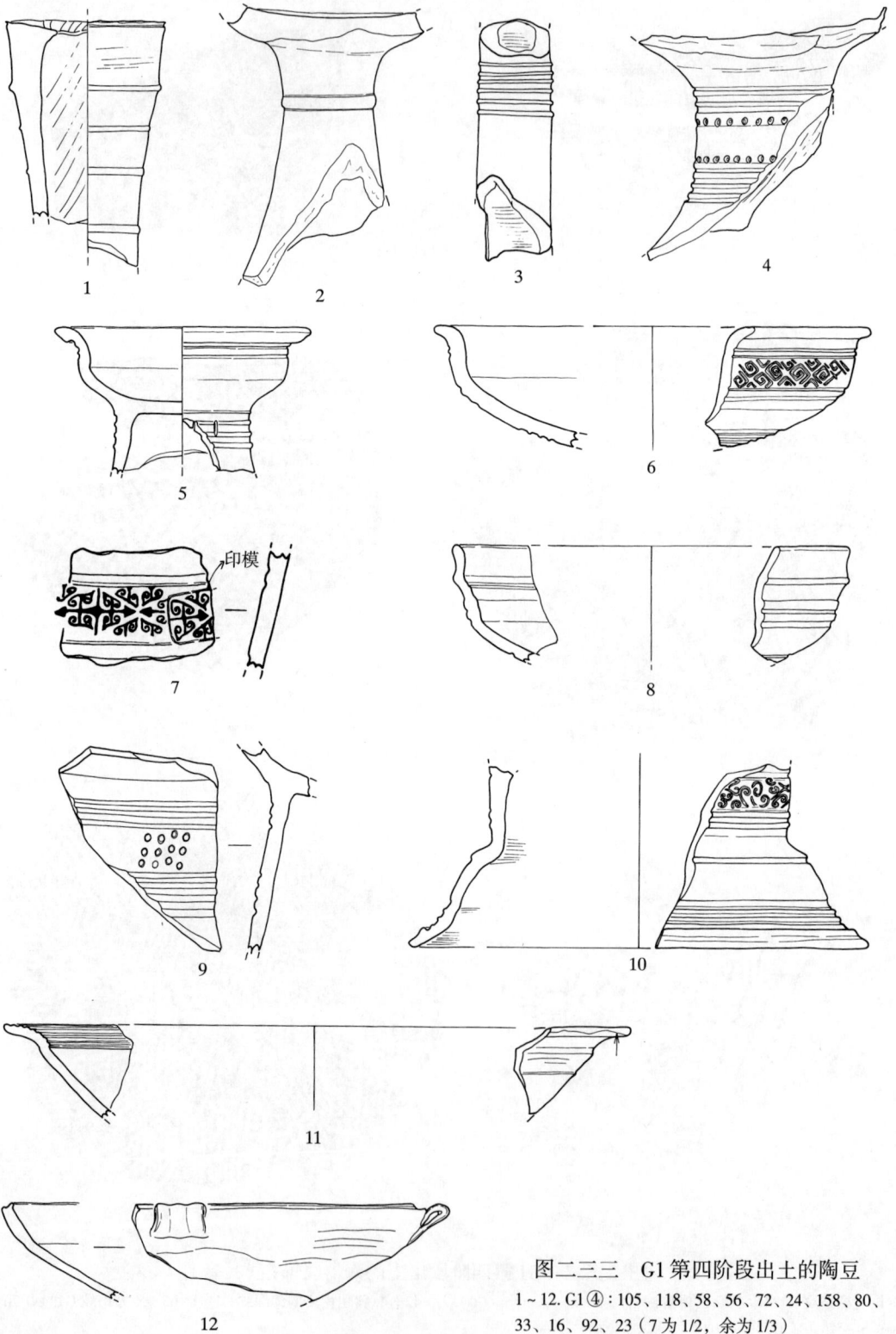

图二三三　G1 第四阶段出土的陶豆
1～12. G1④：105、118、58、56、72、24、158、80、33、16、92、23（7 为 1/2，余为 1/3）

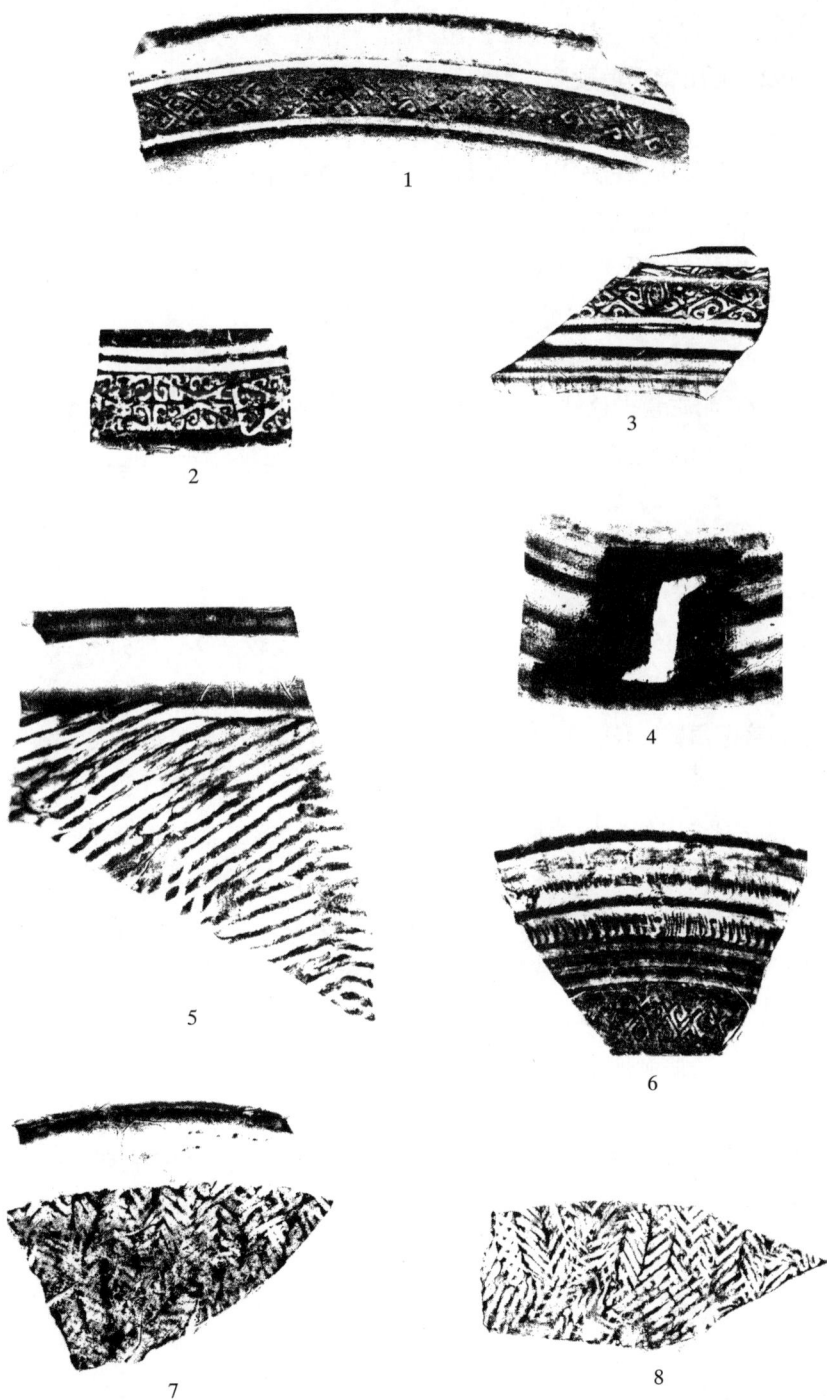

图二三四　G1第四阶段出土的陶器纹饰拓本

1. 菱形云雷纹 G1④：24　2. 压印纹饰 G1④：158　3. 压印纹饰 G1④：16　4. "Z"字形镂孔 G1④：142　5. 斜向条纹 G1④：36　6. 类梯格纹和菱形云雷纹 G1④：38　7. 叶脉纹 G1④：40　8. 叶脉纹 G1④：48（均为1/2）

构不清。圈足径22厘米。（图二三三，10；图二三四，3；彩版一三八，2）

G1④：92，泥质紫褐色硬陶。坦腹，宽沿外翻。盘内面至于线图箭头所示唇部有极薄的褐绿色釉（？），局部凝聚呈汗斑点状。口径30厘米。（图二三三，11）

G1④：23，泥质紫褐色硬陶。子母口，口沿外侧有四个对称扁环状耳，坦腹，盘内面有斑点状和"子了"状灰黑色爆汗釉。口径20.4厘米。（图二三三，12）

G1④：4，泥质红胎灰红硬陶。基本完整，外壁留有轮修、刮削抹划痕迹。高15.1、口径17.5、圈足径10.5厘米。（图二三五，1；彩版一三八，3）

G1④：141，泥质紫褐硬陶。圈足径10.8厘米。（图二三五，2）

G1④：142，泥质紫褐色硬陶。圈足有两个大致对称的反"Z"字形镂孔，盘内面有墨绿色斑点状爆汗釉。残高12、圈足径13厘米。（图二三四，4；图二三五，3；彩版一三八，4、5）

瓦足皿　G1④：21，泥质灰陶。坦腹，外壁装饰凸弦纹。残高7、口径20厘米。（图二三五，4；彩版一三九，1）

三足盘　G1④：35，泥质紫褐硬陶。三宽扁足安置较紧凑，足面有六道横向刻槽。盘内面有灰白色斑点状爆汗釉。（图二三五，5）

三足盘、盖两用器　G1④：17，夹砂红陶。足捏制，彼此间距较大。高9、口径21厘米。（图二三五，6）

瓿　G1④：18，泥质灰胎黑皮陶。外壁有多道凹凸弦纹，内壁有斜向制作痕。底部外缘凸出，微内凹。残高9、底径7.4厘米。（图二三五，7）

G1④：49，泥质黑一灰胎黑皮陶。底径6.8厘米。（图二三五，8）

鸭形壶　G1④：157，泥质紫褐硬陶，外表着染黑色。器壁拍印条纹，可见鸭尾部位的制作痕迹。（图二三五，9）

G1④：103，鸭形壶把手，泥质紫褐硬陶。过烧起泡，外表着染黑色。把宽5.6厘米。（图二三五，10）

杯　G1④：12，泥质紫褐色硬陶。整器保存完整。翻沿，有流，环状把手。杯身内外壁有多道轮修的弦纹，近底部斜向刮削。平底为片切割。内外因过烧多有小气泡。高9、口径10.7、底径4.4厘米。（图二三五，11；彩版一三九，2）

盆　G1④：75，泥质灰胎灰黑陶，剥蚀呈灰色。翻沿，拍印方格纹。口径34厘米。（图二三六，1）

G1④：82，泥质灰胎灰黑陶。翻沿，斜收腹，拍印斜方格纹。口径34厘米。（图二三六，2）

G1④：132，泥质灰胎黑皮陶。翻沿，拍印斜向绳纹。口径30厘米。（图二三六，3）

G1④：36，泥质青灰胎黑陶，外壁有烟炱。敞口，鼓腹，拍印斜向条纹。口径26

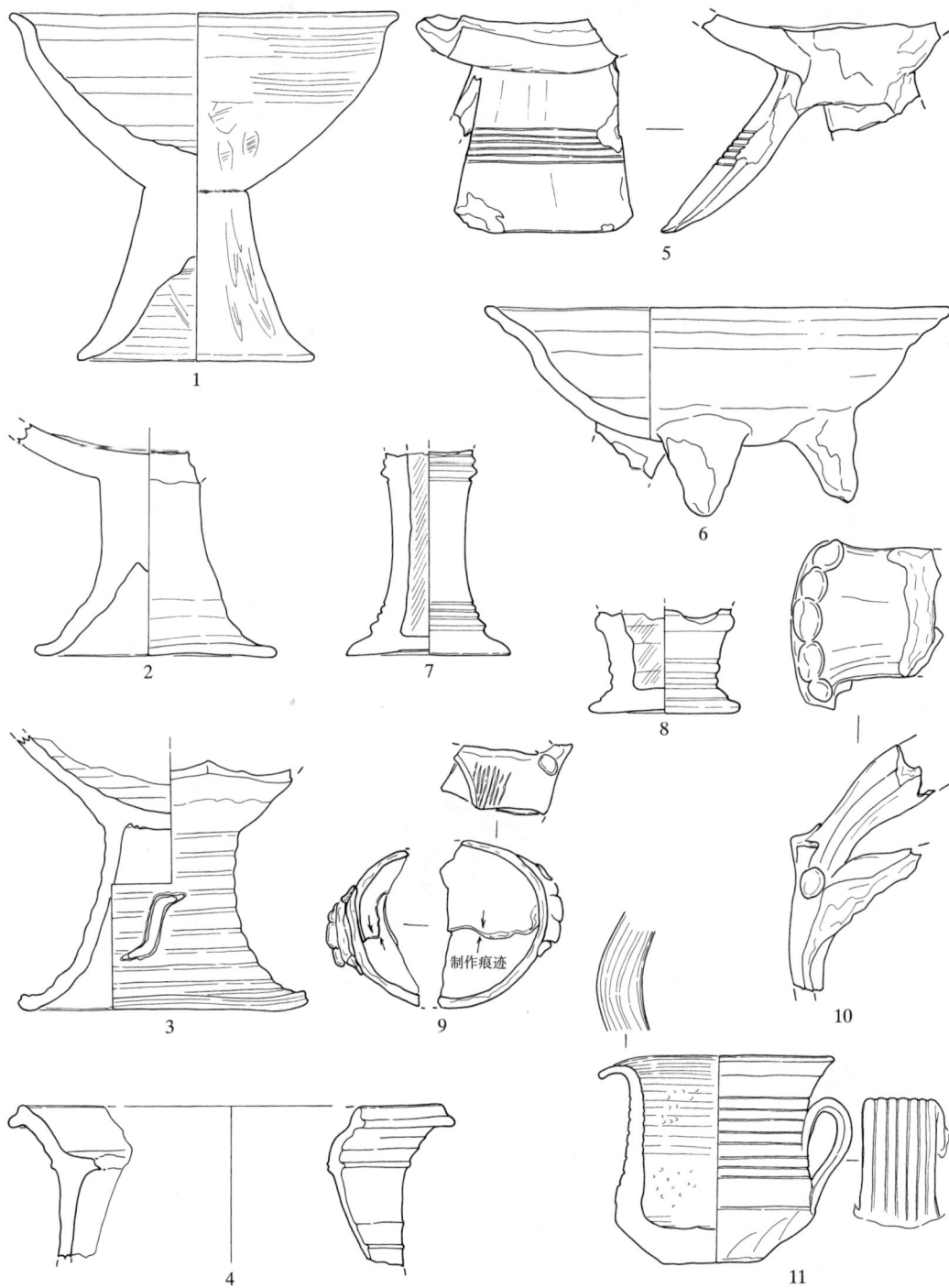

图二三五　G1第四阶段出土的陶豆、瓦足皿、三足盘等

1～3.豆 G1④：4、141、142　4.瓦足皿 G1④：21　5.三足盘 G1④：35　6.三足盘、盖两用器 G1④：17　7、8.觚 G1④：
18、49　9、10.鸭形壶 G1④：157、103　11.杯 G1④：12（均为1/3）

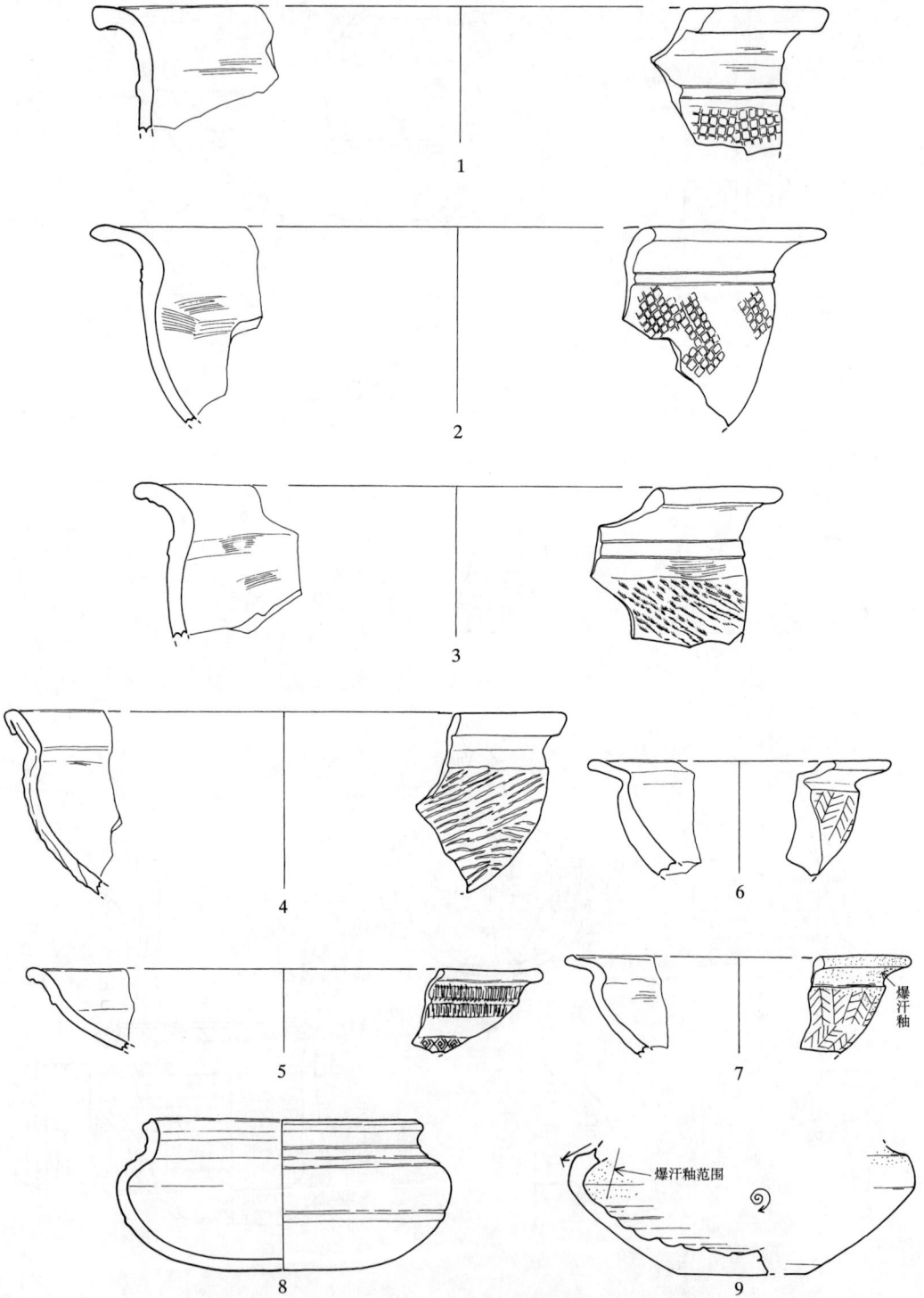

爆汗釉

爆汗釉范围

图二三六　G1第四阶段出土的陶盆、钵

1～7.盆 G1④：75、82、132、36、38、40、48　8、9.钵 G1④：1、148（均为1/3）

厘米。（图二三四，5；图二三六，4）

G1④：38，泥质灰胎灰黑陶。敞口，斜收腹甚，外壁上部拍印类梯格纹，下部拍印菱形云雷纹。口径24厘米。（图二三四，6；图二三六，5；彩版一三九，3）

G1④：40，泥质紫褐硬陶。宽折沿，拍印叶脉纹。口径14厘米。（图二三四，7；图二三六，6）

G1④：48，泥质紫褐硬陶。口沿外壁及收腹部位有灰白色斑点状爆汗釉，当为覆烧所致。拍印叶脉纹。口径16厘米。（图二三四，8；图二三六，7）

钵　G1④：1，泥质灰黑胎黑皮陶，外表附着少量烟炱。近平底。高6.8、口径12.5厘米。（图二三六，8；彩版一三九，4）

G1④：148，泥质灰褐色硬陶。斜收腹，平底，内底有拉坯的螺旋痕。线图箭头所示部位有凝聚成汗斑状的黄绿色爆汗釉。底径6厘米。（图二三六，9）

器盖　G1④：44，泥质红色硬陶。浅杯形盖纽。纽径8.2厘米。（图二三七，1）

G1④：34，泥质灰胎灰黑陶。烛台形盖纽。（图二三七，2）

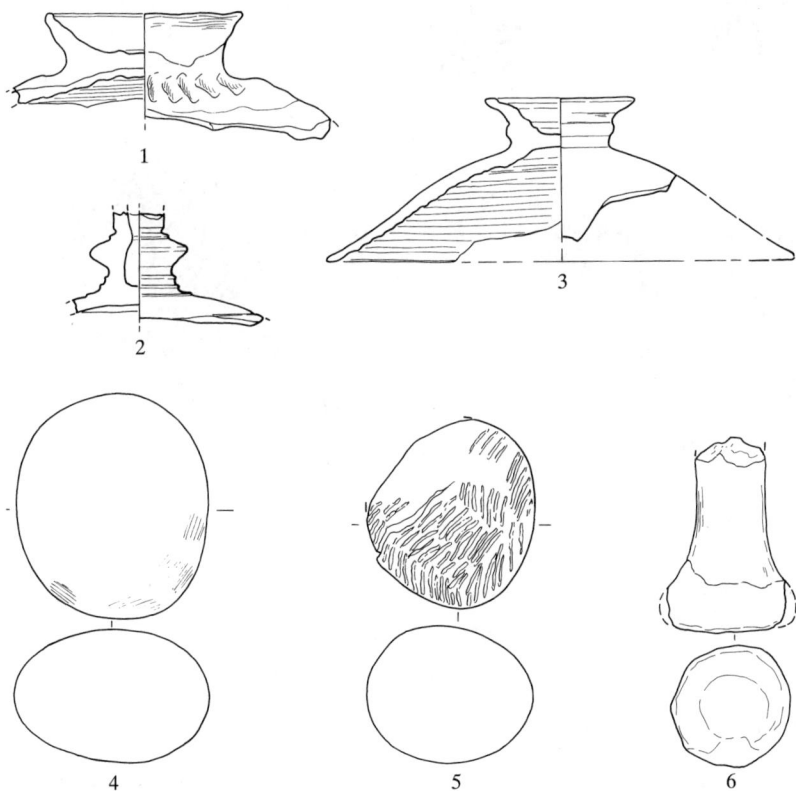

图二三七　G1第四阶段出土的陶盖、球、拍

1~3.器盖 G1④：44、34、149　4、5.球 G1④：5、14　6.拍 G1④：55（均为1/3）

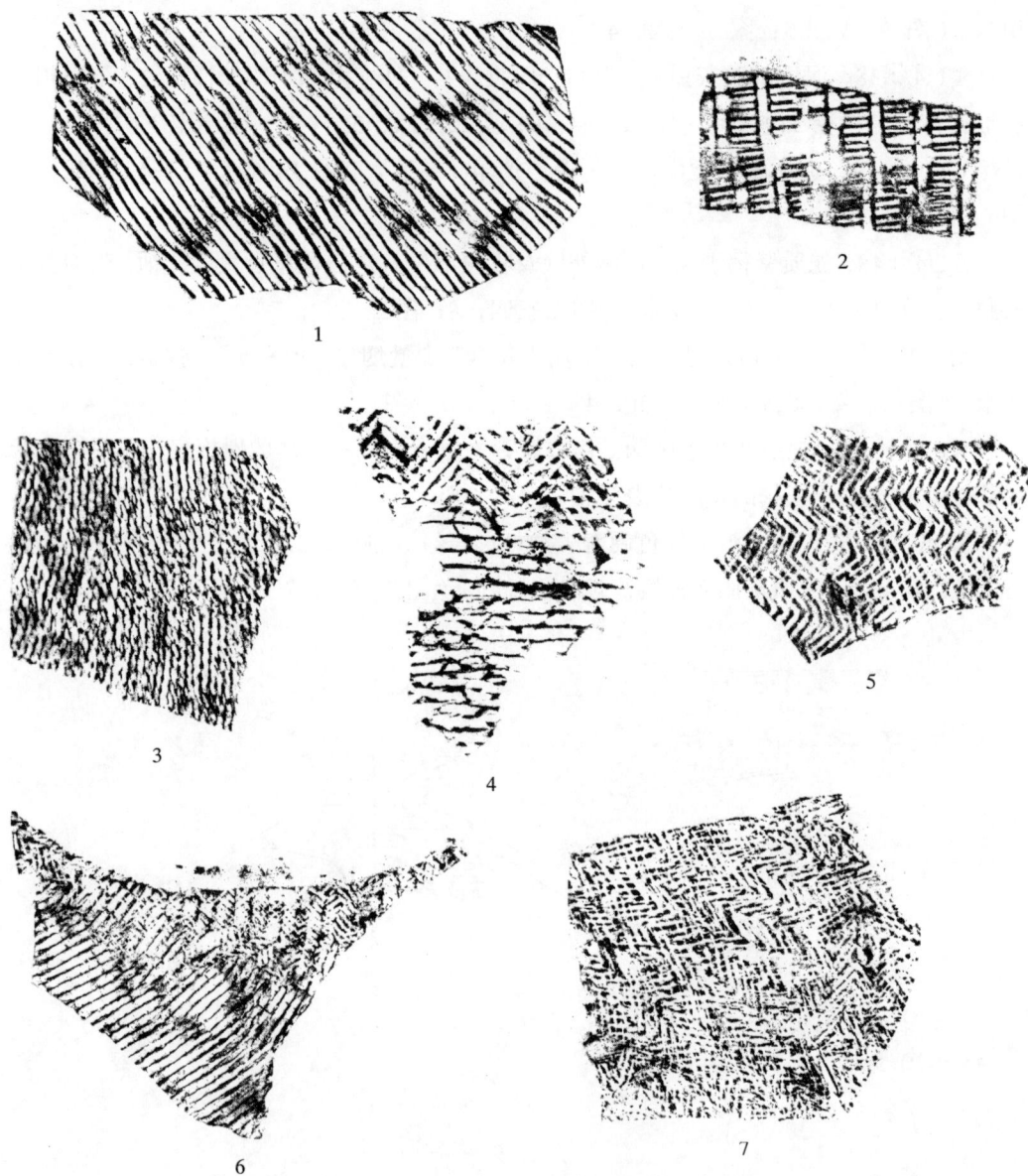

图二三八　G1 第四阶段出土的陶器纹饰拓本

1.条纹 G1④：100　2.梯格纹 G1④：41　3.绳纹 G1④：134　4.叶脉纹和条格纹 G1④：133　5.波折纹 G1④：96　6.条格纹和叶脉纹 G1④：28　7.波折纹 G1④：74（均为1/2）

　　G1④：149，泥质紫褐色硬陶。浅杯形盖纽，盖内面有轮修弦纹。盖高6.5、纽径6.2、盖径19.2厘米。（图二三七，3）

　　球　G1④：5，夹砂灰红陶。外壁有刮抹痕，整体呈扁圆形。长9、宽8、厚5.3厘米。（图二三七，4）

G1④：14，泥质青灰胎灰红陶。拍印条纹。长7.5、宽6.9、厚5.5厘米。（图二三七，5）

拍 G1④：55，粗泥褐陶。拍面周缘残损。残高8厘米。可能属于崧泽文化阶段器物。（图二三七，6）

拍印纹饰陶片 举例如下：

G1④：100，泥质灰红色陶，质地稍硬，外表着染红色。拍印条纹，但每条条纹内有横向的细小线，条纹之间互相连接，与条格纹不同。（图二三八，1）

G1④：41，泥质红陶。拍印梯格纹。（图二三八，2）

G1④：134，泥质黑色硬陶。拍印绳纹。（图二三八，3）

G1④：133，泥质紫褐色硬陶。拍印的叶脉纹叠压条格纹。（图二三八，4）

G1④：96，泥质紫褐色硬陶。拍印波折纹，波折纹实际上是将叶脉纹中间的竖向筋去掉即成。（图二三八，5）

G1④：28，泥质紫褐色硬陶。宽折沿，宽沿面上有多道弦纹，外壁拍印的斜向条格纹压颈部的近竖向叶脉纹。（图二三八，6）

G1④：74，泥质灰红陶，质地稍硬。拍印波折纹，但波折纹上下有极细的叶脉筋相连。（图二三八，7）

G1④：39，泥质红色硬陶。拍印叶脉纹。（图二三九，1）

G1④：78，泥质红褐色硬陶。拍印叶脉纹。（图二三九，2）

G1④：37，泥质红褐色硬陶。拍印叶脉纹。（图二三九，3）

G1④：144，泥质黄褐陶，质地稍硬。拍印菱形云雷纹。（图二三九，4）

G1④：87，泥质红褐色硬陶。拍印波折纹。（图二三九，5；彩版一三九，5）

G1④：21，泥质红褐色硬陶。过烧已可浮于水。拍印叶脉纹。（图二三九，6）

2. 石制品

钺（？） G1④：163，沁蚀呈青灰色，角岩。残孔双向琢打。残长8.4、宽7、厚1.4厘米。（图二四〇，1）

锛 G1④：10，青灰色，流纹岩。起段，刃部崩缺在正面。高5、宽4.1、厚1.2厘米。（图二四〇，2）

刀 G1④：8，黑色，角岩。双面刃，无刃脊线。残高6.5、残宽10、厚1.3厘米。（图二四〇，3）

G1④：86，黑色，角岩。狭长形，双面刃，刃脊线明晰。残长7.5、宽3.1、厚0.7厘米。（图二四〇，4）

G1④：107，沁蚀呈青灰色，角岩。单面刃。具体功用不明，暂归为刀类。（图二四〇，5）

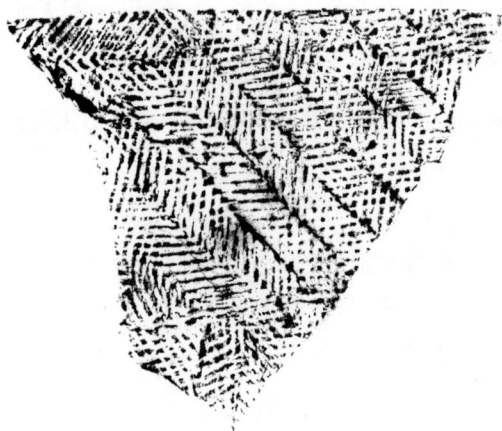

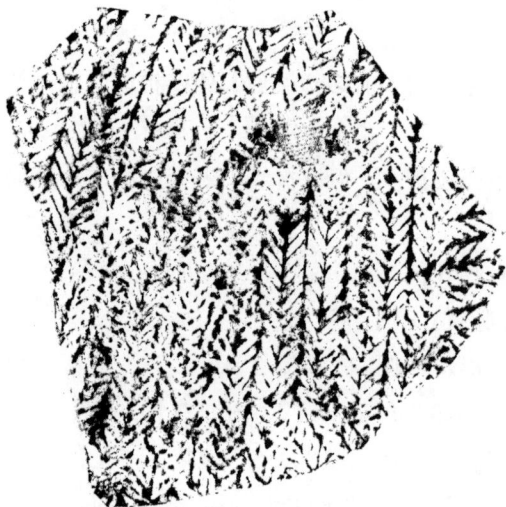

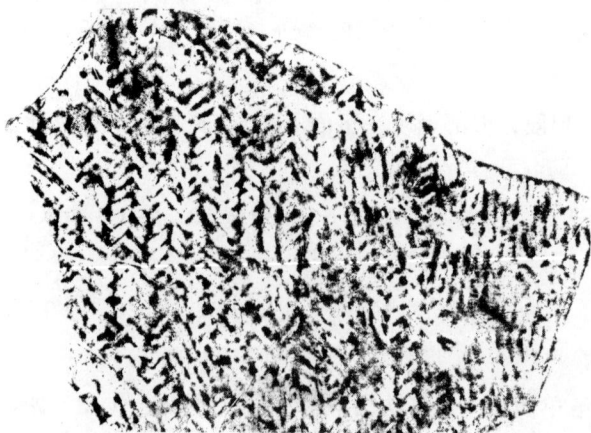

图二三九 G1 第四阶段出土的陶器
纹饰拓本

1. 叶脉纹 G1④：39 2. 叶脉纹 G1④：78 3. 叶脉纹 G1④：37 4. 菱形云雷纹 G1④：144 5. 波折纹 G1④：87 6. 叶脉纹 G1④：21（均为 1/2）

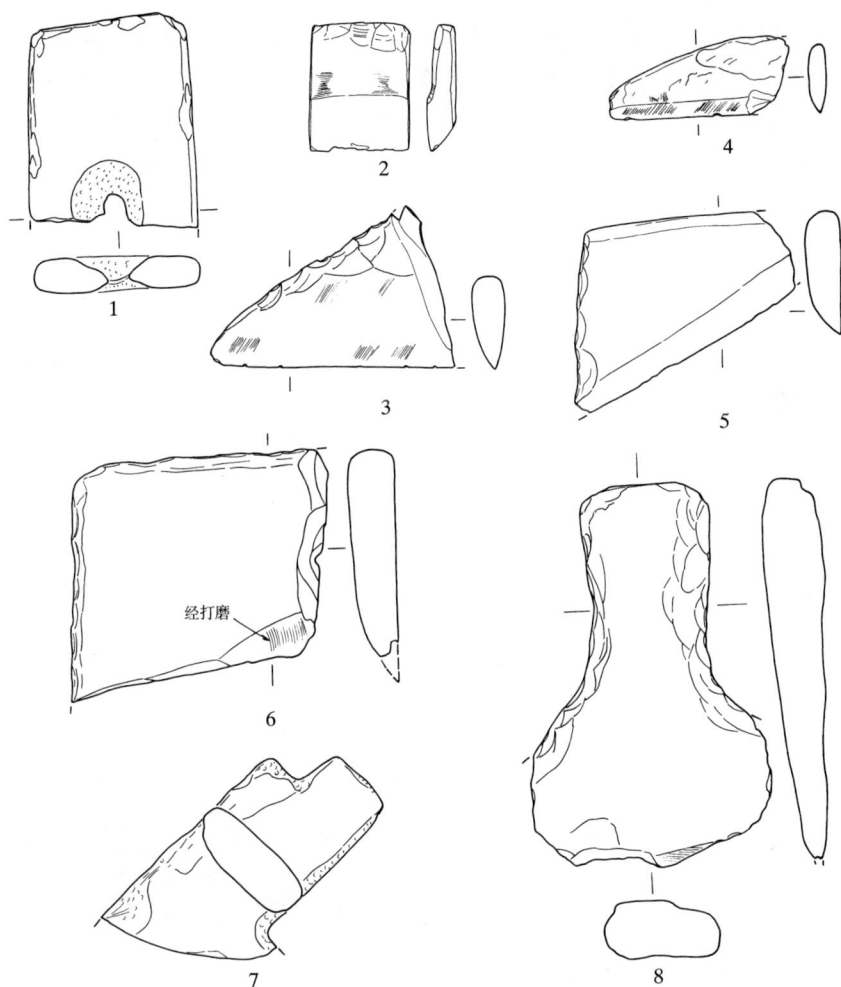

图二四〇　G1第四阶段出土的石器

1. 钺（？）G1④：163　2. 锛G1④：10　3、4. 刀G1④：8、86　5、6. 刀（？）G1④：107、150　7. 破土器G1④：106　8. 铲（耜）G1④：15（均为1/3）

G1④：150，沁蚀呈青灰色，角岩。具体功用不明，暂归为刀类。（图二四〇，6）

破土器　G1④：106，灰黑色，角岩。仅存柄端部位。厚1.9厘米。（图二四〇，7）

铲（耜）　G1④：15，青灰色，角岩。双肩琢打，刃部残损。残高15.5、残宽10、厚2.5厘米。（图二四〇，8）

（五）第五阶段

此阶段出土遗物较为丰富，其中陶器的种类和器形有所增加。炊器中仍以夹砂红陶、圆锥足的鼎鬲类为主，外壁拍印绳纹。泥质陶分为硬陶和相应的软陶两类，硬陶器类主要有罐、壶、三足盘等。罐多宽折沿，内凹底，沿面常发现有刻划符号；出现了在溜肩部位按贴双耳的内凹底罐，多拍印条纹、叶脉纹，少量的拍印斜方格纹和云雷纹等；有一类罐形体较大，口沿微敞，领部较长，或可称瓮，有泥质褐色硬陶和红色稍硬陶之分，后者器表外壁多着染红色；壶仍以鸭形壶为主，底部出现圈足，拍印的纹饰除了条纹外，还有少量的条格纹；三足盘大量出现，形制也较多。软陶中除了盆、豆盘外，瓲的数量较前段大为增加，底周缘斜外凸，外壁除弦纹外，多压印云雷纹等纹饰。石制品中发现直内有阑戈。

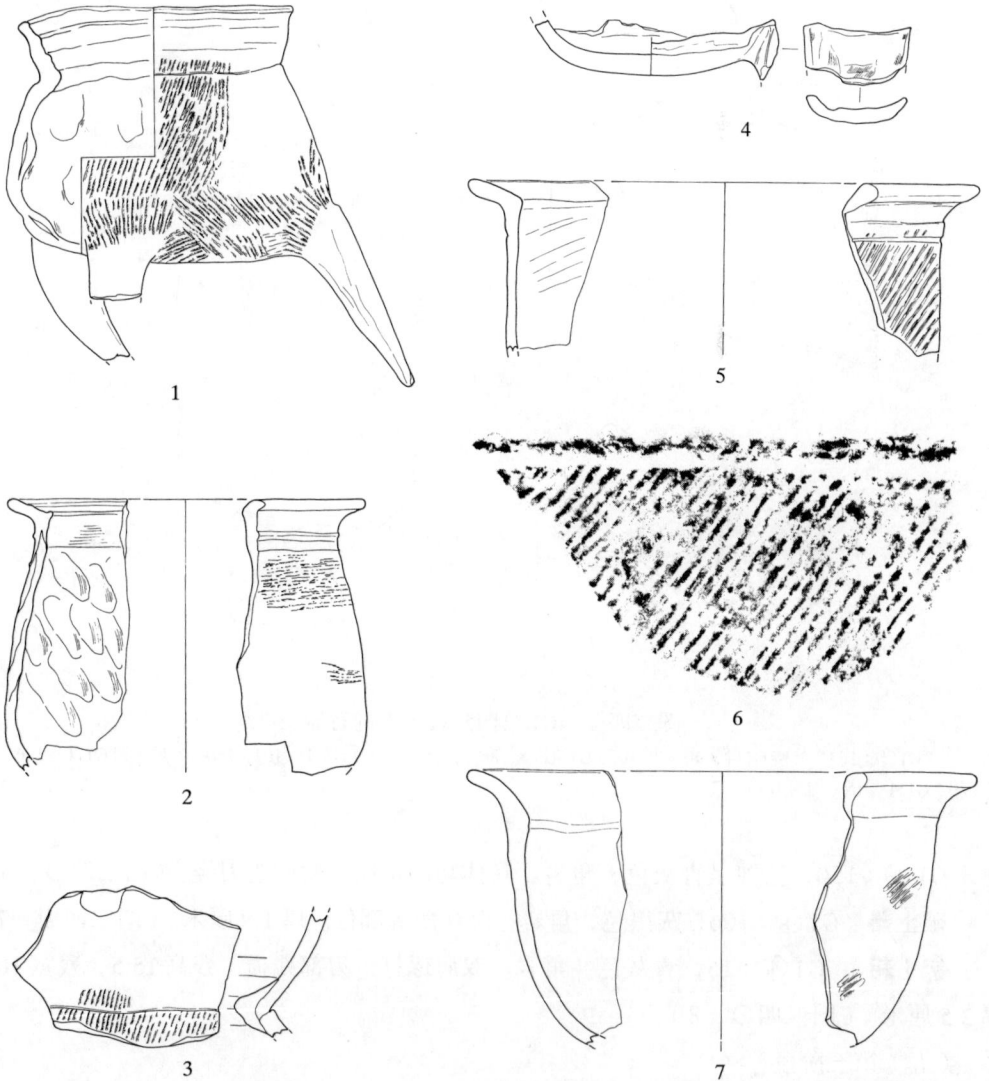

图二四一　　G1 第五阶段出土的鼎瓲类陶器

1. 鼎 G1⑤：1　2. 鼎 G1⑤：242　3. 瓲 G1⑤：99　4. 鼎 G1⑤：167　5. 鼎 G1⑤：65　6. 鼎 G1⑤：65纹饰拓本　7. 鼎 G1⑤：165（6 为 1/2，余为 1/4）

1. 陶制品

鼎甗类口沿、腹片　G1⑤：1，夹砂青灰褐陶。足尖残损，鼎身完整但过烧变形。侈口，鼎身外壁上部拍印斜向绳纹，下部拍印交错绳纹。高 20.4、口径 13.6 ~ 15.7 厘米。（图二四一，1；彩版一四〇，1）

　　G1⑤：242，鼎，夹砂红褐陶。宽折沿，鼎身剖面所见似捏片贴塑而成（？），外壁拍印横向绳纹。口径 20 厘米。（图二四一，2）

　　G1⑤：99，甗残片，夹砂灰红陶。甗体上下分段按接而成。（图二四一，3）

　　G1⑤：167，凹弧足的鼎底部，夹砂灰褐陶。（图二四一，4）

　　G1⑤：65，夹砂灰黑陶，还夹杂炭（"秕谷"？），使得内外壁多有气孔。宽折沿，拍印斜向条纹。此类鼎往往为凹弧足。口径 28 厘米。（图二四一，5、6）

　　G1⑤：165，夹砂红陶，外壁附着烟炱。翻沿，局部留有拍印的条纹。口径 28 厘米。（图二四一，7）

鼎甗类足　G1⑤：58，圆锥足，夹砂红陶。滚压细绳纹。（图二四二，1）

　　G1⑤：122，圆锥足，夹砂红褐陶。滚压绳纹，过烧，局部有气泡或开裂。（图二四二，2）

　　G1⑤：191，圆锥足。滚压绳纹，足根部捺圆窝。（图二四二，3）

　　G1⑤：145，短小圆锥足。滚压绳纹并在足根部捺圆窝。（图二四二，4）

　　G1⑤：153，足截面呈圆角长方形，夹砂灰红陶。（图二四二，5）

　　G1⑤：181，舌形足，夹砂灰褐陶，外壁附着烟炱。垂腹底部拍印有绳纹。鼎身局部剖面可见泥条盘筑痕迹。（图二四二，6）

　　G1⑤：43，凹弧足，夹砂灰红陶。（图二四二，7）

　　G1⑤：105，扁侧足，夹细砂灰黑陶。（图二四二，8）

　　G1⑤：51，鱼鳍形足，夹砂灰陶。线图着点部位着红衣。（图二四二，9）

　　G1⑤：52，凿形足。足根部呈圆拱形，中心有圆形捺窝，足中截面呈弧边三角形。当为崧泽文化时期遗物。（图二四二，10）

罐　G1⑤：270，泥质灰褐色硬陶。口唇部位略有残损，整器可拼合完整，过烧变形。宽折沿面上有多道凹弦纹，短颈，颈部以下拍印竖向叶脉纹，溜肩以下叶脉纹基本横向相叠，近底部为斜向交错。内凹底。高 30.2 ~ 31、口径 18.6、底径 10 厘米。（图二四三，1；彩版一四〇，2）

　　G1⑤：91，带耳罐，泥质紫灰色硬陶。翻沿，溜肩部位有耳印痕，内凹底。高 14 ~ 14.5、口径 12.8、底径约 6 厘米。（图二四三，2）

　　G1⑤：267，带耳罐，泥质紫褐（局部）红胎硬陶。翻沿，溜肩部位有约等距的耳印痕三个，外壁拍印短条纹，每条长约 1.5 厘米，交叉或局部呈矩形拍印。残高 16.2、口

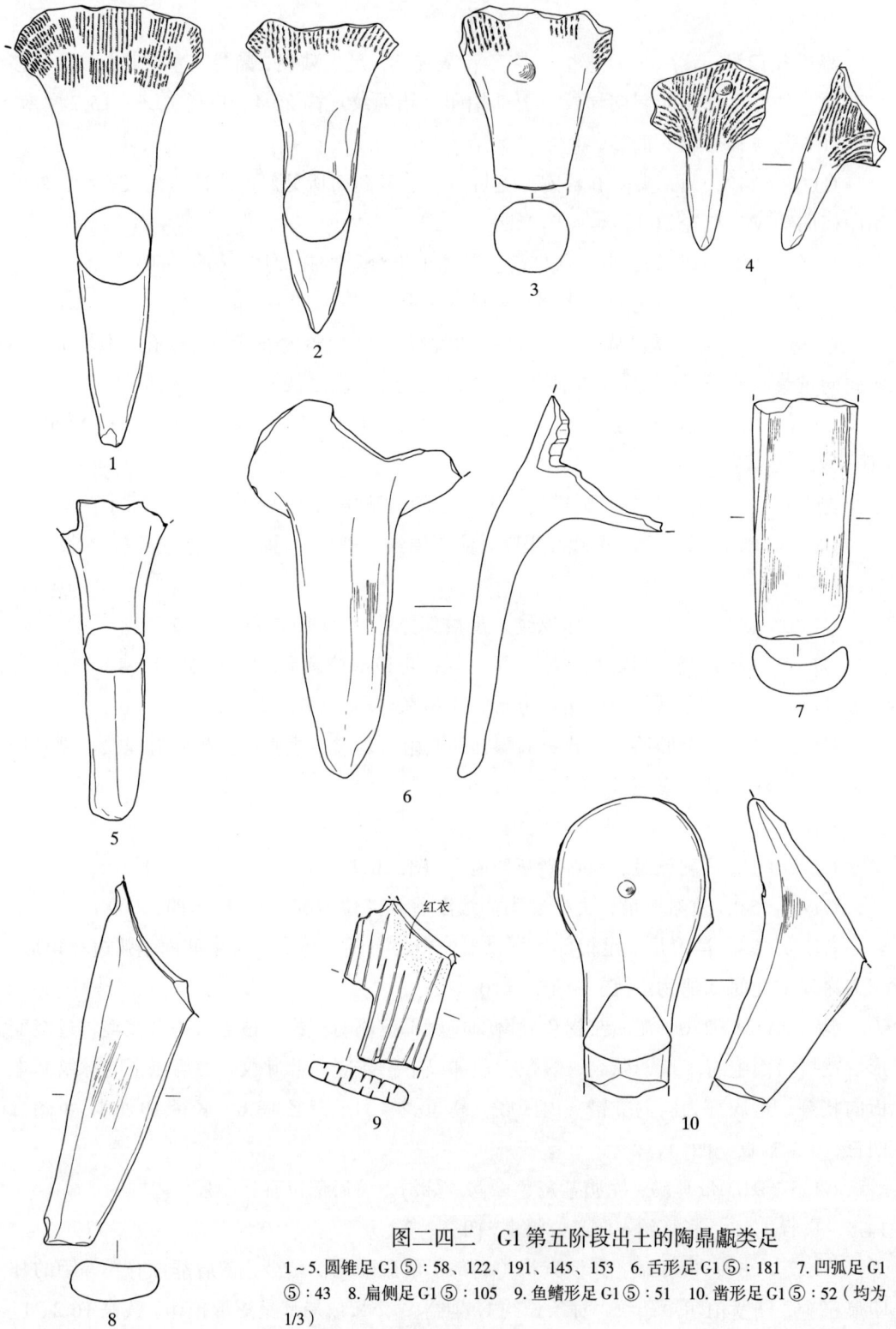

图二四二　G1 第五阶段出土的陶鼎甗类足

1~5. 圆锥足 G1 ⑤：58、122、191、145、153　6. 舌形足 G1 ⑤：181　7. 凹弧足 G1
⑤：43　8. 扁侧足 G1 ⑤：105　9. 鱼鳍形足 G1 ⑤：51　10. 凿形足 G1 ⑤：52（均为
1/3）

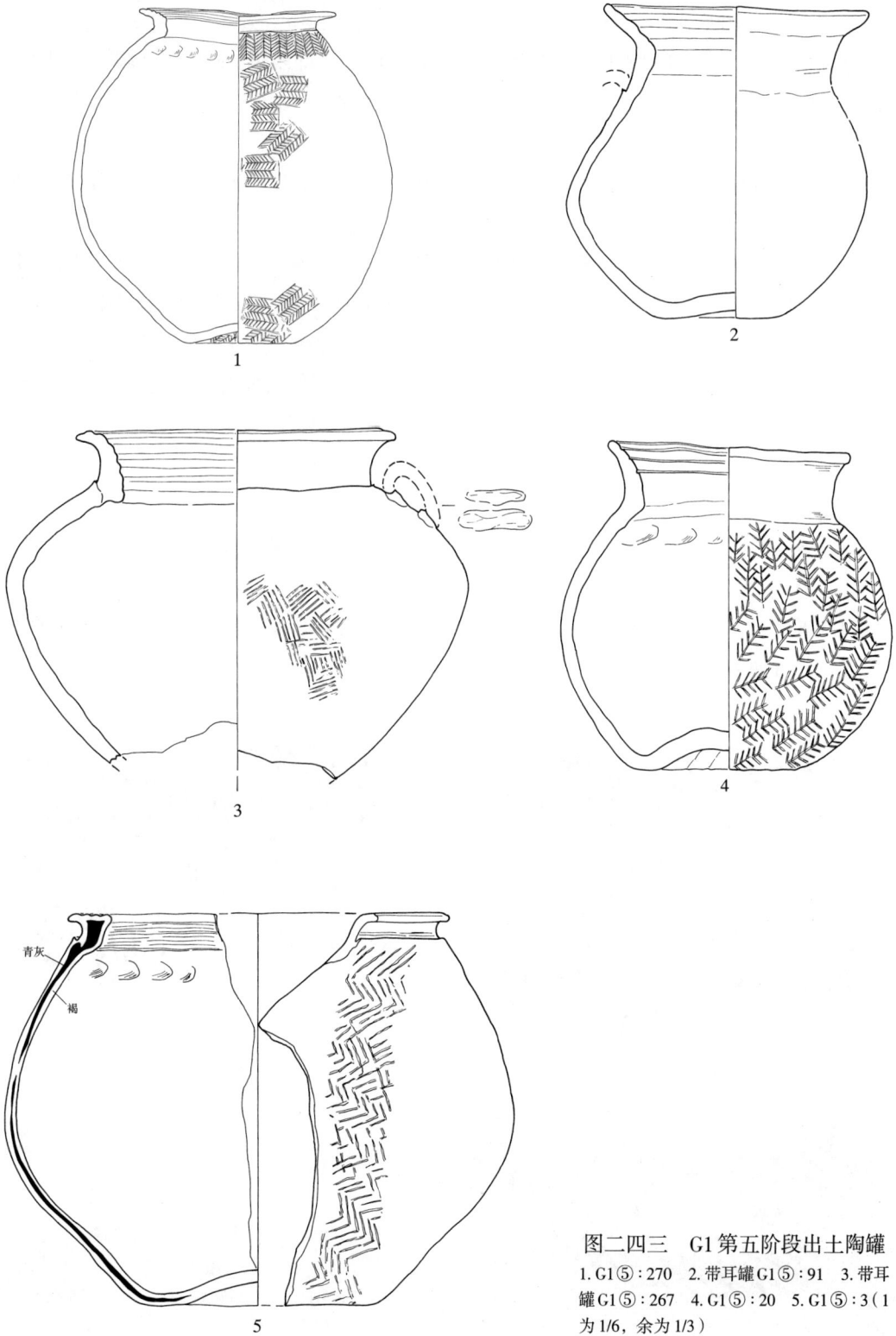

图二四三　G1第五阶段出土陶罐
1. G1⑤：270　2. 带耳罐G1⑤：91　3. 带耳
罐G1⑤：267　4. G1⑤：20　5. G1⑤：3（1
为1/6，余为1/3）

径 15.3 厘米。（图二四三，3；彩版一四〇，3）

G1⑤：20，泥质红色硬陶。整器略显不正，仅口沿局部残损。翻沿，鼓腹，内凹底，拍印叶脉纹。高 14.5～15.2、口径 10.9～11.6、底径约 8 厘米。（图二四三，4；彩版一四〇，4、5）

G1⑤：265，泥质紫褐胎硬陶。微耸肩，内凹底，外壁拍印云雷纹。外壁除着底面外另有深褐色爆汗釉。（彩版一四〇，6）

G1⑤：3，泥质青灰胎褐陶。宽平沿，鼓腹，凹底，拍印叶脉纹，但叶脉中间的筋不明显而呈波折纹样。高 18.1、口径 18、底径 11.2 厘米。（图二四三，5；图二四四，1；彩版一四一，1、2）

G1⑤：94，夹砂红陶，质地相对较硬。残，口沿一侧似按捏有流，腹部下垂，拍印条纹。口径 15 厘米。可能为鼎类。（图二四四，2；图二四五，1）

G1⑤：114，罐肩部，泥质青灰色硬陶。溜肩部位按贴环状耳，拍印竖向条纹。（图二四五，2）

G1⑤：37，泥质紫褐色硬陶。高领外翻，有过烧气泡，溜肩局部留有斜方格纹。口径 12 厘米。（图二四五，3）

G1⑤：183，泥质紫褐色硬陶。翻沿，溜肩部位留有耳痕。唇面及肩部有褐色爆汗釉。口径 16 厘米。（图二四五，4）

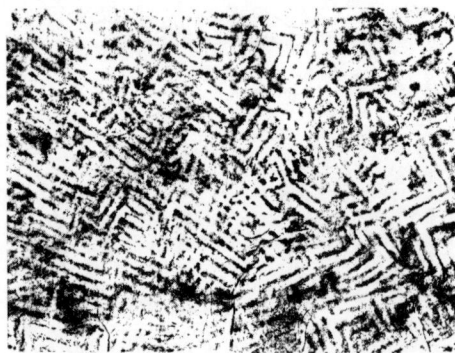

1

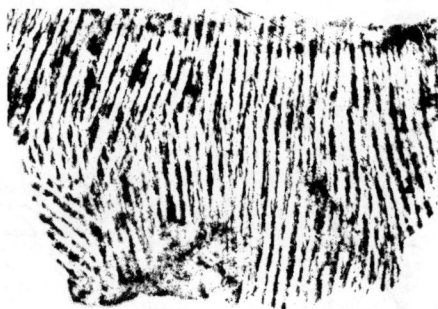

2

3

图二四四　G1 第五阶段出土的陶器纹饰
拓本

1. 波折纹 G1⑤：3　2. 条纹 G1⑤：94　3. 交错叶脉纹
G1⑤：69（均为 1/2）

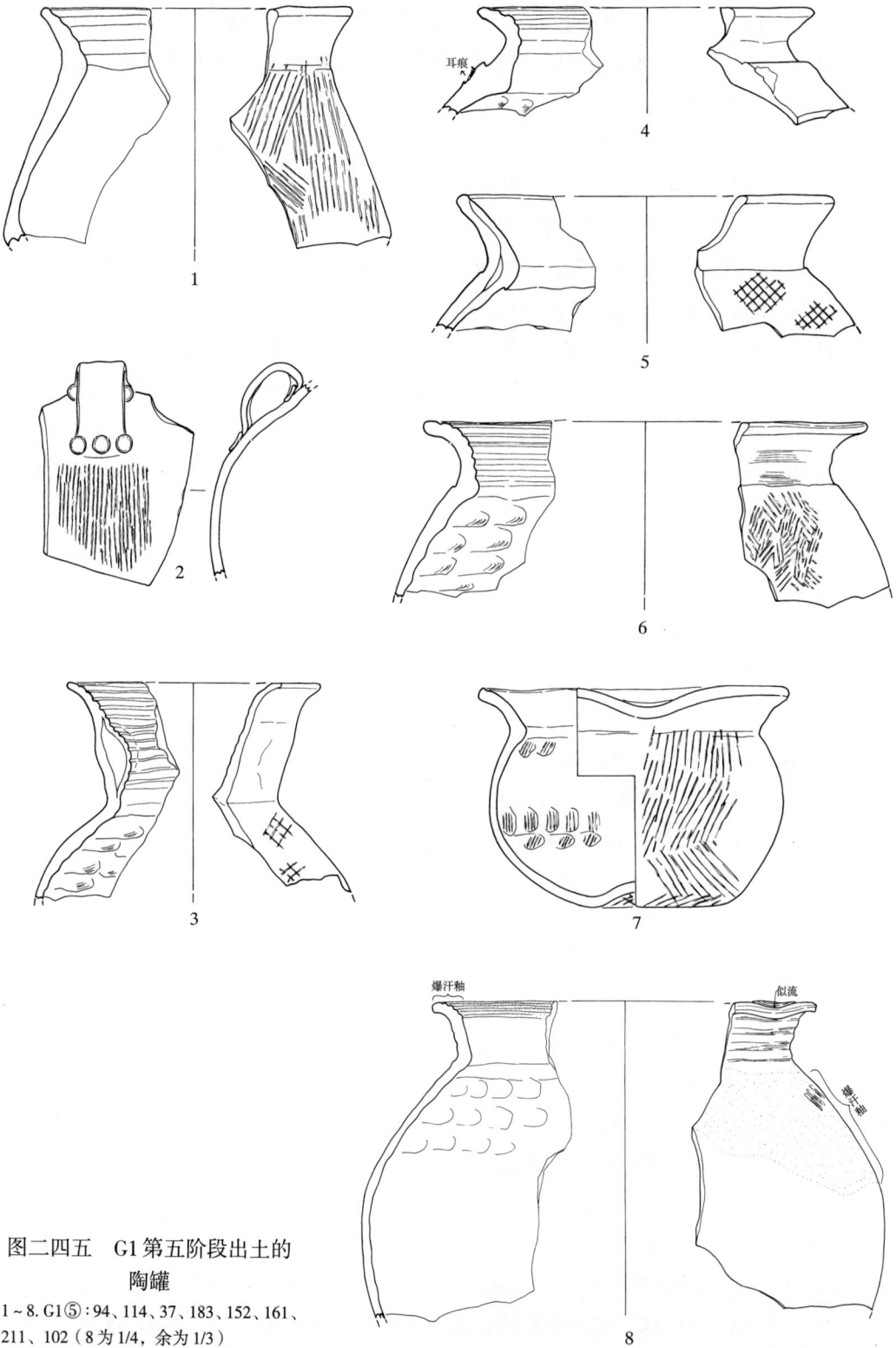

图二四五 G1 第五阶段出土的
陶罐

1~8. G1⑤：94、114、37、183、152、161、
211、102（8 为 1/4，余为 1/3）

G1⑤：152，泥质红色硬陶。侈口，拍印斜方格纹。口径18厘米。（图二四五，5）

G1⑤：161，泥质紫褐色硬陶。翻沿，拍印交错短条纹，局部形似斜角云雷纹。口径21厘米。（图二四五，6）

G1⑤：211，泥质紫褐色硬陶。一侧及底局部残损。侈口，口沿一侧按捺成流，内凹底。上腹部拍印斜向条纹，下腹部及底部条纹交错拍印，内壁有条纹垫痕。高10、口径14.5厘米。（图二四五，7；彩版一四一，3、4）

G1⑤：102，泥质紫色硬陶，外壁紫红色内壁灰褐色。翻沿，口沿一侧微按捺呈流状，线图着点处为爆汗釉范围，外壁局部有隐约的条纹。口径24厘米。（图二四五，8）

G1⑤：246，泥质紫褐硬陶。平折沿，拍印粗条纹。口径19厘米。（图二四六，1）

G1⑤：70，泥质红色硬陶。宽折沿，拍印条格纹。口径16厘米。（图二四六，2）

G1⑤：76，泥质红色硬陶。宽折沿，拍印方格纹。口径16厘米。（图二四六，3）

G1⑤：69，泥质青灰胎红色硬陶。宽折沿，拍印交错叶脉纹，每组由两小组叶脉组成。口径14.6厘米。（图二四四，3；图二四六，4）

G1⑤：172，泥质青灰胎紫褐色陶，质地稍硬。宽折沿面上刻划"W"形符号，拍印条格纹。口径22厘米。（图二四六，5；图二四七，1；彩版一四一，5）

G1⑤：73，泥质紫褐色硬陶。宽折沿面刻划")"形符号，拍印叶脉纹。口径24厘米。（图二四六，6；图二四七，2）

G1⑤：118，泥质紫褐色硬陶。宽折沿面上刻划"┓ ┗"形符号，外壁素面，或已将原先拍印的纹饰抹划干净。沿面至外壁有极薄的黄绿色釉。口径20厘米。（图二四六，7；图二四七，3；彩版一四二，1、2）

G1⑤：49，泥质青灰胎紫褐色硬陶。宽折沿面上刻划")))"形符号，拍印波折纹。口径18厘米。（图二四六，8；图二四七，4）

G1⑤：220，泥质红陶，质地稍硬。宽折沿面上刻划"十卅"形符号，溜肩，拍印基本横向的叶脉纹。口径16厘米。（图二四六，9；图二四七，5；彩版一四一，6）

G1⑤：269，泥质黑胎红色硬陶。宽折沿面上刻划"（（"符号，外壁拍印条格纹。口径18厘米。（图二四六，10；图二四七，6）

G1⑤：258，泥质紫褐色硬陶。宽折沿，唇内卷，沿面刻划"＋"字形符号，拍印条格纹。口径18厘米。（图二四六，11；图二四七，7）

G1⑤：133，泥质红色硬陶。直敛口，溜肩部位有穿孔，孔内径约1厘米。口径8厘米。（图二四八，1）

G1⑤：184，夹砂褐陶，外壁附着烟炱。拍印竖向梯格纹。（图二四八，2；图二四九，1）

G1⑤：170，敛口罐，泥质青灰胎灰黑陶。拍印斜向方格纹。口径约6厘米。（图二

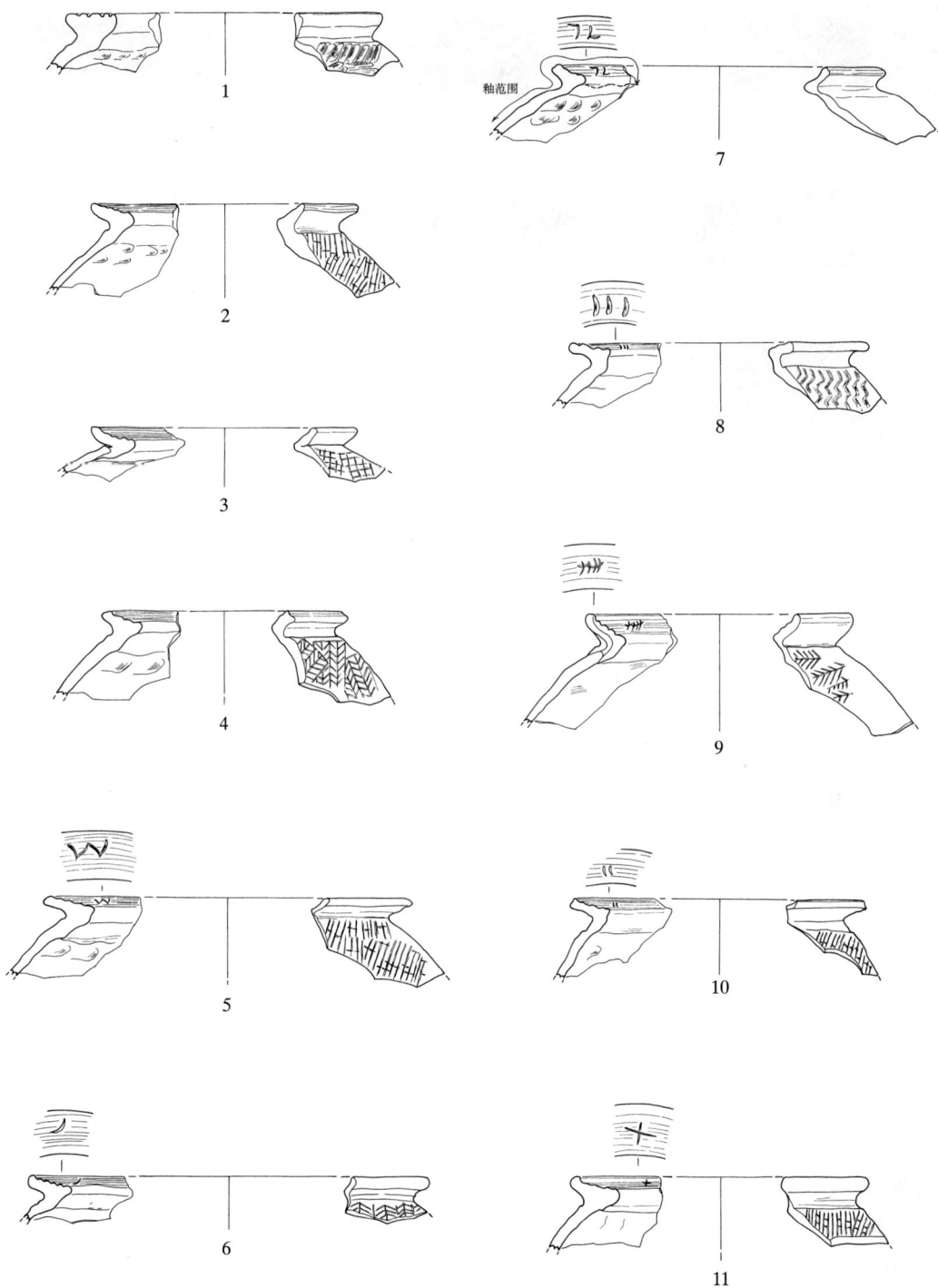

釉范围

图二四六　G1 第五阶段出土的陶罐

1～11. G1⑤：246、70、76、69、172、73、118、49、220、269、258（均为 1/4）

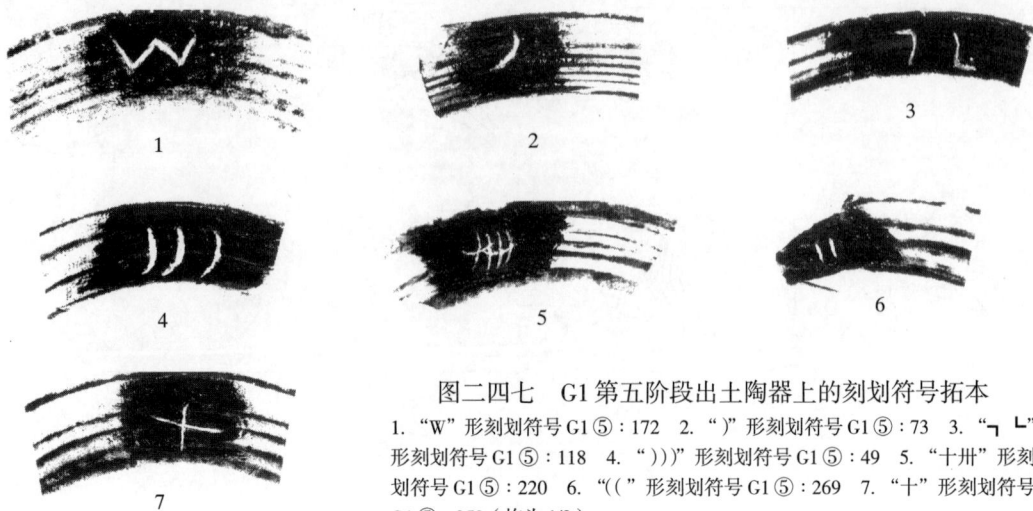

图二四七　G1第五阶段出土陶器上的刻划符号拓本

1. "W"形刻划符号 G1⑤：172　2. "）"形刻划符号 G1⑤：73　3. "┓┗"
形刻划符号 G1⑤：118　4. "）））"形刻划符号 G1⑤：49　5. "十卅"形刻
划符号 G1⑤：220　6. "（（"形刻划符号 G1⑤：269　7. "十"形刻划符号
G1⑤：258（均为1/2）

四八，4）

　　G1⑤：63，敛口罐，泥质黑－灰胎黑皮陶。拍印粗条纹。口径30厘米。（图二四
八，5）

　　G1⑤：54，泥质黑－灰胎黑皮陶。领部较高，唇外翻，拍印斜角相交的编织纹。口
径26厘米。（图二四八，6）

　　G1⑤：106，夹砂灰黑陶。肩部刻划双线斜网格纹饰。（图二四八，7）

　　G1⑤：107，夹砂灰黑陶。肩部刻划波折状纹饰。（图二四八，8）

　　G1⑤：176，夹砂、夹炭褐陶。子母口。口径10.6厘米。（图二四八，9）

　　G1⑤：240，泥质黑灰陶，质地甚硬。颈腹部有多道凹凸弦纹，腹部以下拍印斜向
小方格纹。口径10厘米。（图二四八，10）

　　罐底片　G1⑤：182，内凹底，泥质黑褐色硬陶。拍印叶脉纹。（图二四八，11；图
二四九，2）

　　G1⑤：180，内凹底，泥质黑胎红硬陶。拍印交错重叠的圆角云雷纹，难以确认具
体单元。（图二四八，12；图二四九，3）

　　G1⑤：71，内凹底，泥质红褐色硬陶。拍印交错的条格纹，凹底剖面可见明显的贴
塑痕。（图二四九，4）

　　瓮　G1⑤：84，泥质红陶，质地稍硬。口沿内面及外壁着染红色，拍印条纹。口径
约40厘米。（图二四八，3）又G1⑤：234，泥质紫褐色硬陶。口腹较直，拍印细条纹，
口径约40厘米。

　　鸭形壶　G1⑤：226，泥质青灰－紫灰胎紫褐色硬陶。拍印较为少见的条格纹，内
壁有绳纹垫痕。

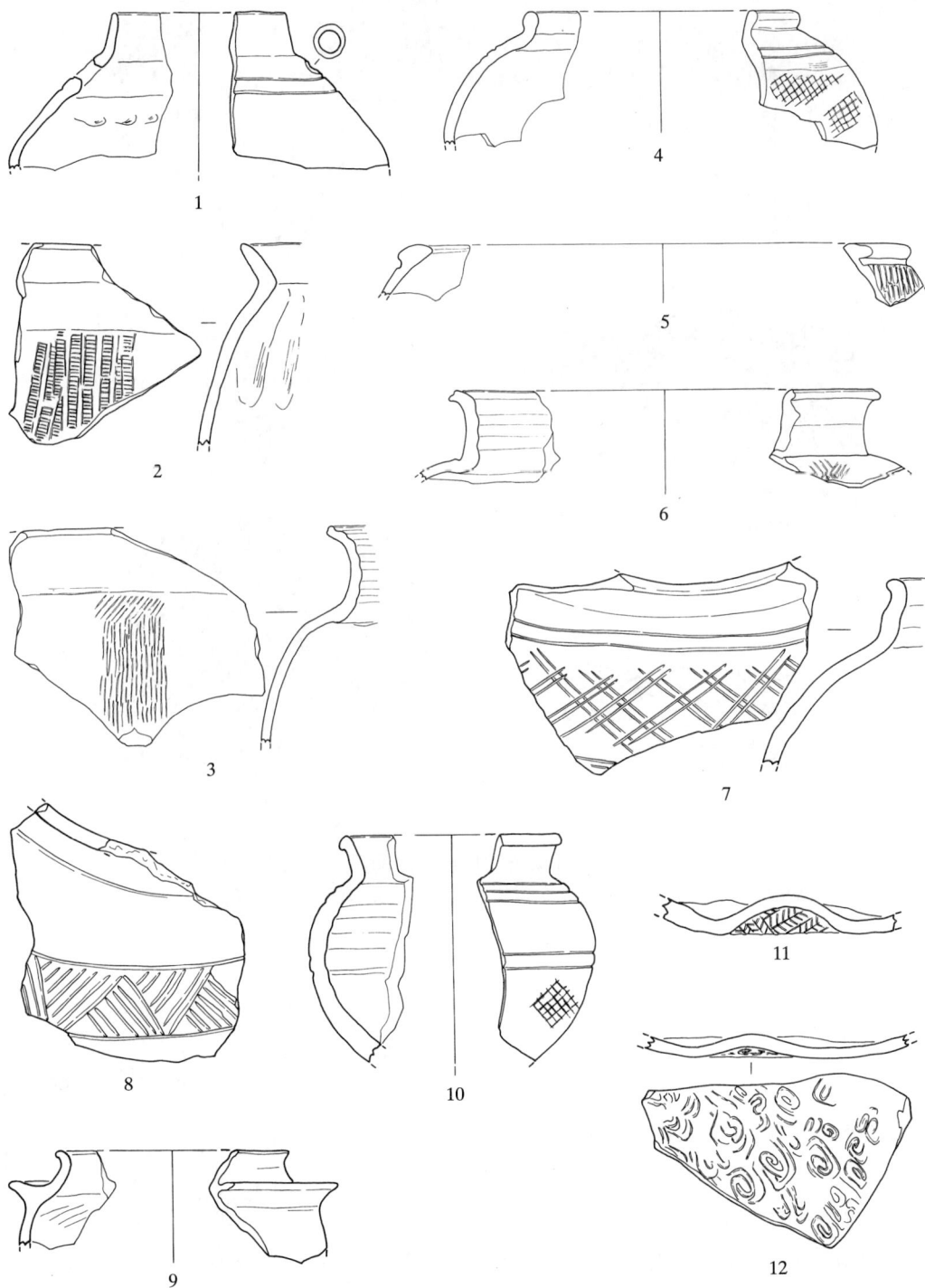

图二四八　G1第五阶段出土的瓮罐类陶器

1、2.罐 G1⑤:133、184　3.瓮 G1⑤:84　4、5.敛口罐 G1⑤:170、63　6.罐 G1⑤:54　7、8.罐肩部残片 G1⑤:106、107　9.罐 G1⑤:176　10.罐 G1⑤:240　11、12.罐底片 G1⑤:182、180（3～6为1/4，余为1/3）

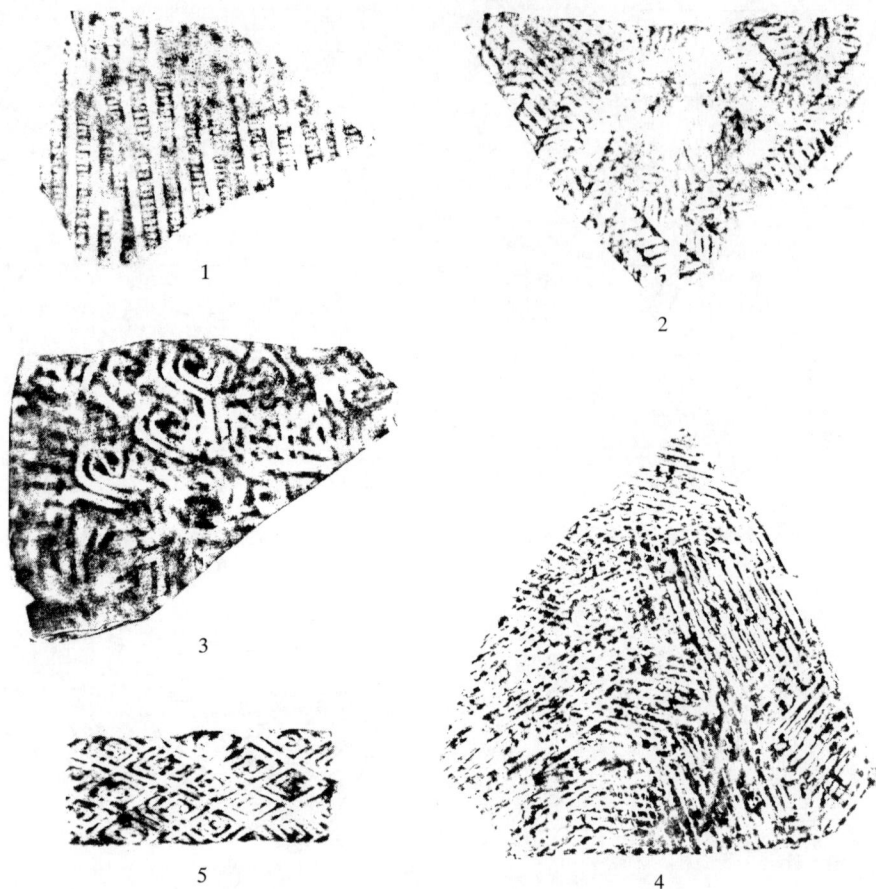

图二四九　G1第五阶段出土的陶器纹饰拓本

1.竖向梯格纹 G1⑤：184　2.叶脉纹 G1⑤：182　3.圆角云雷纹 G1⑤：180　4.条格纹 G1⑤：71　5.
菱形云雷纹 G1⑤：212（均为1/2）

G1⑤：116，泥质紫褐色硬陶。鸭尾上部可见明显的交互粘贴痕迹。

G1⑤：212，把手，泥质紫褐色硬陶。压印菱形云雷纹。（图二四九，5）

G1⑤：4，泥质紫褐色硬陶。口沿部位略残，整器相对于同类鸭形壶颈高而体短。器腹拍印条纹。高9.4、复原口径8、圈足径4.3～4.7，体长9.5厘米。（图二五〇；彩版一四二，3～5）

豆类　G1⑤：179，豆柄，泥质黑—灰

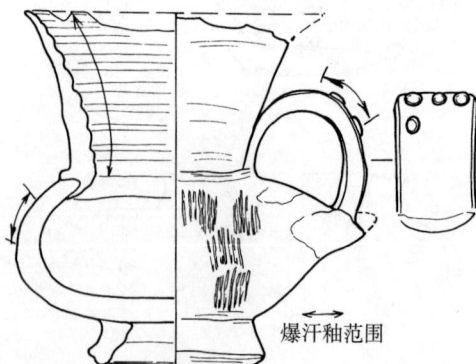

图二五〇　G1第五阶段出土的
陶鸭形壶 G1⑤：4（1/2）

胎黑陶。豆柄上装饰凹凸弦纹且有两个圆形镂孔。（图二五一，1）

　　G1⑤：48，豆柄，泥质黑－灰胎黑皮陶。豆柄上下施有两组多道凹弦纹。圈足高13.1、圈足径16厘米。（图二五一，2）

　　G1⑤：207，豆柄，泥质黑皮陶。豆柄内壁有斜向和横向的制作痕。豆柄上部压印双向小尖喙状纹饰。底径9.6厘米。（图二五一，3）

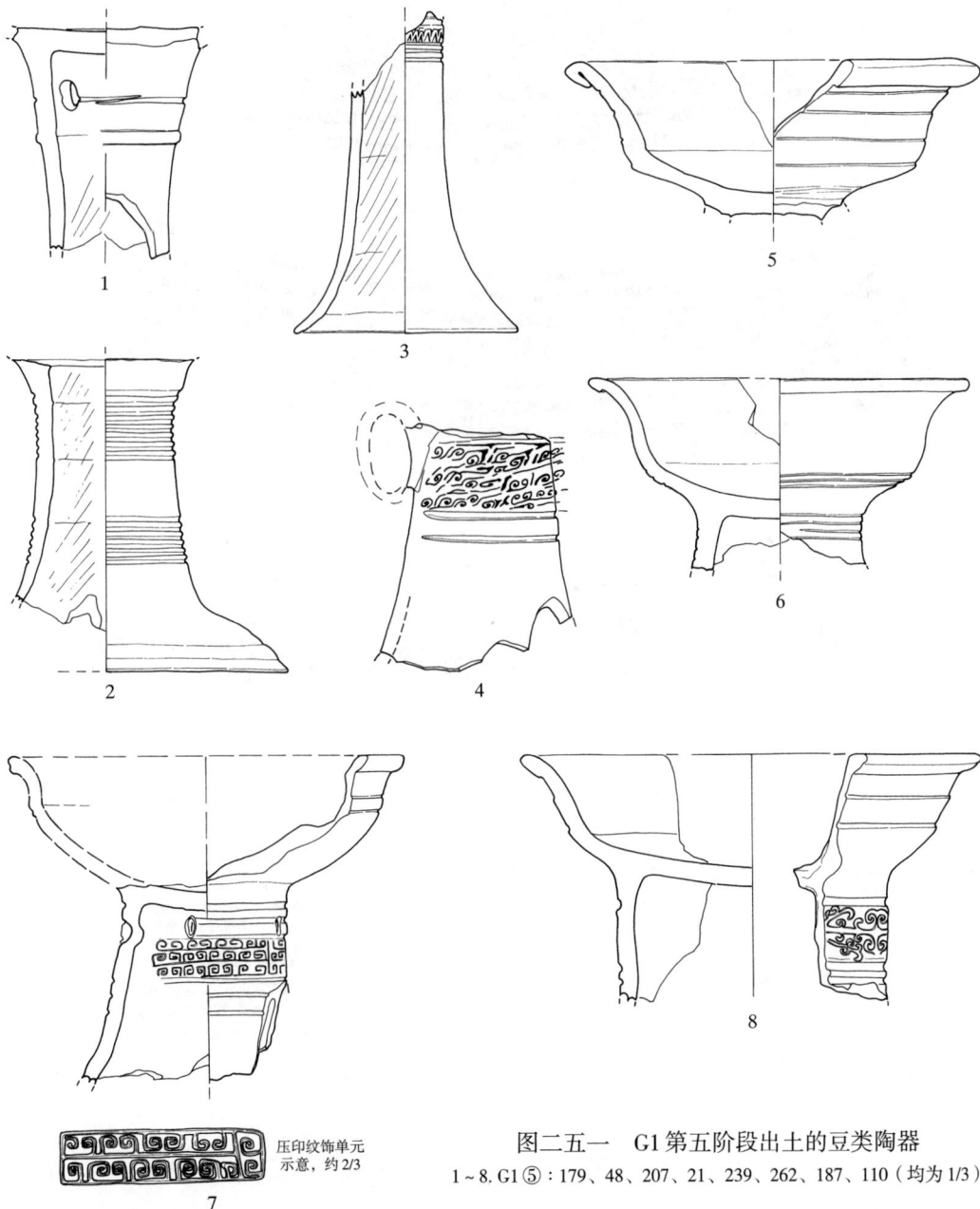

图二五一　G1第五阶段出土的豆类陶器

1~8. G1⑤：179、48、207、21、239、262、187、110（均为1/3）

G1⑤：21，豆柄，泥质青灰胎黑皮陶。豆柄上部一侧留有把手残痕，压印纹饰，纹饰多交错重叠，具体纹饰单元不清。（图二五一，4；图二五二，1；彩版一四三，1、2）

G1⑤：239，泥质黑—灰胎灰黑陶。唇外卷，折腹。口径18厘米。（图二五一，5）

G1⑤：262，泥质灰褐胎灰陶。唇外卷，弧折腹。残高8、口径16.5厘米。（图二五

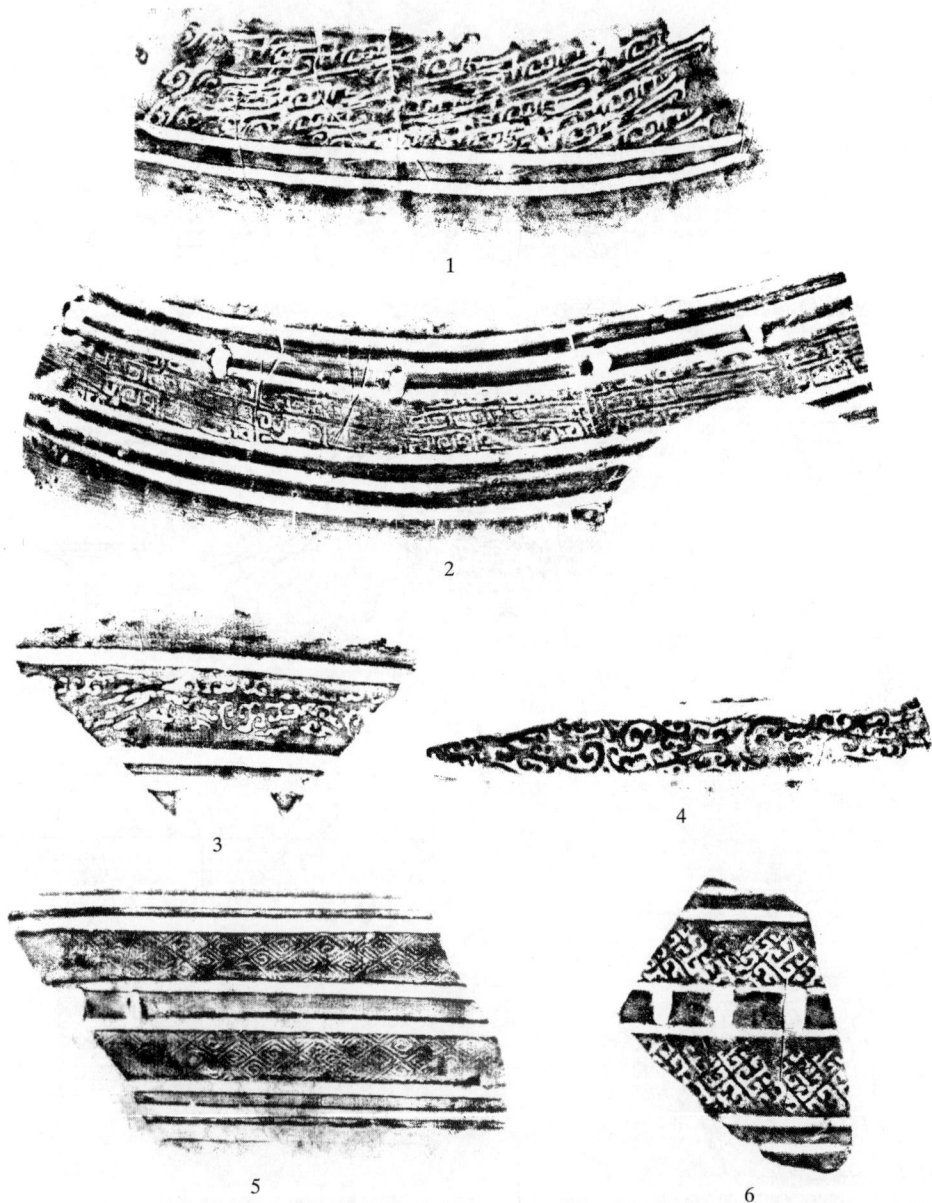

图二五二　G1第五阶段出土的陶器纹饰拓本

1.压印纹饰 G1⑤：21　2.压印纹饰 G1⑤：187　3.压印纹饰 G1⑤：110　4."X"形卷云纹 G1⑤：5　5.菱形云雷纹和弦纹 G1⑤：141　6.压印纹饰 G1⑤：252（均为1/2）

一，6）

G1⑤：187，泥质黑—灰胎灰黑陶。折沿，唇外翻，豆柄凹弦纹处戳按椭圆形窝，另压印纹饰，纹饰结构见示意图。残高13.5、口径17厘米。（图二五一，7；图二五二，2；彩版一四三，3、4）

G1⑤：110，泥质灰黑胎黑皮陶。圈足部位压印纹饰，单元交错相叠结构不明，但其基本结构类似G1⑤：5。残高10.3、口径20厘米。（图二五一，8；图二五二，3）

G1⑤：5，泥质黑—灰胎黑皮陶。盘体残损。圈足上压印纹饰后再抹划弦纹，压印纹饰单元互有重叠。复原纹饰单元参见线图所示，其结构呈横向的"X"形，附着卷云纹，上下再添加三角形结构，均以阳文表述。残高9.5、圈足径16.7厘米。（图二五二，4；图二五三，1；彩版一四四，1、2）

G1⑤：141，泥质灰陶。残存圈足，压印菱形云雷纹后再行抹划弦纹，弦纹间还按戳长方形窝。圈足上径15厘米。（图二五二，5；图二五三，2；彩版一四四，3）

G1⑤：146，泥质青灰胎黑皮陶。仅存圈足下部，压印纹饰。圈足径19.5厘米。（图二五三，3）

G1⑤：213，泥质青灰胎灰黑陶。圈足上有戳按的成组长方形窝和弦纹。（图二五三，4）

G1⑤：252，泥质黑—灰白胎灰黑陶。仅为圈足残片。除长方形戳窝和弦纹外，另压印斜向的纹饰。纹饰单元呈圆角长方形，由两组纹饰组成，结构如线图所示。（图二五二，6；图二五三，5；彩版一四四，4）

G1⑤：158，泥质灰陶。压印纹饰由螺旋线和小尖喙组合而成。（图二五三，6；彩版一四四，5）

G1⑤：31，泥质青灰胎灰褐陶。敞口，折腹。口径11厘米。（图二五三，7）

G1⑤：237，泥质灰黑陶。矮圈足上有圆形镂孔三个。圈足径13厘米。应为崧泽文化阶段遗物。（图二五三，8）

G1⑤：268，泥质红褐色硬陶，但圈足内面呈红色。仅口沿局部残损。坦腹，平唇面上有多道弦纹。盘内面有拉坯制作痕，圈足外壁另有轮修的弦纹。高13.5～14.3、口径19、圈足径12.5～13厘米。（图二五四，1；彩版一四四，6）

G1⑤：55，泥质紫褐色硬陶。敞口，唇内敛，圈足外撇，有两个圆形镂孔。盘内面留有拉坯痕。高12.3、口径18、圈足径10.6～10.9厘米。（图二五四，2；彩版一四五，1）

G1⑤：263，泥质灰黄色硬陶。坦腹，矮圈足切剔三个约等距的半圆形凹缺。盘内面有拉坯痕，外壁留有刮削痕迹。高9.7～10.4、口径19、圈足径8.5厘米。（图二五四，3；彩版一四五，2、3）

G1⑤：64，原始瓷（？）豆，胎质呈灰白色，豆盘内外壁均有一层黄绿色爆汗釉。口

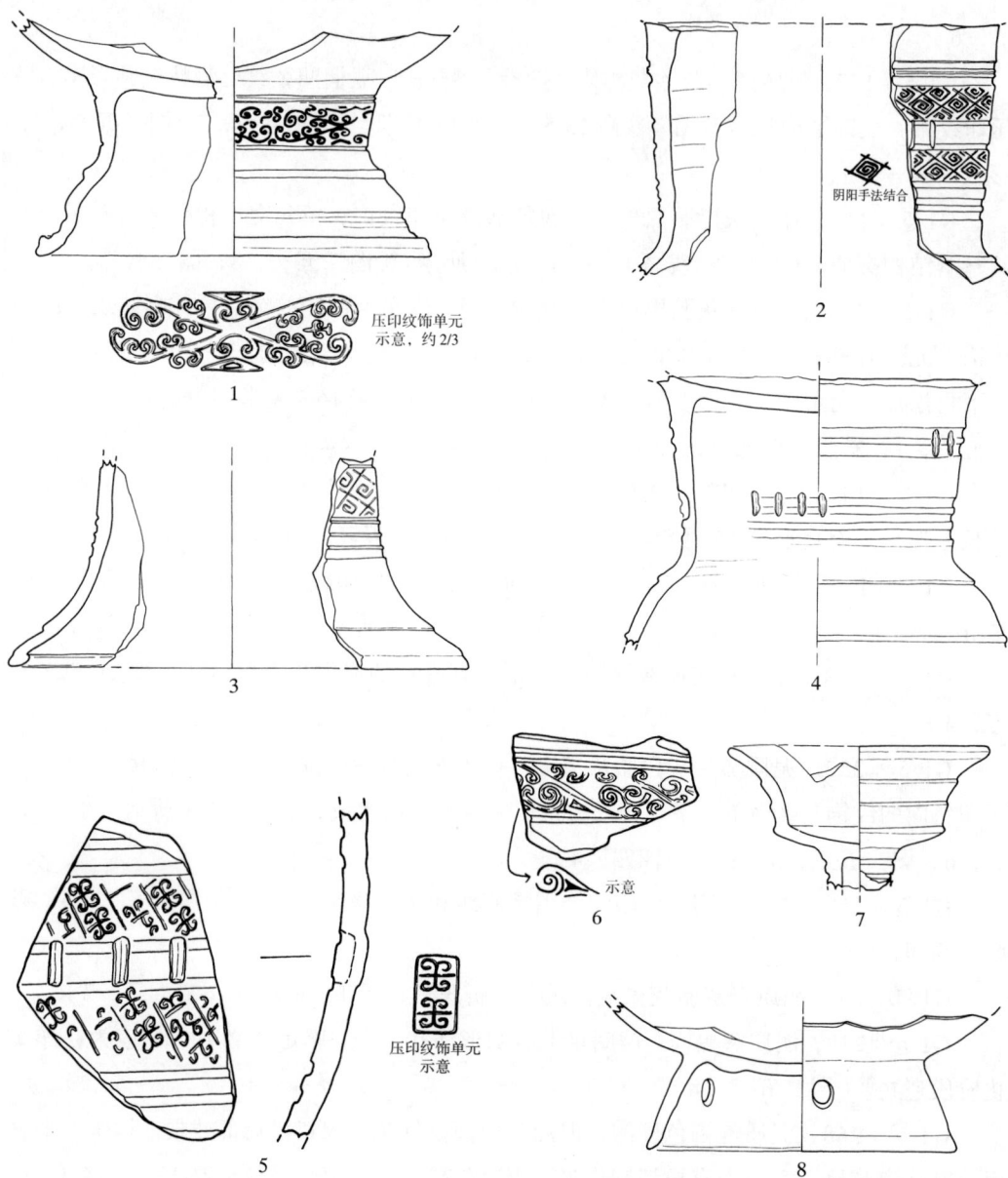

图二五三　G1第五阶段出土的豆类陶器

1~8. G1⑤：5、141、146、213、252、158、31、237（5、6为1/2，余为1/3）

径18厘米。（图二五四，4；彩版一四五，4、5）另件标本 G1⑤：61，胎质灰白色，内外壁均有一层黄绿色爆汗釉。唇面有弦纹多道，内壁相对较厚。口径约18厘米。（彩版一四五，6、7）以上两件可与 G1⑤：56、62配伍。

　　G1⑤：264，泥质紫褐色硬陶。平唇外展，坦腹，内壁有多道轮制弦纹，并有灰白

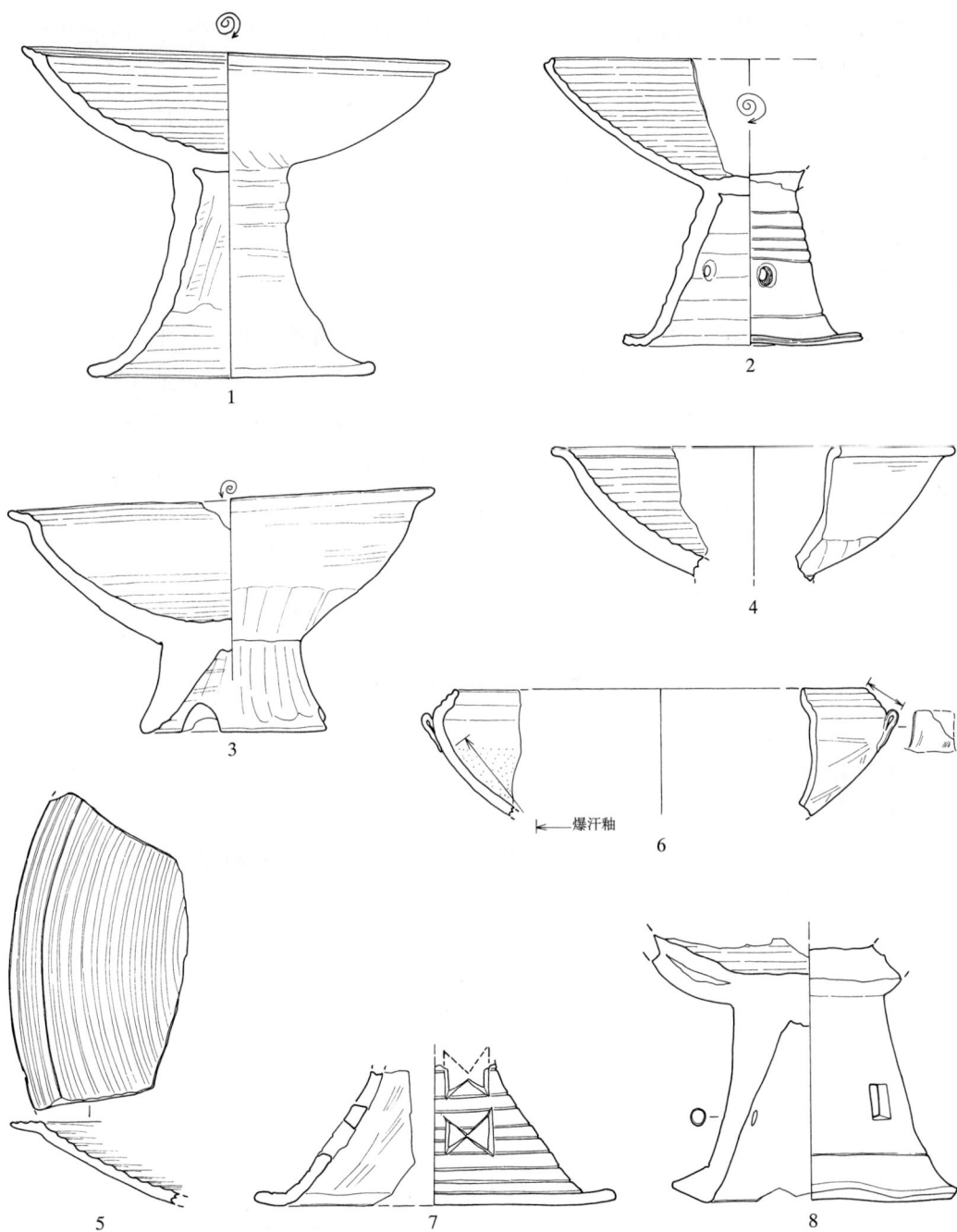

图二五四 G1第五阶段出土的豆类陶器

1～3. 豆 G1⑤：268、55、263 4. 原始瓷（？）豆 G1⑤：64 5～7. 豆 G1⑤：264、222、77 8. 原始瓷（？）豆 G1⑤：254
（均为1/3）

色点状爆汗釉。口径大于 30 厘米。（图二五四，5；彩版一四六，1、2）

G1⑤：222，泥质紫褐色硬陶。敛口，外壁按贴扁环状耳。口外壁及相应盘内面有灰白色点状爆汗釉。口径 18 厘米。（图二五四，6）

G1⑤：77，泥质紫褐色硬陶。圈足外撇，上有"⋈"形镂孔。圈足径 16 厘米。（图二五四，7）

G1⑤：254，原始瓷（？）豆，泥质灰白色胎，盘内面及圈足外壁有一层黄绿色爆汗釉。过烧变形。圈足有基本对称的圆形和长方形镂孔各一。残高 11.5、圈足径 12.5 厘米。（图二五四，8；彩版一四七，1～3）

G1⑤：56，原始（？）瓷豆，胎质呈青灰色。盘内面有黄绿色爆汗釉，还留有拉坯痕迹，盘内面另有呈环周状的垫痕，垫痕径约与该件豆的底径接近，应该是叠烧所致。圈足底另有三个三角形的切剔凹缺。底径 8.7 厘米。（图二五五，1；彩版一四六，3、4）

G1⑤：62，泥质紫褐色硬陶，质地甚硬，外壁似有一层褐色涂层（釉？）。底径 8 厘米。（图二五五，2；彩版一四六，5、6）

G1⑤：244，泥质红色硬陶。圈足上部留有横向的旋痕，当是豆盘、圈足分别制作时轮修（轮制？）所致。外壁刻划图案，图案结构见线图所示。底部还有三角形的切剔凹缺，可能为三个。圈足高 8 厘米。（图二五五，3；图二五六，1；彩版一四七，4～6）

瓦足皿　G1⑤：115，泥质青灰胎黑皮陶。唇外折，坦腹。高 7.6、口径 19.6 厘米。（图二五七，1）

三足盘　G1⑤：189，泥质红褐陶，质地稍硬。敛口，坦腹。残高 6、口径约 18 厘米。（图二五七，2）

G1⑤：7，泥质紫褐色硬陶，外壁着黑。翻沿，紧凑的三足横截面呈弧边的梯形。残高 6、口径 14 厘米。（图二五七，3；彩版一四八，1、2）

G1⑤：151，泥质紫褐色硬陶。微折腹，三足安置甚为分离，足截面呈梯形。盘内

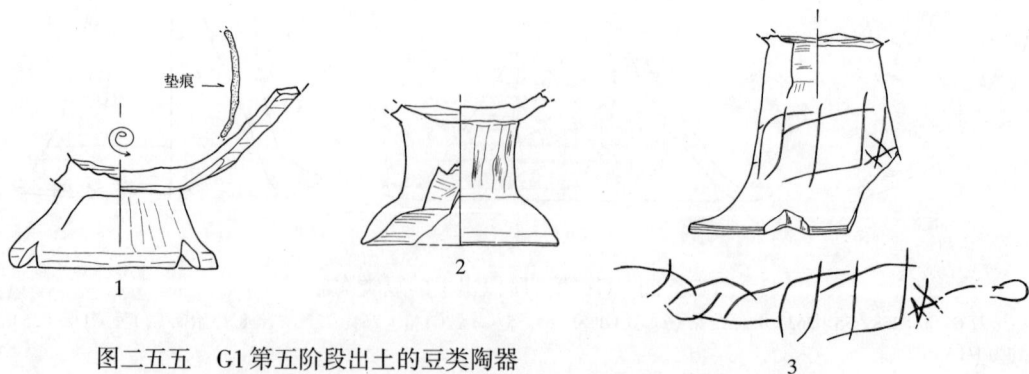

图二五五　G1 第五阶段出土的豆类陶器
1～3. G1⑤：56、62、244（均为 1/3）

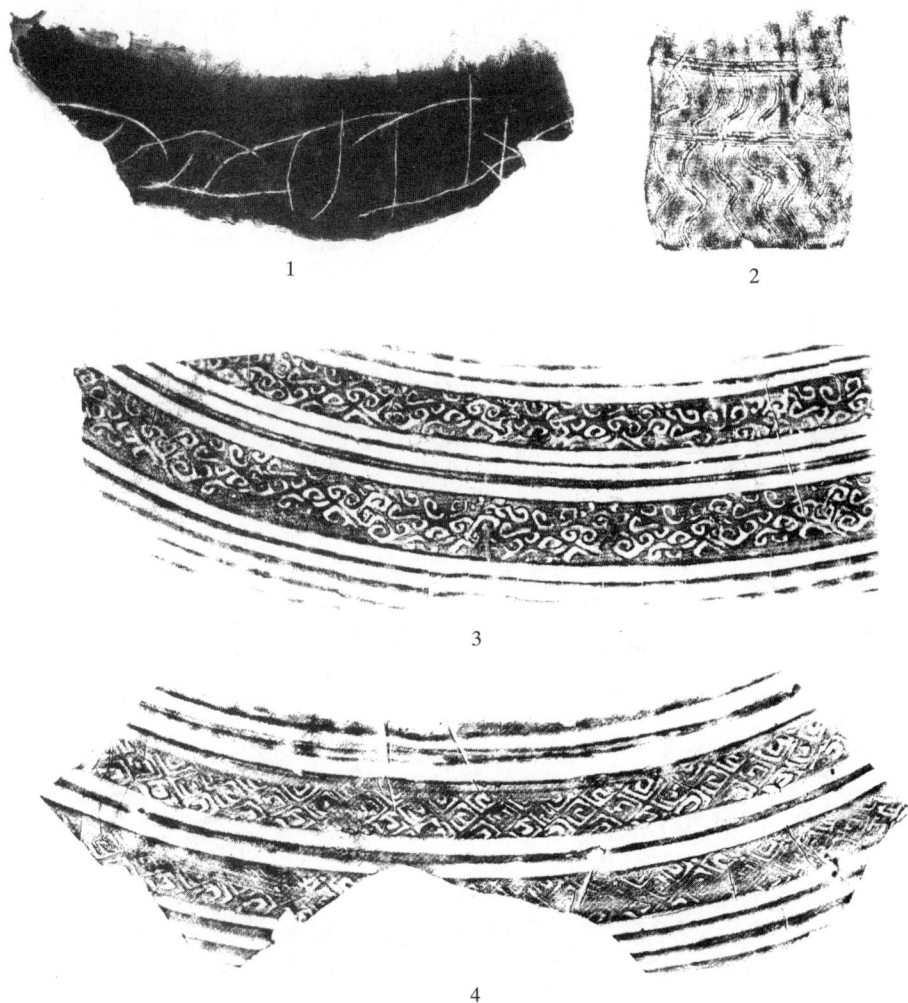

图二五六　G1 第五阶段出土的陶器纹饰拓本

1. 刻划图案 G1⑤：244　2. 竖向波浪纹 G1⑤：109　3. 双卷纹、"S"形纹和弦纹 G1⑤：253　4. 菱形云雷纹和弦纹 G1⑤：136（均为 1/2）

面有灰白色点状爆汗釉。残高 5.2、口径 15 厘米。（图二五七，4；彩版一四八，3、4）

G1⑤：39，泥质紫褐胎，外表似有褐色涂层。足截面呈梯形。（图二五七，5）

G1⑤：214，泥质紫褐色硬陶。斜唇面上有多道弦纹，足尖外撇，足尖外侧面刮削呈屋脊形。高 17.4、复原口径 15 厘米。（图二五七，6；彩版一四八，5）

G1⑤：8，夹砂灰红陶。坦腹，沿面有多道弦纹，足截面呈圆形。残高 13、口径 20 厘米。（图二五七，7）

G1⑤：109，泥质紫褐色硬陶。上下弦纹间填刻竖向波浪纹，足截面略呈椭圆形。（图二五六，2；图二五七，8）

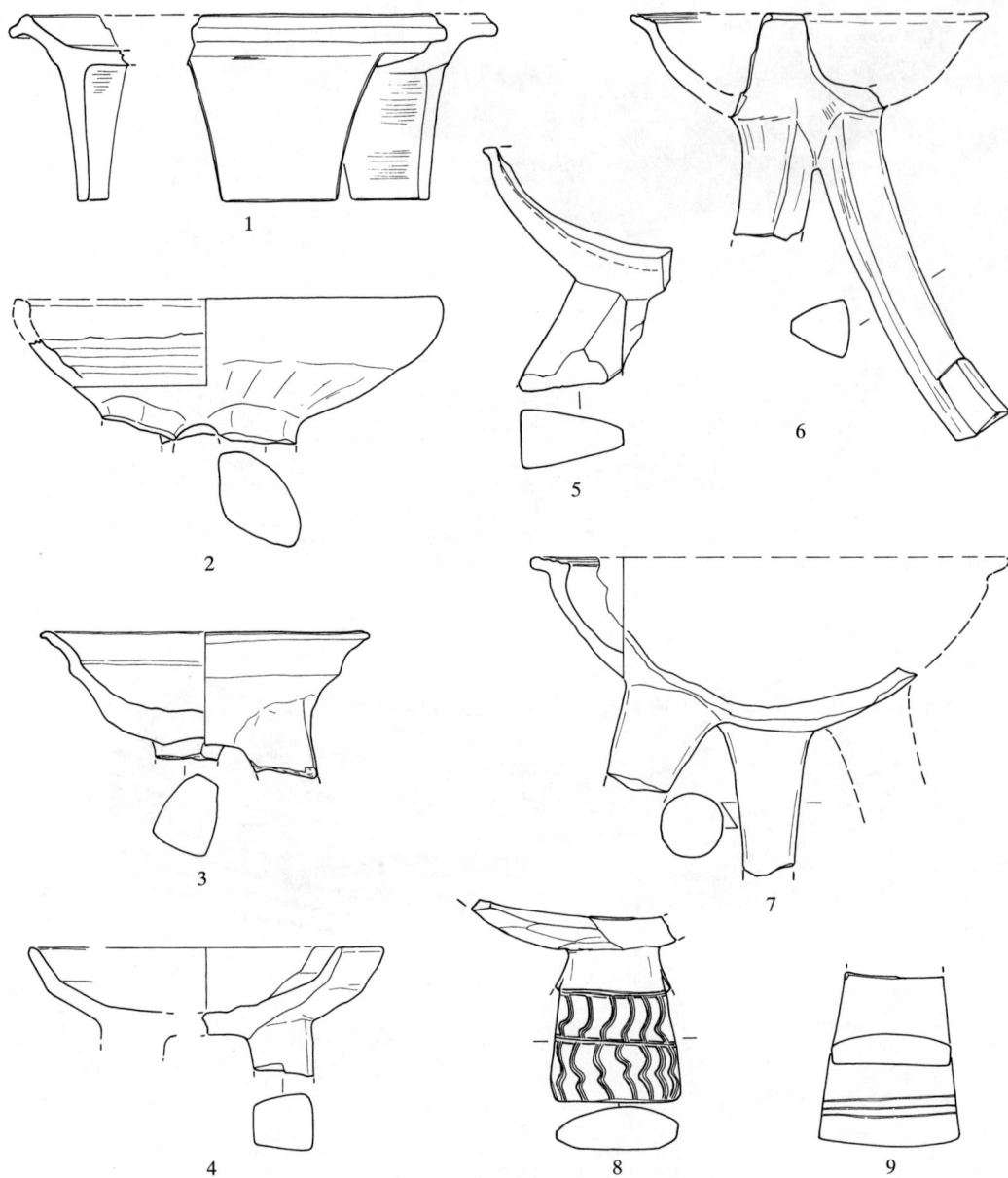

图二五七　G1 第五阶段出土的陶瓦足皿、三足盘

1. 瓦足皿 G1⑤：115　2~9. 三足盘 G1⑤：189、7、151、39、214、8、109、108（均为 1/3 和

G1⑤：108，三足盘足，泥质紫褐色硬陶。外侧面弧凸，内面较平直。（图二五七，9）

盉　出土数量较前几阶段大为增加。

G1⑤：19，泥质黑陶。口沿部位残损，下腹壁有多道凹弦纹，平底微内凹。内底留有拉坯痕。残高 14.5、底径 8.4 厘米。（图二五八，1）

G1⑤：112，泥质黑－灰胎黑皮陶。腹壁较直，上有一周凸弦纹，平底微内凹，底周缘微外凸。内底有拉坯痕迹，内壁有斜向和横向的制作痕迹。底径6.9厘米。（图二五八，2）

G1⑤：87，泥质黑－灰胎黑陶。外壁有凹凸弦纹。内底有拉坯痕迹，内壁有斜向和横向的制作痕迹。底径5.8厘米。（图二五八，3）

G1⑤：253，泥质灰胎黑陶。仅口沿局部残损。敞口，外壁有多道弦纹装饰，弦纹组

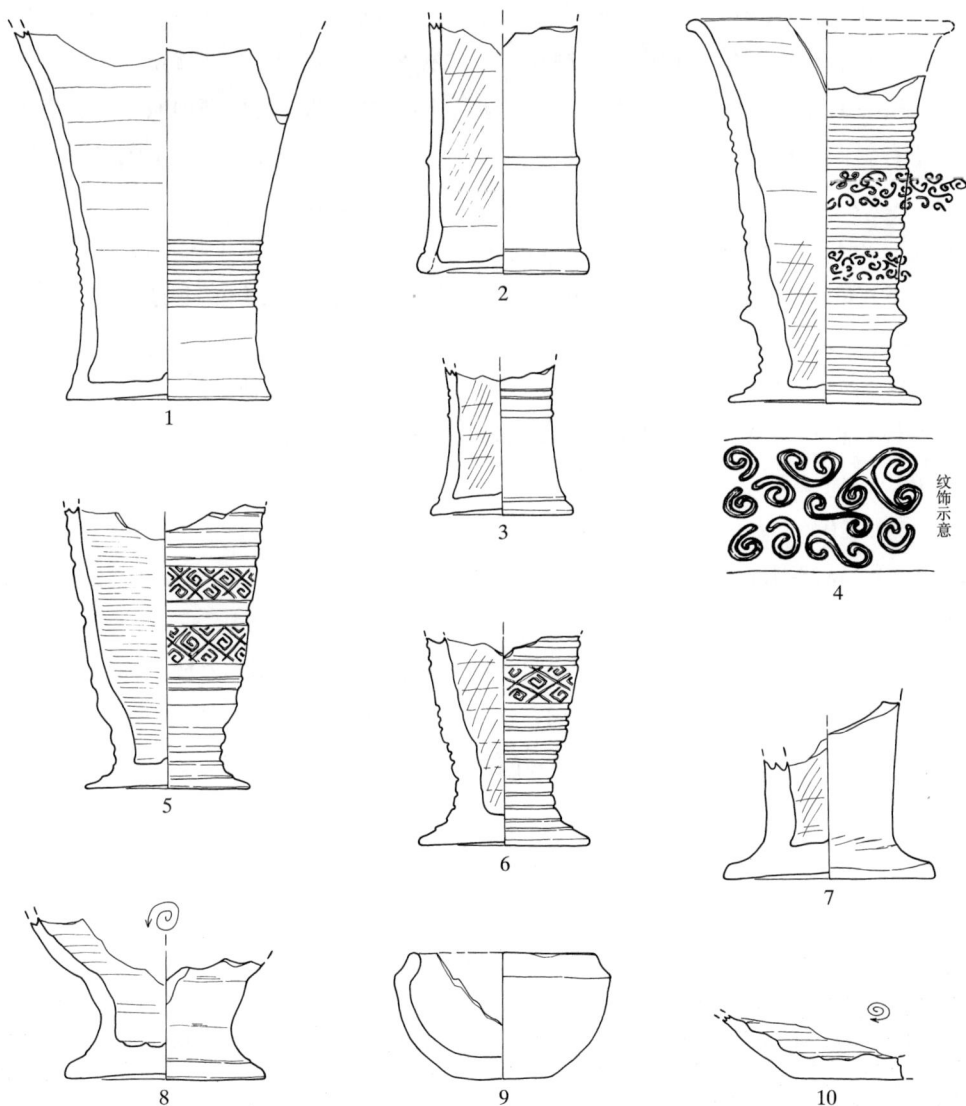

图二五八　G1第五阶段出土的陶瓿、钵

1～8.瓿 G1⑤：19、112、87、253、136、18、40、36　9、10.钵 G1⑤：251、266（均为1/3）

间还有纹饰压印，仅可辨其结构由双卷纹和"S"形纹组成，平底，底周缘外凸。高15.3、复原口径11、底径7.9厘米。（图二五六，3；图二五八，4；彩版一四九，1、2）

G1⑤：136，泥质青灰胎黑皮陶。底周缘外凸甚，近底部内收。外壁有多道弦纹装饰，弦纹间还压印有菱形云雷纹。内底有拉坯痕迹，内壁有横向的制作痕迹。底径6.8厘米。（图二五六，4；图二五八，5；彩版一四九，3、4）

G1⑤：18，泥质黑皮陶。下腹外壁有多道弦纹且叠压菱形云雷纹。内壁有斜向和横向的制作痕迹。残高8.2、底径7厘米。（图二五八，6；彩版一四九，5）

G1⑤：40，泥质灰陶。底周缘外凸甚，底部略呈椭圆形，且相应外壁留有抹划痕迹。内底有拉坯痕，内壁有斜向和横向的制作痕。底径8.2～9厘米。（图二五八，7）

G1⑤：36，泥质黑—灰胎黑陶。腹部外展，底周缘外凸，近底部内收。内底有拉坯痕，内壁有斜向和横向的制作痕。底径8.2厘米。此形制瓿仅发现一件。（图二五八，8）

钵　G1⑤：251，夹砂红褐陶。敛口。高5、口径7.6、底径4.1厘米。（图二五八，9）

G1⑤：266，泥质紫褐色硬陶，似有褐色涂层。平底。内底有拉坯痕。（图二五八，10）

盆　G1⑤：210，小盆，泥质紫褐色硬陶。折沿，仅底部留有拍印的叶脉纹。高6、口径12.4厘米。（图二五九，1）

G1⑤：121，小盆，泥质紫褐色硬陶。整器不正。翻沿面刻划有小草形符号，外壁拍印叶脉纹。高5～5.5、最大口径14.4、底径6厘米。（图二五九，2；图二六〇，1、3；彩版一五〇，1、2）

G1⑤：120，小盆，泥质紫褐硬陶。宽沿面上刻划符号。口沿唇部及外壁有一层褐绿色釉（？），局部剥离处可见明显的釉（？）层。口径14厘米。（图二五九，3；图二六〇，4；彩版一五〇，3、4）

G1⑤：125，泥质紫褐色硬陶。平折沿面上刻划"‖"形符号，外壁拍印叶脉纹。暂归盆类。口径16.8厘米。（图二五九，4；图二六〇，2、5；彩版一五〇，5、6）

G1⑤：250，小盆，泥质灰陶。唇略外翻，内凹底，拍印方格纹。高8、口径17、底径5厘米。（图二五九，5）

G1⑤：233，大盆，泥质红陶。宽翻沿，斜收腹，外壁上部拍印类梯格纹，下部拍印斜向条纹。口径32厘米。（图二五九，6；图二六〇，6）

G1⑤：247，大盆，泥质青灰色陶。唇外翻，收腹部位有斜向的刮抹痕迹，或已将原先纹饰划抹掉了。口径25厘米。（图二五九，7）

G1⑤：59，大盆，泥质灰黑陶。翻沿，拍印斜向方格纹。口径34厘米。（图二五九，8）

G1⑤：167，大盆，泥质灰陶。沿外翻，唇内卷，斜方格纹压横向拍印的叶脉纹，由于拍印后再轮修抹划，使得叶脉纹另一半模糊不清。口径30厘米。（图二五九，9）

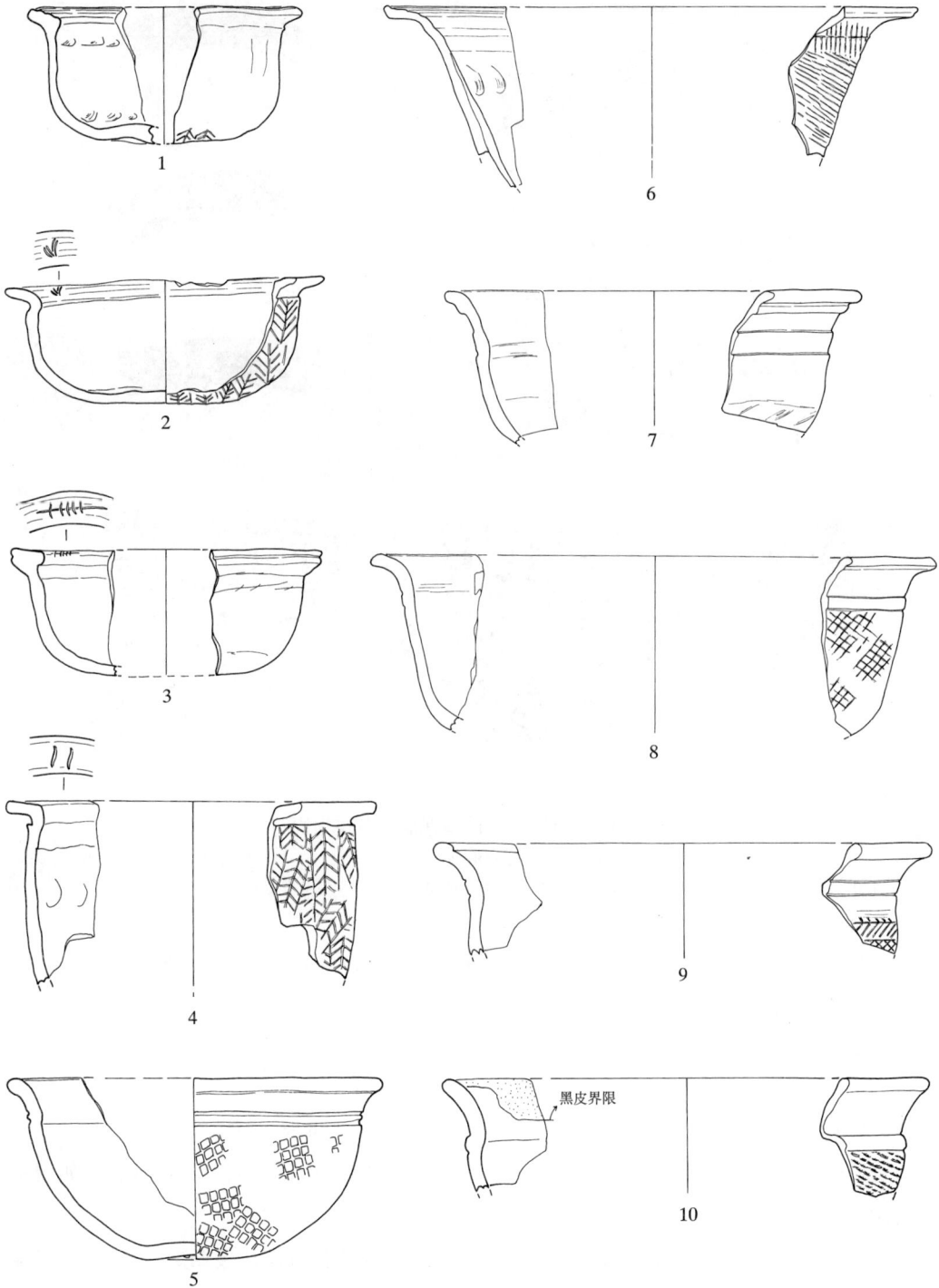

图二五九　G1 第五阶段出土的陶盆

1～3. 小盆 G1⑤：210、121、120　4. 口沿 G1⑤：125　5. 小盆 G1⑤：250　6～10. 大盆 G1⑤：233、247、59、167、144
（6～9 为 1/4，余为 1/3）

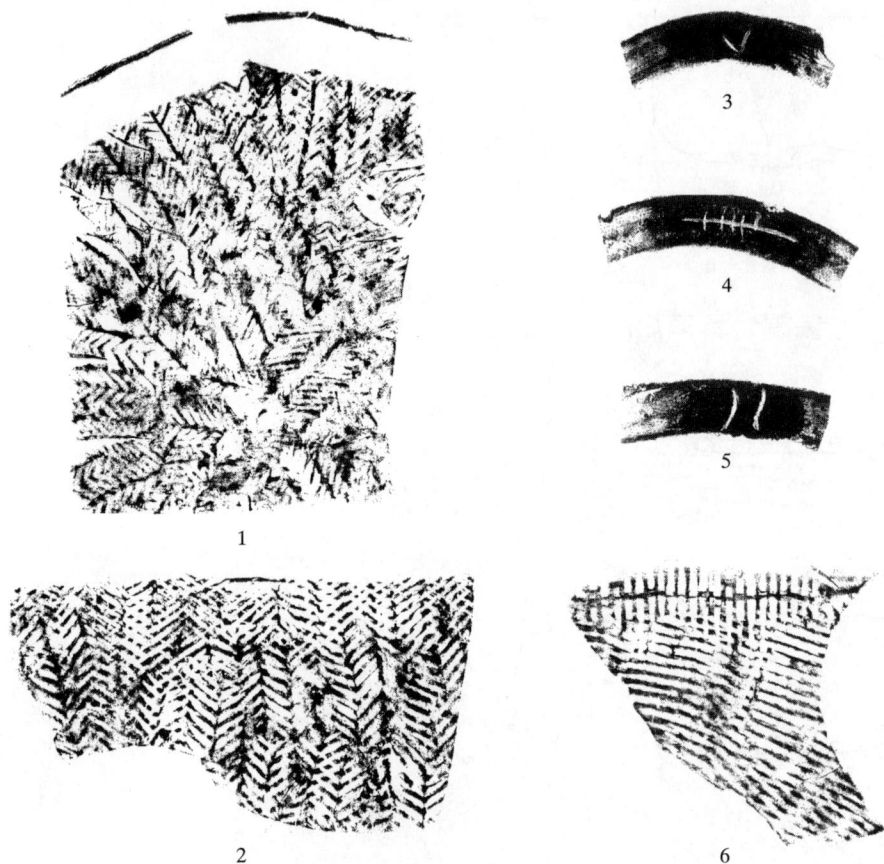

图二六〇 G1 第五阶段出土的陶器纹饰和刻划符号拓本

1. 叶脉纹 G1⑤：121 2. 叶脉纹 G1⑤：125 3. 小草形刻划符号 G1⑤：121 4. "册"字形刻划符号 G1⑤：
120 5. "Ⅱ"形刻划符号 G1⑤：125 6. 类梯格纹和斜向条纹 G1⑤：233（均为 1/2）

G1⑤：144，泥质灰胎黑皮陶，黑皮在口沿内面的范围参见线图箭头所示，余部位呈灰色。器表拍印斜向绳纹。口径 22 厘米。（图二五九，10）

器盖 G1⑤：138，夹砂红陶。实心纽，纽外壁留有绳纹，盖面拍印的绳纹呈螺旋形分布。（图二六一，1）

G1⑤：137，泥质灰胎黑皮陶。杯形盖纽。纽径 4.8 厘米。（图二六一，2）

G1⑤：32，泥质紫褐色硬陶。杯形盖纽。内面至唇部有灰白色点状爆汗釉（如图箭头所示）。纽高 3.7、纽径 9 厘米。（图二六一，3）

G1⑤：232，夹砂红褐色陶。盖沿较直，盖纽、盖沿及盖体按接而成。高 8.5、纽径9.6、盖径 19 厘米。（图二六一，4）

G1⑤：44，夹砂红陶。内外壁抹划均较好，有灰白色的涂层。高 8.3、纽径 7.2 ~ 7.4、复原盖径 17.5 厘米。或可作盛器用。（图二六一，5）

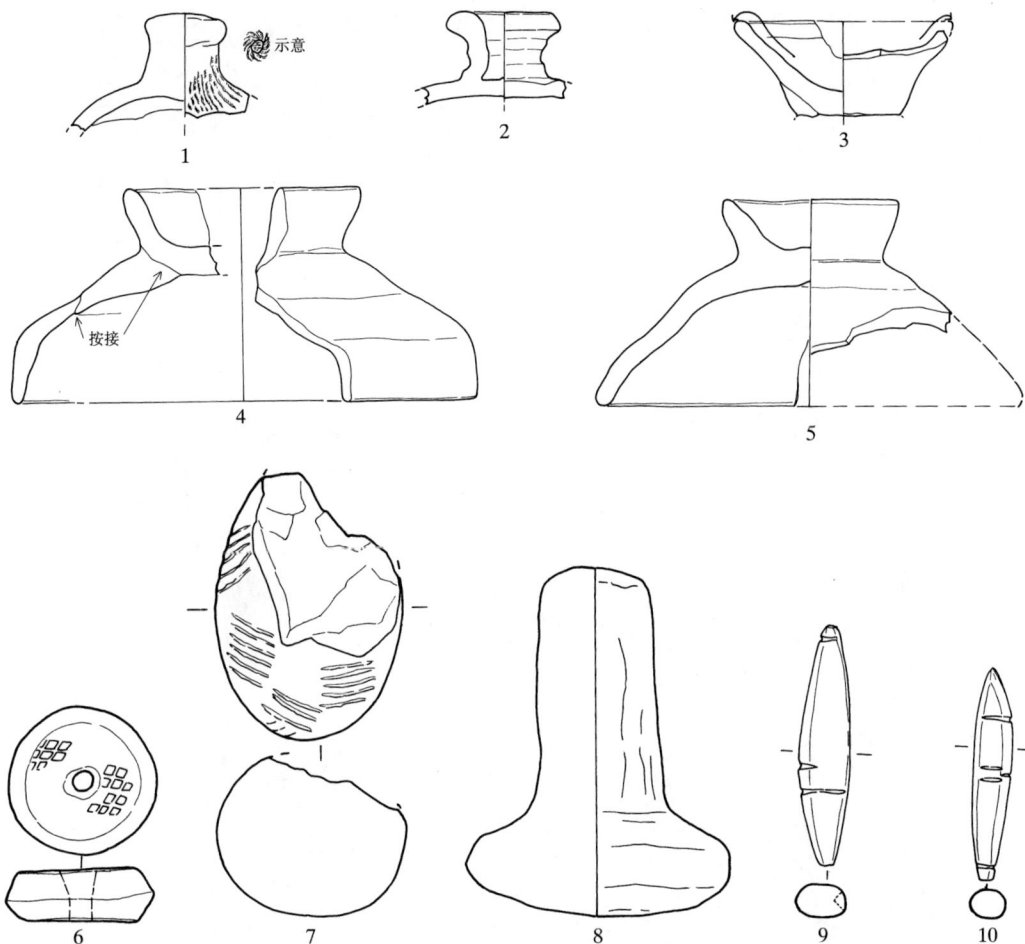

图二六一　G1 第五阶段出土的陶器盖、纺轮等

1～5. 器盖 G1⑤：138、137、32、232、44　6. 纺轮 G1⑤：29　7. 球 G1⑤：11　8. 垫（拍）G1⑤：12　9、10. 网坠 G1⑤：15、16（6～10 为 1/2，余为 1/3）

纺轮　G1⑤：29，泥质紫褐色硬陶。上下两面压印小斜方格纹。一面及周缘上部有灰白色点状爆汗釉。高 1.5、外径 4 厘米。（图二六一，6）

球　G1⑤：11，夹砂红陶。残损。整体呈蛋形，拍印条纹。残长 7、宽 5.1、厚 4.2 厘米。（图二六一，7）

垫（拍）　G1⑤：12，夹砂灰红陶。垫（拍）面弧凸，略残。高 9.2、径 7.2 厘米。（图二六一，8）

网坠　G1⑤：15，泥质灰褐陶。整体呈镟形，截面呈椭圆形，有三道不连续凹槽，一侧并有竖向凹槽。长 6.3 厘米，外径 0.9～1.4 厘米。（图二六一，9；彩版一五一，1 中）

G1⑤：16，泥质灰陶。长 5.6、外径 0.8～1 厘米。（图二六一，10；彩版一五一，1 右）

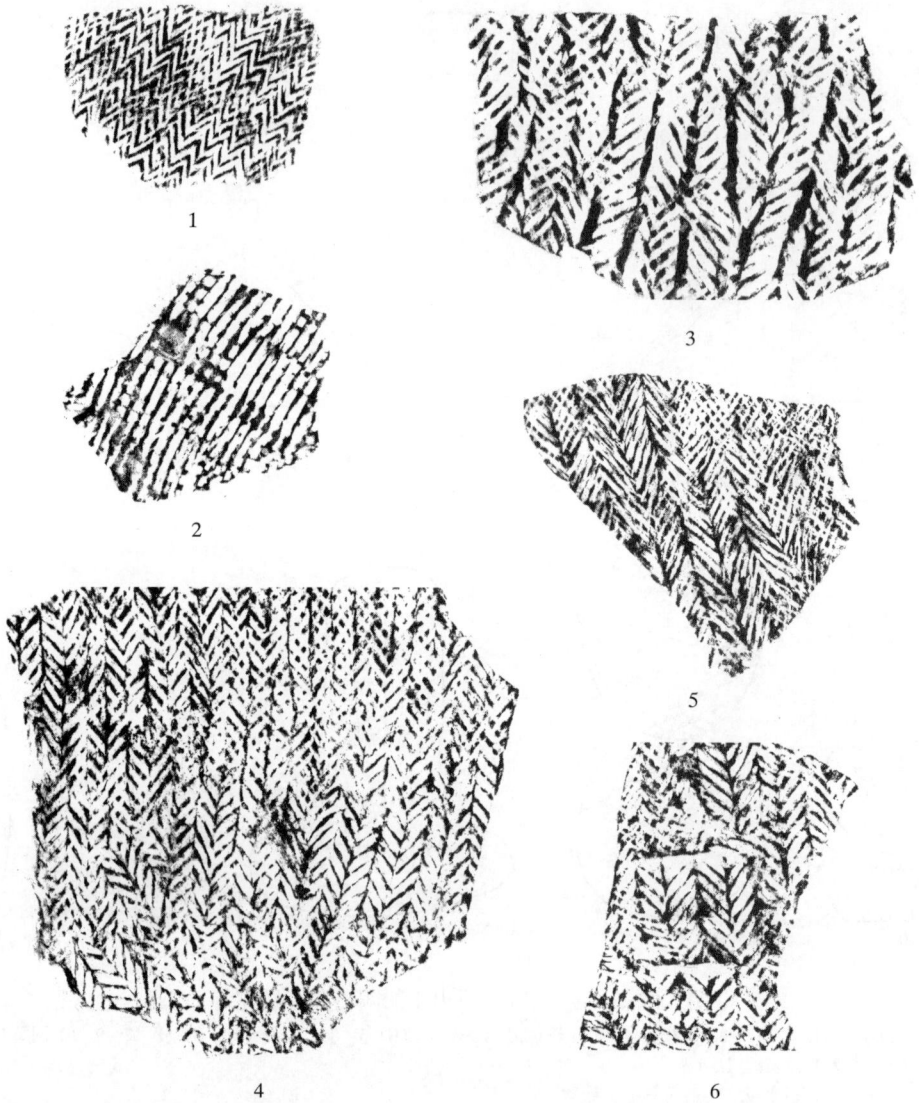

图二六二　G1 第五阶段出土的拍印纹饰拓本

1. 波折纹 G1⑤：88　2. 条格纹 G1⑤：124　3. 叶脉纹 G1⑤：132　4. 叶脉纹 G1⑤：117　5. 叶脉纹 G1⑤：142　6. 叶脉纹 G1⑤：197（均为 1/2）

拍印纹饰陶片　举例如下：

G1⑤：88，泥质灰胎灰陶。拍印波折纹。（图二六二，1）

G1⑤：124，泥质红陶。拍印条格纹。（图二六二，2）

G1⑤：132，泥质红陶。拍印叶脉纹。（图二六二，3）

G1⑤：117，泥质红褐色硬陶。拍印叶脉纹。（图二六二，4）

G1⑤：142，泥质红褐色硬陶。拍印叶脉纹。（图二六二，5）

G1⑤：197，泥质紫褐色硬陶。拍印的叶脉纹每组宽约3厘米。（图二六二，6）

2. 石制品

铖　G1⑤：6，青灰色，凝灰岩。抛光较好，双面刃，刃两面均有崩缺。（图二六三，1）

锛　选取的标本均为凹槽式有段锛，两侧基本平直。

G1⑤：10，灰白色，流纹岩。高3.73、顶端宽2.4、刃部宽2.55、厚0.75厘米。（图二六三，2；彩版一五一，2-1）

G1⑤：14，灰褐色，凝灰岩。横向凹槽切磨。高4.9、宽3.4、厚1厘米。（图二六三，3；彩版一五一，2-2）

G1⑤：26，青灰色，流纹岩。残损，背面有横向的切磨凹槽。（彩版一五一，2-3）

G1⑤：27，灰白色，流纹岩（？）。刃部崩缺在正面。高4.63、上宽3.3、刃宽3.7、厚0.8厘米。（图二六三，4；彩版一五一，2-4）

刀　G1⑤：13，灰黑色，角岩。双面刃。残长7.2、厚约0.5厘米。（图二六三，5；彩版一五一，3）

G1⑤：249，灰黑色，角岩。一面平整，另面弧凸，单面刃。残长10.6、厚1.7厘米。（图二六三，6；彩版一五一，4、5）

G1⑤：24，半月形石刀，灰黑色，角岩。顶部较齐平，刃部弧凸，双面刃，未开锋。有两个双向桯钻孔，孔外径0.6~0.9、内径0.4~0.5厘米。高5.3、残长11.3、厚0.7厘米。（图二六三，7；彩版一五二，1）

G1⑤：25，半月形石刀，青灰色，凝灰岩。顶部弧凸，单面刃微内凹。双向桯钻两孔，孔外径0.7、内径0.4厘米。两面有斜向片切割槽，一面切槽略弧弯，切割工具为短刃；另面切槽较直，两侧切槽压桯钻孔。高4.4、残宽14.1、厚0.6厘米。（图二六三，8；彩版一五二，2、3）

G1⑤：9，带柄石刀，灰黑色，角岩。仅存刀柄。柄宽3.8、厚0.9厘米。（图二六三，9；彩版一五二，4）

G1⑤：2，黑色，角岩。柄端部位琢打如同破土器的特征。双面刃，无刃脊线。高11.5、厚1.9厘米。（图二六三，10；彩版一五二，5）

镰　G1⑤：223，黑灰色，角岩。双面刃，内凹弧。残长10.3、厚0.9厘米。（图二六三，11；彩版一五三，1）

破土器　G1⑤：23，黑色，角岩。保存完整。整器呈三角形，正面除刃部打磨外保留有琢打面，背面打磨较好。单面刃，较平直。上端有矩形凹缺供固定柄，下方琢打有斜向的长条形凹缺以便缚扎，除了上述凹缺部位外，余周缘面均经打磨。尖端夹角45度。高11.6、长22.6、厚1.6厘米。（图二六三，12；彩版一五四，1、2）

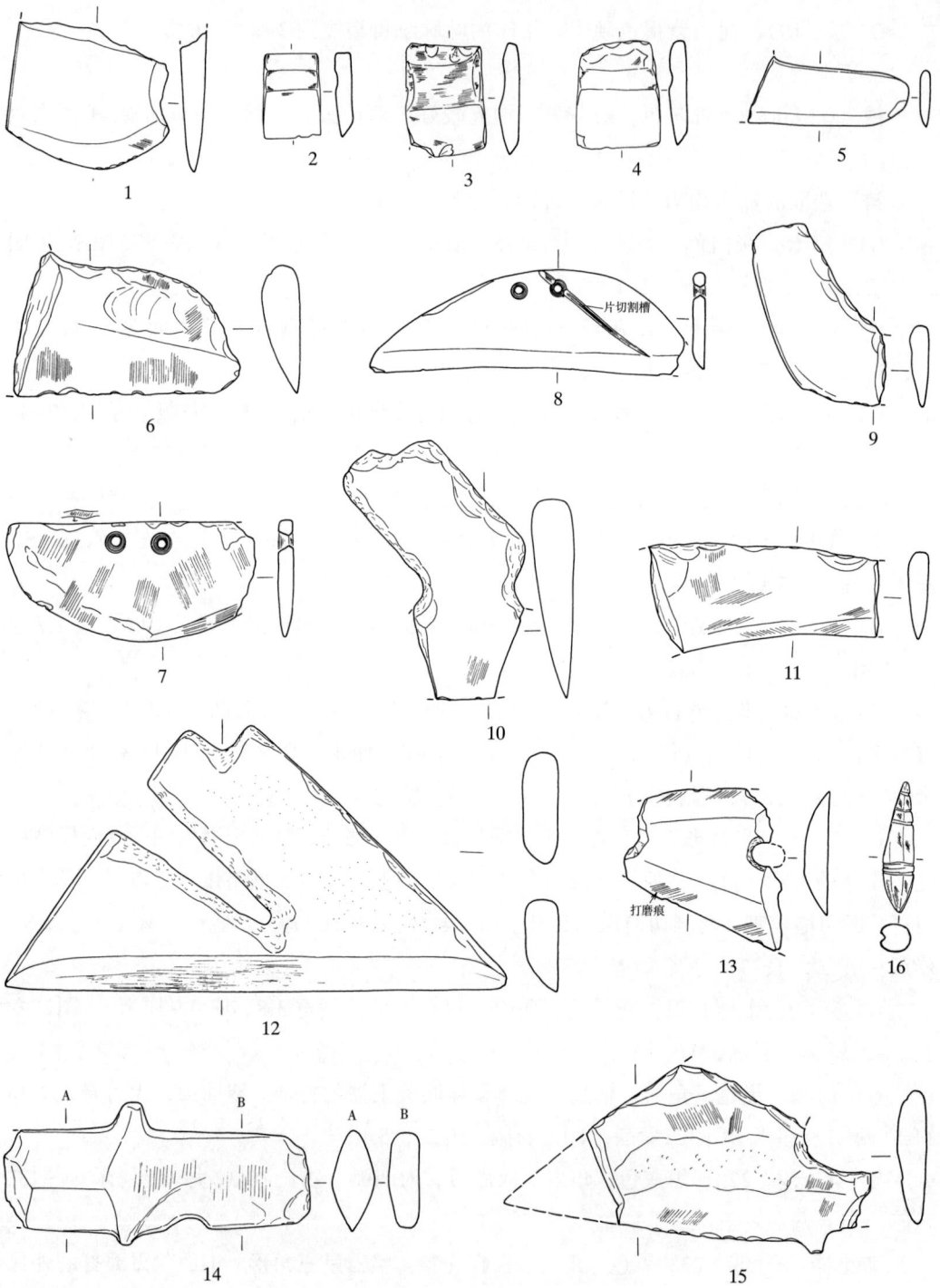

图二六三　G1 第五阶段出土的石器

1. 钺 G1⑤：6　2~4. 锛 G1⑤：10、14、27　5、6. 刀 G1⑤：13、249　7、8. 半月形石刀 G1⑤：24、25　9. 带柄石刀 G1
⑤：9　10. 刀 G1⑤：2　11. 镰 G1⑤：223　12. 破土器 G1⑤：23　13. 犁 G1⑤：139　14、15. 戈 G1⑤：28、30　16. 网
坠 G1⑤：17（均为 1/3）

犁　G1⑤：139，青灰色，可能为凝灰岩。尖端残损，尖端部位较为狭长。单面刃，刃脊线明显，刃面有打磨痕迹。另残存有双向琢打孔。犁尖夹角复原大致约25度。残长7.2、残宽7、厚1.1厘米。（图二六三，13；彩版一五三，2）

戈　G1⑤：28，灰黑色，角岩。援部残损，援部截面呈菱形，双面刃，内下缘有凹缺。残长13.8、厚1.8厘米。上阑出约1.3、下阑出约0.5厘米。（图二六三，14；彩版一五三，3、4）

G1⑤：30，黑色，角岩。前后端均残损，正面略弧凸，背面相对平整，应与打制石片时有关。残高8.3、残长12.7、厚1.3厘米，下阑出约0.8厘米。（图二六三，15；彩版一五三，5、6）

网坠　G1⑤：17，青色，凝灰岩。整体呈镟形，有五道横向的切槽，一侧并有竖向切槽。高5.7、最大外径约1.4厘米。（图二六三，16；彩版一五一，1左）

第五节　其他相关迹象和地层出土遗物

一　与G1相关的单元出土遗物

H3、H4均位于T307，开口于扰土层下，打破G1第五阶段的堆积，填土为质地松软的灰褐色土。

H3、H4仅发现零星的陶器或陶器碎片。

三足盘或器盖　H3：1，夹砂红陶。内壁有横向制作痕，外壁抹划相对规整，三足与器体按接而成。（图二六四，1）

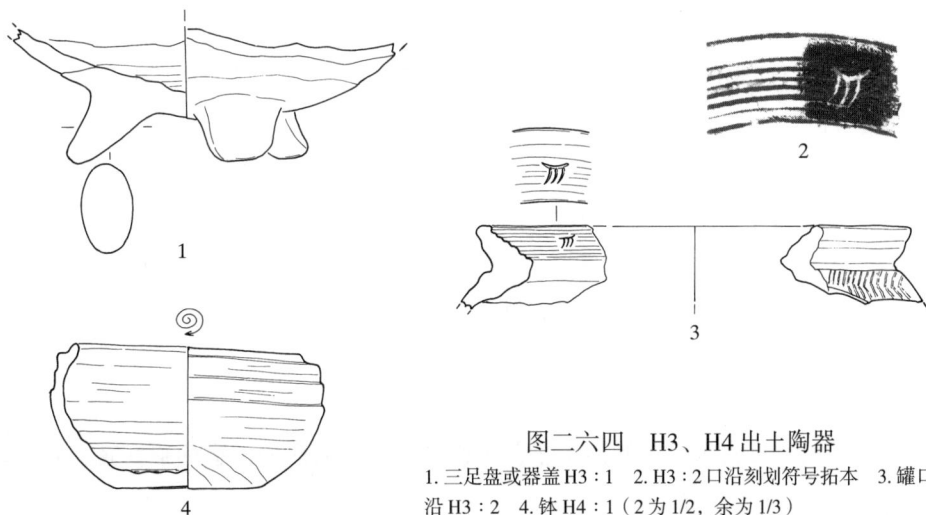

图二六四　H3、H4出土陶器

1.三足盘或器盖 H3：1　2.H3：2口沿刻划符号拓本　3.罐口沿 H3：2　4.钵 H4：1（2为1/2，余为1/3）

罐口沿　H3：2，泥质青灰胎紫褐硬陶，外表着黑。宽折沿面上有一刻划符号，外壁拍印条纹。口径18厘米。（图二六四，2、3）

钵　H4：1，泥质红胎灰红陶。敛口，平底微内凹。内底及内壁留有拉坯痕，外壁近底部有斜向的刮抹痕，当倒置后加工所致，底部为片切割。高5.2～5.7、口径9.2、底径约5～5.8厘米。（图二六四，4）

二　东部土台出土遗物

（一）陶器

鼎足　TE008③：049，夹砂红陶，外表有灰白色涂层。外侧面有竖向的抹按线条，截面呈扁椭圆形。（图二六五，1）

鼎甗类口沿　TE007④：055、056，夹砂红褐色陶。厚唇外折，口沿外壁拍印横向绳纹，以下拍印竖向绳纹。口径约28厘米。

豆　TE008③：053，泥质灰黑陶。豆柄中部有一周凸棱。（图二六五，2）

TE008③：048，泥质内红褐外青灰色硬陶。圈足径10.5厘米。（图二六五，3）

TE005④：103，泥质灰褐色硬陶。仅口沿局部残损，整器烧制变形。直口，坦腹。高9～10.2、口径16.5、圈足径8.4～8.8厘米。（图二六五，4）

鬲足　T011③：106，为该探方叠压高祭台类型时期土台的呈凹陷状的灰黑色土层出土。夹砂内灰外红色陶。裆部较平，鬲足外壁有再粘贴痕，外壁剥蚀甚。（图二六五，5）

三足盘　T011⑤：020，泥质紫灰色硬陶。宽扁足，盘内面及足外侧面如线图箭头所示部位有一层黄褐色的涂层（釉？）。（图二六五，6）

罐　TE008③：050，夹砂质灰褐色硬陶，外表有褐色涂层。翻沿，耸肩，拍印席纹（编织纹）。口径20厘米。（图二六五，7）

TE008③：051，质地、纹饰同，外表也有褐色涂层，内凹底，可能相配。

刻槽盆　TE007④：057，泥质青灰胎红褐色陶。内壁刻槽，外壁拍印梯格纹。

TE007④：052，泥质红陶。内壁刻槽，外壁拍印菱形纹，菱形纹为菱形格和其内阳文的菱形组成，较为特殊。（图二六六，1）

T011③：091，为该探方叠压高祭台类型时期土台的呈凹陷状的灰黑色土层出土。泥质灰黑胎红陶。盆圈底残片，内壁刻槽，外壁拍印梯格纹。（图二六六，2、3）

（二）红烧土块（窑块）

T012④：085，为该探方西部叠压高祭台类型时期土台的呈凹陷状的灰黑色土层出土。红褐色，未见秕谷夹杂。外侧面呈半圆形弧凸，内面有竖向的杆印痕，宽（径）约8.7、厚约5厘米。（图二六五，8）

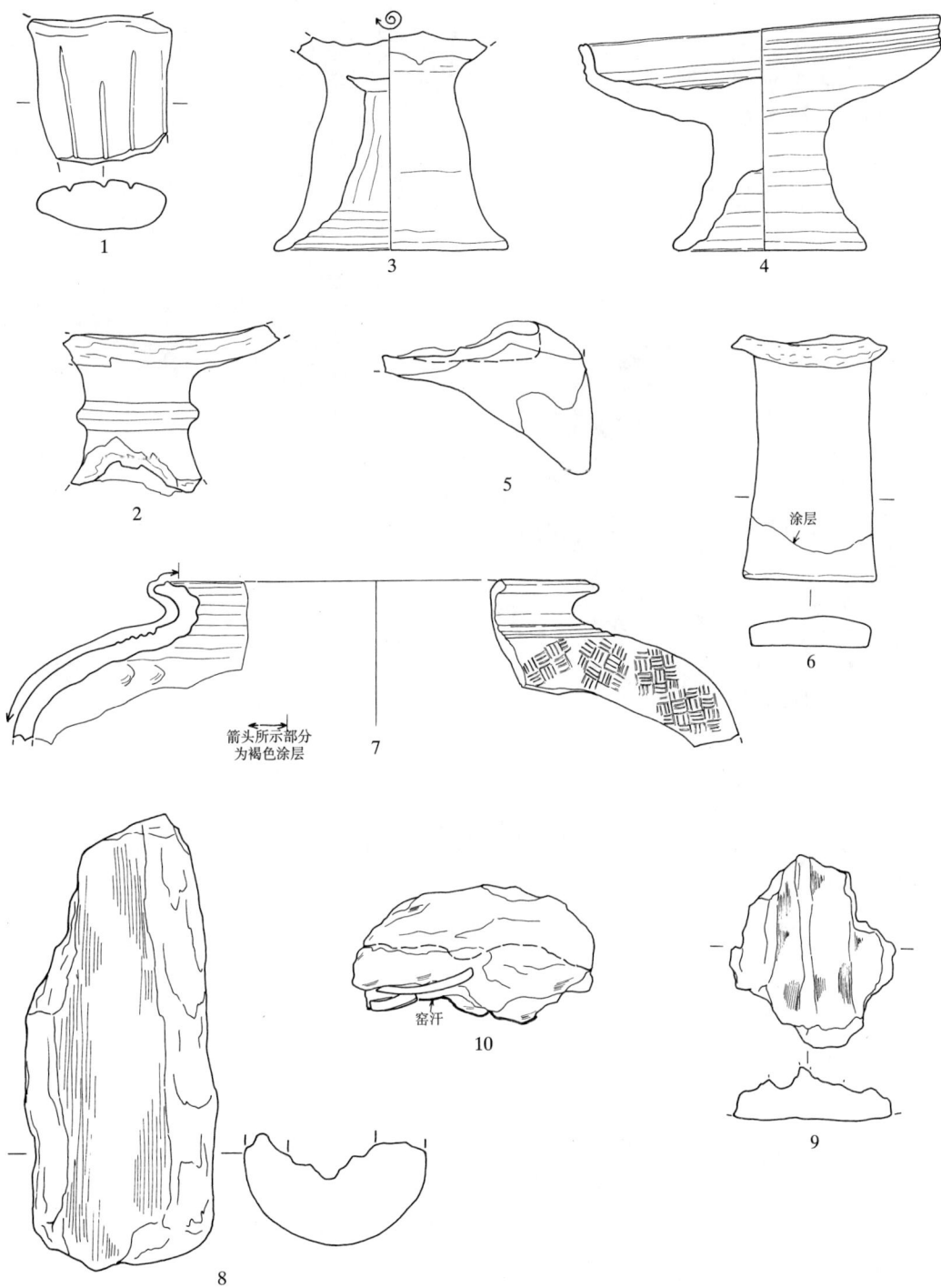

图二六五 东部土台出土的高祭台类型时期陶器和红烧土块（窑块）

1.鼎足 TE008③：049 2～4.豆 TE008③：053、TE008③：048、TE005④：103 5.高足 T011③：106 6.硬陶三足盘 T011
⑤：020 7.罐 TE008③：050 8～10.红烧土块（窑块）T012④：085、T011⑤：090、T011③：097（均为1/3）

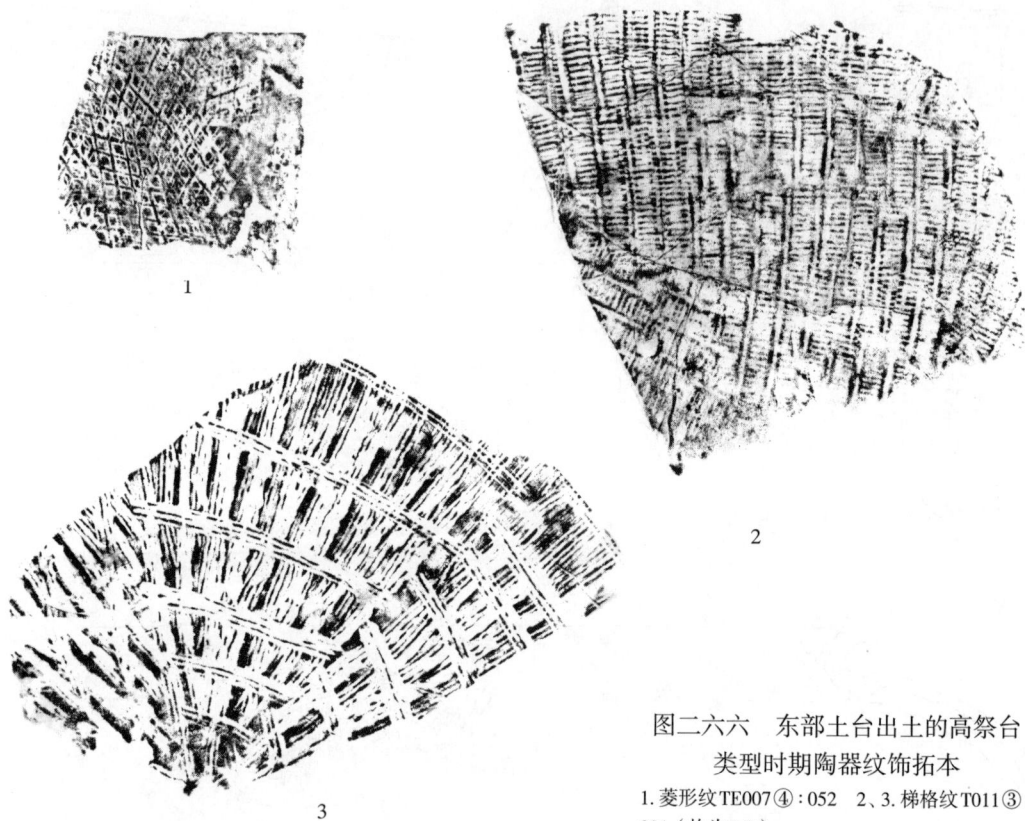

图二六六　东部土台出土的高祭台
类型时期陶器纹饰拓本
1.菱形纹TE007④：052　2、3.梯格纹T011③：
091（均为1/2）

　　T011⑤：090，外侧面较为光整，呈红褐色；内面有竖向的杆印痕，呈青灰色。厚
2.3厘米。（图二六五，9）

　　T011③：097，为该探方叠压高祭台类型时期土台的呈凹陷状的灰黑色土层出土，也
是唯一一件出土于G1堆积之外的黏附硬陶残片的窑块。窑块外侧面凹凸不平，夹杂、黏
附较多的沙，内壁过烧且有凝状的黑色窑汗。厚6厘米。（图二六五，10）

　　（三）石器

　　半月形石刀　TE006③：083，沁蚀呈青灰色，角岩。一面较为平整，另面通体留有
琢打痕迹，刃部及周缘面也均留有琢打痕。应为半月形石刀的半成品。高5.3、长12.6、
厚1.6厘米。（图二六七，1；彩版一五五，1）

　　锛　T004⑥：062，灰白色，沁蚀甚，流纹岩。背面有横向的切磨凹槽。高4.7、上
宽3.5、刃宽3.7、厚1.1厘米。（图二六七，2）

　　镰　T003③：019，沁蚀呈灰褐色，夹杂灰绿色小斑点，角岩。单面刃，置柄部位
上端琢打呈内凹状。背面较为平整。长22、宽7.3、厚2.1厘米。（图二六七，3；彩版一
五五，2）

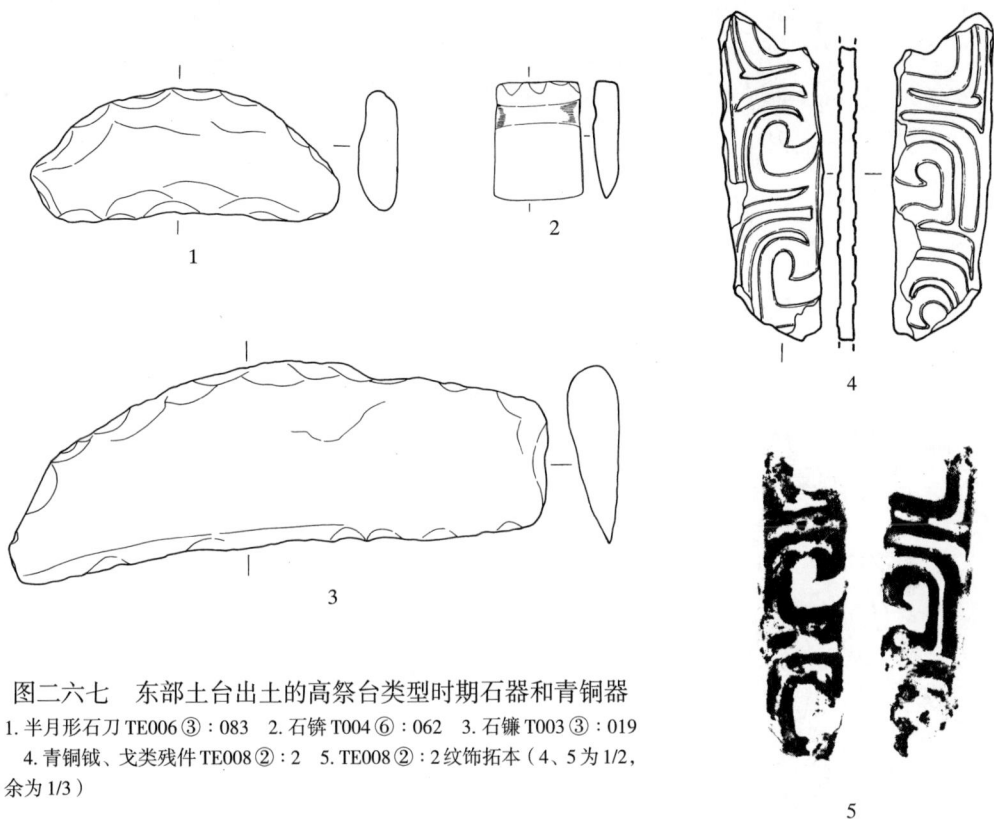

图二六七　东部土台出土的高祭台类型时期石器和青铜器

1. 半月形石刀 TE006③：083　2. 石锛 T004⑥：062　3. 石镰 T003③：019
4. 青铜钺、戈类残件 TE008②：2　5. TE008②：2 纹饰拓本（4、5 为 1/2、余为 1/3）

（四）青铜器

钺、戈类残片　TE008②：2，墨绿色。两面均有阳文的双勾云雷纹。残长 8.6、残宽 2.65、厚 0.45 厘米。经判断可能为钺、戈类的残件[1]。（图二六七，4；彩版一五五，3、4）

三　本次发掘区内采集的遗物

鬲足　04 采：3，夹砂红褐色陶。裆部较平，先捏制矮足，内底面还留有指垫痕，后拍印绳纹，再在足外按捏使得足部加长，按捏分界线明晰且压已拍印的绳纹。（图二六八，1）

环圈状泥条（？）　T411②：129，泥质灰陶。一面相对平整，另面弧凸且有斜向凹槽。最大外径 16.3 厘米。性质不明。（图二六八，2）

豆　T309②：116，泥质青灰胎红褐色硬陶。仅口沿一侧残损。坦腹，平沿面有多道弦纹，盘内面有拉坯制痕。高 12.3～13.7、口径 22.4、圈足径 12.2 厘米。（图二六八，3）

窑块　T310②：120，红烧土质地，夹杂少量的草茎类物，整体厚约 5.6 厘米。外壁

---

① 也有学者认为是鼎耳的残件。

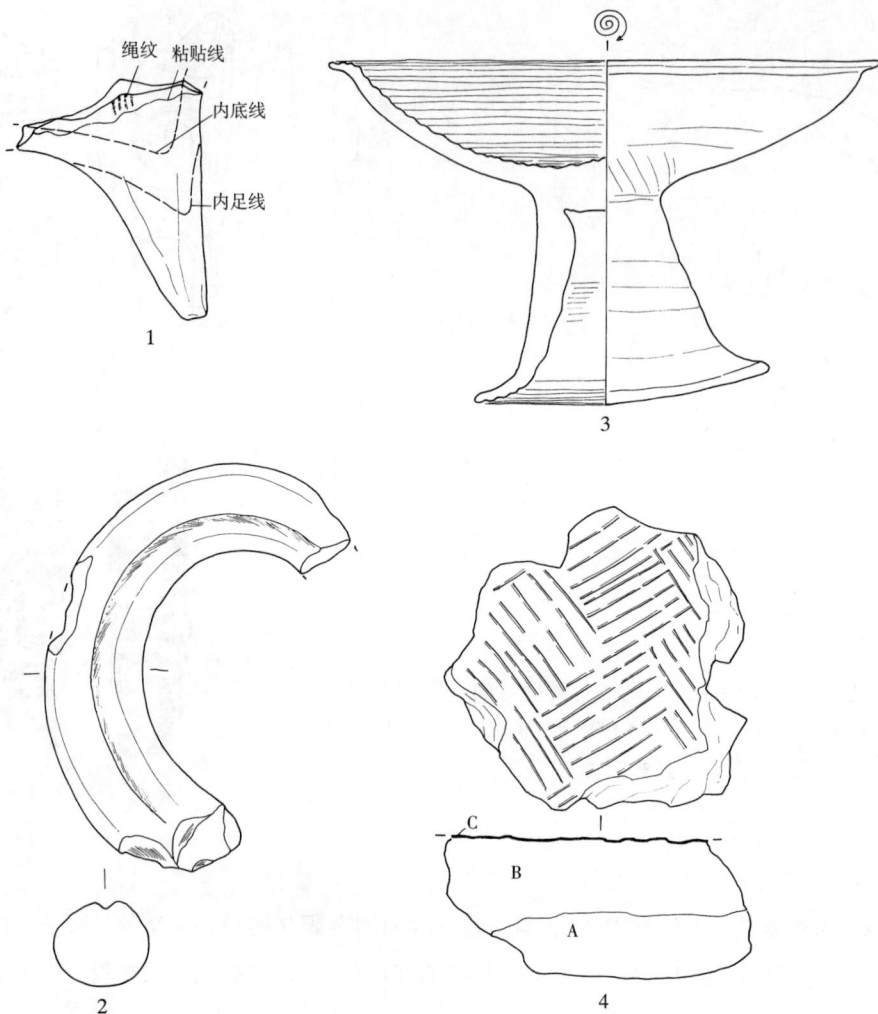

图二六八　发掘区内采集的高祭台类型时期器物
1.鬲足04采：3　2.环圈状泥条（？）T411②：129　3.豆 T309②：116　4.窑块 T310②：120（均为1/3）

略凹凸不平。从外至内剖面可分为三层：A 层为红烧土质地，厚约2.5厘米；B 层青灰色，质地甚为坚硬，局部有过烧所致的小气泡，越往里层质地越硬，火候越高；C 层实为黑色凝状的窑汗，还有经纬编织的印痕（也可能为拍印所致）。（图二六八，4；彩版一五五，5～7）

第五章 历年来昆山遗址的调查

第一节 昆山遗址历年来的采集遗物

　　昆山遗址历年来的采集标本大多难以表明采集地点,有明确地点的在相关遗物的叙述中加以说明。本次整理对采集遗物的编号采取"HPC：××"(湖州昆山采集)流水号形式,已入藏博物馆库房的取库房编号。采集标本分为陶器、石器、青铜器三大类。下面分新石器时代和高祭台类型时期遗物两部分进行介绍。

一 新石器时代遗物

　　新石器时代遗物的相对年代主要为崧泽文化晚期阶段,少量约当于良渚文化时期。

（一）陶器

　　鼎足 HPC：60,鱼鳍形足,粗泥黑胎褐衣陶。两侧面有多道竖向切划。(图二六九,1)

　　以下鼎足约当良渚文化晚期阶段。

　　HPC：61,鱼鳍形足,夹砂黑胎灰褐色陶,外表的灰褐色可能为涂层。横截面呈扁椭圆形,两面均有短、长线相间的切划。(图二六九,2)

　　HPC：49,"T"字形足,夹砂红陶。两面及外凹侧面均有短线戳刻。(图二六九,3)

　　HPC：62,"T"字形足,外侧面内凹甚,呈"丫"字形。两面及外侧面均有点状间或长短线的戳刻、切划。外侧面宽达8厘米。(图二六九,4)

　　HPC：44,弧脊形鱼鳍足,夹砂红陶。两面留有多道斜向的切划线。(图二六九,5;彩版一五六,1)

　　HPC：43,弧脊形鱼鳍足,夹砂黑胎灰白色陶。仅两侧面中部各有一道竖向的切划。(图二六九,6)

　　假腹杯形豆 编号965/10280[①],1975年采集。泥质黑灰胎黑皮陶,外表剥蚀呈灰色。

――――――――――――

[①] 此编号为湖州市博物馆文物库房入藏文物编号,下文同。

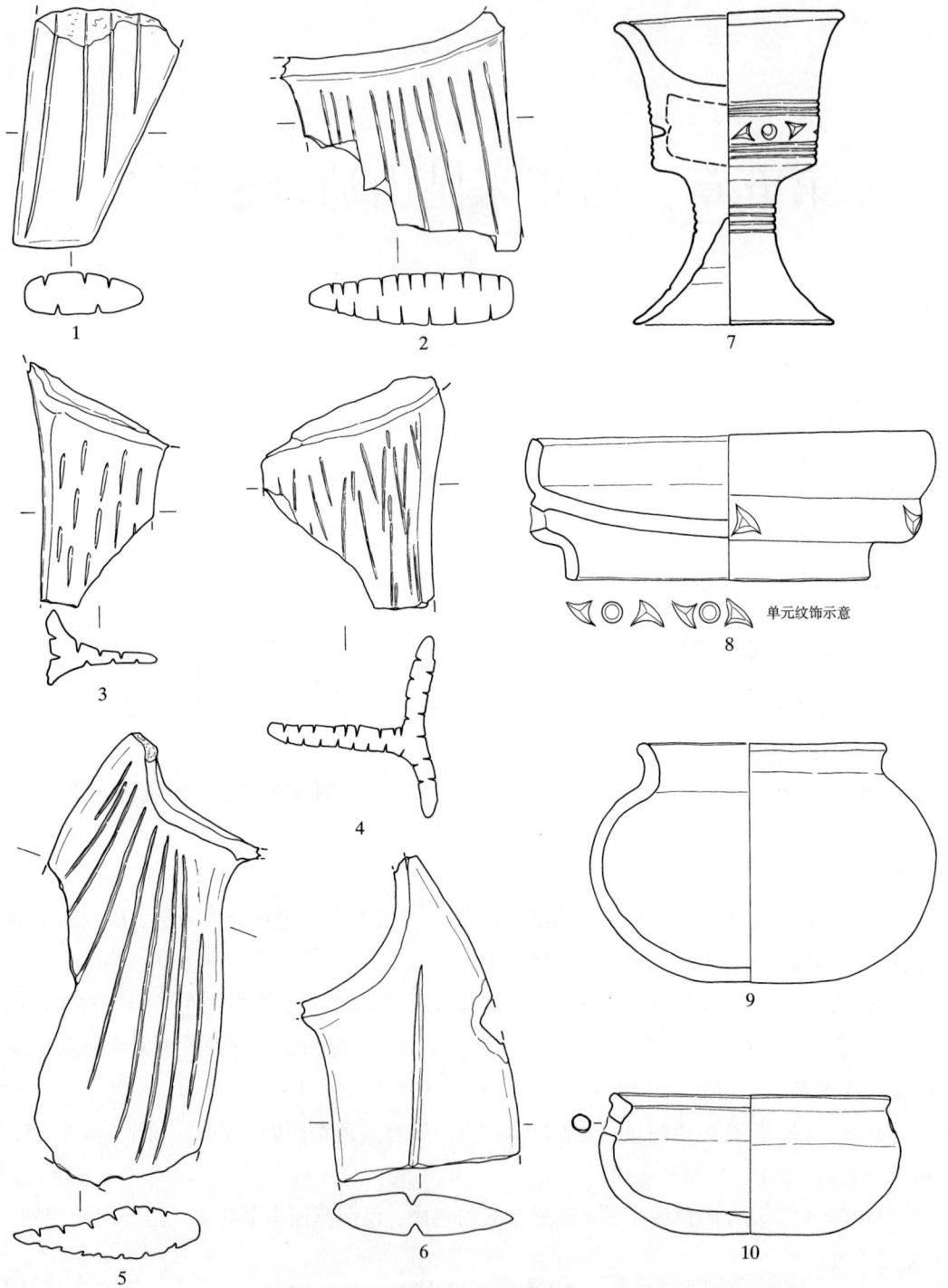

图二六九　毘山遗址采集的新石器时代陶器

1. 鱼鳍形鼎足 HPC：60　2. 鱼鳍形鼎足 HPC：61　3. "T" 字形鼎足 HPC：49　4. "T" 字形鼎足 HPC：62　5. 弧脊形鱼
鳍形鼎足 HPC：44　6. 弧脊形鱼鳍形鼎足 HPC：43　7. 假腹杯形豆 965/10280　8. 盘 218/1068　9. 罐 900/10261　10. 盆
462/10170（7 为 1/2，余为 1/3）

浅盘，假腹，杯体中空，外壁有两组弦纹，弦纹间戳刻六组圆孔和弧边三角组合图案。高8.9～9.2、口径6.9、圈足径6厘米。整器完整，应为墓葬随葬器物。（图二六九，7；彩版一五六，2）

盘　编号218/1068，1962年采集，应是当年慎微之和张葆明先生在昆山北部的采集物。敛口，双弧腹，腹壁戳刻三组圆孔和弧边三角组合图案。高6.2～6.5、口径18、圈足径13.8厘米。整器完整，应为墓葬随葬器物。（图二六九，8；彩版一五六，3）

罐　编号900/10261，1974年石马脚（昆山北）采集。夹砂红陶。卷沿，鼓腹，平底略圜，外表抹划较为光整。高10.6、口径11.2厘米。整器完整，应为墓葬随葬器物。（图二六九，9）

盆　编号462/10170，1972年7月沈炳泉上交。夹砂红陶。侈口，沿下有两个大致对称的圆形镂孔，近平底。高6.2、口径12.5～12.8、底径6.5厘米。（图二六九，10）

盉　编号203/1053，1963年采集。粗泥红陶。侈口，有流，把手弧状上翘，凿形足。高14、口径8.6～9.3厘米。整器修复完整，应为墓葬随葬器物。（图二七〇，1；彩版一五六，4）

禽鸟　编号1386/10371，1974年采集。泥质灰陶。禽鸟类陶塑，首部两侧戳刻直径约1.5毫米的鼻孔，首一侧中部重圈管戳按眼部，径约4.5毫米，另一侧磨蚀不清。器腹中空，粘贴靴形三足。整器背部残损，器体开裂并黏附大量的结核状泥沙。从陶质判断应为崧泽文化阶段遗物，且属于墓葬随葬器物的可能性较大。高9.4、长11.8、宽6.5厘米。（图二七〇，2；彩版一五六，5）

三足盘　HPC：52，泥质灰陶。宽平沿，坦腹。高9.2、口径15厘米。足尖部位内凹，从此特征及陶质判断，应为崧泽文化阶段遗物。（图二七〇，3）

（二）石器

犁　编号928/0260，1975年采集，可能是慎微之和张葆明先生在昆山北部的采集物。侵蚀呈灰褐色，出露灰绿色微小斑点，角岩。整体呈等腰三角形，尖端残损，两面刃脊线均不明晰。犁尖夹角73度。双向琢打孔，一面保留有疤痕，应为石犁之背面，孔外径约3、内径2.6～2.7厘米。残长11、宽15、厚1.2厘米。此器基本完整，应是墓葬随葬器物。（图二七〇，4；彩版一五七，1）

刀　编号04721/0500。外表沁蚀呈青灰色，角岩。上端凸起，未有钻孔。两翼上翘，刃部呈"V"字形，双面刃。高5.4、长12.9、厚0.7厘米。（彩版一五七，2）

二　高祭台类型时期遗物

（一）陶器

鼎　HPC：66，夹砂红陶。捏制。侈口，腹底部有三个圆形足印痕。器壁拍印细绳

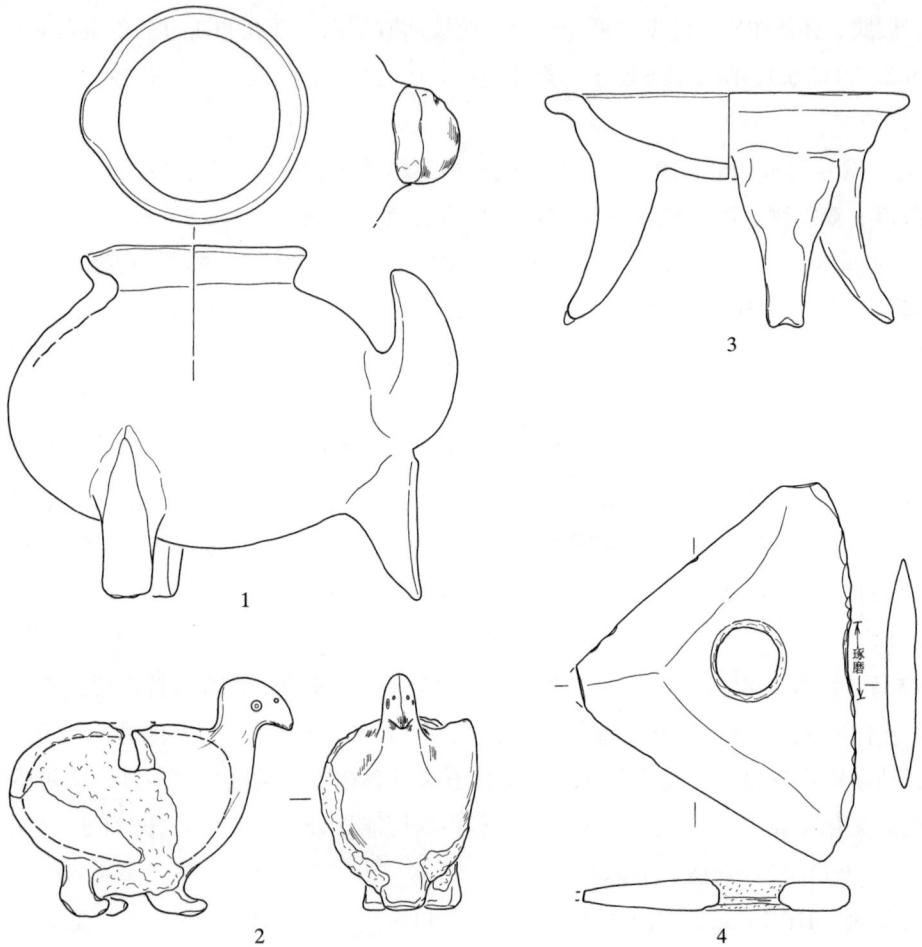

图二七〇　昆山遗址采集的新石器时代陶、石器

1. 陶盉 203/1053　2. 陶禽鸟 1386/10371　3. 陶三足盘 HPC：52　4. 石犁 928/0260（均为1/3）

纹。残高8.5、口径11厘米。（图二七一，1）

HPC：9，夹砂红陶。浅腹，一侧有截面呈扁圆形的羊角形把手，凿形足。残高14.7厘米。（图二七一，2）

隔档鼎残片　HPC：25，夹砂灰黑陶。为隔档鼎的"∪"形注水孔残片，残片外壁拍印直角相交的编织纹（席纹）。（图二七一，3）

甗　编号3605/10391，1985年采集。夹砂红褐色陶。口沿部位残损，甗上部按贴羊角形把手。甗上下衔接部位另按置"∪"形泥片，但已脱落，注水孔位于甗下部的上端、甑架的下方，注水孔与把手呈直角。甗底内凹。甗内甑部为片状泥条按贴，自上而下戳多个孔。甗外壁拍印绳纹，其中近口沿部位为横向，以下为近竖向，束腰部位绳纹滚压而成。连把手残高约14、底径约7厘米。（图二七一，4；彩版一五八，1）

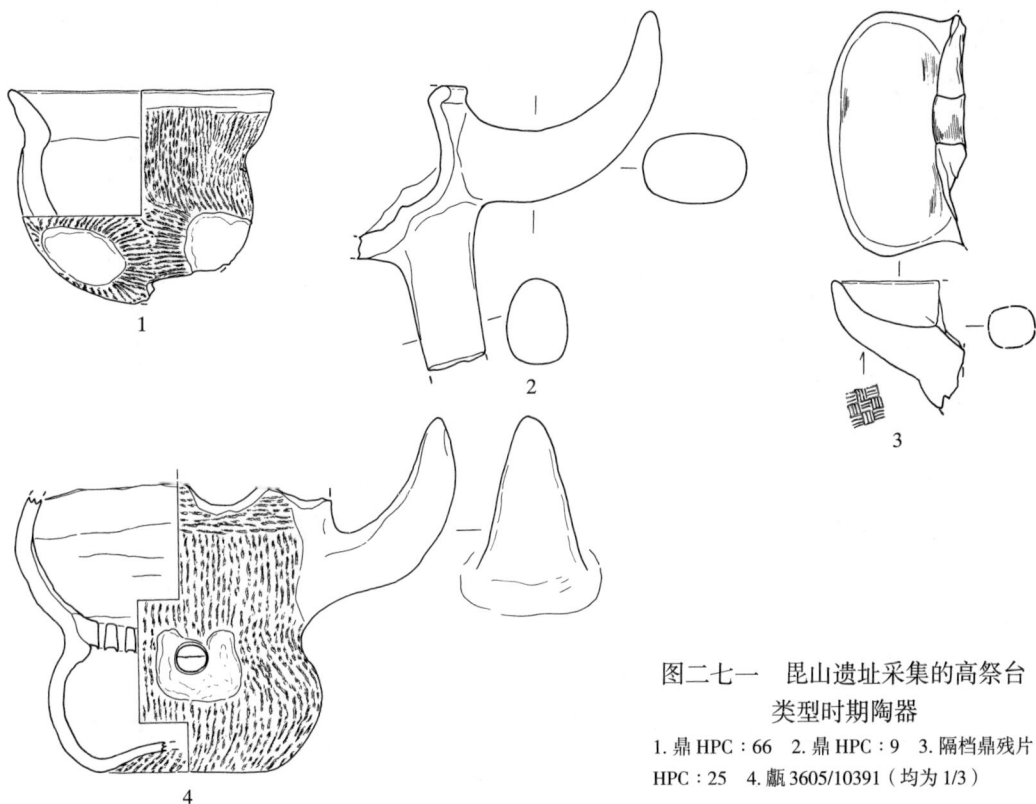

图二七一　昆山遗址采集的高祭台
类型时期陶器

1. 鼎 HPC：66　2. 鼎 HPC：9　3. 隔档鼎残片
HPC：25　4. 甗 3605/10391（均为1/3）

　　鬲　编号04714/10539，1992年火墙圈采集。夹砂灰褐色陶，但足尖部位呈红褐色。口沿部位残损，颈部有弦纹压拍印的绳纹，足尖先按捏，待器表拍印绳纹后再行粘贴使得足部加高，弧裆。残高14厘米。（图二七二，1；彩版一五九，1）

　　HPC：51，夹砂青灰色胎外黑内灰陶，足尖呈红褐色。拍印绳纹，足鬲部可见明晰的制作过程。（图二七二，2；彩版一五八，2、3）

　　HPC：24，夹砂灰胎黑陶，外表剥蚀呈灰色。折沿，颈部较长并抹划弦纹，下拍印绳纹。高11.2～12、口径10.2～10.8厘米。（图二七二，3；彩版一五八，4、5）

　　HPC：72，夹砂灰褐陶。翻沿，有明显的颈部，腹壁拍印绳纹，足尖外部另行粘贴加高，足内面留有指按捺的痕迹。残高14.4、口径20厘米。（图二七二，5；彩版一五九，2、3）

　　HPC：73，夹砂红陶。翻沿，沿面上多道凹弦纹，裆部较矮平。拍印交叉条纹或条格纹，由于抹划使得纹饰不甚明晰。高12.3、口径16厘米。（图二七二，6；彩版一五九，4、5）

　　斝形鬲　HPC：20，夹砂青灰胎黑陶，外壁剥蚀呈灰色。仅为残片。折直口，袋足。残高约10、复原口径12厘米。（图二七二，4）

粘贴

1

2

3

4

5

6

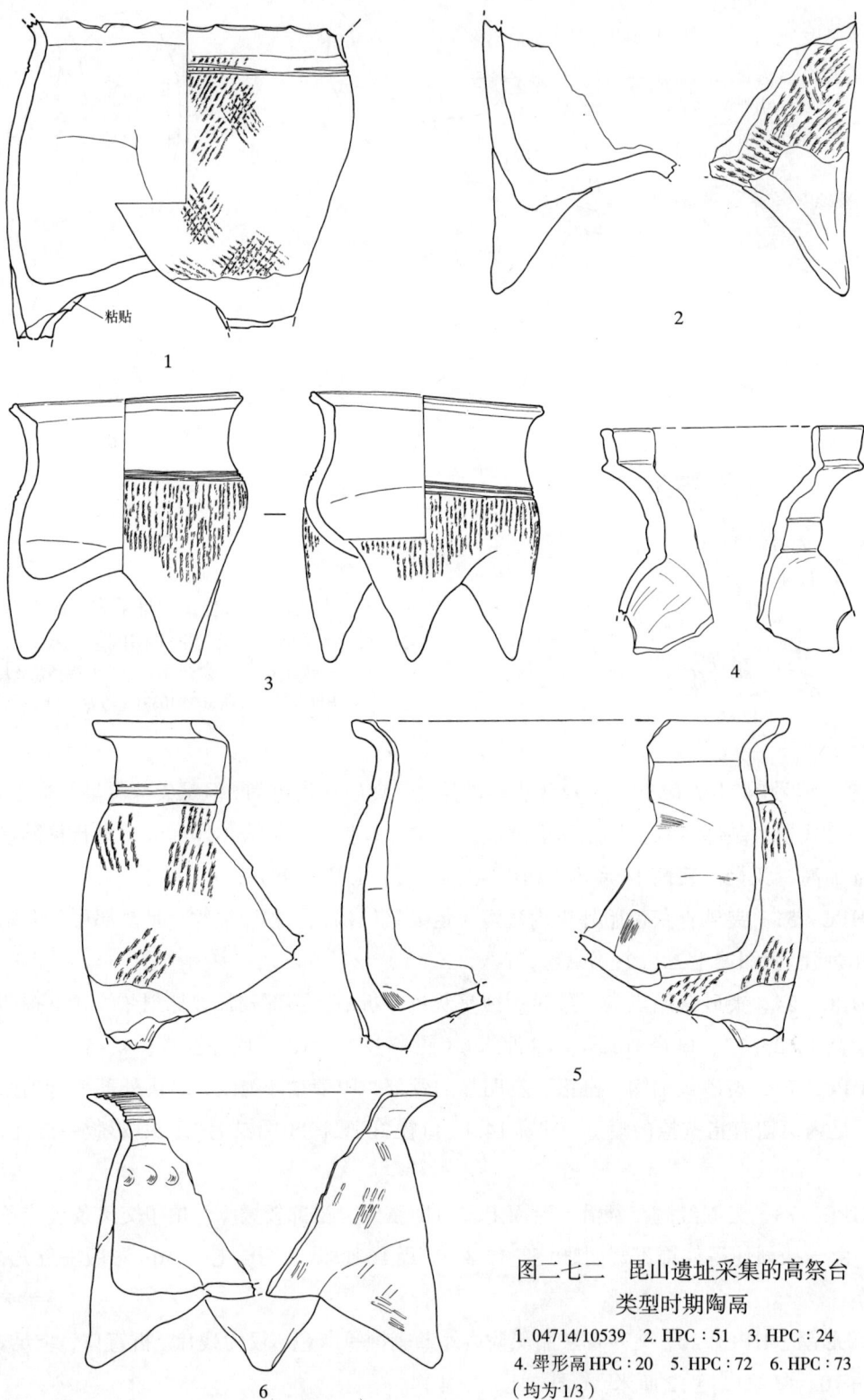

图二七二　昆山遗址采集的高祭台
类型时期陶鬲

1. 04714/10539　2. HPC：51　3. HPC：24
4. 罩形鬲 HPC：20　5. HPC：72　6. HPC：73
（均为·1/3）

硬陶豆 编号754/10215，1973年采集。泥质灰红色硬陶。敛口，子母口状，坦腹，圈足有三个不等距的三角形刻剔凹缺。高9～10、口径13.6、圈足径10.3厘米。（图二七三，1）

编号1119/10339，1978年采集。泥质红褐色硬陶。弧敛口，坦腹。高13.3、口径13.5、圈足径10.6厘米。（图二七三，2）

HPC：7，泥质红胎褐色硬陶，胎质中夹杂微小的白色斑点。敛口，唇面有弦纹，折腹部位按贴竖向泥片，似小耳。高9.6、复原口径12.3、圈足径9.5厘米。（图二七三，3）

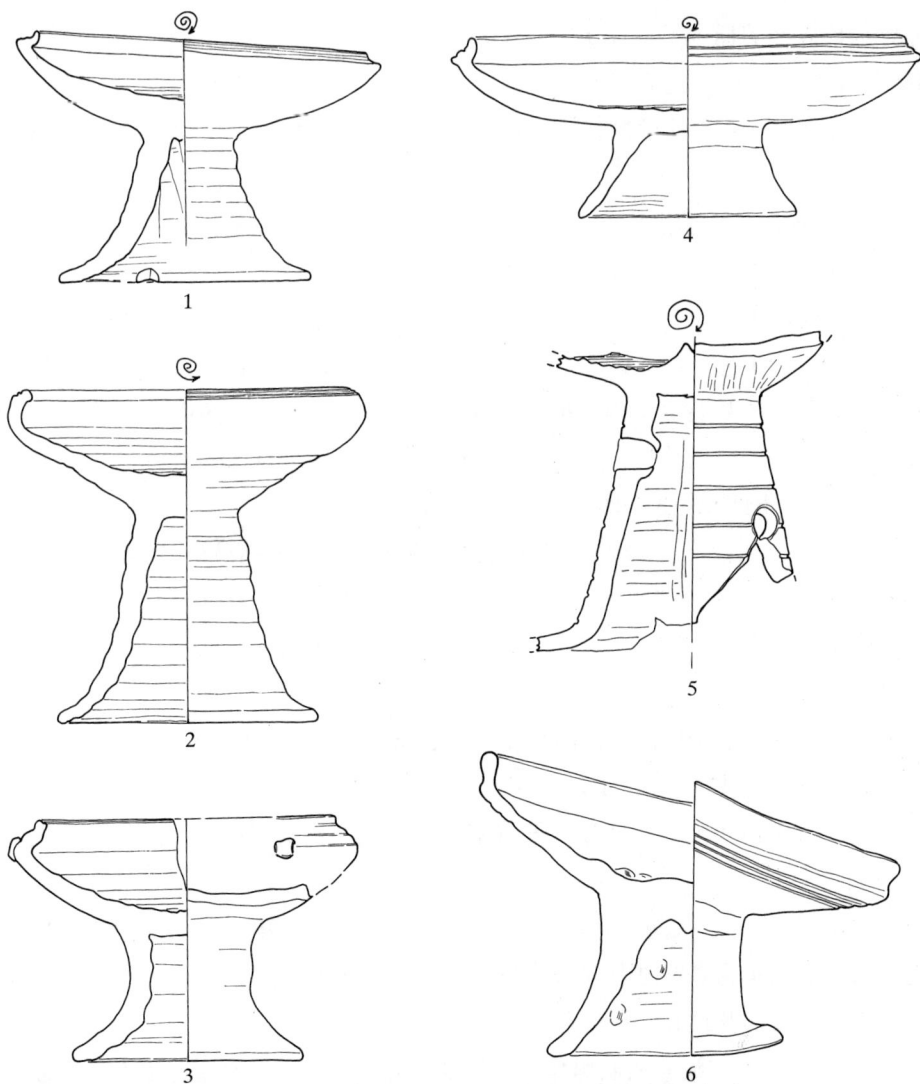

图二七三 昆山遗址采集的高祭台类型时期硬陶豆
1. 754/10215　2. 1119/10339　3. HPC：7　4. HPC：4　5. HPC：31　6. HPC：119（均为1/3）

HPC：4，三里桥河畔采集。泥质灰胎硬陶，外表附着青苔。折敛口，内面留有螺旋制痕。高7.2、口径18、圈足径9厘米。（图二七三，4）

HPC：31，泥质灰陶，质地稍硬。内面留有螺旋制痕，圈足上多道弦纹之间错落戳刻四个圆形镂孔。（图二七三，5）

HPC：119，2004年"老年公寓"后水塘采集。泥质紫灰色硬陶。盘内施黄绿色釉（？），但盘内中部约10厘米径内未有釉，可能与叠烧有关，整器变形甚。高8～12、口径17.8、圈足径9.7厘米。（图二七三，6；彩版一六〇，1）

软陶豆　采集的标本中，细豆柄上部有一周凸棱的豆形较多，少量矮圈足豆。选择相对完整或代表性的标本举例如下。

编号04715/10540，泥质黑胎黑皮陶，局部有铅光。直口微敞，坦腹，豆柄上部有一周凸棱。豆柄内壁有斜向的制作痕。高21.6～21.9、口径16.9、圈足径11.3厘米。（图二七四，1；彩版一六〇，2）

HPC：3，泥质灰黑胎黑皮陶。直口微敞，坦腹，豆柄上部有一周凸棱。高20.2、口径16.4、圈足径11.8厘米。（图二七四，2；彩版一六〇，3）

编号482/10190，1972年高歪圦采集。泥质黑陶。敞口，坦腹，豆柄中部有多道凹凸弦纹，圈足缘微上翘。高12.9～13.2、口径14.2、圈足径9.1厘米。（图二七四，3）

HPC：12，泥质灰胎黑皮陶。折沿，敛口，折腹，折腹以上部位有多道弦纹并另有小泥点按贴，因残损泥点数量不明。圈足中部有一周凸棱。豆盘外底另有席纹印痕。高12.5、口径18.5、圈足径13.5厘米。（图二七四，4）

HPC：58，泥质黑—灰胎黑陶。宽折沿，圈足有多道凹凸弦纹。高12、复原口径23.5、复原圈足径13.5厘米。（图二七四，5）

HPC：35，泥质灰胎灰陶。口沿残损，口沿外壁压印圆圈纹。残高7.3、圈足径13.5厘米。（图二七四，6）

HPC：33，泥质黑胎黑陶。口沿部位残损，折敛口外壁按压圆圈纹一周。残高7.8、圈足径12.5厘米。（图二七五，1）

HPC：57，泥质灰陶。大圈足上部有不甚对称的两组圆形镂孔。圈足径17.2厘米。（图二七五，2）

HPC：36，泥质灰胎灰陶，质地相对于其他同类器较为坚硬。外表尚附着有青苔，应是三里桥河畔的采集物。豆内面有烧后刻划的图符，整体结构为一具有小尖喙的卷云状结构。豆柄上部装饰弦纹和一周圈点纹。（图二七五，3、4）

HPC：8，盆形豆，泥质灰胎黑陶。口沿及一侧残损，或原本还有把手（参考HPC：38）。侈口，折腹，折腹上部有多道凹弦纹及竖向短直线装饰。高11.8、复原口径18、圈足径9.7厘米。（图二七六，1）

图二七四　昆山遗址采集的高祭台类型时期软陶豆

1. 04715/10540　2. HPC：3　3. 482/10190　4. HPC：12　5. HPC：58　6. HPC：35（均为1/3）

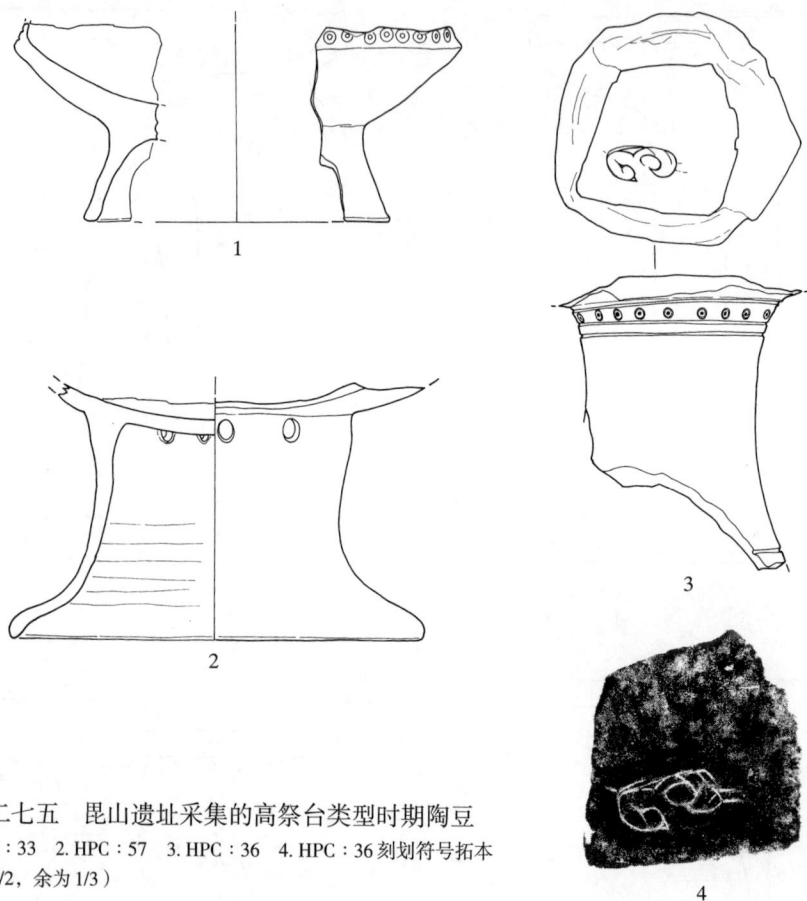

图二七五　昆山遗址采集的高祭台类型时期陶豆
1. HPC：33　2. HPC：57　3. HPC：36　4. HPC：36刻划符号拓本
（4为1/2，余为1/3）

HPC：11，钵形豆，泥质灰胎黑陶。高7.8、口径7.3、圈足径6.4厘米。（图二七六，2）

HPC：38，盆形豆，泥质黑胎灰陶。侈口，一侧置把手，腹部上壁横向线条刻划并间成组的短直线，圈足残损。残高7、口径20厘米。（图二七六，3；彩版一六〇，4）

HPC：102，泥质灰胎黑皮陶。敞口，坦腹。残高3.8、口径17.2厘米。（图二七六，4）

HPC：77，泥质黑—灰胎黑陶。弧敛口，豆柄内壁留有横向和斜向的制作痕迹。高14.5、口径13.5、圈足径10厘米。（图二七六，5）

HPC：75，泥质灰胎黑皮陶。敞口，卷沿，折腹，大圈足。残高5.7、口径17.5厘米。（图二七六，6）

HPC：17，泥质灰陶。坦腹，口沿捏制。高5.2～5.8、口最大距12、圈足径6.5厘米。（图二七六，7；彩版一六〇，5）

平底罐　HPC：105，夹砂红褐—灰胎黑陶。仅为底部残片，圆角平底微内凹，腹壁拍印菱形云雷纹，菱形边框内再填刻斜分隔线。近底部的拍印交互重叠甚。器壁剖面可

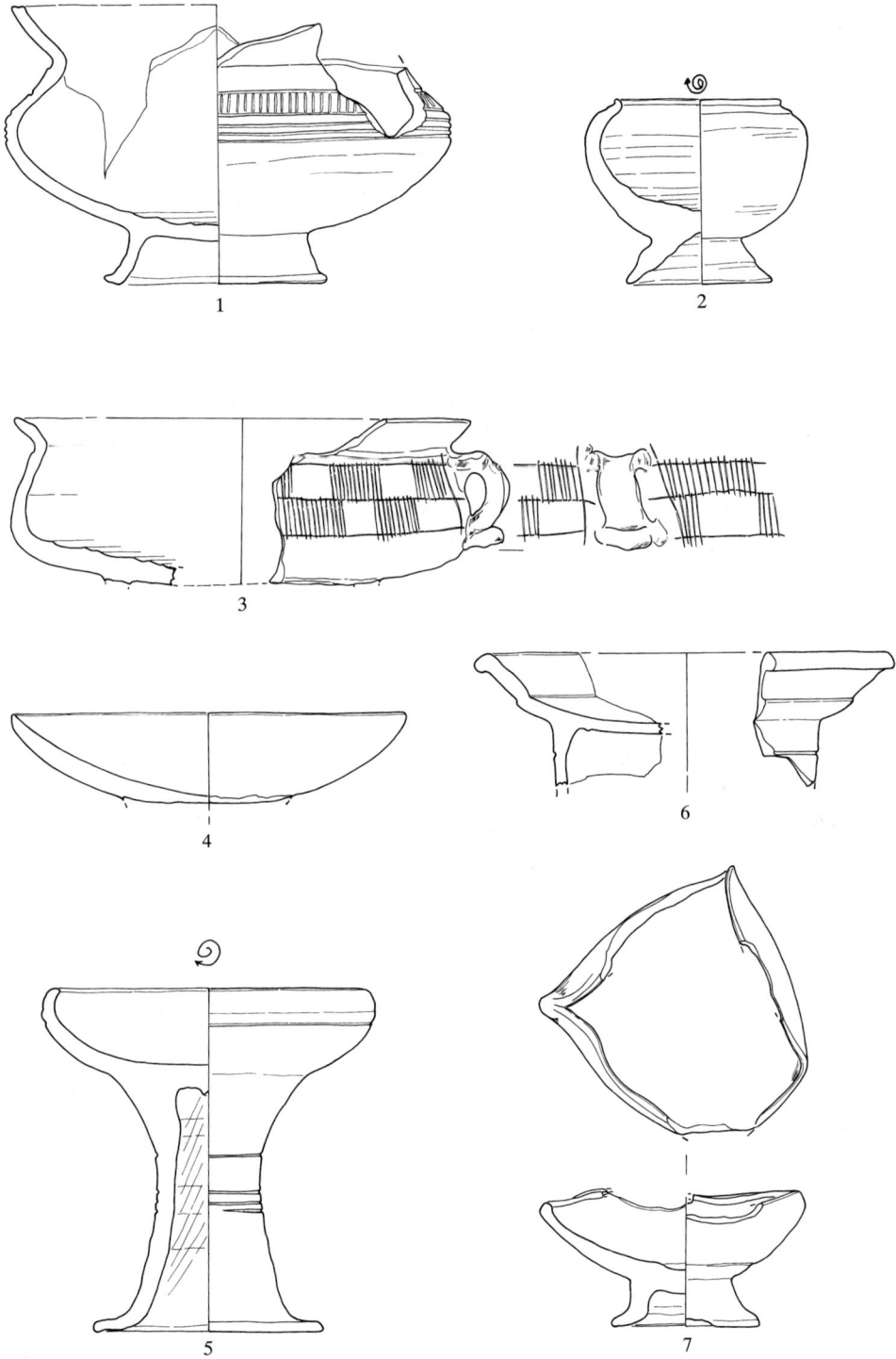

图二七六　昆山遗址采集的高祭台类型时期陶豆

1. HPC：8　2. HPC：11　3. HPC：38　4. HPC：102　5. HPC：77　6. HPC：75　7. HPC：17（均为1/3）

见斜向的泥条盘筑痕迹，底部剖面为横向泥片层理结构。底径14厘米。（图二七七，1；图二七八，1；彩版一六一，1）

HPC：22，泥质红褐色陶。仅为脱落的平底片，从残损的剖面上观察底部呈层状，当为贴塑所致，外底拍印菱形云雷纹。（图二七七，2；彩版一六一，2、3）

罐　HPC：101，泥质黑—灰胎黑皮陶。侈口，外壁拍印绳纹。口径18.5厘米。（图

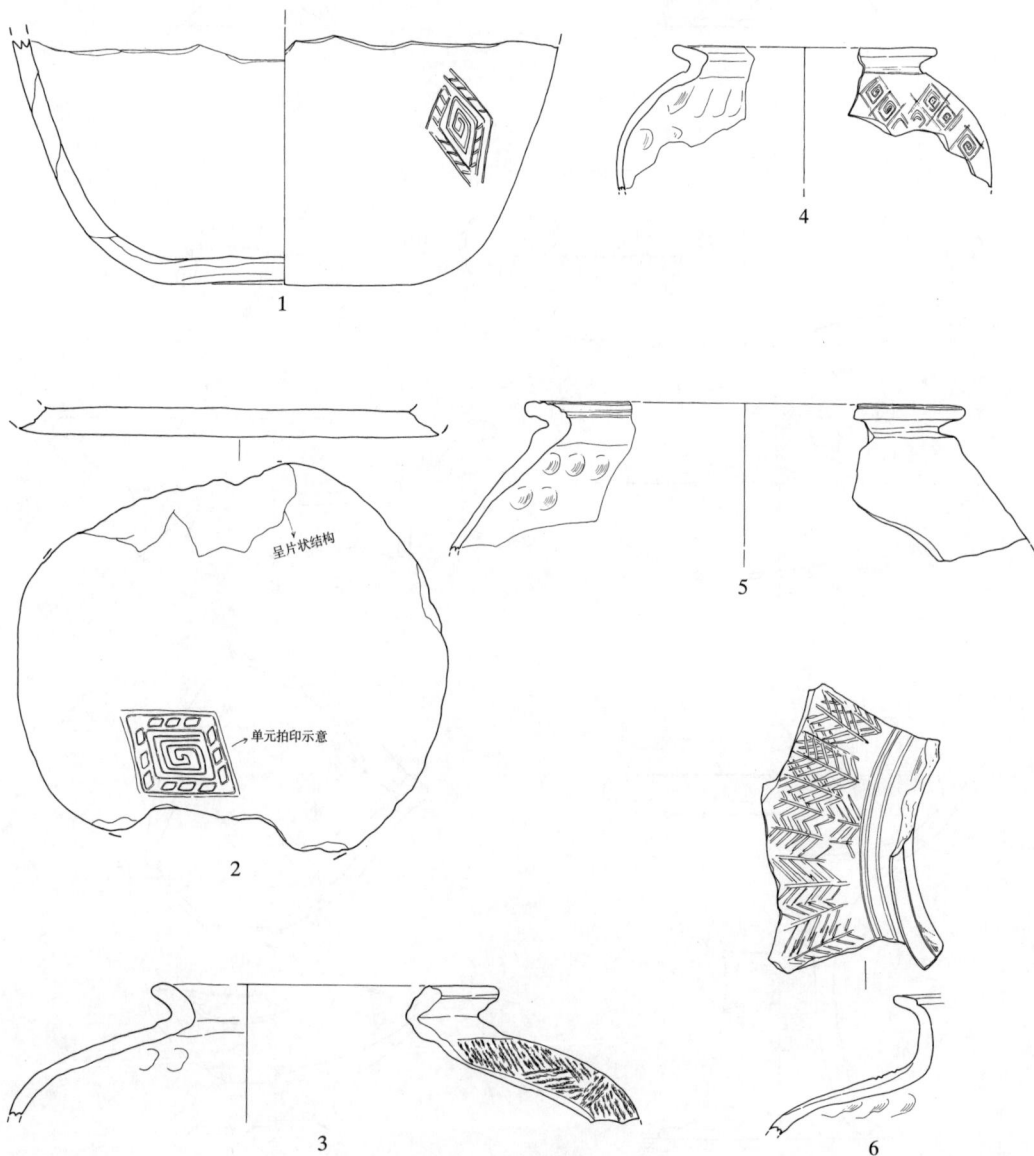

图二七七　昆山遗址采集的高祭台类型时期陶罐

1. HPC：105　2. HPC：22　3. HPC：101　4. HPC：103　5. HPC：107　6. HPC：47（均为1/4）

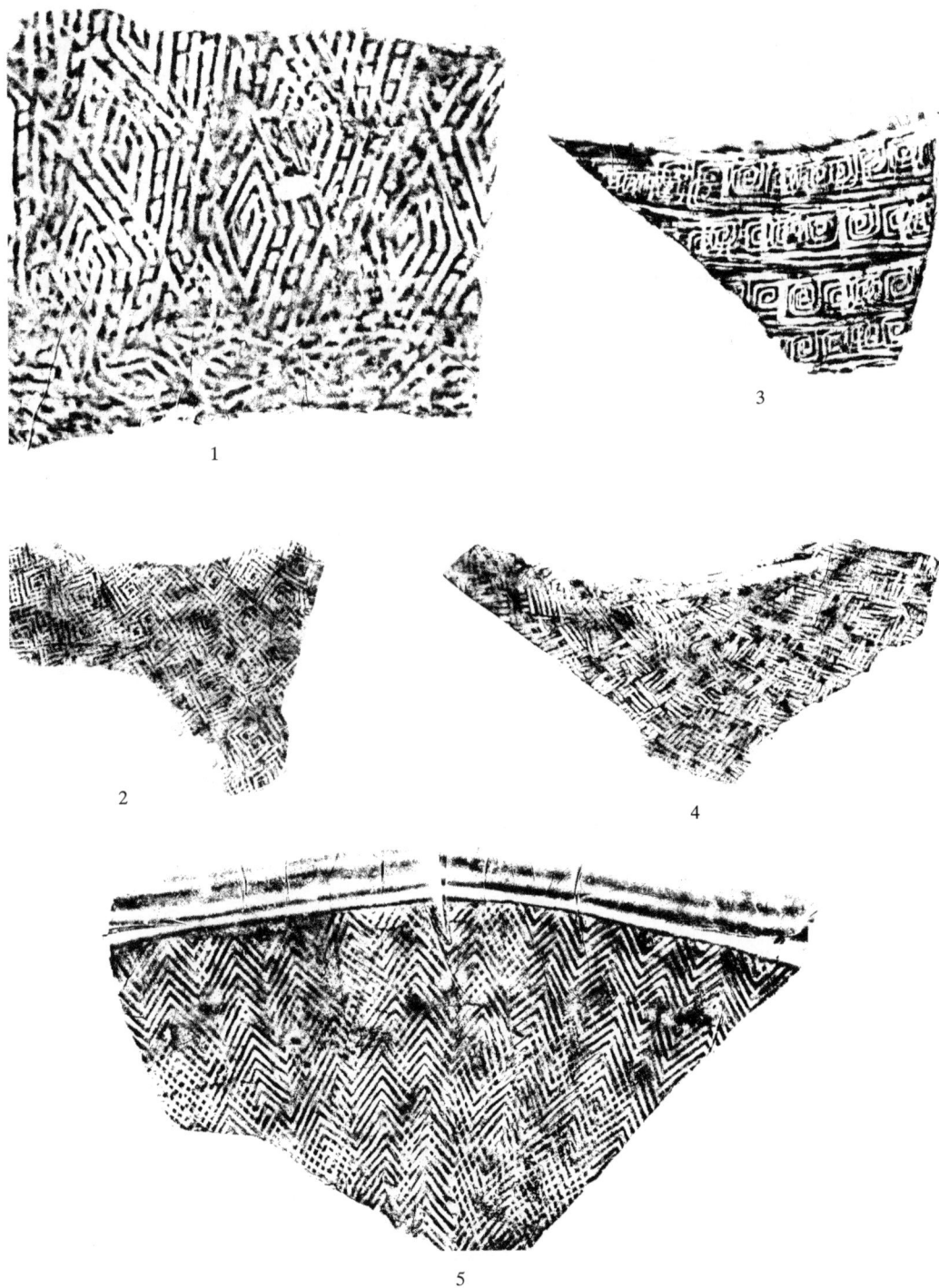

图二七八　昆山遗址采集的高祭台类型时期陶器纹饰拓本

1.菱形云雷纹HPC：105　2.菱形云雷纹HPC：103　3.圆角云雷纹HPC：67　4.斜角相交的编织纹HPC：68　5.波折纹HPC：46（均为1/2）

二七七，3）

　　HPC：103，泥质紫褐色硬陶。宽折沿，拍印菱形云雷纹。肩部及沿面上有灰白色点状爆汗釉。口径14.4厘米。（图二七七，4；图二七八，2）

　　HPC：107，夹砂内红外青灰色硬陶。宽折沿，削肩，外表抹划已呈素面。口径24厘米。（图二七七，5）

　　HPC：47，泥质灰胎黑皮陶。外壁拍印叶脉纹。（图二七七，6）

　　HPC：88，泥质灰胎黑皮陶。敞口，口沿外壁粘贴一周泥片呈子母口状，腹部有一周腰沿。口径20厘米。（图二七九，1）

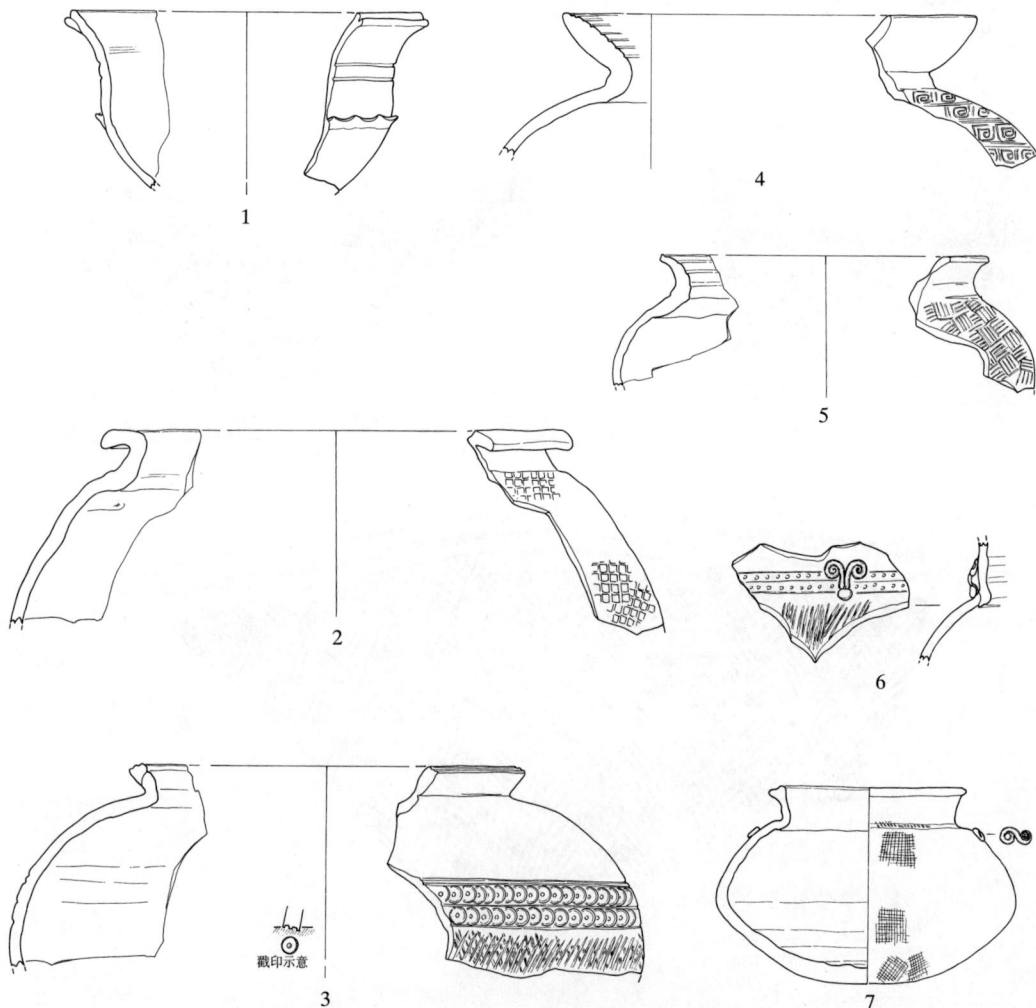

图二七九　昆山遗址采集的高祭台类型时期陶罐

1. HPC：88　2. HPC：45　3. HPC：48　4. HPC：67　5. HPC：68　6. HPC：89　7. 1121/10341（均为1/4）

HPC：45，泥质黑胎灰陶。平折沿，溜肩，拍印略斜向的方格纹。口径26厘米。（图二七九，2）

HPC：48，泥质灰胎黑皮陶。侈口，耸肩，由左向右斜向压印相叠的圈点纹两周，圈点纹径约0.9厘米。下腹拍印交叉的条纹。口径22厘米。（图二七九，3）

HPC：67，泥质灰胎红陶。宽折沿面上多道凹弦纹，拍印圆角云雷纹。口径22.6厘米。（图二七八，3；图二七九，4；彩版一六一，4）

HPC：68，胎质灰白色，夹杂微小的黑色斑点，且有呈扁薄状的小气孔，黄褐色釉施至唇部，可能为原始瓷（？）罐。翻沿，溜肩，拍印斜角相交的编织纹（席纹），肩部原本可能置把。口径18厘米。（图二七八，4；图二七九，5）

HPC：89，泥质青灰胎红褐色陶。颈肩部位戳刻小圆点，并按贴蝶形泥条（片），肩部拍印条纹。（图二七九，6；彩版一六一，5）

编号1121/10341，1978年采集。泥质紫褐色硬陶。近直口，唇缘外展，颈部留有斜向的条纹，肩部有大致对称的两个横向"S"形堆塑，外壁拍印小方格纹，近圈底。高10.2、口径11厘米。整器完整。（图二七九，7）

刻槽盆 HPC：46，泥质灰黑胎红色硬陶。敛口，内壁刻槽，外壁拍印波折纹。口沿不圆整，径约33厘米。（图二七八，5；图二八〇，1；彩版一六二，1、2）

HPC：94，略夹砂青灰色胎黑陶。敛口，沿面上有多道凹弦纹，内壁刻槽，外壁拍印菱形多重回纹。口径30厘米。（图二八〇，2；彩版一六二，3、4）

HPC：71，泥质灰胎灰红色陶。流部两侧按贴圆形泥突，内壁刻槽，外壁拍印绳纹。残甚，口径不明。（图二八〇，3）

钵 HPC：6，胎质灰白色，夹杂微小的黑色斑点，线图箭头所示部位有一层极薄的黄绿色釉（？），可能为原始瓷（？）钵。口沿残，折肩部位约有三个未穿小耳，平底。残高6.9、底径5.2厘米。（图二八〇，4）

HPC：1，泥质灰褐色硬陶。弧折肩，线图箭头所示部位有灰白色点状爆汗釉，斜收腹部位有斜向的刮削痕，平底。高6.5～6.8、口径10.2、底径5.5厘米。（图二八〇，5）

编号1120/10340，1978年采集。泥质紫褐色硬陶，胎质夹杂微小的黑褐色斑点。敛口，折肩部位按贴三个不对称的泥片，斜收腹，平底内凹。线图箭头所示范围有褐色斑点状的爆汗釉。高6.1～6.3、口径9.5～10.5、底径5.9厘米。（图二八〇，6）

HPC：5，胎质灰白色，线图箭头所示范围为黄绿色釉（？）。敛口，肩部粘贴有穿透的小环状耳。高10.8、复原口径15、圈足径9.7～10.2厘米。（图二八〇，7）

簋 编号03487/10385，侈口，折腹，腹较深，内面留有螺旋状制痕。高9.5～10、口径14.5、圈足径10厘米。（图二八〇，8）

三足盘 HPC：53，泥质紫褐色硬陶。仅存足，足外侧面中下部有灰白色点状爆汗

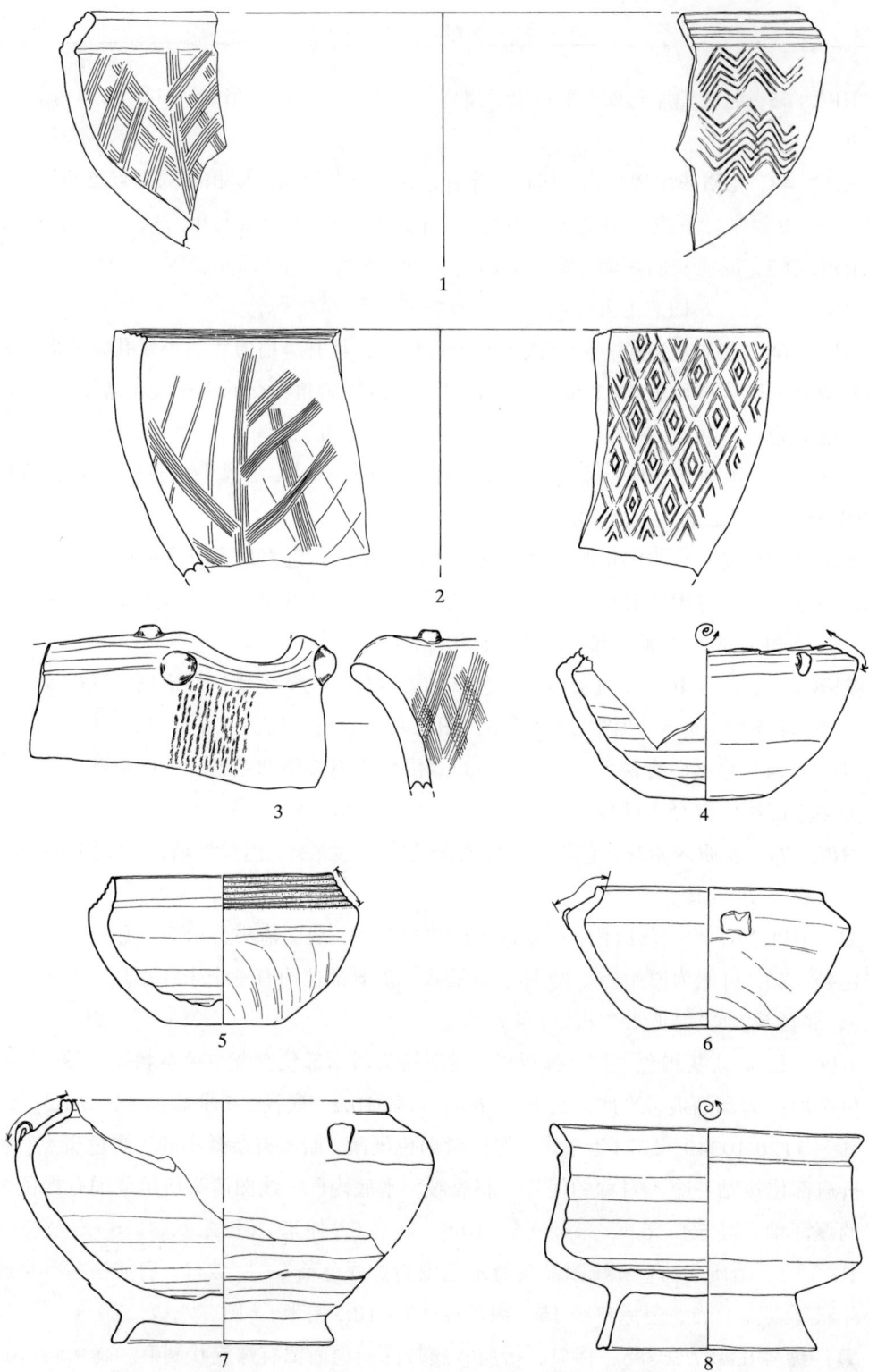

图二八〇　昆山遗址采集的高祭台类型时期陶器

1~3.刻槽盆 HPC：46、94、71　4~7.钵 HPC：6、HPC：1、1120/10340、HPC：5　8.簋 03487/10385（均为1/3）

釉。（图二八一，1）

HPC：54，泥质灰胎紫褐色硬陶。仅存足，外侧面刻划戳点纹饰。截面呈弧边三角形。（图二八一，2）

HPC：56，泥质灰胎黑皮陶。宽折沿近平。高18.5、复原口径20.4厘米。（图二八一，3）

HPC：78，泥质灰胎黑皮陶。宽折沿近平，足截面呈扁圆形。高13.8、复原口径20厘米。（图二八一，4）

HPC：32，泥质黑—灰胎黑皮陶。翻沿，折腹，三足外撇，足尖端外钩，足截面呈圆形。高20.6、复原口径22厘米。（图二八一，5）

HPC：74，泥质青灰色陶。已过烧变形溶涨，内壁有刮痕。残高11.5厘米。（图二八一，6）

编号964/10279，1975年采集。夹砂红陶。翻沿，三足截面为扁圆形，三足间距较大。高15、口径19.7厘米。（图二八一，7）

HPC：10，夹砂红陶。宽平折沿，沿面上有多道弦纹，折腹，椭圆形足，内外壁留有黑色附着物。残高11.5、口径24厘米。（图二八一，8）

瓦足皿　HPC：39，泥质灰陶。折腹。残高7、复原口径18.5厘米。（图二八二，1）

三足钵　HPC：26，泥质灰陶。侈口，鼓腹，上部有两周圈点纹，并残存有一个圆形的泥突，泥突弧面上另压印圈点纹。足截面呈扁椭圆形。高17.3、复原口径14厘米。（图二八二，2）

禽鸟造型三足盘　HPC：16，盘身为禽类造型，惜首、尾残损，三足呈等腰分布。首、尾部位均有序戳压圈点纹。残高7.5厘米。（图二八二，3；彩版一六二，5、6）

三足小钵　HPC：63，泥质灰陶。内壁有螺旋制作痕迹，底部近平。肩部有一周圆圈纹，乳状小三足。高4.8、口径5.1厘米。（图二八二，4）

HPC：34，泥质灰陶。侈口，折腹，三足已脱落，印痕为圆形。残高6.4、复原口径5.8厘米。（图二八二，5）

兽形把手　HPC：64，泥质灰胎黑皮陶。兽圆形脸面，肩及尾部上方各有圆形凸起，腹下空使整兽呈环行把手。纽面及残损的外壁局部有序布列管状物戳刻，管状物外径0.7、内径0.5厘米，中心部位有圆点状压印，即圈点纹。兽长8.8、宽3.2、高4厘米。（图二八二，6；彩版一六三，1~3）

HPC：65,.夹砂灰胎黑皮陶。兽形态似蝾螈类动物，首部有横向的宽嘴，两侧管压（圈点纹）双眼，四肢舒展，刻划爪形，尾巴斜向一侧。残损外壁局部似有条纹残留。兽长11、最宽8.5、高4厘米。（图二八二，7；彩版一六三，4~6）

鸭形壶　编号04713/10538，泥质褐色硬陶。壶内面留有绳纹垫痕，外壁拍印条纹。

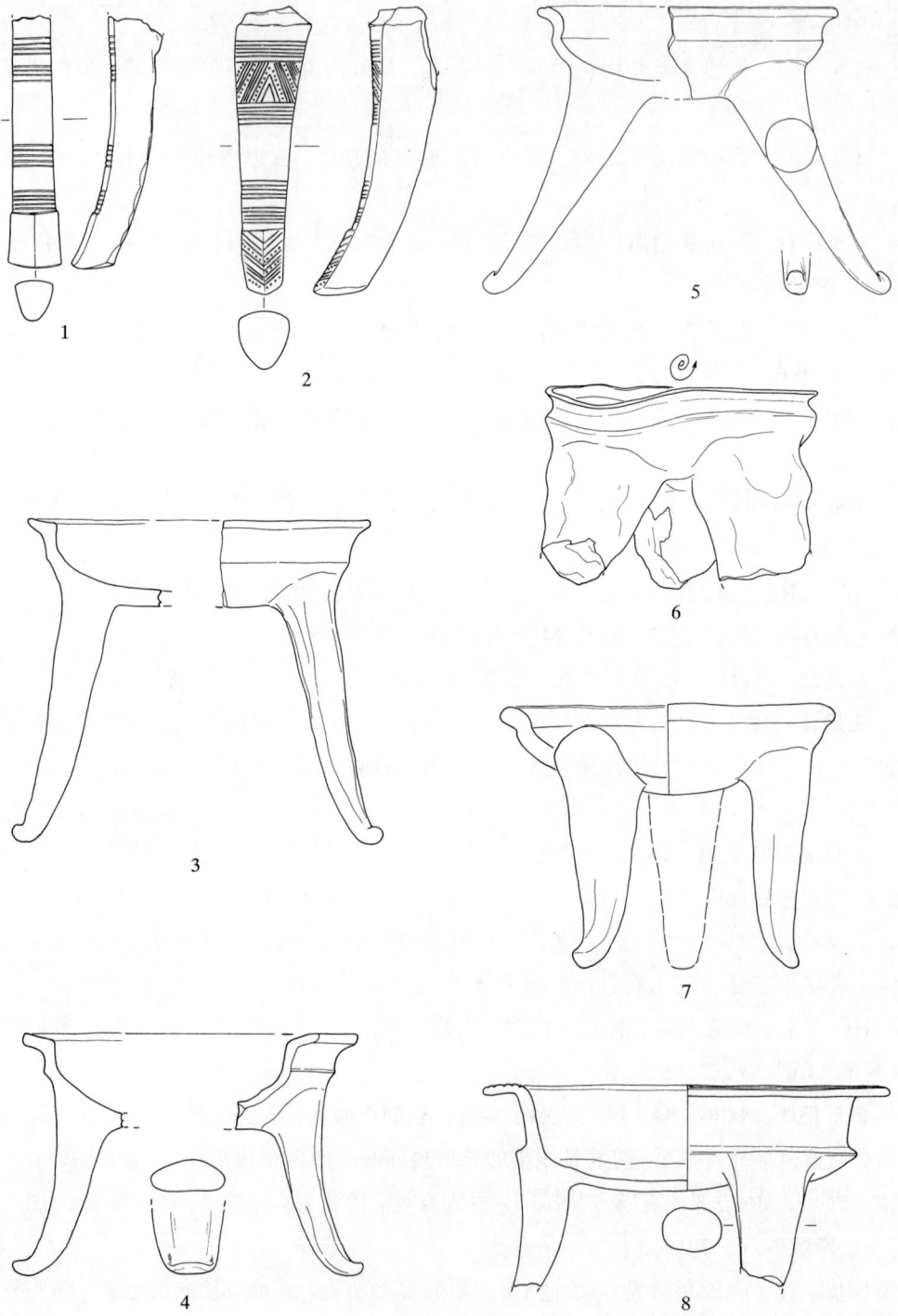

图二八一　昆山遗址采集的高祭台类型时期陶三足盘

1、2.硬陶三足盘 HPC：53、54　3～6.泥质陶三足盘 HPC：56、78、32、74　7、8.夹砂陶三足盘 964/10279、HPC：10（5为 1/5，余为 1/4）

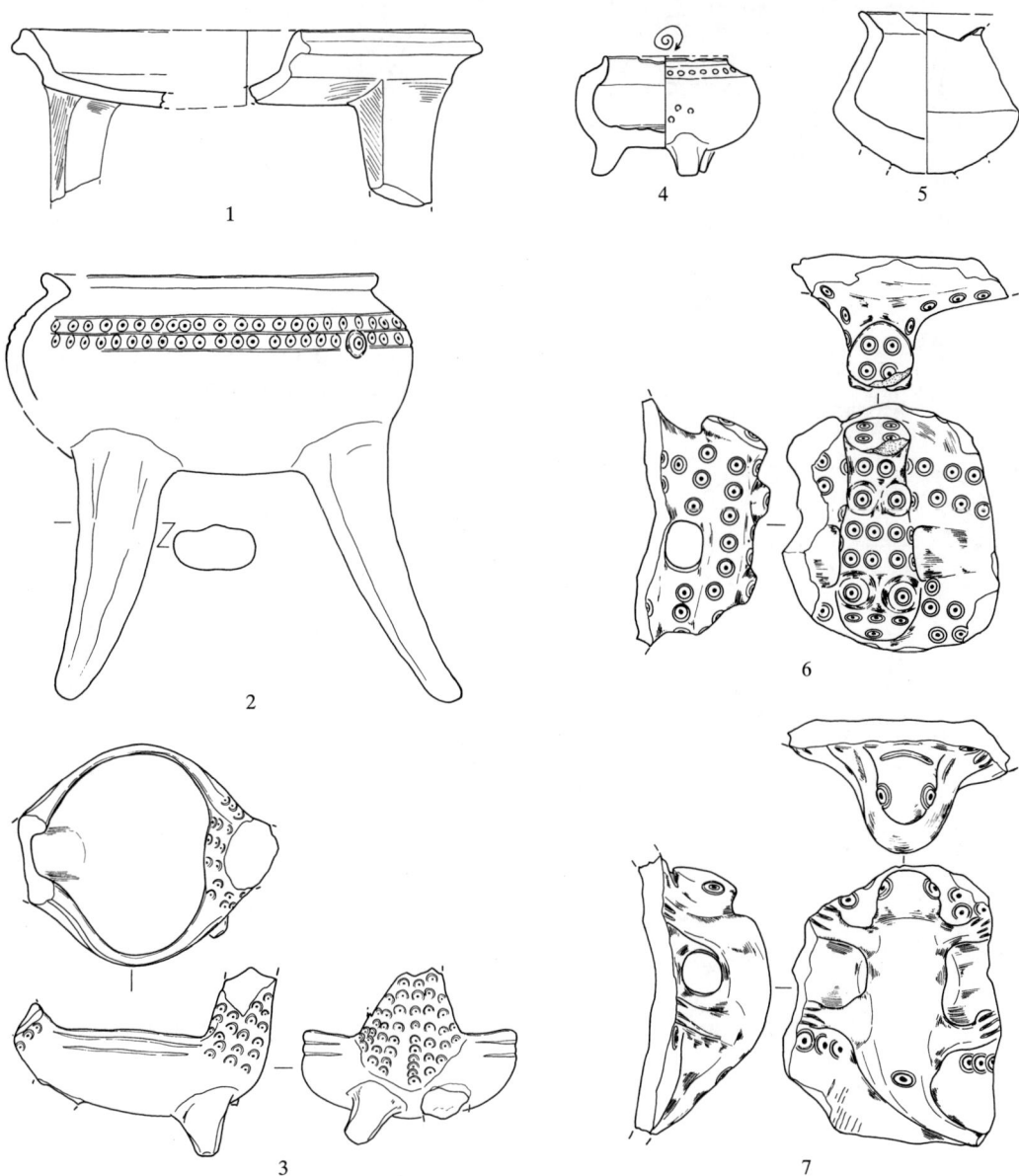

图二八二　昆山遗址采集的高祭台类型时期陶器

1. 瓦足皿 HPC：39　2. 三足钵 HPC：26　3. 禽鸟造型三足盘 HPC：16　4、5. 三足小钵 HPC：63、34　6、7. 兽形把手 HPC：64、65（均为1/3）

整器完整。高12、体长17.2、口径10.7厘米。（图二八三，1；彩版一六四，1）

编号962/10277，1975年采集。泥质紫褐色硬陶，圈足内壁过烧呈红褐色，另口沿内面及外壁局部有灰白色的点状爆汗釉。仅口沿一侧残损。敞口，高领，扁腹，高圈足。拍印条纹。高15.7、复原口径11、圈足径7厘米。（图二八三，2；彩版一六四，2）

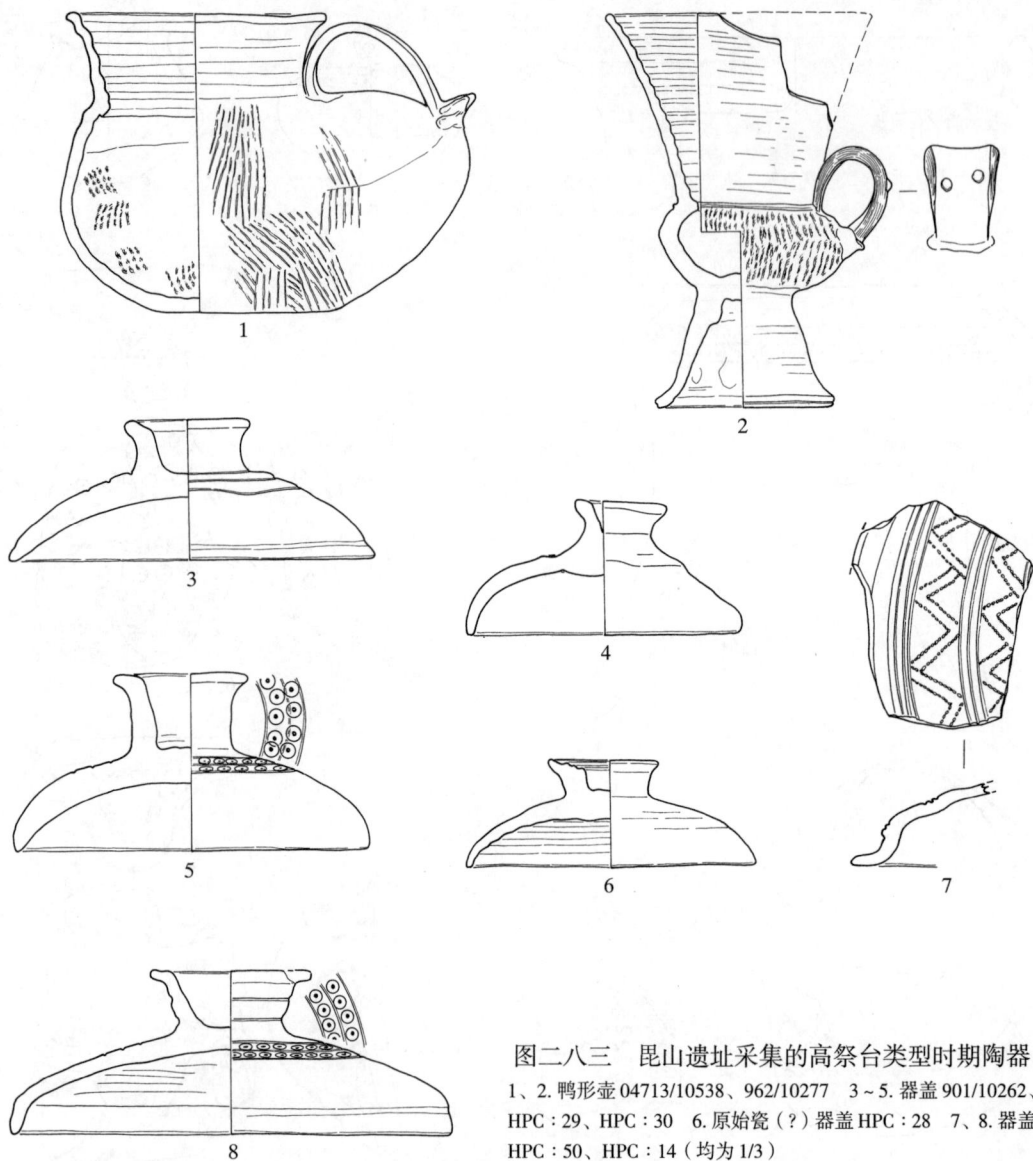

图二八三　昆山遗址采集的高祭台类型时期陶器
1、2. 鸭形壶 04713/10538、962/10277　3～5. 器盖 901/10262、
HPC：29、HPC：30　6. 原始瓷（？）器盖 HPC：28　7、8. 器盖
HPC：50、HPC：14（均为1/3）

　　器盖　编号901/10262，1974年三里桥河畔采集。泥质黑—灰胎黑皮陶。杯形盖纽，盖面有三周不规整的凹弦纹。高5.6、纽径5.1、盖径15.3厘米。（图二八三，3）

　　HPC：29，泥质红陶。整器完整但不正，浅杯形盖纽偏于一侧。高5.4、纽径3.6、盖径11.2～11.5厘米。（图二八三，4）

　　HPC：30，泥质灰黑胎黑皮陶。杯形盖纽，盖面三周凹弦纹间压印圈点纹，圈点纹径约0.6厘米。高7、纽径5.6、盖径14.8厘米。（图二八三，5；彩版一六四，3）

　　HPC：28，原始瓷（？），胎质灰白色，外表呈紫灰色，盖内面有一层极薄的黄绿色

釉（？），此类盖可能也作盘用。高4.3、纽径4.5、盖径12厘米。（图二八三，6；彩版一六四，4）

HPC：50，泥质灰陶。盖沿外展，盖面多道弦纹组之间填刻戳点形式的波折纹。（图二八三，7）

HPC：14，泥质灰胎黑皮陶。杯形盖纽，盖面三周凹弦纹间压印圈点纹，圈点纹径约0.5厘米。高6.5、纽径6.7、盖径18.2厘米。（图二八三，8）

垫 HPC：13，夹砂红陶。垫面圆弧，垫柄部中有孔，可能与柄成形有关。高12、垫面外径8.9厘米。（图二八四，1）

HPC：41，夹砂红陶。高9、垫面外径5.8厘米。（图二八四，2）

拍 编号03595/10389，1989年采集。泥质青灰胎灰红陶，质地较为坚硬。残损。整体呈扁平的块状，一面刻划交叉直线，拍印器表上即为斜方格纹，方格纹为阴纹；另面先刻划交叉的直线而呈菱形格，再刻剔菱形格，拍印器表上即为双重的菱形纹（菱形回纹）。残长4.1、宽6.3、厚1~1.4厘米。（图二八四，3；图二八五，1；彩版一六四，5、6）

网坠 采集标本中网坠数量较多，形体或大或小，横截面多为椭圆形，两侧均有刻槽，两面中部多有竖向刻槽。

HPC：121，夹砂红陶。形体较大。长13.8、宽7.5、厚5.5厘米。（图二八四，4；彩版一六四，7-1）

HPC：122，泥质灰褐色陶。长2、宽1.5、厚1厘米。（图二八四，5；彩版一六四，7-5）

HPC：123，泥质灰褐陶。长2、宽0.9、厚0.8厘米。（图二八四，6；彩版一六四，7-4）

HPC：124，泥质灰褐陶。长1.5、宽0.9、厚0.8厘米。（图二八四，7；彩版一六四，7-2）

HPC：125，泥质红褐陶。长1.5、宽0.8、厚0.8厘米。（图二八四，8；彩版一六四，7-3）

纺轮 HPC：120，泥质紫褐色硬陶。线图箭头所示部位有灰白色点状爆汗釉。厚1.8、外径3.1厘米。（图二八四，9）

不明陶器 HPC：81，泥质灰胎黑陶，局部铅光。中空。推测可能为崧泽文化阶段或良渚文化晚期遗物。高6、复原口径20.5厘米。（图二八四，10）

环状器盖（把手？） HPC：111，夹砂黑褐陶。盖面压印圈点纹。（图二八四，11）

另选择一些**拍印纹饰陶片**介绍如下：

HPC：79，罐腹片，略夹砂，灰黑胎外褐内黑陶。约1.8×1.8厘米的方格纹内再填刻多重菱形回纹或直角云雷纹。（图二八五，2；彩版一六五，1）

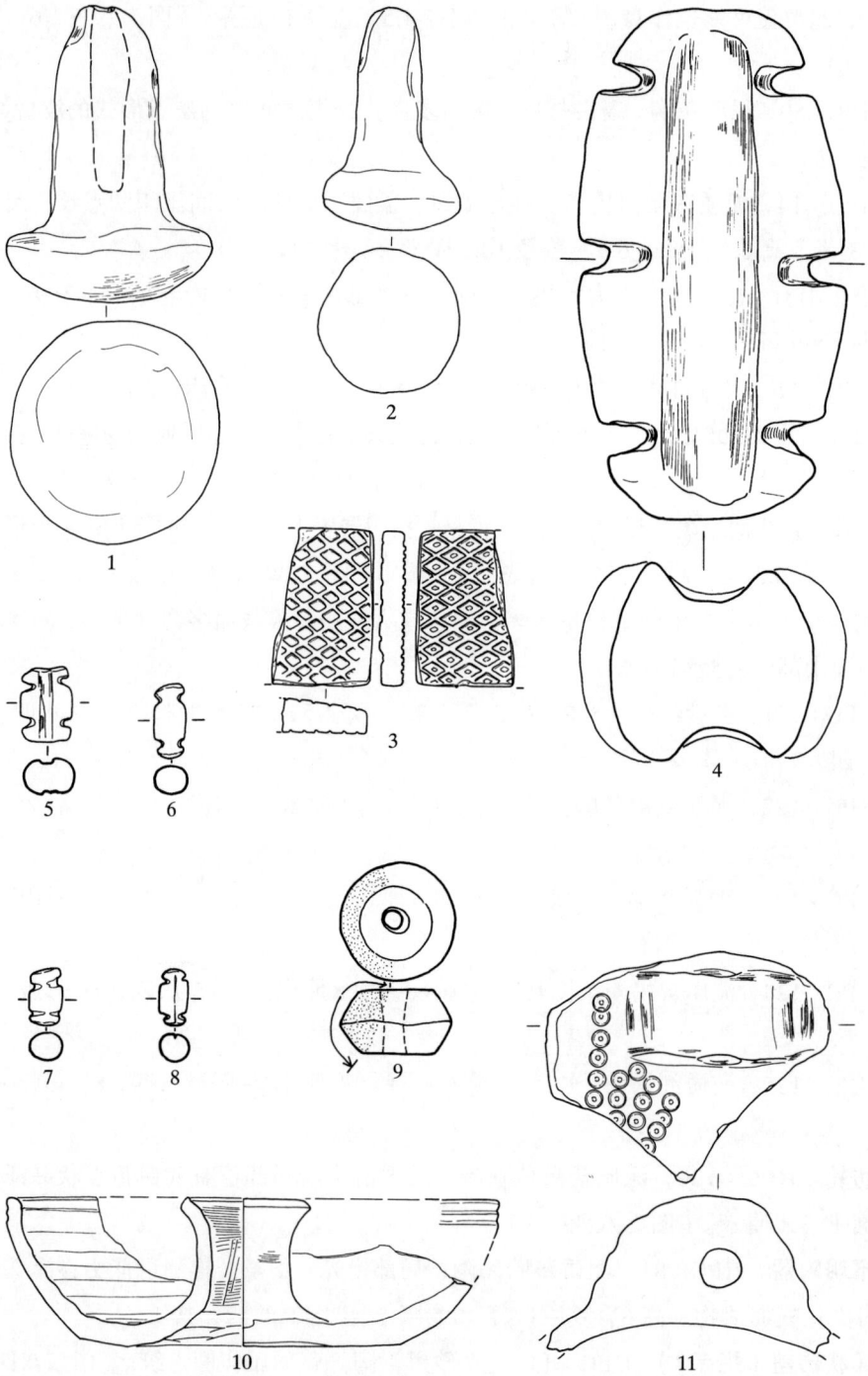

图二八四　昆山遗址采集的高祭台类型时期陶器

1. 垫 HPC：13　2. 垫 HPC：41　3. 拍 03595/10389　4～8. 网坠 HPC：121、122、123、124、125　9. 纺
轮 HPC：120　10. 不明陶器 HPC：81　11. 环状器盖（把手？）HPC：111（5～9 为 1/2，余为 1/3）

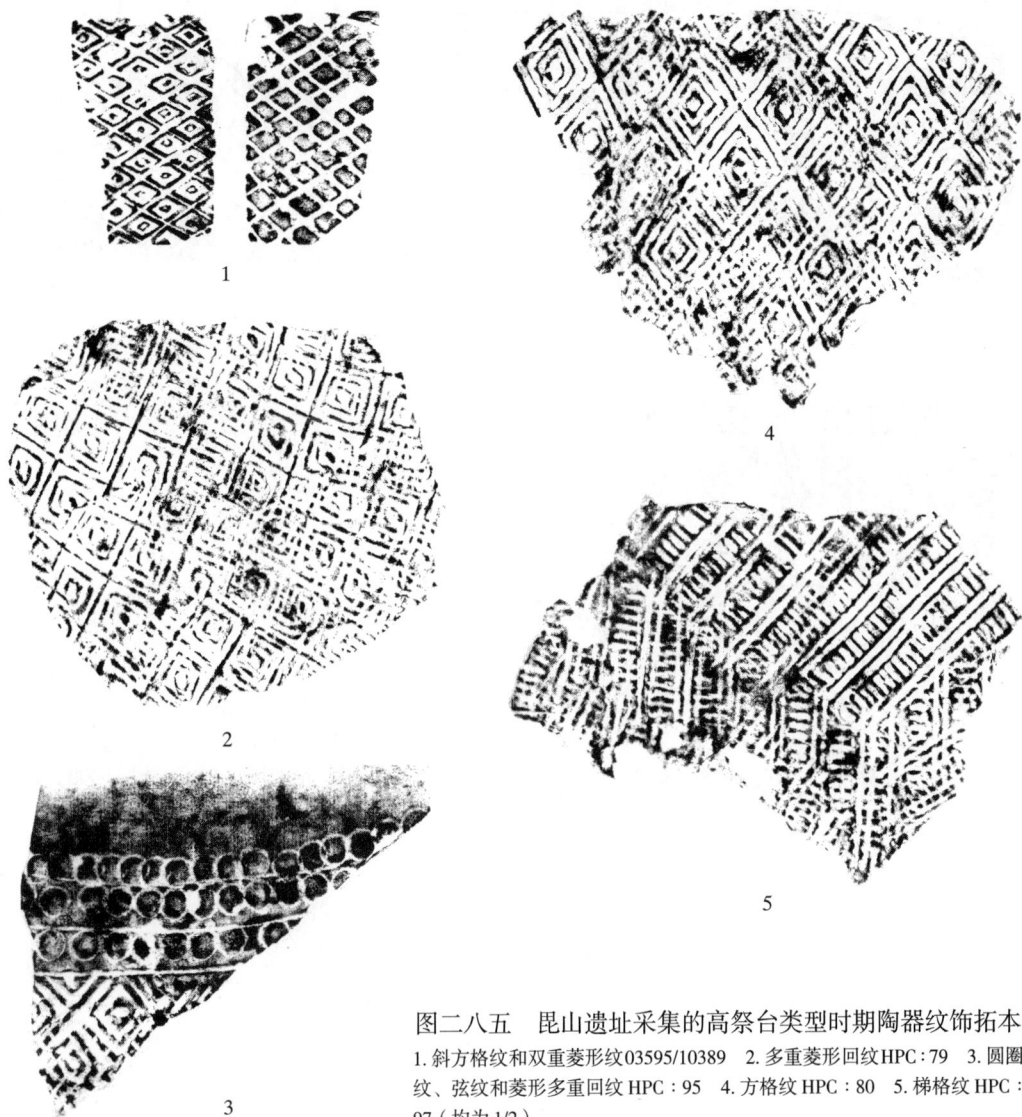

图二八五　昆山遗址采集的高祭台类型时期陶器纹饰拓本

1.斜方格纹和双重菱形纹03595/10389　2.多重菱形回纹 HPC：79　3.圆圈纹、弦纹和菱形多重回纹 HPC：95　4.方格纹 HPC：80　5.梯格纹 HPC：97（均为1/2）

　　HPC：95，罐肩部片，略夹砂，红褐色胎黑皮陶。三道弦纹压圆圈纹，其下为菱形的多重回纹。（图二八五，3）

　　HPC：80，略夹砂，灰黑胎黑陶。纹饰同上。（图二八五，4；彩版一六五，2）

　　HPC：97，刻槽盆残片，泥质灰黑胎褐陶。外壁拍印梯格纹。（图二八五，5；彩版一六五，3）

　　以下陶片均为2005年三里桥东河岸剖面集中采集，作为共存物可作参考。

　　HPC：109，罐腹片，泥质灰胎灰黑陶。拍印菱形云雷纹。（图二八六，1）

　　HPC：114、116，罐肩部片，泥质黑胎黑陶。上为圈点纹压弦纹，下部为菱形云雷

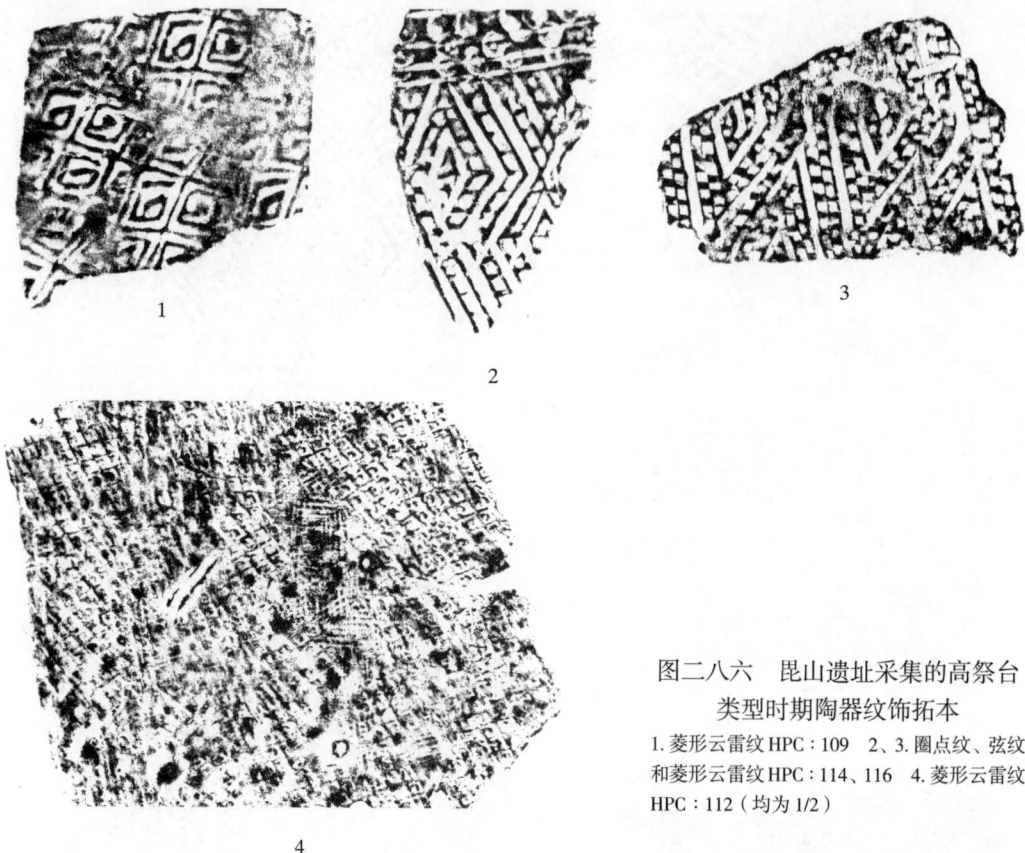

图二八六　昆山遗址采集的高祭台
类型时期陶器纹饰拓本

1. 菱形云雷纹 HPC：109　2、3. 圈点纹、弦纹
和菱形云雷纹 HPC：114、116　4. 菱形云雷纹
HPC：112（均为 1/2）

纹。（图二八六，2、3；彩版一六五，4）

HPC：112，罐腹片，泥质紫褐—青灰胎紫褐色硬陶。拍印菱形云雷纹，但云雷纹仅为钩状，较为少见。（图二八六，4；彩版一六五，5）

HPC：106，刻槽盆残片，泥质灰胎黑陶。外壁拍印绳纹，内壁有刻槽。（彩版一六五，6）

（二）石器

破土器　1985年11月昆山北坡水田中采集，成组出土，共四件。外表均沁蚀甚，出露灰绿色斑点，角岩。今介绍其中三件。

编号 04716/0495，整器一面较为平整，另面保留有石片打制的圆弧面。双面刃内凹弧，柄端琢打有"┘"形凹缺可供固定柄，下方为狭长形琢打凹缺供缚扎，凹缺琢打后还经搓磨。斜缘面琢打，后端缘面也经琢打，截面呈刃状。尖端夹角约48度。高20.5、长36.5、厚2.2厘米。（图二八七，1；彩版一六六，1）

编号 04718/0497，整器两面均较为平整。双面刃，刃部较平直，柄端琢打有"┘"形凹缺可供固定柄，下方为狭长形琢打凹缺供缚扎。斜缘面琢打并经打磨，后端缘面琢

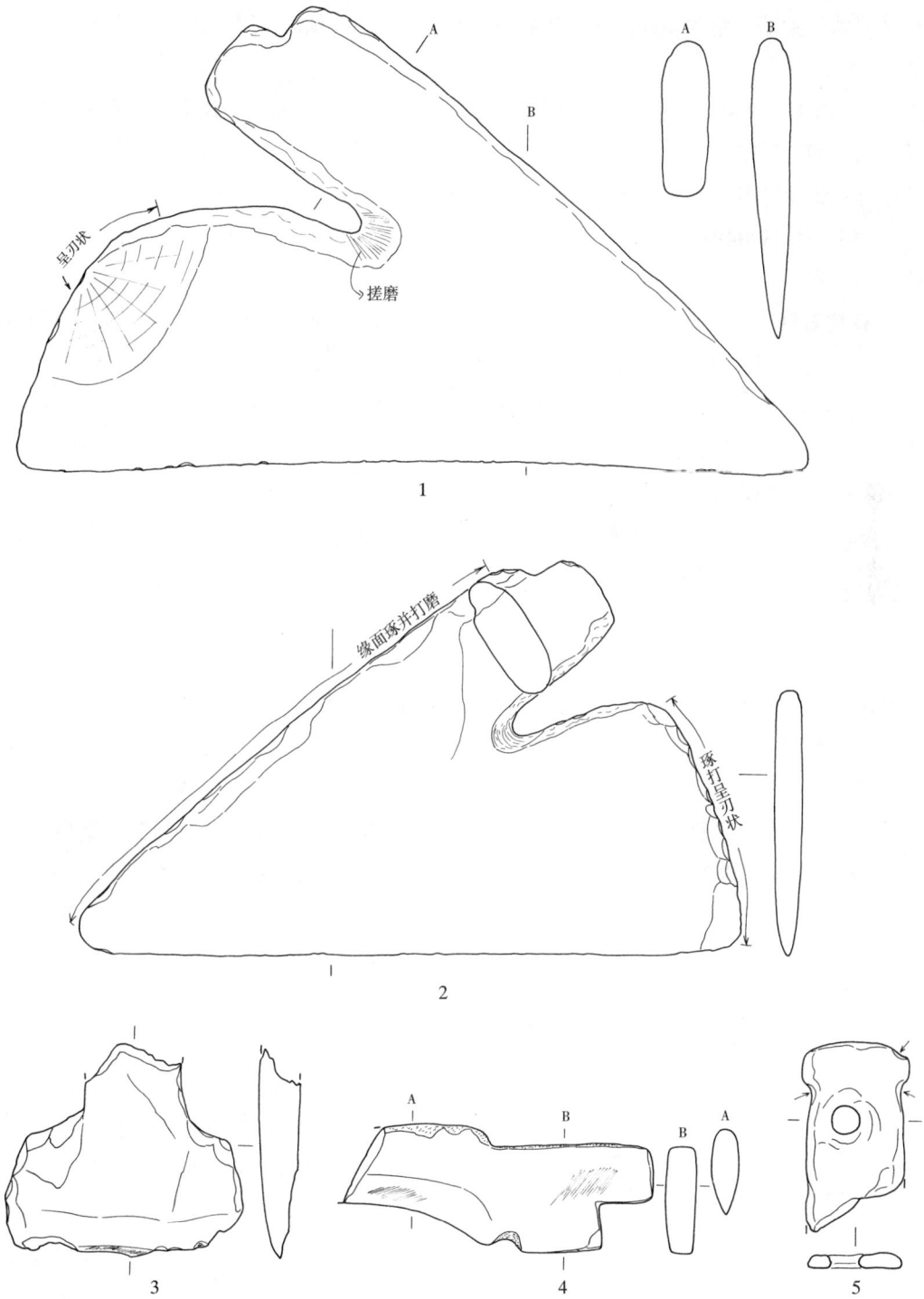

图二八七　昆山遗址采集的高祭台类型时期石器

1、2. 破土器 04716/0495、04718/0497　3. 有肩石器 HPC：98　4. 戈 HPC：2　5. 钺（？）HPC：70（均为1/3）

打呈刃状。尖端夹角约40度。高17.4、长30.3、厚2.2厘米。(图二八七,2;彩版一六六,2)

编号04717/0496,整器两面均较为平整,双面刃,刃部弧凸,柄端琢打有矩形凹缺可供固定柄,下方为狭长形琢打"⏌"形凹缺供缚扎。斜缘面琢打并经打磨,后端缘面也经琢打,截面呈刃状。尖端夹角约50度。高20、长33.3、厚2.1厘米。(彩版一六七,1)

编号04719/0498,1975年11月14日采集。外表沁蚀呈青灰色,角岩。两面均较平整,柄端有"⏌"形凹缺,单面刃,左手执。高14、厚1.6厘米。(彩版一六七,2、3)

有肩石器 HPC:98,沁蚀甚,呈青绿色,角岩。双面刃。残高9.4、宽11、厚1.9厘米。(图二八七,3)

戈 HPC:2,黑色,角岩。援部残损,两面打磨较好,缘面琢打后均经打磨。双面刃至内下援琢打的凹缺部位,直内上援也经琢打,内后端有缺口。残长14.2、内宽4.7、厚1.35厘米。(图二八七,4;彩版一六八,1)

钺(?) HPC:70,剥蚀甚,呈青灰色,内芯红色,属沉积页岩。顶端两侧凸,双向琢打(?)孔。残高8.4、宽5、厚0.8厘米。此石器性质和年代不甚清楚,暂归为钺。(图二八七,5;彩版一六八,2)

(三)玉器

有领玉璧 04采:1,采集于2004年度昆山遗址发掘区附近。黄褐色。仅为一小残片,且一面领部残损。领高0.7~0.8厘米。双向对钻孔,孔径复原大致为6.5厘米,竖截面呈"⊦⊦"形。璧两面均留有同心圆制痕,上下两面同心圆并不对称,其成形可能为器件以中心轴作360度旋转切割物带动解玉砂作与中心轴垂直方向运动所致。璧最厚约0.3厘米,缘面宽约2厘米,复原外径11厘米。(图二八八,1;彩版一六八,3~5)

有领玉璧在山东和中原地区的龙山文化时期就已开始出现。商时期出土的有领玉璧重要的如殷墟妇好墓、三星堆遗址、新干大洋洲商墓、成都金沙遗址等,年代约当于商代晚期或西周早期。云南晋宁石寨山、江川李家山墓葬的有领璧形器出土时在墓主的手臂上,应该是作为臂饰使用。从其形制而言,这种有别于璧和琮的器物原本应作为一种特殊功能和形制的臂饰。这种璧似璧而有射,似琮而无四角,

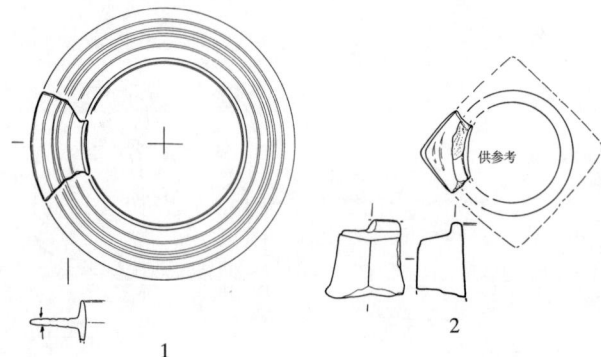

图二八八 昆山遗址采集的高祭台类型时期玉器
1. 有领玉璧 04采:1 2. 琮 04采:2 (均为1/3)

陕西扶风齐家十九号西周墓将FQM19：30的这类标本称之为"璧琮"，似也有一定的理由[1]。

琮　04采：2，2004年采集于昆山三里桥东岸。青绿色，夹杂片状的晶体。仅为射口的一角。残高3.1、射高0.5、复原外射径5、内射径4厘米。复原琮边长约6×6厘米[2]。（图二八八，2；彩版一六八，6～8）

（四）青铜器

尊（？）残片　HPC：132，灰绿色。一侧留有合范线，另侧似为扉棱，阴阳双勾云雷纹。残高5.7、厚0.7厘米。（图二八九，1；图二九〇；彩版一六九，1、2）

铙残片　HPC：134，采集于昆山的东坡山沿。灰绿色，沁蚀甚。为双勾云雷纹填联珠纹，可能原先还镶嵌绿松石。厚1.5厘米。（图二八九，2；彩版一六九，3、4）

鬲鼎残片　HPC：131，灰绿色。仅存口沿局部，受挤压变形。口沿微敛，子母口。线图中打斜线部位内凹，且器壁相对较薄，当为袋足与裆的部位。残高5.7、壁厚0.5、裆壁厚0.2厘米。（图二八九，3；彩版一六九，5、6）

锛　均一面较平，单面刃，横截面及銎近长方形，锛体偏上部位有一周凸脊。顶端或銎部位宽大于刃宽，刃部两角上翘。

HPC：127，2001年6月1日火墙圈港边采集。横截面略呈梯形。高6.9、上宽3.4、刃部宽3、厚1.2、銎深4.2厘米。（图二八九，4；彩版一七〇，1、2）

HPC：128，2001年6月1日火墙圈港边采集。高9.6、上宽5.1、刃部宽4.3、厚2.7厘米。（图二八九，5；彩版一七〇，3、4）

HPC：129，2000年7月31日沈炳泉上交。残高5.1、上宽4.9、刃部宽5、厚1.4厘米。（图二八九，6；彩版一七〇，5、6）

刀（削）　HPC：135，灰绿色。刀体残，细条状刀柄长6.3厘米，刀柄截面呈多棱形，径0.3厘米。残长8.1、刀体厚0.12厘米[3]。（图二八九，7；彩版一七一，1）

HPC：126，2001年6月1日火墙圈港边采集。灰绿色。刀柄残，刀体长而厚薄均匀，刀尖上翘，单面刃。残长11.4、宽1.7、厚0.2厘米。（图二八九，9；彩版一七一，2、3）

镦　HPC：133，灰绿色，较为光洁。銎孔呈椭圆形，两侧脊当是合范痕。长8.5、銎孔径1.2～1.3、銎深6厘米。（图二八九，8；彩版一七一，5）

把手　HPC：137，灰绿色。一面平整，横截面近三角形，但尖端部位截面呈圆形，

①陕西周原考古队：《陕西扶风齐家十九号西周墓》，《文物》1979年第11期，第1～7页，图二六。
②也有学者认为不一定是琮的个体，或如折角形的牌饰残块。
③此件相对年代可能偏晚。

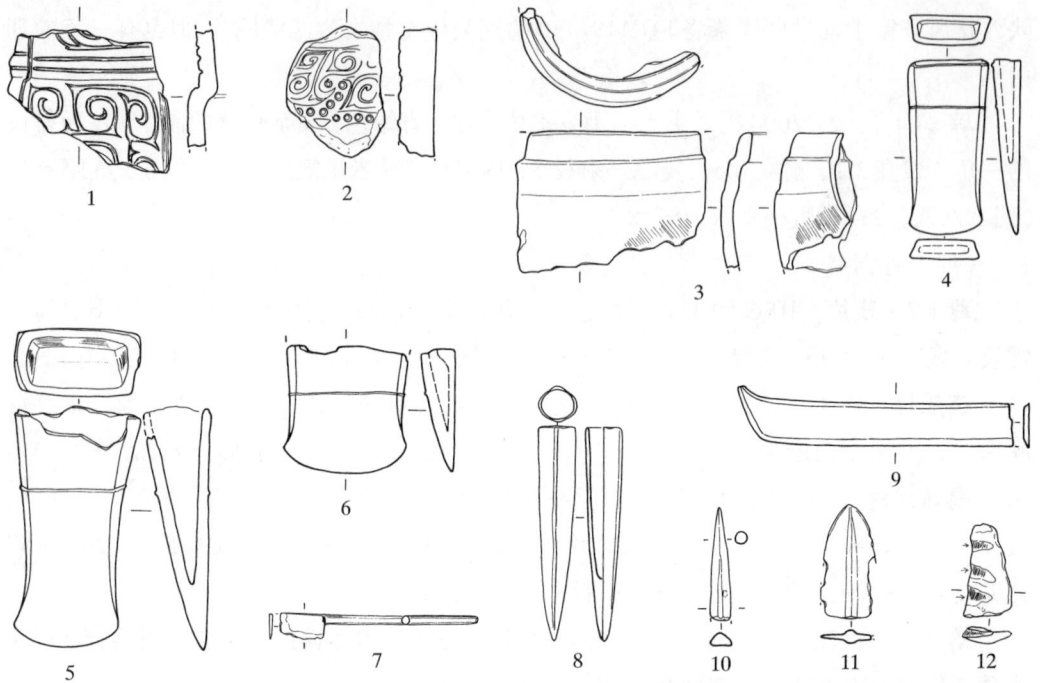

图二八九　昆山遗址采集的高祭台类型时期青铜器和卜骨

1.青铜尊（？）残片 HPC：132　2.青铜铙残片 HPC：134　3.青铜鬲鼎残片 HPC：131　4～6.青铜锛 HPC：127、128、129

7、9.青铜刀（削）残片 HPC：135、126　8.青铜镞 HPC：133　10.青铜把手 HPC：137　11.青铜剑（匕）HPC：136

12.卜骨 HPC：130（均为 1/2）

图二九〇　青铜尊残片 HPC：
132 纹饰拓本（1/2）

当作榫插用，原器身已残损。残长 4.5、宽 0.7、厚 0.5 厘米。（图二八九，10；彩版一七一，4）

剑（匕） HPC：136，暗绿色。残损断裂仅为剑的前端部位，两面有隆起的中脊。残长 4.5、两翼复原宽 2.2、最厚 0.6 厘米。（图二八九，11；彩版一七一，6）

（五）卜骨和卜甲

卜骨 HPC：130，1994 年 11 月 4 日陈兴吾在石坟前南火墙圈北翻水沟的瓦砾堆中采集。动物残肢骨，有三个钻痕，未有灼痕。现长 3.7 厘米。（图二八九，12；彩版一七二，1 中、2 中）

卜甲 编号 658/201，背面留有完整或残缺的钻孔二十个。长约 8 厘米。（彩版一七二，1 左、2 左）

编号 04285/2029，背面留有完整的烧灼孔一个。长约 4.5 厘米。（彩版一七二，1 右、2 右）

第二节　2004年昆山遗址的初步调查

2004年下半年，昆山考古队结合本年度的发掘，对昆山周围地段进行了较大规模的钻探。钻探大致分为四个区块进行。

一　第一区块——昆山北部区域

2004年6月、9月和10月，昆山考古队利用发掘的间隙对昆山北坡进行了有目地的钻探。通过对钻探情况大致的判读，发现现依昆山北坡是一处东西向的人工堆筑台地，这处人工台地的西北为一条西南—东北向的宽约20米的大沟。（图二九一～二九三）20世纪80年代村民曾在昆山北坡炸山取石，后因环境整治而停止，现取石矿所形成的低洼地已改种葡萄。紧依台地的水塘约在20世纪90年代形成，当时湖州市博物馆考古部的陈兴吾、郭勇曾到实地踏看，水塘取土时发现了大量的印纹硬陶片。据陈兴吾先生回忆，出

1. 从昆山顶向北望

2. 北—南

3. 钻探时发现的淤泥

图二九一　昆山北坡的钻探

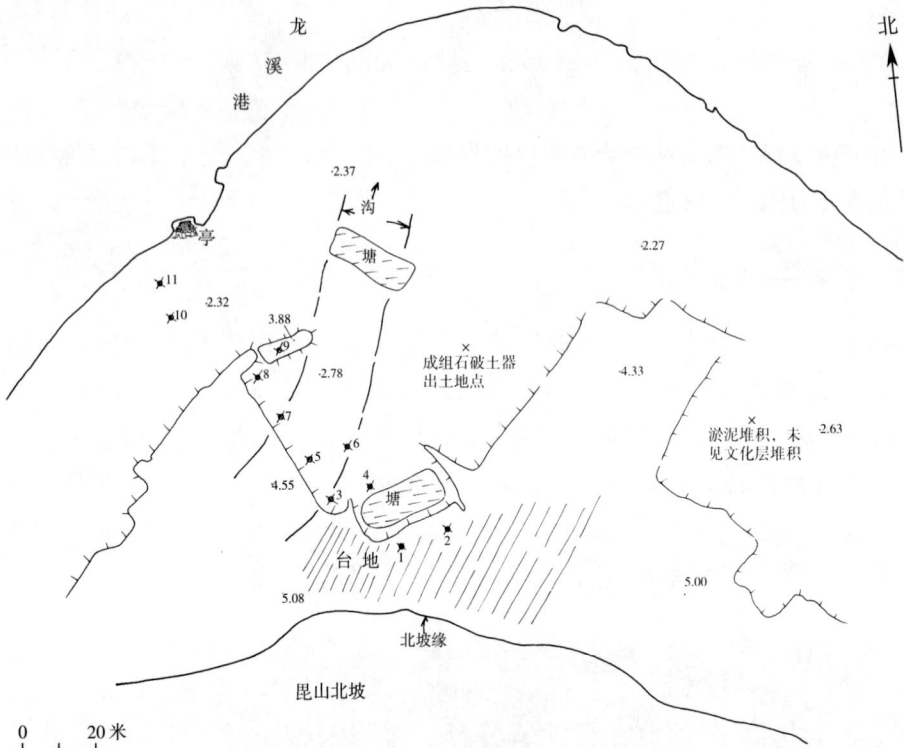

图二九二　昆山第一区块（北部）的调查位置图

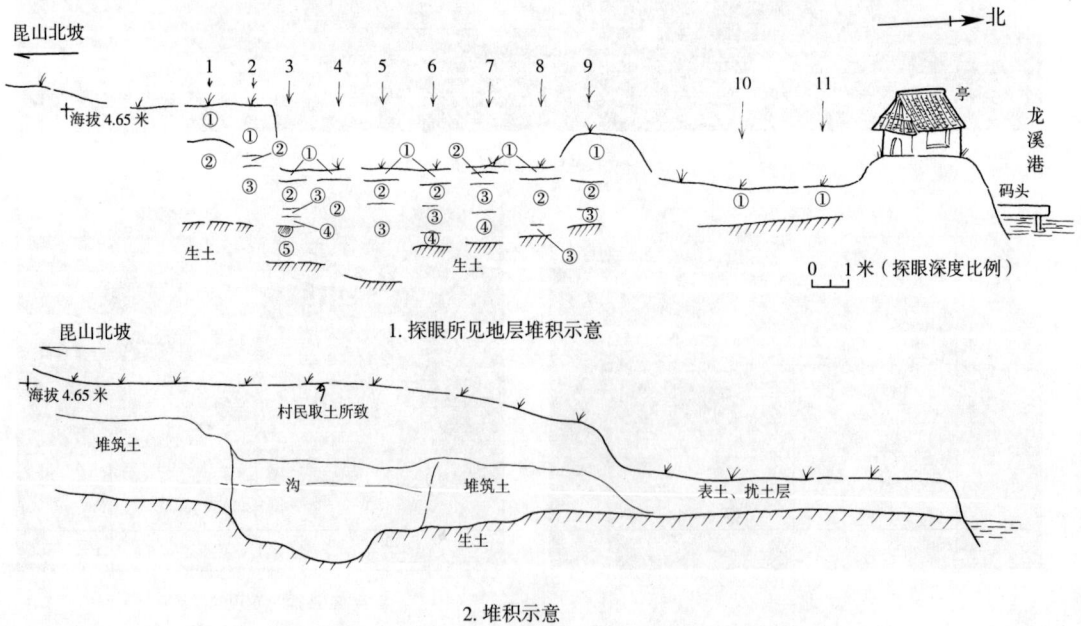

1. 探眼所见地层堆积示意

2. 堆积示意

图二九三　昆山第一区块（北部）调查钻探情况示意图

土的陶片中有较多数量的过烧硬陶,估计附近存在烧窑作业的遗迹。由于炸山取石的废弃堆积,使得钻探工作非常困难,又因与当地村民协商赔偿问题未能有较理想的结果,使原本计划在相关部位进行探沟的发掘工作落空,所以本次的调查主要以钻探为主。在这次调查过程中,还得到了当地的文保员沈炳泉的帮助。

现将昆山北部钻探的十一个探眼(编号钻探1~11)的详细情况说明如表四。

表四　　　　　　　　　　　　　昆山北部钻探情况表

地层 编号	①	②	③	④	⑤	⑥
1	厚约90厘米,表土和扰土层	厚约220厘米,灰褐色土,夹杂陶片和红烧土颗粒	生土			
2	厚约130厘米,表土和扰土层	厚约30厘米,灰褐色土,夹杂红烧土颗粒	黑色土,夹杂陶片、炭末,质地松软	生土		
3	厚约30厘米,表土和扰土层	厚约60厘米,黄褐色土,夹杂红烧土颗粒	厚约20厘米,黑色淤泥	厚约30厘米,青灰色淤泥,夹杂陶片	厚约90厘米,黑色淤泥,夹杂块石	生土
4	厚约20厘米,表土和扰土层	厚大于230厘米(未及底),黑色淤泥,夹杂丰富有机质	生土			
5	厚约30厘米,表土和扰土层	厚约70厘米,灰褐色土,夹杂红烧土颗粒,局部沙性	厚约200厘米,黑色淤泥,夹杂有机质,最下部为青紫色淤泥	生土		
6	厚约60厘米,表土和扰土层	厚约50厘米,质地紧密的黄褐色土,夹杂红烧土块	厚约50厘米,灰褐色土,夹杂红烧土颗粒	厚约20厘米,黏性黑土	生土,为小粉土	
7	厚约20厘米,表土和扰土层	厚约20厘米,灰褐色土,夹杂陶片,下部有大块红烧土	厚约70厘米,黄褐色土,质地紧密和纯净,可能为堆筑土	厚约70厘米,团状黏性黑色土	生土	
8	厚约30厘米,表土和扰土层	厚约120厘米,灰褐色土,夹杂红烧土和陶片	厚约30厘米,青灰色土,夹杂崧泽文化陶片	生土		

续表四

地层编号	①	②	③	④	⑤	⑥
9	厚约130厘米，表土和扰土层，但有红烧土	厚约70厘米，黑色土，土质较为斑杂	厚约40厘米，灰褐色土	生土，上部厚约40厘米为黄色土，下部为青胶泥		
10	厚约80厘米，表土和扰土层	生土，青灰色胶泥，团状，黏性大				
11	厚约80厘米，表土和扰土层	生土，质地纯净，夹杂少量炭粒				

二 第二区块——昆山东部区域

2004年10月，昆山考古队对昆山东坡进行钻探。昆山的东北坡现为山东头（山下头），隔铁店桥河为何家桥，现为湖州市文物保护单位的铁店桥河岸剖面经过实地踏看未见文化层，铁店桥以及河的西部现为水田，经过钻探均为淤泥，判读为生土。从现在的地形上看，依昆山东坡似有一南北走向的台地，于是野外的钻探有意选择东西走向。钻探发现依昆山东坡为一人工堆筑的台地，台地往东为淤泥堆积，紧邻台地的淤泥堆积中包含大量的有机质，越往东淤泥的质地越纯净，野外钻探大致能确认包含有机质的淤泥分布范围，这一范围的东缘大致至现在的水田，推测当时应存在水域。水田中也为淤泥，只是质地极为纯净，判断为生土。（图二九四～二九六）

1. 东—西

2. 北—南

图二九四　昆山东坡的钻探

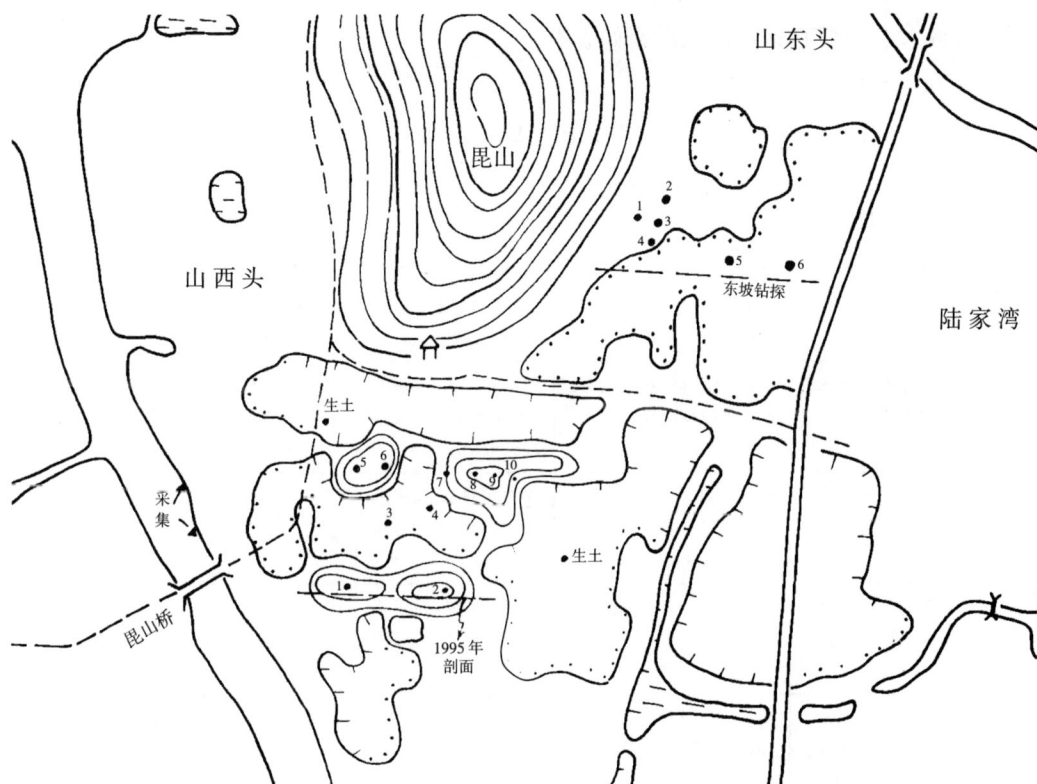

图二九五　昆山第二、三区块（东部和南部）的调查位置示意图

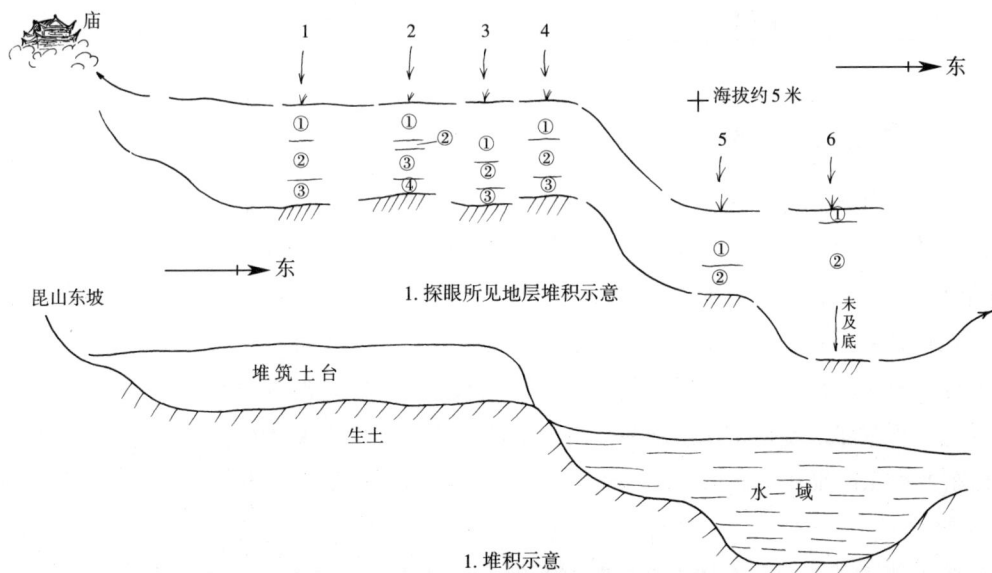

图二九六　昆山第二区块（东部）调查钻探情况示意图

　　兹将六个探眼的具体情况说明如表五。

表五　　　　　　　　　　**昆山东部钻探情况表**

地层 编号	①	②	③	④	⑤
1	厚约100厘米，表土和扰土层	厚约100厘米，灰褐色土，夹杂红烧土颗粒和印纹硬陶片	厚约70厘米，黄褐色土，质地紧密，夹杂红烧土颗粒	生土，黄褐色土，夹杂沙粒，可能与邻近昆山东坡有关	
2	厚约100厘米，表土和扰土层	厚约20厘米，灰褐色土，出土印纹硬陶片	厚约80厘米，黄褐色土，质地坚硬，含沙粒，似多层夯筑	厚约40厘米，黄褐色土，相对上层泥多沙少，质地纯净	生土，黄褐色斑土
3	厚约160厘米，表土和扰土层	厚约70厘米，灰褐色土，夹杂大量红烧土颗粒，质地较为紧密	厚约50厘米，黄褐色土，夹杂大量沙粒和红烧土颗粒	生土	
4	厚约100厘米，表土和扰土层	厚约100厘米，灰褐色土，质地较为纯净	厚约50厘米，黄褐色土，质地较为纯净和紧密	生土	
5	厚约150厘米，表土和扰土层，当为晚期水塘所在	厚约70厘米，灰褐色土，黏性，夹杂大量的炭末和陶片，判断为水塘近岸处	生土		
6	厚约30厘米，表土和扰土层	厚约270厘米，仍未及底，均黑灰色淤泥，夹杂大量有机质	生土		

三　第三区块——昆山南部区域

　　昆山南部现在尚保留有略呈"品"字形的三个土墩，其中南部狭长形的土墩位于现"大东吴集团"北，1995年浙江省文物考古研究所曾在该土墩的南部进行过小型的试掘（参见1995年试掘该土墩的东西向剖面）。本次初步钻探范围主要是土墩以及土墩周边地带，结果发现三个土墩均为人工堆筑土台，其中南北土墩之间的现水田部位钻探到包含有机质和陶片较为丰富的堆积，判断当时存在水域，可能是沟或水塘。在"品"字形的土墩北部及东部未发现文化层堆积，表土下即为生土，生土多为灰色淤泥，这一情况和昆山东坡往东的堆积一致，这也可证昆山遗址的堆积主要还是分布在沿昆山周缘的台地上。（图二九七、二九八；另见图二九五）

　　为了便于了解，兹选择十个探眼将其钻探的具体情况列表如表六。

图二九七　昆山南部区域（北—南）

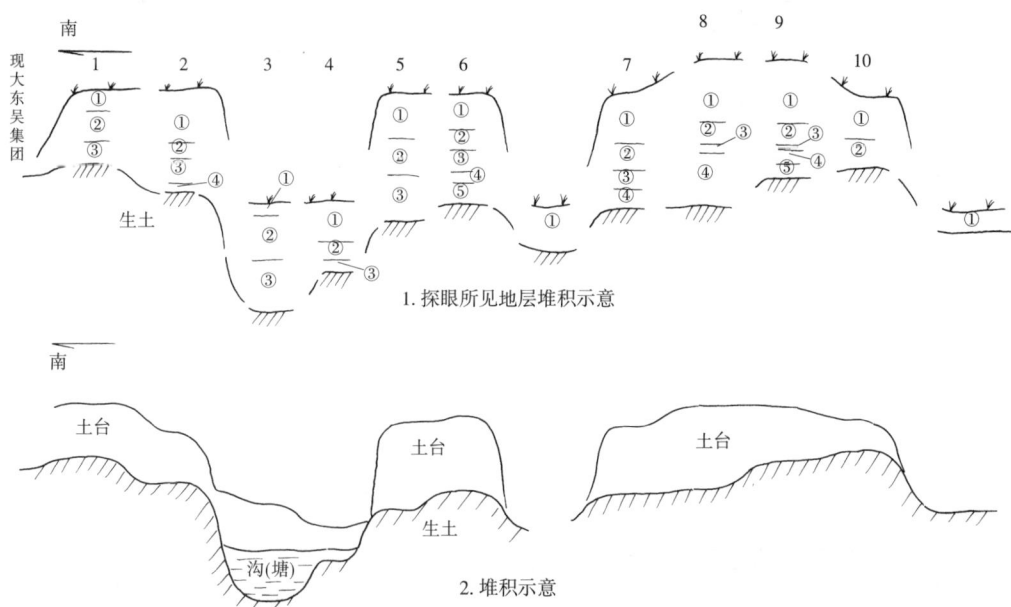

1. 探眼所见地层堆积示意

2. 堆积示意

图二九八　昆山第三区块（南部）调查钻探情况示意图

四　第四区块——昆山其他区域

2004年度，昆山考古队除了对昆山周围的台地进行了有目地的钻探外，还对邢家坅和昆山桥北的三里桥河河岸边进行了踏勘。

邢家坅村位于昆山的南部、三里桥河的东部，直线距离昆山南山脚约500米。早先曾经在邢家坅村村南挖鱼塘的时候出土过大量的马桥时期遗物，据文物保管员沈炳泉说，出土遗物与2004年度金家坅发掘的烧窑作坊出土的遗物类似，也是大量的泥质豆和三足盘，由此估计这里可能存在类似的专业烧窑作坊和工场。2004年10月，昆山考古队在水塘之间进行了初步的钻探，发现距表土层下1米处即为深褐色土，其中夹杂大块的红烧土，至2米深处为生土。由于该遗址地表现多为民居，无法进行进一步的调查。在邢家

表六　　　　　　　　　　　　　　　**昆山南部钻探情况表**

地层编号	①	②	③	④	⑤	⑥
1	厚约60厘米，表土和扰土层	厚约80厘米，黄褐色土，夹杂红烧土颗粒	黄斑土，质地甚为坚硬	生土，黄褐色		
2	厚约140厘米，表土和扰土层	厚约40厘米，灰褐色土，夹杂少量的红烧土颗粒	厚约70厘米，黄褐色土，质地紧密	厚约20厘米，灰褐色土	生土，黄褐色小粉土	
3	厚约30厘米，表土和扰土层	厚约120厘米，灰褐色土，夹杂大量的红烧土	厚约140厘米，黑色淤泥，质地松软，夹杂有机质和陶片	生土，青灰色小粉土		
4	厚约100厘米，表土和扰土层	厚约50厘米，灰褐色土，夹杂少量红烧土颗粒	厚约20厘米，青灰色淤泥，判断水域近岸处	生土，青灰色小粉土		
5	厚约135厘米，表土和扰土层	厚约80厘米，灰褐色土，夹杂红烧土颗粒和印纹硬陶片	厚约120厘米，灰黑色土，质地松软，纯净，可能为灰坑等遗迹	生土		
6	厚约100厘米，表土和扰土层	厚约50厘米，黄褐色土，夹杂红烧土颗粒	厚约60厘米，黄色土，质地紧密，较为纯净	厚约30厘米，黑灰色土	厚约60厘米，草木灰，质地松软	生土
7	厚约140厘米，表土和扰土层	厚约70厘米，黄褐色土，夹杂红烧土颗粒，底部红烧土甚为丰富	厚约50厘米，草木灰堆积	厚约50厘米，黑灰色土，质地疏松，出土泥质硬陶	生土，粉状黄土	
8	厚约170厘米，表土和扰土层	厚约60厘米，灰褐色土，夹杂红烧土颗粒	厚约20厘米，灰黑色土，夹杂丰富的草木灰	厚约140厘米，灰褐色土，质地疏松，较为纯净	生土	
9	厚约170厘米，表土和扰土层	厚约60厘米，灰褐色土，夹杂丰富的红烧土颗粒	厚约15厘米，棕褐色土，质地甚为紧密	厚约40厘米，黑灰色土，夹杂丰富的炭粒	厚约40厘米，黑灰色土，质地较为疏松，夹杂丰富炭粒	生土，黄色小粉土
10	厚约110厘米，表土和扰土层	厚约80厘米，灰褐色土，夹杂红烧土颗粒	生土，质地坚硬的黄褐色土			

坿的北部，也即现在的村落北部的水田，现地表尚能采集到少量印纹陶片。考古队进行钻探时发现，此处文化层堆积较薄，距现地表深1.4米处即为生土，生土为黑色淤泥。另外我们对邢家坿村东部即现在的水田区域也进行了较大范围的调查，发现其为淤泥的沼泽相堆积。昆山遗址除了主要沿山一周的台地堆积外，现在的村落所在（也往往称之为"墩"、"坿"）也是遗址的主要分布点，而这些遗址的性质与山周台地之间的关系需要今后做进一步的考古调查和发掘。另外，上述这些分布点之间根据钻探存在着大面积的沼泽相堆积，也是昆山遗址（点）分布的一个重要特点。至于这些遗址点有些是否像金家坿遗址那样主要以烧制豆、盘两类陶器为主的专门化"作坊"性质，还需要今后进一步的考古工作。

2004年10月，对三里桥河东北岸的塔头村进行了初步的调查，初步证明现在昆山桥道路北、三里桥河东的大部分区域表土层下即为黑色淤泥，这也与三里桥河东岸剖面是一致的，推测原先为沼泽相的堆积。在现"昆山闸"的位置，发现了文化层堆积，具体说明如下：

1）距现地表深1米以下为灰褐色土，夹杂红烧土和印纹硬陶片；

2）距现地表深1.9米为黑色的淤泥，夹杂有机质的植物等；

3）距现地表深2米以下为小粉土。

昆山的三里桥河剖面长久以来都是考古工作者注意的目标。早先采集的卜骨就是在河岸边发现的，但河岸两侧的堆积有所不同，河岸的西部应为沼泽相堆积，文化遗物极少。河岸东部的堆积较为复杂，在邱家墩所在的河岸发现在沼泽相的淤泥堆积中有印纹硬陶片和石制品，文化遗物相对较少；而在昆山桥北的三里桥河东岸却发现大量的遗物，其中发现的遗物多出土在沼泽相堆积的上层，这一"上层"土色为黑灰色土，局部夹杂红烧土块或包含大量的大块陶片，陶片以泥质"黑皮陶"为主（参见采集标本）。由于现三里桥河东岸表土层因为多次的河道清淤堆积较厚无法钻探，野外判断可能属于遗址邻沼泽相的堆积，故此遗物出土较为丰富。（图二九九）

2004年夏，浙江省文物考古研究所和湖州市博物馆对位于三里桥河西南的金家坿遗址进行了小规模的发掘。湖州市博物馆陈兴吾先生很长时间认为现位于湖州市湖东区的金家坿可能存在着马桥文化时期的窑址堆积，此处可能存在窑址遗迹（前文中20世纪60年代张葆明先生发现的遗址应就在附近）。他的家就居住在湖东，在昆山考古发掘期间，经常要路过金家坿。2004年4月10日，陈先生到了工地就兴奋地告诉我们金家坿村民刚好在挖沟排水（由于遗址周边征地后已近荒芜，地势低洼积水，村民种菜采取挖沟排水的方式），出土了大量的陶片，多是灰陶豆、盘之类。我们随即赶往那里察看，沟已开挖约40厘米深，基本已到了黄色的生土层，局部低洼处有黑灰色土层堆积，内包含大量的陶片，主要是灰陶豆、盘之类，我们随即将村民挖出的陶片进行了收集。次日，考虑到

1. 调查时的沈炳泉先生　　　　　　　　　2. 昆山桥北河畔的堆积细部

图二九九　昆山桥北河畔调查

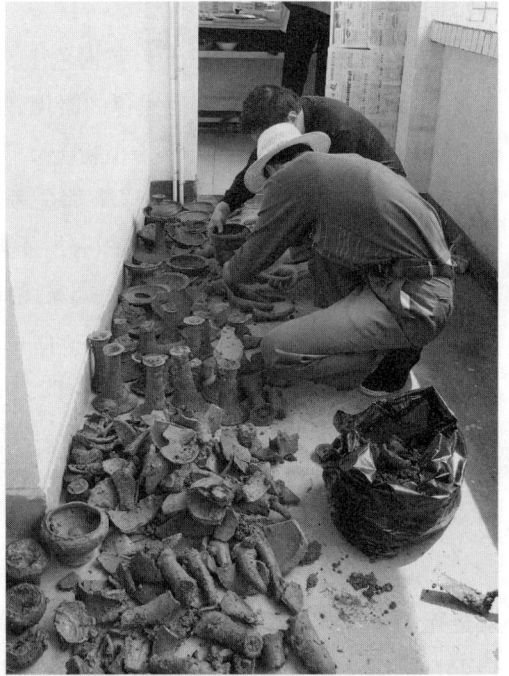

图三〇〇　昆山金家垱遗址的调查和采集遗物
1、2.遗址的调查和清理　3.采集的遗物

菜地的其他村民也可能再次挖沟，我们又赶往金家垯踏看，果然另有老农在自家菜地开排水沟，陶片散落较多，在一处排水沟中，判定了灰坑1座，为了避免破坏，我们随即进行了清理。在1.2×0.6~0.4米的范围内得灰陶豆20余件，另还有三足盘等。（图三〇〇）另得知苕溪路往东延伸工程的建设正在金家垯遗址的北部施工，我们就马上向浙江省文物考古研究所和湖州市文化局、博物馆相关领导作了汇报。4月14日，湖州市文化局文物处吴马林处长以及湖州市博物馆黄建祥馆长到工地进行了解，决定由昆山考古队进行初步的调查和钻探，以确定发掘的方针。4月16日，我们对苕溪路延伸工程南北两侧的堆积情况进行了钻探，并将钻探结果向湖州市博物馆进行了书面的陈述。4月20~29日，我们以浙江省文物考古研究所、湖州市文物保护所的名义向涉及的基建单位湖州市城市发展总公司提出了抢救性考古发掘方案，得到了业主单位的大力支持。由于发掘任务艰巨，昆山考古队人员紧张，5月14日，考古所指派蒋卫东先生前来负责清理，湖州市博物馆黄次材先生也一起参加了这项工作。发掘取得了很大收获，原本计划一并收录于本报告中，由于室内整理时间紧张，留待今后详细报道。

第六章　若干问题的认识和讨论

第一节　新石器时代文化遗存的讨论

一　墓葬的初步分析

六十一座墓葬随葬的陶器主要有鼎、盉、盘、豆、假腹杯形豆、罐、壶（双鼻壶）、杯、大口缸、纺轮等，其中：

鼎依陶质可分为粗泥陶和夹砂陶两种，鼎足也相应的可分为凿形足和鱼鳍形足两类。粗泥陶鼎的形态主要为鼓腹罐形，其次为折腹罐形和折腹盆形。

盉均为粗泥陶，足为凿形，但与鼎的凿形足相比较小，三足呈等腰分布，口沿一侧多按捏成流状，另侧置把手，把手位置在等腰分布的足根上方，这也是与同类质地的鬶的最大区别。早先有学者对史前的陶鬶尤其是大汶口文化的鬶进行过非常系统的论述①。但对"盉"、"鬶"的定名和认识并不一致，主要是对于这类器物的谱系演化存在认识上的不同②。本地区的"盉"的研究主要始于桐乡罗家角及河姆渡遗址的发现，在马家浜文化早期和河姆渡文化早期就发现数量不多的"侧把盉"（有学者认为这为北阴阳营的同类器找到了源头）和"垂囊盉"，其中侧把盉的继续被认为就是崧泽阶段的三实足盉，至良渚文化这类陶质已经发生变化的实足（锥足）盉继续存在，并与袋足鬶共存③。牟永抗先

---

① 高广仁、邵望平：《史前陶鬶初论》，《考古学报》1981年第4期，第427～457页。
② 代表性的如栾丰实，尽管将良渚文化的陶鬶分为实足和袋足两型，也认为良渚的实足盉（栾先生称"鬶"）似由邱城中层墓葬的盉（栾先生称"鬶"）直接发展而来，但还是认为良渚文化的陶鬶是循着大汶口文化陶鬶的演化路线发展的，即由实足鬶到袋足鬶《论大汶口文化和崧泽、良渚文化的关系》，《中国考古学会第九次年会论文集（1993）》，文物出版社，1997年，第74、75页）。又如黄宣佩在《陶鬶起源探讨》（《东南文化》1997年第2期，第59～63页）一文中认为陶鬶可分为实足与袋足两类，它们各自有着自身的发生、发展途径，实足鬶起源于海岱地区，袋足鬶起源于太湖地区，纠正了以往一般认为袋足鬶由实足鬶发展而来的看法。
③ 在讨论太湖流域、宁镇地区和古淮河以北三个各自密集的区域文化之间特点时，牟永抗曾指出："以鬶盉为例，淮北地区由实足鬶发展为袋足鬶再变为龙山文化的冲天流鬶；而太湖流域却在三实足之前已有两个袋足的异形鬶，同时一直到良渚阶段仍然共存三实足的盉等"。参见牟永抗、魏正瑾：《马家浜文化和良渚文化——太湖流域原始文化的分期问题》，刊文物编辑委员会编《文物集刊（1）——长江下游新石器时代文化学术讨论会论文集》，文物出版社，1980年，第106页。

生进一步认为："可依把手部位的不同将这种盉和大汶口文化鬶的序列明确地区分出来。大汶口文化鬶的演变中，后起袋足鬶的体型特征可以与原先的实足鬶相衔接，但两者间似还有缺档，实足并不直接导致袋足的出现"，"良渚文化三锥足盉，其腹部特征颇似垂囊盉，犹如垂囊盉底部加三实足而成"[①]。本报告将此定名为盉，而不称为实足鬶。

盘与豆的最大区别在于盘的器物外径大于盘的器高，而豆的器物外径则大致与器高相等或小于器高。本次发掘出土的敛口假腹盘较有特色，豆的数量不多。有关豆盘的分析详见下文。

除了上文所提到的豆盘之区分外，还有一类器物的形态比较特殊，即所谓的"假腹杯形豆"，由于其假腹上部（内部）装置的是浅坦腹形"盘"，而外形又相对接近杯的形态，故本报告称之为"假腹杯形豆"。

罐、壶类中除了折腹、小口者外，大多的壶与罐难以区分，本报告采取了比较笼统的定名。此次发现了少量双鼻壶，这类双鼻壶与夹细砂的鱼鳍形足鼎、折腹豆共存，按照对于良渚文化分期的一般认识，这些遗物的相对年代应进入到良渚文化阶段，考虑到这些墓葬与其他墓葬总体上排列有序，报告未将它们单独列开。

杯主要有筒形和觯形两种，两者共存，以筒形为多，另发现少量敞口觚形杯。

大口缸大致分为圜底和尖底两种，出土大口缸的墓葬其随葬器物往往较为丰富。一般来说，圜底的大口缸要早于尖底的大口缸，另外M10∶11大口缸底部琢有一孔，类似的发现目前仅见于上海的福泉山遗址。

石器的种类主要有刀、犁、锛、钺、镞、镰等，本报告将那类先前称之为"耘田器"或"石耕冠"的石器统一称之为"石刀"。石钺均较扁平，平面形制较多样，少量石钺刃部有使用痕迹；仅一件石钺两面的上端及孔周发现有朱痕，图案结构较清晰；石钺的质地以角岩和流纹岩为主，仅一件为凝灰岩。有少量石锛微起段，石质均为流纹岩，与良渚时期石锛在取材和打制上有所区别，本次发现的石锛呈片状纹理结构的较多，而良渚时期多为竖向纹理结构，显示出后者的技术比较成熟。

出土的玉器数量不多，除了管珠类外，多以钻有系孔的片状、条状形态为主，其中片状玉饰大多改制于其他玉件，报告均笼统定名为"坠饰"。玉器的质地未经鉴定，从肉眼观察，有少量应为石英质，报告均暂归为"玉器"类。

（一）墓葬叠压打破关系所获取大致的器物类型学结论

在所发现的六十一座墓葬中，由于缺少多层次的叠压或打破关系，给器物的分期、墓葬的编年分析带来了一定的难度。虽然六十一座墓葬分为互不相连的东西两大片，但每片墓地中墓葬又基本上有成组或成排布列的现象，个别墓葬之间也还存在着有时段意

---

① 牟永抗：《浙江新石器时代文化的初步认识》，《中国考古学会第三次年会论文集（1981）》，文物出版社，1984年，第11页。

义的叠压打破关系；关于这一阶段的相关资料目前尚有一定的积累，这使得我们对于器物的分期、墓葬的编年分析又有了一定的基础。另外，个别墓葬的器物组合所体现出来的个墓特点和彼此相关墓葬的关系也是我们建立墓葬基本编年的基础和意义所在。

为便于讨论，将西、东两片墓地有叠压打破关系的相关墓葬出土物大致叙述如下：

1. 西区墓葬三组

（1）第一组：M18打破M14和M13；

（2）第二组：M12打破M13。

M18出土器物不甚丰富，陶器中M18:6鼎为粗泥近盆形；M18:5盆为卷沿，沿部较宽，斜收腹，近假圈足，底微内凹；M18:4杯为觯形。石器中M18:7石刀为平刃，两翼上翘，中间有半圆形凸起，钻孔中心点大致与两肩齐平。玉器中M18:1为半球形隧孔珠。

M14出土器物相对较为齐全，其中M14:10鼎为粗泥折腹罐形鼎，与打破该墓穴的小坑中所出土的M14:13鼎形态上基本接近，唯后者形体较为硕大；M14:7盆也为卷沿，但与M18:5比较，前者沿面狭窄，盆腹较深；M14:3盘为敛口，弧腹下呈棱状，圆和弧边三角组合图案在圈足上；M14:12罐为折腹，高圈足，此类罐形在整个墓地中仅出土1件；M14出土2件杯，均筒形，上装饰弦纹，花瓣形矮圈足。石器中M14:5石刀刃部稍弧，但两肩较为齐平，中间凸起部位的钻孔内径圆高于两肩；M14:4石犁为单孔、双面刃。

M13出土物也相对较为齐全，其中M13:12盉把手连接口沿部位；M13:11盆卷沿，盆腹更深；M13:9盘为敛口，假腹，圆和弧边三角组合图案装饰在假腹部位；M13还出土了假腹杯形豆1件；M13:6杯为筒形，但未装饰弦纹。另外所出土的如M13:8弦纹罐和M14:9弦纹罐基本属于同一形制。石器中M13:10石刀和M13:7石犁形态与M14所出大致较为接近；M13出土了M14和M18所没有的石钺和石锛各1件，但未出土M18和M14所共有的纺轮。

M12出土遗物更少，但也是出土纺轮的墓葬；M12:3石刀也为平刃，两肩微上翘，中间凸起部位的钻孔内径圆略低于两肩。

由于M18和M14、M13缺乏同类器，所以在这一组的器物形态的比较中，很难有更多的讨论。但我们似可暂时得出一些结论。如从杯形上分析，筒形杯似可早于觯形杯（下文可证，实际上是共存的），卷沿沿面较狭窄的盆可能早于卷沿沿面较宽的盆；石器中石刀似有两翼上翘晚于两翼齐平的趋势。

（3）第三组：M21打破M22。

M21仅打破M22的东侧，是两座同出纺轮的墓葬，其中M22在墓穴北还另埋设有大口缸，M21打破M22并没有造成随葬器物的破损，可能墓主之间存在着某种内在的联系。

M22出土2件鼎，鼎身大致呈罐形，但口径较大；M22:6盆为宽卷沿，斜收腹，甚接近M18所出的盆；M22出土2件盘，均坦腹，其中M22：11盘圈足呈喇叭状的台形，M22：4盘身与前者一致，但圈足甚矮；M22：9杯为觯形。M22出土了2件石刀，其中M22：7刃部微弧凸，上端齐平，而M22：5则平刃，两肩下溜，上部的中间内凹，可能原先为凸起钻孔部位。M22出土有半球形的隧孔珠。

M21：7鼎身也为罐形；M21：3盆为卷沿，沿面狭窄；M21：8盘为敛口，弧腹下部呈凸棱状，圆形孔装饰在圈足上；M21：5杯为筒形，花瓣形矮圈足。石器中M21：6石刀为弧刃，两翼上翘甚，上部凸起的钻孔内径圆大大高于两肩。

从M22、M21出土器物的形制上分析，以M22：11为代表的坦腹盘与以M21：8为代表的敛口盘应该属于两个系统，从墓葬打破关系上初步分析，前者早于或与后者大致同时；两墓所出杯之筒形确晚于觯形，与上文的M18等墓葬所述相反，这说明筒形杯和觯形杯也可能属于两个系统，彼此之间可能不存在延续的关系，而应该是共存的；盆的情况也与上文的M18等墓组相反，或可说明两者的延续关系不甚鲜明。石刀的演变特点似可归纳为：弧刃、两翼上翘或凸起部位的圆孔偏上的石刀要比平刃的那类石刀为晚。

2. 东区墓葬中组五组

（1）第一组：M28打破M34。

M28仅出土罐1件，与M34的组合关系难以分析。

（2）第二组：M38打破M43，M43打破M46；

（3）第三组：M37打破M38，M38打破M40。

M46是东部中组墓葬叠压打破关系中相对年代最早的墓葬，出土遗物也较为丰富，其中M46：9鼎为折腹；M46：5盘为敛口，假腹，圆形和弧边三角组合图案装饰在假腹上；M46出土了2件筒形杯，其中M46：1外壁隐约有弦纹装饰，平底微内凹，M46：1弦纹为下切的凹弦纹，与其他筒形杯上的凸棱形弦纹明显有别，平底内凹但切剔花瓣样装饰。石器中M46：6石犁单孔，但后缘外凸；M46：8石刀可能为残损后改制，一翼微微上翘，未有钻孔。

M43出土遗物也较为丰富，其中M43：4鼎也为折腹；M43觯形杯和筒形杯共出，其中M43：2筒形杯外壁为多组弦纹，矮圈足切剔花瓣样装饰，两类杯共出证明了西部墓葬所反映的特点；M43出土敛口和卷（折）沿坦腹两类盘，其中M43：5为卷沿敛口盘，与M46相比，其外壁腹部下为内凹的宽边形，圆形和弧边三角组合图案装饰在此部位，这一部位的变化应该具有延续的关系。

M40是出土石钺和石锛的墓葬，器物组合丰富。陶器中M40：2盉把手连接口沿部位；M40也出土了敛口盘和敞口盘，其中M40：3敛口盘弧腹下部呈棱状，圆形和弧边三角组合图案装饰在圈足上，M40：4仅坦腹特征与前者不同，外腹下部及圈足部位特征比较一致；M40：6盆为折沿，盆腹较深；M40：5杯为筒形，矮圈足，切剔花瓣样装饰。石器中M40：11石犁为双孔；M40：9石刀为平刃，两肩下溜，上部中间凸起，钻孔圆大大高于两肩。

M38尽管打破了上述的墓葬，由于仅仅出土了1件罐，故难以在器物类型学上作出分析，这样就只能依靠M37的出土器物了。

M37是出土石钺、石锛和陶大口缸的墓葬。敛口盘和敞口盘共出，M37：6、14均为卷沿敛口盘，弧腹下部内凹部位较宽，与M43、M46所出同类器比较，M37：6在圈足上出现装饰，这是早先腹部或双弧腹假腹盘上所不见的，结合其他墓例的情况，可以基本反映这类盘的类型演变特征。M37：11为坦腹盘，圈足为喇叭形，未有凸棱或台形样装饰；M37：10杯为觯形；M37：9盆为折沿。石器中M37：4石犁为双孔；M37：5石刀平刃，上部中间凸起的钻孔圆心点大致与两肩齐平；另外M37出土的彩绘石钺较有特色。

（4）第四组：M42打破M47。

M47是出土陶大口缸的墓葬。陶器中M47：8盉把手连接口沿部位；M47：9盘为卷沿、敛口、双弧腹，圆形和弧边组合图案装饰在下弧腹部位；M47：6盆为敞口，宽沿，沿面微外卷；M47：1为假腹杯形豆；M47：5杯为筒形，矮圈足切剔花瓣样装饰。石器中M47：4石犁为单孔；M47：11石刀为平刃，上部的中间凸起部位钻孔圆大大高于两侧下溜的肩部。

M42是出土陶纺轮的墓葬。陶器中M42：2鼎可能有提梁，鼎身为盆形；M42：6为敛口盘，盘下弧呈棱状；M42：9为卷（折）沿坦腹盘，宽折沿面，沿面特征及刻划的双线波浪纹与M41：11非常接近。M36：1宽折沿面戳印多组的小圆，形制与M41、M42所出一致，这也是本墓地出土同类器物数量少，特征类似的个例。从M36和M41的其他共出器物形态特征上看，三墓的同类器物形态也甚为接近，说明其相对年代甚为接近。

（5）第五组：M48打破M51。

M51是出土石钺、石锛的墓葬。陶器中M51：4盉把手连接口沿部位，但盉身为折腹；M51：10盆为敞口，微卷沿，近圜底，形制较为特殊；M51：9杯为筒形，弦纹为刻划，平底微内凹且切剔花瓣样装饰；M51出土2件敛口盘，其中M51：8为假腹，圆形和弧边三角组合图案装饰在假腹上，是此类盘的早期形态，M51：6盘下部呈棱状，圈足部位切剔花瓣样装饰，从形态上而言，此类盘要比同墓所出的M51：8晚。石器中M51：7石犁为残件，单孔，后缘突出。

M48也是一座出土石钺和石锛的墓葬。陶器中M48：8盉把手弧状上翘，不与口沿外侧连接；M48：11杯为觯形，矮圈足切剔花瓣样装饰；M48出土3件敛口盘，其中M48：4盘下部呈棱状，M48：9为卷沿双弧腹敛口盘，圆形和弧边三角组合图案装饰在下弧腹上，M48：6上弧腹捺按两道凹弦纹，下腹部内收，但圆形和弧边三角组合图案仍装饰在下腹部上。石器中M48：2石犁为单孔；M48：5石刀为弧刃，两翼上翘，上部中间凸起的圆形钻孔圆心点大致与肩部齐平。

此组叠压打破关系基本上建立起了敛口盘的发展演变序列。

3. 东区墓葬北组一组

M29打破M36。

M36如同上文所述，其相对年代当接近于M41、M42。M29是东片墓地出土少量双鼻壶的墓例之一，其他的器物特点如M29∶1盆为卷沿，斜收腹；M29∶7为喇叭形圈足上装饰凸棱的豆，这也是本墓地较为有少见的器形。

4. 东区墓葬南组一组

M58仅打破M60墓穴的东侧，并未对M60的器物造成扰动，两者之间关系密切。

M60出土了本墓地数量甚少的夹砂鱼鳍形足鼎、双鼻壶和喇叭形圈足豆。M60∶3鼎身为深腹罐形，鱼鳍形足横截面略厚于两侧，是鱼鳍形足的早期特征；M60∶2豆盘下部呈棱状，此部位特征可能与敛口盘的晚阶段特征有关；M60∶1盆为宽卷沿，斜收腹；另一件M60∶4盆（或称钵）为敛口，平底微内凹，也为本墓地仅见。

M58也是出土双鼻壶和喇叭形圈足豆的墓例，但M58∶6　仍为粗泥陶质，盉把手上翘，足仍为凿形。豆类中除了与M60∶2类似外，余豆盘为折腹；M58∶5杯为觯形，圈足部位装饰弦纹，未有花瓣样切剔装饰。

本次墓葬随葬陶器中，数量最多的是豆盘类，正如本小节所述，豆盘类的演变特征较为明晰，以下即以此为突破口，结合墓葬的叠压打破关系以及相关墓葬共出器物的特征对其进行类型学的初步分析。

（二）典型陶器——豆盘的类型学分析

1. 盘类

根据口沿特征可以分为敛口盘和卷（折）沿坦腹盘两大类，其中敛口盘根据口沿特征又可以分为A型方唇（不卷沿）敛口盘、B型外卷沿敛口盘和C型内折沿敛口盘。A、B型敛口盘根据盘弧演变特征可以各分为相应的四式，其总体演变可归纳为弧腹→双弧腹→下弧腹内凹→内凹的下弧腹呈棱状，其装饰的圆形和弧边三角组合图案位置也从弧腹→双弧腹的下部→内凹的下弧腹→圈足部位。D型坦腹盘标本较少。（图三〇一～三〇三）分叙如下：

（1）A型方唇敛口盘

AⅠ式，弧腹，圈足部位的装饰有两种形式，如M13∶9、M46∶5，每（小）组圆和弧边三角呈周状布列；又如M5∶6、M51∶8、M55∶6，每（小）组圆和弧边三角呈斜状布列。

AⅡ式，双弧腹，圈足部位的装饰有三种形式，如M59∶6，每（小）组圆和弧边三角呈斜状布列；M10∶9、M11∶10，每（小）组圆和弧边三角为完整一组＋半组；M45∶1，

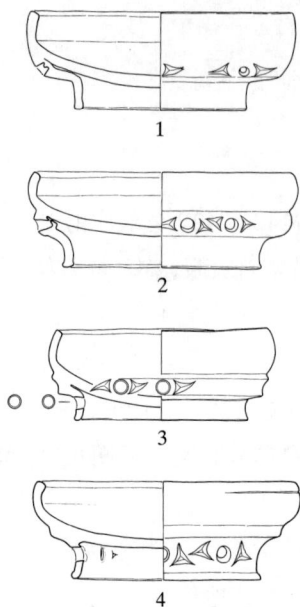

图三○一　昆山遗址出土的 A 型方唇敛口盘
1. Ⅰ式（M13∶9）2. Ⅱ式（M59∶6）3. Ⅲ式（M1∶4）4. Ⅳ式（M41∶6）

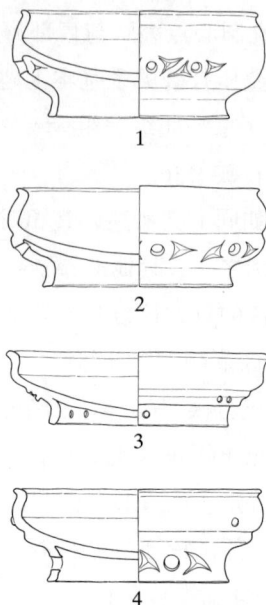

图三○二　昆山遗址出土的 B 型外卷沿敛口盘
1. Ⅰ式（M30∶3）2. Ⅱ式（M45∶2）3. Ⅲ式（M37∶6）4. Ⅳ式（M14∶3）

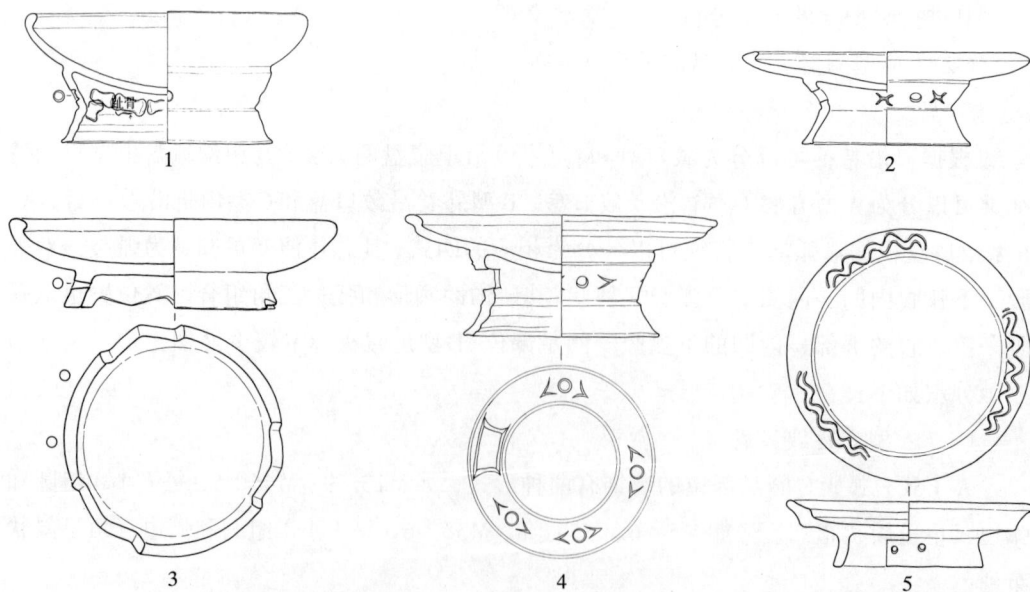

图三○三　昆山遗址出土的 C 型内折沿敛口盘和 D 型卷（折）沿坦腹盘
1. C 型Ⅱ式（M3∶4）2. C 型Ⅱ式（M3∶5）3. C 型Ⅲ式（M30∶11）4. D 型Ⅰ式（M25∶7）5. D 型Ⅱ式（M41∶11）

弧边三角之间为双圆，此件敛口盘下弧腹比上述标本内收甚。

A Ⅲ式，下弧腹呈内弧腹状，装饰仍在此部位，如 M1：4，每（小）组圆和弧边三角为完整一组＋半组；M33：4 和 M27：3 的每（小）组圆和弧边三角为斜状布列。其中后两件标本下弧腹还斜下收，外周径要比 M1：4 小。

A Ⅳ式，下弧腹呈棱状，如 M40：3 棱状部位留有明显的抹削痕迹，由于制作时需要自下而上抹按，棱往往呈微微的垂棱状，良渚文化早期阶段发现的垂棱豆特征可能与此有关。除了豆盘外壁发现的泥点粘贴之外，装饰图案均在圈足部位。此式盘根据整体特征还可再细分为三个形式（亚式）：如 M41：6，每（小）组圆和弧边三角呈斜状布列，M40：3 凸棱呈微垂棱状，每（小）组单体弧边三角方向一致，这类图案结构仅发现一例；以泥点或圆孔装饰为主，如 M21：8、M36：2、M42：9、M48：4；最后一种形式是敛口部位较上述形式均为短，甚至还略微有点敞口，但仍保留棱状的下腹，圆和弧边三角也还位于圈足部位，其中 M19：8、M40：4、M16：4、M20：1 四件标本图案结构基本一致，每（小）组圆和弧边三角均为完整一组＋半组，另两件标本 M55：2、M51：6，前者为素面，后者圈足的装饰为切剔的凹缺，经分析其图案结构应与圆和弧边三角有关。

在 A 型敛口盘中，M19：11、M34：4 弧腹下部内凹且有弦纹，但圆和弧边三角图案在圈足部位，形态介于 A Ⅲ式和 A Ⅳ式之间，考虑到后者因素暂归为 A Ⅳ式。

（2）B 型外卷沿敛口盘

B Ⅰ式，仅一件标本。M30：3，每（小）组圆和弧边三角呈斜状布列。

B Ⅱ式，此式标本较多，共七件。圆和弧边三角图案有呈周状、每（小）组呈斜状布列、完整一组＋半组以及圆为双圆等多种形式，如 M45：2、M32：10、M16：3、M47：9、M48：9、M50：10、M44：4。另一件 M48：6 下弧腹斜收，但仍保持弧凸面，圆以双椭圆形表示，考虑到同墓 M48：9 为该式典型标本，M48：6 暂归此式。

B Ⅲ式，仅三件标本，形制还略有不同，但图案均位于内凹弧的下腹部位，如 M43：5、M37：6。另 M37：14 素面，从形态看归入此式。

B Ⅳ式，仅一件标本。M14：3，图案形式为完整一组＋半组的圆和弧边三角。

（3）C 型内折沿敛口盘

这类敛口盘的主要特征是口沿部位内折，圈足仍较大、矮，圈足中部束腰，图案多在束腰的上部，暂分为三式：

C Ⅰ式，豆盘外壁仍为假腹，但有按抹的一周弦纹加以区分。如 M39：2，从器物的形态特征分析，应该类似于 B Ⅱ式例举中不典型的标本 M48：6，相对年代约当于 B Ⅱ式所处的阶段。此式标本中 M49：11 圈足较斜直，但下腹及图案位置类似，暂归此式。

C Ⅱ式，圈足均为束腰形，如 M3：4、M3：5、M8：3、M31：2，其中 M31：2 每组圆和弧边三角组合图案均呈斜状布列。

CⅢ式，均为喇叭形的矮圈足，不束腰，形制较为典型，暂归此式。如M35∶3、M30∶11、M4∶3、M43∶3。

（4）D型卷（折）沿坦腹盘

这类盘的主要特征是坦腹，口沿或卷或折，分为二式：

DⅠ式，圈足部位特征同C型内折沿敛口盘Ⅱ式，束腰形，如M23∶2、M25∶7、M2∶4。另M22∶4圈足部位不呈束腰形，而呈台形，暂归此式。

DⅡ式，折沿，沿面或斜直或较为宽平，喇叭形圈足，如M42∶6、M41∶11、M36∶1。标本M8∶10折沿部位不明晰，圈足上的图案也较特殊，暂归此式。

2. 豆类

根据豆盘的形态可以将豆分为三种类型（图三〇四）：

A型，内折沿细柄豆。豆盘特征同C型内折沿敛口盘的Ⅱ式，如M26∶2、M2∶5、M25∶6、M9∶10、M24∶2，其中前三者豆柄上部呈算珠形，也如同C型内折沿敛口盘的Ⅱ式圈足上部的缩小版；后两者算珠形结构消失。此类豆的装饰比较敛口盘类而言，圆和弧边三角组合图案的结构有了发展：出现围绕圆的（双）螺旋线间或小尖喙（弧边三角）的组合图案，如M9∶10；组合有序的小尖喙（弧边三角）结构，如M24∶2。A型豆中我们判断有算珠形结构的略早一些，总体上此类豆时代上至少应晚于C型Ⅱ式内折沿敛口盘，从图案结构上我们倾向于A型豆比盘类要晚。

B型，折沿坦腹细柄豆。豆盘特征同D型卷（折）沿坦腹盘的Ⅱ式，如M7∶1、M31∶1，豆柄上部均作算珠形，可与早期A型豆联系，其相对年代也与A型豆的早期相当。

C型，折腹粗柄豆。其豆盘局部形态结构与A型方唇敛口盘和B型外卷沿敛口盘的Ⅳ式相似。另外在所例举的此型标本中，如果我们将M54∶2、M52∶3作为和其他豆盘类比较的桥梁式标本也可以说明这一问题，M54∶2豆盘特征同折腹豆，圈足却与D型卷（折）沿坦腹盘Ⅰ式中不典型的标本M22∶4同，M52∶3粗柄豆上部还保留着类似算珠形的结构。此型典型的标本如M56∶9、M58∶3，另M60∶2和M29∶7也暂归此型。

以上是豆盘的类型学分析的大致结论，其中豆类从形制、图案上均要晚于盘类，或其上限约与盘类最晚期相当。豆盘的各类型在两墓区的分布上存在一定的差异，尤为明显的是A、B型豆主要分布于西区墓地南排诸列，西区墓地不见C型豆；C型豆主要出土于东区墓地的南组墓葬，该组墓葬出土数量相对较多的泥质黑皮陶双鼻壶，年代相对较晚。而C型豆还与夹砂鱼鳍足鼎共存，如M54、M60、M58（填土中出土，还可晚之）。

（三）关于圆和弧边三角组合图案

陶器的装饰，除了有本地区特点的在陶器外壁粘贴小泥点外，便是圆和弧边三角组合图案。从图案的结构上分析，大致可以分为以下几种情况：

（1）每（小）组圆和弧边三角呈周状布列；

（2）每（小）组圆和弧边三角呈周状布列，但在小组中呈斜状布列；

（3）每（小）组圆和弧边三角呈斜状布列；

（4）出现如一组完整的圆和弧边三角组合图案＋半组的圆和弧边三角组合图案；每组中的两侧弧边三角间圆为双圆；组合图案为圆和弧边三角的单体结构；在周状布列中，各单体的弧边三角方向一致等等形式；

（5）出现围绕圆的双螺旋线结合弧边三角的形式，这时的弧边三角及整体结构非常类似良渚玉器上螺旋线和小尖喙组合结构，显示了两者在图案结构上具有的内在的有机联系。在早先的研究中，我们也已经注意到了这个现象。（图三〇五）

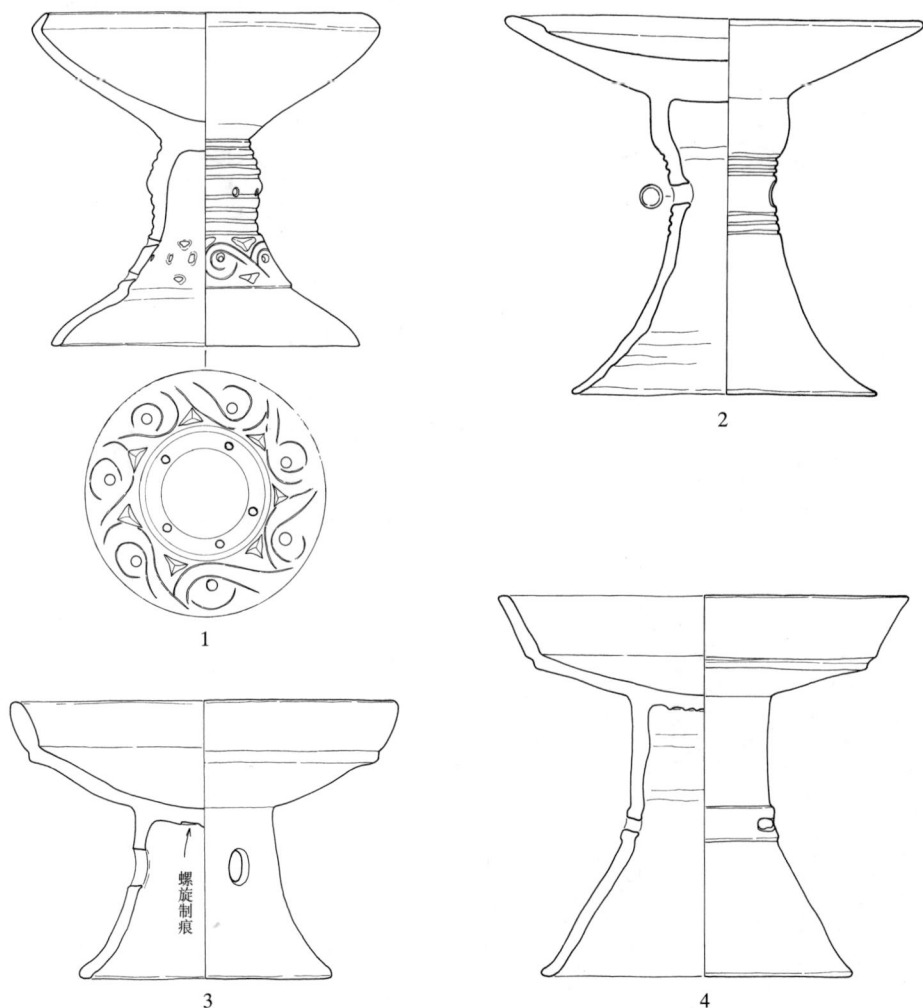

图三〇四　昆山遗址出土的陶豆
1. A型（M2：5） 2. B型（M7：1） 3. C型（M60：2） 4. C型（M58：3）

1

2

3

4

5

图三○五　毘山遗址出土的豆盘上圆和弧边
三角组合图案的几种形式

1. M13：9　2. M30：3　3. M45：2　4. M14：3　5. M2：5

图案或图案结构应该是某类写实图像的抽象化结果,圆和两侧对称的弧边三角应该是较早阶段的抽象化图案结构。从图案的本身布列来看,中间的主体加上两侧的负载体这样的图案在邻近地区的新石器时代文化中也多有发现;在图案结构上,三角为弧边,且一角均外向,围绕圆的一边则呈凹弧状。这种图案本身的布列及结构形式,使我们联想到河姆渡遗址出土的"双鸟·日"图像和"双鸟·日月"图像,也会联系到良渚文化玉器上"双鸟·神人兽面像"的组合图像,良渚玉器上的这类组合图像,在年代上虽然要比"圆和弧边三角"组合图案晚,但不可能没有渊源关系,值得注意的是当良渚出现"双鸟·神人兽面像"之后,陶器上的圆和弧边三角组合图案便基本消失了,取而代之的是单体的、抽象的"群"鸟形象、或螺旋状结构结合小尖喙的图案结构等。当然这一阶段的圆和弧边三角组合图案还存在一定的缺环,我们期待着野外进一步的发现。(图三〇六)

(四)典型石器——石刀

昆山遗址仅墓葬中就出土了31件石刀,石质多为角岩[①]。这些不同形制的石刀,原本认为是良渚文化的典型石器,但根据同出器物特征分析,应为崧泽文化阶段。而崧泽文化晚期阶段墓葬中出土数量如此多的石刀,这在同时期考古发掘中还是首次。

关于这类石器,除了笼统地称为"石刀"外,尤其是其中顶部凸起、两翼上翘的一类,早先还曾有耘田器、石粗冠、菱角形石刀[②]、双翼形石器(推割器)[③]等表示不同用途的名称。如施昕更在《良渚》报告里,笼统地将良渚镇出土的这类石器和石镰、石破土器、石犁等并称为"刀类"(彩版十七)。1957~1958年邱城遗址M4也曾出土1件,1959年完成的报告初稿中是作为"中耕器"来认识的,如"燕翼形的中耕器"……"无疑是和犁相适应的较先进的农具"。在1960年公布的杭州水田畈遗址发掘报告中,也笼统地将其称为石刀[④]。同期公布的钱山漾遗址将其从石刀中分出来,称为"耘田器",认为刃部不开锋,很钝,显然不能当作切削工具使用,和南方现在铁制的耘田器有些类似;穿孔的地方是用作插木杆或竹杆的,孔外缘凸出的一块是系绳索的。[⑤]"耘田器"的名称沿用时间

---

① 2003年度中日合作良渚文化石器研究课题,对浙北地区馆藏的石器尤其是石犁、石刀类进行了大量分析和质地的鉴定,已发现的石犁、石刀均为角岩(Hornfels),据《大百科全书·地质学》:"角岩,具有细粒变晶结构和致密块状构造的热接触变质岩。又称角页岩。岩石中新生成的矿物有石英、长石、黑云母,可见红柱石、堇青石、石榴子石、夕线石、角闪石、辉石等。原岩可以是泥质、粉砂质、砂质沉积岩,也可以是各种火山岩。角岩常按所含主要矿物和特征变质矿物种类进一步命名,如长英角岩、堇青石黑云母角岩等。热接触变质作用形成的角岩,常与某些非金属矿床伴生,如石墨、刚玉、红柱石等。"中国大百科全书总编辑委员会《地质学》编辑委员会:《大百科全书·地质学》,中国大百科全书出版社,1993年,第310页。

② 参见杨美莉:《良渚文化石质工具之研究——三角形石质工具的形制、性质之分析》,《农业考古》1999年第3期,第113~151页。

③ 任式楠:《关于良渚文化双翼形石器的讨论》,参见《任式楠文集》(中国社会科学院学术委员文库),世纪出版集团、上海辞书出版社,2005年,第458~467页。

④ 浙江省文物管理委员会:《杭州水田畈遗址发掘报告》,《考古学报》1960年第2期(图版十七;彩版一,1)。

⑤ 浙江省文物管理委员会:《吴兴钱山漾遗址第一、二次发掘报告》,《考古学报》1960年第2期,第82页。

1. 昆山遗址豆盘上的圆孔和弧边三角图案

2. 河姆渡 T29④：46 陶盆图像（采自《河姆渡》第 47 页）

3. 河姆渡 T21④：18 骨匕图像（采自《河姆渡》第 116 页）

4. 瑶山 M2：1 冠状器图像（采自《瑶山》第 35 页）

图三〇六　昆山墓葬出土豆盘上的圆孔和弧边三角图案和河姆渡、瑶山遗址出土的相关图像

最长，几乎成了一个约定俗成的名称。

"石耘冠"是牟永抗先生提出的，他主要是怀疑那时的农业是否已经进步到用工具中耕除草的程度，而且已知的新石器时代石器安柄方法还未曾有直接利用穿孔安柄的先例，从两翼的特征结合后代的铁口农器认为是镶嵌在木耘前端的石耘冠。[①]

除了本次发掘外，同时期墓地中用作随葬器物的这类石刀出土数量很少，而且还往往比较集中在某一遗址。如浙北1978～1986年发掘的六处遗址在共计61座墓葬中仅徐步桥发现3件，其中徐步桥M4为石刀和石镰共存。良渚文化墓葬中出土石刀最多的大概是海宁佘墩庙遗址，8座墓葬中每墓均出土1件[②]。从不完全的统计看，石刀在墓葬中的出土位置，虽然不很固定，但基本上与随葬陶器相邻。从已发表的墓葬资料看，石镰和石刀共出，石刀和石钺、纺轮也分别有共出的情况，这说明以加工植物类为用途的石镰和这类石刀在功能上明显有别，而后者的共出关系说明石刀的性别指示特征不明显。

良渚文化时期还有玉质的刀，如台北故宫早先曾收藏顶部切割有宝盖头结构的玉刀（又"耘田器"）1件，2004年浙江省文物考古研究所和桐乡市博物馆在桐乡姚家山遗址良渚文化墓葬中又发现了2件[③]。我们检索了1998年塘山发掘的两座墓葬资料，发现其中就出土有玉刀一件。说明这类石刀的使用时间很长，而且还是玉礼化的对象之一。

此类石刀的耘田功能基本可以排除，从石犁的发现、石刀的形制上看，也可能与耘冠无关[④]。从本次墓葬以及其他良渚期墓葬中发现此类石器与石镰共出看，此类石器不应该与季节性的农业收割相关。我们认为更可能是用于动物肉食类的加工，也包括皮革，鉴于江南地区一直以来竹、苇编织器较为发达，石刀或许也与这类器物的加工有关，至于良渚文化以后出现的可能用于采集或收割的半月形石刀（石　　），是否在形态或功能上与此类石器有关，还需要作进一步的分析。故此，我们主张将此类石器重新定名为笼统的"石刀"，不再用"耘田器"或"石耘冠"名称。

山墓葬出土的石刀从形态上主要分为顶部凸起或齐平、两翼上翘或齐平、刃部弧刃或平刃、钻孔或不钻孔之分。其中顶部凸起形态的石刀还可分为：

（1）凸起部位不钻孔。可能由于需要系扎的缘故，凸起形态往往呈近圆形的下束状。

（2）半圆形凸起，与大钻孔或小钻孔结合。

[①] 牟永抗：《浙江新石器时代文化的初步认识》，刊中国考古学会编辑《中国考古学会第三次年会论文集（1981）》，文物出版社，1984年，第6～7页。
[②] 蒋卫东：《也说"耘田器"》，《农业考古》1999年第1期，第167页，蒋卫东先生还提出了这类石刀可能与制革有关。
[③] 王宁远、周伟民、朱宏中：《浙江桐乡姚家山发现良渚文化高等级贵族墓葬》，《中国文物报》2005年3月25日。
[④] 牟永抗在回顾钱山漾的成绩和失误时，曾提到钱山漾的发掘当时未能在遗址范围内"铁砂隔"的地段布设探方，失去了该遗址发现较大规模聚落居址的可能；对某些前所未见器物以功能性命名也不够慎重，其中就包括"耘田器"、"千篰"；再如芝麻、蚕豆、花生等的鉴定。参见牟永抗：《关于良渚、马家浜考古的若干回忆——纪念马家浜文化发现四十周年》，《农业考古》1999年第3期，第7页。

（3）圆形凸起，与大钻孔或小钻孔结合。

（4）平冠状凸起，多与大孔结合，本次墓葬中没有发现，仅见于采集品。

平刃和弧刃存在着使用方式的不同，也还可能存在用途上或具体使用对象上的差异。两翼上翘的石刀刃部均为弧刃，上翘的结构可能与观念形态有关，也符合使用过程中刃部不断损耗的要求。

石刀有钻孔的，钻孔一般为一个，或大或小，孔壁或打磨较精，或较为随意。孔壁打磨较好的钻孔直径也较大，这样的圆形钻孔结合顶部的形态结构我们认为是有意的，除了使用的功能外，可能还反映了某种观念。正因为如此，属于良渚文化的桐乡小六旺采集的刻纹石刀（桐乡市博物馆藏）和新近发掘的桐乡姚家山良渚文化墓葬中玉刀上雕琢宝盖头的结构就不是偶然的。另外若要与典型的良渚文化石刀作比较，唯一区别在于后者的顶部形式更为多样，有的刃部还出现了三角形尖刃。

（五）典型石器——石犁

对于石犁的认识有一个过程。如施昕更先生在《良渚》中将良渚茅庵前出土的这类石器归属为刀类——三刃有孔式[①]。1981年牟永抗和宋兆麟两位先生第一次较为系统地就石犁和破土器进行了论述，将江浙出土的从新石器时代至印纹陶时期的石犁分为三式，并肯定其为犁铧，认为已经有了犁床设备，还可能已经有了犁箭设备，犁辕应为一根长辕。[②]还进一步认为这类三角形石犁和良渚文化时期出土的"破土器"是适宜于沼泽地带、两者相互配合使用的连续性破土的原始犁，按它们型式演变，推测这两种农具的延续时间相当长。[③]

崧泽文化阶段的石犁出土数量很少。1957～1958年吴兴邱城遗址M4出土一件，报告曾叙述："最重要的是第4号墓中发现了一件石犁，形状作三角形，……尾端呈弧形，较厚，两侧有缺口，刃部呈三角形的二腰，中间有一个单面钻的孔。平面稍稍隆起，磨制光滑，反面平直，颇粗糙，它在形式上和现代的铁犁头非常现象。在质地相对松软的第四纪沉积层也完全能胜任"[④]。这是崧泽文化墓葬中第一次发现的石犁[⑤]。其他的资料还有：1980年上海松江县汤庙村遗址清理的4座崧泽阶段墓葬中，在M1墓主人脚端部位

① 施昕更：《良渚》（杭县第二区黑陶文化遗址初步报告），浙江省教育厅出版，杭州，民国27年（1938年），第37页，图版十八，1。

② 牟永抗、宋兆麟：《江浙的石犁和破土器——试论我国犁耕的起源》，《农业考古》1981年第2期，第75～77页。

③ 牟永抗：《浙江新石器时代文化的初步认识》，刊中国考古学会编辑《中国考古学会第三次年会论文集（1981）》，文物出版社，1984年，第6页。

④ 浙江省文物管理委员会：《湖州邱城遗址1957年发掘报告》，刊浙江省文物考古研究所编《浙江省文物考古研究所学刊》第七辑，杭州出版社，2005年。

⑤ 1964年的北京大学《新石器时代考古》讲义中的"三角形'石犁'"，从描述上看应为破土器。参见严文明：《太湖和杭州湾地区的新石器文化》，刊严文明著《史前考古论集》，科学出版社，1998年，第257页。

清理出 1 件①。

良渚文化墓葬中石犁的发现数量也不多见。已报告的如约当良渚文化早期晚段的上海松江广富林遗址 M15，两次葬，石犁位于右下肢，横向布列双孔，高 17.8、宽 21.2 厘米②。约当良渚文化晚期的上海金山亭林遗址共出土石犁 5 件，报告根据两等腰的形态将其分为两腰斜直、鼓凸两型，钻孔二三个不等。2002 年桐乡新地里的 4 座良渚文化墓葬中出土了 4 件石犁，其中 M92 和 M98 为一件形体略小的锐角等腰三角形犁头和 2 件前窄后宽的长方形犁尾配套组合而成，发掘者命名为分体石犁，并认为只是为了制作和使用上的更为便利③。2004 年余杭星桥后头山良渚文化遗址与墓葬有关的 H2 中出土了一件可粘合拼对基本完整的分体石犁④。2003 年平湖庄桥坟的分体石犁还有木质残留。而现收藏在浙江各地县博物馆的一体式石犁中最长者可达 50～60 厘米，如果具体操作起来实在是难以想象的。

对于这批石犁的认识，我们首先明确这类石器与农业生产有关，其次是这类石器的形式与后代的犁存在传承关系，而与本地区更早阶段考古学文化中的"耜"形制上有较大区别，应该与犁的起源和发展有关，如果直接称为"犁"尚有异议的话，称之为"犁形器"、"原始犁"当无大碍。至于良渚文化阶段发现的分体犁或那些体形硕大的一体式犁是否一定具有实用的性质还是可以再讨论的。

另外，尽管在出现这类石器时，耜还继续存在，但是在其初期阶段，其使用方式或耕作形式应该与耜还会有联系。所以我们认为这类崧泽文化阶段在太湖流域开始出现的石犁或犁形器的使用方式，可能还是与耜相关，当然这里可能还会有一个发展的过程。研究农具史的学者也认为，所谓的耒耜从一开始就有直柄和曲柄的区别，这是因为作柄的木棍（耒）本身就不可能都是笔直的缘故，于是耒耜就具有了向直柄农具和曲柄农具发展的基础。直柄农具渐渐演变出了铲、锹等，而曲柄农具则渐渐演变出了曲柄双齿耒、曲柄锸、踏犁等，由此引出犁的雏形。而这种能够连续或半连续工作的"踏犁"，受犁头的质地和结构所限，主要是为播种开沟所用。⑤我们倾向于这一时期的石犁功能上可能接近"踏犁"，但还有进一步研究的余地；再说既有约定俗成，且形态又完全不同于耜，那么仍应以"石犁"定名为妥。

① 上海市文物保管委员会：《上海松江县汤庙村遗址》，《考古》1985 年第 7 期，第 586、587、590 页。
② 上海博物馆考古研究部：《上海松江区广富林遗址 1999～2000 年发掘简报》，《考古》2002 年第 10 期，第 40 页。
③ 蒋卫东：《新地里遗址出土的良渚文化分体石犁的初步研究》，刊杭州良渚遗址管理区管理委员会编印"良渚文化学术讨论会"资料，2003 年 10 月 15 日，第 48～58 页。
④ 丁品、林金木：《杭州余杭星桥后头山遗址发掘一处良渚文化墓地》，《中国文物报》2005 年 3 月 11 日。
⑤ 参见周昕：《中国农具史纲暨图谱》，中国建材工业出版社，1998 年，第 74、75 页。另外有关踏犁的论述参见宋兆麟：《我国古代踏犁考》；严汝娴：《藏族的脚犁及其铸造》。有关石犁的讨论参见季曙行：《"石犁"辨析》从力学的角度对石犁的使用提出怀疑；又季曙行：《石质三角形器、三角形石刀用途考》，明确认为所谓的石犁更多的是具有耜锸类挖土工具的性能。

昆山墓葬共出土石犁21件。其外表、质地根据目测，特点可归纳为：石犁的内芯均呈黑色，外表多剥蚀呈灰褐色或青灰色，剥蚀严重的呈灰黄色，这些特征与同类质地的石刀一致；呈片状节理，在石犁的边缘已难以找到打片时的打击点，发现的石犁，不仅体形扁薄，其体表往往呈现出起伏不平的特征，这当与打片的石料有关。同样的特征在后期的破土器中表现得更为明显。

墓葬出土的石犁其特点总结归纳如下：

（1）质地——石料均为角岩，这与良渚时期的石犁石料一致。

（2）实用器——从刃部的使用痕迹及残损石犁的现状分析，推测本次所出土的石犁均应为实用器。

（3）平面特征——平面基本呈等腰三角形，犁尖夹角在70度左右。前者特征与良渚时期的石犁或分体式石犁基本一致，区别在于良渚时期石犁的犁尖夹角基本为锐角，甚至犁的前端略显狭长，刃部两侧还相应内束，呈鳄鱼前伸的吻部样。

（4）正、背面的区别——尽管有正面和背面之分，但是一些标本需仔细甄别。主要区别在于：单面刃和双面偏正面刃的石犁正、背面区别明显；双面刃的石犁一面往往经打磨，而另一面则往往保留有一定的琢打面，是为背面；一些石犁背面往往较为平整，正面却多有起伏。良渚文化及以后的石犁均为单面刃，故正、背两面区别显著，且背面往往有一道纵向的连接纵向孔的印痕，这一特征在本次发掘中未见到。

（5）刃部特征——刃部主要在两腰，刃部可分为双面刃、双面偏正面刃和单面刃，前两者数量最多，而后两者的刃部刃脊线相对较为清晰。另外两侧刃部往往发现一侧略弧凸，而另一侧微微内凹的现象，这当与使用方式或安装有关。

（6）后缘特征——所发现的石犁后缘多琢打内凹，若将其内凹中心点延伸，则往往与犁尖不在一条直线上，说明其使用时的作用力方向与犁尖前进的方向不一致，但确与内凹刃部的一侧相关，这也可说明其使用的方式。（图三〇七）

（7）琢打孔——所有石犁均有双向的琢打孔，绝大多数的石犁背面孔周还有打击留下的疤痕，这些疤痕也可能与孔的修整有关。孔内壁多留有横向的修磨旋痕。孔的数量多在1~3个，但在布列上基本不与石犁整体平面一体。孔内径数值大致在3厘米左右，多孔石犁的前端孔往往较为圆整，其内壁往往发现靠近石犁前端的部分相对较为光整，而另一部分则相对粗糙，这可能与石犁的使用和安装有关。

（8）后端的形式有三种：微凸出、凹缺、凹弧，以凹缺形式为最多。

（9）从出土情况看，形式多样，如平置或倾斜、正面朝上或朝下、压其他随葬器物或被压，从这些特征看，如果随葬时是完整的组件，那么犁体和其载体应是在同一平面上。

（六）出土玉器的若干问题

本次墓葬发掘的玉器除了圆牌、管、珠、璜、镯外，多为片、条状的穿挂件，其中

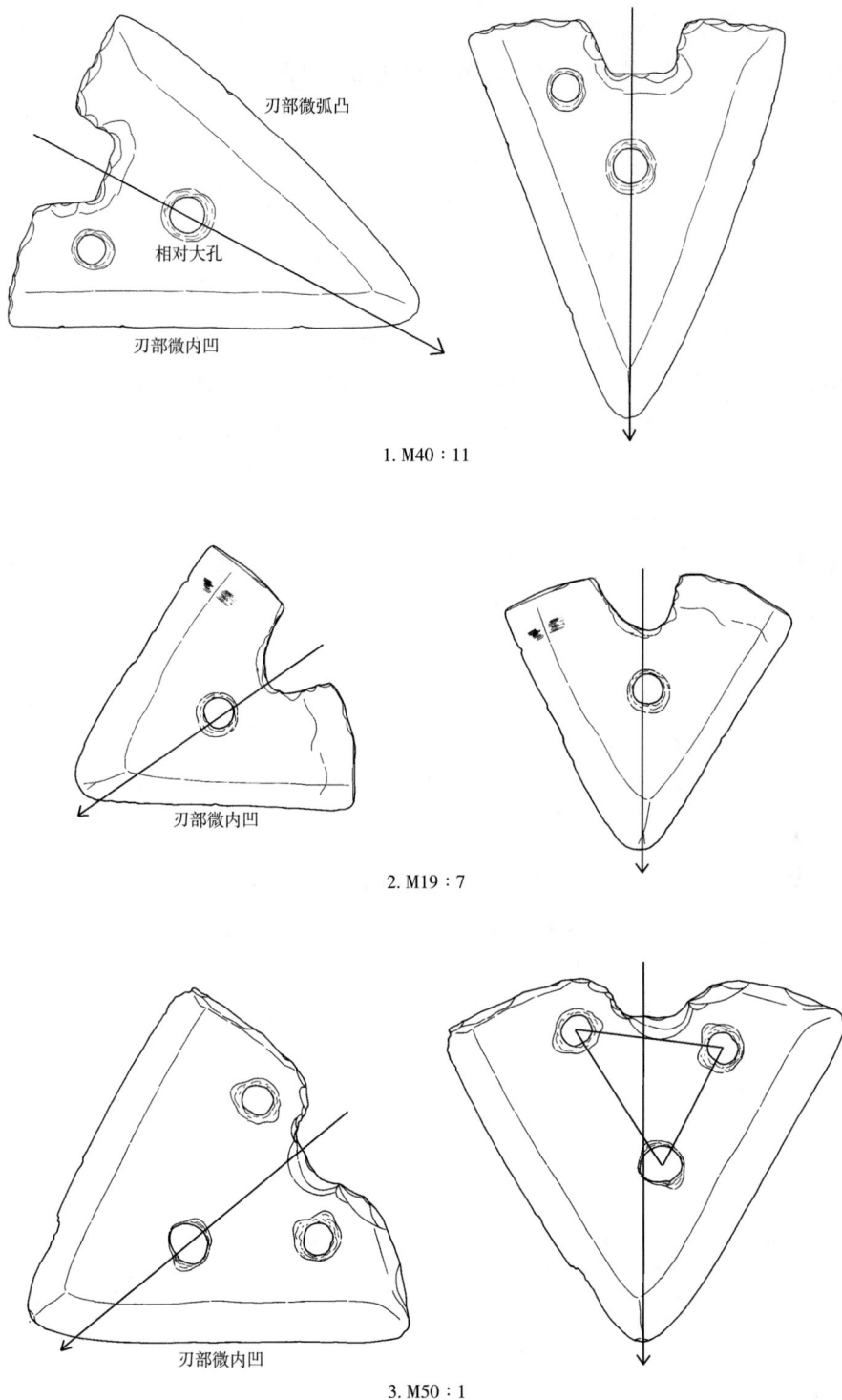

刃部微弧凸

相对大孔

刃部微内凹

1. M40：11

刃部微内凹

2. M19：7

刃部微内凹

3. M50：1

图三〇七 昆山墓葬出土石犁作用力方向或置柄方式的两种可能模式

大部分玉器通过器形及制作痕迹的分析证明是以其他类玉件改制而成的，报告笼统地称为"坠饰"。在所出土的40件玉器中，圆牌和隧孔珠值得一谈。

1. 圆牌

仅发现2件，其中M58∶11为管钻成形，这种成形的方式还不能简单的理解为仅仅是管钻芯的废物利用，可能还是器物成形的一道工序①，否则器形较小的半圆形穿挂件还勉强可以理解，这件外径约4.5厘米的圆牌原先的载体是哪一类玉器就难以理解了，除非是较大玉璧上的钻芯。

圆牌的名称始见于反山、瑶山的简报，除了个别单件外，出土时多呈纵向组合作为串挂玉件的部分②，圆牌还有（小）环、（小）璧等名称。崧泽文化阶段墓葬中出土的圆牌并不多见。如上海崧泽墓地仅2件，如M65∶10，直径4.1厘米，报告称为"璧"③。福泉山崧泽文化墓地也仅1件，如M24∶5，位于头端随葬陶器部位，直径4.5厘米，同崧泽M65④。另如约当崧泽晚期－良渚早期的桐乡普安桥M19∶14⑤。而这类玉器在约同时期的安徽凌家滩遗址却多有发现。我们认为这类玉器大小形同纺轮，形制又接近玉璧，应该存在着内在的联系。

2. 隧孔珠

隧孔珠为良渚文化的典型玉器之一，但在崧泽文化阶段就开始出现，分布的地域还比较广，如内蒙古那斯台红山文化遗址⑥、安徽含山凌家滩遗址⑦、南京北阴阳营遗址⑧等。但除了年代较晚的如花厅M19∶5球形隧孔珠外⑨，大汶口文化墓葬中目前还没有这方面的报道。

良渚文化的隧孔珠在中小型墓中一般成对出土，且多出土于头骨附近或者紧贴耳廓的部位。1992年，我们在第三次发掘良渚庙前中，清理M2时就已经注意到这一现象，并且在以后整理剥剔头骨时，发现了耳廓之另一侧还有同样形态的另1件⑩。在以后的保留有人骨遗骸的墓葬发掘中，也多次观察到这种现象。这种较为固定的形式应该在崧泽晚

① 关于管钻成形方式存在的另一个证据如反山M12∶87、M12∶102高柱形器的形制，参见浙江省文物考古研究所：《反山》，文物出版社，2005年。
② 浙江省文物考古研究所：《浙江余杭反山良渚墓地发掘简报》，《余杭瑶山良渚文化祭坛遗址发掘简报》，《文物》1988年第1期。
③ 上海市文物管理委员会：《崧泽——新石器时代遗址发掘报告》，文物出版社，1987年，第36、37页。
④ 上海市文物管理委员会：《福泉山——新石器时代遗址发掘报告》，文物出版社，2000年，第20、29页。
⑤ 北京大学考古系、浙江省文物考古研究所、日本上智大学联合考古队：《浙江桐乡普安桥遗址发掘简报》，《文物》1998年第4期。
⑥ 巴林右旗博物馆：《内蒙古巴林右旗那斯台遗址调查》，《考古》1987年第6期。
⑦ 安徽省文物考古研究所：《安徽含山凌家滩新石器时代墓地发掘简报》，《文物》1989年第4期。
⑧ 南京博物院：《北阴阳营——新石器时代及商周时期遗址发掘报告》，文物出版社，1993年。
⑨ 南京博物院：《1987年江苏新沂花厅遗址的发掘》，《文物》1990年第2期。
⑩ 浙江省文物考古研究所：《庙前》，文物出版社，2005年。

期阶段就开始了，这一阶段出土的隧孔珠均为半球形，如桐乡普安桥遗址 M19∶3，位于头骨一侧，同墓随葬的鼎为粗泥陶质的凿形足鼎[①]。曾以为隧孔珠是耳饰，后因为在大墓中出土的往往不止两件，除了半球形外，还有球形、扁圆形等多种形式，而且还发现于除头骨以外的其他位置，所以隧孔珠应该是一种纺织品或革制品上的缝缀或吊挂玉件。如位于头骨两侧的可能是冠帽类织品装饰，可能由于这种冠帽比较贴身，所以发掘时常常会出土于头骨左右耳廓部位。

隧孔珠是一类特殊的玉件，半球形隧孔珠正面以"倒棱"的方式琢磨成半球形的弧凸面，增加了玉件展示的面积，也使得玉件得以更加立体的体现。半球形隧孔珠的背面钻有隧孔，可以缝缀在软性的织物上。隧孔珠出土数量并不多，但从东北到太湖流域大的分布范围而言，其背景值得研究。

昆山遗迹出土隧孔珠 4 件，数量不多，每墓均单件出土，出土的位置并不固定。显示了早期隧孔珠功能上的特点。

（七）墓葬随葬器物的组合特点分析

本地区崧泽至良渚文化阶段的墓葬中，随葬或填埋大口缸具有一定的等级意义，墓葬的随葬器物数量和种类也相对丰富。在不能明确墓主人性别特征的情况下，纺轮和石钺的性别特征甚为显著。在本次发掘的墓葬中，除了 M56 之外，发现纺轮和石钺不共存，同样石锛和数量不多的石镞也与纺轮不共存。石刀是本次发掘获取数量最多的石器，在所例举的 46 个墓例中，有 30 个墓出土石刀，在配伍关系上并无定则，只是随葬器物数量较多、种类较为丰富的墓葬往往有石刀出土。石镰的数量也不多，但有与石刀共存的多个墓例，共存墓例中，其出土位置往往不同，显示了两者因加工对象的不同而应具有不同的功能。

二　坯料形红烧土（块）

在西区墓地的中心部位之东北和东区墓地南部出土了大量的红烧土，除了零星、个体较小者外，余多为所谓的坯料形红烧土（块），这些烧土块的主要特征有：

（1）外侧面较为平整，内侧面留有杆痕，内侧面有的糊贴泥层；

（2）杆痕之间还留有横向的捆扎痕迹；

（3）有两面均较为平整，中间不夹杂杆痕的；

（4）一些标本多面留有杆痕；

（5）一面较为平整，另面凹凸不平，可呈块状脱落；

[①] 北京大学考古系、浙江省文物考古研究所、日本上智大学联合考古队：《浙江桐乡普安桥遗址发掘简报》，《文物》1998 年第 4 期。

表七　　　　墓葬主要随葬器物组合表（残墓及无所列随葬器物的墓葬均不收入此表）

墓号	大口缸	纺轮	石钺	石镞	石锛	石犁	石刀	石镰	墓号	大口缸	纺轮	石钺	石镞	石锛	石犁	石刀	石镰
M18		◎					◇	=	M46		◎				▲	◇	
M22	★	◎					◇		M42		◎					◇	
M21		◎					◇		M47	★					▲	◇	
M5		◎				▲			M51			■		◆	▲		=
M6		◎							M37	★		■	↑	◆	▲	◇	
M1						▲	◇		M40	★		■		◆	▲		
M14		◎				▲	◇		M41			■		◆	▲		
M13			■		◆	▲	◇		M48			■		◆	▲		
M12		◎					◇		M49	★		■		◆	▲		
M16			■			▲			M50			■			▲		
M10	★		■		◆	▲			M45					◆			
M11			■	↑	◆	▲	◇		M35		◎						
M19			■		◆	▲	◇		M27			■	↑		▲		
M26		◎							M36		◎					◇	=
M3					◆				M29		◎						=
M25						▲			M44		◎					◇	
M2						▲			M52		◎						=
M9	★		■		◆				M56	★		■					=
M8	★		■	↑	◆			=	M60	★	◎						
M34		◎					◇		M58	★							=
M30		◎					◇		M59		◎					◇	
M33		◎					◇		M55		◎					◇	
M32			■		◆	▲	◇		M53					◆			

（6）均夹杂秕谷，残块的整体色泽较为接近，均呈砖红色、灰红色或红褐色；

（7）共出的陶片多二次氧化。

上述特征说明这类坯料形红烧土（块）应是某类建筑实体经火烧后的残块，不同形状的烧土块应是某类建筑实体的不同部位；在糊贴的泥料中掺和大量的秕谷可以增加糊贴的紧密度，土块面的色泽均呈红色，没有发现一块烧土是灰黑色的，说明是在同一氧化环境中烧成，也可说明火烧是有目的的。在本地区的崧泽至良渚文化阶段遗址中，多发现这类坯料形红烧土（块）的堆积，且往往位于墓地所依的土台的周缘。推测原先这类建筑实体很可能是与营建的土台、埋设的墓葬等有关的"礼仪"性物件。

三　与良渚遗址群的关系——敛口盘的线索

同属于苕溪流域的良渚遗址群是首先需要联系和考虑的重要区域。庙前是良渚遗址群中工作时间最长、发掘面积较大的遗址，共清理了墓葬六十九座，获得了一批良渚文化早期的墓葬。丁品先生在报告中曾对此进行过较为详尽的分析，其中第一期分为早晚两段，早段墓葬随葬陶器的基本组合为鼎、盘、罐。罐以夹砂圈足罐为主，有部分泥质罐。过滤器、甗鼎是这个时期的特色器。甗鼎、鼎均为夹砂质，形态上，釜形鼎多折腹，深圜底，鱼鳍形足外撇，足跟外凸；盆形鼎腹部常有一周凸棱，鱼鳍形足均较厚实。盘的形制与本报告的B型外卷沿敛口盘和C型的内折沿敛口盘相同。在第一期的晚段，有一定数量的平底盆，并出现了数量极少的双鼻壶，盘类中假腹的下部与盘底部已浑然一体，但是刻剔的图案仍在此部位。（图三〇八）

庙前第一期早段出土器物无论在形态或组合上都与良渚遗址群内的以吴家埠M19为代表的墓葬出土器基本相同[1]，即凸棱形高豆柄的内折沿豆，只是这类豆目前在湖州地区尚未发现。

良渚遗址群内与庙前第一期晚段相当的墓葬有以瑶山M4、M9、M11为代表的墓葬，其中瑶山M9出土的鼎（M9：79）、豆（M9：80）与属于该段的庙前第一、二次发掘的M7、M9、M31等出土的同类器完全一致。这时的良渚遗址群至少已经开始出现显贵者、高等级的墓地和墓葬了。

从陶器的相对比较上，敛口盘的联系最密切，但也应该注意到昆山AⅠ式、BⅠ式敛口盘在良渚遗址群中尚未见到；夹砂质鱼鳍形足鼎、双鼻壶出土量少，还仅见于昆山东区的墓葬。出土的石犁形制与良渚时期明显有别。这种类比应该具有相对年代上的意义，所以我们认为昆山墓葬与庙前第一期大致相当，可能还略早一些，敛口盘是两者联系的唯一和重要的桥梁，只是目前还不能非常明确其在文化演进中的地位，或这条线索背后的文化背景及意义。

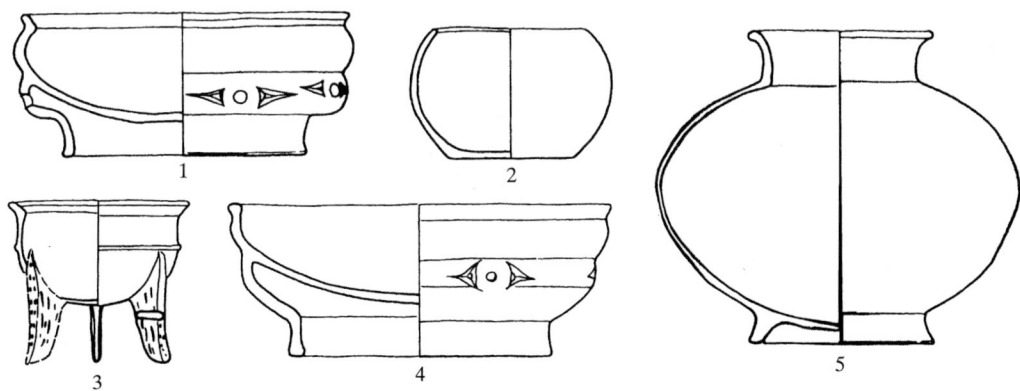

图三〇八　庙前第一、二次发掘的M5、M18出土陶器
1. 盘 M5：1　2. 钵 M5：2　3. 鼎 M18：2　4. 盘 M18：4　5. 罐 M18：1

① 浙江省文物考古研究所：《余杭吴家埠新石器时代遗址》，《浙江省文物考古研究所学刊》，科学出版社，1993年。

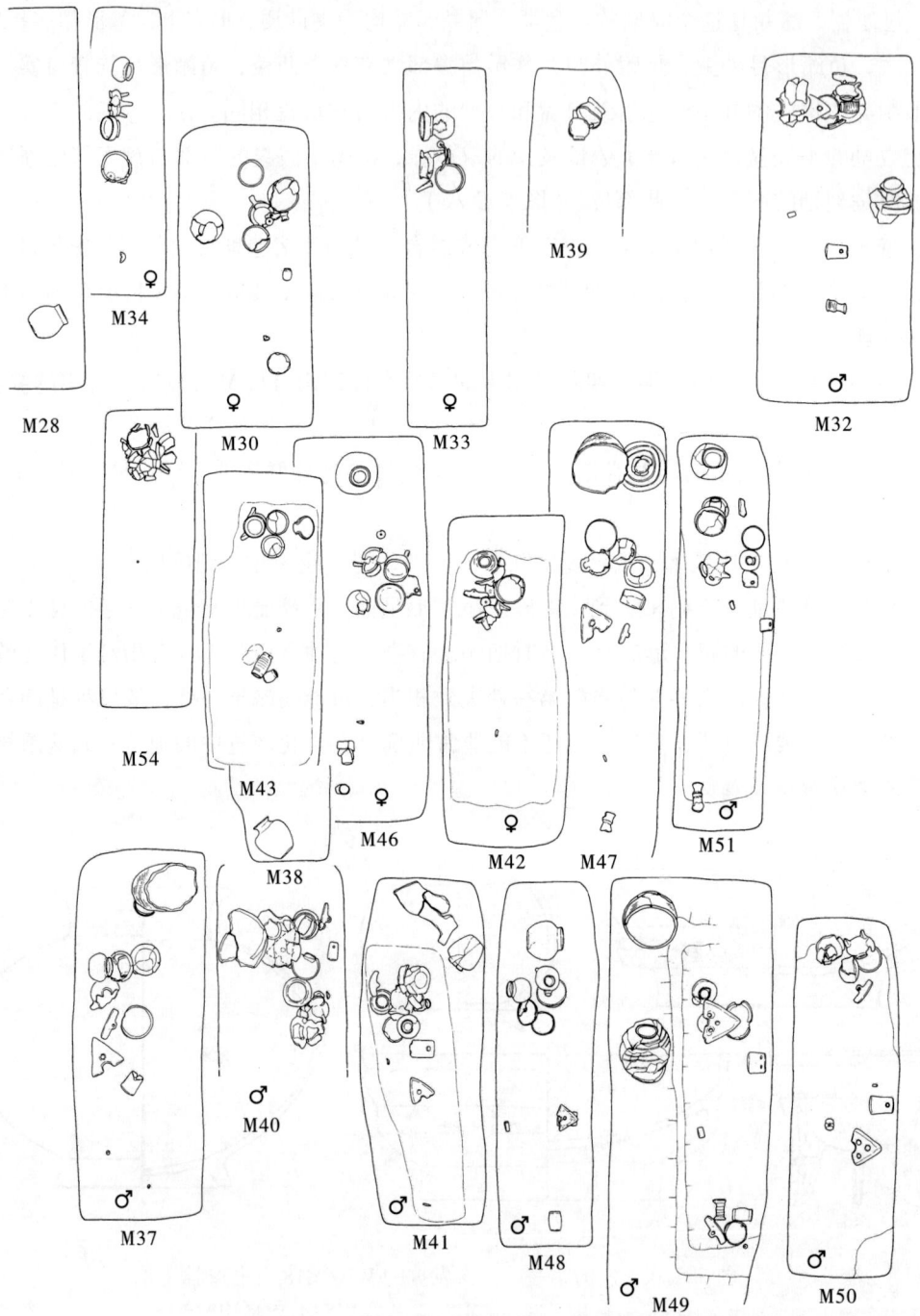

图三〇九　昆山东区墓葬中组随葬器物出土位置平面示意图

另外值得比较的还有墓地所反映的性别、等级等情况，这里选择昆山东区中组墓葬，根据随葬器物尤其是纺轮和石钺、石锛等的出土情况，东区中组墓葬性别等级比较清晰（图三〇九），这样的墓葬布列情况与庙前第一、二次发掘之西区墓地比较一致，社会组织结构应该大致类似。

与昆山墓葬资料相一致的，在湖州地区还有湖州的邱城遗址以及长兴的台基山遗址、湖州花城遗址①以及最近发掘的属于东苕溪流域的湖州塔地遗址②、西苕溪流域的长兴江家山遗址、安吉芝里遗址③也出土了具有本地特色的假腹杯形豆，已初步显示出苕溪流域在这一时段中文化面貌的独特性。长兴的江家山遗址毗邻安徽的广德地区，是浙西北往安徽的重要通道之一，这些都是我们今后的工作、研究重点之一。

第二节　高祭台类型时期文化的讨论

一　关于"钱山漾遗存"——以侧扁足鼎、弧脊形鱼鳍足鼎为代表的遗存

侧扁足鼎、弧脊形鱼鳍足鼎早在上世纪的钱山漾遗址、高祭台遗址就有发现。随着最近几年考古材料的不断丰富，这一背后的相关问题越来越受到重视。其中主要牵涉了良渚文化晚期的众多议题，众所周知，良渚文化晚期的文化面貌和年代一直以来就有很大的争议。上世纪的70年代，随着 ^{14}C 年代的测定，有学者就其中仅有的四个数据，认为良渚文化的延续时间约为公元前3300~前2250年，相当于黄河流域的河南龙山文化和山东龙山文化④。20世纪80年代出版的《中国大百科全书·考古学》也基本持这一看法，在比较良渚文化和大汶口文化尤其是晚期阶段的同时，也提到"良渚文化和山东龙山文化的陶器都普遍采用轮制，黑陶占有显著的地位，盛行磨光素面陶，三足器、圈足器都很多，等等"⑤。

随着近几年考古工作的不断进行，考古新发现材料的不断披露，文明化过程研究的不断深入，学者们对上述问题进行了热烈的讨论，其中如：

1. 浙西好川墓地的发现及"好川文化"的提出

发掘者认为好川文化主要分布区是瓯江流域，并以此取代以前"夏商时期遗存"的笼统称谓，并认为好川文化和肩头弄类型是完全不同的两支文化，文化分布范围可能有重

① 湖州市博物馆资料。
② 塔地 M35 所出的"假腹杯"，参见塔地考古队：《浙江湖州塔地遗址发掘获丰硕成果》，《中国文物报》2005 年 2 月 9 日。
③ 程永军：《芝里遗址考古发掘成果丰硕》，《浙江文物》2005 年第 5 期。
④ 夏鼐：《碳—14 测定年代和中国史前考古学》，《考古》1977 年第 4 期。
⑤ 中国大百科全书总编辑委员会《考古学》编辑委员会：《中国大百科全书·考古学》，中国大百科全书出版社，1986 年，第 273 页。

叠，年代上好川文化晚期和肩头弄类型遗存可能存在交叉。在文明化进程中，好川文化逐渐衰落，而肩头弄类型文化日益强盛，向北传播扩散，成为马桥文化的重要组成部分①。然而好川墓地所出土的部分陶器及特征却非常类似于大汶口文化晚期花厅墓地所出的部分陶器，这些以垂棱豆、盉为代表的器形在湖州的塔地遗址也有发现②，其意义是显而易见的。在同属瓯江流域的温州老鼠山遗址也发现了以台形结构玉片为特征的玉件，似说明其观念形态与良渚文化以"神人兽面像"为主体的观念形态有着不同的发展阶段（尽管两者联系密切），台形玉片的结构还发现于良渚遗址群的百亩山收缴玉璧上的铭刻、桐乡叭喇浜遗址出土的陶豆上的镂刻。无独有偶，山东凌阳河遗址也有结构一致的镶嵌玉片。据此大致可以认为这些遗址的相对年代应是比较接近的。除了好川、老鼠山的发掘，还缺乏更多相关的考古资料，如有台形结构铭刻的高节玉琮的墓葬还没有发现，作为良渚文化中心的良渚遗址群尽管近几年晚期阶段的遗址多有发现，但还没有发现约当于百亩山铭刻玉璧阶段的高等级墓葬（反山 M21 是否属于这个阶段还不敢贸然定论）。好川墓地的主要文化阶段实际上也相当于江山山崖尾 H1 所出遗物的阶段③。

　　2. 上海广富林遗址的发现④和"广富林遗存"的提出

　　上海地区的考古工作者将广富林遗存的特点归纳为：鼎多垂腹、口沿沿面内凹，三角形侧扁足，足外缘或有指按捺，鼎足部位的内壁常见按窝；豆为浅盘细高柄形；有少量的印纹陶。发掘者同时还认为广富林遗存在当地找不到渊源，但与长江以北的南荡文化有较多的相似之处，并与王油坊类型关系相当密切。

　　3. 良渚遗址群最近几年的考古发现

　　随着上海广富林遗址的发现，浙江的同行在良渚遗址群的考古发掘和调查中，也开始注意到这类以侧扁足鼎为主体的所谓"广富林遗存"。据赵晔先生介绍，目前，良渚遗址群内遗物最为丰富的良渚晚期遗存卞家山遗址中与侧扁足共存的有"T"字形鼎足、圆柱形鼎足以及椭圆形豆盘等，其中侧扁足在1998年安溪石前圩遗址良渚晚期地层中就已发现，2000年文家山遗址第二层出土的鼎足几乎全为侧扁足。在不断的检索中，还发现早在1992年的良渚茅庵里遗址就有出土⑤。这样一来，对作为良渚文化中心的良渚遗址群的总体文化面貌又有了进一步的认识，良渚文化的衰亡过程也还不是那么的简单。

———————————

① 王海明：《好川文化的几个问题》，上海博物馆编《长江下游地区文明化进程学术研讨会论文集》，上海书画出版社，2004年，第175～181页。

② 塔地考古队：《浙江湖州塔地遗址发掘获丰硕成果》，《中国文物报》2005年2月9日。

③ 牟永抗、毛兆廷：《江山县南区古遗址墓葬调查试掘》，浙江省文物考古研究所编著《浙江省文物考古所学刊》，文物出版社，1981年。

④ 上海博物馆考古研究部：《上海松江区广富林遗址1999～2000年发掘简报》，《考古》2002年第10期。

⑤ 赵晔：《卞家山遗址良渚晚期遗存的观察与思考》，刊杭州良渚遗址管理区管理委员会编印"良渚文化学术讨论会"资料，2003年10月15日。赵晔先生还提出了"卞家山类型"。

对这些相关问题的分析研究，早在1957年淳安高祭台遗址的发掘中就注意到了，如在夹细砂的陶片中辨认出一种以腹部拍印篮纹（条纹）为特征的高圈足深腹罐，对四种以不同形态鼎足为特征的鼎类陶器的陶质、纹饰、整体器形及其前后序列也进行了初步的表述。

后来牟永抗先生记述："鱼鳍形是高祭台遗址中最早的鼎足，……它的内外缘及着底部位均呈扁薄的圆弧形，和以后良渚文化墓地所见外缘厚实挺直、仅内缘呈扁薄圆弧形、足尖恰好就在外缘的直线与内缘的弧线相交部位的鱼鳍形明显有别。高祭台的鱼鳍形鼎足酷类钱山漾，在许多标本上看到鼎足外缘的近底部位逐渐向里切削，而且在切削程度上表现出由底向上、由外向内逐渐扩大加剧的变化，体现了由鱼鳍形鼎足逐渐向圆柱形或圆锥形演化的动态过程"。[①]

然而，认识的过程也是经过不断反复才逐渐成熟的，在关于浙江印纹陶的分期时，这类遗存曾被作为浙江地区印纹陶遗存的第一期，还"似有河南龙山文化之某些风格"[②]。

时隔近半个世纪，2005年浙江省文物考古研究所和湖州市博物馆对钱山漾遗址进行了第三次发掘，发掘取得了很大的收获，发掘者将钱山漾的早期遗存试命名为"钱山漾遗存"，认为：

"是一种目前在太湖地区还处于探索和认识阶段的崭新的新石器时代末期文化。文化面貌上，该早期遗存中虽然可见到很多受龙山文化影响的因素，如陶器装饰纹饰中的绳纹、被横向弦纹割断的间断绳纹、篮纹和方格纹，陶器器形中如器形高大、器身遍饰间断绳纹的小平底瓮、条纹杯等，但以足外侧呈夸张的弧形轮廓的大鱼鳍形足鼎、足跟内侧有凹窝的侧扁足鼎、高把浅盘豆、圈足盘等陶器为代表的具有自身鲜明个性特征的文化面貌更加突出。这些陶器有些明显由良渚文化同类器演变而来，但形态上又发生了大的变化。有些还需进一步分析其渊源。而典型良渚文化因素如鱼鳍形足鼎或"Ⅰ"字足鼎、双鼻壶、竹节把豆、贯耳壶、宽把杯等在这里都不见，表明它与良渚文化已有明显区别。从钱山漾遗址早期遗存土台的3个形成阶段，结合出土遗物分析，该早期遗存本身也有明确的早晚发展演变过程，应可进一步分期。为行文和研究方便，拟将它称为钱山漾类型文化遗存。近年在上海松江广富林遗址发现的'广富林遗存'约相当钱山漾类型文化遗存的晚期阶段。

关于钱山漾类型文化遗存的年代，初步认为其相对年代与中原龙山文化中晚期相当，在太湖地区文化序列中可能晚于良渚文化或与良渚文化末期略有重叠，而早

---

① 牟永抗：《浙江省淳安县进贤高祭台遗址第二次发掘总结·后记》，《浙江省文物考古研究所学刊》第七辑，杭州出版社，2005年。
② 牟永抗：《浙江的印纹陶——试谈印纹陶的特征以及与瓷器的关系》，《文物集刊》第3辑，文物出版社，1981年。

于马桥文化"。[1]

昆山遗址在 G1 堆积的早期阶段中也出土了不少这类遗存的遗物，简单归纳如下：

炊器仍以鼎为主，其中夹砂黑胎灰陶鼎占有一定数量，鼎足为侧扁足，两侧均有竖向抹划，足尖部外侧按捺，鼎内壁接鼎足相应部位往往用手指抹按以加固，如标本 G1②：33，G1③：285、G1③：309 等。这类鼎除了素面之外，还有一定数量的条纹或绳纹。凹弧足的鼎往往拍印斜向的条纹，夹杂蚌壳等有机质，器壁相对较薄，如标本 G1①：4、G1①：5。夹砂红陶鼎未发现完整器，但是"足外侧呈夸张的弧形轮廓"特征比较显著，可参考采集标本 HPC：44。发现少量的柱形足鼎，鼎身作罐形。

罐类中也发现少量横向间断的绳纹标本。

饮食器中，豆盘作浅钵形，内卷沿，豆柄上部呈火炬形，下部为外展的喇叭形。标本 G1③：232 甚为典型，而标本 G1②：88、G1②：42 应是它的发展形式，这类豆与后一阶段的凸棱细柄豆关系密切。

火炬形豆柄的陶豆也曾发现于江山南区古墓葬的第三单元，考虑到其他相关遗址的出土情况，我们大致认为这是约当于良渚晚期至印纹陶时期的过渡阶段的遗物，考虑到这时候的印纹硬陶作业还处于萌芽状态，个别的器形还与良渚文化阶段有着千丝万缕的关系，在良渚文化的中心遗址中，这类遗存的发现已不是个例，我们倾向性的认为，仍可以作为大的良渚文化阶段，其绝对年代根据各遗址的相关数据测定，约距今 4200～4000 年左右，其相对年代应与龙山文化相当，早于中原地区的商代，所谓的"肩头弄期"、"马桥—肩头弄类型"[2]、"后良渚文化"、"好川文化"、"广富林遗存"、"钱山漾类型文化遗存"、"卞家山类型"等等全部或部分指的就是这一阶段。由于目前各地所发现的遗址中除了共性特征显著之外，个性特征明显，其中如良渚遗址群内这一阶段的文化面貌还具有很大的整体延续性，暂时分别冠之以不同的"类型"也无妨。

种种证据表明，这类以侧扁鼎足为主要特征的遗址较多地存在于浙北尤其是杭州、湖州地区。随着今后资料的不断累积，该阶段的文化面貌应会逐步清晰，文化因素的比较分析也会进一步深入，各地区的文化特征归纳及互动作用和过程也应会渐渐明朗。

二　昆山遗址高祭台类型遗存的初步分析

从昆山遗址的初步调查分析，主要以 G1 堆积的第三、第五阶段及建筑基址上的遗迹和出土遗物为代表，其特征可以大致反映昆山遗址高祭台类型时期的主要文化面貌。

---

① 丁品、郑云飞、程厚敏、潘林荣、郭勇：《浙江湖州钱山漾遗址进行第三次发掘》，《中国文物报》2005 年 8 月 5 日。
② 陆建芳：《初论马桥—肩头弄文化》，《东南文化》1990 年第 1、2 期，第 58～67 页。认为关于肩头弄第一单元所代表的遗存是马桥—肩头弄文化的渊源所在。

　　G1 的堆积过程揭示了该时期的聚落形态的变迁。在 G1 堆积的第三阶段，当时的居民已经完全不在乎这一南北向的水资源了，包含大量与烧窑作业有关的废弃堆积从沟的东、西两侧进行倾倒和填埋，其所出土的遗物尽管单一，却为我们了解这一阶段的文化面貌提供了较好的资料，可称为　山遗址的高祭台类型早期遗存。

　　当上述沟填埋、废弃以后，在现发掘区的北部再另行开挖，即 G1 的第四阶段。这一时期沟的规模大不如前，由于出土物不丰富，与其相关的遗迹也难以断定，暂无法作进一步的分析。

　　东区的新石器时代土台，从现存的土台高度及墓穴深度来看，显然受到了晚期的冲刷或局部平整的影响，属于自然沉积的 H12 说明现发掘区域东部与新石器时代堆积存在较大的时间缺环。从 G1 堆积的第五阶段可以得知，当时的聚落也已经基本将 G1 废弃，只是在南部的低洼处留有该时期的堆积遗物，所以作为水井的 H11 等遗迹的存在就不是偶然的。报告将 G1 第五阶段出土遗物、基址上的遗迹等称为　山遗址的高祭台类型晚期遗存。

　　昆山遗址高祭台类型典型遗物举例如下：

　　1. 早期遗存的典型遗物

　　炊器中鼎甗类由于多残碎很难进行细致的观察，足多为柱形或锥形，足根外壁往往有捺窝。宽折沿的凹底印纹硬陶罐数量较多。硬陶中出现矮圈足豆、三足盘，多数器物上存在着爆汗釉。

　　与烧窑作业相关的器物较为单纯，主要有两类：一是高领、耸肩，肩部按贴小耳、外壁拍印条纹的凹底罐；二是鸭形壶，俯视略呈椭圆形，尾部上翘，甚接近鸭形。

　　泥质软陶细柄豆类中出现凸棱豆柄，如 G1③：29 应是它的发展形式。根据我们对于湖州邱城遗址的发掘情况分析，凸棱豆与泥质灰陶的三足盘、瓦足皿存在着共存的关系。（图三一〇）

　　石器中有斜把破土器，尖部狭长、两侧刃部微内凹的石犁以及半月形石刀。

　　2. 晚期遗存的典型遗物

　　罐类中出现宽翻沿、鼓腹、凹底罐，如 G1⑤：270。鸭形壶出现尾部缩短、高领的形态。泥质灰陶类中，大圈足豆的数量大量增加，圈足外壁的压印纹饰更加丰富多样；甗类等酒器也大量增加。泥质硬陶三足盘的数量有大量的增加。

　　昆山遗址高祭台类型早期遗存的相对年代约当于马桥遗址的第四层，或相当于中原地区的夏末（或商初）～商代中期，其晚期遗存的年代约当于"后马桥文化"，或相当于中原地区的商末～西周初。结合采集遗物，分析归纳如下：

　　1. 石器和青铜制品

　　石器中仍以锛、斧、刀、镞为主，少量犁和破土器，新出现石戈。

　　石锛除了台阶式有段锛外，主要为以背部有横向凹槽为特征的凹槽式有段锛。但未

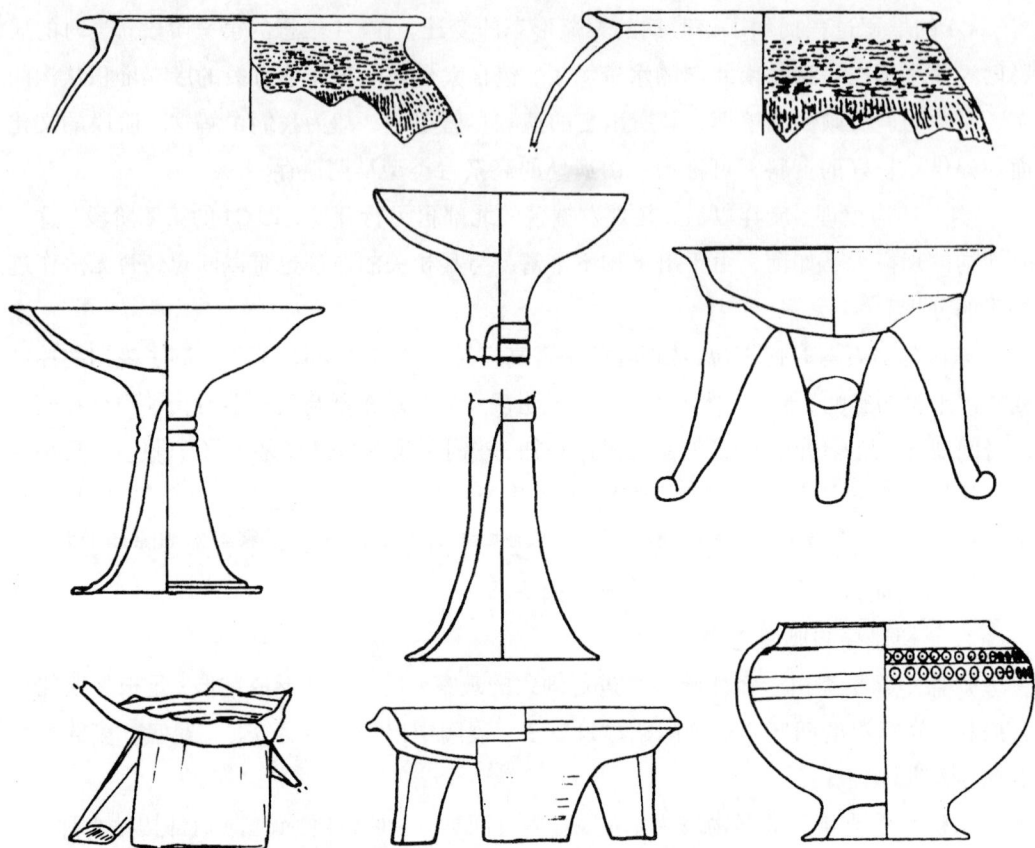

图三一〇　湖州邱城遗址 H23 出土的部分陶器

发现断面呈扇形的石锛，后者主要分布于浙南地区，应具有区域特征。

半月形双孔石刀也应是这一阶段出现的新形式，部分学者将它作为良渚文化的典型石器，应予纠正。

石犁延续了良渚文化的风格，但是犁尖前端明显加长，呈鳄鱼前伸的吻部，其整体也变得狭长。这些变化可能在良渚文化晚期就已经出现。

体形硕大的斜把破土器也应是这一阶段的主要器种。在良渚文化晚期地层中出现的少量斜把破土器与这一时期有着明显的区别，主要是前者把柄与刃部的夹角明显为大，柄端部位多无"凵"形凹缺；而此阶段的斜把破土器之后多有"凵"形凹缺，当与捆扎、使用方式有关。破土器的石材与石犁同，均角岩。从昆山所出的情况看，这类破土器根据刃部特征可分为两种形式：

（1）双面刃。如昆山北坡成组采集的七件，刃部均弧凸。G1③：23，近双面刃，刃部有明显的使用痕迹，呈凹弧状。

（2）单面刃。这类破土器两面往往均较为平整，打磨也较好，而且从已发现的标本观察，单面刃部多朝左侧。

目前尚不能明确这两类破土器是否存在时代上的先后关系，其功能是否一样。关于"破土器"，牟永抗先生曾有过详细的论述，他根据浙北桐乡一带现在还存在的"拖刀"与"破土器"在形式和功用上存在渊源关系，认为"破土器"是一种与犁配套的农用工具，是"开沟犁"①。与这类石器类似的器物曾发现于山西陶寺的墓葬中，与俎配伍，被认为是刀具，在很多的比较性文章中也多有引用，但因为资料发表的不完整性，这类比较还未及公开化。在当年昆山出土成组破土器的地点，我们进行了初步的钻探，其地层堆积大致为呈淤泥状的黑褐色土层，没有发现陶片等，其他地点采集的破土器情况也多有这类现象，所有我们认为这类破土器应与农业生产、活动有关，如耕作、某种仪式等，也不排除"耱"的功能。

青铜质地的"耱"在浙西北地区多有采集，其整体形制呈靴形，长方形銎，双面刃，前端刃部斜上翘。这类耱时代多定为战国时期，可能还要早一些，应与破土器有一定的承袭关系，如1973年安吉梅溪所征集的标本②。这类工具应称为铜"斜把破土器"。

在浙江地区被定为春秋战国时代的青铜农具中，还有两类青铜农具被分别定为"耱"。两种青铜农具虽均呈"V"字形，但形态还是有所区别。一类是整体呈"V"字形，刃部有锯齿，两侧刃部基本对称，从刃部内侧特征分析，其应镶插在木质的载体上；另一类在"V"形上方有长方形的銎，安装方式明显有别于前者，而且两侧的刃部长短不一，锯齿的方向还与銎（置柄）方向平行，这类或称"湖刀"。这两类农具虽在浙北地区共存，但应具有不同的功能，前者可能与犁配套使用，后者则可能与破土器的功能类似。密集平行的锯齿与其运动的方向存在一定的斜向角度的现象，也可以从同时期其他青铜农具上反映出来，如浙江省博物馆藏"战国·青铜镰"（第122页）、"春秋·青铜耱"（第123页）、湖州市博物馆藏"春秋·青铜耱"（第123页）等③。上述的三种带锯齿工具"应是一套有类型特征的农业生产工具，反映出当时的农田可能在行将枯干的沼泽边缘"④。

在本次发掘的G1及H11等单元中发现少量石戈，除了G1⑤：30石戈呈三角形外，余均为直内，内后端下方有矩形缺口，一些戈有上、下阑。这些戈的形态均为早期形态，采集的HPC：2可能要稍晚一些，而现藏湖州市博物馆的采集于　山的短胡两穿青铜戈（图三一一，1）根据其形态则要晚到春秋时期，可能是墓葬的出土物。

关于湖州地区出土的商代青铜戈，顺带提及前几年在现属吴兴区和孚镇袁家汇河道

① 牟永抗：《江浙的石犁和破土器——试论我国犁耕的起源》，《农业考古》1981年第2期。
② 安吉县博物馆：《安吉文物精华》，文物出版社，2003年，第101页。
③ 浙江省博物馆：《越魂》，浙江人民美术出版社，2004年。
④ 牟永抗：《高祭台类型初析》，浙江省文物考古研究所编《浙江省文物考古研究所学刊》，科学出版社，1993年，第8页。

1. 昆山出土　　　　　　　　　　　　　　　　　　2. 袁家汇出土

3. 袁家汇出土　　　　　　　　　　　　　　　　　4. 袁家汇出土

图三一一　　昆山和袁家汇出土的青铜戈

疏浚时发现的三件援本各异的直内青铜戈（现藏浙江省慈溪市博物馆）：一件刃部外弧如钺形；一件前锋尖锐如喙；另一件体形介于上述两者之间。（图三一一，2～4）牟永抗先生将此联系到该时期的石钺、石戈数量上的消长关系，并考虑到两者之间存在着某种因袭关系的可能①。另外，三件青铜兵器阑部两面均有云雷纹，本次发掘出土的TE008②：2青铜器残件也可能属于此类器具的同一部位。

　　如H15：2的石矛也是该阶段数量不多的典型器，它可能与晚阶段出现的那类整体体形较短、柄部不易把握的青铜剑（匕）有关，如HPC：136，此残件的年代应晚至西周早期。

　　除了上文所提及的青铜制品外，昆山遗址还采集有青铜铙、尊、鬲鼎等的残片。HPC：132尊、HPC：134铙的云雷纹结构与TE008②：2青铜戈（？）基本相似，年代也

—————————

① 牟永抗：《高祭台类型初析》，浙江省文物考古研究所编《浙江省文物考古研究所学刊》，科学出版社，1993年，第9页。

当商代的晚期。完整的商代青铜铙1963年浙江余杭石濑曾出土一件，云雷纹之间也有圈点纹装饰。[①]（图三一二）这些青铜器"考其器形均与中原所见无异，而细审其纹样则有明显的地方风格，以安吉出土的铜鼎最为突出。在这些青铜器出土地附近，均有印纹陶分布，纹饰有许多相似之处。因此，这些铜器应是当地所产，同时是东南地区受到中原商文化影响的重要证据"[②]。

2. 陶器

陶器按胎质分为夹砂和泥质两类，新出现烧制火候明显较高、质地较硬的印纹硬陶，原始瓷也是该阶段出现的新产品。

图三一二　余杭石濑出土的青铜铙

夹砂红陶主要用作炊器，如鼎、甗，外壁拍印、滚压绳纹。鼎足的形态主要为圆锥形，少量为舌形、凹弧形，本次发现圆锥足的根部往往有按捺的圆窝，带把鼎的年代相对要晚一些。甗分为釜式甗和鼎式甗两类，这次还发现了以苇编织而成的甗算。

如同良渚文化晚期一样，夹砂黑陶也存在，但发现极少，如HPC∶105罐，圆角平底微内凹，拍印菱形云雷纹，菱形边框内再填刻斜分隔线，似平行四边形。这类纹饰较为少见，见诸报道的如江苏苏州绰墩H75所出，H75所出土的陶片纹饰中另有双重"回"字纹和曲折纹的组合纹饰[③]。从昆山的局部单元采集情况看，这类特殊的纹饰与以凸棱细柄豆为代表的遗存共存。

鬲在浙江地区一直少有发现，仅在湖州、长兴等零星发现，昆山遗址即是其中一处出土鬲的重要遗址。从采集的情况看，鬲多夹砂红陶，少量为夹砂灰黑陶，外壁拍印绳纹后再于足部粘贴使得鬲足加高。鬲当不是本地区的文化因素，又受到采集品的限制，故不能确认昆山遗址所出的鬲的制作特征是否具有本地区的风格。

泥质灰黑陶主要为豆、盘、瓿、盆类。本次发掘的豆多为宽、矮圈足，极个别的为凸棱细柄豆标本。湖州邱城H23发掘证明凸棱细柄豆与宽平沿、三足外撇的三足盘、瓦

① 王仕伦：《记浙江发现的铜铙、釉陶钟和越王石矛》，《考古》1965年第5期，第256页。
② 浙江省博物馆：《三十年来浙江文物考古工作》，刊于《文物考古工作三十年（1949~1979）》，文物出版社，1979年，第220页。关于浙江地区商周青铜器的论述，可参考曹锦炎：《浙江出土商周青铜器初论》，《东南文化》1989年第6期，第104~112页；李学勤：《论安吉、长兴的商代青铜器》，浙江省博物馆编《东方博物》（第一辑），杭州大学出版社，1997年，第30~32页。
③ 苏州博物馆、昆山市文物管理所、昆山市正仪镇政府：《江苏昆山绰墩遗址第一至第五次发掘简报》，《东南文化》2003年增刊1，第30页。

足皿共存①（参见图三一〇），2004年金家圩烧窑作坊的发掘也证明了这一点。这说明凸棱细柄豆、三足盘、瓦足皿这三类陶器，是该时期泥质灰黑陶的典型器。瓢类的出土数量不多，应是受到中原文化影响的产物。泥质黑陶盆类也是该阶段的典型器，外壁多拍印绳纹或方格纹。

以上夹砂陶和泥质陶质地相对较软，敲之声闷，与下述所谓硬陶断然有别。"硬陶"用肉眼观察也是泥质陶，但是硬度较前者强许多，烧制火候也大为提高，敲之声脆。在出土的标本中，能观察到泥质陶的过烧、烧熔现象，这是陶胎质地本身所决定的。据测定，此类硬陶泥料中的氧化铝（Al_2O_3）含量较高，所要求的烧成温度也较高，制品也具有较大的机械强度，这是一种类似泥质陶的新型泥料。由于这种泥料的特性，成形时可塑性较弱，难以进行快轮制作，故所见均为泥条盘筑，拍印（纹饰）及内部垫痕也与此有关。

这种胎泥的选择，有证据说明其发生在良渚文化的末期，应与制陶技术进步和环境的变化有关，这类胎泥很难取之于平原、湿地的环境，只能在山地、丘陵中寻找，结合烧制温度技术的提高，所谓的"硬陶"就会成为合适的选项。目前还不能明确这类胎泥的选择及拍印条纹是否就起源在浙西南地区。

在硬陶的制作、成形过程中，外壁常有泥釉性质的"着黑"和"着红"，尤其是浙北地区，着红陶比较多见，本次昆山所发掘的标本中，硬陶大瓮和小罐上就有着染红色涂层的例证。

同其他年代相近的遗址一样，本次发掘尤其是G1堆积的第五阶段，在硬陶质地的罐、盆口沿面上发现一定数量的刻划符号。通过对这类符号的笔序分析，发现其均依罐、盆的中心刻划，这为这类符号的观察视角和结构研究提供了方便。目前所发现的这类符号，多以单体的抽象几何线条结构为主，缺乏更多的图形结构符号，或两者结合的多体组合符号。所谓的"符号"在具有一定的文字、语言系统的环境中，也可以表音、表意，也可能仅仅是作为标识性的简单刻划，没有音意，在目前缺少更多资料的情况下，只能说这些符号与文字的起源有关，或在文字的起源过程中起到了一定的作用，还不一定作为原始文字看②。

硬陶出现后，除了炊器之外，基本涵盖了其他的器类，而且这些器类与泥质陶在形式上还难以确立起延续性的关系。本次所发现的硬陶豆类就是明证。

原始瓷的出现是继硬陶之后陶瓷演变过程中又一重大的质变阶段，它主要是烧窑技

① 浙江省文物考古研究所：《浙江省湖州市邱城遗址第三、四次的发掘报告》，《浙江省文物考古研究所学刊》第七辑，杭州出版社，2005年。

② 这一情况与江西吴城所发现的情况不同。

术的不断提高，包括窑温的提高及胎料进一步的致密以增加产品牢固性；而硬陶烧制过程中，在高火候的情况下出现的有明亮质感的爆汗釉，"着黑"、"着红"技术的出现，硬陶质的器物在一定的高温情况下会烧熔等，都为新胎泥及新技术的出现奠定了基础。昆山本次发掘出土一些疑似的原始瓷，应是原始瓷出现之先声。

除此之外，昆山遗址还是目前浙北地区唯一出土卜骨、卜甲的遗址，长江下游目前也仅有南京北阴阳营遗址曾有出土。卜骨、卜甲的出现应是受到中原商文化影响的产物，说明了当时交流的广泛性。

三 目前研究中存在的相关问题

（一）文化内涵等的探索

1959年蒋赞初先生将江苏的原始文化分为四种主要的类型：山东龙山文化、青莲岗文化（江苏龙山文化）、浙江龙山文化（良渚式）和属于"青铜时代早期"或"铜石并用时期"的湖熟文化[①]。同年曾昭燏先生、尹焕章先生也对湖熟文化的面貌和年代进行了论述，"上限可至殷商末期甚至更早些，其前期发达年代当西周初叶，这时在江南地区还是铜石并用时代；下限则可至战国时期，这时早已进入铜器时代了"[②]。

湖熟文化的提出某种程度上激发了本地区关于几何印纹陶时期文化面貌的探索。

实际上在这前后，浙江地区由于邱城、钱山漾、高祭台等遗址的发掘，也开始对本地区的古文化面貌进行思考和探索。其中在野外的重大突破是地层上将包含印纹陶和不包含印纹陶分开来，这在当时具有相当重要的意义。

1957年夏天淳安县进贤高祭台遗址第一次发掘，当时整理的报告就说明：

"它的遗物非但和浙江各地的古遗址有比较密切的联系，而且和北到南京、南到福建、江西的许多有印纹陶遗址也有些相同之处。它比较全面地反映了以印纹陶器为特点的一种古代文化面貌。直到目前在浙西、皖南山地区域，已发现的古文化遗址还很少，这是一块考古学上的空白地带，这次发掘给研究这一带古代人类活动情况提供了一些实物资料。尹焕章先生说：'凡是春秋时代吴越文化活动的区域，都有印纹硬陶发现。'根据文献记载，直到三国这里还是山越的活动地区。在遗物中除了仿铜器以外还有铜器出现，表明它已经超出了新石器时代的范围。但在下层还带有一定的新石器时代龙山文化的因素，而且印纹陶还在新兴阶段。从有大量的石器共存及印纹陶本身的特点来看，要比绍兴漓渚一类墓早，和南京锁金村遗址相当，大约属于历史上的春秋时期。"（引自1959年的高祭台报告）

[①] 蒋赞初：《关于江苏的原始文化遗址》，《考古学报》1959年第4期，第35~43页。
[②] 曾昭燏、尹焕章：《试论湖熟文化》，《考古学报》1959年第4期，第47~56页。

1957年冬~1958年春湖州邱城遗址第一次发掘，在1959年完成的邱城报告初稿中，关于邱城遗址上层的文化面貌是这样论述的：

"邱城上层出土的陶器，按其质料、制法、纹饰和用途可以分成印纹陶、釉陶、黑陶和夹砂陶四个大类。

1. 印纹陶。在数量上占上层陶片的绝大多数，陶土经过淘洗，不加掺和料。陶质很坚硬，器表作褐色，胎呈红棕色或灰色。值得注意的是有一种为数不多的黑表灰胎，拍印斜形席纹、胎质甚软的陶片，在我们发掘钱山漾和淳安进贤遗址中也曾发现这类陶片存在于大量硬质陶中。印纹陶的陶质和陶色的形成与对陶土的选择、陶窑火候特征的关系等问题我们还不很清楚。在制法普遍采用泥条盘筑法，这种制陶术似乎比中层已有高度成就的轮制术看起来要落后，但它在促进印纹陶硬度要求上却有相当的作用。54年绍兴攒宫陶厂的一位陶工曾对我们说'土坯太软就经不起高温，会烧流'。而太硬的土坯则不易于轮制。直到现代在浙江民间的制钵、缸等时仍采用泥条盘筑，其达到的硬度却远胜于一般轮制的陶器。更有趣的现代的缸、瓮上还拍印方格纹和条纹。由于印纹陶器以泥条盘筑，经过拍打、印捺而成形的，那么器表拍印线条交叉复杂的各种几何纹，既能和成形的过程同时进行相一致，又将由于这种制法带来器表装饰上美丽的花纹。从有些陶器的口沿看可能器口经过慢轮修整。我们还可以从萧山进化区发现的印纹陶窑址中看到，轮制的釉陶和泥条盘筑的印纹陶同时在当地制造。再次证实印纹陶之所以采用这种制法，是完成其陶质本身特点的硬度要求（要达到一定硬度，还要高温相结合，所以有些印纹陶也并不一定就硬），在当时来说这不是一种落后现象。……

2. 釉陶。数量不多，陶土细净，呈灰白色，没有经过化学分析不知道是否高岭土。胎质坚硬，火候高，用轮制法成型。通体施釉，有黄绿色和黄褐色两种，后者凝聚力较大，使釉层凝成显著的泪状斑点，前者釉层薄，也有不明显的泪斑，纹饰简单，仅在器物的内底有轮旋纹，有的在肩部饰几个 S 形堆纹。器形以钵为主，也有少数的盂。……

3. 夹砂陶。数量不太多。陶土掺有细砂或粗砂。陶色红，轮制，器表普遍地饰绳纹，发现都是鼎的残片，鼎足呈圆柱形，较中层的足粗壮，有羊角形把手，绳纹是一个明显的差别。

4. 黑色陶。严格说是黑灰陶，仅发现几片陶胎作灰白色，不加砂，硬度一般，器表染有一层黑色，极易消退。它和中层的黑陶有显著的差别。花纹有弦纹和同心圆纹，器形有豆和鼎（三足盘）两种。这种陶器在毗山遗址中极其大量的发现。

总观上层的陶器，已发现了不同质料、制法、器形和花纹的四个制陶工艺系统。说明制陶业已开始了新分工。……"（引自1959年完成的邱城发掘报告）

1959年在上海西南的闵行发现马桥遗址，1960年和1966年进行了两次较大规模的发掘，在报告的结语中，执笔者黄宣佩先生指出：马桥的第四层文化"与以鬲为主要炊器的湖熟文化相比，差异较大，而与太湖流域的浙江杭州水田畈、吴兴钱山漾等遗址的上层印纹陶文化比较接近，是印纹陶文化的一种类型"。另外从出土的"扁平三角形石镞，陶甗、觯、尊、簋，以及许多仿青铜器的纹饰等，与河南偃师二里头、郑州二里岗的商代早中期文化有着紧密的联系。因此，这一时期的生产力似已进入青铜器时代，……"在关于文化面貌及相对年代的认识上，黄宣佩先生还进一步提到："与第三层相比，虽同为印纹陶，但第三层陶器全系平底，不见圜底器和凹底器，拍印的纹饰和烧制火候也有极大的不同。未见石器。而早期瓷器以比较成熟的面貌出现。反映出二者的差异极为显著，似乎它们中间还缺少了类似江苏无锡华利湾古墓出土的西周印纹陶这一环节。因此，第四层的相对年代应处于第五层的新石器时代晚期至第三层的春秋战国之间，其年代大致在商代的中晚期至西周早期这一时期"。[1]

继1977年"南京长江下游新石器时代文化学术讨论会"后，1978年在庐山召开了以"江南地区印纹陶问题"为议题的学术讨论会。会议着重就印纹陶的特征究竟是什么？能不能把它定名为考古学上的一种文化？它的产生和发展的情况怎样？江南各地区之间印纹陶的关系怎样？与中原文化的关系又怎样？印纹陶生产者的族属是谁？等等问题进行了广泛的讨论。基本上达成了两点共识：一是这类遗存年代上大体属于青铜时代，二是它们需要进行分区。

在本次会议上，牟永抗先生对浙江地区出土的印纹陶进行特征归纳和分期、分区研究，他将印纹陶的特征归纳为：（1）高铝低铁岩性胎泥和千度以上高温烧结，陶胎硬度较高；（2）泥条叠筑法成型；（3）装饰花纹以拍印几何纹为主。三者之间，胎泥原料是主要的。原料的特性影响到成型方法；装饰花纹仅是配合成型，美化成品。如果这样的分析合理，印纹陶一词似应称为"几何形印纹硬陶"。又因为这类胎质的陶器中，有些是抹去印纹变成素面，有的也拍印非几何形的条纹或绳纹，称为"硬陶"更妥。至于"印纹软陶"，其成型为泥条叠筑法，也拍印几何纹，由于胎质和泥质灰黑陶没有区别，可以并入泥质陶之内。而全省的印纹陶分布情况可以分为太湖平原、钱塘江干流两岸和瓯江水系三个地区。并将印纹陶的主要器形及代表性纹饰分为五期：第一期，没有原始瓷，有些陶片的表面有一层极薄的黑色涂层，有的表现为彩绘形式，显然不能认为是釉。第二期，一些印纹陶的器表，略似"窑汗"，其部位往往在烧造时朝上的肩部、侈口的口沿或圜底器的底部。此外，黑色涂料层已经烧得相当致密，起到某些类似釉的作用。以上均可视为釉的前身。时代约当于商。第三期，原始瓷较为多见，可以分为两种：釉色调偏黄；釉色为较深的青褐色。时代约当于西周。第四期，时代约在春秋。第五期，时代应在战国。[①]

　　也就在这两次会议期间，1977年冬和1979年夏，浙江江山南区古遗址古墓葬的调查及随后发表的调查报告用考古学的方法讨论了本地区这一时段的文化面貌特征，报告将发现包含印纹陶的古文化遗址二十四处、肩头弄和地山岗等地作了试掘清理或采集的有共存关系的印纹陶器三十组，分为六个单元：第一～三单元的时代可能均早于商代，可称作肩头弄期；第四单元的时代约当于商代，可称作营盘山期；第五单元的时代约当西周早期，可称作地山岗期；第六单元的时代约当西周的中晚期，可称作石门大山期。并首次提出从文化面貌看，着黑陶具有相当浓郁的地方特征，固然包含着若干可能来自良渚文化的因素，显然也和昙石山文化有一定的联系。它的分布范围似乎以仙霞岭两侧的浙南、闽北为主，向北可以伸延到新安江沿岸。很可能这一带存在着具有自己特色的原始文化类型。[②]

　　在《文物考古工作三十年（1949～1979）》中，浙江方面明确地提出：

　　　　"从中原先后建立的夏、商、周奴隶王朝（前二十一世纪起），到越国兴灭（前四、五世纪）的阶段，正是我省几何形印纹硬陶流行的时期。……从严格定义下的印纹陶和原始瓷的制作工艺来看，它们应是制陶手工业专业化以后的产物。……不能将其划入新石器时代的范畴。鉴于我国东南各地印纹陶有显著的差异，亦不能将其视为一种文化的产物。从我省已发现的印纹陶遗址看，可以分为杭嘉湖平原、宁绍平原、金衢丘陵地和瓯江水系四个区域。……上限年代似可早于商代。

　　　　建国三十年来，我省先后在余杭石濑、吴兴埭溪、海盐和安吉等地发现商代青铜器，器形有钟、鼎、瓿、觚等。考其器形均与中原所见无异，而细审其纹样则有明显的地方风格，以安吉出土的铜鼎最为突出。在这些青铜器出土地附近，均有印纹陶分布，纹饰有许多相似之处。因此，这些铜器应是当地所产，同时是东南地区受到中原商文化影响的重要证据。……

　　　　根据研究，印纹陶的胎泥原料和烧成温度较以前的其他陶器有一个新的飞跃，使它成为由陶向瓷发展的中介物，并导致了原始瓷的出现。……在周文化的影响下，浙江及其邻近省区以印纹陶为特征的各种土著文化之间，文化面貌逐渐地接近起来。尽管还没有建立国家，似乎已在形成某种政治上的实体。"[③]

---

①　牟永抗：《浙江的印纹陶——试谈印纹陶的特征以及与瓷器的关系》，文物编辑委员会编《文物集刊（3）——江南地区印纹陶问题学术讨论会论文集》，文物出版社，1981年，第261～269页。

②　牟永抗、毛兆廷：《江山县南区古遗址墓葬调查试掘》，浙江省文物考古所编著《浙江省文物考古所学刊》，文物出版社，1981年，第57～84页。

③　浙江省博物馆：《三十年来浙江文物考古工作》，文物编辑委员会编《文物考古工作三十年（1949～1979）》，文物出版社，1979年，第220、221页。

在1981年的中国考古学会第三次年会上，牟永抗先生首次提出了把我省包含有几何印纹陶的古代遗存称作为"高祭台类型"。认为高祭台类型是浙江境内一种青铜时代的文化遗存，它和良渚文化有地层叠压关系，年代上限至少可以追溯到相当于中原的商代以前，应和良渚文化的下限相去不远。探讨浙江新石器时代文化的后裔，必须对高祭台类型文化内涵进行具体剖析。[①]1982年绍兴306号墓的发掘简报和刍议中，也提到："随着良渚文化的结束，在我们目前暂名为'高祭台类型'时期（约当中原地区上起商代或稍早，下迄西周春秋时期），这一带的土坑墓被土墩墓取代"。"五十年代我们在绍兴漓渚发掘的一批以印纹陶和原始瓷为随葬器物基本组合的土坑墓，按照器物群的基本内涵而断定它们属于'高祭台类型'，是顺理成章的。但埋葬制度却又从土墩墓改为土坑墓，这种现象不能不认为是高祭台类型文化内涵的一项重大变革。促使其发生变化的动力似乎不能在高祭台类型文化自身找到答案。"[②]

1984年牟永抗先生还对高祭台类型的文化特征进行了详细的论述[③]。

苏秉琦先生也将太湖——钱塘江地区的"古吴越文化"探索作为本地区今后跟踪追击的主要两项任务之一。在1977年南京召开的长江下游新石器时代文化学术讨论会上他提到："继草鞋山上层那类原始文化遗存之后并与之衔接的我们称之为古'吴越'的那类出印纹陶、釉陶、青铜器的古遗址，在大量的这类遗址中去找规模较大的遗址"[④]。苏先生在之后出版的《中国文明起源新探》中，更加明确了这一课题，他提到："后良渚文化，即古吴越文化，主要是指西周以前的早期青铜文化，可以马桥遗址第四层为代表，出印纹硬陶、釉陶、青铜器，与较早的草鞋山上层可以衔接，这类遗存有些可能就在今天的城市及附近，有些可能不是，如'奄城'遗址。以南京为中心的宁镇地区是南北通道，较早地与中原地区古文化有了更密切的联系，是西北与东南古文化的交叉地带，对于中国西北和东南两大地区文化的交流，曾经起过独特作用，从而也有别于太湖流域古文化"[⑤]。

上海地区因为马桥遗址的发掘使得这一阶段的探索具有资料上独特的优势。黄宣佩先生等首先将上海地区的印纹陶整体上分为三期：第一期，商代；第二期，西周；第三期，春秋至战国。并认为三期是这一地区夏商至战国时期物质文化的反映。[⑥]在这期间提

① 牟永抗：《浙江新石器时代文化的初步认识》，《中国考古学会第三次年会论文集（1981）》，文物出版社，1984年，第1～14页。
② 牟永抗：《绍兴306号越墓刍议》，《文物》1984年第1期，第30页。
③ 牟永抗：《高祭台类型初析》，浙江省文物考古研究所编《浙江省文物考古研究所学刊》，科学出版社，1993年，第7～15页。
④ 苏秉琦：《略谈我国东南沿海地区的新石器时代考古——在长江下游新石器时代文化学术讨论会上的一次发言提纲》，《文物集刊（1）——长江下游新石器时代文化学术讨论会论文集》，文物出版社，1980年，第29页。
⑤ 苏秉琦：《中国文明起源新探》，三联书店，1999年，第74～75页。
⑥ 黄宣佩、孙维昌：《上海地区几何印纹陶遗存的分期》，文物编辑委员会编《文物集刊（3）——江南地区印纹陶问题学术讨论会论文集》，文物出版社，1981年，第275～279页。

出了"马桥文化"①和"马桥类型文化"②的概念，后者的论述更为详尽，认为：上海地区的马桥遗址第四层即作为太湖地区（包括杭州湾地区）的一个典型遗存，可称为马桥类型文化。从地层关系来看，它的时代上、下限应是早于西周而晚于良渚文化。出土遗物中瓿、觯、簋等与中原地区的夏商文化有着紧密联系，其年代应相当于夏商时代。渊源大致来自三个方面：继承了良渚文化的传统；与浙南、闽北、赣北地区几何印纹陶为特征的诸文化遗存有密切联系；与中原地区夏商文化存在着一定联系。至于马桥类型文化的去向问题，可以从亭林遗址上层文化遗存（周代）中找到它的脉络。马桥类型文化是良渚文化接受印纹陶文化和商文化影响的产物，应是越文化的先驱。而湖熟文化是来自中原地区的商周文化，接受了印纹陶等当地土著文化的影响，可能即是吴文化的先驱。③

宋建先生在赞同"马桥文化"命名的同时，认为其年代上限正值夏末商初，与良渚文化几乎是直接衔接，整体年代与商文化基本相同，只是结束的时间可能稍晚一些。并提出了一些分期的线索：第一，马桥文化的鸭形壶由矮胖到瘦长应该是代表了早、晚两个时期不同的特征。第二，目前归属第二期的器物可能不完全属于一个时期的东西，有可能分化，或者在年代上有所交错。第三，浙江境内的第二期是否仍然属于马桥文化？但是对于西周初年以后，环太湖地区的文化面貌论述，还是认为：太湖水网地区与宁镇丘陵地区呈现出基本一致的文化面貌，这是一种新的文化，充分说明是由太湖和宁镇两个地区的两种早期文化（马桥文化、湖熟文化早期）融合而成，根据文献，商末周族的太伯、仲雍奔吴，后代周章被封为吴君，周公、穆王多次征讨东夷、淮夷，还有不晚于穆王的宜侯夨簋，这些都说明了西周前期的周人势力对长江下游和江淮地区的强烈影响。④

2002年《马桥》报告出版，报告就马桥文化的编年和文化谱系等相关问题作出明确的结论，如："马桥文化的上限与二里头文化的二期比较接近，距今约3900年"（第298页），"关于马桥文化年代的下限，除了可以参考金山查山的热释光测年和碳14测年数据外，还可以联系到对后马桥文化的年代判断。后马桥文化中含有类似于殷墟文化晚期的文化因素，例如刻划三角纹等，也包含中原地区和宁镇地区西周早期的文化因素，因此可将后马桥文化定在商末至西周。马桥文化的晚期阶段相当于殷墟文化早期，即商代后期的前一半。马桥文化的年代下限距今3200年"（第300页）。"马桥文化一共延续了大

① 蒋赞初：《关于长江下游地区的几何印纹陶问题》，文物编辑委员会编《文物集刊（3）——江南地区印纹陶问题学术讨论会论文集》，文物出版社，1981年。
② 黄宣佩、孙维昌：《马桥类型文化的分析》，《江苏省哲学社会科学联合会1981年年会论文选》（考古学分册）打印资料，1981年，第11～14页，转第25页。又黄宣佩、孙维昌：《马桥类型文化的分析》，《考古与文物》1983年第3期。
③ 黄宣佩、孙维昌：《马桥类型文化的分析》，《江苏省哲学社会科学联合会1981年年会论文选》（考古学分册）打印资料，1981年，第11～14页，转第25页。又黄宣佩、孙维昌：《马桥类型文化的分析》，《考古与文物》1983年第3期。
④ 宋建：《"马桥文化"试析》，《江苏省哲学社会科学联合会1981年年会论文选》（考古学分册）打印资料，1981年，第21～25页。

约700年，总起来可以分为三期：早期以马桥前期第1段和第2段为代表，相当于二里头文化的二期到四期；中期以马桥遗址的后期第3段和第4段为代表，相当于商代前期，这两期资料相对贫乏，尚缺乏典型遗存，在亭林、查山等遗址有所发现，年代相当于殷墟文化早期。马桥文化晚期与后马桥文化衔接"（第300页）。①

马桥文化、高祭台类型的提出促进了本地区印纹陶时期的考古学文化探索。

（二）源头和去向、分区和类型的探索

由于多数学者不太认同"高祭台类型"的名称，所以有关印纹陶源头和去向、分区和类型的探讨，主要是围绕着"马桥文化"这一议题展开的。

宋建先生认为"高祭台类型"实际上是将马桥遗址第四层一类的遗存包括在内，并认为马桥文化的陶器可以分为三群，它们反映了不同的文化因素，说明马桥文化是若干文化因素相互融合的产物。马桥文化的主要来源有两个，一个是太湖地区的良渚文化，另一个是浙南闽北地区以江山肩头弄第一单元遗存为代表的文化。在马桥文化的发展过程中，还程度不同地接受了来自中原地区夏商文化和山东半岛岳石文化的影响。②

随后，宋建先生进一步阐明（或强调）马桥文化主要来源于浙闽地区的肩头弄遗存一单元，环太湖地区和浙闽地区有相当密切的文化交往和联系。鉴于在杭州湾以南的浙东北地区也发现了马桥文化遗存，他提出将环太湖地区、浙东北地区和浙闽地区作为研究马桥文化的三个特定区域。认为马桥文化可分为马桥类型和塔山类型，浙闽地区暂不作为马桥文化的一个类型。③

陆建芳先生表示了不同的意见，认为：马桥第四层文化不等于马桥类型文化，马桥第四层的陶器可分为四组，认为马桥第四层实际上是由夏商文化、良渚文化、岳石文化和马桥类型文化以及被马桥类型文化改造过的新文化因素这样五种文化因素组成，其中第四组所代表的马桥类型文化因素占领了主导地位，是该文化的核心。马桥第四层第四组的遗存和肩头弄遗存应该是同一文化性质的遗存，是一种文化的两个组成部分。为了区别于原来的马桥文化或马桥类型文化或后良渚文化的名称，他把这种以马桥第四层第四组和肩头弄遗存为代表的文化，称之为"马桥—肩头弄文化"，其存在年代在夏商之际，分布地区为北抵长江、东到海、南到闽北，西界暂不清楚。并认为从肩头弄类型特有的平底长嘴盉看，"高祭台类型"实质上应属于肩头弄类型，其年代当和第三单元一致。假如肩头弄第一单元的年代早于二、三单元，那么，它所代表的遗存应是马桥—肩头弄文化的渊源所在，而不是良渚文化。④

① 上海市文物管理委员会：《马桥（1993～1997年发掘报告）》，上海书画出版社，2002年。
② 宋建：《马桥文化探源》，《东南文化》1988年第1期。
③ 宋建：《马桥文化的分区和类型》，《东南文化》1999年第6期，第6～14页。
④ 陆建芳：《初论马桥—肩头弄文化》，《东南文化》1990年第1、2期，第58～67页。

杨楠先生也分析了以马桥遗址为代表的马桥类型的文化内涵,认为马桥类型的主要文化因素应来源于肩头弄类型,马桥类型的产生实际上是肩头弄类型向北扩张的结果,年代约当中原的商代前期,以第一期土墩墓为代表的肩头弄类型在年代上应稍早于马桥类型,上限约当中原夏商之际。马桥文化可以分为马桥和肩头弄两个类型。①

在广泛讨论该时期文化的源头、分区和类型的基础上,后续文化的讨论便成了问题。关于这一点,宋建先生提出:环太湖地区与马桥文化去向有关的文化遗存有三种不同的情况:第一种年代相当于西周时期,即亭林类型。第二种是相混杂的遗存,如郭新河、蜀山。第三种是比较单纯的晚于马桥文化的遗存,如钱底港、寺前。提出暂且使用"后马桥文化"这个名称,年代约当商末至西周早期,后马桥文化中含有中原商、周文化因素和宁镇地区湖熟文化因素。②

从某种程度上也说明"马桥文化"和"后马桥文化"关系密切,马桥遗址第四层的文化面貌不能涵盖后马桥文化,春秋时期开始的、随着周文化的由北向南的发展,以及诸侯争霸局面的展开,使集团共同体文化更为复杂。

约当中原地区的商代或更早、下迄西周春秋时期的"高祭台类型"是以本地区第一次发掘的浙江淳安高祭台遗址作为暂时的命名,高祭台类型从年代上而言与马桥文化~后马桥文化时期相当,从浙江地区的资料分析,高祭台类型的文化面貌基本上涵盖了浙西北地区该时期的文化特征。这也是本报告采用"高祭台类型"名称的缘由。

长期以来,相当于夏商时期的长江流域一直是被作为周边地区所对待的。在早先具体认识江南地区诸印纹陶遗址与夏商周文化的关系上,邹衡先生就认为:"在夏商周时代,江南广大地区都存在大致相同的文化序列。但是,江南地区各种文化的发展,并不是同中原地区齐头并进的⋯⋯""江南地区的印纹陶遗址来源久远,经历了漫长的发展过程,自始至终都同中原文化保持了密切的联系,相互都有影响。但总的看来,中原对它的影响是居主导地位的。在夏商周文化的影响下,江南地区的诸原有文化产生了质变,先后使用了青铜器,从而促进了原始社会的解体而进入文明时代,同时加速了民族的融合过程。伴随着青铜器的传入,也影响到陶器纹饰的变化,印纹陶纹样的多样化同青铜器的普遍使用应该是有关联的⋯⋯"③新近出版的《中国考古学·夏商卷》也将长江下游归属到"夏、商王朝周边地区的考古学文化"之中。

(三)野外考古的局限性

目前该时段的野外考古发掘还存在着诸多的制约。如:

---

① 杨楠:《江南土墩遗存研究》,民族出版社1998年,第123、124页。
② 宋建:《马桥文化的去向》,《中国考古学会第九次年会论文集(1993)》,文物出版社,1997年。
③ 邹衡:《江南地区诸印纹陶遗址与夏商周文化的关系》,文物编辑委员会编《文物集刊(3)——江南地区印纹陶问题学术讨论会论文集》,文物出版社,1981年,第47、51页。

1. 中心聚落遗址难以确定

由于遗址主要分布在丘陵岗地溪流的交汇口附近，遗物散布面积虽广而堆积层不甚丰厚，堆积往往遭到晚期的破坏，包含多层次的遗物、遗迹等堆积叠压关系的遗址很少发现，聚落形态和模式并不清楚。①

浙西北尤其是湖州地区发现的线索很多，但由于缺乏连续的、大规模的考古调查和发掘，使得这些线索还有待于进一步的工作。现在一些包含"城"地名的地点往往可以发现这一时期的堆积，如已经多次发掘但仍未彻底搞清的湖州邱城遗址。大多的遗址因为同时还出土春秋或春秋以后的遗物，年代上还往往被慎重地往后靠。目前而言，浙西北地区该阶段的重要遗址有：本次发掘的湖州昆山遗址、湖州邱城遗址、湖州下菰城遗址、湖州花城遗址、湖州洪城遗址、安吉的古城遗址（古城被定为春秋时期，但是附近多次出土商周时候的青铜器，或附近应有中心遗址的存在）、余杭的小古城遗址等等。

浙江地区商周青铜器除了浙南温岭等地曾出土过重器外，也主要集中在浙西北地区，如：

1959年，长兴到广德牛头山的筑路工程中，在长兴县西北7公里上草楼村附近的地里（现已改为水田）发现铜铙和铜簋，出土时铙平放在地下，口朝东，簋倒置在铙内，出土时离地面80厘米左右。两器的年代约当于西周早期，应为墓葬单元出土。②

1963年余杭石濑出土铜铙一件③。余杭石濑一直以来多有该时段的遗物出土，地点又靠近小古城遗址，应是今后余杭地区该时期探索的重点区域。

1976年，安吉三官周家湾应出土了应是墓葬单元的商代成组青铜器和叶蜡石质的、雕琢有兽面纹的镦，从青铜鬲鼎、瓿的形制和纹饰、图符分析，既受到中原商文化的影响，也具有本地区的浓郁特征。

湖州的长兴县更是商周时期出土青铜器最丰富的地域之一，多集中在雉城附近，尤以长兴港疏浚工程中出土为多，多见诸报道④。

这些出土情况不但为我们提供了该时期的文化面貌特征，也为我们提供了背景线索。在这些出土青铜重器的遗址或遗址附近，极有可能有中心聚落遗址的存在。

2. 应对土墩遗存进行综合的研究

土墩（墓）与（土墩）石室（墓）遗存是一处外表呈丘状隆起、以印纹陶和原始瓷为常见遗物、与古代埋葬（习俗）有关的特定遗存。这类遗存的外表貌似后代的封土墓，

① 目前相对做的较为完整系统的调查是江阴佘城、花山遗址，参见江苏佘城遗址联合考古队：《江阴佘城遗址试掘简报》；江苏花山遗址联合考古队：《江阴花山夏商文化遗址》，《东南文化》2001年第9期。
② 浙江省文物管理委员会：《浙江长兴县出土的两件铜器》，《文物》1960年第7期，第48～49页。
③ 王仕伦：《记浙江发现的铜铙、釉陶钟和越王石矛》，《考古》1965年第5期，第256页。
④ 如：《文物》1972年第3期，第75页"文博简讯"之浙江省，1969年在长兴城关出土的西周甬钟；长兴县革委会报道组：《浙江长兴县发现西周铜鼎》，《文物》1977年第9期，第92页；夏星南：《浙江长兴出土五件商周青铜器》，《文物》1979年第11期，第93～94页。

但内部结构迥然有别，与先筑墩再挖墓穴的良渚文化大墓有一定的区别，更不同于先挖墓穴再封土的秦汉以后墓室。从已发现的情况来看，这类遗存主要存在于商代～战国的苏南、浙江地区。

20世纪70年代末～80年代初，江苏①和浙江的考古工作者开始对土墩遗存进行探索。其中浙江地区土墩墓的探索应始于江山南区古墓葬如肩头弄和地山岗等地的调查、清理，同样，将土墩墓作为牵动浙江地区相当于商周时期文化面貌的"牛鼻子"的工作，也应该从这时开始。经过多年的工作，随着这类遗存掩埋序列的揭示（如一墓多组器物"组"的确立、一墩多墓），基本上解决了这类遗存的分期和分区情况。在具体的土墩墓编年序列上，可以陈元甫先生的论述为代表，他将六种典型器物，即印纹硬陶的瓿、坛、罐、瓶和原始瓷的豆和碗进行统一的型式划分，分为九期，并表明九期之间具有明显的内在承袭关系，它们所表现的是一个紧密而连续的发展过程，这一过程基本上反映了浙江土墩墓从早到晚的文化面貌。其中"第一期的典型器和共存器物，既包含有马桥第四层的某些特征，也具有不少与二里头文化相似的因素，其年代跨度较大"，年代定在相当于夏代到商代早期；第二期为商代中晚期；第三期为西周早期；第四期为西周中期；第五期为西周晚期至春秋初期；第六期为春秋早期；第七期为春秋中期；第八期为春秋晚期；第九期为春秋末至战国初期。②

在第一期的文化面貌的认识上，牟永抗先生对本地区所发现的长嘴平底封口陶盉分析时指出，这类器物在中原地区最晚出现在二里头晚期，故将一期的年代定在夏末或商初。其实目前所划一期的跨越时间甚长，长嘴陶盉为该期较晚出现之物，那些薄胎条纹着黑的陶器要比它早得多。有一种凹底或圈足的鸭形壶，不但出现在二里头遗址，还一度被认为是二里头文化的典型器。表明这支土著文化曾与中原文化存在着双向交流的关系，而且肇始年代也应该比长嘴盉早一些。③

尽管对土墩遗存的遗物分期基本上取得了共识，对于遗存本身的文化内涵也在作进一步的讨论，但还是存在着许多的问题，如：商代的土墩遗存发现较少，这是不是因为与春秋时期在埋葬习俗上有所不同所造成的？这与遗址的广泛分布也不相符；相当于中原夏～战国初期的土墩遗物分期，虽同类的遗物之间存在着较大的内在联系，但与浙江地区的"高祭台类型"关系又如何？这些遗存所依托的遗址或中心遗址到底在哪里？这些问题都是我们今后需要面对的。

---

① 苏南地区的这类遗存认识以邹厚本先生20世纪80年代的归纳为代表，参见邹厚本：《江苏南部土墩墓》，文物编辑委员会《文物资料丛刊（6）》，文物出版社，1982年，第72页。
② 陈元甫：《论浙江地区土墩墓分期》，浙江省文物考古研究所编《纪念浙江省文物考古研究所建所二十周年论文集（1979～1999）》，西泠印社，1999年，第132页。
③ 牟永抗：《浙江省土墩和土墩石室遗存》，《浙江省文物地图集》（待刊）。

附　表

附表一　F2 之 Z35 ~ Z41 情况登记表

（单位：厘米）

编号	平面形态	底部形态	性质	直径	口高	底高	填土
Z35	圆形	尖底	柱痕	12	−10	−35	深灰色土
Z36	圆形	圜底	柱痕	22	−13	−39	深灰色土
Z37	圆形	尖底	柱痕	16	−23	−46	深灰色土
Z38	圆形	圜底	柱痕	18	−22	−39	深灰色土
Z39	圆形	圜底	柱痕	12	−21	−41	深灰色土
Z40	圆形	圜底	柱痕	18	−19	−63	深灰色土
Z41	圆形	圜底	柱痕	27	−14	−41	深灰色土

说明：

1）Z 直径以剖面为准；

2）口高（即开口标高）仅供参考，底高（即底部标高）为工地相对标高；

3）以下附表二 ~ 附表五均同此表。

附表二　Z14 ~ Z17 情况登记表

（单位：厘米）

编号	平面形态	底部形态	性质	直径	口高	底高	填土
Z14	圆形	圜底	不明	22	−10	−23	沙性深灰色土
Z15	圆形	圜底	柱痕	20	20	−20	质地松散的灰白色土
Z16	圆形	平底	不明	17	−3	−16	坑底部有下层出露的块石
Z17	圆形	圜底	不明	25	−7	−22	灰黄色斑土

附表三 建筑 I 柱坑和柱痕情况登记表

（单位：厘米）

排列	编号	平面形态	底部形态	性质	直径	口高	底高	填土
第一排	Z4	圆形	圜底	不明	16	93	73	灰黄斑土
	Z5	圆形	尖底	柱痕	20	96	61	沙性灰黄土
	Z1	椭圆形	不规整	柱坑	27~45	94	67	1.沙性灰黑斑土；2.沙性深灰土
	Z2	椭圆形	大圜底	柱痕	27~36	97	78	沙性灰黄土
	Z3	圆形	尖底	不明	26	101	78	沙性灰黄土
	Z6	不规则形	不规整	不明	65	96	79	浅灰色沙性土，可能属于浅凹坑
第二排	Z32	圆形	平底	不明	15	70	38	质地松散的灰白色土
	Z13	圆形	平底	不明	25	36	8	质地松散的灰黄色土
	Z42	圆形	近平底	柱痕	30	30	18	深灰色土
	Z43	圆形	平底	柱痕	24	30	10	深灰色土
	Z8	圆形	尖底	不明	30	92	66	沙性浅灰色土
	Z7	椭圆形	近平底	不明	20~27	104	88	灰黄色褐斑粉状土
	Z18	圆形	近平底	不明	35	62	4	沙性灰黄色斑土
	Z33	曲尺形	近平底	不明	43~48	52	23	质地松散的灰白色土
	Z9	圆形	圜底	柱痕	32	88	40	沙性灰黄土
第三排	Z12	圆形	圜底	柱坑	35	53	3	沙性浅灰土，歪斜状，中间似有柱痕
	Z11	三角形	不明	不明	50~56	50		浅灰色斑土，下有块石
	Z10	椭圆形	圜底	不明	40~52	78	26	沙性浅灰土，包含有块石
	Z31	圆形	大圜底	不明	30	87	71	沙性深灰色斑土

附表四 建筑 II 柱痕情况登记表

（单位：厘米）

编号	平面形态	底部形态	性质	直径	口高	底高	填土
Z19	圆形	近平底	柱痕	23	88	50	上层为松散的深灰土；下层为质地紧密的灰黄土
Z20	圆形	尖底	柱痕	26	90	49	质地紧密的沙性灰黄色土
Z21	圆形	近平底	不明	20	86	64	灰黄色斑土
Z22	圆角长方形	尖底	柱痕	25	96	65	深灰色斑土，实为两个柱痕
Z23	圆形	尖底	不明	20	82	62	浅灰色斑土，包含块石和红烧土块
Z24	圆形	尖底	不明	30	83	58	灰黄色斑土
Z25	圆形	圜底	柱痕	35	75	32	沙性深灰色斑土
Z26	圆形	尖底	柱痕	23	78	53	浅灰色斑土
Z27	圆形	平底	柱痕	22	102	79	深灰色土
Z28	圆形	平底	柱痕	20	101	76	质地松散的灰白色土
Z29	圆形	尖底	柱痕	18	89	69	深灰色土
Z30	圆形	尖底	柱痕	25	89	71	深灰色斑土
Z34	圆形	尖底	柱痕	25	98	73	青灰色斑土

附表五 建筑Ⅲ D1～D7情况登记表

（单位：厘米）

编号	平面形态	底部	性质	直径	口高	底高	填土
D1	圆形	尖底	柱痕	15	−173	−218	深灰色斑土
D2	圆形	近平底	柱坑	23	−171	−213	底部块石作柱础，残存柱痕
D3	椭圆形	圜底	柱痕	16～18	−173	−189	深灰色沙性土
D4	近圆形	平底	柱坑	40	−170	−206	柱痕为深灰色土，柱痕外为深灰色夹沙土
D5	椭圆形	近平底	凹坑	50～90	−172	−186	灰白色土
D6	近方形	圜底	凹坑	52	−167	−185	深灰色斑土
D7	近圆形	近平底	柱坑	35	−186	−200	柱痕未及底，为深灰色斑土，柱痕外为深灰色沙土

附表六 H14出土陶片统计表

陶系 / 器形	夹砂陶系 褐陶	泥质硬陶系 紫褐陶	泥质陶系 灰陶	泥质陶系 黑皮陶	总计	百分比（%）
鼎鬶类口沿片	8				8	29.6
鼎鬶类腹片	6				6	22.2
器盖	1				1	3.7
豆		2			2	7.4
罐口沿		1			1	3.7
罐腹片		5			5	18.5
着地面较小的小凹底罐片		1			1	3.7
钵		1			1	3.7
盆口沿				1	1	3.7
盆腹片			1		1	3.7
总计	15	10	1	1	27	
百分比（%）	55.6	37	3.7	3.7		100

附表七　H15 出土陶片统计表

器形＼陶系	夹砂陶系 红褐陶	泥质硬陶系 紫褐陶	泥质硬陶系 红褐陶	泥质硬陶系 灰陶	泥质陶系 红陶	总计	百分比（％）
鼎甗类口沿片	3（绳纹）					3	7.9
鼎甗类腹片	6（绳纹）					6	15.8
鼎甗类圆锥足	6（绳纹）					6	15.8
豆圈足		2	2			4	10.5
罐口沿片			1（波折纹）			1	2.6
罐腹片		8（素面）、1（梯格纹，并着黑色泥釉）			1（交叉条纹）	10	26.3
罐凹底片		1（菱状卷云纹）				1	2.6
罐平底	1（崧泽）					1	2.6
罐圜底					1（菱状卷云纹）	1	2.6
澄滤器					1	1	2.6
平底钵		4				4	10.5
总计	16	16	3	1	2	38	
百分比（％）	42.1	42.1	7.9	2.6	5.3		100

附表八　T211 第⑥层陶片统计表（20040526）

器形＼陶系	粗泥陶系 褐陶	粗泥陶系 灰陶	夹砂陶系 灰黑陶	夹砂陶系 红陶	总计	百分比（％）
侧扁足			2		2	12.5
圆锥足				1	1	6.3
凿形足	1				1	6.3
侧扁足鼎腹片（绳纹）			1		1	6.3
其他鼎腹片			3		3	18.8
盖片			1		1	6.3
罐口沿	2	1	2		5	31.2
罐平底片		1			1	6.3
杯片		1			1	6.3
总计	3	3	9	1	16	
百分比（％）	18.8	18.8	56.3	6.3		100

附表九　T212 第⑥层陶片统计表之一（20040705）

陶系 / 器形	粗泥陶系 褐陶	夹砂陶系 红陶	夹砂陶系 黑陶	泥质陶系 黑陶	泥质陶系 红陶	泥质硬陶系 紫褐陶	总计	百分比（%）
凿形足	7						7	25.9
凿形足鼎身片	1						1	3.7
圆锥足（绳纹）		1					1	3.7
圆锥足鼎身片		1					1	3.7
侧扁足			1				1	3.7
凹弧足			1				1	3.7
细柄豆片				1			1	3.7
圈足豆片				4			4	14.8
豆口沿片				1			1	3.7
罐口沿片				1	2		3	11.1
罐碎片					1（梯格纹）	3（条格纹）	4	14.8
盆口沿片				2（方格纹）			2	7.4
总计	8	2	2	9	3	3	27	
百分比（%）	29.6	7.4	7.4	33.3	11.1	11.1		100

附表一〇　T212 第⑥层陶片统计表之二（20040705）

陶系 / 器形	粗泥陶系 褐陶	粗泥陶系 红陶	夹砂陶系 红陶	泥质陶系 黑陶	泥质陶系 灰陶	泥质陶系 红陶	泥质硬陶系 紫褐陶	总计	百分比（%）
凿形足	12	7						19	50
鱼鳍形足			2					2	5.3
盖片			1	1				2	5.3
罐口沿		2	3	1	1		1（高领罐）	8	21.1
罐平底				1		1		2	5.3
罐圈足				1				1	2.6
豆盘口沿				1				1	2.6
豆圈足				2				2	5.3
杯片				1				1	2.6
总计	12	9	6	7	2	1	1	38	
百分比（%）	31.6	23.7	15.8	18.4	5.3	2.6	2.6		100

附表一一　T211 第⑥层陶片统计表（20040707）

陶系＼器形	粗泥陶系		泥质陶系		夹砂陶系	总计	百分比（%）
	灰黑陶	红陶	黑皮陶	灰陶	红陶		
凿形足	13	1				14	25.5
罐口沿			2			2	3.6
罐腹片	8	2	6	3		19	34.5
罐平底	1					1	1.8
盖纽		2				2	3.6
盉片	1					1	1.8
豆盘片			6			6	10.9
壶腹片			2			2	3.6
杯圈足			4			4	7.3
绳纹鼎甗腹片					2	2	3.6
侧扁足鼎片					2	2	3.6
总计	23	5	20	3	4	55	
百分比（%）	41.8	9.1	36.4	5.5	7.3		100

附表一二　T211 第⑤层陶片统计表

陶系＼器形	粗泥陶系	泥质陶系		夹砂陶系	泥质硬陶系	总计	百分比（%）
	红陶	红陶	灰黑陶	红陶	紫褐陶		
凿形足	2					2	5
圆锥足				12（1件有圆窝）		12	30
鼎碎片	2					2	5
条纹罐碎片		9				9	22.5
梯格纹罐碎片		2				2	5
方格纹罐碎片		1				1	2.5
高领罐口沿					2	2	5
条纹高领罐腹片					3（条纹）	3	7.5
罐底片			2（平底、圈足各一）			2	5
豆碎片			2（压印纹饰）			2	5
绳纹盆腹片			1			1	2.5
条纹鸭形壶片					2（条纹）	2	5
总计	4	12	5	12	7	40	
百分比（%）	10	30	12.5	30	17.5		100

附表一三 T212第④层陶片统计表

器形 \ 陶系	粗泥陶系 褐陶	夹砂陶系 红褐陶	泥质陶系 红陶	泥质陶系 灰黑陶	泥质硬陶系 灰褐稍硬陶	泥质硬陶系 紫褐陶	总计	百分比（%）
凿形足	2						2	0.2
杯片				2			2	0.2
无捺窝的圆锥足		37					37	4.5
有捺窝的圆锥足		4					4	0.5
细小圆锥足		24（1片捺窝）					24	2.9
鼎甗口沿		31（竖绳纹，少量绳纹细）					31	3.8
鼎甗腹片		40（绳纹）					40	4.9
条纹瓮罐类口沿			18（6片瓷）				18	2.2
条纹罐腹片			41				41	5.0
条纹罐平底			2				2	0.2
条格纹瓮罐类口沿			7（5件瓷）				7	0.9
条格纹罐腹片			26（19片着染红色）				26	3.2
平底罐片			2				2	0.2
条纹高领罐口沿					2	110（少量着黑）	110	13.5
条纹高领罐腹片					40	373	413	50.6
条纹高领罐内凹底						8	8	1.0
条纹高领罐平底					1	3	4	0.5
条格纹罐口沿					6		6	0.7
叶脉纹+方格纹罐片						5（2片口沿）	5	0.6
折线纹罐片						2	2	0.2
条纹鸭形壶上部片						11	11	1.3
条纹鸭形壶腹片						15	15	1.8
三足盘片						1	1	0.1
瓦足皿			1				1	0.1
长柄豆片			1				1	0.1
圈足豆片			1				1	0.1
方格纹盆片			2（1片口沿）				2	0.2
总计	2	136	96	5	49	528	816	
百分比（%）	0.2	16.7	11.8	0.6	6	64.7		100

附录一

北京大学加速器质谱（AMS）^{14}C 测试报告之一

送样单位　浙江省文物考古研究所

送样人　　方向明

测定日期　2005–05–27

实验室编号	样品	样品原编号	^{14}C 年代（BP）	树轮校正后年代（BC）	
				1 σ(68.2%)	2 σ(95.4%)
BA05318	竹桩	湖州昆山 T106G1	3855 ± 40	2460BC（1.2%）2440BC 2430BC（2.1%）2420BC 2410BC（13.1%）2370BC 2360BC（36.7%）2270BC 2260BC（15.1%）2200BC	2460BC（95.4%）2200BC

注：所用 ^{14}C 半衰期为 5568 年，BP 为距 1950 年的年代。

　　树轮校正所用曲线为 IntCal04（1），所用程序为 OxCal v3.10（2）。

　　1. Reimer PJ, MGL Baillie, E Bard, A Bayliss, JW Beck, C Bertrand, PG Blackwell, CE Buck, G Burr, KB Cutler, PE Damon, RL Edwards, RG Fairbanks, M Friedrich, TP Guilderson, KA Hughen, B Kromer, FG McCormac, S Manning, C Bronk Ramsey, RW Reimer, S Remmele, JR Southon, M Stuiver, S Talamo, FW Taylor, J van der Plicht, and CE Weyhenmeyer. 2004 Radiocarbon 46:1029-1058.

　　2. Christopher Bronk Ramsey 2005，www.rlaha.ox.ac.uk/orau/oxcal.html

北京大学　加速器质谱实验室

第四纪年代测定实验室

2005 年 5 月 27 日

附录二

北京大学加速器质谱（AMS）¹⁴C
测试报告之二

送样单位　浙江省文物考古研究所
送样人　　方向明
测定日期　2005–11–14

实验室编号①	样品	样品原编号	¹⁴C 年代（BP）	树轮校正后年代（BC）	
				1 σ (68.2%)	2 σ (95.4%)
BA05333	木柱	04HPIT212G1	4160 ± 50	2880BC（13.3%）2830BC 2820BC（6.1%）2800BC 2790BC（47.0%）2660BC 2650BC（1.9%）2630BC	2890BC（95.4%）2580BC
BA05334	芦苇	04HPIT110④G1	4255 ± 40	2920BC（50.8%）2870BC 2810BC（13.7%）2780BC 2770BC（2.3%）2760BC 2720BC（1.4%）2710BC	2930BC（58.8%）2850BC 2820BC（36.6%）2680BC
BA05335	芦苇	04HPIT210④G1	3590 ± 40	2020BC（6.5%）1990BC 1980BC（61.7%）1880BC	2120BC（1.3%）2090BC 2040BC（84.8%）1870BC 1850BC（6.0%）1810BC 1800BC（3.3%）1770BC
BA05336	木条	04HPJ H11	2980 ± 40	1300BC（68.2%）1120BC	1380BC（4.6%）1330BC 1320BC（90.8%）1040BC
BA05337	木条	04HPJH3	4145 ± 40	2870BC（13.2%）2830BC 2820BC（5.2%）2800BC 2780BC（3.3%）2770BC 2760BC（36.5%）2660BC 2650BC（9.9%）2620BC	2880BC（95.4%）2580BC

注：所用¹⁴C半衰期为5568年，BP为距1950年的年代。
　　树轮校正所用曲线为IntCal04（1），所用程序为OxCal v3.10（2）。

① BA05333，2004–07–10采集；BA05334为T110第4层沙层层面上的芦苇，2004–06–27采集；BA05335为T210第4层芦苇，2004–06–27采集。04HPJ为金家坵遗址测定的标本，供参考。

1. Reimer PJ, MGL Baillie, E Bard, A Bayliss, JW Beck, C Bertrand, PG Blackwell, CE Buck, G Burr, KB Cutler, PE Damon, RL Edwards, RG Fairbanks, M Friedrich, TP Guilderson, KA Hughen, B Kromer, FG McCormac, S Manning, C Bronk Ramsey, RW Reimer, S Remmele, JR Southon, M Stuiver, S Talamo, FW Taylor, J van der Plicht, and CE Weyhenmeyer. 2004 Radiocarbon 46:1029-1058.

2. Christopher Bronk Ramsey 2005，www.rlaha.ox.ac.uk/orau/oxcal.html

北京大学　加速器质谱实验室
第四纪年代测定实验室
2005 年 11 月 14 日

附录三

昆山遗址的孢粉和树木遗存分析报告

郑云飞　陈旭高

（浙江省文物考古研究所）

2004年由浙江省文物考古研究所对位于湖州市的昆山遗址进行了发掘。为了了解该遗址形成时期的古环境，我们对遗址T111的北壁（图1）土壤取样，进行孢粉分析；对T109、T110、T111和T212马桥文化时期地层堆积发现的木桩切片，进行树木种类鉴定，获得了关于昆山遗址周围古植被和古环境的一些信息，现报告如下。

一　孢粉分析

根据地层叠压关系和地层出土的考古遗物情况，昆山遗址T111的北壁可划分为五层，分别是表土层、扰乱层和三个文化层。表土层为近现代堆积；扰乱层主要是唐宋时期文化扰乱，也夹杂有马桥文化时期的遗物；扰乱层以下为马桥文化时期的三层堆积，最上面为一层沟状淤泥堆积，中间为黑色"草木灰"堆积，下层又为一层沟状淤泥堆积；240厘米以下为生土。

我们对遗址进行孢粉分析的土样采自T111北壁90厘米处的扰乱层及以下的地层，每隔10厘米取一个样品进行分析。

如图2所示，孢粉主要是在遗址的第5层捡出，扰乱层、第3层和第4层以及生土层的孢粉含量极少，无法进行统计分析。从孢粉分析的结果看，遗址的扰乱层，以及第3、4层很可

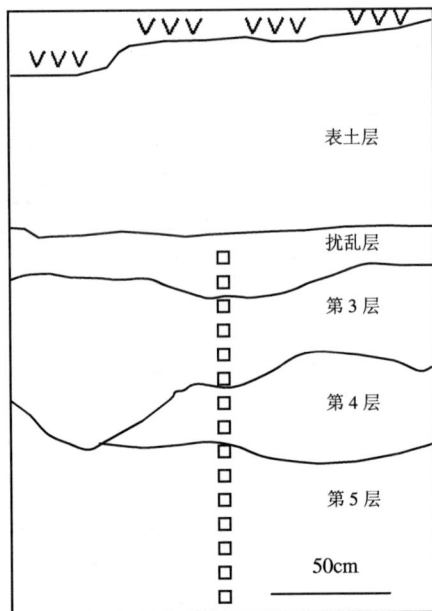

图1　采样点的剖面示意图

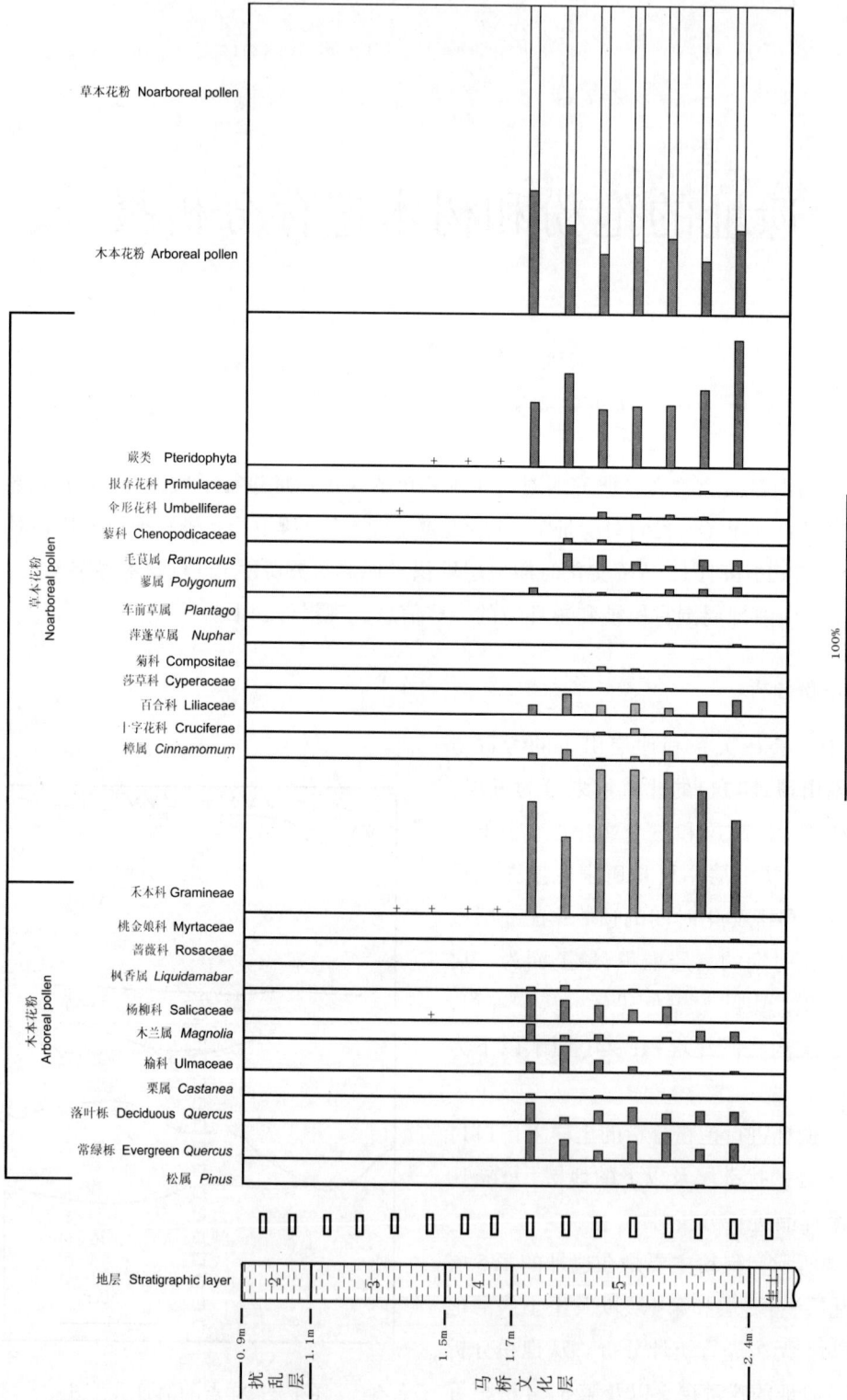

图 2　孢粉分析结果

能是在较短的时间内，在人为的干预下堆积形成的。

在第5层捡出的孢粉中，木本植物花粉比例占总孢粉数的18.01%～40.00%，主要是落叶阔叶树的花粉，占总量的8%～25.26%，其中又以落叶栎(*Quercus*)、杨柳科(Salicaceae)、榆科(Ulmaceae)的榆树(*Ulmus*)和青檀树(*Pteroceltis*)、木兰属(*Magnolia*)等植物花粉为主，落叶栎占1.70%～6.32%，杨柳科占3.85%～8.42%，榆科占0.61%～8.47%，木兰属占1.23%～5.26%；常绿阔叶树的花粉占3.90%～12.27%，有常绿栎，占总孢粉数的3.25%～9.47%；针叶树很少，只鉴定出松科松属(*Pinus*)，约占总孢粉数的0.65%。鉴定出的其他木本植物种类有枫香属(*Liquidamabar*)、栗属(*Castanea*)、桃金娘(*Rhodomyrtus*)、蔷薇科(*Rosaceae*)等。

草本植物孢粉比例明显占优势，占孢粉总数的60.00%～82.99%，其中又以禾本科植物花粉和蕨类植物孢粉含量最大，分别占总量的25.42%～47.43%和18.83%～41.56%，这两者孢粉的比重约占全部草本植物孢粉数量的75%～90%。鉴定出的其他草本植物种类有毛茛属(*Ranunculus*)、蓼属(Polygonum)、百合科(Liliacea)、报春花科(Primulaceae)、莎草科(Cyperacea)、伞形花科(Umbelliferae)、十字花科(Cruciferae)、车前草属(*Plantago*)、菊科(Compositae)、藜科(Chenopodicacea)、萍蓬草属(*Nuphar*)、香蒲属(*Typha*)、柳叶菜科(Onagraceae)等。（彩版一七三）

二 树木遗存分析

在昆山遗址的T109G1、T110G1、T111G1和T212四个探方中，采集了树木遗存样品40个，鉴定出的树种分属12科15属，见表1。

表1　　　　　　　　　树木遗存种属鉴定统计

探方	地层	松科	壳斗科			豆科	樟科		榆科
		松属 *Pinus*	栎属 *Quercus*	栗属 *Castanea*	栲属 *Castanopsis*	黄檀属 *Dalbergia*	樟属 *Cinnamomum*	楠属 *Phoebe*	榉属 *Zelkova*
T212	5	1	5	1		2	1	1	
T110	5								1
T111	5		4		1		2		2
T109	5		2		1				1
合计		1	11	1	2	2	3	1	4

探方	地层	金缕梅科	杨柳科	槭树科	胡桃科	藤黄科	桦木科	柿树科	总计
		米老排属 *Mytilaria*	柳属 *Salix*	槭属 *Acer*	胡桃属 *Juglans*	藤黄属 *Garcinia*	桤属 *Alnus*	柿属 *Diospyros*	
T212	5							1	12
T110	5	3		2					6
T111	5	2	1		1	1			14
T109	5				1		1	2	8
合计		5	3	1	2	1	2	1	40

如图 3 所示，其中针叶树只有 1 科 1 属 1 个样品，为马尾松，占 2.5%；阔叶树有 11 科 14 属 39 个样品，占样品总数的 97.5%。在阔叶树中，落叶阔叶树种类和数目最多，总共有 27 个样品，占样品总数 67.5%，其中又以麻栎最多，占 27.5%，其次是榉树和柳树，分别占 10% 和 7.5%，还有黄檀、桤木、核桃、栗树、柿树和槭树，分别占 5%、5%、5%、2.5%、2.5% 和 2.5%；常绿阔叶树占样品总数的 30%，主要有米老排和香樟，分别占

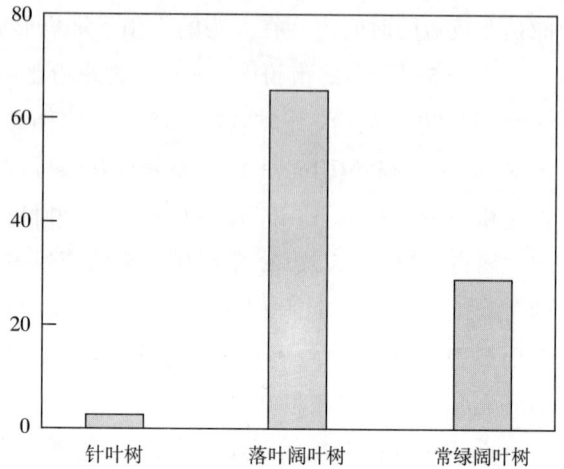

图 3　针叶、落叶阔叶、常绿阔叶树木遗存的比例

12.5% 和 7.5%，还有栲树、桢楠和金丝李，分别占 5%、2.5% 和 2.5%。另外，在遗址中还发现许多竹子遗存，从组织解剖结构看，可能主要是刚竹类（*Phyllostachys*）。（彩版一七四）

三　遗址古植被和古环境

遗址的孢粉分析和树木遗存分析的结果比较吻合，绝大部分的木本植物同时在花粉和树木遗存中观测到。综合孢粉和树木遗存的分析结果，可以看出当时遗址周围的植被中树木种群主要以落叶阔叶树为主，主要有麻栎和柳树，还有榉树、核桃树、黄檀、桤木、槭树、栗树、柿树和枫香等；其次是常绿阔叶树，主要种类有米老排、香樟、桢楠、金丝李和桃金娘科植物等；针叶树种类和数量都很少，主要是马尾松。

草本植物则主要以禾本科植物为主，还有百合科、毛茛属、蓼属、藜科、伞形花科、十字花科、车前草属、报春花科、萍蓬草属、菊科和莎草科。萍蓬草属植物花粉的存在说明当时周围有湖泊沼泽分布。同时还观察到比较大量的蕨类孢粉，说明当时蕨类植物大量存在。

综上所述，当时的森林植被是以麻栎等落叶阔叶树种为主的落叶常绿阔叶混交林；草地植被以禾本科植物为主，在水动力较弱的浅湖沼泽等水域和湿地又有数量较多的水生植物生长，诸如香蒲、柳叶菜等。当时的植被和现在植被类型基本相近。

植被的地理分布主要受气候和环境条件的制约。因此从古植被特征中我们得到某一个历史时期的气候和环境特点，以及气候变化的信息。昆山遗址的古植被特征记录反映出马桥文化晚期和现在亚热带气候带的气候特征相似：冬季比较温暖，春季相对多雨；夏季高温高湿，降雨充沛；秋高气爽，四季分明，而米老排、金丝李和桃金娘科等现在主要生长在云南等热带亚热带地区的物种存在说明当时的气候可能比现在要温暖。

附录四

昆山遗址出土 G1 ③：99、G1 ⑤：254
标本检测结果①

一 显微观察

我们分别将 G1③：99（泥质紫褐豆盘类硬陶）、G1⑤：254（原始瓷?豆）两件标本在显微镜下放大 4 倍、11.5 倍进行观察，它们的显微结构详见彩版一七五、一七六。

二 成分分析

成分分析仪器为日本岛津公司生产的 XRF-1800 波长色散型 X 射线荧光光谱仪。由于样品较小，无法进行定量分析，故决定采用 10mm 小面积面罩进行定性半定量的分析。半定量分析程序为仪器自带的 FP 基本参数法。下表为本次的检测结果。

G1③：99 号样品						
	SiO_2	Al_2O_3	Fe_2O_3	K_2O	TiO_2	CaO	MgO
胎	75.21	15.32	3.33	2.76	1.11	0.64	0.42
釉	60.90	12.86	3.16	7.80	0.97	10.65	1.14
G1⑤：254 号样品						
	SiO_2	Al_2O_3	Fe_2O_3	K_2O	TiO_2	CaO	MgO
胎	75.72	14.98	4.19	2.03	1.07	0.75	0.47
釉	68.01	11.99	5.33	2.89	0.97	7.33	1.15

（本成分是采用 10mm 面罩做出的定性半定量结果，仅供参考）

---

① 本检测结果由中国科学技术大学科技史与科技考古系朱剑博士提供。由于时间关系，其他标本的检测结果以及相关研究分析将另文报道。检测结果与报告文字描述有所不同，特此说明（编者注）。

后　记

　　诚如本报告第一章所引，20世纪50年代浙江为数不多的几次正规的（科学的）、大型的考古发掘几乎都在湖州，邱城遗址和钱山漾遗址的发掘不仅将包含印纹陶堆积的地层分开，而且其中的"三叠层"堆积更为本地区考古学文化谱系的建立奠定了基础。昆山遗址虽然很长时期没有进行大规模的系统考古发掘，其重要性却不言而喻，相关的考古调查和关注一直没有停止过，在此要向那些付出辛勤汗水的前辈们致敬。

　　2004年度昆山考古发掘，是一次了解遗址基本面貌的好机会，也是我们工作的第一步。尽管遗址（点）分布面积大、文化堆积延续时间长、各遗址之间的时空关系等尚不明朗，但本次发掘还是从一个侧面、一个局部揭开了昆山遗址的面貌，也为进一步的遗址保护提供了科学的考古学依据。本次工作得到国家文物局批准，是在基本建设项目中的抢救性发掘。在此之前，浙江省文物局、浙江省文物考古研究所、湖州市文物局、湖州市博物馆等相关领导对此倾注了大量的心血。遗址的发掘同时也得到了建设单位湖州市民政局的大力支持；发掘地隶属昆山村，也得到了八里店镇昆山村委会的大力支持，在此特表感谢。

　　浙江省文物考古研究所所长曹锦炎先生，在发掘前期作了大量的联系工作，并多次检查考古发掘质量，还对湖州市博物馆历年来采集及本次发掘的青铜器残件提出了有益的见解。百忙之中曹先生还安排了本报告的出版事宜。

　　湖州市文物局副局长柴培良先生和文物处处长吴马林先生为本次发掘作了大量的协调工作，湖州市博物馆馆长黄建祥先生和副馆长闵泉先生、潘林荣先生也为本次发掘的准备工作付出了辛勤的汗水，室内整理工作及场地安排等也得到了他们的支持。

　　本次发掘前，我所芮国耀先生、马竹山先生和湖州市博物馆的工作人员先期进行了探沟试掘，其中TG1的试掘为本次的总体发掘打下了良好的基础。芮国耀先生还提供了1995年昆山遗址试掘的资料。

　　本次发掘期间，湖州市千金塔地遗址的考古发掘也在紧张地进行，彼此之间业务交流较为密切，客观上对我们的工作有一定的启发，在此感谢塔地考古队的全体成员。由于本次发掘时间较长，考古队在工地上度过了不少难忘的节日，其间得到了湖州市博物馆同行们的关心，我们要感谢湖州市博物馆的龚晓伟先生、周寅芳女士、丁芬芬女士以及倪卫国先生等。

湖州市博物馆考古部的陈云先生提供了以往在湖州市蚕科所及大东吴集团内小范围试掘的材料，郭勇先生则是昆山遗址历年调查的主要参与者，他们的工作对于我们全面认识昆山遗址很有帮助。后期整理阶段，保管部陈子凤女士及同事为标本整理、拍片作了大量的协助工作。整理所需的图纸复印是由文印室的徐月英小姐完成的。在此，对湖州市博物馆同行一并表示感谢。

我们不能忘了 20 世纪 60 年代就负责昆山遗址文物保护的沈炳泉先生，沈先生不仅上交了大量的采集品，还在本次发掘期间带我们重新踏勘了许多重要器物的采集地点，对于我们全面认识昆山遗址有很大的帮助。

2004 年 3 月下旬，考古队来到昆山虽已是仲春时节，但工地尚是一片衰草与枯枝；昼夜复始、星辰更替，转眼间我们在昆山脚下度过了 240 个日日夜夜。当 2005 年春节前那场难得的冬雪飘落时，不仅将昆山装扮得分外妖娆，也宣告了昆山考古发掘的完美结束。在此请允许我记述我们考古队的主要成员。

闵泉先生是湖州市博物馆的领导，他曾负责湖州市文物商店的业务工作以及湖州市的地面文物保护工作。当野外工作开始时，我担忧馆领导和我们一起工作，双方能否搭建起一个愉悦的平台。自从我俩一起去八里店镇昆山村委会联系考古队进场，到具体负责的探方、工地的统筹以及后期整理等一系列工作证明，我们的合作相当愉快、顺利。

本报告所提及的采集发掘情况调查报告的编写，一直是湖州市博物馆陈兴吾先生的心愿。记得 1996 年昆山遗址试掘期间，我们在钱业会馆二楼绘图时谈起此事，他自谦地认为昆山的问题没能搞清楚，仓促的撰写遗址调查报告将会存在诸多遗憾。本书在公布 2004 年度昆山遗址发掘资料同时，一并将遗址的调查资料公布也算了了陈先生的一桩心愿。另外本次发掘时，如果没有陈先生的及时告之，金家圩遗址可能会被忽视掉。2004 年夏由蒋卫东先生负责，湖州市博物馆黄次才先生等参加的金家圩遗址发掘取得了很好的收获。

葛建良先生是我所一位虚心、认真负责的文保员，他不但承担并很好地完成了多数探方的发掘任务，还操劳着繁重的后勤工作。2004 年下半年一段时间我在杭无法顾及工地，建良尽心尽责的协助闵泉先生，很好地保证了发掘工作的顺利进行。厦门大学历史系考古专业的何国俊同学、刚刚步入德清县博物馆的费胜成先生，以及远道而来的陕西省文物考古研究所技工齐宏钧、邓喜怀、刘福刚先生，也为本次发掘付出了辛勤的汗水，在此予以感谢。

发掘期间，安徽省文物考古研究所吴卫红先生专程来到工地，提出了不少好的建议。苏州博物馆丁金龙、张照根等先生也专程来到昆山工地，我们也参观了他们正在发掘的同里遗址，彼此交流，心得颇多。日本金泽大学的中村慎一先生，是我在桐乡普安桥发掘期间的师长和老朋友，本报告有关石器质地的鉴定是我们共同的认识结果，他对石犁、石刀也提出了不少好的见解。我的同事孙国平先生为本报告所需的合适地图给予了帮助。浙江省博物馆王屹峰先生提供了相关青铜器的数码照片。整理期间，恰逢我所和湖州市博物馆对钱山漾遗址进行第三次发掘，领队丁品先生为我们的学习、交流提供了方便。我们还抽空到相关的工地进行学习、观摩，如良渚石马兜遗址、余杭三亩里遗址、长兴江家山遗址、安吉芝里遗址等，受益匪浅，在此特向各考古队和相关市县博物馆表示感谢。

最后感谢我们的前辈牟永抗先生，在发掘和整理期间，我们都请他来现场观摩和指导，先生对昆山遗址出土的新石器时代遗物提出了不少令人思考的问题。印纹陶时期遗存的研究是我们从良渚文化以后到吴越建国这一阶段较为薄弱的工作环节，早在浙江省文物考古研究所成立之初，先生就曾提议将此阶段看作一个整体进行研究，尽管这一愿望没有实现，却体现了先生对于本地区考古学文化的独特性认识。我们今后的工作任重而道远。

本报告的野外线图主要由方向明和葛建良测绘，器物测绘及上墨由方向明完成，拓片由闵泉完成，野外照片由方向明和闵泉拍摄，器物照片由李永嘉拍摄。附录中相关的出土物标本半定量分析由中国科学技术大学科技史与科技考古系朱剑博士提供；孢粉和树木遗存分析报告由我所郑云飞博士、陈旭高完成。报告的英文提要由北京大学考古文博学院秦岭博士完成。报告文字由方向明、闵泉共同执笔，闵泉先生还为文本和器物的核对做了大量的工作。鉴于本次发掘石器数量多、特征明显，以及部分印纹硬陶表面反映的是爆汗釉还是釉尚存在着争议，为使读者看到清晰照片，报告彩版均为彩版。为阅读方便，还将野外拍摄的数码照片随文穿插于相应的章节中。

在基本建设项目中的考古发掘任务重、时间紧，整理的工作条件也受到一定的限制，本书难免会有诸多的遗憾，如：第六章的若干问题和认识仅是提要性的，没有时间展开深入讨论；G1出土的遗物整理不甚有序，描述也显得繁杂而不精练；G1发掘过程中的野外记录不尽完善，一些出土标本可能存在着堆积层次上的混乱；曾计划将墓葬玉器作自然科学测定，但由于时间关系，目前尚未进行此项工作；^{14}C测定的标本数量偏少，野外提取的M14、M25人骨实验室无法作出测定；为多体现器物剖面的情况和节约时间，器物线图均未打上斜线或涂黑，这会给部分读者造成视觉上的不便；尤为令人遗憾的是，野外工作期间遇电脑硬盘毁坏，部分照片无法读识，丧失了许多珍贵材料。凡此种种，敬请读者原谅。

方向明

2005 年 12 月于湖州

PiShan

(Abastract)

Huzhou City is located in the north of Zhejiang Province, north to Taihu 太湖 lake, west to Tianmu 天目 Mountain, east to Hang-Jia-Hu 杭嘉湖 plain. The East Tiao and West Tiao rivers flow into Taihu lake through the Longxi River 龙溪港 of Huzhou. Pishan 毘山 site is located at Pishan village of Balidian 八里店 county in Wuxing 吴兴 District of Huzhou city. The distribution of ancient cultural deposits is among the Longxigang, Sanliqiao 三里桥 River and Ditang 顿塘 adjacent area, with Pi Hill (ca. 56 meters above the sea level) as the center. Pishan site is about 9.5 kilometers northwest to Qiucheng 邱城 site, 7 kilometers southeast to Qianshanyang 钱山漾 site. It was discoveried in winter 1957 by dredging of the Sanliqiao River, and was labeled as a Provincial Protection Unit in 1963 by the Zhejiang province government, and re-valued and re-labeled in 1984.

Abundant cultural remains have been found and collected from Pishan site over the years, such as grayish clay pottery plate with stemmed foot; impressed pottery duck-shaped pot, and pottery tripod Li tempered with sand, Bronze fragments and Oracle bones which are very rare in Zhejiang area. This site was regarded as a very important large Shang-Zhou site in the south-west Taihu area. But without systemic larger-scale excavation, the characteristics and nature of the site were not understood very well, which limited the ability to plan protection of the site.

Because a dredging project of Longxigang Harbor and the rebuilding of the Huzhou Welfare Center, an opportunity was provided for new excavations, which were carried out by the Zhejiang Provincial Institute of Cultural Relics and Archaeology and the Huzhou Municipal Museum, with the permission from State Administration of Cultural Heritage of P. R. China. Excavations progressed until an area of 2000 square meters had been opened up.

This excavation area is between the north-west slope of Pi Hill and Longxigang Harbor. The excavation area is oriented south to north and the main deposit is divided into eastern and western areas, divided by a ditch (G1) of Gaojitai 高祭台 period. According to the stratigraphy and distribution of features, the excavation area can be divided into two main stages:

Stage 1: 61 Neolithic burials distributed on the both sides of G1. Of these, 26 burials were in the western part along with a building feature. Another 35 burials were in the eastern part. According to the burial objects, these Neolithic burials date to around the late Songze period, while some of them could be from the early Liangzhu phase.

Stage 2: In the eastern part of G1, abutting upon the western slope of Pi Hill, is another artificial soil platform on the Neolithic layer. The buildings F1 and F2, three construction units I to III, and two wells H11, H14 are the main features excavated on the platform. In addition, another feature K1 was excavated in the west side of Construction I, unearthed intact impressed pottery and a bronze spade. The main fill in G1 also belongs to this stage. According to the characteristic of finds, the date of this stage should be the second phase of Gaojitai period in the Zhejiang impressed pottery chronology.

The main deposit situation can be summarized as followed:

1, Neolithic Burials

The burials in the East and West areas are simple rectangular pits, and mostly with orientation to the South, according to the skeleton remains and distribution of burial objects. Some of them contained coffins. The layout of burials can be described as east-west lines and south-north lines.. The 26 burials in the West part are arranged into 4 lines from north to south. 35 burials in the East are buried on a platform which gradually expanded from the center to the north and south, thus the burials can be divided into three clusters, north, middle and south, among which the middle cluster with most burials of 21, in 4 lines from south to north, with some cutting relationships between burials; 5 burials in the north cluster and another 9 burials in the south cluster in an order from east to west.

Totally 501 objects are unearthed from these 61 burials, including 359 pottery, 102 stone wares, 40 jade wares. The stone wares include 31 knives, 21 ploughs, 19 adzes, 17 axes (Yue), 9 sickles, 5 arrows.

The typical pottery assemblage consisted of a tripod ding, he, plate, stemmed plate dou, fake-cup-shaped dou, jar, pot-with-two-ears, cup and urn. The ding is mostly made with the fabric called a "coarse clay", and has chisel-shaped feet. A very few of them are tempered with sand, and have fin-shaped feet; He has the similar fabric as the "coarse clay" ding, with the chisel-shaped feet too. He is absent in the contemporaneous burials of Jiaxing area; the evolution of Pan shape is most apparent among pottery; the typical Dou is with the high stemmed and trumpet-shaped foot; a special type of pottery is in the shape like Dou or cup, which is given the name as "fake-belly cup-shaped Dou"; Most Hu pots are difficult to distinguish from Guan pots, except the type with small-mouth; only a few double-ear pot have been found from this site; cups mainly are of two types. And the burials with big-mouth jar unearthed generally had more burial objects.

Stone tools are also abundant from the burials, among which knife and plough are most typical.

The stone knife used to be called "Yun Tian Qi" or "Si Guan", among which the sub-type differences reflect on the blade and top part, for instance, the blade part can be divided into "flat-blade" and "arc-point blade" types. The top part of "arc-point blade" type are extruded.

The stone ploughs are all made of hornfels; and are all real tools according to the use wear on blades. They have an isosceles triangle shape and point angle of about 70 degrees; the blades can be divided into three categories: one-sided blade, double-sided with a focus on one side, and double-sided blades. One side of the blades is generally more extruded while the other side is relatively concave, which should be related to the method of usage. The shape of the back end was of three types: slightly extruded, concave, or arc-concave, with the concave form dominating. The mid-point of concave form is generally not aligned with the point-end, which implies that the direction of action is not consistent with the motion direction of point. The holes on ploughs are made from both sides, the traces of production can be found on the back-side of most ploughs. The number of holes for a single plough is from 1 to 3. The condition of plough in the burials varied.

The jade wares are few from this site, and not very diverse. Most adornments are re-made from the Huang and Jue jade ware. The half ball bead and round plaque are also significant among jades.

In the assemblage of all burial objects, stone axes always coexist with jades and an adze. Axes and adzes do not coexist with spindle whorls, which reflects the burial's gender. Since the stone plough can be found with spindle whorls sometimes, the gender association of plough is ambiguous.

2, the Gaojitai period's deposit

The main deposits of Gaojitai period are ditch G1 fill, the platform and relative features at the north-west slope of Pishan. The relative features include building F1 and F2, the construction track I, II and III, the hoard K1 with bronze and impression-pattern pottery jars, and the well H11 and H14. The dates of the above features are quite close, which could reflect the characteristic of settlement layout.

The proportion of impression-pattern hard pottery is apparently higher than that of clay pottery. The types of clay pottery are dou, basin, pot and very few gu (drinking vessel), while the types of impression-pattern pottery include duck-shaped pot, dou, pot, etc. The impression pattern includes stripe, stripe-grid, zigzag pattern, vein-pattern, and different types of Hui pattern (rectangular spiral shape), as well as very few tige pattern. The stone wares include slant-handle Potuqi (soil break tool) and dagger; while the bronzes found are the spades and the fragments of axe and dagger. The date of these remains is about the second phase of Gaojitai period, which is equivalent to the mid and later

Shang in the central plain of China.

During the excavation, the primary survey has been conducted around Pishan. The distribution area of Pishan site is very large. A kiln deposit was found at Jinjiadou 金家圤 site, on the west bund of Sanliqiao river, which was mainly for making the clay pottery of dou and tripod basins. This suggests that the level of craft specialization was very advanced in that period. The discovery of the fragments of bronze nao (bell), tripod li and jia, and adzes demonstrates the significance of this site. It must have been an important centre settlement during Shang to earlier Western-Zhou periods.

1. 发掘场景之一（毘山顶，东－西）

2. 发掘场景之二（龙溪港对岸，西－东）

2004年度上半年毘山遗址发掘场景

1. 发掘场景之一（东－西）

2. 发掘场景之二（东－西）

2004年度下半年昆山遗址发掘场景

西区的土台和墓葬局部（东—西）

1. PST：1

4. PST：2

2. PST：1

5. PST：2

3. PST：1

6. PST：2

西区墓葬土台中出土的坯料形红烧土（块）

1. PST：3

2. PST：3

3. PST：6

4. PST：6

5. PST：6

6. PST：6

西区墓葬土台中出土的坯料形红烧土（块）

1. PST：5

4. PST：7

2. PST：5

5. PST：7

3. PST：5

6. PST：7

西区墓葬土台中出土的坯料形红烧土（块）

1. PST：8

4. PST：9

2. PST：8

5. PST：9

3. PST：8

6. PST：9

西区墓葬土台中出土的坯料形红烧土（块）

1. 坯料形红烧土（块）PST：10

2. 坯料形红烧土（块）PST：11

3. 二次氧化的圈足杯残片

西区墓葬土台中出土的坯料形红烧土（块）、二次氧化的圈足杯残片

1. 陶杯 M18:4

2. 石镰 M18:2

3. 石刀 M18:7

4. 玉半球形隧孔珠 M18:1

5. 玉半球形隧孔珠 M18:1

6. 玉管 M18:3

7. 玉管 M18:3

M18 出土器物

M21、M22（东—西）

1．陶鼎 M22：3

2．陶杯 M22：9

3．陶鼎 M22：10

4．陶盘 M22：11

5．石刀 M22：5

6．石刀 M22：7

M22 出土器物

1. 玉管 M22：1

2. 玉半球形隧孔珠 M22：2

3. 玉半球形隧孔珠 M22：2

4. 陶杯 M21：5

6. 陶盘 M21：8

5. 陶鼎 M21：7

7. 石刀 M21：6

M22、M21 出土器物

1. M5(北－南)

2. 玉坠饰 M5：2

3. 玉坠饰 M5：2

4. 玉坠饰 M5：3

5. 玉坠饰 M5：3

6. 石刀 M5：9

M5 及出土器物

1．壶 M5：5

2．盘 M5：6

3．盆 M5：7

4．假腹杯形豆 M5：10

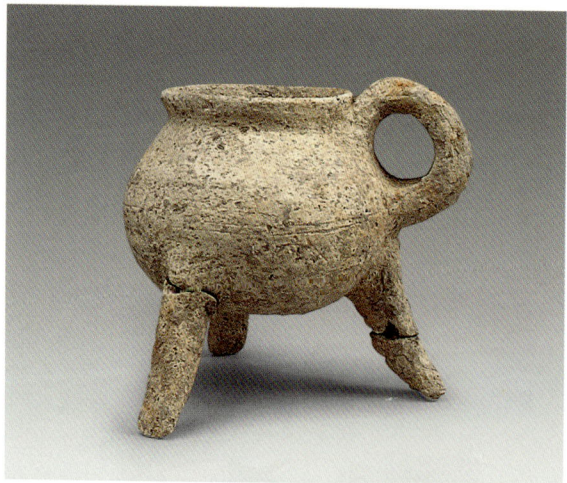

5．盉 M5：11

6．鼎 M5：12

M5 出土陶器

M5 出土石犁（M5：4）

1．杯 M4：1

2．盘 M4：3

3．杯 M4：4

4．盂 M4：5

5．杯 M6：1

6．豆 M6：5

M4、M6 出土陶器

1. 鼎 M24：1

4. 壶 M1：3

2. 豆 M24：2

5. 盘 M1：4

3. 壶 M24：3

M24、M1 出土陶器

1. 石犁 M1：5

2. 石犁 M1：5

3. 石刀 M1：7

4. 玉圆牌 M1：1

M1 出土器物

1．M14（北－南）

2．坠饰 M14：1

3．坠饰 M14：1

M14 及出土玉坠饰

1．杯 M14：2

2．罐 M14：9

3．盘 M14：3

4．盆 M14：7

5．鼎 M14：10

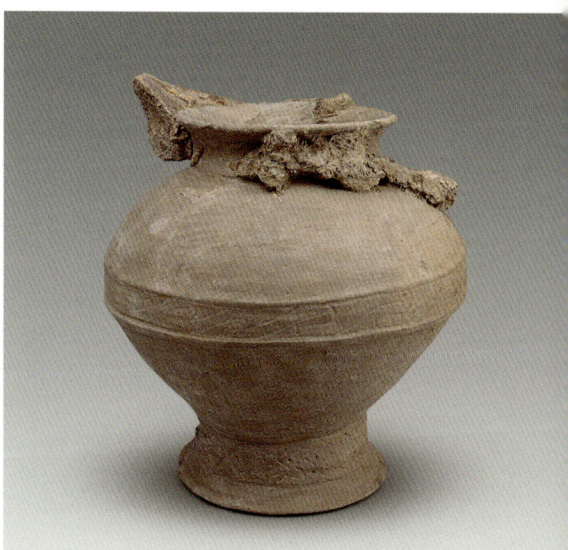

6．罐 M14：12

M14 出土陶器

1. 犁 M14：4

2. 犁 M14：4

3. 刀 M14：5

M14出土石器

M13、M12（北—南）

1. 罐 M13：1

2. 假腹杯形豆 M13：5

3. 杯 M13：6

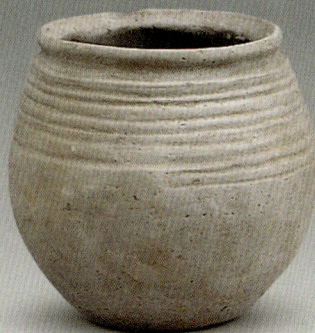

4. 罐 M13：8

5. 盘 M13：9

6. 盆 M13：11

M13 出土陶器

1．陶盉 M13：12

2．石钺 M13：3

3．石锛 M13：4

4．石刀 M13：10

5．玉坠饰 M13：2

6．玉坠饰 M13：2

M13 出土器物

M13 出土石犁（M13：7）

1．陶罐 M12：5

2．石刀 M12：3

3．玉圆牌 M12：2

4．玉圆牌 M12：2

M12 出土器物

1. M16（北—南）

2. 坠饰 M16：2

3. 坠饰 M16：2

M16及出土玉坠饰

1．陶盘 M16：3

2．陶盘 M16：4

3．陶罐 M16：6

4．陶鼎 M16：7

5．石钺 M16：1

M16 出土器物

M16出土石犁（M16：5）

M11

M10

M10、M11（北—南）

1. 假腹杯形豆 M10：1

4. 大口缸 M10：11

2. 盉 M10：6

5. 大口缸 M10：11

3. 壶 M10：7

M10出土陶器

1. 陶盆 M10∶8

2. 陶盘 M10∶9

3. 石钺 M10∶3

4. 石锛 M10∶2

5. 石锛 M10∶12

6. 石刀 M10∶13

7. 玉坠饰 M10∶4

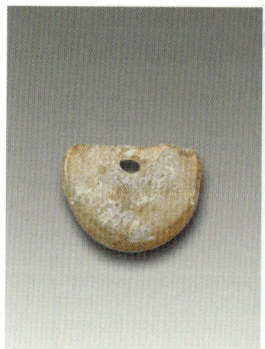

8. 玉坠饰 M10∶4

M10 出土器物

M10 出土石犁（M10：5）

1．盉 M11：6

4．盆 M11：9

2．假腹杯形豆 M11：7

5．盘 M11：10

3．杯 M11：8

M11 出土陶器

1. 石钺 M11：3

2. 石锛 M11：11

3. 石刀 M11：12

4. 玉坠饰 M11：2

5. 玉坠饰 M11：2

M11 出土器物

M11 出土石犁（M11：4）

1. M19（北—南）

2. 玉半球形隧孔珠 M19：5

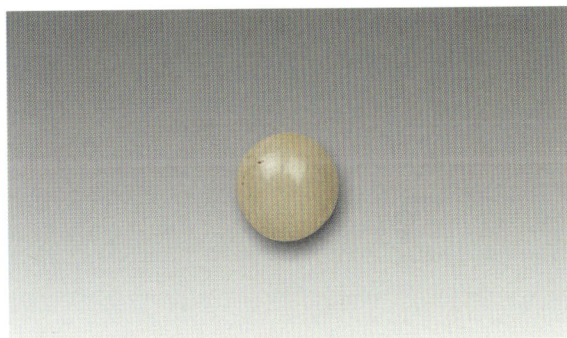

3. 玉半球形隧孔珠 M19：5

4. 石锛 M19：9

5. 石刀 M19：10

M19 及出土器物

1. 陶杯 M19:2

2. 陶杯 M19:3

3. 陶盘 M19:8

4. 陶盆 M19:13

5. 陶盉 M19:12

6. 石钺 M19:6

M19出土器物

M19出土石犁（M19：4）

1. 壶（罐）M23：1

4. 假腹杯形豆 M7：2

2. 盆 M23：3

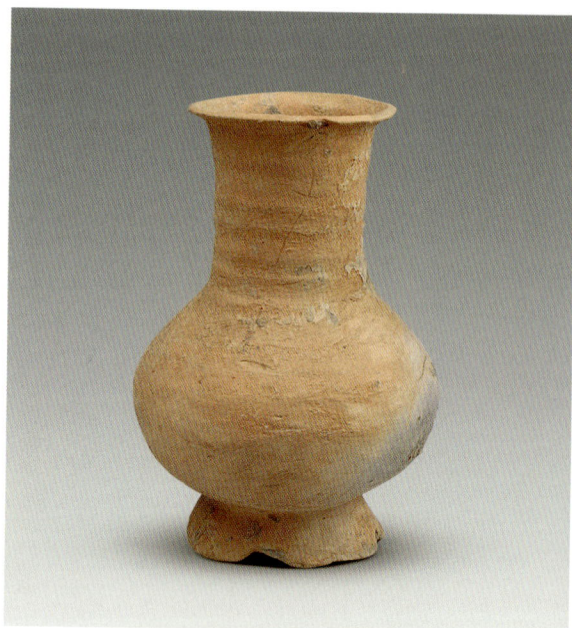

5. 壶 M7：3

3. 鼎 M23：4

M23、M7 出土陶器

1. 豆 M26∶2

2. 鼎 M26∶3

M26 出土陶器

1. 陶盉 M3：1

4. 陶盘 M3：4

2. 陶杯（壶）M3：2

5. 陶盘 M3：5

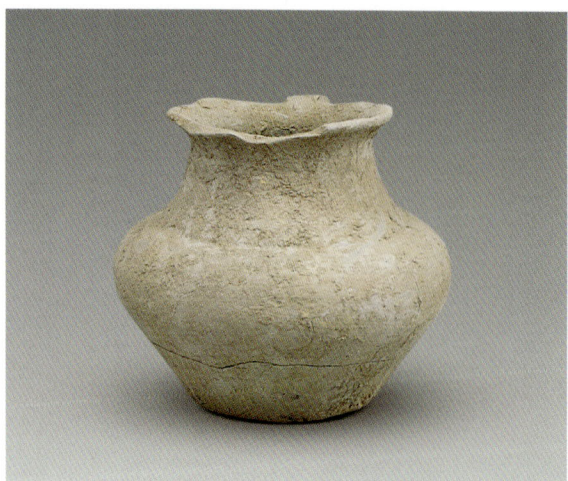

3. 陶壶 M3：3

6. 石锛 M3：6

M3 出土器物

晚期扰坑

1. M25（东－西）

2. 坠饰 M25：4

3. 坠饰 M25：4

4. 坠饰 M25：11

5. 坠饰 M25：11

M25 及出土玉坠饰

1. 壶（带盖）M25∶1

2. 杯（带盖）M25∶2

3. 假腹杯形豆 M25∶3

4. 豆 M25∶6

5. 盘 M25∶7

6. 鼎 M25∶8

M25 出土陶器

M25 出土石犁（M25：5）

1. 壶 M17：1

2. 壶（带盖）M2：1

3. 盘 M2：4

4. 豆 M2：5

5. 盉 M2：6

M17、M2 出土陶器

1. 锛 M2∶2

2. 刀 M2∶3

3. 犁 M2∶8

4. 犁 M2∶8

M2 出土石器

1. 假腹杯形豆 M9：1

2. 壶 M9：8

3. 盆 M9：9

4. 盉 M9：11

5. 豆 M9：10

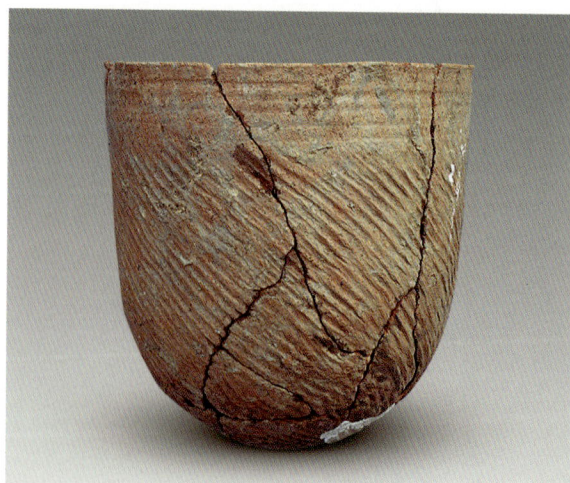

6. 大口缸 M9：13

M9 出土陶器

1. 石锛 M9：2

2. 石钺 M9：4

3. 石锛 M9：5

4. 石刀 M9：6

5. 玉坠饰 M9：3

6. 玉坠饰 M9：3

M9 出土器物

1. 假腹杯形豆（带盖）M8∶1

2. 盘 M8∶3

3. 壶 M8∶5、盖 M8∶9

4. 盉 M8∶8

5. 盘 M8∶10

6. 罐 M8∶11

M8 出土陶器

1. 陶大口缸 M8：13

2. 石钺 M8：4

3. 石镰 M8：6

4. 石镰 M8：6

5. 石锛 M8：7

6. 石镞 M8：12

7. 玉坠饰 M8：2

8. 玉坠饰 M8：2

M8 出土器物

1．陶罐 M28：1

4．石刀 M34：3

2．陶盘 M34：4

5．玉璜 M34：1

3．陶鼎 M34：5

6．玉璜 M34：1

M28、M34 出土器物

1．盘 M30：3

2．杯形豆 M30：6

3．鼎 M30：7

4．罐 M30：9

5．盘 M30：11

M30 出土陶器

1. 石刀 M30：5

4. 石刀 M33：7

2. 玉坠饰 M30：2

5. 陶盆 M33：1

3. 玉坠饰 M30：2

6. 陶盘 M33：4

M30、M33 出土器物

1.盉 M39：1

2.盘 M39：2

3.假腹杯形豆 M32：1

4.罐 M32：4

5.盉 M32：6

6.杯 M32：7

M39、M32出土陶器

1. 陶盘 M32：10

2. 石钺 M32：2

3. 石锛 M32：3

4. 石刀 M32：9

M32 出土器物

M32 出土石犁（M32：8）

1．陶豆 M54：2

6．陶杯 M43：2

2．陶鼎 M54：4

7．陶鼎 M43：4

3．玉管 M54：1

4．玉坠饰 M43：7

5．玉坠饰 M43：7

8．陶盘 M43：5

M54、M43 出土器物

1. 杯 M46:2

2. 盘 M46:5

3. 盆 M46:7

4. 鼎 M46:9

5. 纺轮 M46:10

6. 罐 M46:11

M46出土陶器

1. 石犁 M46：6

2. 石犁 M46：6

3. 石刀 M46：8

4. 玉坠饰 M46：3

5. 玉坠饰 M46：3

M46 出土器物

1. 纺轮 M42：3

2. 杯 M42：5

3. 盘 M42：6

4. 壶 M42：7

5. 盘 M42：9

M42 出土陶器

1. 石刀 M42：4

2. 玉坠饰 M42：1

3. 玉坠饰 M42：1

M42 出土器物

1. 假腹杯形豆 M47：1

2. 杯 M47：5

3. 盆 M47：6

4. 盉 M47：8

5. 盘 M47：9

6. 杯 M47：12

M47 出土陶器

1. 陶罐 M47：10

2. 陶大口缸 M47：11

3. 石刀 M47：3

4. 玉坠饰 M47：2

5. 玉坠饰 M47：2

M47 出土器物

M47 出土石犁（M47：4）

1. 假腹杯形豆 M51：1

2. 盉 M51：4

3. 盘 M51：6

4. 盘 M51：8

5. 盆 M51：10

6. 罐 M51：12

7. 杯 M51：9

M51 出土陶器

1．钺 M51：2

2．锛 M51：3

3．犁 M51：7

4．犁 M51：7

5．镰 M51：11

M51 出土石器

1. M37（北—南）

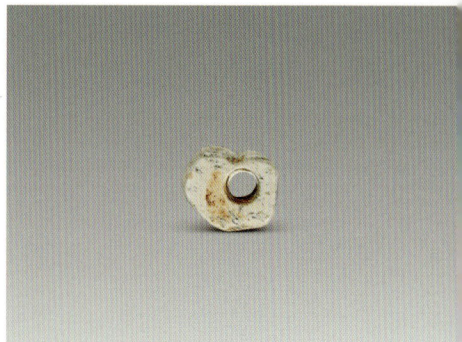

2. 坠饰 M37：1

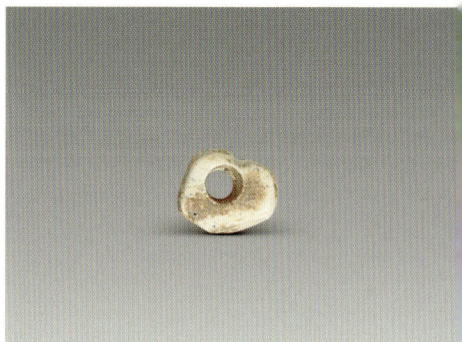

3. 坠饰 M37：1

4. 坠饰 M37：2

5. 坠饰 M37：2

M37 及出土玉坠饰

1．盘 M37：6

2．罐 M37：7

3．杯 M37：10

4．大口缸 M37：13

M37 出土陶器

1. 钺 M37：3

2. 钺 M37：3

3. 锛 M37：12

4. 镞 M37：16、15

5. 刀 M37：5

M37 出土石器

M37 出土石犁（M37：4）

1. 盂 M40：2

2. 杯 M40：5

3. 盘 M40：3

4. 盘 M40：4

M40出土陶器

M40出土石犁（M40：11）

1．石刀 M40：9

4．陶杯 M41：9

2．石钺 M40：10

5．陶盘 M41：11

3．石锛 M40：12

6．陶罐 M41：12

M40、M41 出土器物

M41 出土石犁（M41：2）

1. 石锛 M41：1

2. 石钺 M41：4

3. 石刀 M41：7

4. 石刀 M41：7

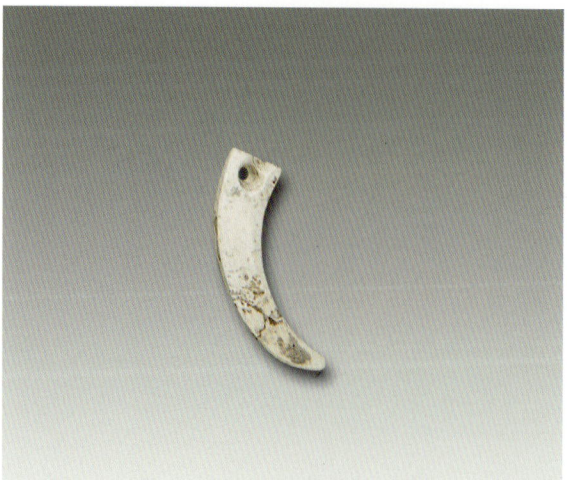

5. 玉坠饰 M41：3

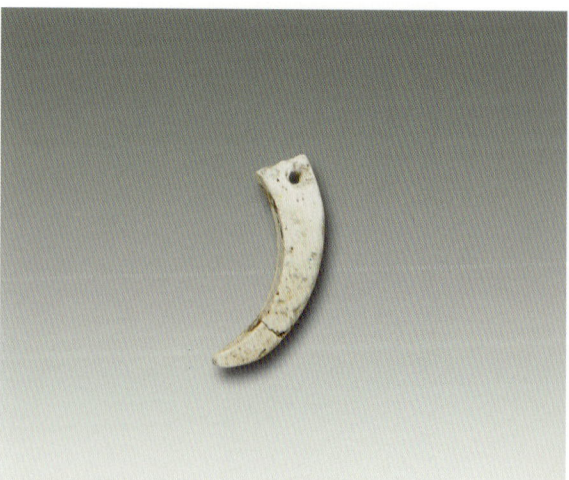

6. 玉坠饰 M41：3

M41 出土器物

1. 盘 M48：4

2. 盘 M48：6

3. 盘 M48：9

4. 壶 M48：7

5. 盉 M48：8

M48 出土陶器

1. 陶罐 M48：10

2. 陶杯 M48：11

3. 石锛 M48：1

4. 石钺 M48：3

5. 石刀 M48：5

M48 出土器物

M48 出土石犁（M48：2）

1. 盆 M49：3

2. 杯 M49：4

3. 假腹杯形豆 M49：5

4. 盂 M49：10

5. 盘 M49：11

M49 出土陶器

1. 陶大口缸 M49：12

2. 陶罐 M49：13

3. 石锛 M49：6

4. 石钺 M49：7

5. 石刀 M49：2

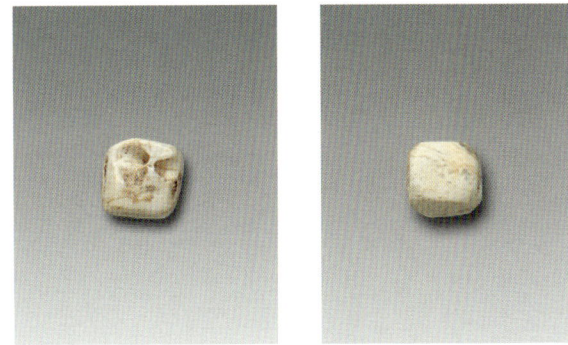

6、7. 玉半球形隧孔珠 M49：14

M49 出土器物

M49 出土石犁（M49：8）

1. 陶罐 M50：6

2. 陶杯 M50：7

3. 陶盉 M50：9

4. 陶盘 M50：10

5. 玉坠饰 M50：3

6. 玉坠饰 M50：3

M50 出土器物

M50 出土石犁（M50：1）

1. 钺 M50：2

2. 刀 M50：5

M50 出土石器

1．陶盘 M45：2

2．陶杯 M45：3

3．陶杯 M45：5

4．陶盂 M45：7

5．陶杯 M45：8

6．石锛 M45：6

M45 出土器物

1. 陶罐 M61：1

2. 陶壶 M35：1

3. 陶壶 M27：4

4. 陶豆 M27：5

5. 石镞 M27：2

6. 石钺 M27：8

M61、M35、M27 出土器物

M27 出土石犁（M27：1）

1. 盘 M36：1

2. 盘 M36：2

3. 鼎 M36：3

M36 出土陶器

1．镰 M36：5

2．刀 M36：8

M36 出土石器

1. 陶豆 M29：7

2. 陶双鼻壶 M29：8

3. 石镰 M29：4

4. 玉管 M29：2

5. 玉珠 M29：3

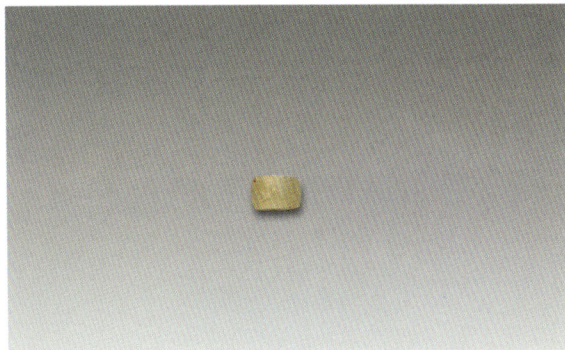

6. 玉珠 M29：10

M29 出土器物

1. 盘 M31：2

4. 杯 M44：1

2. 罐 M31：4

5. 罐 M44：2

3. 杯 M31：5

6. 鼎 M44：3

M31、M44 出土陶器

1. 石刀 M44：5

2. M52（东－西）

M44 出土石刀，M52

1．陶杯 M52：1

2．陶壶（杯）M52：2

3．陶豆 M52：3

4．陶鼎 M52：6

5．石镰 M52：4

6．石镰 M52：5

M52 出土器物

1．M56（南—北）

2．钺 M56：2

3．镰 M56：5

M56 及出土石器

1．陶杯 M56：7

4．半圆形玉坠饰 M56：1

5．半圆形玉坠饰 M56：1

2．陶豆 M56：9

6．玉镯 M56：6

3．陶大口缸 M56：13（残片）

7．玉珠 M56：15

M56 出土器物

1. 豆 M60：2

4. 豆 M58：3

2. 鼎 M60：3

5. 杯 M58：5

3. 双鼻壶 M60：5

6. 盉 M58：6

M60、M58 出土陶器

1. 石镰 M58：12

2. 玉圆牌 M58：11

3. 陶大口缸 M58：2

4. 陶双鼻壶 M58：8

5. 陶双鼻壶 M58：13

M58 出土器物

1. 鼎 M59：4

2. 杯 M59：8

3. 盘 M59：6

4. 盆 M59：7

M59 出土陶器

1. 石刀 M59：3

2. 玉坠饰 M59：1
（×2）

3. 石锛 M53：1

M59、M53 出土器物

1. 陶杯 M55：3

2. 陶杯 M55：4

3. 陶鼎 M55：5

4. 陶盘 M55：6

5. 陶罐 M55：8

6. 石刀 M55：7

M55 出土器物

1．H6：4

2．H6：4

3．H6：4

4．H6：5

5．H6：5

6．H6：5

H6出土的坯料形红烧土（块）

1．鼎足 T007④：160

4．鼎 TG7：151

2．鼎足 T007④：160

5．盘 TG7：150

3．鼎足 T007④：161

地层出土的新石器时代陶器

1. T003 ④：162

2. T003 ④：162

3. T003 ④：163

4. T003 ④：163

5. T003 ④：163

6. T003 ④：163

T003 出土的坯料形红烧土（块）

1．T003 ④：164

2．T003 ④：164

3．T003 ④：165

4．T003 ④：165

5．T003 ④：168

6．T003 ④：168

T003 出土的坯料形红烧土（块）

1．T003 ④：166

4．T003 ④：167

2．T003 ④：166

5．T003 ④：167

3．T003 ④：166

6．T003 ④：167

T003 出土的坯料形红烧土（块）

1. 东西向探沟剖面（西—东）

2. 南壁剖面局部（北—南）

TE009 地层剖面

外通道

内通道

外通道

F1（西—东）

1．F1东南通道沟槽和柱痕（南－北）

2．陶罐F1∶6

3．石矛F2∶1

F1东南通道沟槽和柱痕及F1、F2出土器物

1. 西—东

2. 南—北

建筑基址

1. K1（东－西）

2. K1清理后陶罐出土情况（东－西）

3. 陶罐 K1：1

4. 陶罐 K1：1局部

5. 青铜铲 K1：2

K1 及出土器物

1．陶罐 H14：3

4．石铲、矛 H15：3、2

2．石铲 H14：1

5．石犁 H15：5

3．石戈 H14：2

6．石器 H15：1

H14、H15 出土器物

1. H11

2. H11出土的编织物

H11及编织物出土情况

1．H11：5

2．H11：8

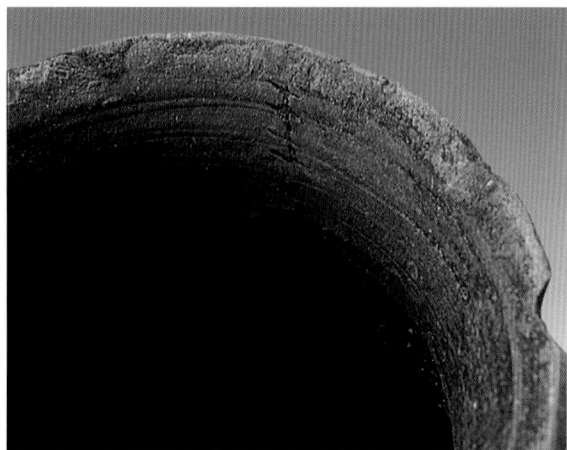

3．H11：8 口沿细部

4．H11：8 底部

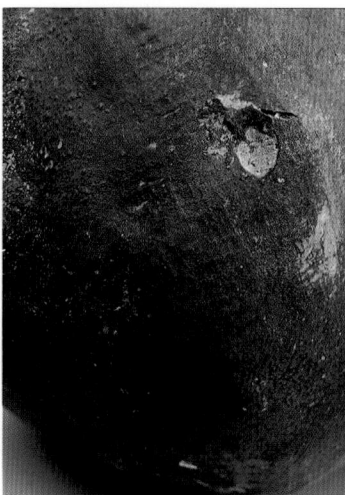

5．H11：9
6．H11：9 细部

H11 出土的陶汲水罐

1. 陶汲水罐口沿 H11：6

2. 陶三足盘 H11：3

3. 陶三足盘 H11：4

4. 陶三足盘 H11：11

5. 石戈 H11：2

H11 出土器物

1．H7及北部的红烧土堆积（南－北）

2．红烧土堆积细部（东－西）

H7及T010、T111内红烧土堆积

G1 局部（北－南）

1. G1局部（南－北）

2. G1第一阶段"沟中沟"剖面

G1局部

1. 竹围堰（西－东）

2. 围堰局部

G1 第一阶段的竹围堰

1．鹿角 G1 ①：1

4．陶豆盘类 G1 ②：101（崧泽文化）

2．陶甑 G1 ②：74

5．陶豆盘类 G1 ②：100（崧泽文化）

3．陶鼎 G1 ②：97

6．陶杯 G1 ②：99（崧泽文化）

G1 第一、二阶段出土器物

1. 鼎口沿 G1 ③ : 312

2. 罐口沿 G1 ③ : 301

3. 罐口沿 G1 ③ : 81

4. 罐口沿 G1 ③ : 181

5. 鸭形壶 G1 ③ : 47

6. 鸭形壶 G1 ③ : 9

G1 第三阶段出土的陶鼎、罐、鸭形壶

1. 把手 G1 ③：192

2. 把手 G1 ③：258

3. 把手 G1 ③：257

4. 把手 G1 ③：135

5. G1 ③：1

6. G1 ③：8

7. G1 ③：5

G1 第三阶段出土的陶鸭形壶

1. G1③:2

2. G1③:2

3. G1③:313

4. G1③:313

5. G1③:314

6. G1③:314

G1第三阶段出土的陶鸭形壶

1. G1③：63、226

3. G1③：204

2. G1③：195

4. G1③：204

5. G1③：204

G1第三阶段出土的豆盘类陶器

1. G1③：99

4. G1③：32

2. G1③：99

5. G1③：32

3. G1③：99

G1第三阶段出土的豆盘类陶器

1. 豆盘类 G1 ③：49

2. 豆盘类 G1 ③：49

3. 豆盘类 G1 ③：49

4. 原始瓷（？）豆 G1 ③：296

5. 原始瓷（？）豆 G1 ③：296

6. 原始瓷（？）豆 G1 ③：296

G1 第三阶段出土的豆盘类陶器和原始瓷（？）豆

1. 三足盘 G1 ③：112

2. 三足盘 G1 ③：112

3. 盆 G1 ③：18

4. 盆 G1 ③：18

5. 盆 G ③：311

6. 球 G1 ③：26

7. 球 G1 ③：13

G1 第三阶段出土的陶三足盘、盆、球

1. G1 ③：183

2. G1 ③：183

3. G1 ③：235

4. G1 ③：235

5. G1 ③：67

6. G1 ③：236

G1 第三阶段出土的窑块

1. G1 ③：234

4. G1 ③：179

2. G1 ③：234

5. G1 ③：117

3. G1 ③：234

6. G1 ③：117

G1 第三阶段出土的窑块

1. G1 ③：187

4. G1 ③：178

2. G1 ③：187

5. G1 ③：178

3. G1 ③：187

6. G1 ③：178

G1 第三阶段出土的窑块

1．G1 ③：222

4．G1 ③：220

2．G1 ③：222

5．G1 ③：220

3．G1 ③：222

6．G1 ③：220

G1第三阶段出土的窑块

1．G1 ③：239

4．G1 ③：223

2．G1 ③：239

5．G1 ③：223

3．G1 ③：239

6．G1 ③：223

G1 第三阶段出土的窑块

1．G1③：206

4．G1③：211

2．G1③：206

5．G1③：211

3．G1③：206

6．G1③：211

G1第三阶段出土的窑块

1. 锛 G1 ③：15

2. 刀 G1 ③：14

3. 刀 G1 ③：25

4. 刀 G1 ③：22

5. 刀 G1 ③：24

6. 半月形石刀 G1 ③：310

G1 第三阶段出土的石锛、刀

1. 镰 G1 ③：20

2. 犁 G1 ③：12

3. 破土器 G1 ③：23

4. 矛 G1 ③：21

5. 矛 G1 ③：21

G1 第三阶段出土的石镰、犁、破土器、矛

G1 第三阶段出土的石犁（G1③：10）

1．G1④：50

3．G1④：61

2．G1④：31

4．G1④：54

5．G1④：114

6．G1④：9

7．G1④：43

G1第四阶段出土的陶罐

1．G1④：158

2．G1④：16

3．G1④：4

4．G1④：142

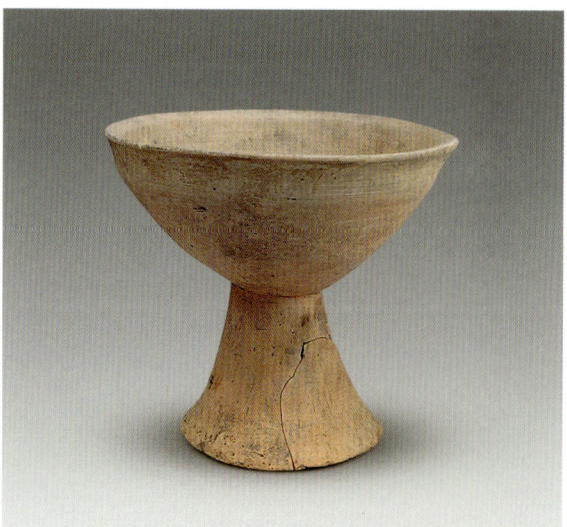

5．G1④：142

G1第四阶段出土的陶豆

1. 瓦足皿 G1④：21

2. 杯 G1④：12

3. 盆 G1④：38

4. 钵 G1④：1

5. 拍印波折纹陶片 G1④：87

G1 第四阶段出土的陶瓦足皿、杯、盆等

1．鼎 G1 ⑤：1

4．罐 G1 ⑤：20

2．罐 G1 ⑤：270

5．罐 G1 ⑤：20

3．罐 G1 ⑤：267

6．罐 G1 ⑤：265

G1 第五阶段出土的陶鼎、罐

1. G1 ⑤：3

2. G1 ⑤：3

3. G1 ⑤：211

4. G1 ⑤：211

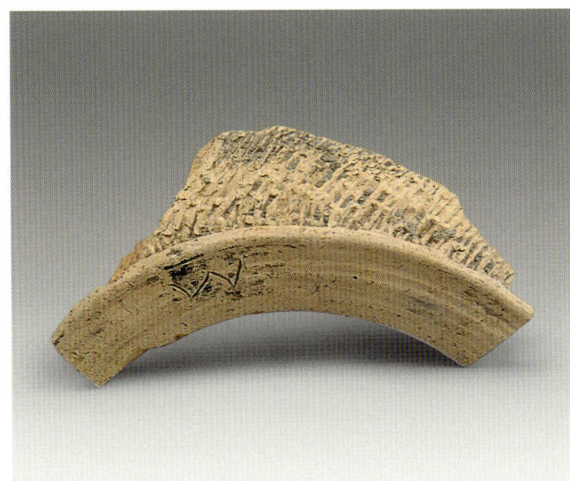

5. G1 ⑤：172

6. G1 ⑤：220

G1 第五阶段出土的陶罐

1．罐 G1 ⑤：118

2．罐 G1 ⑤：118

3．鸭形壶 G1 ⑤：4

4．鸭形壶 G1 ⑤：4

5．鸭形壶 G1 ⑤：4

G1 第五阶段出土的陶罐、鸭形壶

1．G1⑤：21

2．G1⑤：21压印纹饰

3．G1⑤：187

4．G1⑤：187压印纹饰

G1第五阶段出土的陶豆

1. G1⑤：5

2. G1⑤：5压印纹饰

3. G1⑤：141

4. G1⑤：252

5. G1⑤：158

6. G1⑤：268

G1第五阶段出土的陶豆

1. 陶豆 G1 ⑤ : 55

2. 陶豆 G1 ⑤ : 263

3. 陶豆 G1 ⑤ : 263

4. 原始瓷（？）豆 G1 ⑤ : 64

5. 原始瓷（？）豆 G1 ⑤ : 64

6. 原始瓷（？）豆 G1 ⑤ : 61

7. 原始瓷（？）豆 G1 ⑤ : 61

G1 第五阶段出土的陶豆和原始瓷（？）豆

1. 陶豆 G1 ⑤：264

2. 陶豆 G1 ⑤：264

3. 原始瓷（？）豆 G1 ⑤：56

4. 原始瓷（？）豆 G1 ⑤：56

5. 陶豆 G1 ⑤：62

6. 陶豆 G1 ⑤：62

G1 第五阶段出土的陶豆和原始瓷（？）豆

1. 原始瓷（?）豆 G1 ⑤：254

4. 陶豆 G1 ⑤：244

2. 原始瓷（?）豆 G1 ⑤：254

5. 陶豆 G1 ⑤：244

3. 原始瓷（?）豆 G1 ⑤：254

6. 陶豆 G1 ⑤：244

G1 第五阶段出土的原始瓷（?）豆和陶豆

1. G1 ⑤ : 7

2. G1 ⑤ : 7

3. G1 ⑤ : 151

4. G1 ⑤ : 151

5. G1 ⑤ : 214

G1 第五阶段出土的陶三足盘

1. G1⑤：253

2. G1⑤：253 压印纹饰

3. G1⑤：136

4. G1⑤：136 压印纹饰

5. G1⑤：18

G1 第五阶段出土的陶瓹

1. G1 ⑤：121

2. G1 ⑤：121

3. G1 ⑤：120

4. G1 ⑤：120

5. G1 ⑤：125

6. G1 ⑤：125

G1第五阶段出土的陶盆

1. 石网坠 G1 ⑤：17（左）
   陶网坠 G1 ⑤：15、16（中、右）

2. 石锛 G1 ⑤：10、14、26、27

3. 石刀 G1 ⑤：13

4. 石刀 G1 ⑤：249

5. 石刀 G1 ⑤：249

G1 第五阶段出土的陶网坠，石网坠、锛、刀

1. G1 ⑤：24

4. G1 ⑤：9

2. G1 ⑤：25

5. G1 ⑤：2

3. G1 ⑤：25

G1 第五阶段出土的石刀

1. 镰 G1 ⑤：223

3. 戈 G1 ⑤：28

2. 犁 G1 ⑤：139

4. 戈 G1 ⑤：28

5. 戈 G1 ⑤：30

G1 第五阶段出土的石镰、犁、戈

G1 第五阶段出土的石破土器（G1 ⑤：23）

1. 半月形石刀 TE006 ③：083

5. 窑块 T310 ②：120

2. 石镰 T003 ③：019

6. 窑块 T310 ②：120

3. 青铜钺、戈类残件 TE008 ②：2

7. 窑块 T310 ②：120

4. 青铜钺、戈类残件 TE008 ②：2

东部土台和本次发掘区内采集的高祭台类型时期遗物

1. 鼎足 HPC：44

2. 假腹杯形豆 965／10280

3. 盘 218／1068

4. 盉 203／1053

5. 禽鸟 1386／10371

昆山遗址采集的新石器时代陶器

1. 犁 928/0260

2. 刀 04721/0500

毘山遗址采集的新石器时代石器

1. 甗 3605／10391

2. 鬲 HPC：51

3. 鬲 HPC：51

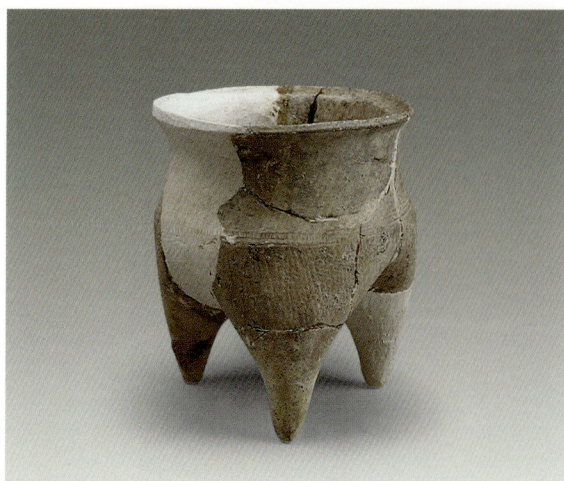

4. 鬲 HPC：24

5. 鬲 HPC：24

昆山遗址采集的高祭台类型时期陶甗、鬲

1. 04714／10539

2．HPC：72

3．HPC：72

4．HPC：73

5．HPC：73

昆山遗址采集的高祭台类型时期陶鬲

1. HPC：119

2. 04715/10540

4. HPC：38

3. HPC：3

5. HPC：17

昆山遗址采集的高祭台类型时期陶豆

1．HPC：105

4．HPC：67

2．HPC：22

5．HPC：89

3．HPC：22

昆山遗址采集的高祭台类型时期陶罐

1．刻槽盆 HPC：46

2．刻槽盆 HPC：46

3．刻槽盆 HPC：94

4．刻槽盆 HPC：94

5．禽鸟造型三足盘 HPC：16

6．禽鸟造型三足盘 HPC：16

昆山遗址采集的高祭台类型时期陶刻槽盆、禽鸟造型三足盘

1. HPC：64

4. HPC：65

2. HPC：64

5. HPC：65

3. HPC：64

6. HPC：65

昆山遗址采集的高祭台类型时期陶兽形把手

1. 鸭形壶 04713/10538

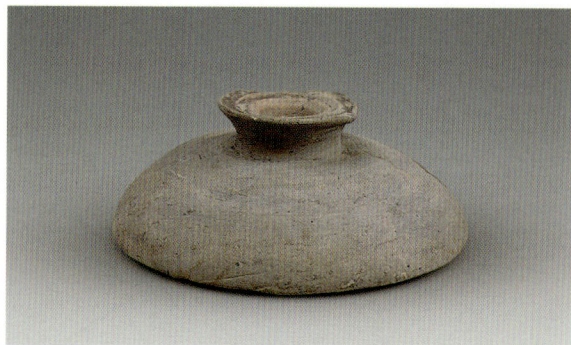

2. 鸭形壶 962/10277

3. 器盖 HPC：30

4. 器盖 HPC：28

5. 拍 03595/10389

6. 拍 03595/10389

7. 网坠 HPC：121、124、125、123、122

昆山遗址采集的高祭台类型时期陶鸭形壶、器盖、拍、网坠

1. HPC：79

2. HPC：80

3. HPC：97

4. HPC：114

5. HPC：112

6. HPC：106

昆山遗址采集的高祭台类型时期拍印纹饰陶片

1. 04716/0495

2. 04718/0497

昆山遗址采集的高祭台类型时期石破土器

1. 04717/0496

2. 04719/0498（正）

3. 04719/0498（反）

毘山遗址采集的高祭台类型时期石破土器

1. 石戈 HPC：2

2. 石钺（?）HPC：70

3. 有领玉璧 04 采：1

6. 玉琮 04 采：2

4. 有领玉璧 04 采：1

7. 玉琮 04 采：2

5. 有领玉璧 04 采：1

8. 玉琮 04 采：2

昆山遗址采集的高祭台类型时期石戈，玉璧、琮

1. 尊残片 HPC：132

2. 尊残片 HPC：132

3. 铙 HPC：134

4. 铙 HPC：134

5. 鬲鼎残片 HPC：131

6. 鬲鼎残片 HPC：131

昆山遗址采集的高祭台类型时期青铜尊、铙、鬲鼎残片

1．HPC：127

2．HPC：127

3．HPC：128

4．HPC：128

5．HPC：129

6．HPC：129

昆山遗址采集的高祭台类型时期青铜锛

1. 刀（削）HPC：135

2. 刀（削）HPC：126

3. 刀（削）HPC：126

4. 把手 HPC：137

5. 镦 HPC：133

6. 剑（匕）HPC：136

昆山遗址采集的高祭台类型时期青铜刀、镦、剑等

1. 658/201、HPC：30、04285/2029（正面）

2. 658/201、HPC：30、04285/2029（背面）

毘山遗址采集的高祭台类型时期卜骨、卜甲

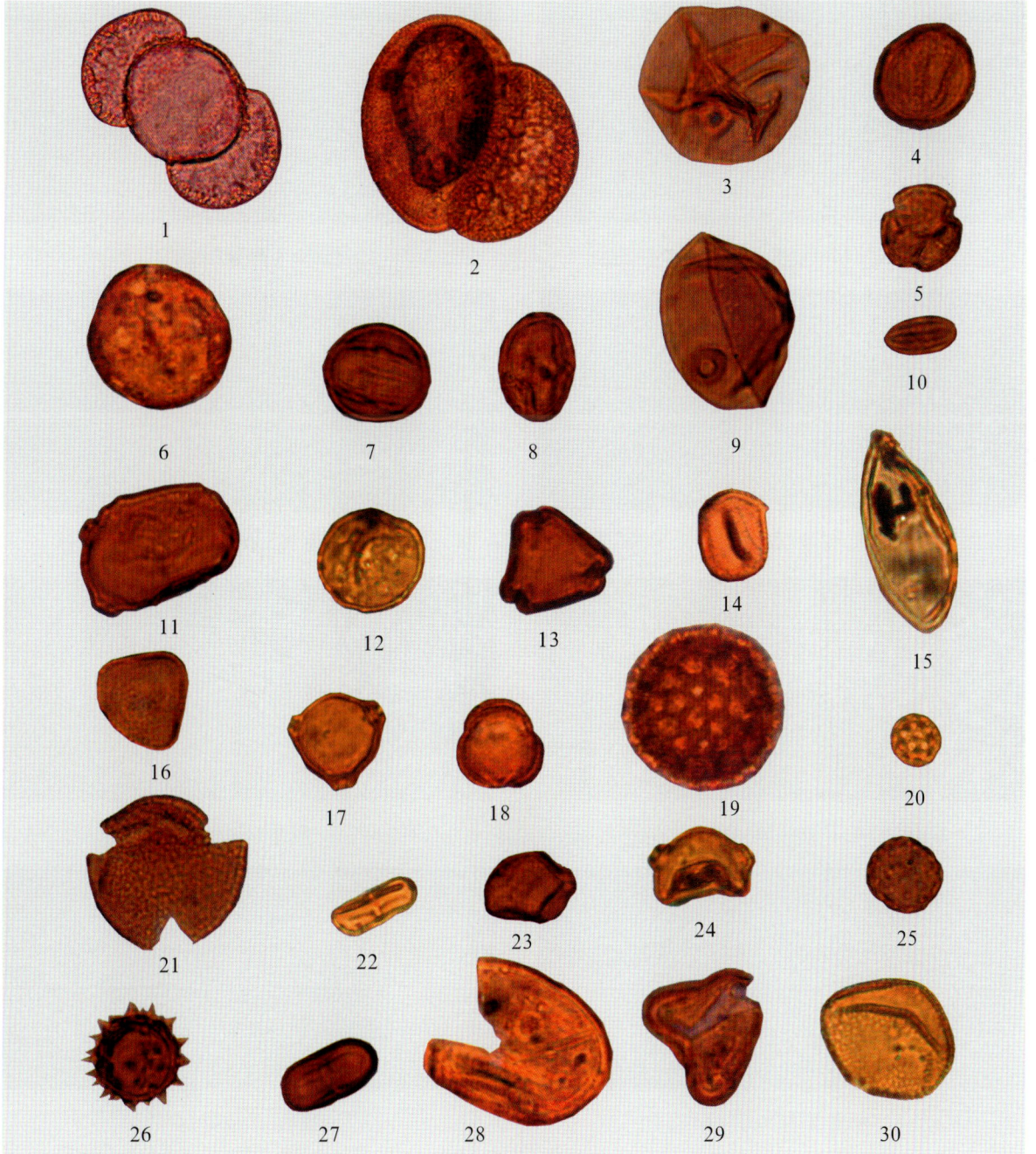

1、2.松属Pinus　3、9.禾本科Gramineae　4、5.落叶栎Deciduous *Quercus*　6.枫香*Liquidamabar* 7、8.常绿栎 Evergreen *Quercus*　10.栗属Castanea　11.榆属*Ulmus*　12.青檀属*Pteroceltis*　13. 桃金娘*Rhodomyrtus*　14.杨柳科Salicaceae　15.木兰属*Magnolia*　16、30.香蒲*Typha*　17.鹅耳 枥*Carpinus*　18.蔷薇科Rosaceae　19.蓼属*Polygonum*　20、25.藜科*Chenopodicaceae*　21.毛茛 属*Ranunculus*　22、27.伞形花科Umbelliferae　23.莎草科Cyperaceae　24.柳叶菜科Onagraceae 26.菊科 Compositae　28、29.凤尾蕨Pteridaceae（松属、禾本科花粉的比例尺相当于100微米）

昆山遗址采集的孢粉显微照片

麻栎 *Quercus acutissima*

栲树 *Castanopsis*

柳树 *Salix*

榉树 *Zelkova*

樟 *Cinnamomum*

桤木 *Alnus*

米老排 *Mytilaria*

核桃 *Juglans*

金丝李 *Garcinia*

刚竹类 *Phyllostachys*

昆山遗址木材遗存组织显微照片

1. 4倍显微结构

2. 11.5倍显微结构

泥质紫褐豆盘类硬陶 G1 ③：99 显微照片

1．4倍显微结构

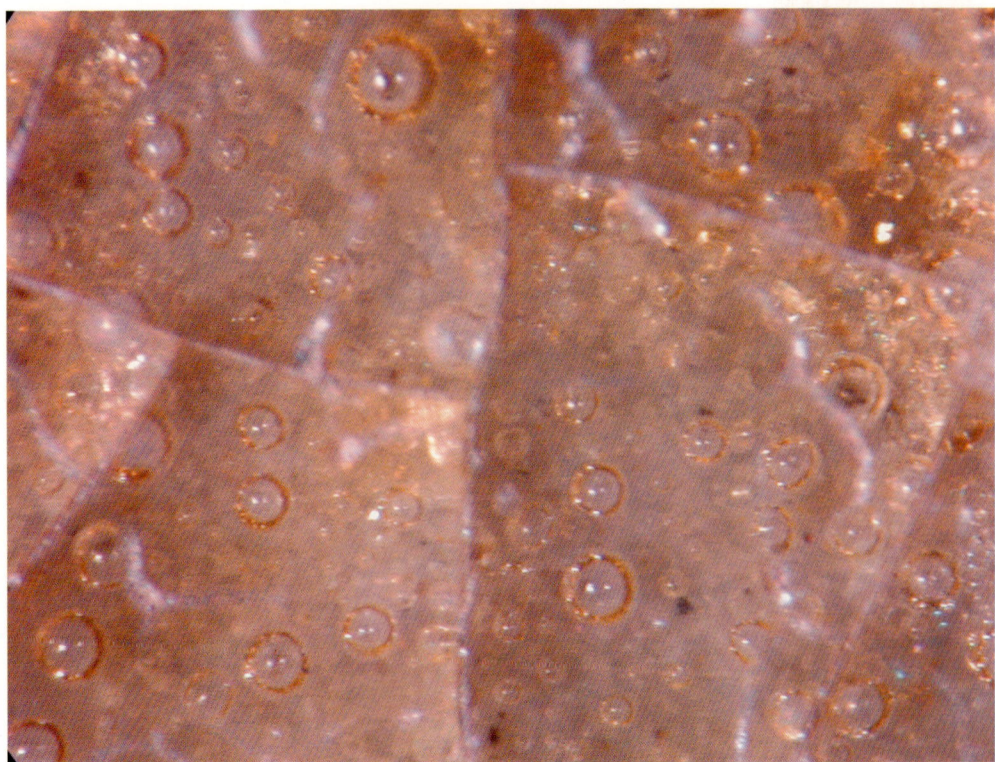

2．11.5倍显微结构

原始瓷（？）豆 G1 ⑤：254 显微照片